中国通史

（第一卷）

　　《中国通史》精彩扼要地勾勒出中国历史演进的基本脉络和中华民族的发展过程，从宏观上把握中国历史，窥一斑而知全豹，进而使读者从中揣摩与品味出中国历史发展的内在规律。

中国书店

图书在版编目 (CIP) 数据

中国通史 /《中国通史》编委会编. -- 北京：中
国书店, 2011.7

　　ISBN 978-7-80663-108-9

　　Ⅰ. ①中… Ⅱ. ①中… Ⅲ. ①中国历史：通史 Ⅳ.
①K20

中国版本图书馆CIP数据核字(2011)第143465号

中国通史（最新整理图文珍藏版）

责任编辑：钟　书

封面设计：藏典阁图书 CANGDIANGETUSHU

出版发行：中国书店

地　　址：北京市宣武区琉璃厂东街115号

邮　　编：100050

总 经 销：全国新华书店

印　　刷：北京楠萍印刷有限公司

开　　本：787×1092 毫米　　1/16

印　　张：188.375

字　　数：3132千字

版　　次：2011 年 8 月第 1 版　第 1 次印刷

书　　号：ISBN 978-7-80663-108-9

定　　价：1560.00元（全6卷）

ISBN 978-7-80663-108-9

9 787806 631089 >

【远古至秦统一时期】

　　从猿到人，直到形成具有政治管理性质的部落；各部落联系扩大而频繁，逐步出现了一大批区域性初期国家。由采集与渔猎经济发展到农耕与游牧经济，它们之间广泛的碰撞、互补和融合，促进了中华古代文明的基本架构和核心观念的逐步确立。

战国金盏、金匕，湖北随县曾侯乙墓出土

毛公鼎铭文

战国时期曾侯乙编钟，可演奏多种乐曲

荀子像

殷墟出土的司母戊鼎

孔子问礼老聃

中 国 通 史

最新整理图文珍藏版

【秦汉至隋统一时期】

　　这个时期包括秦朝、两汉、三国、两晋十六国、南北朝五个阶段。在此时期内，具有共同地域、共同语言文字、共同经济生活及共同心理素质的汉族已经形成，周边的西域、匈奴、西南夷诸族，与汉族的联系更为广泛而密切。农业文明、游牧文明和山林农业文明在激烈的碰撞中形成新的民族融合。

世界第八大奇迹——秦始皇陵兵马俑

后赵建武四年鎏金铜佛坐像

东晋 顾恺之《洛神赋图》

张骞出使西域

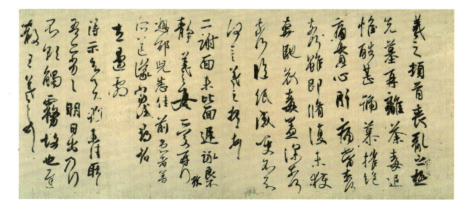

王羲之《丧乱帖》

【隋唐五代时期】

　　此时期包括了中国历史上隋唐两个大一统的朝代，中华文明同周边的印度文明、中亚西亚文明相互交流，获得了创造性的重大发展。中华文明光芒四射，对周边国家产生了广泛影响。

中国通史

最新整理图文珍藏版

唐太宗

唐代画家周昉作品《内人双陆图》

唐人宫乐图

【宋辽金元时期】

　　此时期在激烈冲突中形成新的民族融合，逐步形成宋、辽、金、西夏、于阗、大理、吐蕃共峙的局面。直到元朝政权建立，国家才实现了统一，中华文明也取得了灿烂辉煌的成就。

赵匡胤

辽墓壁画

范宽山水画——《溪山竹旅图》

北宋张择端风俗画——《清明上河图》

【明清两朝时期】

在此阶段内，中国作为一个包含现今全部版图在内的多民族的统一国家已经稳定地确立。初期的商业文明和工业化已经有了不可忽视的发展。中国与欧陆文明的关系，在起伏曲折的发展中也产生多方面联系。

明皇陵

明太祖朱元璋像

清康熙皇帝像

八国联军大沽口登陆

中日甲午战争

中国通史

最新整理图文珍藏版

【中华民国时期】

　　中华民族在空前的危机和共同奋斗中形成了新的凝聚力，在新崛起的工业文明的基础上开始向现代民族转变。国家形态终于结束了持续两千多年的君主专制的体制，开始向现代国家体制转变。

孙中山像

部分参加秋收起义人员合影

1945年9月9日，侵华日军在南京正式签字投降，日军总司令冈村宁次(右)向何应钦递呈降书

1945年，中国共产党召开第七次代表大会

国民革命军誓师北上

1940年，曾参加南昌起义的新四军干部在皖南合影

左图右史的新编中国通史
独一无二的华夏文明百科

——《中国通史》最新整理图文珍藏版出版前言

中华文明博大精深，源远流长。数百万年传承不息的中华文明为人类做出了伟大的贡献：从思想家孔子到科学技术的四大发明；从唐诗宋词到长城运河的伟大创造；从诸子百家到宋明理学；从商周青铜器到明清文学的丰富文化遗产；从五霸七雄到三国纷争；从文景之治到十大武功。? 秦王汉武的风骨凝就了气吞山河的壮丽诗篇；盛唐的繁荣气象流淌出流传千古的锦句华章；宋代的古笔酽墨书写着一朝盛世的婉约风骨；明清的演义传奇描摹出一个时代的人世沧桑。孔子周游列国，教授弟子三千，铸就了华夏历史文明的底蕴；孟子潜心著书，推行仁政，流传下华夏思想的精髓。古老的文明有如一杯香茗，透过历史的尘封散发出无尽的幽香；古老的文明有如一阵清新的微风，透过亘古的光阴迎面扑来。品读历史，在时光的轨道中自由穿梭，妙趣横生、回味无穷。? 中华文明绚烂多彩的悠久历史，在人类文明历史的长河中永放光芒。时至今日，中华文明之光依然在照亮中国历史的前进之路。

梁启超先生曾云："中国学问界，是千年未开的矿穴，矿苗异常丰富，但非我们亲自绞脑筋绞汗水，却开不出来。翻过来看，只要你绞一分脑筋一分汗水，当然还你一分成绩，所以有趣。所谓中国学问界的矿苗，当然不专指书籍，自然界和社论实况，都是极重要的……我们对于书籍之浩瀚，应该欢喜谢他，不应该厌恶他。"的确，中国历史这门学问也是博大精深，历久弥新，需要我们炎黄子孙从华夏历史这座矿穴中挖掘出新的宝藏，从历史中汲取智慧营养，为我们今天的和谐社会建设添砖加瓦。

通史，即通贯古今的史书。司马迁之《史记》、梁武帝命群臣所编之《通史》、杜佑之《通典》、宋司马光之《资治通鉴》、郑樵之《通志》等，都是通史性质的著作。近代以来，有一国范围的通史，有世界范围的通史，也有各种专门学问（学科）的通史。《中国通史》一书以时间为序，选取了华夏历史上的重大事件、风云人物、辉煌成就、灿烂文化等内容，参考了史学界夏商周断代工程纪年法最新的研究成果，在保证历史完整与延续的基础上，将其分为远古至秦统一时期、秦汉至隋统一时期、隋唐五代时期、宋辽金元时期、明清两朝时期、中华民国时期共六编内容。本书中每段历史时期又分别从史海钩沉、文化中兴、社会生活三大版块进行分类描述：其中"史海钩沉"包括重大事件和历史典故；"文化中兴"包括艺海拾贝和科技撷英；"社会生活"包括生活百科和民俗缩影。《中国通史》全书内容丰富，精彩纷呈。书中还配以大量精美插图，既继承了"左图右史"的史家传统，又弥补了文字记述之不足，以全新立体的形式再现了中国历史的宏大画面，全书力求达到史学、文学与美学的完美统一。《中国通史》精彩扼要地勾勒出中国历史演

1

进的基本脉络和中华民族的发展过程，从宏观上把握中国历史，窥一斑而知全豹，进而使读者从中揣摩与品味出中国历史发展的内在规律。

在本书的编纂过程中，编者力求用白描的方式客观展现中国历史的基本事实，尽量减少主观的评价，把历史研究的视野从社会经济、王朝更替、民族忧患、儒家思想等传统视角扩展开来，将农业、科学、手工业、文化、税收制度、法律制度、官僚体制等方面的重大历史事件纳入其中，从而将中国传统史书从帝王家谱性质向历史百科全书的性质转化。编者希望书中灵动缜密的文字叙述能让读者感受到中国历史的强大与恢弘，书中栩栩如生的历史图片能让读者感受到中华文明的博大与精深。《中国通史》除了让广大读者在左图右史中梦回前朝外，编者还希望把厚重的史实变得简明，让历史的智慧启迪我们今天的生活。

《中国通史》的编纂是一项伟大的文化振兴工程，辉煌与苦难同在，成就与不足并存。编者希望这部书能受到广大读者的青睐，并为中华文明的薪火传承做一点贡献。书中定有许多缺陷、不足之处，还望广大读者批评、指正。

《中国通史》（最新整理图文珍藏版）编委会

中国通史

最新整理图文珍藏版

目　录

第一卷

中国通史

最新整理图文珍藏版

2

第二卷

第三章　战国时期

第一节　史海钩沉：重大事件　历史典故

第二编　秦汉至隋统一时期

秦汉至隋统一时期纪年表

第一章　秦朝时期

第二章　两汉时期

中国通史

最新整理图文珍藏版

第三卷

第三章　三国时期

第四章　两晋十六国时期

第三编　隋唐五代时期

隋唐五代时期纪年表

第一章　隋朝时期

中国通史

最新整理图文珍藏版

12

最新整理图文珍藏版

第四卷

中国通史

最新整理图文珍藏版

14

第三节　社会生活：生活百科　民俗缩影

第四编　宋辽金元时期

宋辽金元时期历史纪年表

第一章　宋、辽、金时期

第一节　史海钩沉：重大事件　历史典故

中国通史

最新整理图文珍藏版

第三节　社会生活：生活百科　民俗缩影

目录

最新整理图文珍藏版

17

第二章　元朝时期

第一节　史海钩沉：重大事件　历史典故

中国通史

最新整理图文珍藏版

第五卷

第二节　文化中兴：艺海拾贝　科技撷英

第三节　社会生活：生活百科　民俗缩影

第五编 明清两朝时期

明清两朝时期历史纪年表

第一章 明朝时期

第一节 史海钩沉：重大事件 历史典故

中国通史

最新整理图文珍藏版

第三节　社会生活：生活百科　民俗缩影

第二章 清朝时期

第一节 史海钩沉：重大事件 历史典故

第六卷

中国通史

最新整理图文珍藏版

26

中国通史

最新整理图文珍藏版

第六编　中华民国时期

中华民国时期历史纪年表

第一章　民国时期

第一节　史海钩沉：重大事件　历史典故

中国通史

最新整理图文珍藏版

目
录

最新整理图文珍藏版

31

中国通史

最新整理图文珍藏版

第一编

远古至秦统一时期

在华夏民族建立统一的封建政权之前，人类文明经历了远古时代、夏商周三代、春秋战国时代三个重要的时期。

远古时代从 800 万年前的云南拉玛古猿化石，到 170 万年前的元谋人化石，直到 80 万年前最早能直立行走的陕西蓝田人，印证了华夏人类文明进化的遗迹。由旧石器时代到新石器时代，丰富多彩的石器文明遗迹勾勒出夏王朝以前中国先民的文明化过程。

约在公元前 22 世纪末，禹接任了鲧的职位，以疏导的方法来治理洪水，使得天下太平，他的功勋因此得到了世人的推崇。禹死后，他的儿子启打破尧和舜的禅让制度，开创了子承父位的世袭制度，建立了中国历史上第一个家天下的王朝——夏朝。

夏朝末年，居住在黄河下游的商族部落发展到黄河中游，渗透到夏的统治地区，建立了强大的部落联盟，开始向奴隶制过渡。公元前 1600 年，商朝始建。其后历经 17 代 30 王约 500 年的发展历史，商朝为中华文明创造了灿烂辉煌的成果。尤其是甲骨文的发现、青铜技术的发展，都在世界文明史上占有重要一席。

与殷商相比，西周时代的封建政治制度更加严密和巩固，经济发展水平更加先进。以宗法制为基础的封建制度保证了周天子权力的存在和运作；农业工具、农作物品种和初步的农业技术相结合，使得西周的农业发展强盛一时。政治和经济的双重发展，为周朝的强大统治提供了保障。

公元前 770 年，周平王东迁，王室权力大受削弱，各诸侯国力量增大。从此春秋战国时代来临。在这段时期内，除了连绵不断的战争之外，最有影响力的莫过于思想界的"百家争鸣"了，为人类历史推出了诸如老子、庄子、孔子、孟子、墨子等一大批光彩熠熠的思想家，影响和丰富着人类历史。

中国通史

最新整理图文珍藏版

远古至秦统一时期历史纪年表

原始社会（五帝时期）	黄帝轩辕氏	前 2697 ~ 前 2599
	少昊金天氏	前 2598 ~ 前 2515
	颛顼高阳氏	前 2514 ~ 前 2437
	帝喾高辛氏	前 2436 ~ 前 2367
	帝挚高辛氏	前 2366 ~ 前 2358
	唐尧	前 2357 ~ 前 2258
	虞舜	前 2257 ~ 前 2208
夏		前 2070 ~ 前 1600
商		前 1600 ~ 前 1046
周	西周	约公元前 1066 ~ 公元前 771 年
	东周 春秋	前 770 ~ 前 476
	东周 战国	前 475 ~ 前 221

第一章

远古的中华文明

从 800 万年前的云南拉玛古猿化石，到 300 万年前的湖北南方古猿的牙齿化石，直到 170 万年前的元谋人化石，证明着中国这块土地上早期人类进化的遗迹。此后 170 万年的时间里，由旧石器时代到新石器时代，丰富多彩的石器文明遗迹勾画出夏王朝以前中国先民的文明化过程。

　　80 万年前的陕西蓝田人是最早直立行走的人类，50 万年前北京周口店的北京猿人已经懂得制作简单的生产工具。他们用打击制造的石器捕猎动物，同时采撷植物的果实。10 万年前的大荔人和许家窑人，完成了向智人的过渡。山西、河北、内蒙古、宁夏等地都出土了旧石器时代的石器，山西丁村的三棱尖状器，是其中最典型的代表。

　　新石器时代约从公元前 6000 年开始。这一时期农耕畜牧比渔猎采撷变得更为重要，而花纹斑斓的彩陶和黑陶成为文明前进的符号。仰韶文化和龙山文化，像黄河和长江一样成为贯穿中国史前文化的两大干流。仰韶文化东到河南，西达甘肃、青海，南到湖北，北达河套地区，发掘出美丽的手制泥质红陶和夹砂红陶，上面绘画着植物、动物与几何图案。山东和江苏地区的龙山文化则以黑陶为特征，标志着一个新的文明高度。

　　中华文明的早期基础，在母系氏族社会为主调的新石器时代已经逐渐奠定。房屋建构的规制，墓葬的方法仪式，鬼魂、祖先和生殖崇拜的原始宗教萌芽，各种工具的制造，逐渐勾勒出中华文明的粗线条轮廓。

第一节　史海钩沉：**重大事件　历史典故**

中国文明产生的背景

中国文明产生于中国的土地上。它由生活在这块土地上的中国人培育、发展，经历了数千年辉煌而又曲折的历程，凝聚了历代中国人的心血，成为人类文明的一个主要组成部分，对人类文明的发展起着不可缺少的作用。

中国文明是与创造它的中国人民紧密联系在一起的。中国文明是中国人的文明，不管它融汇了多少外来成分，它始终是中国人民创造的，是中国人民生命活动的结晶。而生活在中国土地上的人们，在漫长的史前时代经过长期的探索、创造和生命活动，成为一支独立的人群也就在于他们创造的文化，中国文明是中国人民区别于世界其他民族的标志，是他们生存的一个根本组成部分。

中国人和中国文明相互依存，产生于中国的土地上，中国大地哺育了它们，也对它们的性格和发展历程产生了深刻的影响。

中国文明产生的自然地理背景

无论是作为地理概念还是政治概念，"中国"在历史上都是相对稳定的。中国位于北半球，欧亚大陆东部，东邻世界最大的海洋——太平洋，北接西伯利亚，东南距印度洋不远。它横跨赤道带、热带、亚热带、暖（南）温带、中温带和寒带，

黄河，中华文明的摇篮

而以亚热带、暖温带、中温带为主。中国地形西高东低，构成以青藏高原为第一阶梯，青藏高原的北缘东缘、大兴安岭、太行山、巫山、雪峰山等为第二阶梯，东部低山和大平原为第三阶梯的下降地形，西部多山脉，呈不同走向，围成众多盆地和高原；东部多水，长江、黄河、珠江、黑龙江等在此形成主干。西北部河流多属内流水系，其余大部分河流属外流水系，大都发源于青藏高原，注入太平洋。西部有冰川遗迹，西北多戈壁沙漠，黄河中流分布有黄土高原，西南热带地区喀斯特地貌发达。华北平原、长江中下游平原以及东北平原、珠江三角洲等农业发达，物产丰富，成为哺育中华民族和中国文明的地理环境。

人类在第四纪全新世（约距今12000至10000年前左右开始）中进入现代人阶段，并开始了人类有史时代，而中国的这一地理环境在全新世中已基本形成，它是中国土地上的现代人及其文化，中国文明的自然地理背景，但是在中国文明的萌芽阶段，在人类走向现代人的过程中，上新世末（距今240万年）至更新世的地质活动仍在造成中国的地理形势，喜马拉雅运动形成了喜马拉雅山褶皱带和台湾褶皱带，在中国广大地区引起继承性的断裂活动，决定了中国的地貌，形成了东亚季风体系，决定了中国气候。因此，在中国文明发生过程中，自然地理环境在发生着变化。

在早更新世，中国境内的猿人大都分布在第二阶梯东部，位于河流地区、盆地边缘，气候温暖潮湿，森林草原广布，适合于猿人生存。而北京猿人生活于一个干燥与湿润期不断明显交替的环境中，这影响了北京猿人的生活，也决定了他们的发展，而中更新世中晚期的丁村人、马坝人、桐梓人等已从森林草原、黄土台地环境走向森林区盆地和河流阶地，生活于热带或亚热带及森林中，而随着人类生活能力的增强和气候的变化，在西北、东北、西南等干热荒原、寒冷苔原、湿热森林中也开始了后期旧石器的人类活动。

进入全新世以后，随着最后一次大冰期的结束，全球气候变得暖湿，中国东部开始受东亚季候风控制，中国近代地形形成，人类进入新石器时代，长江地区的水稻、黄河地区的粟开始发展，畜牧、村落全面形成。

中国文明的自然地理环境在很大程度上是决定了它的特质，中国复杂、丰富的地理环境产生了扩散、广泛的文化，而没有出现两河流域和尼罗河三角洲以灌溉为主体的高度集中、单一的经济文化，东亚季风和东部水系决定了中国文明广泛、深厚的文化传统。

中国文明的人类体质构成

当代中国人属蒙古人种的东亚类型和南亚类型，历史上的中国人民也以蒙古人种（又称黄种人等）为主体。蒙古人种起源于中亚和东亚，逐渐向南北、东南亚扩散，蒙古人种一般体形肤色中等，头发直而硬，体毛和须发较少，鼻宽度中等，鼻梁较低，脸平扁，唇厚中等，眼睑大多有内眦褶且眼角有角度（俗称蒙古眼），高眼眶，颧骨突出，多铲形门齿，面骨平扁，少体味。蒙古人种在亚洲、美洲有很多分支和亲缘。

各种人种属同一物种，有共同的起源，其主干在3.5万年前可能已经开始出现，中亚、东亚的晚期智人头骨显示出蒙古人种的发展，新石器时代的中国人更是明显以蒙古人种为主体。新石器时代黄河上游居民在体质上接近蒙古人种的华北类型，而中游地区的仰韶文化居民则有更多的南亚类型特征。但是中国文明的体质构成不是单一的，山顶洞人中有标准的蒙古人种，也有无可置疑的北欧人种头骨，黄河下游的大汶口文化居民可能有波利尼西亚的因素，河姆渡文化和广东一些人骨有明显的澳大利亚—尼格罗的成分，商代殷墟人头骨也包含了几种不同种族的人。

石器时代以前的人类处于长期和大幅度的迁徙中，人类进入有史时代和形成地域性民族后则相对稳定，因而在中国人民形成一个独立整体和中国文明形成的过程中，融汇了众多的要素，在中华民族形成之后，也不断吸收新的成分。

中国文明产生于旧石器晚期到新石器时代的中国土地上，由以蒙古人种的东亚和南亚类型为主体的众多人等创造，这些不同的人在中国土地上哺育了中国文明，并融汇为中华民族。

中国人民的体质特征在很大程度上是适应东亚中纬度的地理环境的，中等身材、中等肤色与中纬度的日照、温度相应，蒙古眼、平鼻可能起源于中亚寒冷的多风沙气候。人民的体质在多大程度上决定了文化的特质还没有统一的结论，但蒙古人种平和、安稳的性格在中国文明上打下了烙印。

中国史前文明在世界史前文明的地位

中国文明是人类文明的一部分，中国文明不但有它自身的价值，也有着世界的意义。没有中国文明的人类文明是不完全的。但这不只是缺少某个部分的问题，因为中国文明的存在是人类文明存在的一个基石，中国文明直接影响、推动了人类文明的其他部分。另一方面，脱离人类文明的中国文明也是虚假的，中国文明的产生和发展都受人类文明统一进程的制约，它时刻都在接受人类大文明的影响。

中国人民来源于统一的人类，中国文明产生于人类远古文明产生的大浪潮中。

370 万到 100 万年前的南方古猿已经开始了从猿到人的过渡，猿人开始使用人造工具，体质逐渐变化，到 170 万年（或 150 万年）前，直立人出现于地球，并广泛出现于亚、非、欧大陆上，在中国出现了北京人、蓝田人、元谋人。早期智人（尼安德特人）开始接近现代人，而 4 万年前的晚期智人（新人）则已经基本与现代人没有差别，人种开始出现，旧石器时代接近结束，最后完成了从原始人向现代人的转化，人类的生活生产能力不断提高，社会组织更加复杂，在长期、广泛的迁徙中把早期文明传遍世界。

约一万年前左右，人类进入新石器时代，出现了原始农耕和畜牧，人类由食物采集者变为食物的生产者，人类完成了一次历史性飞跃。农业使人类有可能转入相对定居的生活，并使人口增长，世界出现了几个农业中心，并向各地扩散，亚欧大陆上以黄河长江流域、印度河恒河流域、两河流域、欧洲为中心形成了一个农耕中心地带，在此基础上，社会组织不断发展，由原始公社发展出国家，生产技术不断提高，出现了早期科学哲学思想，人类文明进入一个新的时代，孕育出中国、印度、埃及、美索不达米亚这些古代文明。中国文明产生于这一历史大潮中。

埃及在公元前 6000 年进入铜石并用时代，公元前 3000 年出现第一个王朝，在其后的五六百年间全面发展，达到第一个伟大高潮。苏美尔人于公元前 5000 年定居于两河流域，影响了众多王国，创造出辉煌文化。公元前 3000 年在克里特，公元前 2000 年在印度流域也出现了繁荣的青铜文明。这些文明中心是人类文明的主要发源

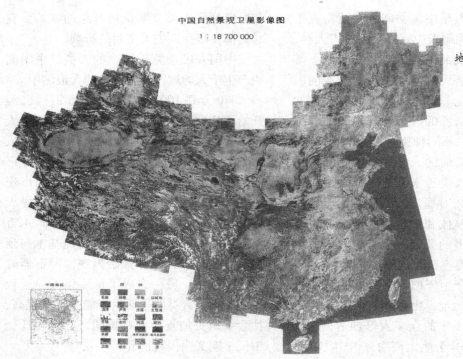

中国自然景观卫星影像图

1：18 700 000

中国自然
地理卫星影像图

地，它们是古典文明和现代文明的起源和基础。

中国的新石器时代和铜器时代文明产生于这一时代，创造出灿烂的夏商文化，成为人类文明的远东中心。新石器时代是人类文明产生的关键时代，人类在这一时代中发展出了真正意义上的人类文明，也发展出了真正意义的个体文明，人类文明是由各个相对独立的个体文明组成的，人类文明的历史也就是个体文明发展和融汇的历史。在人类文明历史上，中国文明的产生是一种具有深远意义的事件，它顺应人类文明发展的脉搏而发生，决定了中国人的文化行为和生活方式，也决定了人类文明的发展方式。

猿人时代

中国是人类文明的发祥地之一。中国文明的发展源头具有多源性，据考古研究

的成果表明，中国境内的古人类分布广泛。西侯渡遗址是中国最早的人类文化遗址，

中国古人类遗址分布图

云南元谋人化石是中国最早的人类化石，观音洞文化和北京人文化是中国南方和北方旧石器时代早期有代表性的重要文化。

人类的始祖拉玛猿生存于距今 800 万年前,我国云南开远、小龙潭、禄丰等地已发现拉玛古猿化石。而湖北建始、巴东发现的距今约 300 万年前的南方古猿化石,则是从猿到人的转变过程中的最后代表。山西芮城西侯渡文化遗址位于黄河中游左岸高出河面约 170 米的古老阶地上,年代为距今 180 万年,西侯渡遗址的文化遗物和动物化石集中分布在约 1 米厚的交错砂层中,而砂层则在早更新世的砂砾层内,文化遗物共发现石制品 32 件,包括石核、石片及加工的石器,石器原料主要为石英岩、少数为脉石英和火山岩,石器采用了锤击、砸击和碰砧三种方法,说明石器工艺达到一定水平。与文化遗物共生的动物化石有鲤、鳖、鸵鸟及 22 种哺乳动物。其中有一个保存两段鹿骨的头盖骨,化石中还有一些呈黑、灰和灰绿色的马牙和动物肋骨,化验表明是被烧过的,这些表明西侯渡是人类活动的遗址,西侯渡文化具有一定的进步性质。

中国境内发现的最早的人类化石是元谋人,它因 1965 年在云南元谋县上那蚌村附近发现而得名,据碳十四测定生活年代距今约 50 万 ~ 60 万年。元谋人化石包括两枚上内侧门齿,属同一成年人个体。这

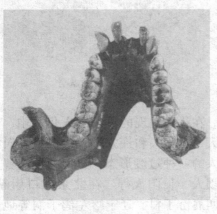

云南禄丰县石灰坝发现的拉玛古猿下颌骨化石

两门牙齿很粗壮,唇面平坦,具有明显的原始性质。从其出土的 7 件石制品来看,人工痕迹清晰,原料为脉石英,器形不大,有石核和刮削器。另外还发现两块黑色的骨头,经鉴定是被火烧过的,这是表明当

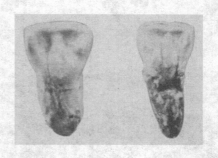

元谋猿人门齿化石

时人类用火的痕迹。与元谋人共生的哺乳动物化石有剑齿虎、缟鬣狗、云南马、爪蹄兽、中国犀、轴鹿等 29 种,从动物化石和植物孢粉分析,当时的自然环境呈森林草原景观,气候比较凉爽。

中国境内发现的最早的直立人是蓝田人,距今约 75 万 ~ 80 万年。1963 至 1966 年在陕西蓝田公主岭中更新世早期地层中,先后发现一批珍贵的古人类化石、打制石器和动物化石,被命名为蓝田人和蓝田文化。蓝田人眉骨粗壮,前额低平,骨壁厚度超过北京人,大脑容量较小,约 780 立方厘米。打制石器粗大,器形不规整,具有一定的原始性,但在使用上已有某种程度的分工。

距今约 40 万 ~ 70 万年前中国西南观音洞文化为中国南方旧石器时代早期的人类历史提供了重要资料。观音洞遗址于 1964 年发现,位于贵州黔西县沙井。观音洞是沿东西方向裂隙形成的窄长洞穴,洞内文化遗物分早、晚两期。早期堆积为含角砾的砂质粘土,有大量石器和动物化石,哺乳动物有嵌齿象科、巨貘等,地质时代为中更新早期。晚期堆积为红土层,含石

器和哺乳动物化石，石器中刮削器占80％，端刮器有 100 多件，另有少量砍砸器、尖状器，石器原料以硅质灰岩为主，石器加工形状不规则，大小相差很大。

山西芮城西侯渡遗址

中国境内的人类遗址中材料最丰富也最系统的是北京人遗址，它位于北京周口店龙骨山的洞穴中，距今约 40 万～50 万年。北京人遗址的堆积物厚 40 米以上，主要由石灰岩碎块和粘土、粉砂等残积物构成，堆积物中留下北京人用火的灰烬，较大的灰烬层有 4 个，另外还出土了 10 万多件石器，表明这里已有早期人类活动。北京人化石包括头盖骨 6 个，头骨、面碎片 12 块、下颌骨 15 块、牙齿 157 枚等，共代表不同性别、年龄的 40 个个体。北京人头盖骨低平，额向后倾，比猿类增高，但低于现代人，北京人脑量平均为 1043 立方厘米，介于猿人和现代人之间。北京人的下肢骨髓腔较小，管壁较厚，但在尺寸、形状、比例和肌肉等方面都和现代人相似，这证明他们已善于直立行走。北京人的文化遗物包括石制品、骨角器和用火遗迹。石器有砍砸器、刮削器、雕刻器、石锤和石砧等多种类型。北京人穴居，以狩猎和采集为生，靠群体的力量进行艰苦的斗争。

北京人头盖骨的发现，特别是随后发现的石器和用火痕迹，使直立人的存在得到肯定，从而基本上明确了人类进化的序列，为从猿到人的伟大学说提供了有力证据。

观音洞文化和北京人文化有明显的差别，又有惊人的相似之处。北京人的石器与观音洞文化的同类石器相近，两者之间的差别说明早在旧石器时代早期，不同地区的文化已显示出复杂化和多样化趋势。使中国古代文明多姿多彩。

智人时代

中更新世末期，我国经历了一次庐山冰期，其后气候变暖，人类体质和文化发展都进入一个新阶段。人类体质普遍由猿人或直立人发展为早期智人，而人类文化则发展为旧石器时代中期文化。这个时期的延续时间距今大约 10 万～5 万年。

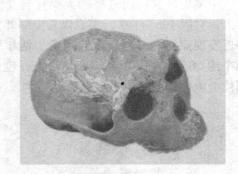

蓝田猿人复原头骨

在我国发现的早期智人化石中，金牛心人、大荔人和许家窑人为由猿人向早期智人的一种过渡形态，典型的早期智人有马坝人、长阳人等。在北京周口店新洞、山西襄汾丁村、辽宁喀左鸽子洞等地发现的人类化石也属典型的早期智人。华南旧石器中期文化遗存至今发现甚少，仅贵州桐梓岩灰洞有十二件石制品，似与观音洞石器有些联系。而从体质特征看，早期智人比直立人脑盖较薄，脑容量较大，动脉枝较复杂，说明其智力已有明显发展。我国早期智人一般颧骨较为前突，眉峰较平而非呈前突弧形，其头面已显示出蒙古人种的某些特色，但作为人种在这个时期还没有最后完成。

第一编 远古至秦统一时期 最新整理图文珍藏版

北京猿人山洞出土的文物

蓝田猿人遗址出土的古剑齿虎牙化石

同属于旧石器时代中期的丁村人和马坝人，在早期智人中颇具代表性。马坝人遗址在今天广东曲江马坝圩狮子岩洞穴中，根据所发现头骨资料可知大约"马坝人"脑容量为 1125 毫升，顶骨前囟处厚度薄于"北京人"、厚于现代人，约七毫米；丁村人遗址在汾河中游临汾宽谷的南端，即今天山西汾河流域襄汾丁村等地，"丁村人"的人骨化石顶骨较薄，有进步性，门齿舌面低陷作铲状，很像后来的黄种人，臼齿的咬合面纹理结构介于直立人与现代人之间。从丁村、马坝遗址可以看出早期智人大多活动在温和湿润，有着纵横河流、谷地的适宜环境。

旧石器时代中期文化较早期文化的进步主要表现在打制石器的技术不断提高，石器的形状比较规整，类型比较确定，种类也有所增加，表明当时的技术和生产力水平较旧石器早期有所提高。在丁村文化遗址中还发现了一定数量的鱼类和软体动物遗存，表现丁村人除以狩猎为主外，渔捞也是重要的食物来源。

北京猿人遗址出土的红烧土

旧石器时代中期文化还有地方性的差别，有着明显的地区性特征。例如许家窑文化的石器与丁村文化的石器就大不相同。

大致说来，许家窑文化多小型石器，类型较多，有些石器精巧复杂，是细石器的母型。小型刮削器占绝大多数，其很明

北京猿人复原胸像，及 1936 年周口店北京猿人遗址发掘情景。

显是从旧石器时代早期的北京人文化发展而来的。丁村文化则多大型石器，石片角较大，加工较精，类型较确定，大三棱尖状器是其突出特点。

乌苏河沿岸遗址、广西柳江通天岩遗址、山西朔县峙峪遗址、河南安阳小南海遗址、北京周口店山顶洞遗址等等。

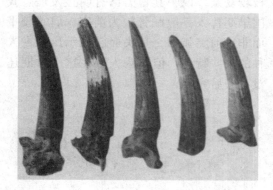

许家窑文化的角器

晚期智人

大约在距今 5 万年前，地质年代进入晚更新世。人类体质也发展到晚期智人（也有人称为现代人）阶段。

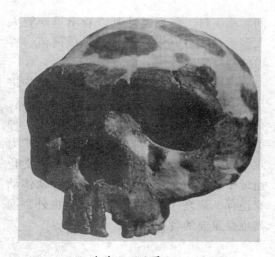

金牛山人头骨化石

丁村人使用的尖状石器

与旧石器时代前期相比，晚期智人脑量增加，约为 1300～1500 毫升，在现代人脑量的变异范围之内，其面部轮廓和现代人也十分相似。中国境内发现的晚期智人遗址，主要有宁夏水洞沟遗址、内蒙萨拉

马坝人头盖骨

许家窑人遗址

宁夏水洞沟遗址是目前发现最早的旧石器时代晚期文化遗址。约在 5 万至 3 万

中国通史

最新整理图文珍藏版

长阳人上颌化石。长阳人化石发现于湖北长阳赵家堰区下钟湾,长阳人已具有现代人的性质,其生活时代为旧石器时代晚期。

年前,出土近 1000 余件石制品,形制较大,加工精致。有石镞,说明水洞沟人已使用弓箭,还出土一枚磨制骨锥和鸵鸟蛋皮磨成的圆形穿孔饰物,说明人们已经初步具有审美意识。

内蒙萨拉乌苏人和宁夏水洞人,时期大体接近,遗址中出土属于晚期智人化石共 23 件,包括牙齿、额骨、肩胛骨等。出土石制品约 500 余件,石器最为显著的特点是器形很小,后人称之为"细小石器"。

位于广东曲江马坝乡狮子峰的马坝人遗址

广西柳江通天岩遗址,距今约 5 万至 3 万年,出土有头骨、股骨、椎骨等,它是中国以至整个东南亚迄今所发现的最早的晚期智人化石。

山西朔县峙峪遗址,距今约 3 万至 1

万年,遗址中除发现晚期智人的一块枕骨外,还发现 2 万余件石器,它对研究细小石器的特征、弓箭的使用等方面具有重要的意义。峙峪文化成为华北地区细石器文化的先驱。

河南安阳小南海遗址,距今约 2 万至 1 万年。遗址中除发现鸵鸟、洞熊等 18 种动物化石外,还发现大量的石制品。有些石器已具有固定类型,它表明小南海文化的石器制造技术已相当进步。

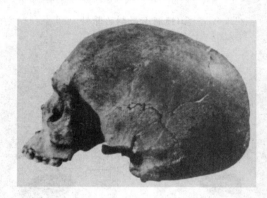

柳江人头骨化石。广西柳江县通天岩出土的柳江人头骨,其形态特征表明是新人的早期类型,比周口店的山顶洞人和资阳人更为原始。

北京周口店山顶洞遗址,距今约 2 万至 1 万年。遗址中发现的山顶洞人化石共有 8 个男女老幼个体,不论脑量还是人体体质特征,都和现代人接近。洞穴堆积中

峙峪文化的石器

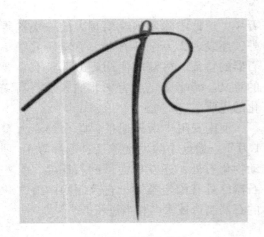
山顶洞人磨制的骨针

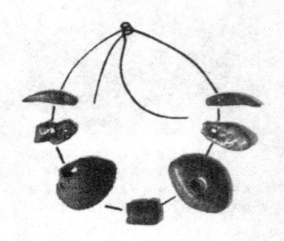
山顶洞人装饰品

还发现54种脊椎动物化石，其中绝大部分为华北、内蒙及东北地区的现生物。山顶洞人能制造石器和骨器，而且在骨器上制作一些精致的装饰品。

宁夏灵武水洞沟出土的尖状石器

中石器时代

大约在前10000年～前5500年左右，世界进入了地质上的全新时期，地球上最后一次冰期结束。随着气候的逐渐变暖，自然环境发生了变化，在新环境下，原始人群的生产活动也随之改变，导致了旧石器时代的结束和新石器时代的开始。这个过渡阶段被称为中石器时代。

在我国，属于中石器时代的遗址发现的很少，主要有山西鹅毛口遗址和陕西沙苑遗址。

山西鹅毛口遗址，距今约8000～5000年前，它是一处重要的中石器时代石器制造场遗址，与内蒙的大窑、广东的四樵山，合称为我国史前时期三大石器制造场。石器类型主要有石斧、石锄、石锤、大型砍斫器等。石斧、石镰、石锄等农具的发现，是我国目前发现的最早农具，证明当时原始农业已经出现。同时，在磨制粗糙的石斧过程中，从打制毛坯，到锤击凸棱，再到磨光，可以看出鹅毛口人在从旧石器向新石器演变过程中石器的制作过程。

沙苑遗址位于陕西朝邑、大荔两县交界处。遗址中出土石片、石器3000余件。其中五百多件经过加工或使用留有痕迹。种类主要有石镰、刮削器、尖状器、石叶、石核等。石片石器是这里的典型器，又以尖状器最有代表性。刮削器和尖状器的使用，说明古人在制造生产工具方面技术大为提高。

中国中石器时代，人类依然过着采集渔猎的经济生活，原始农业初步出现，使用生产工具向细小化发展。在制造方法上，大量采用间接打击法及刮削法，比起旧石器时代前期，是一种技术上的

中国通史

最新整理图文珍藏版

重大进步。生产工具以细石器为主，也反映了当时人们对劳动工具的新的需求。旧石器时代已经崭露头角的复合工具，在中石器时代得到了长足的发展，那种极薄的小石叶，被镶嵌在木或骨质的柄上组成复合工具，具有美观、轻便灵活等特点。同时，石镞的发现，说明这时已开始使用弓箭，弓箭的使用提高了人们捕获野兽的能力，使人们有可能将暂时不食用或弱小的猎物豢养起来，并逐渐驯养为家畜，为家畜饲养业或畜牧业的发展打下了基础。

裴李岗文化

裴李岗文化于 1977 年在河南新郑县的裴李岗发现。是目前已知的华北地区最早的新石器文化，大约出现于前 5500 ～前 4900 之间，主要分布在河南中部地带，以裴李岗出土文物为代表，反映了新石器时代早期中段以后的文化面貌。

裴李岗遗址中有房基、窖穴、墓地等村落遗迹，似有一定布局，居住建筑集中在遗址中部，窖穴主要在南部，墓

裴李岗出土的红陶三足壶

裴李岗出土的石磨盘、磨棒

地在西部和西北部。房基为方形或圆形半地穴，直径 2.2 至 2.8 公尺。墓葬集中于公共墓地，墓穴排列有序，多单人葬。磨制石器多于打制石器，最有代表性的器型是带足磨盘、带齿石镰和双弧刃石铲。农业占有主要地位，作物是粟。饲养业也已出现，有家猪、家狗、家鸡甚至家牛。狩猎仍是重要生产活动。以木制弓和骨制箭为狩猎工具。制陶业已经具有一定规模。陶器有红褐色砂质和泥质两种，多碗、钵、鼎、壶等日用器

河南密县莪沟出土的石镰

具。陶壁厚薄不匀，据科学测定其烧成温度高达摄氏 900 ～960 度。

裴李岗文化与华北早期新石器文化其他类型一样存有细石残余，表明它与以河南灵井和陕西沙苑为代表的中石器遗存有着渊源关系。从建筑遗存、埋葬习俗、农业生产，特别是陶器形制、纹饰等方面考察，它与后来的仰韶文化关系更为密切，一般认为，仰韶文化中后冈类型是对裴李岗文化及磁山文化的继承和发展。裴李岗文化与老官台、李家村、磁山诸文化一起是仰韶文化的前身，故被统称为"前仰韶"时期新时期文化。

元谋人

公元 1965 年中国冰川学家进行考察时，在云南元谋县上那蚌村发现了"元谋猿人"。主要发现有猿人的左、右上内侧门齿两颗，用古地磁测定法检测，这两枚牙齿化石属同一青年男性个体。后来在元谋猿人化石所在的褐色黏土层里，发现用石英岩打制的刮削器四件，在这个地区还采集到其他的石制品十几件。在厚约 3 米的三个地层中零星散布着炭屑，还并存有烧骨，是否人工用火的遗迹，现在尚不能断定。和元谋猿人化石并存的有多种哺乳类动物化石。这些动物有许多是食草类动物。经鉴定，元谋人距今大约为 170 年左右，是在我国已发现的最早的人类。它确证了中国人的历史起源和存在。

根据化石，我们可以推测出：170 年以前，云南元谋一带，榛莽丛生，森森郁郁，是一片亚热带的草原和森林，原始麂、爪蹄兽、最后枝角鹿等第三纪残存动物在这里出没。再晚一些，则是

元谋人使用的刮削器

桑氏鬣狗、云南马、山西轴鹿等早更新世的动物。它们大多数都是食草类野兽。元谋人使用原始的石器捕猎它们，以获得自己的生存。元谋人制造和使用这些石器，后来中国人的文明就这样开始萌动。

蓝田人

1963 年，考古学家在陕西蓝田县发现了中更新世时代的猿人化石，被称为蓝田人，距今约有 80 万～60 万年了。所发现的化石有头盖骨一具、上颌骨和下颌骨各

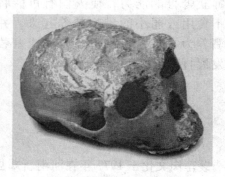

蓝田猿人复原头骨

一具，还有牙齿十余枚。头盖骨骨壁极厚，额骨很宽，向后倾斜，眉脊粗壮，脑容量小，估计约为 780 毫升。此外，还发现有打制石器和一些动物化石。

但更重要的是他们已经是完全的直立人，而且是亚洲北部最早的直立人。

直立起来，这是成为人的重要标志。

北京人

北京人的发现是本世纪考古学和古人类学的重大收获。

1923 年，有人偶然在北京周口店附近龙骨山上的一个天然山洞里发现两颗古人类牙齿化石。这洞东西长 140 余米，南北最宽达 40 余米，最狭处仅 2 米，高 40 余米。后来，考古工作者从这里发掘出六个完整的头盖骨、153 颗牙齿等代表着 40 余位男女老幼个体的骨化石及 1 万多件石器

中国通史

最新整理图文珍藏版

北京猿人复原像

工具。根据第十一号头骨化石复原的北京人头像，是人类学头像复原的首例。据研究测定，周口店北京人的脑容量为1059毫升，比现代人的平均脑容量1400毫升还有较大距离，但从脑膜上语言区部位隆起的现象分析，他们已经有了简单的思想和语言。

那时，周口店一带三面有青山环绕，

北京人背鹿像（复原雕塑）

北京人为了在极为艰难的环境中生存，为了对付各种凶残的禽兽侵袭，经常二三十

北京人头盖骨

人在一起，过着群居生活。一个山洞就是一个群体的"家"，"家"内的人们过着没有婚姻禁约的血缘群婚生活。他们之间也没有明显的劳动分工，只是按照习惯，年迈体弱的留在家中照顾幼儿，或者干一些轻松的活儿，不过，他们还有一项十分重要而神圣的任务——看护火种。因为那时的北京人尚未学会人工取火，只能将雷击引起的天然火种引到洞内，安排在一个固定的地方看护，使之不致熄灭。当需要烧烤食物、取暖或照明时，就添加柴火，使火旺盛起来。

在希腊神话里，普罗米修斯为人类从天神宙斯那里偷火，而中国的古史传说则是燧人氏"钻木取火，炮生为熟"，火是人自己发明创造的；从地下的史料发掘看，欧洲人是在四万年前旧石器时代的摩斯特里安期，才有人使用火的确凿证据，而周口店北京人的遗址里，有成堆的灰烬，紫、

北京猿人用火灰烬图

红、白、黑、黄，五色缤纷，却是50万年以前人使用火的实在遗迹。

人掌握了火，不仅能驱寒取暖，还能用作与野兽搏斗的武器，更重要的是，火使人从生食到熟食，体力和脑力都得到大幅度提高改善。可以看出在火光中，人的生活方式变得更积极，走向文明的步伐也大大加快了。

北京猿人有较多的原始性状，头骨低矮，其最宽大的位置在颅骨基部，前额低平并且明显向后倾斜，眉脊骨粗壮并向前突出，颅骨很厚，平均厚度几乎为现代人的一倍，面骨粗大，眼眶深而宽阔，鼻骨很宽，鼻梁较平扁，颧骨高而向前，上颌明显突出，下颌宽大并向下后方倾斜。牙齿的齿冠和齿根都比较粗大，咬合面有复杂的纹理。北京猿人的肢骨仍然带有一些原始性质，如股骨稍稍向前弯曲、因管壁厚而使髓腔较小、股骨主干上部平扁等，但是其总体特征则与现代人相近。北京猿人遗址所发现的各种石器有1.7万多件，此外还有大量石片和石器。据研究，北京猿人采用砸击、锤击、碰钻等方法制造石核。据考证，北京猿人生活在距今约50余万年到40余万年之间。

大荔人

陕西省大荔县洛河第三阶地的沙砾层中，发现了一个不足30岁的男性头骨，这是约十万年前地质时代中更新世末期的人类化石。

仔细端详这个头骨，只见它有低矮的头顶，扁平的前额，粗壮的眉脊，一条横构在上方，沟的两端，脑颅前部向内侧渐缩渐窄，骨壁则显得很厚。这不和周口店的北京人很像吗？但再往下看，唇吻部不太前突了，颧骨要细弱一些，颅骨的最宽处也不接

大荔人头骨化石

近颅底了……这正是智人的特征。由直立人向智人过渡，人类又向前进了一步，离黄皮肤黑眼睛的华夏民族又接近了一些。

金牛山人

"金牛山猿人"发现于20世纪80年代中期，遗址在濒临渤海的辽宁营口县西金牛山的洞穴里。主要化石材料有一个较为完整的猿人头骨，此外还有脊椎骨、肋骨、腕骨、掌骨、趾骨，髋骨、尺骨、指骨、

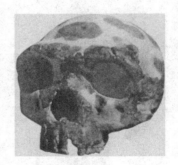

金牛山人头骨化石

跗骨等比较罕见的猿人骨骼化石50余件，并且这些材料全部属于一个个体，这是迄今东北地区发现的最古而又较好的人类化石，从而为研究猿人情况以及准确复原猿人体貌提供了方便。据测定，金牛山猿人的时代距今28万年左右。上世纪70年代中期，在金牛山西部的一处裂隙与洞穴堆积层中发现有旧石器时代初期和晚期的文化。其初期文化，从石器的打片技术、

中国通史

最新整理图文珍藏版

类型以及加工方式等方面的情况看，都与北京猿人的石器相似，具有明显的共同性。

金牛山考古现场图

剑齿虎、变种狼、中国貘、肿骨大角鹿和硕猕猴等活跃在茂密的森林和丛生的灌木中，三门马奔跑在广袤的草原上，门氏犀则在辽阔的水域里游泳……在辽宁省营口金牛山发掘出的石器和七十多种已经灭绝的动物化石，向我们展现了约20万年前到10万年前的这样一幅宏伟景象。它属于东北旧石器时代较早期的文化遗存。

贵州观音洞遗址

贵州观音洞遗址是长江以南最大的旧石器时代文化遗址，属于70万年前到40万年前地质时代的中更新世，因在贵州省西部沙井县的观音洞发现而得名。

观音洞是一个东西向裂隙而成的又窄又长的洞穴，里边堆积着两个时期的文化遗物。早期的属于中更新世早期，在含角砾的沙质黏土中，埋藏着大量石器和东方剑齿象、斑鬣狗、巨貘等哺乳动物的化石。晚期的属于中更新世晚期，在红土层堆积中，发现了石器和大熊猫、剑齿象等动物的化石。

石器是用硅质灰岩为主要材料，锤击打成石片，也有少量用碰砧法打成的石片。一些有加工痕迹的石器，加工的角度和方向还不很稳定。

观音洞文化和北京人文化，一南一北，交相映照，代表了旧石器时代文化的辉煌成就。

丁村人

从元谋猿人到北京猿人的这一段历史时期，在远古史上被称旧石器时代前期。这一时期人类的文化成就很多，最突出的恐怕要算用火了。人类在尚不知用火以前，在大自然面前还只能是奴仆，只有到这时，人类才第一次取得了支配一种自然力的能力，开始了人类改造世界的历史。北京猿人已知用火，这是他们在历史上建立的殊勋。可是，从人类取得物质生活资料的主要手段看，元谋猿人与北京猿人都还不过

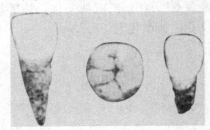

"丁村人"牙齿化石

是一群群采集者。平时主要靠采集野果、挖掘植物的块根填充饥肠，偶然猎获些小的或温驯的动物，吃顿烧烤野味，那就是难得的美餐了。因此，他们也就未能跨越原始人群的历史阶段。

又过了几十万年，到了旧石器时代的时期，一批批的采集者先后成长为勇敢的猎人了。这在考古发掘方面得到了充分的证实。

"丁村人"是上世纪五十年代初期在山西襄汾丁村一带发现的。这里有旧石器时代早期直至晚期的丰富文化遗存，其晚期文化距今约 7 万年左右。这里发现了属于一个十二三岁儿童的两颗门齿和一颗臼齿化石，其臼齿咬合面结构形态在猿人和现代人之间，齿冠舌面中部低陷呈铲形，与现代黄种人较为接近。另外一个大约两岁小孩的右顶骨化石，它比北京猿人小孩的顶骨薄，显示了人类体质的进步。发现的石制品有两千多件，石片和石器一般都比较粗大，类型有单边或多边砍砸器、石球、三棱大尖状器、鹤嘴形厚尖状器、刮削器等，其中以三棱大尖状器最具特色。从石器类型的多样性和制造技术看，丁村人的石器已经有了较明显的专业分工。

丁村人用角页岩、燧石和石灰岩制造砍器、砍器、手斧、石球、厚尖状器、小尖状器和多边形石器。最具特色的是大三棱尖状器——三面棱角使其威力大增。

丁村文化与西候渡文化、蓝田文化有密切关系，在类型上更接近于山西省芮城县风陵渡 60 万年前的匼河文化，是华北旧石器文化的典型代表。

马坝人

"马坝人"是上世纪 50 年代末期在广东曲江马坝狮头峰的岩洞中发现的。其中

马坝人遗址

有额骨、顶骨、眼眶和鼻骨，这些化石属于一个中年男性，仍有相当的原始性质，如眉脊粗壮，鼻骨较宽等，但是马坝人的头骨比北京猿人高，眉脊上方不再深陷，而是与额骨相续，脑容量估计有 1225 毫升，这说明它比北京猿人已经有了不少进步。这是一种比直立猿人更接近于现代人的古人。和马坝人一起被发现的哺乳类动物化石有熊、熊猫、犀牛、鹿、剑齿象等多种。马坝人的时代属于更新世中、晚期。

长阳人

"长阳人"发现于上世纪 50 年代中期，当时在湖北长阳下钟家湾龙洞发现附有两颗臼齿的左上颌骨和单独的一颗臼齿。其上颌的倾斜度没有北京猿人显著，所以前部不显得突出，既表现了进步的性状：其臼齿较大，咬合面有许多皱纹，构造比较复杂，犬齿隆凸明显，鼻腔底部较为平坦等，又表现出不少原始性。同出的还有熊猫、东方剑齿象等十多种哺乳类动物化石。洞中没有发现人类居留的遗迹或遗物，据分析，可能和马坝人一样，化石材料是由洞外被洪水冲进洞内的，其时代属于旧石器时代晚期，大约与马坝人相近。

中国通史

最新整理图文珍藏版

柳江人

1958年，在广西柳江通天岩发掘出一具骨骼，这是一个中年男性。他的头骨比现代人低，股骨干上部的肩平度介于北京人和现代人之间，上门齿舌面呈铲型，面部短而宽，眼眶低而扁，鼻孔较宽阔。体骨和股骨则显示体型比较矮，和现代东南一带的人相近。考古鉴定这是距今约5万至3万年前旧石器时代晚期的正在形成中的蒙古人种。

这是迄今为止发现的中国以至东南亚地区最早的晚期智人化石，对于人种的形成研究有重大影响。

许家窑人

在山西省阳高县许家窑村和河北省阳原县侯家窑村一带，考古学家们发现了10万年前到6万年前的人类化石20多块，属于地质时代中更新世末或晚更新世初。20多块化石分别属于十个不同的人类个体，经考古研究，他们总体上已经属于早期智人。

智人们已经能制造更进步的石器和骨器。发掘出来的石器多达1.4万件，以石英和燧石为主要原料。用厚石片加工成的

许家窑人顶骨化石

许家窑遗址近景

龟背形状的刮削器、细小石器和石球，成了许家窑文化的象征。

1976年中国科学工作者来到山西北部的阳高县许家窑村，发现在一个遗址中埋葬了五、六万斤野马的骨头。骨头都被砸碎了，显然是被食用后遗弃的。发掘者们又找到了许家窑人打制的1500多个石球。原来，草原上的许家窑人是使用飞石索猎马的能手。

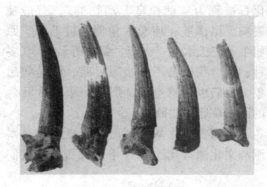
许家窑角器

这堆石球在地下已沉睡了近十万年，它是旧石器时代中期的典型文化遗存。石球的大批制作表明，在旧石器时代中期，原始狩猎经济已进入大型围猎的阶段。大型围猎则要求人们必须有明确的分工，密切的协作，猎人们的首领还必须有相当的威望，否则，围猎生产就无法进行。生产的不同形式决定了生产关系，以至社会关系的不同形式。大概就在这一时期，大型

围猎经济引起了生产组织、社会组织与之相适应的变革，原来在采集经济中形成的原始人群，开始向更有组织的氏族制度过渡了。在历史上历经近十万年的氏族制度也就从这时开始萌芽了。

河套文化

河套文化是约5万年前至3万年前的旧石器时代留下的遗址，在内蒙古萨拉乌苏河六湾沟一带的峡谷峭壁上。在河、湖生成的细沙、淤泥和风成的沙丘底层，发现了丰富的动物化石。其中有晚期智人化石23件，包括额骨、枕骨、肩胛骨、胫骨和牙齿等。还有用石英和燧石打制的刮削器、尖形器、楔形石器、钻具和雕刻器等共五百余件。这些石器的特点是器形小巧，因而被命名为"细小石器"。这里的动物化石被称为"萨拉乌苏动物群"，有最晚鬣狗、诺琪驼、河套大角鹿、披毛犀、原始牛、王氏水牛、赤鹿、蒙古野马等30多种，虽然我们已不能亲眼目睹，可是凭想象，我们也能感觉到，那是一个多么壮观的原始草原动物园！

与河套文化基本同时，宁夏灵武县水洞沟文化遗址出土了一千多件石器，它们

河套人顶骨化石

包括用硅质石灰岩、石英岩、砂岩、燧石等作原料打制的刮削器，以及柱状石核和长石片。

河套文化和水洞沟文化的遗址里都有人工使用火的痕迹，这代表人类的文明已开始持续发展。

峙峪文化

在山西朔县，桑乾河上游，发现了峙峪遗址。这是一个约3万年以前的文化遗址。

峙峪人使用的石器

有一块晚期智人的枕骨化石，还有2万多件石器和不少骨器。这些石器的原料有脉石英、硅质灰岩、燧石和火成岩等，都是从当地的沙砾岩层中就地取材。智人们用它们打制规整的尖状器、刮削器、雕刻器等细小型石器。

穿孔石墨装饰品，骨制尖状器，有刻画痕迹的骨片，显示出峙峪遗址中的居民已经有了初步的文化审美意识。

安阳小南海文化

1960年，在河南省安阳市小南海附近的岩洞中，发现了大量石器和18种动物的

中国通史

最新整理图文珍藏版

化石，时间约在距今2.3万年以前。遗址堆积厚达8米，从上到下分为七层，器物主要在第五层和第六层中。

根据动物化石考证，这个岩洞先是斑鬣狗的巢穴，掌握了火的人类强占为自己的居所。

小南海文化石器的制造技术已经比较进步。和石锤打击燧石石料，制作固定类型的石器。细小石核和长条石叶，已经是雏形的细石器。

动物化石表明，洞熊、安氏鸵鸟、披毛犀等，都成了愈来愈强有力的人类的俘获物，人类在自然界中已居于主宰地位。

长滨文化

在台湾东部长滨八仙洞，也发现了旧石器时代的文化。八仙洞是海水侵蚀成的十几个洞穴，包括潮音洞、乾元洞、海雷洞等。最典型的长滨文化在乾元洞，共有四层堆积。第一层是新石器时代层，第二层是红色土层，可能属于更新世，第四层是海滩粗砂质。旧石器时代文化层在第三层，是浅灰土层，距今大约1.5万年。

长滨文化的石器，是用硅质砂岩、橄榄石、石英岩、石英和玉髓等砾石为材料打制而成。主要是石器刮削器、尖状器和砍砸器，石核石器则比较少。这些石器的类型和大陆南方的许多旧石器时代遗址基本相同，体现出不同地域间同一种族的均衡发展。

台湾南部则有左镇人，这是1970年在左镇菜寮地区发现的一块人类头骨化石。时间约在1万~3万年以前，属于旧石器时代北京人的一个分支，和山顶洞人属于同一时期。此外还发现了大熊猫、剑齿虎等动物群化石，和同期福建、广东、广西的动物群化石一模一样。

这些化石无声地宣告：台湾人就是中国人，台湾从来是中国的一部分，种族的亲缘关系是谁也割不开的。

大窑文化

公元前17000到公元前10000年间，内蒙古呼和浩特东北的大青山前丘陵地区，是一个旧石器早期制作场所，也是一文化聚集地。

晚期更新世的粉砂质黄土层，黄土上端，有一层黑色垆土。厚厚的石片、石器、石渣层，分布在黄土和黑土当中。这些石头大多数是制造石器时留下的半成品和废品。研究表明，这是一个石器制造所的遗址。出土的少量石器有砍砸器、尖状器和刮削器等几种，龟背型的刮削器有比较固定的形式，看来是这个作坊的名牌产品。

大窑村四道沟剖面

从这个作坊中生产的石器分发到当地和附近的原始居民手中，他们用来剥兽皮，刮兽肉，加工皮革以御寒。衣食问题就都得到解决了。因而，从此也可判断出这个时代的居民集居性。

下川文化

山西省东南部，有一座雄伟的中条山，下川遗址正是在此发现的。下川在历山东麓，是一个山间盆地，盆地边缘第二阶地晚于更新世末期灰褐色亚黏土地层中，发现厚10米分为上、中、下三层的连续沉积的土状堆积。这就是下川文化最典型的文化遗址，距今约2.4万～1.6万年。这已经临近旧石器时代的尾声。

下川文化上层，主要是用燧石打制的细小石器，石锯、琢背小刀、石核式刮削器和微型尖状器，做工已经比较细致，代表了旧石器时代制作技术的最高水平。中、下层是用砂岩、石英岩打制的粗大石器，种类也相当丰富，有石核、石片、尖状器、刮削器、砍斫器、石锤、磨盘等。

工具的进步就是文化的进步，在峙峪文化和新石器文化之间，下川文化是一个重要的发展环节，在二者间起到了承前启后的作用。

中石器文化

中石器时代，也叫续旧石器时代，这是旧石器时代向新石器时代过渡的转折期。从地质年代说，这时是全新世，属于冰后期。

约1万年以前，中国开始步入中石器时代。但是发展却不平衡，当中原地区已经完成了转型而进入新石器时代以后，边远的一些地区仍然停留在中石器文化时代。

此时的气候比旧石器时代变得更暖和了。人类仍然靠采集植物果实、打鱼和狩猎生活，还没有发展出农业和畜牧业。但用间接打击法制作的细石器变得更流行，更典型。一些用磨制法做成的石器也出现了。

从考古发掘来看，这个时期还有些朦胧，遗址调查出来不少，但出土的文物还不多，因而无法完全判断当时的文化状况。

怀仁县的遗址和内蒙古大窑、广东省西樵山的另外两处，是中国历史前时期的三大石器制造场所。

山西省怀仁县鹅毛口村附近，1963年发现了公元前6000～公元前3000年间2万平方米的一处中石器制造遗址。发掘出来的石器除了有大砍斫器、三棱大尖状器等之外，特别引人注目的是一些石斧头、石锄头、石镰刀等，这是中国最早的农具，中国人开始经营农业的证据。这些农具的制造程序是先打制毛坯，再敲击凸棱，最后磨光。这种制作过程生动地说明了从旧石器时期向新石器时期的演变。

一万年前的祖先扛着这些原始的农具日出而作，日入而息，逐步地脱离单纯狩猎的生活。他们迈出了历史前进的关键一步。

天山岩画

新疆伊犁的阿泰勒和塔城的尔塔拉等一些地区，有多处距今约1.7万年以前的岩画。天山以北的岩画中，经常可见牛、马、羊、狗、鹿、熊和鸟类等飞禽走兽，还有打猎的画面。尼勒克县的夏草场岩壁上，就刻着一个猎人拉弓搭箭，瞄准正在逃跑的野鹿，而三只猎狗则跟着主人奔驰追捕。裕民县，"红石头泉"的一块岩石上面，则是一幅美丽的放牧图：一群牛和羊在一顶帐篷周围游荡，一个牧人伸出双手在驱赶他的牲畜。还有一个牧人则骑在马上，正在追赶那些离群的牛羊。岩画的发现不仅证明了当时人的审美艺术水平，也体现出当时的人类生存状况。

山顶洞人

山顶洞人是母系氏族公社的早期阶段。

他们是接近现代人的"北京人"。这些公元前 19000 ~ 公元前 10000 年的化石发现于北京周口店北京人遗址的山顶洞。这是一个洞穴堆积，洞口朝北，里面分上室、下室和地窖。东南部是上室，东西长 16 米，南北宽 8 米，是山顶洞人起居坐卧的

山顶洞人居住遗址

山顶洞人复原像

地方。洞西北部是下室，深达 8 米，保存着三具完整的人骨化石，可能是葬地。地窖里则有大量的动物化石，看来是贮藏食物等生活用品的仓库。

山顶洞发现的人类化石，属于 8 个不同的个体，男女老少都有。检测表明，男性身高 1.74 米，女性身高 1.59 米，平均脑容量已经有 1,300 到 1,500 毫升。无论身体外形还是智力，山顶洞人都已经和现代人没有太大的差别。对头

骨、面骨等作考古测量和分析，发现山顶洞人与蒙古人种比较接近，但也有个别其他人种的特征。

在山洞遗址中发现了一枚骨针，这枚骨针长 82 毫米，只有火柴棍那样粗，针身微弯，刮磨得很光滑，针眼细小，针尖锐利。山顶洞人要制作这样一枚精致的骨针，是很不简单的。必须经过切割、刮削、挖眼、磨制等一整套复杂技术。这枚骨针的发明，意味着山顶洞人已经有了相当的缝纫能力，能够制作原始的服装了。他们将猎取到的赤鹿、斑鹿、野牛、羚羊、狐狸、獾、兔等野兽皮毛剥下，然后用鹿的韧带作线，拼合缝制成色彩斑斓的衣服，以御风霜寒流的侵袭。

山顶洞人还使用打制石器，但是已经开始采取磨制和钻孔技术来制造石器、骨

山顶洞人制造的单刃刮削器

器。他们把砾石、兽骨、鱼骨和海蚶壳串起来，并且赤铁矿粉染在小孔中，作为佩带在脖子上的装饰品。可见当时人们已经有爱美的观念，生活也丰富起来了。更引人注目的是，山顶洞人在死者的身体上撒上含赤铁矿的红色粉末。红色的赤铁矿粉末象征鲜红的血液，他们显然认为血液就是生命的来源。死者被头朝东、脚朝西放置，可能认为灵魂在东方产生而归于西方。撒铁粉大概也伴随一些简单的仪式，祈祷死者的亡灵在另一个世界永生或再度投胎复活。

有了葬礼，也就有了审美观念和灵魂观念。原始的宗教萌芽了。

山顶洞人的种种文化成就，反映着当时的社会组织已有长足的进步。就说山顶洞人那充满对死者怀念之情的埋葬习俗，就显然是在氏族制度的长期生活中逐渐形成的。这种人和人的关系表明，那时的氏族制度经过几万年的发展已逐步形成。

仰韶文化

公元1920年，在河南省西北部的渑池县仰韶村发现了一种原始文化。其中最引人注目的是画有花纹的彩色陶器。依照考古学上的惯例，往往是以最先发现的遗址所在地来命名，这种文化就被称作"仰韶文化"。

仰韶文化是目前所知黄河流域新石器时代较早的一种文化。它的年代约是公元前5000年到公元前3000年。仰韶文化主要分布于黄河中游一带，包括陕西的关中、山西南部和河南大部分地区。它西面可到达甘肃洮河流域，东面到河北中部，北面到内蒙南端，南面到汉水上游。遗址一般都在靠近河流的黄土台地上。

仰韶文化是母系氏族公社兴盛繁荣的

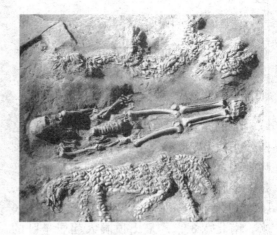

仰韶文化·龙虎图

时代，已经有发达的定居农耕文化。在各遗址的发掘中就发现了粟、黍、高粱和芥菜、白菜籽等。氏族中人聚族而居，有公共的墓地，村落里的居室大小、内部陈设，墓地的安葬仪式和随葬品，各遗址都大致相同。

仰韶文化内涵丰富，有大量磨制的石器工具发掘出来，在临潼姜寨遗址还发现了黄铜片，是已发现的中国最早的铜质用品。但最能集中表现仰韶文化特征的是彩色陶器，发掘出的主要的陶器类型是手工制作的泥质红陶和夹砂红陶。泥质陶上有绘彩，一般是在陶器外壁上部用黑彩绘出几何图案或者植物和动物花纹。夹砂陶器上则大都拍印着粗的或细的绳纹。陶器的形制也多种多样，有盆、钵、斜沿罐、细颈瓶、深腹瓮、平底碗、小口尖底瓶等，

仰韶文化·彩陶篦形器

中国通史

最新整理图文珍藏版

还有少量的釜、鼎和灶。以彩陶为特征，仰韶文化又叫彩陶文化，陶器上的纹彩颜色标志着人的生命愈来愈色彩缤纷了。

仰韶文化·彩陶双连壶

半坡遗址

约公元前 5000 年到公元前 4500 年间的陕西省西安半坡遗址，是仰韶文化的早期代表。遗址出土了丰富的陶器，形状多姿多彩：直口弧形平底或圆底钵、卷唇斜弧腹或折腹圜底盆、平唇浅腹平底盆、直口尖底瓶、蒜头细颈壶、侈口鼓腹平底罐、短唇钦口直腰或鼓腹小平底瓮，等等。这些陶器上绘画着简单朴素而颇有意趣的纹饰，有本色的绳纹、弦纹、线纹、指甲纹、

船型彩陶壶

锥刺纹等，也有彩陶上的红底黑彩和红彩的动物纹、植物枝叶纹以及几何图案纹。鱼、羊、鹿、蛙、人的脸，栩栩如生；三角、圆点、折波……耐人寻味。特别是双人鱼面纹，更是优美奇特，已经富有抽象和象征的倾向。是半坡文化中独特的审美特征。

半坡出土的陶器中有一种陶甑，分上下两层，中间有气孔相通，下边起釜的作用，上边起蒸屉的作用。这说明半坡人已懂得利用蒸气了。半坡人制作的尖底瓶，小口、大腹、尖底、打水时可自行歪倒灌满，巧妙地利用了重心的原理。陶器上的纹饰告诉人们，半坡人已懂得计数，并有了等边三角形和平行四边形的知识，人类向文明又前进了一大步。

鱼纹彩陶盆

半坡遗址中出土了许多磨制的石斧、石镰，以及蚌镰和陶镰，还发现有窖藏的粟（即谷子），在一个小陶罐中还存放着一些菜籽。这些东西是在一个可以居住四、五百人的村庄遗址上发现的。这座居住区的中心有一座大型房子，大房子四周分布有几十座中小型房子，小房屋之外有一条深宽五、六米的壕沟围绕着，形成一个完整的氏族村落。村庄遗址中除屋室外还有窖穴和栅栏，屋中还放置有许多盆盆罐罐。这种种迹象表明，半坡的原始居民们已在

这里长期定居了，人口已比较兴旺了，有计划的种植经济早已成为他们生活的主要来源。这种状况还可以用考古学家的一个统计数字来表明：经历了一百六七十万年的旧石器时代的原始人类遗址，目前被发现的只有60多处；而只经历了几千年的新石器时代的先民遗址，目前被发现的多达六千多处。不言而喻，新石器时代氏族公社已进入繁荣发展的时期了。

半坡遗址的房屋窑穴等，也都很有特点。半坡的房屋，居住面和墙壁都是用草泥抹成，有一个方形门槛，两侧围起小墙，横在门道和屋室间，屋中有一到六根柱子，屋当中则有一个灶坑。在房子中间，则夹杂分布着窑穴，窑穴的直径一般在1米左右。

细石器文化

长城外有一种细石器文化，同中原的新石器文化略有不同。它的特征是用燧石制成细小而锐利的锋刃，嵌在骨刀或骨枪上，黑龙江省昂昂溪，内蒙古自治区的海拉尔和林西县以及新疆维吾尔自治区的三道岭子等地方都曾发现过细石器文化，其中最重要的是昂昂溪遗址。

昂昂溪遗址有砺、刀等石器，有大小枪头、鱼镖、锥等骨器。石器中没有发现石斧，骨器多属渔猎工具，陶器全用手制，多是棕色，花纹简陋，数量极少。依据这些器物，推测当时农业生活正在开始，主要还是渔猎生活。这个遗址的年代现在还不能推定。

林西遗址陶器有灰、黑、褐、黄、红五种，多是轮制。有细石器，又有斧、犁、铲、手磨盘等石器。说明当时已过着农业定居生活，比昂昂溪文化前进了一步，时间应该稍晚一些。

河姆渡文化

公元1976年，考古学家在浙江省余姚县河姆发现了一种新的原始文化——河姆渡文化。它是中国长江流域下游地区古老而灿烂的新石器文化，因首先发现于浙江余姚河姆渡而命名，主要分布在杭州湾南岸的宁绍平原及舟山岛，其年代为公元前5000年～公元前3300年。河姆渡文化遗址共分四层：第三、四层和一、二层分别代表其发展的早、晚期。早期：约公元前5000年～公元前4000年，陶器以夹炭黑陶为主，器形有敛口或敞口肩脊釜、直口筒式釜、颈部双耳大口罐、宽沿浅盘等等。晚期：约公元前4000年～公元前3300年，夹砂红陶和红灰陶占绝对优势，器形有鼎、落地式两足异形规、垂囊式等。

漆木碗

河姆渡文化的农业以种植水稻为主。在其遗址第四层较大范围内，普遍发现稻谷遗存，有的地方堆积着0.2米～0.5米厚交互混杂的稻谷、稻壳、稻秆和稻叶，稻类遗存数量之多，保存之完整，是中国新石器时代考古史上绝无仅有的，经过科学鉴定，主要属于稻籼亚种晚稻型水稻，它与马家浜文化桐乡罗家角遗址出土的稻谷，年代均在公元前5000年，是迄今中国最早的稻谷实物，也是世界上目前最古老的人工栽培水稻,河姆渡文化的农具除石斧等石质工具外,最有特色的是大量使用骨耜。骨耜是一种翻土工具,它们用水牛等大型哺乳动物的肩胛骨制成。此外,遗址中出土成堆的橡子、菱角、酸枣、菌类、藻类、葫芦等植物遗存,反映了当时采集业较发达。

河姆渡文化的骨器制作比较发达,有耜、镞、鱼镖、哨、锥、匕、锯形器等器物,磨制精细,一些有柄骨匕、骨笄上雕刻图案花纹或双头连体鸟纹,堪称精美绝伦的实用工艺品。发达的木作工艺是河姆渡文化手工业的又一特色,已出土的许多建筑木构件上凿卯带榫,尤其是发明了较先进的燕尾榫、带销钉孔的榫和企口板。在第三层出土的一件木质漆碗,瓜菱形圈足,外表涂有红色涂料,微显光泽,经鉴定与马王堆汉墓出土漆皮相似,为生漆,这是迄今中国最早的漆器。

河姆渡出土大量野生动物遗骨,有哺乳类、爬行类、鸟类、鱼类和软体动物共四十多件,其中鹿科动物最多,仅鹿角即有四百多件,其他像淡水鱼在遗址中到处可见,生活在沼泽地的鸟、鱼等动物骸骨亦较常见,这些东西是当时主要的猎狩、捕捞对象,使用的渔猎工具有骨镞、木矛、骨哨、石丸、陶球等。

河姆渡文化的主要建筑形式是栽桩架板高于地面的干栏式建筑。在遗址各层都发现了与这种建筑有关的圆桩、方桩、板桩、梁、柱、木板等木构件,共达数千件。干栏式建筑是中国长江以南新石器时代以来的重要建筑形式之一,目前以河姆渡发现的为最早,与北方地区同时期的半地穴式房屋有着明显区别。

河姆渡文化的早期遗存与马家浜文化罗家角类型,年代相当,陶器中的六角形口沿的盘盆类和弧敛口双耳钵等制形相接近,表明两者之间存在一定的联系。而河姆渡文化晚期则分别与马家浜文化马家浜类型和崧泽文化大体同时,马家浜类型的素面腰沿釜,在河姆渡文化晚期偶有所见,而河姆渡文化晚期富有特征的垂囊式,在马家浜类型中也有个别发现。河姆渡文化晚期可能受到马家浜文化、崧泽文化的强烈影响。以河姆渡文化为代表的长江下游发达的新石器文化,比同时期的黄河流域毫不逊色,其中某些文化因素,如夹炭黑陶中的鼎、豆、壶为代表的礼器组合,水稻的栽培,为以后的商、周文化所吸收,成为当时最具代表性的特征。因此长江下游地区的新石器文化也是中华文明的重要渊薮,代表中国古代文明发展趋势的另一条主线,与中原地区的仰韶文化截然不同。

阴山岩画

在我国阴山山脉发现了许多远古时代的岩画,其中大部分作品产生于新石器时代至青铜时代,匈奴人的祖先起源于阴山山脉和内蒙古大草原,匈奴先民的作品在阴山岩画里时代最早,数量最多,分布最广,艺术价值最高。

岩画中共出现了20余种动物,有虎、狼、豹、黑熊、野猪、野马、野驴、羚羊、黄羊、岩羊、盘羊、北山羊、牦牛、羚牛、鹿、驼鹿、大角鹿、白唇鹿、梅花鹿、狐狸、兔子等。匈奴人的祖先在阴山这处天然牧场狩猎,行猎方式有单人猎、双人猎和围猎。有的岩画上还画着出猎前的人双手高举,正在向神祈祷,求神保佑他们出猎平安和顺利。当日头落山,头上戴着鹰羽毛装饰的猎手们拖拉着猎物,回到车辆和穹庐中,匈奴的先民用山中的木材制造弓箭、帐篷和车辆。从岩画中还能看出,匈奴先民已经有自己崇拜的宇宙神灵,最伟大的神是太阳神。

磁山文化

磁山文化分布在河北省南部地区，以1933年第一次发现的河北武安县磁山遗址命名。这是公元前5400年到公元前5100年的原始人留下的遗址。

磁山文化·石雕人头

磁山的八十个窑穴中，腐朽的粮食粟到处堆积着，有的厚达2米多高。而出土的农具则有石斧头、石镰刀、石铲子、石磨盘等，不过和裴李岗相比，镰刀不带锯齿，磨盘则呈柳叶形状。磁山人也属于种粟的农业文化。

磁山人已经在养家畜，出土的鸡、猪、狗、牛的骨骼提供了证据。他们也去打猎、

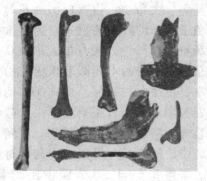

磁山文化出土的鸡、狗骨骼，是世界上已知最早的养鸡遗迹。

磁山文化陶盂

捕鱼，所以也有鹿类、鱼类、蚌类、龟类和鸟类的骨骼。

磁山人也会烧陶，出土的陶器残片显示，他们以外泥条盘筑法和捏塑法制造手工艺品，主要产品是夹砂陶，有红色的、褐色的、灰褐色的。据研究，这种陶使用陶窑技术在摄氏700度到930度之间烧成。

农耕、饲养、渔猎、烧陶，这就是磁山人的生活方式。

城头山古城

湖南省常德地区澧县车溪乡牛头村，发现了一座古城遗址，面积达8万多平方米。这座叫城头山的环形土山人工堆积痕迹十分明显，经考古测定，这是一座废弃了的古城，对遗址中发现的陶器、陶片等作同位素碳十四检测，证实这些文物和夯土层都是公元前4000年间的遗物。在古城西面的考古探沟中，是公元前3000年的护城河所在地，现在是一片池塘。从这里挖出了公元前4000年间的古城筑濠水沟。在古城墙夯土基底下，出土了早于筑城年代的田螺、冬瓜种子、稻谷、核桃等实物，还有完好的板凳、船桨和舵。在连接澧水支流的护城河边坡岸泥中，发现了当年先民们修城墙用于挡岸泥、防崩塌的芦苇席墙。在古城中心地段，房基、柱洞、房间

痕迹都清晰可见，还有一条横贯古城东西的用红烧土烧筑的宽达 2 米的路，路旁有排水沟。一切都表明我们的先民已经过上丰富的生活了。

北辛文化

釜形锥足鼎，敞口浅腹釜，小口短颈双耳罐，深腹圆底罐，深腹红顶碗。这样几件陶器，就是北辛文化的典型代表。

北辛文化指甲纹红陶钵

北辛文化又叫青莲岗文化，遗址在山东省滕县东南约 25 公里处，面积约五万平方米。时间在公元前 5400 年到公元前 4400 年之间。这里出土的陶器有两种：陶质比较软而呈黄褐色的夹砂陶，陶质相对硬而颜色为红色和红褐色的泥质陶。它们上面的纹饰也有许多种：堆纹、压画纹、乳钉形纹、指甲纹、堆刺纹。堆纹最具特色，以几条窄短的泥条成组排列，结构出各种纹类花样。在陶器的底部发现了粟糠印痕，这说明北辛文化主要是农业经济文化，当然也还有一定比例的狩猎和采集经济。

当然也有丰富的石器出土。磨制石器有铲、刀、镰、磨盘、磨棒等，磨盘大多数无足，平面呈圆三角形。骨角牙器电不少，有镖、镞、凿、针、匕、笄、鹿角锄等。还有用蚌壳制造的铲子和镰刀、用陶制的锉子和网坠等工具。

北辛文化不是孤立的，山东的滕县孟家庄、兖州王因底层、泰安大汶口底层等，都有相同类型的遗存发现。后来的大汶口文化可以直接追溯到这些遗址，可谓渊远而流长。

姜寨文化遗址

姜寨遗址大约建立于公元前 4600 年～公元前 3690 年。在陕西临潼县城北姜寨发现的姜寨遗址，总面积约 5.5 万平方米。就现已揭露的面积 1658 平方米来看，它是黄河流域保存较为完整的以仰韶文化为主的聚落遗址，也是迄今中国新石器时代聚落遗址中发掘面积最大的一处。

姜寨遗址仰韶文化堆积由下到上依次为半坡类型（一期）、史家类型（二期），庙底沟类型（三期）和西王村类型（或半坡晚期类型四期）。经放射性碳素断代并经校正其半坡类型的年代约为公元前 4600 年～公元前 4400 年，史家类型约为公元前 3690 年此外，在遗址的最上层，还残存少量的龙山文化遗迹，可谓遗产丰富，为学者们提供了大量的研究资料。

姜寨遗址中半坡类型村落布局分为居住区，烧陶窑场和墓地三部分。居住区西南以临河为天然屏障，东、南、北三面有人工壕沟环绕，面积约 1.8 万余平方米。居住区中心有一面积较大的广场，四周地势较高，有五组建筑群共 100 余座房子，

姜寨少女墓出土的随葬品

姜寨新石器时代聚落复原图

东、西、南三面各一群，北面两群，每个建筑群以一大型房屋为主体，附近分布着十余座或二十余座中小型房屋，房门均朝向中心广场。房屋附近更分布有储藏物品的地窖群、二座家畜圈栏和幼儿瓮棺葬群。居住区周围挖有两条宽深各约 2 米的壕沟，在东部留有通路。沟外东北及东南有三片墓地，另有零散的窑场。其房屋建筑，房基平面多呈方形或圆形，分大、中、小型三种。有地穴、半地穴和地面建筑三类。大型房址皆为方形，其中半地穴式及地面建筑各二座，面积均为 80 平方米左右，有门道，门内设一大型深穴连通灶坑。中、小型房址一般为 20 平方米左右。有少数居住面用草泥涂抹并经火烧。半地穴式者下部以穴壁为墙，穴壁四周还有若干小柱洞。地面建筑多以木骨涂草泥为墙。

在遗址中，共发现墓葬六百多座，其中半坡类型墓葬约四百座。成人土坑墓集中在沟外的墓地，儿童瓮棺葬大部分散或成群分布在房屋附近。史家类型墓葬约200余座，除少数瓮棺葬处，大都为土坑葬，并盛行多人二次合葬。半坡晚期类型墓葬极少。

从姜寨遗址的布局可以看出，姜寨是一座有 5 个氏族聚居的村落。代表了母系氏族社会的社会结构。据民族学研究，聚落内的大、中、小房屋各有其不同功能：小型房屋是成年女性过配偶生活的住房。中型房屋是供一个家族使用，女性族长与老人及未成年儿童居住在这儿。大型房屋供氏族使用，集会、议事和庆祝活动在这里举行。在这种母系氏族社会中，家庭是一个生活单位，没有独立财产。实行对偶婚制，男女双方没有经济上的联系。属于各自的氏族部落，子女由母亲抚养，只认其母不认其父。一个家族以老母亲为核心，兄弟姐妹共同劳动，产品平均分配，家族中人人平等。几个姐妹家族合起来构成一个氏族。姜寨即可能是几个有血缘关系的氏族的聚落。

另外，在姜寨遗址中发现许多精美陶器，反映出仰韶文化制陶业的发展水平，陶器上的装饰性图纹也反映了当时人们的生活状况及生产方式。仰韶文化的陶器制作从陶质、造型、装饰到焙烧技术都已相当成熟。彩陶最著名，陶器上的图案生动、明快，富于装饰美，题材多样，动物纹和植物纹占较大比例，这些动物有的是部落崇拜的图腾，有的是原始人渔猎的对象。姜寨遗址出土的彩陶花纹新颖别致，陶盆

原始人磨制石兵器（景观）

中国通史

最新整理图文珍藏版

内壁对称的鱼、蛙和人面纹，笔法古朴简练，为原始艺术的珍品。部分陶器上的刻画符号，为研究中国原始文字的起源提供了线索。史家类型的鱼鸟彩陶葫芦瓶是首次发现的新器物。此外，在一座墓穴里出土的一套绘画工具，有石砚、砚盖、磨棒、陶杯及黑色颜料，为中国迄今发现的最早石砚和美工用品。

可以看出，姜寨遗址完整地展现了母系氏族社会的社会结构与生活形式。它的发掘为研究关中地区仰韶文化的发展次序提供了宝贵的实物依据。

太湖区马家浜文化

约公元前 4700 年到公元前 3200 年间的马家浜文化分布在太湖地区，有马家浜、罗家角、圩墩、草鞋山等许多遗址，范围大致从西北到江苏常州一带，南达浙江钱唐江北岸。

陶器、玉器和俯身葬是马家浜文化的三个特点。陶器以红陶为主，是外红里黑或表红胎黑的泥质陶器。陶质炉、三足壶等形状的器皿是其他文化所没有的独家创造。玉璜、玉玦等装饰品则是中国玉器的滥觞。俯身葬的盛行也是与其他文化不同的一种埋葬风俗。

马家浜·镂空黑衣陶壶

马家浜文化是以农业生产为主的文化，农作物以水稻为主，罗家角遗址中出土的粳稻，是公元前 5000 年的遗物，这也是中国最早的粳稻。对马家浜、圩墩等遗址中兽骨的分析，说明那时被渔猎的动物有野猪、獐子、草龟、鲫鱼、鼋等，还有梅花鹿和四不像，古老的渔猎生产方式仍占较大比重。

红山文化

可以说，红山文化是中国北方新石器时代文化的重要代表，它的得名缘于 1935

红山文化·碧玉龙

年在内蒙古自治区赤峰市红山发掘而出。分布于辽宁、内蒙古和河北的交界地带，除具弧形篦纹陶和细石器等遗存外，还有彩陶共存，农业经济的色彩也更加显著，它与以彩陶文化著称的仰韶文化联系较为密切。经过发掘的遗址还有赤峰蜘蛛山、西水泉、敖汉旗三道湾子、四棱山、巴林左旗南杨家营子等。相对年代大致与仰韶文化相当。放射性碳素断代测定为约公元前 3500 年。

考古学家发现，红山文化的遗物有石器、陶器和精美的玉器。石器以磨制为主，而以掘土工具最具特色，有烟叶形和鞋底形两种，形体较大。收割工具有通体磨光

雄伟的红山

的桂叶形石刀，背部有穿孔，加工工具有石磨盘、石磨棒，此外还有打制的砍砸石器和石镞、石核，加工都很精细。陶器有夹砂和泥质两种，均手制。夹砂陶多为褐色，作为餐厨和容器，器表留有炊烟痕迹。主要器形以大口深腹罐和斜口罐为代表，器底有编织物的印痕。泥质陶器多为红色，有钵、盆、罐、瓮、碗等，主要饰纹是黑色或紫色的彩绘，彩绘内容以平行线纹、三角形纹和鱼鳞形纹为主，这种具有丰富彩绘陶器的遗址在北方地区是仅见的。最能体现红山文化手工艺水平的则是制玉工艺，其玉器制品分三类：一类是写实的动物群，有鸟、蝉、鱼、号鸟等；二类为人的装饰品，有长方勾云形佩饰、三连环佩饰；第三类是虚构的玉龙、玉虎、玉兽等形象。这些反映了其制玉工艺水平的高超。

在建筑方面，红山文化的房屋建筑多为方形半地穴式，已发现的有在喀左东山嘴的石砌建筑群和牛河梁的"女神庙"建筑遗迹。东山嘴石砌建筑的中心是一座大型房基，东西长 11.8 米，南北宽 9.5 米，房基周围是石墙基，成对称状，房基前面有石圈形台址和多圆形石砌基址。"女神庙"的主体建筑既有主室，又有侧室，以

中轴线左右对称，另配附属建筑，形成多单元对称、以主室为中心的殿堂雏形，对研究我国五千年前早期寺庙的起源与形式提供了珍贵资料。

红山文化的墓葬共发现十五座，其中三官甸子遗址中五座，牛梁河遗址中三座。三官甸子墓地以土坑石棺墓为主，大墓在墓地中心，附葬大量的玉雕饰品，小墓短、窄，且无随葬品。墓地中常有附属建筑和出土祭祀明器。牛河梁遗址墓内堆满石板，墓外随葬彩陶筒形器，中心主墓墓室建造规整，单人墓随葬品多而精美，次墓简陋，随葬器或少或无，表示墓主人间身份地位等级的悬殊差别。

另外，红山文化的遗址内发现的大量石刀、石磨、磨棒等收割和加工工具，表明红山文化居民过着定居的原始农业为主的生活。同时存在的一些猪、牛、羊的骨骼和石镞、鹿、獐等动物的骨骼说明当时的畜牧业和渔猎技术也达到一定水准。

马家窑文化

考古学家声称马家窑文化集中反映了甘青地区的原始文化，延续了仰韶文化的一枝并揉进了地方特色，形成一个以甘肃为中心，东至陕西西部、西达河西走廊和青海东北部，北及甘肃北部和宁夏南部，南抵四川北部的地方性原始文化，延续至齐家文化。它包含了石岭下类型、马家窑类型、半山类型和马厂类型四个发展阶段。

从马家窑遗址可推测：马家窑文化的自然环境很适宜人类生存。我国北方地区较普遍的旱地农业比较发达，主要种植粟和黍。农业生产工具有翻地用的石铲，收割用的石刀、骨剔刀，用作谷物加工的磨盘、磨棒、石杵、石臼等。饲养业在马家窑文化中占有重要地位，主要饲养牛、羊、

新石器时代阴山岩画·人面纹

展。石器磨制技术，石、陶制作的纺轮、串珠等装饰品，在当时都已经比较普遍。在甘肃东乡林家遗址中出土的铜刀和铜碎块，为我国发现的最早的青铜制品，证明当时已初步掌握了制铜技术。

马家窑文化的房屋主要分布在黄河及其支流两岸的土地上，缘水源而居的情况相当明显。房屋的建筑形式较多，有半地穴式的方形房屋，平地起建的圆形房屋和多间相套、平地起建的房屋。房屋结构的演变，说明氏族大家庭逐步向小家庭过渡。马家窑文化的墓葬反映了当时母系氏族社会向父权社会过渡时，出现了严重的贫富分化现象。墓葬的形制有长方形、方形土坑竖穴墓、圆形墓、椭圆形墓、不规则形状墓等。在兰州土谷台发现的土洞穴墓，把我国洞穴墓发生的历史上溯到新石器时代。葬具主要有木棺和石棺，也有没有葬具的。葬式主要有仰身直肢葬、屈肢葬、俯身葬，二次葬和孩童用的瓮棺葬。以单人葬为主，也有多人合葬墓，并出现了家族合葬、集体合葬及主仆合葬现象，表明当时已经出现了阶级分化。随葬品有生产工具、生活用具和装饰品三大类。随葬品的多少差异很大，而有的空无一物，有的却有原始的鼓。多用日用陶器及珍稀陶器随葬的，则为氏族中有地位之人，领主、族长之类。

猪、狗等家畜和鸡等家禽。渔猎业已退居二位，作为农业和饲养业的补充。狩猎工具多为石制或骨制，如石镞、骨镞和石弹丸、矢簇等，狩猎对象主要为鹿类。

马家窑文化的制陶业相当发达，创造了灿烂的彩陶文化。当时的制陶规模相当大，原始氏族公社成员有组织地进行劳动生产，基本上具有制陶、彩绘、烧窑等程序，并由专业工匠来完成。所以，制作相当精美，彩绘绚丽繁缛，产量也很大，达到了很高的艺术水平。彩绘成为马家窑文化的一大特征。彩绘图案主要有人像纹、几何纹、动物纹、S 形纹、葫芦纹等。并且出现了五人连臂的舞蹈纹和相当完整的人体全身塑像彩陶，工艺水准达到了新的阶段。部分彩陶上出现了"＋"、"－"、"×"、"○"等十多种用黑笔写的符号，可能是作为记数的手段出现的。彩陶一般饰一层红色或紫色陶衣。而图案则用黑色描画。到马厂时期出现了慢轮修整陶器的技术，已经逐渐走向成熟。

在当时，制石、制骨、制玉、纺织、冶炼及木作等原始手工业都有了长足的进

大汶口文化

大汶口文化是黄河下游地区的新石器时代文化，因 1959 年发掘的山东省泰安县大汶口遗址而得名。主要分布在山东省泰山周围地区，延及山东中南部和江苏淮北一带。年代约始自公元前 4300 年，到公元前 2500 年，发展成山东龙山文化。大汶口文化分为三个发展阶段。早期约在公元前

大汶口文化彩陶器座

4300年~公元前3500年之间，以刘林、王因遗址为代表。中期约在公元前3500年~公元前2800年之间，以大汶口墓地早、中期墓为代表。晚期约在公元前2800年~公元前2500年之间，以大汶口晚期墓为代表。

大汶口文化以农业经济为主，种植适合黄河流域的耐旱作物粟。农业生产工具有石铲、鹿角锄等，木质农具如耒、耜等已经出现。三里河遗址中发现了贮藏的窖穴，表明当时已有较多的剩余粮食，农业经济达到较高水平。

大汶口文化的饲养业比较发达，饲养猪、狗、牛、羊、鸡等动物，渔猎经济仍然占有一定的比重，骨镞、角质鱼镖、网坠等遗物表明当时居民在进行狩猎和捕鱼。当时还出现了一种大汶口文化特有的獐牙刃勾状器，鹿角为柄，可用来捕鱼和切割，为多用途复合工具，是大汶口文化的代表之一。

大汶口文化的陶器制作工艺在不断发展。早期以红陶为主，形状简单，还有火候不足造成的一器多色的现象。中期盛行灰陶，陶制品的种类明显增加。晚期则以黑皮陶为主，陶胎为棕红色，少量为纯黑陶。轮制技术的广泛使用使陶器制作获得长足的进展。晚期出现了快轮制陶工艺，

用一种新的制陶原料，产生了一种质地坚硬、胎薄而均匀，色泽明快的白色、黄色、粉红色陶器，统称为"白陶"。大汶口文化制陶工艺最高水平的代表为薄胎高柄杯，造型优美，色泽鲜亮，集实用性和观赏性为一体，成为龙山时代蛋壳黑陶的祖先。制石、制玉、制骨等手工业在大汶口文化中也已经比较发达。

大汶口文化的房屋有圆形半地穴式，屋顶为木质的原始梁架结构，屋顶呈圆锥形。还有方形平地起建式，墙基挖沟槽，沟内填黄土立木柱砌建而成。当时的房屋大多结构简单，面积不大，小家庭式住屋。

大汶口文化早期已是母系氏族制度的尾声，而中期和晚期，则已是父系氏族社会了。这时私有制已在氏族公社经济中萌芽，出现了富有家族与贫困家族。这种社会状况可以从大汶口的葬仪中得到证实。

在大汶口墓葬中，明显地分成大墓和小墓群。大墓中，死者往往使用几十根原木横竖咬合，叠成"井"字形棺椁，随葬

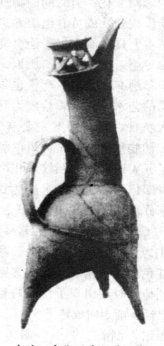

大汶口文化石陶双层口壶

有大批财物。其他大汶口文化墓葬中也是这样。有的随葬陶器多达 120 多件，远远超过了死者生前的实际生活需要。有的还随葬有镂花象牙筒、鳄鱼鳞板、玉铲、宝贝、龟甲等珍奇物品，以显示其生前的富有。可是其他许多小墓却只挖有才容得下尸体的小坑，除一具白骨之外，别无他物这表明，大汶口文化晚期已经出现了严重的贫富分化，原始社会已经逐渐走向解体。

龙山文化

山东龙山文化是在大汶口文化的基础上发展而来的。主要分布在山东省中部、东部和江苏省的淮北地区，时间在公元前2500 年到公元前 2000 年之间。

黑陶是山东龙山文化的典型象征。这些陶器采用轮制技术，造型中规中矩，壁很薄，同时很均匀，陶器表面多素面磨光，有各种花纹和附饰，最常见的有画纹、弦纹、竹节纹、镂孔、盲鼻和乳钉等。器型则以袋足器、三足器和圈足器等最发达。最珍贵的陶器是蛋壳黑陶和灰陶制品，器壁仅仅厚 0.5 厘米，还有镂孔和纤细画纹的美丽装饰。这种陶器达到了中国古代制陶史的峰巅。

最典型的山东龙山文化遗址是章丘龙山镇城子崖遗址。在这里出土的陶器有碗、杯、豆、罐、瓮、三足盘等，都是精良的黑陶和灰陶制品。其中的蛋壳陶，是用摄氏 1000 度左右的高温烧成，像上了一层黑漆，又光又亮，是稀世珍品。

而河南陕县三里桥遗址则是河南龙山文化的重要类型，也是仰韶文化王湾三期类型中的一个重要类型。该遗址出土的陶器表现了不同类型文化的彼此过渡和互相影响。王湾遗址从下到上，地层分为三期：

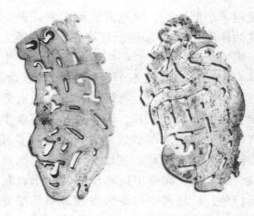

龙山文化·透雕龙形玉佩、凤形玉佩

王湾一期是仰韶文化，王湾二期是仰韶文化和龙山文化的过渡时期，王湾三期是河南龙山文化王湾三期类型。

河南龙山文化的白营遗址中有早、中、晚三期的房基。早期是九座半地穴房基，中期是八座房基，分半地穴和地面建筑两种，晚期四十六座地面建筑房基，已经是中国早期的土坯房屋。从出土的各种工具看，那时人们已经对房屋涂抹和打磨白灰。遗址上还发现了一口深达 11 米的水井，口大底小，圆角方形，井壁上有四十六层用木棍凿榫交叉扣合成的井字型木架。这是迄今为止中原地区发现的年代最早、结构最复杂的水井。白营遗址出土的陶器，早、中、晚三期都有，其中晚期的一件高圈足盘，上面刻着两个裸体人像，圆圆的脸盘，伸着臂，露着乳，是原始线刻的珍贵艺术品，体现着原始先民的丰富智慧。

能够取代仰韶文化的是在大约公元前2600 年以后，晋陕一带龙山文化，山西龙山文化以约公元前 2500 年～公元前 1900年的陶寺遗址为代表，陕西龙山文化则以约公元前 2300 年～公元前 2000 年的客省庄遗址为代表。

陶寺遗址位于山西省襄汾陶寺林南，于 1978 年至 1983 年由中国社会科学院考古所进行发掘。遗址面积有 6000 平方米，发现了小型地面、半地穴式和窑洞三种形式的住房和1000多座氏族墓葬，出土了大量陶器、玉器、木器和生产工具。生产工具有很发达的磨制石器，如三象犁形器、石铲、石斧、石刀、石镰等，此外还有骨铲、双齿木耒等工具，说明当时的农业生产较为发达。陶器多数是黑陶，器表多有彩绘，纹饰有龙纹、变纹、动物纹、圆点纹、涡纹等。陶器中以彩绘蟠龙图形盘最具特色，是目前中原地区发现最早的蟠龙图案。彩绘陶器和彩绘木器构成了陶寺龙山文化的两大特色。出土的一件小铜铃，这是迄今所知中国最早的金属乐器，也是最早一件用复合范铸造的金属器，标志着生产领域中冶炼金属业的重大进步。

陶寺墓地说明了陶寺龙山文化时期社会已经分化。在陶寺墓地发掘的1000多座墓葬中，大型墓仅有九座，墓主都是男性，使用木棺，内撒朱砂，随葬品多达100～200件，有彩绘陶器、彩绘木（漆）器、成套玉器和石器等，还有整只猪骨架。中型墓较多，也使用木棺，随葬品有成组陶器、玉器和少量彩绘木器，或者有几付至几十副不等的猪下腭骨。小型墓最多，墓坑窄小，除少数有骨笄等小件随葬品外，绝大多数没有任何器物。由此可见，极少数首领人物执掌大权，独占龙盘、石磬、鼍鼓等重要礼器，私有财产十分丰富，此外，陶寺人已经使用了木器和玉器，具有较高的工艺水平和审美意识。在陶寺遗址上发掘的龙山文化的1000多座墓葬中，出土了大量的朽木和成套玉器。根据朽木的痕迹复原了数十件木器标本，主要有家具和饮厨用具，其中一件仓形器高24厘米，底径15厘米，上面有蘑菇形盖，下部为圆柱体。制造木器的方法多种多样，如枋木挖凿、榫卯插合、板材拼接等。木器上面多数施彩绘或喷漆，以红色为主，也辅有其他颜色，图案有条带纹、几何形纹回纹、云纹等。彩纹木器和彩绘陶器一样，都是陶寺型龙山文化的一大特色。

根据古史传说，晋西南有“夏墟”之称。从遗址显示出的年代、生产力水平以及龙盘提供的族属信息诸方面。有人认为，陶寺遗址很可能就是夏人遗存，不过，由于没有文字材料可资佐证，这还只是一种推测。但陶寺遗址所代表的这支具有鲜明特色的文化遗存，无疑是探索“夏文化”的重要研究对象之一。

在陕西省西安市客省庄发现的龙山文化遗址，它的时间可以追溯到公元前2300年到公元前2000年间。客省庄遗址上发现了十座房屋遗址，都是半地穴式的建筑。建筑的典型结构是一间内室和一间外屋，内外室之间是过道，外室挖有一个龛形壁炉，内室中部有一个炊爨取暖的灶面，有的房屋还在外室挖一个窖，并修一节台阶式的门道或斜坡，一直通到室外。

这里出土的陶器主要是泥质灰陶，黑陶很少。陶器表面的花纹以篮纹和绳纹最为普遍。有一种折肩小平底瓮，是陕西龙山文化独有的陶器。用内模制造陶器袋足的制陶工艺，也是其他地方没有发现，龙山文化为陕西龙山文化所独具的山东寿光县边线王村北于上世纪80年代中期发现有龙山文化时期的城堡遗址，面积达5.7万平方米，为迄今所见龙山文化城堡之最大者。山东龙山文化的房屋建筑普遍采用挖槽筑墙和原始夯筑的技术，多有长方形土台式建筑，居室地面往往分层筑成。农业已经成为龙山文化氏族公社的主要经济部门，渔猎经济的比重比仰韶文化已经显著地下降了。更重要的是，在龙山文化遗址里，还发现了一些为仰韶文化所没有的新型农具。例如，半月形的双孔石刀，有柄的石镰、蚌镰，和双齿木耒，等等。这些新型农具的发现，充分说明了龙山文化的农业生产技术已达到了很高的水平。

良渚文化

分布在太湖流域的良渚文化，得名于杭州附近的良渚遗址，其时代在距今 5000～4000 年之间。是承继崧泽文化发展形成的。良渚文化的稻作农业、竹木制作、养

良渚文化·兽面纹玉佩

蚕、丝织、麻织等都有重要发展。尤为令人瞩目的是发现了以琮、璧、钺为主的大量玉器。浙江余杭的反山和瑶山、江苏武进的寺敦等地都出土有良渚文化的精美玉器，不仅说明制玉工艺精湛，而且其器形和纹饰多反映了社会上层建筑的深刻变化。陶器形制繁多，泥质灰胎黑皮陶居多数。良渚文化的墓葬遗址电很有特色，一些大型墓葬的墓主可能属于当时的显贵阶层，随葬品异常丰富。

公元前 2790 年间的寺墩遗址，就属于良渚文化的一支，在江苏省武进县三皇庙村被发现。一共有三座墓，属于埯土埋葬，

良渚文化·玉琮

没有墓坑和葬具。最典型的东边三号墓，埋葬着一个 20 岁左右的男性青年，仰身直肢地躺着。有趣的是这名男子的肢骨和随葬的石斧头及玉琮、玉璧等都有火烧过的痕迹，这证明埋葬时实行过火烧瘗埋的仪式。这种葬埋祭礼的出现，标志着人类文明的重大发展。

随葬品数量很多，共有 124 件，有陶器，有石器，而 33 件玉琮和 24 件玉璧更是光辉耀眼。死者的头部、胸部和脚部都安放着玉璧，而放在腹部的那一件则最为华贵，直径达 26.3 公分，厚度 1 公分。围绕着人骨架四周，摆设着玉琮，是高矮不同的方柱体形。其中最高的一件，高达 36.1 公分，有 13 节。这些情况说明，葬主的身份是一位豪贵之家的子弟，因为玉璧和玉琮是非常贵重的礼器，上面刻着兽面纹饰，威武雄壮，是权威的象征。

氏族在解体，阶级在分化，社会的进步总有其残酷无情的一面。

良渚文化·山形玉饰

齐家文化

齐家文化上承马家窑文化，是新石器时代晚期至青铜时代早期的文化，早期年代约为前 2000 年，主要分布于黄河上游地区甘肃、青海境内，黄河的主要支流渭河、

双大耳彩陶罐，齐家文化遗物。

洮河、大夏河、湟水流域也有零星分布。齐家文化反映了父系氏族社会的特点，出现了阶级分化并产生原始军事民主制。

齐家文化的经济生活以原始农业为主，种植粟等农作物，人们过着比较稳定的定居生活。生产工具主要是石器和骨器，有石镰、石刀、石斧、石磨盘、石磨棒、石杵等。齐家文化的畜牧业相当发达，饲养的家畜有猪、羊、狗、牛、马等，其中养猪业最为兴旺。手工业也发展到一定水平，制陶、纺织及冶铜业都取得较大成就。齐家文化的陶器独具特色，主要有泥制红陶和夹砂红褐陶，还有少量的灰陶和泥制彩陶。纺织品以麻织布料为主，冶铜业发达，出现了红铜、铅青铜和锡青铜，表明齐家文化晚期已进入青铜时代。

生产力的发展促进私有制的产生，齐家文化中原始的贫富均等的状态已经被打破，出现了贫富差别以及人与人之间社会地位的高下之分，男子在社会上居于统治地位，产生了阶级和军事民主制。齐家文化中这些社会生活状况都可以在墓葬中得到反映。

迄今发现的齐家文化墓葬共约 800 多座。大都是成片的氏族公共墓地，规模不一。墓葬的形制以竖穴土坑墓为主，墓壁垂直平整，墓坑大小不一。葬法有单人葬与合葬两种，单人葬以仰身直躯葬为主，也有俯身葬、侧身葬、瓮棺葬等。合葬墓以成年男女二人合葬较为普遍，此外还有成人和儿童合葬以及多人合葬等葬法。秦魏家的成年男女二人合葬墓，男性为仰身直肢，女性位左，侧身屈肢面向男性；皇娘娘台的成年，一男二女的三人合葬墓，男性仰身直肢位在正中，二女分列左右，屈附其旁；成年人与儿童合葬中，中年男子与六七岁的儿童合葬，儿童紧附在男子的身边。这些合葬墓说明齐家文化中的婚姻形态已由对偶婚制过渡到一夫一妻制，只有少数富裕的家长过着一夫多妻的生活，男子在社会上居于统治地位，女子降至从属和被奴役的地位。父子合葬的习俗表明齐家文化中已有按父系的血统来计算世系的习惯，反映了父系氏族社会的特点。

齐家文化中还存在以人殉葬的风俗，殉葬者为奴隶和部落战争中的受害者。柳湾 314 号墓中，一成年男子仰身直肢平躺于木棺内，另有一青年女子侧身屈肢于棺外，一条腿骨被压在棺下，她是为墓主殉葬的奴隶。另外在齐家坪发现 8 人和 13 人

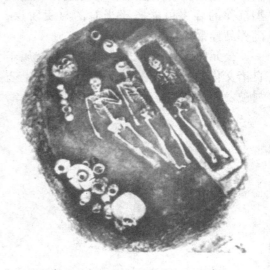

青海乐都柳湾出土齐家文化墓葬

中国通史

最新整理图文珍藏版

同坑的墓，仰身者为墓主，其余都是殉葬者。殉葬的习俗反映了社会地位的差别与阶级分化。墓葬中随葬品的多寡显示出贫富不均的状况。如皇娘娘台墓葬的随葬器物，陶器少者一两件，多者 37 件，玉石璧少者一件，多者 83 件。这种情况表明，齐家文化中以冶金业为主导的手工业的增长，促进了生产力的发展，社会内部发生了深刻的变化，阶级出现，私有制产生，原始社会行将崩溃，齐家文化进入军事民主制阶段。

彩陶双体罐

齐家文化红陶鸟形器

西藏卡若遗址

在滔滔不息的澜沧江上游，西藏昌都城东南的卡若西村，有一处公元前 2300 年至公元前 2000 年间的新石器时代遗址，范围达一万平方米。这是已发现的中国海拔最高、经度最西的新石器遗址，为学者们提供了更广阔的古代人类居住范围。

遗址的遗存物可以分成早、晚两期。在 28 座房屋遗址中，一种是半地穴式或地面营建的草拌泥墙建筑，房屋的平面有方形、长方形和圆形三种，品等屋顶用铺排椽木再涂抹黏土构成，屋顶和墙壁的内面都经火烧烤过。一般在房子中

部设有炉灶，但也有仅仅用三块石头支起一个简单设施的。这是早期房屋的一般情况。另一种则是半地穴式石墙建筑，墙壁用砾石贴靠着坑壁垒砌而成，屋内和石墙的周围都有柱洞遗留，屋内平面则呈方形和长方形。这是晚期建筑，显然比早期的房屋要有更独特的建筑形式和更进步的建筑技术。

出土的遗物有石器、骨器和陶器等、石器中有大型打制石器、细石器和磨制石器骨器中则有骨针、骨锥、骨刀、骨制饰品等。陶器以夹砂陶器为主，器型有钵、盆、罐等，大多数是小平底器，器型简单，也比较粗陋，相比于中原文化较差。早期的西藏文明显示，中华文明从很早的时候起就是一个多民族多文化的混合体。

鸭形陶器

43

二里头文化

　　从前21世纪一直延续到前17世纪的二里头文化，遗留在河南中、西部的郑州和伊、洛、汝、颍诸水流域一带，山西南部的汾水下游也有所分布。它得名于河南偃师二里头遗址，属于青铜时代文化。

　　当时居民以农业为主，农具有石器、骨器、玉器以及青铜制品。二里头文化时期，青铜器不论是数量还是种类都较多，当时已有爵、铃、戈、镞、戚、刀、锥、钩等。其中铜爵的合金成分为铜92%、锡7%。二里头文化显然已经进入了青铜时代，这和青铜器大量出现的二里冈商文化比较接近。

　　在这一文化时期，制陶业发展迅速，遗留的器物群突出表现了二里头文化的特征。以陶器为参照物，二里头文化可以分成四期：第一期以褐陶为主，磨光黑陶占一定比例，纹饰以篮纹为主，有少量方格纹、细绳纹。第二期陶器中黑陶数量减少，以细绳纹为主，篮纹和方格纹明显减少。这两期的器形多折沿、鼓腹、小平底，墓本上保持有龙山文化时期的陶器特征。第三、四期的陶器颜色普遍变为浅灰，以绳

嵌绿松石饕餮纹铜牌饰

纹为主，出现粗强纹，蓝纹和方格纹几乎绝迹。早期常见的鼎、深腹盆、甑等一直沿用，到晚期，新出现了鬲、大口尊、小口高瓮等器物：已和二里冈商代文化陶器有着更多的相似之处，显示着人类的发展渊源。

　　二里头文化的居址有半地穴式、平地起建筑和窑洞式等几种，做成圆形、方形

铜爵

镶嵌十字纹方钺

中国通史

最新整理图文珍藏版

圆角和长方形状,适合几口之家居住。同时出现了大型宫殿的建筑,普遍使用的夯土筑台基技术和二里冈商文化前期基本一致。整个宫殿由堂,庑、庭、门等单位组成,布局严谨、主次分明,是迄今为止所知的中国最早的宫殿建筑。宫殿的出现,表明奴隶主和奴隶、贵族和平民之间明显的阶级对立,也预示着新的社会——奴隶制社会已经到来。

二里头文化从时间上说晚于龙山文化,而早于二里冈期商文化。有学者认为,二里头文化的一、二期遗存是夏文化,而第三期遗存中出现了一组与二里冈期商文化有相同或相近的代表性器物,而且数量越来越多,这正好表明第三期遗存已进入商代纪年,三、四期遗存应是商代早期的遗存,其遗址应是商汤都城西亳。因此,二里冈期商文化是由二里头文化发展而来,商朝的文明渊源于二里头文化。

王城岗遗址和平粮台遗址

王城岗遗址和平粮台古城遗址文化约发生于公元前2150年~公元前1870年。

王城岗遗址位于河南登封告成镇西约一公里处,其城址规模很小,呈方形,分两次筑成。西城墙长92米,南城墙长82.4米,东端留有一个宽约10米的缺口,作为城门。现存基槽深约2米,宽4.4米,底宽约2.5米,由此断定其城墙的基部厚度应不少于4.4米,基槽内填夯土10厘米~20厘米不等。从城内中部和西南部较高地带所残存的断断续续的夯土残迹来看,此处应为城内重要的建筑遗址,可惜的是遗存文物不多,不能做进一步考察。

平粮台古城遗址位于河南淮阳县城

新石器时代黑山岩画·猛虎捕食图

东南约四公里的大朱庄西南隅,公元1979年发现,属河南龙山文化晚期的城址,距今约4300多年。城址的平面呈正方形,每边长185米,总面积达3.4万余平方米,远远大于王城岗城址。城墙残高3米,采用小板筑堆筑法建成,系夯土墙,夯层清晰,约厚15厘米~20厘米,夯窝明显,有些系由四根木柱绑在一起而成。城门设于南、北城墙的中段。就现已发掘出的南城门来看,南门宽约1.7米,门道东西两侧有两座房基,当属门卫房。门道下有陶制排水管道,每根长约35厘米~45厘米,为目前中国发现最早的排水管道。此外,在城址内发掘十余座房基,多为长方形排房,或为平地起建,或为夯土高台建筑,并普遍使用土坯砌墙,土坯的普遍使用,是建筑史上的一大进步,城内还发现陶窑、墓葬、灰坑等遗迹,并在一灰坑中发现铜渣,表明当时人们已初步掌握冶铜技术。

王城岗遗址和平粮台古城遗址是中国现存最早的城址，它们的发现对研究中国古代城市的起源和建筑以及国家的形成，均具有重要意义。

氏族公社的解体

到父系氏族公社时期，随着生产力水平的提高，私有制的产生，一夫一妻制家庭的出现，个体家庭逐渐代替父系大家庭，而成为独立的生产单位，"同族共财制"也逐渐消失。氏族社会逐步转化为多个个体家庭的组合。适应个体家庭的需要，人们房屋的布局和式样都发生了变化，母系氏族公社繁荣时期那种大房屋不存在了，代之而起的是单间、双间的房屋。在河南南阳黄山发现的一处房屋遗址，其中一部分房屋是六间连在一起的，有的是单间，设有单独的炉

灶；有的是双间互通的，设有一个炉灶。这说明那时的人们已经过着个体家庭生活了，随着生产力的发展，原来母系氏族公社时期的全体氏族成员集体农耕、集体出猎的制度，也逐渐被以家庭为单位的劳动生产所代替。劳动生产物也成为家庭占有，于是各个家庭的生产过程中开始有了自己的剩余产物，首先是畜群、生产工具、农产品和手工艺品等逐渐成了家庭的私有财产。由于生产条件不同，劳动力强弱不同，工具和技术上的差异，再加上其他因素，如氏族贵族凭借权势，侵吞财物等，从而造成了各个家庭之间占有财产多少不同，于是贫富不均产生了。

考古学家在广东省曲江县马坝镇西南石峡，发掘出一处遗址，面积约 3 万平方米。遗址发掘出墓葬 64 座，一般是长方形土坑墓。这些墓坑作工细致，大多数都经过烧烤工序，较大型的墓坑填土还经过夯打。死者不管是成年人或者小孩，都是单人葬，以二次葬比较流行，一次葬则相对少一些。

在二次墓葬中都有两套随葬品，主要是陶器，有鼎、釜、豆、盘、罐、壶等不同形制的器皿，其中盘式鼎和子母口的三足盘更为常见。这些墓葬中还常常随葬一些劳动工具，如有的墓中发现成套的石凿和石锛。另外的一些墓葬中则随葬有战斗用的武器，如石镞和长身亚腰斜弧刃的石钺。

形成鲜明对照的是一些小墓葬，里边的随葬品却非常稀少。这说明贫富悬殊的阶级分化现象在当时的社会里已经很明显，私有制正在迅速地发展，氏族公社迅速瓦解。

齐家文化·浮雕龙纹红陶罐

中国通史

最新整理图文珍藏版

尧舜禹禅让制

在尧以前，部落首领是世袭的，到尧时，中国社会曾一度出现禅让时代。据说，尧在帝位，咨询四岳（姜姓、炎帝族），四岳推举虞舜作继位人。舜受各种考验后，摄位行政。尧死，舜正式即位，舜也照样咨询众人，选出禹来摄行政事。舜死，禹继位。禹在位时，众举皋陶（偃姓、夷族）作继位人。皋陶死，又举皋陶子伯益作继位人。禹死后，他的儿子启不甘心，夺伯益位自立为王。"禅让"制度从此废弃，天下进入君位继承制。

氏族制度已经经过了若干万年，神话和传说中出现了黄帝，意味着氏族制度已向解体时期发展了。尧、舜、禹是部落联盟解体前最后的三个大酋长。由于攻黎攻苗的战斗胜利，俘虏逐渐被用到生产部门，成为奴隶。这说明此时生产力已有一定的发展，蓄养奴隶有利可图。俘虏首先被他

舜（画像）

们使用在畜牧业上，是很自然的。部落酋长拥有畜群和奴隶，自然要实行传子制度。部落的传子制度确立以后，部落联盟的"禅让"制度也就不能持久。禹私有财产较多，势力较大，所以启敢于破坏惯例，废弃"禅让"，世袭大酋长的权位。禹传子启，"父子世袭制"代替了禅让制，这大约是在公元前 21 世纪，我国由此进入奴隶社会。在奴隶制下，奴隶创造了前所未有的物质财富，并为科学文化的繁荣创造了条件。

阪泉大战

友好相处

黄帝族的姬姓部落和炎帝族的姜姓部落原来都在我国的西部地区，今陕西境内。黄帝部族活动于姬水附近，炎帝部族活动于姜水之滨。这两条河流十分接近，因此两个部族经常互相通婚。炎帝部族的姜姓

尧（画像）

女子嫁到黄帝部族，黄帝部族的姬姓女子嫁到炎帝部族。双方的关系原来十分融洽。

由于人口的长期衍殖，氏族部落的不断增生，原来居住的地域已经容纳不下，于是两个部落都开始了迁移活动。他们除了一部分人继续留在陕西原地外，两个氏族的许多部落逐渐向东发展，去寻找新的能居住生活的土地。

相互摩擦

黄帝氏族东迁的路线偏北，他们经过今陕西北部，渡过黄河，到达今山西南部一带。又经过一个时期，他们继续往东北方向迁移，其中有一支较大的部族到达了今河北北部。炎帝氏族也向东迁移而路线偏南，他们顺着渭水东下，再顺黄河南岸向东，到达今河南的西南部、中部和东部。两个氏族东移的过程、中，一路上都留下一部分本氏族的人。因此，经过长期的迁徙活动，黄帝和炎帝两个氏族部落的人就遍布黄河南北，形成两股较强大的势力。

木雕三皇像

当时各氏族部落间为了争夺土地、财物，开始互相侵伐，发生了一些小规模的战争。神农氏虽然名义上是天下的王，但是此时他的势力已经衰弱，无法控制动乱的局势。黄帝部族有一位首领名轩辕，他看到局势的混乱，就动员自己部落制造兵

器，练习打仗，以征服那些不听从命令、到处进行掠夺的部落。轩辕的名声大振，各方部落都来归附于他。这时炎帝氏族依仗人多势众，不服从轩辕的命令，还在侵掠其他部落。一些受侵略的部落纷纷到轩辕那里求救，要求轩辕出来制止炎帝氏族的侵掠行为。

黄帝取胜

轩辕十分气愤，他决心维护正义，给炎帝氏族一点教训。于是，轩辕在部落内继续推行德政，训练士兵的作战本领，鼓舞士气；同时号召人民种好五谷，积蓄粮食，以备作战的需要，他还安抚四方的部落，希望他们同心同德，与炎帝氏族作斗争。

经过长期的充分准备，黄帝族终于和炎帝族在阪泉之野即今河北涿鹿县东南发生了大战。黄帝族的士兵手执干戈，以熊罴虎豹等猛兽为前驱，向来犯的炎帝族阵营中冲杀过去。炎帝族的士兵也不甘示弱，双方厮杀成一团。经过三次激烈的战斗，炎帝族士兵逐渐不支而溃退，黄帝族部落取得了胜利。自此，轩辕更加为各方部落所拥戴。炎帝族人民散居各地，不敢再侵凌其他部落，天下又趋于太平。

刑天断头

伺机报复

炎帝族虽然在阪泉之战中被黄帝族打败，他们想统治天下的欲望受到了遏制，但是炎帝族是一个人多势大的部族，他们决不甘心于失败。族中的许多人都想伺机报复，为本族人争雄出气。

炎帝族中有一个官员叫刑天，他负责管理农业生产，又懂得音乐，喜欢拨弄乐器。有一次，炎帝族首领为了促进农业生产的发展，命令刑天作《扶犁》之乐，又

刑天

的庄稼和人民的生活，并察看有没有反叛的行动。这时刑天怒不可遏，冲出去与黄帝族首领论理，责问他为什么要杀伤炎帝族的人民？为什么要进入炎帝族部落的领地？并说炎帝族人民总有一天要报仇雪耻，扬眉吐气。黄帝族首领见刑天的态度如此傲慢，便立刻命令手下的人将刑天斩首，把他的尸体埋葬在常羊山上。

然而刑天是一个意志顽强的人，他被斩首埋葬后，竟又出来活动了。他的两乳变成了双目，他的肚脐变成了嘴巴，拿着"干戚"在那里挥舞。干戚就是打仗时用来防卫和进攻的盾牌和斧钺，刑天死而不屈，挥舞干戚，以表示他抗争不屈、奋斗到底的决心。

东晋大诗人陶渊明曾做诗说："刑天舞干戚，猛志固常在"，表示他对刑天顽强不屈的抗争精神的赞美。

黄帝擒蚩尤

武林高手

蚩尤是一个不同凡响的人物。据说他有兄弟81人，都有像野兽一般的强壮身躯，铜头铁额，能够吞食沙石。他制造的戈、矛、戟等铜兵器，坚硬锋利无比，故后世称他为"兵主"。特别是他能吞云吐雾，飞沙走石，制造变幻莫测的天气，使对手迷失方向，陷于失败。蚩尤依靠这特殊的本领，侵凌各部落，所向无敌。

黄帝素知蚩尤的厉害，但为了天下的安宁，制服强横的凶顽，他一定要与蚩尤决一雌雄。正当黄帝策划如何去战胜蚩尤时，天上派遣了一名玄女下凡，授给黄帝一块"兵信神符"，告诉他如何战胜蚩尤的方法。黄帝得到这块神符，战胜蚩尤的信心更足了。

作《丰年》之歌。刑天在春天吹奏督促人们"扶犁"的乐曲，教本族人民赶快下地播种谷物；到秋天农田出现一片丰收的景象，他又唱起赞颂"丰年"的歌曲，教本族人民赶快收割庄稼，储藏粮食。炎帝族被黄帝族打败后，人民死伤很多，生产受到影响，土地的开辟也受到限制，特别是作为一个战败的部族，还受到精神上的屈辱。刑天看到这些，引起无限惆怅，他终日闷闷不乐，总想着要与黄帝族争个高低，洗刷失败的耻辱。

顽强抗争

有一天，黄帝族首领出外巡游，带着一队人马途经刑天所在的部落，巡视田里

黄帝像

涿鹿之战示意图

各显神通

黄帝与蚩尤的激烈大战终于在涿鹿之野，即今河北涿鹿县东南的广阔地带展开了。来犯的蚩尤部队首先使出看家本领，作大雾三日。一时间大雾弥漫，无法辨别方向。黄帝乃下令大臣风后制作指南车。这种指南车上有一个仙人，不管车子如何转动，仙人的手一直指向南方。依靠指南车的帮助，黄帝明确方向，指挥若定，蚩尤所施的下马威没有成功。

黄帝令水神应龙向蚩尤发起进攻。应龙放出的水把蚩尤部队围困起来。蚩尤请来了风伯、雨师，使得战场上风雨大作，黄帝部队不能前进了。于是，按照神符的指示，请来了一位叫"魃"的天女，她是一位旱神。魃一出现，风雨立刻停止。蚩尤顿时惶恐起来，黄帝乘势大举进攻，结果取得大胜，擒获了蚩尤，并将他杀戮于野外。

威慑天下

黄帝擒杀蚩尤的消息，使天下各部落受到极大震动。他们都拥戴黄帝为部落联盟的首领，代神农氏统治天下。黄帝不辞辛劳，管理天下，对不顺从的部落，进行征伐，还把山路开辟成通达的大道，加强与各部落的联系。

然而天下太平的局面仍然不时被打破，常有一些反叛者不听命令，蠢蠢欲动，想侵凌其他部落。黄帝想了一个办法，请人画了蚩尤像到处张示，以此威慑天下。天下人都说蚩尤没有死，谁如果不守规矩，兴风作浪，就会受到蚩尤的攻击。这个办法还真灵，反叛者害怕蚩尤凶残，不敢轻举妄动，天下立即出现了安定的局面。

尧眉八彩

继承帝位

尧是帝喾的三妃陈丰氏女"庆都"所

生的儿子，名叫"放勋"。据说在尧出生的时候，常有黄云覆盖在天上。尧母庆都外出观看黄河，忽遇一条赤龙从天而降发出一阵阴风。这阵阴风吹到庆都身上，心中因受到感动而怀孕。庆都怀孕14个月，才在丹棱生下尧来。尧初生时，他的母亲在三阿之南，寄居于伊长孺的家中，因此尧从小也随母所居人家的姓，姓伊氏。

尧长到十五岁便去辅佐他的哥哥帝挚治政，并受封于唐为诸侯。帝挚是帝喾的四妃"常仪"所生的儿子，常仪在帝喾的妃子中排位最下，而她的儿子在兄弟中却年龄最大，是长兄，因而挚能继承帝位。帝挚在位九年，政治上没有起色，而唐侯放勋道德隆盛，名声远扬，诸侯都归服于他。帝挚自知能力薄弱，又佩服其弟的道德和才能，便率领群臣至唐，心甘情愿把帝位禅让给他的弟弟。唐侯认为这是天命，便接受兄的禅让，登帝位，号为"帝尧"，而把他的哥哥挚封在高辛老家。

治世才能

传说尧身高10尺，约有2米多。他的脸上部窄下部宽，形状好像葫芦。由于长期劳累，他的身体比较消瘦，但精力充沛。尧的一个最明显的特征，就是他的眉毛呈八字形，带有好多种彩色，故人称"尧眉八彩"。他登帝位时只有20岁。建都于平阳，就在现今的山西临汾西南。

尧登帝位后，即物色品德高尚、才能出众的人担任各种官职。当时，他命契任司徒之官，负责教育民众；命禹为司空之官，负责土木工程；命稷为田畴之官，负责农业生产；命夔为乐正之官，负责乐歌制作；命倕为工师，负责管理百工；命伯夷为秩宗，负责祭祀天神；命皋陶为大理，负责民事诉讼；命益作虞官，负责山泽开发和畜养鸟兽。由于尧任用了许多能人，负责各项事务，因此把天下治理得井井有条。

生活俭朴的帝尧

政绩辉煌

尧在位时，做出了不少政绩：他命羲、和制定历法，派鲧、禹治理洪水，为民消除灾害，征伐蛮夷部落，流放恶人凶顽。在尧的治理下，天下百姓安居乐业，渠搜氏、焦侥氏等周围的氏族部落都来朝贡。帝尧成为原始社会时期继伏羲、神农、黄帝之后又一个杰出的领导人物，也成了传说中的古代圣人。据说尧逝世时，天下百姓"如丧考妣"，就像死了亲生父母一样伤心，三年里面，四海绝静八音，没有人弹奏乐曲。民众怀念这位伟人，他的形象、功德永远活在百姓心中。

许由辞帝位

生活清苦

尧担任部落联盟的首领，名义上称"帝"，但是生活却非常清苦，工作又十分繁忙。当时尧住的是茅草房，上面的茅草零乱摊放，没有经过整理和剪削；房屋的椽子是从山里采来的树木，弯曲不平，没有经过砍削和刨光。尧吃的主食是粗米和小米，副食是野菜和豆叶烧成的羹。冬天他披着一张幼鹿的皮，夏天穿一件粗布衣服。尧整天为部落联盟中的事跑东奔西，却没有一点物质上的享受，因此他常常想把帝位让给别人。

隐居沼泽

在尧都附近的阳城槐里，有一个人叫"许由"。据说此人道德高尚，安于清贫，邪席不坐，邪食不吃，后来隐居在沼泽之中。尧听说许由德高义重，不同凡俗，便来到许由的隐居之地，登门拜访。尧对许由说："太阳出来了普照大地，而火炬还在那里燃烧，这火炬想要与太阳比光亮，不是很难吗？大雨普降，万物滋润，而有人还在那里舀水灌田，这与大雨比起来，不是又徒劳了吗？先生应该立于高位，天下必能大治，而我还在那里主持工作。我自以为缺点很多，愿把天下让给先生。"许由一听此话，赶忙推辞道："君治天下，天下现已经治理得很好，而我还要来代替君，我为的是名声好听吗？鹪鹩在森林中筑巢而居，只要一个枝头；鼹鼠饮水在河中，只要饱腹。归去吧，君，我要天下没有什么用处。"许由坚持不接受尧让给他的帝位而逃往野外。

这时，许由正遇上他的一个朋友，叫"啮缺"。啮缺见许由如此慌张而逃，便问道："你将去哪里？"许由答："将逃尧。"啮缺莫名其妙，便再问："你的话什么意思？"许由说："尧只知贤人对天下有利，而不知道他还有伤害天下的一面。"此话的意思是：贤人如果制订出严厉的法令，如果发明出杀伤性强的武器，就会伤害天下。许由主意已定，便逃到中岳嵩山，在颍水之北、箕山之下耕田务农，再一次隐居起来。

洗耳遭讽

尧让帝位给许由遭到拒绝后，他更加认为许由是一个贤者，一定要让他出来做官。听说许由逃到了箕山，他又传令召许由为"九州长"。许由不愿听到这个传令，就在颍水边上洗他的耳朵。当时他的朋友巢父正牵着牛犊要在河中饮水，见许由洗耳，便问其故。许由对他说："尧欲召我为九州长，我厌恶听到这个声音，所以洗耳。"巢父讥讽道："你如果处在高台深谷，人迹罕至的地方，谁能见到你？你故意在外浮游，欲人知道，求其名声。你现在洗耳，把我牛犊的口也玷污了。"于是，巢父牵着牛犊到上流去饮水。

许由终身没有出来做官，他死后葬在箕山之巅。尧听到许由逝世的消息，十分悲痛，亲自到许由的墓上为之培土，给许由的墓命名为"箕山"，也叫"许由山"。

不做天子

许由不愿接受帝位，尧又曾经想把帝位禅让给另一位贤人，叫"子州支父"。子州支父回答说："你想要我做天子，还是可以的。不过，我现在恰有隐忧之病，要去医治，没有空闲去察理天下。"子州支父说他自己有"隐忧之病"，不过是一种借口罢了。其实，是因为治理天下工作辛苦而又没有什么特殊的物质享受。原始社会的物质条件，造成尧数让帝位而无人肯接受的怪现象。

盘古氏开天辟地

天地裂变

据说在很久很久以前，天地混沌一体，像一只鸡蛋，或者说像一只西瓜，万物都在里面。其中还生出了一个人，叫盘古氏。经过一万八千年，天地渐渐动起来，慢慢分离。生活在天地之间的盘古，显得特别活跃。他一日九变，上下跳动。于是，天每日升高一丈，地每日加厚一丈，盘古也

中国通史

最新整理图文珍藏版

每日长高一丈。他不断地将天往上推，将地往下沉。又经过一万八千年，天变得极高，地变得极厚，盘古长得极长。天不断地升高变宽，地不断地下沉加厚，直至天和地离开九万里时，到达了极限，就成为现在这个样子。

盘古开天

身化万物

盘古氏开天辟地，由于过度劳累而病倒了。在他临近死亡的时候，他的身体突然化作天上地下的万物：他的左眼变成了太阳，右眼变成了月亮；他身上隆起的部分变成了高山，血液变成了江河；他的肌肉变成了土田，头发和胡须变成了天上的星星和地下的草木；他的牙齿和骨头变成铁块和巨石，身上的精髓变成了珍珠和美玉，他的呼气变成了风云，喊声变成了雷霆，流出的汗变成了雨水。特别是他身上长出的许多小虫，经风一吹，变成了活生生的人。

盘古氏把一切都献给了这个世界和人类。他是开天辟地的英雄，自然受到人们的崇敬。据说在南海曾有盘古氏墓，是人们为了追葬盘古之魂而建立的。在桂林有盘古氏庙，不断有人来为庙中的盘古氏像烧香磕头。在湖南各地，人们还规定农历10月16日为盘古氏生日，每逢那天都有一番热烈的纪念活动。

盘古氏开天辟地、化作万物的故事，当然不可能是真的。但是，盘古氏的神话反映了原始人对世界开初的幻想，它有奇妙的构思、丰富的想象、生动的情节和广阔的意境。这些故事，正如马克思对古希腊神话所作的评价那样，它对人们具有"永久的魅力"。

唐代伏羲女娲帛画

盘古像

女娲氏炼石补天

为民造福

女娲氏生活在天地很不太平的时期：地的四极忽然坍塌，九州四散分裂；天也分成许多片，望上去到处都是黑洞。不少地方燃起了大火，有些地方被浩瀚的大水所淹没。猛兽横行人间，专门扑食善良的百姓；鸷鸟在天空盘旋，看见老人和儿童，

女娲像

就下来抓捕啄食。女娲氏不忍看到天地发生如此的灾难，人民遭受如此的痛苦，于是她建造了一个炉子，用高温炭火烧炼出一种五色的石头，把它镶嵌在分成许多片的苍天之中，将苍天的黑洞补得没有一点缝隙。然后她又截断海中一只大龟的四足立于地的四极，把地稳固地支撑起来；再杀掉水精黑龙，使滔滔的洪水不再在地上横流；她同时还积聚芦苇烧成的灰，用来止住从地面冒出的淫水。通过女娲氏的辛苦操劳和勇敢斗争，苍天的洞补好了，地的四极牢固了，淫水枯竭了，吃人的猛兽被制服了，黎民百姓得以生活安定，大地又出现了宁静、祥和的景象。

女娲氏背靠着四方的地面，手抱着浑圆的天体，使春天风和日丽，夏天阳光灿烂，秋天肃杀萧瑟，冬天万物隐藏。她躺在长方形的枕头上，直身睡着。看见天下阴阳壅塞、沉积不通的地方，就挖开通道加以理顺；看见乱气与万物乖离，伤害民众积累财富，就杜绝和制止。经过女娲氏的扶正祛邪、救危为安，当时的禽兽虫蛇，无不藏匿其爪牙、毒汁，没有攫取、吞噬之心。

兄妹夫妻

传说女娲是伏羲的妹妹，又是伏羲的妻子，他们兄妹结为夫妻。一天，兄妹两人在昆仑山上，欲为夫妻而又害羞，就向天空大喊道："天如果牵合我兄妹二人为夫妻，这山上的白烟就合拢到一起来；如不同意，就使烟散。"结果山上的白烟立刻合拢，兄妹两人就合宿一处。人类由于他们兄妹通婚而越生越多。

女娲还有造人的本领。当时天地刚开辟，人口稀少，女娲就捏黄土造人，一捏就是一个。后来，因为捏土太累，就把粗绳和在烂泥中。粗绳一拉，就成一人。传说女娲还能为男女之事做媒。古代有媒氏在仲春之月为男女说合，同时男女祭媒神于郊外，称为"郊禖"。"郊"与"高"音相近，故又称"高禖"。由于女娲具有为男女之事说合的技巧和癖好，因而成为"高禖"之神。后世男女为求配偶或夫妻盼望生子，都要向高禖之神进行祭祀。

女娲氏既是能炼石补天、救世除灾和捏土造人的神，又是兄妹结婚，即原始社会初期血缘通婚的人。女娲氏的故事反映了原始社会初期人们的幻想和婚姻状况。

传说有一次，大雾三日三夜，天昏地暗，黄帝问大臣天老、力牧和容成说："你们看天会怎么样？"天老答道："臣听说，国家安定，君主好文，则凤凰来居；国家

中国通史

最新整理图文珍藏版

共工怒触不周山

华夏始祖黄帝像

动乱，君主好武，则凤凰离去。今见凤凰在东郊飞翔而乐，以此观之，天必有严格教诲赐帝，帝不要冒犯。"黄帝便召史官占卜看究竟是怎么回事，不料龟甲全被烧焦了。史官说："臣不能占卜了，请问圣人。"黄帝说："已经问过天老、力牧和容成这些贤臣了。"史官听后便朝北面拜道："龟甲不违圣人之智，故显焦状。"此时大雾已经消失，黄帝便去洛水上巡游，忽然看见大鱼背上背着图书，十分惊异，便命人杀牛、羊、豕、犬、鸡"五牲"进行祭祀。忽然天下起了大雨，一直下了七日七夜，最后大鱼东游入海，而把图书留下了。一张《龙图》从黄河中浮出来，一本《龟书》从洛水中浮出来，这就是著名的"河图洛书"。图书上写着红色的文字，明显地是天授给黄帝轩辕的。黄帝在明庭举行了接受天赐图书的仪式，并按照着图书上的教诲去治理国家。于是，黄帝时代变得更加欣欣向荣、生机勃勃了。

和平时代

在黄帝、少皞之后，有高阳氏担任部落联盟首领，号称"帝颛顼"，传说他是昌意的儿子，黄帝的孙子。颛顼居于帝丘，就是现在的河南濮阳县。春秋时卫国曾迁徙到这里，故有人称卫国在"颛顼之虚"。颛顼生性沉静而有智谋，通达事理。他努力发展农业、畜牧业生产，积蓄财物；又虔诚地祭祀天地鬼神，以保佑万物的生长；

"绝地天通"的颛顼

并治理四时五行之气，以教化万民。因而在颛顼的统治下，动静之物，大小之神，日月所照，无不和顺归服。

颛顼有八个品德高尚又有才能的后代，他们的名字是：苍舒、隤敳、梼戭、大临、龙降、庭坚、仲容和叔达。他们有八种高尚的品德，即：齐、圣、广、渊、明、允、笃、诚，八种品德的具体涵义是：心齐由道、圣通博达、气宇宽广、思虑渊深、神明知微、允信不忒、笃厚志良、秉性诚实。

天下之民称这八人为"八恺",即八个心志和乐的人。"八恺"的美名在颛顼时已传扬开了,受到人民的尊敬,后来又被舜推举为官,做出很大的功绩。"八恺"的出现,更增加了当时的祥和气氛。

贵族特权

据说在少皞氏势力衰落时,百姓中的道德开始混乱起来,他们到处祭祀鬼神,民神混杂,无法分别。人人供物作祭祀之用,家家都有巫师主接天神,使祭神变得十分粗俗。人民因祭祀弄得疲乏困顿,还不知能否获得神的赐福。祭祀的供物也没有规定,随便乱凑,亵渎了神,使神失去威严。神对这种做法十分反感,因此不降恩赐反而使庄稼不好好生长,这样一来,百姓更无物用来祭祀。灾祸也就严重地出现了,社会上到处是一片哀声叹气,人人心情都不舒展。颛顼当了部落联盟的首领后,针对这种情况,便命令一个名叫重的"南正"官专门主管祭祀天,以会合群神,使降嘉福;又命令一个名字叫黎的"北正"官专门主管地上的事,以监督人民,不得乱行祭祀。于是,祭天之事由专人掌管,变得神圣、隆重,一般平民不能侵犯、亵渎。颛顼称这项命令的作用是"绝地天通",也就是断绝地民与天神相通。从此,祭祀天神成了贵族的特权,老百姓不许参与其事,这预示着原始社会中出现了贵贱的分化。

争夺帝位

颛顼对部落联盟的统治日趋巩固,引来了共工的妒忌。共工也是当时一个较大的氏族部落的首领。这个部族在伏羲、神农时代就有了,它的首领一直沿袭共工这个名字。共工部族开化得比较迟,物质文明没有黄帝族那样先进。据说共工有人的脸、蛇的身体和红色的头发,生吃五谷、禽兽,生性贪婪残暴,愚顽恶狠。共工不服从颛顼的领导,并争着要当部落联盟的首领,当然要受到颛顼的斥责甚至攻伐。共工族的武器装备和军队数量都及不上颛顼,但是他们恶狠残暴的性格,促使他们会做出伤天害理的事来。据传说,共工在颛顼的强大势力下,因争不到帝位而发怒,便去猛触不周之山。这不周山是天柱,由于共工的猛触而折断了,于是天地晃动起来。天的倾斜使西北方高起来,因而日月星辰都向西北方移动;地的倾斜使东南方陷下去,因而河水都向东南方流去。

共工因与颛顼争帝失败而怒触不周山,使天柱折断的故事当然是一个神话,是原始社会人们的想象和传说。但由此也可看到,当时部落间夺取领导权的斗争已十分激烈。

精卫填海

神奇威力

传说黄帝的后代中有两个人,一个叫禺号,也有人把他叫做"禺虎";一个叫禺强,也有人把他叫做"禺京"。他们都是人面鸟身的神,头上套着两条青蛇,脚下踩着两条黄蛇。禺强处在北海,禺号处在东海,他们代表天帝管理着大海。

在渤海之东十分遥远的地方有一个大壑,是无底之谷,名叫"归墟",地上四面八方和天上银河中的水都流注到这里,因而水面辽阔,奔腾不息。在归墟这个大壑中,有五座山,它们的名称叫:岱舆、员峤、方壶、瀛洲、蓬莱。这些山的高下周围有三万里,其顶平处有九千里,各山之间相隔有七万里。这些山上金玉珠宝之树丛生,树上结的果实味美可口,食后都能长生不老。山上所住的人都是仙人和圣人,他们在五山之间飞翔往来,十分灵便。但这五座山的根没有连着海底,常常随着潮波上下浮动,没有一刻得以安稳。仙圣十分恼怒，便去告诉天帝。天帝恐这五山流散于四方，群仙圣会失去居住之处，便命禺强、禺号使十五只巨鳌举起头顶着五座山。这十五只巨鳌分为三组，五鳌为一组，每鳌顶一山，三组分三班轮流更替，每六万年替换一次，使巨鳌也得以休息。从此，这五座山便峙立而不动了。可见黄帝后代中禺强、禺号作为海神的威力。

雄心壮志

炎帝有个小女儿叫"女娃"，因为在东海中捕捉海产食物而被海潮吞没，溺水身亡。女娃淹死后，化为一只鸟，经常停留在北边发鸠山的主峰柘树山上。它的形状像一只乌鸦，头上有彩色的花纹，嘴是白色的，足是红色的。人们从它的鸣叫声中判断出它的名字叫"精卫"。女娃因为被海水淹死，她非常痛恨潮水吞噬人的生命，所以她死后变成一只精卫鸟，经常衔着西山上的木石，去填塞东海。她幻想着能在东海上筑起一条大堤，把海水阻挡住，这样，人们再也不会有被海水卷走的危险。精卫鸟每天不停地衔石填海，她以顽强的毅力不停地与大海搏斗着。

夸父追日

巨人追日

夸父身体健壮，浑身有使不完的劲。有一次，他突发奇想，要去追赶太阳。太阳每天向西边下落，究竟落到什么地方呢？他要去看个明白。夸父飞快地向西边奔跑，跑了好长一段路，毕竟还是追不过太阳。太阳终于下山了，落到一个叫"禺谷"的地方，渐渐地失去踪影。夸父奔跑得太累了，出了很多汗，这时突然感到口渴难忍，需要喝水，便到就近的黄河、渭河中去喝水。但是夸父的胃口太大，把黄河、渭河中的水差不多喝完了，还觉得口渴。他想

起北方有一个大泽，那里水草茂盛，水质清洁，水面辽阔，便想到那里去再喝个痛快。夸父心中盘算着，又急速向北方跑去。

身死化林

由于过度的劳累，口中又极其干渴，没有喝到足够的水，夸父的身材支持不住，竟在去大泽的路上摔倒，再也爬不起来了。原来在夸父口渴难忍，到黄河、渭河饮水的时候，黄帝部下一个名叫应龙的水神在那里作怪，是他把河中的水故意放小，使夸父喝不到水，夸父实在是被应龙陷害死的。

夸父临死前，丢掉了他的手杖。由于他尸体的膏肉浸润大地，这手杖变成树木，化为邓林。邓林草木茂盛，地域宽广，有好几百里。它就是后来生长在渭河下游一带的桃林。据说周武王伐纣归来，曾经"放马华阳，散牛桃林"，以示天下不再用兵。周武王放牛处的桃林，就是夸父手杖所化的。

浩气长存

夸父是炎帝后代中的英雄，他高大的身躯、强壮的体魄，以及要追赶太阳运行的雄心，永远为炎帝族的人们所纪念。在桃林的南边，夸父的家乡有一座山，后人称为"夸父山"，山上生长着许多楠木和竹箭，还有许多牛、羊和鸟类聚居在那里。山的阳面多美玉，阴面又多铁矿石。

夸父的足迹遍及中国的南方。在台州，即现在浙江省的宁波、象山、黄岩一带；在辰州，即今湖南省沅陵以南的沅江流域，以及湘江流域的永州市一带，都有夸父巨人追日足迹的记载。

嫦娥奔月

王母奖药

据说英雄羿在射落天上的九日和杀

灭地上的猛兽妖怪之后，便朝西北昆仑山的方向行进，去寻求不死之药。羿不知爬过了多少山冈，涉过了多少大河，经过了多少时日，终于来到一个叫"昆仑之虚"的地方。这里是天帝在下界设的都城，称为"下都"。昆仑之虚周围有八百里，高万丈。上面有一株木质的禾，高四丈，茎特粗，要有五个人拉起手臂才能围住。同时还有九口井，井边都有玉做的栏杆。在这个高台上还有九道门，门前有"开明兽"在那里守着，有许多神仙住在里面。

羿在昆仑之丘，遇到了神仙西王母。西王母的脸像人，身体像虎且经常叫啸。

赠送给了羿。

奇心惹祸

拿着西王母奖励给他的不死药，羿高高兴兴地回到自己的家中。羿娶有一妻，名嫦娥，也叫妲娥。羿与嫦娥十分恩爱，无话不说。他把去西方取来不死药之事也告诉了妻子。嫦娥对此将信将疑：难道此药真有这么灵验，能使人长生不老？于是，她乘羿在外工作的机会，就偷偷地把丈夫珍藏起来舍不得吃的不死药拿出来服用，看看这不死药的效力究竟怎么样。

不料，当嫦娥把不死药一吃下肚，肚子里突然骚动起来，人也变得飘飘欲

嫦娥奔月

她披头散发，戴着很多玉饰，还有一条豹的尾巴，住在一个洞穴里。西王母是主管天下的灾害、瘟疫以及五刑残杀之事的。在她的南面有三只青鸟，专为西王母取食。西王母接见了羿。她知道羿是射日的英雄，在天下为民除害，建立了无数的功勋，如今羿想长留人间，请求给他不死之药。西王母经过再三考虑，决定奖励这位功勋卓著的英雄，便拿出了她珍藏的不死之药，

仙，身体腾空升起，钻出窗外，一直朝着月球的方向飞奔而去。嫦娥无法控制自己，终于飞到了月亮上，化为月精，从此就一直守在那里。嫦娥正是因为偷吃了不死药，被神惩罚去守月宫，长期过着寂寞的生活。

吴刚伐桂

关于月亮的神话，除了"嫦娥奔月"以外，还有"吴刚伐桂"的故事。据说月

球中有一棵桂树，高五百丈。有一个西河人姓吴名刚，因为学神仙有过错，得罪了天神，于是被惩罚来到月球上砍桂树。一定要将桂树砍倒，才能下地回家。但桂树那么粗，一斧砍下去留下一道裂痕，不一会裂痕又马上弥合，因此吴刚永远砍不倒桂树。吴刚的命运和嫦娥一样，他只能永远留在月亮里不停地砍树。

湘夫人

助舜脱险

在舜的一生中，对他帮助最大的是尧的两个女儿。这两个女儿，大的叫"娥皇"，小的叫"女英"。她们自从嫁给舜后，就帮助舜去对付他的父亲瞽叟、继母和弟弟像。娥皇和女英给了舜智慧和力量，使舜战胜一个个艰难险阻，粉碎一个个陷

缠绵悱恻成绝唱

害阴谋。在舜登上帝位以后，她们成为帝舜的二妃，又经常跟随舜出外巡视。舜治理天下的成功，与二女的协助是分不开的。最后，舜在巡守中野死苍梧，二妃因悲恸而投湘江自尽。后人编了脍炙人口的神话故事来纪念这二位贤妃。

据说尧很早就把他的两个女儿嫁给舜，以考察舜的德行。这二女嫁给舜时，舜还是个穷苦的农民，但她们在田间谦恭地侍候舜，恪守妇女的道德，从不以自己是天子之女而骄傲怠慢。一次，瞽叟与像要舜上廪顶修补，舜告诉二女，二女说："他们这是要烧死你！你可以穿着这件鸟衣前往。"当瞽叟与象抽掉梯子、焚烧仓廪时，舜竟如鸟儿般飞出落地，未受伤害。象又与父母谋划，叫舜挖井。舜告诉二女，二女说："他们这是要活埋你！你可以穿着这件龙衣下去。"当舜下到井底、瞽叟与像投土塞井时，舜靠着龙衣的帮助，在泥土中钻到其他井下爬了出来。瞽叟与象又邀请舜喝酒，想趁舜酒醉之际把他杀了。二女知道此事后，让舜用药水洗澡后前往。如此，舜终日饮酒不醉，瞽叟与象无计可施。

泪洒斑竹

舜登帝位后，二女作为二妃，更是日夜相随，感情弥笃。那一年，二妃随舜巡视至南方湘江边。二妃陶醉于湘江两岸的美丽风光，舜就把她们留在那里，自己往前先行，然后再派人来接。谁知过了几天，舜竟在苍梧之野猝然去世。噩耗传来，二妃悲恸不已。她们抚着湘江两岸的青竹，号啕大哭，哭声震撼两岸大地。最后，泪也哭干了，就一起跳入湘江，淹没在波涛之中。

湘江两岸的竹子，经二妃泪水的挥洒，都留下了斑斑痕迹。为纪念聪慧情深的二妃，后人把湘江两岸生长的带有斑点的竹子，称为"湘妃竹"，或叫"斑竹"，认为这些斑点是娥皇、女英二妃悲痛的泪水挥洒所致。后人在湘江边上，修建了二妃庙，

也叫"黄陵庙"。据说,二妃的神灵经常漫游于洞庭之渊,出入于潇、湘之浦。二妃成了湘江之神,在许多神话故事书中,称她们为"湘君",或称"湘夫人"。

九鼎存亡之谜

"九鼎"是与大禹直接相关的,因此,在正式研究九鼎之前,我们先要较为详尽地了解一下中华历史上建有巨大功业的大禹其人。

大禹的功业实在伟大得很,如果要归一归类的话,大致可归为四类:一是治水,这是众所周知的,可以说,没有大禹领导下的治水工程,也就不会有中华民族的繁荣昌盛;二是"令益于众庶稻",这是件很大很大的事。中国是以农立国的国家,不搞农业怎么行?搞农业而不种稻子又怎么行?三是道德建设,他自己就是个榜样,"声教讫于四海",能想到这一点就了不起;四是又一次巡行全国,进行行政区的划定,这就是"九州"。到这时,才能够说是大功告成。

九州是与九鼎紧相关联的,因此,我们有必要对九外问题作一点解释。据《史记》记载,大禹是一面巡行一面进行行政区的划定的。"禹行自冀州始",这是个入海处,然后是沇州(兖州),青州,徐州,扬州,荆州,豫州,梁州,雍州。然而,这九州本身也是个远古的历史之谜。九州的地域划分怎样?人们只能说出个大概来,具体的谁都说不清。更为重要的是,是怎样的九州?也有争议。《书·禹贡》作上述的九州(《史记》的说法是据《禹贡》的),而在《尔雅·释地》中却有幽、营两州而无青、梁两州;另外,在《周礼·夏官》中有幽、并两州,而无徐、梁两州。这样,在九州中实际上有五州成了疑案。

陶鼎

后来屈原在《离骚》作了十分聪明而得体的处理,把九州统称为全中国,有诗云:"思九州之博大兮,岂唯是其有女?"这样一来,许多具体的问题都解决了。后世的人们大多都是这样使用"九州"这个词儿的,龚自珍的"九州生气恃风雷"句,也正是从"全中国"的意义上来理解"九州"的。

"九鼎"是神州重器,那是毫无疑问的。但它的来龙去脉却很值得研究。相传,夏禹治水成功后,就着手于"九州"行政区的划分及建设,接着就开始铸"九鼎"。这里首先要说的是铸了没有?是想铸"九鼎",还是真的铸了"九鼎"?这看来一时也说不清。

想不想铸鼎问题似乎不存在,因为"鼎"在当时人看来事关国计民生,又是国家政权和权力的象征,这个"鼎"是非铸不可的。我们怀疑其是否真的铸了,出于三方面的考虑:一是当时大概铜器刚刚被发明出来,用那么多的铜去铸"鼎"不知是否可能,群众的心理上也不知是否通得过;二是当时交通不发达,要从九州把铜运来,然后铸造加工,看来困难不小;

中国通史

最新整理图文珍藏版

三是历代的统治者都把九鼎看成是"传国之宝",可谁也似乎没见到过这宝贝。

如果是真铸了,还有个怎么理解"九鼎"之"九"的问题。照字面讲,"九鼎"就是九个鼎的比较简约的说法。一般的说法是,禹动员九州的人们把各州的铜都运一点到都城来,于是就铸成了九个鼎。在鼎上,铭刻上大禹通过巡行了解的山川地形。如果真是这样,那么,九鼎上刻的就是我国最原始的、也是第一幅全国的地形图了。

但是,有些专家对"九鼎"之"九"又作出了新的解释,以为在当时铜资源并不多的情况下,大约是只铸了一个大鼎。既然是一个大鼎,为什么又叫做"九鼎"呢?专家们作了解释,说因为铜是由九州进贡的,代表了九州人的心愿,因此还是叫"九鼎"。这当然也是讲得通的。

"九鼎"的历史命运也是个难解的谜。"九鼎"初铸时,中国社会还处于原始社会时期,鼎的主要意义在于祭祀鬼神,并向周边邦国显示实力,后来进入阶级社会后它就完全成了国家政权的象征了。大禹之后,"鼎迁于夏商",之后,又为周所据有。周亡后,情况就复杂了。一说是:"其后百二十岁而秦灭周,周之九鼎入于秦。"这当然是可能的。但是,同一个太史公,同一本《史记》,又说,周亡后,"周鼎亡在泗水中","鼎乃沦没,伏而不见"。之后,多少人都去找过"九鼎",可谁也没有发现过。

秦汉两朝的找鼎风潮时起时伏。秦始皇是有雄才大略的,他统一了全国以后,当然是很想获取"九鼎"的。一次,他让人到泗水里去打捞"九鼎",差一点是捞到了,可是在这骨节眼上,打捞用的绳子断了,结果没有捞到。有人叹道,这就是历史的命运。汉初诸帝忙于恢复经济和平定叛乱,顾不上那宝鼎。到了汉文帝时代,一切都变了,国力强盛,社会平稳,文帝就又想起了"九鼎"。这时有个叫新桓平的,先是献玉杯,在玉杯上刻"人主延寿"四字,后又说在黄河边汾阴处可有"九鼎"出。不久,新桓平的阴谋被识破,文帝也再无兴趣找"九鼎"了。武帝登极后,四出巡游,目的之一就是寻找"九鼎"。公元前116年,有人在地底下发掘到一只刻有让人看不懂的文字的宝鼎。汉武帝叫内行的人看了看,说是真东西,于是便改元为"元鼎",但武帝从来没告诉过

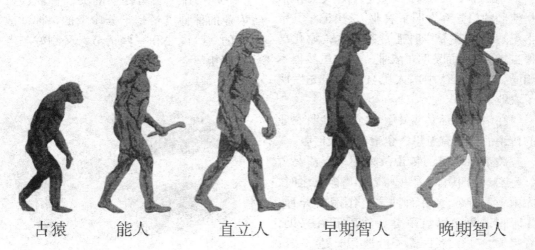

古猿　能人　直立人　早期智人　晚期智人

人类演变示意图

人是不是"九鼎"。看来不像是，不然不会不几年又改元为元封了。从这以后，就再少有人提起"九鼎"的事了。当然，人们的心里还是想的，只是不敢贸然提出罢了。

"宝鼎出而与神通"，在中国人的心目中，宝鼎是兴盛的象征。《史记·封禅书》中说："昔泰帝（太昊）兴，神鼎一。一者，一统，天地万物所系终也。黄帝作宝鼎三，象天地人。禹收九牧之金，铸九鼎。"这说明宝鼎不只大禹时有，黄帝、泰帝时代都有。只是人们不容易得到罢了。

宝鼎是神州重器，据说，它是"遇圣则兴"的。这就进一步告诉我们，它不只是一件无价之宝，更是一件吉祥物。哪个人得到了它，就能吉祥如意。

我国农业起源之谜

关于农业的发明权问题，是古来人们最感兴趣的。中国古代典籍中，有许多关于农业起源的传说。有的说是神农氏发明了农业，有的说是烈山氏（亦称厉山氏）发明了农业，还有人说是炎帝之子名"柱"的那个人发明了农业，周人则相信是他们的祖先弃发明了农业，《史记·五帝本纪》则说黄帝"时播百谷草木，淳化鸟兽虫蛾"，从而发明了农业。讲法虽然很不相同，但都承认中国人民自己的祖先发明了农业。

在诸多神话传说中，神农氏发明农业的传说故事最有意思，也最能让人信服。

关于神农氏的传说故事很多。清马骕《绎史》卷四引《周书》云："神农之时，天雨粟。神农遂耕而种之，作陶冶斧斤，为耒耜锄耨，以垦草莽。然后五谷兴助，百果藏实。"晋王嘉《拾遗记》卷一云："炎帝（神农）时有丹雀衔九穗禾，其坠

地者，帝乃拾之，以植于田，食者老而不死。"《汉唐地理书钞》辑《盛弘之荆州记》："神农生于随县北界厉乡村，内周围一顷二十亩，地中有九井。相传神农既育，九井自穿，汲一井则众井皆动。"

神农为了发明农业，吃尽了千辛万苦。《淮南子·修务训》云："神农尝百草之滋味，一日而遇七十毒。"晋干宝《搜神记》卷一云："神农以赭鞭鞭百草，尽知其平毒寒温之性，臭味所主，以播百谷。"《述异记》卷下谓："太原神釜冈中，有神农尝药之鼎存焉。成阳山中，有神农鞭药处。"《世本》云："神农人身牛首。"

龟背形刮削器

应该说，史籍提供的关于神农氏发明农业的种种资料是十分珍贵的，神话故事中的一些说法和一些情节，又刚好与考古发掘相契合。

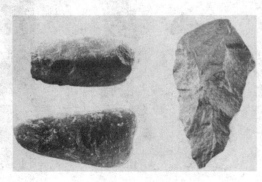

周口店原始工具图

中国通史

最新整理图文珍藏版

第一，寻找种植植物的种子。

神话故事提供了三种可能性。一是"天雨粟"说，上帝从天下起粟雨来，神农"遂耕而种之"，于是以粟为种植的主粮。二是"丹雀衔九穗禾"说，此丹雀看来是一只神雀，它衔来了良种"九穗禾"，于是，"帝乃拾之，以植于地"。三是"尝百草"说，在神农发明种植前，所有植物都属于"百草"之范畴，神农通过"尝百草"，选出了良种，"耕而种之"。

三种说法中，以前两种为虚妄，多神话色彩，与实际难符，而第三种说法是实事求是，也是与历史事实相符的。在没有发明农业之前，什么可食，什么不可食，什么可种，什么不可种，不太清楚，要研究，要尝味，要选择，看来，人类最后选定的一些农作物，是长期实验的结果。

黄土地区土壤持水和保肥能力都比较低，但有较好的毛细作用。这两个条件制约了农业起源过程中选择驯化作物品种的方向。中原地区的原始人看到大量野生狗尾草的祖本，将其采集、选择，一步步培育成自己的主粮粟子。这一点已被考古发掘所证明，半坡的出土物中就有大量的粟子，显然是刚从野生狗尾草驯化过来的。

南方地区土地肥沃，雨水充沛。南部的神农氏们就采集当时也许遍野都是的野生水稻祖本，进行驯化培植，使之成为南方人的主食。湖南澧县梦溪乡八十当远古文化遗址发现的两粒半古稻，属于1.4万年前的物品，这正是处于野生水稻祖本和现代水稻之间的正在驯化的水稻。事实证明，这种选择是明智而有生命力的。

第二，"耕而种之"。

种植植物意味着对植物进行管理、看护、培育。关于神农氏的传说中，说神农有田一顷二十亩，内穿凿井九口，用以灌溉和护理。当然还会有其他的一些看护和管理手段，只是没有写出来罢了。

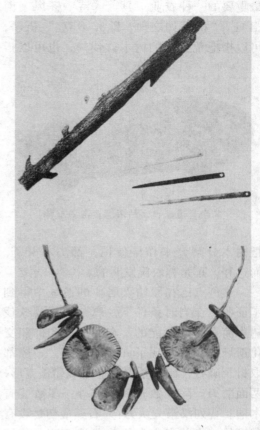

仙人洞鱼叉、骨针、骨饰品

原始人对驯化中的植物的看护，可以参照一些少数民族的方法。鸟兽的侵害是原始农业的大敌。有些少数民族地区用篱笆把植物区围起来，或派人看守。广西十万大山地区的瑶族农民在地上插一根竹竿，上头挂有穿孔的竹筒，微风吹来，呱呱作响，禽兽听而生畏，就不敢前来吃庄稼了。这些方法原始人应该都用过。至于凿井灌田，更是重要的植物驯化护理的方法。

第三，农业工具的发明和改进。

神农"作陶冶斧斤"。陶冶，指陶器，制陶技术，它是与农业、定居同步的。可以说制陶技术的发明，是人类进入文明时期的一个重要标志。凡新石器文化遗址中，

63

都有制器工场和陶器。

至于"斧斤"，那应该是最原始也是最重要的一种农业工具。《诗·齐风·南山》："析薪如之何？匪斧不克。"析薪，可以指把荒野中的树木砍伐掉，也可以指

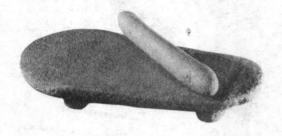

裴李岗遗址出土的石磨盘与石磨棒

把树木分解开来作柴使用，都离不开斧。而这斧，正是神农氏发明的。

这一点已在原始人居住的遗址中得到了证明。在当时条件下，离开了斧要砍伐树木简直是不可能的。在裴李岗和仰韶文化遗址中，都发现了许多的石斧，一般都取材于砾石，比较厚重，呈梯形和长方形，两面磨刃。除少数直接操作外，多数装有木柄。普列汉诺夫认为："石斧最初是没有斧柄的。史前考古学得确凿地证明，斧柄对原始人来说是一个相当复杂而又困难的

仰韶文化·石铲

发明。"我国的先民到仰韶文化期已经攻克了这一"相当复杂而又困难的发明"，这在世界上无疑是先进的。

神农"为耒耜锄耨"。除对驯化植物

进行护理外，土地的耕作是最为重要的，于是神农氏在实践中发明了"耒耜锄耨"，使土地能为植物提供更多的养料和生长条件。

河南新郑裴李岗遗址、密县峨沟北岗遗址、河北武安磁山遗址都距今八九千年，当时耕耕技术已经有了一定的发展。在火耕时期，盛行用一种尖棒播种，在此基础上，经过不断改进，发明了耒耜。耒有单齿和双齿之分，耜与耒相似，只是耜冠是板状的。在浙江余姚河姆渡还发现过木铲，发现了大量骨耜，石耜就更多了。耒耜的发明和改进，大大提高了农业水平。

值得注意的是，在裴李岗和磁山等遗址已经出土了精致的石镰，呈拱背长条状，通体都磨光，刀刃部有细小的锯齿，柄部较宽，且往上翘，下部有供拴绳用的缺口，说明石镰安有木柄。这一发现说明镰刀使用的历史十分古老。还有一些地方发现有蚌刀作随葬品的，可见镰刀不只有石制的，还有蚌制的。

我国是古老的农业大国。无论是神话传说，文字典章，还是地下发掘，都证明我国早在八九千年前就进入了农业社会，至于作为农业发明者的神农氏，恐怕不会是一个人，而是一个庞大的社会群体。

稻谷起源之谜

有一种传统的观念，认为稻米有两种

粘在陶片上的稻壳

中国通史

最新整理图文珍藏版

基本亚种，一种是籼稻，被称为印度稻；另一种是粳稻，被称为日本稻。另有一种非洲稻，那是籼、粳齐全的。一提到水稻，人们就会想到这三地是其发源地。

是这样吗？历史是无情的，也是最雄辩的，多多少少的地下发掘资料证明了，水稻发源于中国，至少中国是水稻的发源地之一。

较早时，人们认为华南地区是我国稻谷的发祥地。在广东省曲江县著名的石峡遗址中，发现了为数相当可观的稻作农业遗存。石峡下文化层中有些火烧过的草拌泥（墙壁涂料）中，或灶坑边烧过的硬土块中，都有许多稻壳和稻草碎屑。有的灰坑中还发现有零星的炭化稻米。有九座墓葬中随葬品中有稻谷或稻米，发现时已与泥土凝结在一起成为团块。根据鉴定，这些稻谷和稻米均属于栽培稻，包括籼稻和粳稻两种亚种，而两种中又以籼稻为主。鉴于许多籽粒不够充实饱满，且大小不一，反映当时品种不纯，种植技术也还比较原始。

据此，相当一段时期，人们普遍认为岭南的两广地区是水稻发源地，长江流域的水稻品种和水稻种植技术是从岭南传播过去的。

华南大部分地区处于北回归线以南，气候炎热，几乎全年无冬，雨量充足，天然食物资料十分丰富。当时野生的稻类植物可能到处都有，人们完全可能通过采集走向种植，事实上也已经走向种植。但令人疑惑不解的是，在那里，其他可口的食物，包括水果，漫山遍野都是，华南人为什么偏偏会偏爱于水稻？要知道，培植水稻比起采撷果品和种植果树来，要困难得多。就是说，作为远古时代的华南人来说，没有迫切必要发展稻作农业。偶尔或少量种植一些，是可能的。石峡遗址的先民就可能是在这样的情况下试着种植的。

彩陶纺轮

这当然只是一种揣测，但这种揣测被后来大量的长江流域的地下发掘证实了。

浙江余姚的河姆渡文化遗址发掘使人惊讶，在其第四层 4000 余平方米的范围内，普遍存在着稻谷、稻壳、稻草的堆积，最厚处有 1 米以上，经过换算，稻谷总量高达 120 吨以上。稻谷经鉴定，属于栽培稻籼亚型种中晚稻型水稻。这证明，在公元前五六千年，在这块土地上的先民已经学会了大量种植水稻。

后又在长江流域发现了新石器中期的城背溪文化和彭头山文华。

人类驯养家畜之谜

神话中的伏羲是充分神化了的。他的形象就很特殊，有的说他"龙身而人头，鼓其腹"，是雷神的化身。有的说他是雷神之子，"蛇身人首，有圣德"。据说，他是人间很多物事的肇始者，尤其是"取牺牲以充庖厨",说明他是人工饲养动物的始祖。

这位人工饲养动物的始祖是何许样人?一直是个谜。有些画家把他画成骑在虎背上降伏猛虎的英雄,看来那只是种想象。实际上,伏羲"伏"的并不是猛虎之类的巨兽,而是猪、鸡之类一直延续了几千年的家畜。

人类之"伏羲"起于何时,成于何地?远古时代的考古发现作了绝妙的回答。

伏羲必是新石器时代人的代称,那是毫无异议的。在旧石器时代,人们处于"迁徙往来无常处"的状态中,就不可能豢养任何家畜,进入新石器时代以后,生产的发展使建立定居的村落有了可能,磨光石器的使用,陶器的发明,使远古人类的狩猎能力有了不小的提高,狩猎所得在一定条件下还可能有所盈余,于是把这些暂时不吃的捕得的动物豢养在住宅里或住宅旁特定的地方,久而久之,便有了驯育家畜的习惯。人类驯育家畜大概已有了六七千年到一万年的时间。

在诸多动物中,首先驯化的是猪。家猪的前身是野猪。野猪烈性甚强,生长于森林之中,出入于草原之上。野猪是杂食性哺乳动物,体肥而腿短,大嘴前长有两根大獠牙,极具冲击力和杀伤力,对人也很有威胁力。但是,猪在各类动物中有它的优势:其一,体态肥胖,肉量大,捕杀一头可供应相当多的肉量,这在原始社会时期是极重要的;其二,猪是杂食性哺乳动物,营养价值高,这一点原始人在吃猪肉过程中一定是体会到了的;其三,猪繁殖快,一次可繁殖十数头,这对人类来说是很重要的。正是这些利益上的原因,人类冒着野猪野性发作上的危险培育起家性猪来了。《简明大不列颠百科全书》认为:"野猪和家猪无大分别,只是家猪的獠牙不若野猪发达。"獠牙退化的过程,就是猪驯化成功的过程。

早在公元前6000年的山东滕县北辛遗址中,发现有很多椭圆形或不规则形状的坑,在这些坑中不只一次地发现了成堆的猪头骨。在一个深约1.2米、底部凸凹不平的坑中,接近坑底处集中堆放着六个猪下颌骨,其上还用石板覆盖了起来,可见是十分珍视的。在磁山遗址,在裴李岗遗址,都发现了家养猪的踪迹。

北方的伏羲们注重于养猪,南方呢?南方的伏羲同样十分重视养猪。在河姆渡遗址,普遍发现了猪的骨骼化石。在遗址中,我们还发现了形态毕肖的陶塑小猪呢,这进一步证明了猪与人们生活的紧密关系。

除猪之外,狗是较早被驯化的动物了。《简明大不列颠百科全书》认为:"狗是最早的家养动物,至少在一万年以前就成了人类的伙伴。"

从生物学上讲,狗的近期祖先是狼。但是,早在人驯化狗之前,家狗的前身野狗早已从狼中分化出来,野狗是狼中最温顺的一支。人为什么最早选择狗来驯化呢?其一,狗比其他动物易于驯化。如果猎得小狗,在6~8周之内它的行为和生理尚未充分发育,这时极适宜于驯养和建立感情,这在其他动物简直是难以想象的。其二,狗有丰富的感情——亲热、友好、高兴、兴奋、悲伤、痛苦、愤怒、恐惧,都能较好地表达出来,因此狗最能讨人欢喜。其三,狗能干,它的能干程度也是其他动物难以企及的。狗可以打猎、可以看守、可以警戒、可以牧羊、可以玩赏、可以表演、可以导向,还可以拉橇耕田,人与狗结成伙伴,这一点看来是做对了。

在磁山遗址中,有许多狗骨化石。当时,狗除了可以用来助猎外,也供人们食用。那些相当破碎的狗骨,看来正是人们食用狗肉以后又将狗骨敲碎,吸食其中的骨髓的明证。

中国通史

最新整理图文珍藏版

除猪、狗外，人们早期驯养的还有鸡。

在原始社会时期，在浓密的森林里，在开阔的草地上，以至于在灌木丛中，栖息着野生的鸡形目动物。它们在夜间利用自己短而圆的翅膀飞上树头去休息，白天则在地面上取食、交配。鸡的驯养一方面来自对鲜美的鸡肉的向往，同时又因为大而营养丰富的鸡蛋也是一种可口的食品。人们养家鸡，最后倾向于把鸡类作为卵用鸡，人们对蛋的兴趣会比鸡还大。

在磁山遗址发现了明显已经脱离原鸡状态的鸡的标本，其双翅和双脚的进一步退化也十分明显。这是我国最早饲养家鸡的明证。如果没有什么新的发现，这也证明人类驯养家鸡已有了8000多年的历史了。

看来伏羲氏真正是一个群体。南方的伏羲氏和北方的伏羲氏们一种动物一种动物地驯化着，经过千百年的驯化，人类驯养的动物越来越多，人类庖厨中的美味也越来越丰富了。

陶器发明之谜

当我们来到新石器时代早期的裴李岗文化、磁山文化和大地湾文化遗址时，我们着到的是陶器，陶器，还是陶器。历史把我们带回到了公元前六七千年的那个时代——一个真正有所发明的时代。把平平常常的泥土，经过人为的加工，使之成陶制品，成为原始人的生活必需品，它的意义怎么理解也不为过。

问题在于：我们的原始人怎么想到制作陶器的呢？也就是说，中华大地上第一只陶罐是怎么制作出来的呢？记得革命导师恩格斯说过：

可以证明，在许多地方，也许是在一切地方，陶器的制造都是由于在编制的或

裴李岗文化·三足壶

木制的容器上涂上黏土使之能够耐火而产生的。在这样做时，人们不久就发现，成形的黏土不要内部的容器，也可以用于这

原始陶器

个目的。恩格斯的这段话一直为人们所引述。其实，恩格斯是在读了摩尔根的《古代社会》和其他一些著作后得出的结论。他的意思是在说：人们最初使用的是用植物的藤蔓编织和将树木挖空后制作的容器，这种容器的最大缺陷就是渗水性。对怎么防止渗水，人们一度一筹莫展。一次偶然

的机会，他们把容器的外层涂上了一层黏土，黏土干后，把容器拿掉，也能起到盛物和防止渗水的作用了。正如英国的文化学家柴尔德说的："可能是因为一只涂有黏土的篮子，偶然经过火烧，就成了不透水的。"

这种观点当然是有道理的。它讲的是一种偶然。从辩证唯物主义观点看，偶然性是必然性的反映，必然性只能通过偶然性表现出来。正因为如此，我们在承认偶然性的同时，还要学会捕捉隐藏在偶然性背后的必然性。

近些年来，人们对陶器出现的必然性作了认真而富有成效的研究。林少雄在《人文晨曦》一书中指出："对于史前人类来说，对陶器器形的发明和和制作工艺，也是十分重要和非常困难的。因为要做出第一只陶器，必须要有以下观念上的突破：首先要有需要保存和盛放物品的意识，因为人类最初的物质创造，莫不与人们现实的物质生活需要密切相关；其次要有一定的空间意识，即自己要创造出一个新的空

裴李岗文化·双耳折肩陶壶

间，而这个空间既要有一定的封闭性，可以盛物而又不遗漏，又要有一定的开放性，即可以放入或取出物品；此外，这个空间必须是圆形的（至少是准圆形的），因为迄今为止的全部考古发掘，还从来没有发现一件除了圆形之外的其他形状的陶器。而所有这些在我们今天看来十分简单的问题，对于当时的人们来说，并不是轻而易

陶器的普遍使用，意味着人们享用熟食的开始，这就使人类的智力与体力有了飞速发展。

中国通史

最新整理图文珍藏版

举就可以解决的，一定要经过长期的思索和摸索。"从一定意义上讲，第一只陶器是人们长期思索和摸索的产儿。

新石器时代·划纹陶釜

在陶器的制作上，大致有那么几种：一是捏制法。就是用手把泥团捏制成一定的器物形状，然后制作成一定的器皿。这种制作方法比较粗糙，不规则。二是贴筑法。将粘湿的泥团捏成片，再一片片地贴在某一物件上，烘干后就成了一件陶制品。三是盘筑法。将泥料搓成条，从下往上盘绕成形，然后拍打、压抹完成。这三种中最常用的是第三种。

陶器对于人类的影响是很大的，因此有些专家把陶器盛行的时代称为"陶器时代"，那也是不无道理的。

原始城市之谜

谈到城市的起源，一些专家认为不能不谈及原始社会氏族制的村落。那时的村落，相当于一个氏族或氏族联盟的聚居地，为了安全，为了自卫，必须要有防御措施。著名历史学家杨宽先生在《中国古代都城制度史研究》一书中说："距今约五六千年前，新石器时代的仰韶文化时期，氏族村落的周围已开始用壕沟作为防御措施，村落已有合理的布局。"这种"防御措施"，后来就一步步地发展成为城市。

这样看来，城市从乡村走来。

可以看一看西安半坡遗址，遗址略呈椭圆形，居民点南靠河流，北边有弧形的壕沟环绕。河流和人工开凿的壕沟把整个村落包裹得严严实实，人们可以利用这些防御设施放心地制造陶器，在窖穴中存放粮食和舒心地生活。在河流和壕沟之间，朝东和朝西北，有两个缺口，可以作为村民进出的通道，相当于日后的城门。

临潼姜寨遗址的状况也如此。氏族村落西南靠河流，北、东、南三面被人工壕沟环绕。壕沟正东有缺口，西北沿河也有缺口，是人为留有的通道，作为村落的门户。西部临河边为制陶区，壕沟以东有氏族墓地。村落中心为广场，是氏族集体成员集会、娱乐的场所。周围分为几个部分，每部分有一座大房子和若干小住宅，门口都向着中心广场。

在这里，就孕育着未来的城市。杨宽先生认为："这种以大屋子或广场为中心的居民点布局，面向东方的向阳通道，南边靠河流和北边挖壕沟的防御措施，同时又以河流作为水源，并在周围分设制陶区、窖穴以及氏族墓地的办法，都是为了适应氏族集体生活的安全的需要。这种有计划的布局，就是后来城市的萌芽。"

在村落的格局中有着"后来城市的萌芽"，并不等于说所有的原始村落后来都发育为城市。事实证明，原始村落的发展是两极化的，一极是由原始村落发展成为未来的乡村，另一极是由原始村落发育成为未来的城市，二者相比，发展为未来城市一极要小得多。

只有在条件极为优越的某些地方，"城市的萌芽"才能发育成为真实的城市。

在湖南澧县城头山遗址，发现了目前我国最早的史前城址，可称为"中华第一城"吧！城由夯土城墙、护城河、城门和城内夯土台基几部分组成。城垣的平面为圆形，外圆直径为325米，内圆直径为310米，墙周长约一千米，城内面积为7.6万平方米。城外的护城河，东南北三面都是利用自然河道，西面为人工河道。现存护城河最宽处达35米，深约4米。在城的东西南北四个方向各开一城门，基本上是对称的，在城内的最高点，也是城址中央部位，考古工作者发现了成片的夯土台基，为房屋建筑的遗存，可见当时住在城内的人还不少呢！城内还发现有道路、制陶区，城内北部有公共墓地。在长达千年的变故中，城墙几经兴废，几度修建的痕迹十分清楚。

属于龙山时代的城堡有山东章丘城子崖，寿光边线王，河南登封王城岗、淮阳平粮台，内蒙古包头河善、凉城老虎山，湖北石首走马岭，河南安阳后岗等，其中最完整最具典型意义的要数淮阳平粮台的城堡遗址了。

这是一座正方形的城市，每边长185米，城内面积为3万4千平方米，如果包括城墙部分，总面积为5万平方米上下。但这所城市十分坚固，墙体很厚，墙基处宽约13米，残高3米多，顶部宽8～10米，如果加以复原，所需土方大约不小于4万立方米，工程十分浩大。

全城坐北朝南，方向为磁北偏东6度，几乎与子午线重合。南门较大，为正门，设于南墙正中；北门很小，又略偏西，看来是后门。这种格局明显是精心设计的，它所体现的方正对称思想一直影响了中国古代城市几千年的发展，成为中国城市的一大特点。

在白寿彝先生主编的《中国通史》中，对平粮台城堡作了中肯的归纳：

城内有较高级的房屋建筑。现在仅挖掘了十几座房基，都在东南角，看来还不是主体建筑。但即使如此，也可看出这些建筑的非同一般。这些房子都用土坯砌筑，而且分成一间一间的，是分间式建筑。一些房子用夯土做台基，房内有走廊，比一般村落的房子讲究得多。由此可知城市内的居民主要是一些有地位的人，还可能相当部分是贵族，是统治者。否则他们是难以调集那么多人力、物力的，造那么坚固的城防工事本身说明了问题。

那么多上档次的建筑，本身说明了人口的密集，这也是城市的标志之一。

城内有较好的公共地下水道设施。这是人口密集的必然结果。当时供水的水源看来主要是水井，发现了5米多长的排水设施，整个长度当然不止于此。这段下水道正通过南城门，埋设在距地面0.3米的深度。水道本身由专门烧制的陶管套接而成，每节陶管长35～45厘米，直径细端为23～26厘米，粗端为27～32厘米。每节细端朝南，套入另一节的粗端。整个管道是北端即城内稍高于南端，可见此下水道是为解决城内废水向城外排放而设置的。

地下排水管的存在，本身就说明了用水量的巨大，也间接地告诉我们城市人口的高度集中。在原始村落中，设置地下排水管是没有必要的。

城内有严密的防卫设施。有了城墙，还需要考虑城门的管理。这座城为了防卫的需要专门设置了门卫房。门卫房用土坯砖砌成，有两间，东西相对。两房之间的通道宽仅仅为1.7米，那样便于门卫把守。门卫房中看来日夜有人把守，因此，里面有灶面，可为门卫作炊事，吃饭睡觉都在里面了，如在冬季，还可升起火盆，用以取暖。严密的门卫，再加上高高的城墙，在当时条件下，足以应付一切来犯之敌了。

城内还有一些手工设施。在城内的东南、东北、西南都发现了陶窑，说明制陶业有了相当的发展，从陶制地下管道看，在制陶业内可能还有了分工，有了专业的制陶工人。在城市东南角的第15号灰坑内还发现了铜渣，说明当时在城内已有了炼铜工场和制作铜器的工场。是否还有其他手工作业呢？一定有，只是至今没有发现罢了。

城内有宗教活动的遗迹。在城西南角内侧埋着一大一小两头完整的牛骨架，看来是杀牲祭奠的遗迹。城内发现一些小孩埋葬，有瓮棺葬、土坑葬、灰坑葬，其中有些明显有祭奠的遗留。

对城市的解释有两种倾向，一种是解释为人口密集、工商业发达的地方。有"城"必有"市"，"市"是人们集中交换自己的产品的地方，也就是工商业有相当发展情况下交换发展的产物。另一种是解释为防卫。《墨子·七患》："城者，自守也。"从平粮台城堡遗址看，二者的功能都齐全了，但是，究竟以何者为主，从现有条件看，是难以定夺和下断语的。

城市是走向文明社会的一道门槛。城乡的对立，体力劳动和脑力劳动的对立，以及贫富的进一步分化，都孕育了新生的城市之中。解剖平粮台城堡遗址，使我们感受到文明社会正踏踏走来的脚步声。

"七日纪日法"之谜

七日纪日法起于何时？何地？这历来是个众说纷纭的议题。有的说，它起源于古罗马，后来才渐次传入中国的。有的说，七日纪日法与《圣经》有关，那上面不是明明写着七日为一礼"拜吗"？有的说，

中国正式定七日为一"星期"一直要到清末民初，之前一直是十进位的。是这样吗？看来，对"星期"一词的发明权的所属问题，是大可讨论一番的。

半坡遗址记号陶文

"星期"一词的字面解释应该说是很清楚的。它指的是"星"的运行"周期"。我们的先民要干的事很多，但总括起来也就不外乎两件事：一是在地上无休无止的劳作，与大地打交道，还与人打交道；二是与老天爷打交道，而老天爷又具体化为每个人头顶上的那片苍穹。太史公马迁说过，"自初生民以来"，人们就是"仰则观象于天，俯则法类于地"，一面是观察，一面又是思考，力求"绍而明之"——也就是把其中的道理搞明白。

也许，对初民来说，初始的"仰则观象于天"是随意的，无所用心的。一到晚上，初民们少有娱乐活动，于是一大"功课"就是仰观于天。看月亮，看星星，看个没完没了。起先是不会有什么心得的，后来观察久了，就心领神会了。在他们的想象之中，天上与地上是一体的。地上有官，有民，那天上也该有官，有民的吧！于是，从中国的远古时代起，就有了"天官"之说，司马迁根据远古的传说和一部分史料，写下了《天官书》一卷，"官者，

星官也。星座有尊卑，若人之官曹列位，故曰天官"（《史记索隐》）。

我们的古人分出了官与民以后，又想：地上的官有大有小，天上的官也应该是有大有小的吧。当时"仰观"的能力不强，只能挑大的。挑来挑去，最后挑中了"动者七"，也就是用七个大星作为示吉凶、计时日的工具。张衡说得明白："文曜丽乎天，其动者有七，日月五星是也。日者，阳精之宗；月者，阴精之宗；五星，五行之精。众星列布，体生于地，精成于天，列君错峙，各有所属。在野象物，在朝像官，在人像事。"将七星来"象事"，这本身就说明"七"在中国人生活中的重要性。

有人以为，七日纪日法起于罗马。张文彬在《寻根探源》一书中说："一星期七天的记日法来自罗马，它是根据月相变化而定的。从朔日到上弦、望、下弦，正好是七天。……公元四世纪，七天纪日法传入我国。"这话显然是不正确的。从观念上讲，西方有七日纪日法，不等于说全世界的七日纪日法都得归源于西方。其实，罗马的七日纪日的依据是"月相"，而我国的七日纪日的依据是"动者有七"，就是按七星之运动规律定下的，按理说，我们的七日纪日更精确、更科学些。说到公元四世纪传入中国更是说不过去的。张衡是汉人，他早就说过以"动者有七"以"象事"，说明以七日纪日是古已有之的，而况张衡所说不仅是当时的情况，而是指他那个时代的"古代"。可见，"星期"不是"泊来品"几乎是肯定的。

至于西方的"礼拜"，更是与中国的"星期"风马牛不相及的。《旧约》的"创世记"中说，神第一天将白天与黑夜分开，第二天创造了水、空气，第三天创造了大地、万物和大海，第四天创造了太阳、月亮、群星，第五天创造了飞鸟、走兽，以及水中的生物，第六天创造了人，"神说，我们要按照我们的形象造人"，造男造女。到第七天，"天地万物都造齐了"，"歇了一切创造的工，就安息了"。这七天纪日是建筑在神学的基础上的，与中国的"星期"只是形似而已。

有人以为，中国的七天纪日在相当长时间内只是停在观念形态上，与实际生活没多少联系。不是的。可以说，七天纪日是融入了我们民族的生活之中的。阴阳说是我国传统文化的基础，它又与以七计数紧紧地糅合在一起的。《易·复》："反复其道，七日来复，天行也。"这不正是七天纪日的明证吗？中国民俗中的"做七"，就其传统来说，也是很古老的。《魏书》中就有人死后每隔七天祭奠一次的记载，而这一做法是传之于远古的。

当然，"星期"的制度化规范化那是近世的事。光绪二十一年（1895年），清廷宣布废除延续一千多年的科举制，成立"学部"，袁嘉谷筹建编译图书局，任首任局长，局下设编书课、译书课，统一编写全国各种教材，并统一教科书中的名词术语。把七日一周定为中国传统的"星期"，以"星期日、星期一、星期二……星期六"依次，周而复始。

"星期"的提法既是中国传统文化的反映，又与国际的"七日一周"制相接轨，因此，受到人们普遍的赞同。

黄铜冶炼之谜

在姜寨半坡型遗址的一间房子里，非同寻常地发现了一块残黄铜片。这可以说是"中华第一铜"，可以看成是人们认识金属的肇始，而它的时间是在距今五六千年前。

当然，这只是一种肇始，它并没有真

正进入原始人的生活领域。只有当人们用铜制作某种器具，尤其是制作某种生产用具时，人类才真正跨入了所谓的"铜石并用时代"。

铜和许多其他金属一样，一开始就以美丽的光泽吸引了我们的祖先。而铜的特有延展性、耐用性和不易破碎的特性，又在我们的祖先面前展现出一个崭新的世界。因此，人们总是把铜的发明权奉献给了历史上的伟人、圣人。中国的古文献中有"黄帝采首山之铜，铸鼎于荆山之下。"（《史记·封禅书》）和"蚩尤作冶"（《尸子》）、"蚩尤以金作兵器"（《世本》）的传说，正是这样一种民族心理的反映。

其实，最初始的铜的发现也许只是一种偶然，发现和发明冶铜的也不是什么伟人、圣人，也许只是普普通通的百姓。姜寨铜片就是一个明证。姜寨的残黄铜片是在一家普通的房子的遗址中发现的。也许，房子的主人只是原始公社的一个普通社员，他在采集植物或狩猎过程中，发现了含铜量相当高的一块铜锌矿石，于是带回家去，利用炉火加以重熔，就成了中华大地上第一块人工加工过的黄铜片。北京钢铁学院冶金史组的专家经过反复实验，取得了共识，他们认为："早期黄铜的出现是可能的，只要有铜锌矿存在的地方，原始冶炼（可能通过重熔）可以得到黄铜器物。"（北京钢铁学院冶金史组：《中国早期铜器的初步研究》）

如果说姜寨发现的那块残黄铜片具有某种偶然性质的话，那么，一二千年以后龙山文化遗址中展示的铜器和铜炼渣，则具有某种必然性了。

在龙山文化时期，生产力有了相当的发展，犁耕的出现提高了劳动生产率，也提高了翻地质量，还为畜力的利用提供了某种可能性。石制工具和用具的水平已经达到了极致。石制过程中的切割法和管钻

法技术广泛应用，磨制成为制作石器的必然步骤。但是，石制物品的天然缺陷——笨重，不够锐利，无法通过广延改变自己的形态——限制了生产的进一步发展。可以说，石制制造技术和应用范围已经到了它的顶峰，易言之，也到了它的末路，人类在跨入文明社会之前，需要有另一种性能比石器更好的物品属类来辅助石器。这样，铜石并用时代的到来具有某种必然性了。

到了龙山文化时期，铜器被相互之间没多少联系的原始人普遍地发现和发明了。可以说，那时黄铜已是满天星斗了：

在山东胶县三里河发现了两段残铜锥。两段残铜锥发现于两地，而且先后两次发掘时发现的，但其形状和粗细程度相像，粗口大致能对接，成分也相似，可见其为同一物件的断残物。

山东诸城呈子的残铜片。

山东栖霞杨家圈的一段残铜锥。杨家圈的矿石主要是孔雀石，即碱式碳酸铜。在杨家圈还发现了一些炼渣和矿石碎末。

山东日照尧王城发现有铜炼渣。

山东长岛店子发现有残铜片。

河南登封王城岗发现的一件残铜器片。

河南临汝煤山发现的炼铜坩埚残片。这些坩埚残片分别发现于两个灰坑中，内壁保留有一层固化铜液，有的有好几层，最多的有六层。可以想见，这些坩埚是多次使用的。

山西襄汾陶寺的铜铃。这是墓葬随葬物。铃高2.65厘米，横剖面呈菱形，长6.3厘米，宽2.7厘米。系合范铸成，顶部钻有一孔。在铃外还包有布，可见对此铃是十分珍视的。

河北唐山大城山发现有两块穿孔铜片，穿孔方法系两面对钻，与石器钻孔方法一致。

内蒙古伊克昭盟朱开沟遗址发现有铜

第一编 远古至秦统一时期 最新整理图文珍藏版

73

锥、铜手镯。

湖北天门石家河遗址，发现有不少铜块。

在黄河上游的齐家文化，多处发现远古铜器，种类有刀、锥、匕、指环、斧、镜等。

这是距今约5000年的龙山时期的文化状貌的一个侧影。铜，作为一种全新的、经过人工加工的物品，进入了人类的生活领域。

上述来自远古的遗物告诉我们，早在原始社会末期，我国的原始先民已经掌握了最原始的冶炼技术，坩埚的发现证明当时人已经为冶炼发明了特殊的冶炼工具。从现在看到的原始黄铜是铜、锌合金，专家们一致认为，它不可能是原始人有意掺锌制成的合金黄铜，而应是利用铜、锌氧化共生矿矿石在木炭燃烧下冶炼出的产品。

这些来自远古的铜器遗物还告诉我们，这时铜已经渐渐进入人们的生活领域，尤其是生产领域，但范围很有限，而且只是一些小件手工器具，挑起大梁的还是石器。在原始铜器中发现了不少铜锥。《管子·海天》将锥与斤（斧）、锯、凿并列为古代人的四大工具，锥的进入生产领域应该看成是一件大事。此外，铜器还有以斧、刀、匕等形态出现的，这也应该受到充分重视。

值得注意的是，黄铜也被远古的人类用来作为日常用品的，如镯、指环、镜等，也有制成乐器的。这证明，铜正越来越受到人们的青睐和重视。不过，由于当时的冶炼技术还十分低劣，黄铜的坚韧度、硬度都还比不上石质器具和骨质器具。这种种弱势，决定了它在相当长一段时间内还唱不了主角。

在翦伯赞先生主编的《中国史纲要》中，在范文澜著和郭沫若著的《中国通史》中，以及在周一良、邓广铭、唐长孺、李学勤编著的《中国历史通览》中，都没有提到铜石并用时期，只有在白寿彝主编的《中国通史》中，专列"铜石并用时代"，并标出时间概念为公元前3500年至公元前2000年，这是从石器时代走向青铜时代的一个过程时代。至于这种划分是否妥当，有待于更深入的研究。

井文化之谜

"井"是中国先民的一大发明。人类的生活离不开水，人们必须傍水而生存、繁衍。可自从发明了水井以后，生活的范围就大大的拓展了，在原先没有水源的地方，只要凿上几口井，一切问题就迎刃而解了。"九夫为井，四井为邑。"（《周礼》）"改邑不改井。"（《易经》）中国的传统观念视井为命根子，把"离乡背井"看成是人生一大苦事。问题是：穿地取水、凿土为井，究竟起始于何时呢？井的发明权究竟该属于谁呢？

关于井的发明，在我国的文献中有种种说法。

根据《史记》的说法，是舜发明了井。舜的父亲瞽叟，是个不太讲理的人。舜母死后，瞽叟娶了后妻，又生了个儿子。"瞽叟爱后妻子，常欲杀舜"，为了杀舜，"瞽叟使舜穿井"，试图让舜下到井底的时候"下土实井"，把舜杀死在井下，哪里知道舜是有先见之明的，打井时同时打了条地下通道，井被填死时他早就从地下通道逃出来了。这样，井就被舜发明了出来。

《吕氏春秋·勿躬篇》的说法是"伯益作井"。伯益是舜时东夷的一位部落首领，相传他是助禹治水的最大功臣。后来，禹当政时曾想把位置让给他，他怎么也不肯，二人相持不下，最后伯益避居于箕山之北，并在民间发明了井，造福于世人。

上面都是史书上记载的关于井的发明

的故事，时间都说是在舜的时代。看来，这大致上是正确的，从考古发掘资料看，井的发明的确在大约5000来年以前。

在苏州城东15公里的独墅湖一带，这里在远古时代曾经是水草丰美、人口稠密的地方。就在独墅湖的湖底——当年是一马平川，在仅3.2平方公里的区域里，发现了近百口土井。据考古分析，这些土井存在于5500年前，是我国目前为止发现的最古老的古井群。

在这些古井群旁，还发现了大量制作精巧的黑皮陶罐，每一陶罐顶部有两个小洞，可能是为了便于携带，也可能是为了穿上绳可打水。

在河南汤阴白营发现了一口约4500年前的古井。此井深达11米，可称得上是深水井了。井壁用木棍自下而上层层叠起，累计有46层。木棍交叉处有榫，使两根木棍之间能固定起来，对保护井壁起了很大的作用。从上往下视，木棍层层相压，成"井"字形，由此可见当时井字造字时是像实物之形的。

在汤阴白营古井的不远处，有陶窑，并有水沟通向窑边。

在汤阴白营古井底部有不少陶制水罐，罐子上有绳络的痕迹，可见那是汲水陶罐。

其他，在河北邯郸涧沟、河南洛阳矬李、江苏吴县澄湖等处都发现有5000年前的古井。

古井的发现纠正了人们的一个长期形成的观念，即以为井的发明是为了满足人们生活的需要。其实那是不确的，至少是不完全正确的。从古井的实际情况看，井的发掘主要还是为了陶器制作。陶器制作需要大量的水，而水源往往是个极大的问题，尤其在我国北方。于是，我们的先民想出了掘井一法。有了井，又有了泥，那么制陶就随处可行了。白寿彝先生在《中国通史》中说："河北邯郸涧沟的井为土

井，建于陶窑附近，并有水沟通向窑边的和泥坑，看来是为制陶时淘泥用的。"苏州独墅湖的古井旁有着同期的大量陶器，看来以井水制陶也是势所必然的，不然；在3.2平方公里的小范围内，食用水说什么也不用百来口井。

当然，我们并不排斥井水的食用价值。《周礼·地官》有言："九夫为井，四井为邑。"在很长一段时间内，社区就是以井为基本单位的。9家人家（九夫）共用一口井，有4口井就组成一个村邑。有36家人家共用4口井，组成一个村庄，一切也都可以了。

原始村落布局之谜

原始的初民走出洞穴以后，就住进了由他们自己打造的村落中。

村落处处可见人为的斧凿之痕，也许是为了安全，村落都由一条外环围沟包裹着。这些外环围沟，一望而知是人工挖掘的。从半坡遗址情况看，外环围沟需挖去上万方土才能建成，可见为了整个村民的安居，初民们是不惜劳力的。在工具十分落后的情况下，那简直是一个难以想象的奇迹。

外围沟内的主体建筑是初民们的居室。可以看出，凡是有原始村落的地方，房舍的排列都是错落有致的。从一些村落的布局看，似乎有这样一些特点：第一，房舍环成圈形，北边的房屋门朝南开，东边的房屋门朝西开，西边和南边的房屋的门分别朝东和朝北开。总之，都背对围沟，面向中央广场。第二，所有的房屋都可以归入一定的"群"中，一"群"中都搭配有大、中、小三种房型。第三，房群又可细分成一定的单元。

这样看来，村落，房群，房屋单元，

这些原始初民精心设计的构架，代表着当时的社会结构和人群走向，是很值得加以研究的。

我们可以以陕西临潼姜寨文化遗址的村落为例，进行剖析。

姜寨村落分为居住区、窑场和墓地三部分。居住区位于整个村落的中央，居住区与窑场区和墓地区有深浅不一的壕沟分开。在东南部，越过壕沟就有两片墓地，西面靠近河岸边是一个不太大的窑场。这样，生活、生产和丧葬被分割得十分清楚了。

半穴居房屋

姜寨小型居址面积一般都在20平方米以上，比起北方最早的小型居址来，条件是大大改善了，最初发现的小型居址只有5~7平方米，现在在面积上大约增加了三倍，屋室的质量也比原先有所提高。每个小型居址内都有火塘，可供2~4人起居所用，可能还可多住些人。这是个标准的小家庭的住所，是最小、最基础的社会单位，中国最早的"家"的概念应该就产生于此。

五至六个小型居址很紧密地结合成一个群体。在这个社会群体中有一间中型居址，面积在20平方米到40平方米之间，有的还超出40平方米（这由这一群体的实力来定）。室内有大一点的火塘和土床，有的还有2个土床以至更多的土床。可供10人以至于15人居住和活动。它的附近有窖穴，表明食物的贮藏与分配权利掌握在这个共同体内，而最小的家庭范围内是没有这种权利的。这一群体在先民的生活和生产中可以发挥相对独立的作用。

大型居址多在70平方米以上，最大的有近130平方米的。在大型居址的室内也建有火塘和土床。这里除了可以供一些人日常起居外，还是举行集合和特别仪式（祭祀、丧葬、成年等仪式）活动的场所。它是仅次于全村的第二级的共同体。在一些大型居址附近还有牲畜圈栏和牲畜宿场，窑场是重大的工程，也为这一级组织所拥有，事实上低一级的组织没有能力去制陶。在姜寨还发现了我们国家至今发现得最早的黄铜残片，冶铜技术更复杂些，非得有全村通力合作不可。

姜寨的聚落一共分成6个相对完整（生产与生活设施齐全）的组群。

考古专家作了这样的分析，上述由居址反映出来的几级组织，反映的应该是家庭、家族、氏族、胞族四个级别。胞族相当于村落，下面几级都统辖于胞族之下，而如果通俗地讲，那就是大家庭与小家庭。当然，当时的小家庭还是不完备的，甚至不稳定的，与现代意义上的小家庭不可同日而语的。

中华织造之谜

嫘祖教民养蚕织丝的故事，是充分神话化了的。据传，有一次黄帝打了大胜仗，为了庆祝胜利，特地举行了盛大宴会。宴会上，黄帝妻子嫘祖捧出两绞蚕丝献给黄帝。那两绞蚕丝一绞黄得像金子，一绞白得像银子，黄帝十分喜爱，便让人织成绢，再制成衣服。从此，"嫘祖始蚕"。嫘祖又要养蚕丝织，又要陪黄帝出巡，十分的辛苦，"帝周游行时，元妃嫘祖死于道，帝祭之以为祖神"。这当然只是一则神话传说故事，在历史上，嫘祖怕未必实有其人，它只是先民发明织造艰难历程的一个人格化缩影而已。

其实，人类的织造并不从养蚕丝织始，最早的织造当是麻织。考古发现告诉我们，早在仰韶时代就已经有了麻布。根据一些陶器上的印痕知道，当时都用平纹织法，其密度一般为每平方厘米 6×9 至 12×15 根。麻线粗细均匀，线径只有 0.5~0.8 毫米。麻织品的织法和线径的粗细，可以与现代农家平纹布比美，可见在这之前，麻织业已有了一段相当长的发展时期。麻织业少说在我国也已经有了七八千年的历史。

丝织业比麻织业在难度上要高一些，它的发展也要晚一些。

蚕丝作为纺织丝绸的原料，属于动物性纤维，它不但纤长、强韧、能耐酸蚀，且光滑而柔软，具有一定的弹性。最早的蚕是野生的，原始先民在采集过程中发现了蚕，为的是吃蚕蛹，在剥蚕茧过程中发现了蚕丝，并一点点地学得了利用蚕丝来纺织。至于将野蚕养成为家蚕，即一些书籍中说的"嫘祖始劝蚕"，那当是后来的事。

黄帝是我国北方地区尤其是黄河流域传说中的始祖，那"始劝蚕"的嫘祖也该是北方人了。但是，大量的地下发掘表明，"始劝蚕"的现象是发生在南方的长江流域一带的。因此，如果一定要将"始劝蚕"的现象人格化为一个人的话，那么，嫘祖当是南方人了。

至晚到龙山时代的良渚文化中，已经有了丝织物了。再往前推，从河姆渡出土的一件象牙小杯上雕有的确凿蚕纹看，早

在六七千年前长江下游一带的先民已经认识了蚕，并可能懂得利用蚕丝。

在浙江吴兴钱山漾文化遗址中，曾发现有丝带、丝线、绢片。丝带分 10 股，每股单纱 3 根，织成两排平行的人字形纹，宽约 0.5 厘米。绢片系平纹织法，经纬粗细相仿，织物密度为每平方厘米 47×47 根。这就是现在看来，也是相当精致的丝织物了。

考古发现表明，良渚人已经懂得了养蚕、缫丝、合股、纺织等技术。

把野生的蚕培育成家养的蚕，其中要经历上千年的历程。而饲养家蚕的重要一环就是桑叶喂蚕。科学家在良渚文化区所作的植物孢粉分析中表明，良渚文化时期已有大片的桑林存在（这可能也是人工栽培的），而钱山漾绢片的原料经鉴定正是桑蚕丝，两者结合起来看，可以推知良渚时期人已经学会饲养家蚕并利用家蚕织丝绢。

应该承认，缫丝对古人来说也是个很不简单的过程，蚕丝的主要成分是丝素和丝胶。丝素透明而不溶于水，是蚕丝的本体；丝胶包裹在丝素之外，有黏性而又易溶于有一定温度的热水中，缫就是为了脱除丝胶。从考古发掘看，当时的先民已经懂得用热水缫丝了，不然即使有了蚕茧也是织不出绢来的。

谁是历史上真正的嫘祖？答案可能是：他们是离现今五六千年的良渚人，确切地说，应当是良渚妇女。

远古食具之谜

中国最早最具特色的食具是什么？答案应该是毋庸置疑的：筷子。

筷子是一种民间的俗称，讲得文气一点，那就是箸。箸，也可写成"筯"，望文生义，就是助食之具。在中国人的助食

之具中，当推筷子为首。在世界上，用筷子助食的民族并不多，而且那些西方民族用起筷子来总是别扭，只有中国人，小孩只要能自己进食了，用不了多少训练，就能用筷子。这是不是说明中国人的手指特别的灵巧呢？这个问题留待人体生物学家和遗传学家去考定吧。

庙底沟·钩羽圆点纹彩陶盆

仰韶文化·白衣彩陶钵

中国人用筷子的历史有多长？恐怕是难以具体考证了。但是，我们敢于说，筷子的历史可以延伸到原始社会。《韩非子·喻老》有言："昔者纣为像箸而箕子怖。"《史记·宋微子世家》中亦有类似说法。可见，在夏商时代，用竹做的筷子助食已经是十分平常的事了，而且还可能已经普及到了民间。那个商纣王突然要"为像箸"，实在太奢侈了，使忠臣箕子大为恐怖。从夏商再往上推，可知在新石器时代人们已经用筷子那是不会有什么问题的。

那么，为什么我们至今没有发现地下发掘的远古筷子呢？那也是容易理解的，筷子一般用竹、木制成，不像石、骨器具那样能保存久远，过不了几十年就腐朽得无影无踪了。远古时代离我们至少五六千年，我们怎么能一睹当年原始人使用过的筷子的真迹呢？

除了筷子之外，对中国人来说，最具特色、最久远的食具应为餐匙了。

在黄河上游地区发现的齐家文化遗址中，发掘出了大量的骨质餐匙。这些餐匙一式的长条形，柄端无一例外地都有穿孔。十分有趣的是，在这里的墓葬中，这些带孔的餐匙一般都置于死者的腰部。据此，我们可以作出这样的推测，我们的先民当时还没有置办餐厨之类的家具来放置餐匙及其他助食用具，他们就别出心裁地把餐匙别在腰间，那样不只不会遗失，还可每到一处便可解下来使用了。还有一层，即把餐匙别在腰间，也就专属于他个人的东西，这种专人专用的餐具，恐怕也可列入文明习惯中的吧。

餐匙的出土遍及黄河两岸，大江南北。在黄河下游的大汶口文化遗址，他们的餐匙制作得十分的精致，十分的小巧，使用起来一定十分方便。那些骨制的勺形匙，造型十分的美观。可见，当时的人们不只讲究美食，还追求着助食器具的美观了。更为富于深意的是，大汶口文化的许多精美餐匙都是作为随葬品放在死者的手中的。"匙不离手"正好说明了餐匙在中国人的生活中的非同寻常的重要性和地位。

在长江流域也发现了为数可观的新石器时代的骨质餐匙。河姆渡文化遗址有最精美的鸟形刻花象牙餐匙和标准的勺形餐匙，年代大致与黄河流域最早的餐匙相当。

在我国华南，在东北地区，也都发现了各式的新石器时代的餐匙。

用餐匙作为助食工具，这与中国南北

大汶口文化骨匙

有人会问：餐叉不是西餐的进食必用餐具吗？怎么能说是中国最古老的进食具呢？不，不是这样的，可以听听知原先生在《人之初》中的一段话："有的研究者认为，西人广泛使用餐叉进食，是从公元10世纪的拜占廷帝国开始的，也有人说是始于公元16世纪，最多不过是1000年的历史。中国人用餐叉的历史可以追溯到5000年以前，不过我们没有将餐叉作为首选的进食器具，它实际上后来是基本上被淘汰出了餐桌，这显然是因为我们更适合于使用筷子的缘故。"

在考古发掘中，在黄河上游的甘青地区，曾发现有属于新石器时代的餐叉。在甘肃武威皇娘娘台齐家文化遗址，出土过一枚骨质餐叉，为扁平形的三齿叉，样子相当接近于我们现代餐桌上的餐叉。在青海同德县的宗日马家窑文化遗址，发掘到一枚骨质三齿餐叉，餐叉长25.7厘米，齿长9厘米。在黄河流域的其他新石器时代遗址中，还发掘到一些残断的骨质餐叉。

这种使用餐叉的传统至少坚持了二三千年，一直到商代、春秋、战国时代，地下都有不少餐叉发现。不知什么缘故，也许国人觉得使用餐叉实在太费劲，而中国人又习惯于将肉食切碎后煮烧，与西方的整块肉进食大异，于是，餐叉就自然而然地被淘汰了。

酿造美酒之谜

中国古代传说中，始作酒者为仪狄。据传，仪狄是大禹的近臣。一天，大禹忽然兴之所至，要仪狄制作一种能消闲、消愁的饮料。仪狄领命而去，便与一些人一起研制出了一种被称为"酒"的饮料。仪狄把酒进献给大禹，大禹喝后，感到十分的甘甜，但过后又使人昏昏然。大禹是一

都食用稻、黍类食物有关。稻、黍及其他五谷煮成饭以后，或烧成粥以后，是难以用其他餐具进食的，用匙一匙一匙地喂进嘴里既方便，又有利于细嚼慢咽。比起抓食来要卫生得多，也容不得你狼吞虎咽。再说，自从中国先民发明了各种各样的陶器以后，为烧煮汤食打开了方便之门。食汤如果端起食具喝，那是很不方便的，如果用餐匙去食汤，那是最舒服和省事的。

远古时代的骨质餐匙，发展到商周时代变成了青铜餐匙，秦汉时代又出现了漆木餐匙，到了隋唐时代，金银餐匙也问世了。不管怎样变，餐匙这个进食常用具是被永远地保留下来了。

也许难以置信，中国最古老的进食具中还有餐叉这玩意儿。

个十分勤劳俭朴的人，喝酒后突发一念：酒这个东西并不好，还是不要酿造吧！《战国策·魏策一》有这样的记载："进之禹，禹饮而甘之，遂疏仪狄，绝旨酒。曰：后世必有以酒亡其国者。"传说究竟是传说，不可大信的，英明如大禹，在酒的问题上的看法是不会那样绝对的。事实上，酒的发明也如其他历史上的重大发明一样，不可能由某一"能人"、"伟人"创造出来的。

怎样来验证历史上酒的存在呢？不少人以为当然要看有无饮酒器了。《中国通史》依据大汶口文化和屈家岭文化中有饮酒用的高柄杯这一史实，认定那时已有酒了。到铜石并用时期酒器做得更精致，龙山文化的薄如蛋壳的黑陶杯，良渚文化中那些精致而质优的黑陶杯和漆觯、漆杯，都证明饮酒之风已有大的发展了。

大汶口文化的陶质酒具

有人不能同意这种观点，知原先生的《人之初》认为："要证明何时发明了酿造技术，是否有专用的饮器不是主要的，因为一般的食具都可以借用来作为酒器。考古发现的专用酒器都是礼器化了的器具，不可能是初酿阶段所能出现的事物。"

那么，如何确切证明酿酒工艺的是否存在呢？知原先生以为，应是看"有没有制成合适的酿具"。

考古工作者在新石器时代遗址中发现了一些带孔的大瓮，经考证，认定那就是具有酿造特别功能的器具。这种带孔的大瓮，在陕西临潼的白家村文化中发现过，在甘肃天水西山坪文化中也发现过，在大汶口文化、仰韶文化的一些文化遗址中更是屡有发现。这证明了大约早在7000年前，酿酒技术已在祖国大地上遍地开花了。

从中国看，最早酿造的是谷物酒呢，还是果子酒？这似乎也是一个难解的谜。

大多数的专家认为首先出现的当然是谷物酒。《淮南子》中有"清醠之美，始于耒耜"的说法，这里"耒耜"实际上是谷物的代称，作者是认定以谷物造酒是酿造之始的。一些学者还用这样的故事来证明酿造谷物酒的肇始。知原先生在《人之初》中写道：

历史上常常有这样的巧事，一些无可挽回的错误与失败，反而铸成了意外的巨大成功，中国远古的初酿成功，可能起因于谷物的保管不善而发芽变质，这种谷物煮熟后食之不尽，存放一段时间后就会自然酒化，这便是谷芽酒。许多次的失败，让人们反复尝到了另一种难得的味道，启发了人们新的欲望，于是有意识有目的的酿酒活动便开始了。从这个角度来说，古代视酒为"天之美禄"，也可以说是恰如其分的了。

这样看来，似乎谷物酒在果品酒之前了。但是，另外一些专家坚持认为果品酒产生在谷物酒之前，而且言之凿凿。宋兆麟等先生在《中国原始社会史》一书中说得很干净利落。

饮酒是很流行的。最早的酒是用植物

的根块或果实酿制的，如以甘蔗、麻根、都柿等酿酒。农业兴起以后，才出现谷物酿酒。《旧唐书》卷一九七载："俗以椰树花为酒，其树生花，长三尺余，大如人膊，割之取汁以成酒，味甘，饮之亦醉。"游牧民族则以牛、马的乳类酿酒，鄂伦春族和蒙古族的马奶酒是相当闻名的。

这样看来，果品酒的出现可能还是很早的，根据《中国原始社会史》的看法，它在谷物酒之前。其实，平心而论，不管在中国，还是在外国，果品酒和谷物酒的出现是难分先后的，还可能是同时出现的。

至于酒器，开初可能是取自自然物，有用竹筒，也有用兽角的。《礼记·礼器》中说："宗庙之祭，尊者举觯，卑者举角。"觯和角，都指的是兽角。羌族至今"饮酒，共一坛，每人一只空心竹，轮流而饮"。这里说的空心竹并不是天生的，而是为了喝酒，把竹节打通后，称"空心竹"。陶器的酒器，铜器的酒器，那是后来发明的了。

礼俗兴起之谜

在汉文字中，玉解释为美石。玉与石总是联系在一起的。而玉器制作工艺，照理应是磨制石器工艺的延伸和升华。石可切割、打制、磨制、钻孔等，玉同样可以作如是加工法。

在现今发现的远古玉器中，加工方法大体有裁料、成形、做孔、雕刻花纹和抛光等工序，这些都源于石器的制作，只是在制作时更精细和更花费时间而已。比如钻孔，玉器一般用双面钻，石器也取双面钻，钻孔一般用管钻法，即以竹为管料进行钻孔，石器也该是如此的。在这些方面没多大的变化，从工艺角度看，进步也不太大。

关键还在于它的社会意义和社会价值。

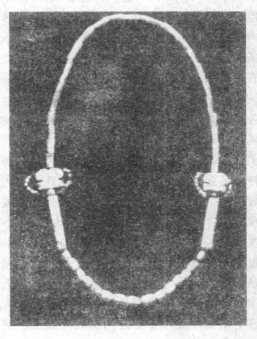

玉项饰

由于它的出现，改变了人的社会生活和社会风貌。胡尔克在《中国百年考古大发现》中认为："玉虽也是石头，但不是普通的石头。玉器反映了良渚文化时期政治观念、等级制度、宗教情感、礼仪风俗、社会生活的方方面面，人们在心理上对玉器怀有深深的崇敬感和神秘感。所以说，同为石头，二者却有着决然不同的意义。这差别是人类器具制作及思维意识方面的巨大的飞跃。这个飞跃标志着玉器时代的诞生。"

不管玉器是否可称之为一个时代，它的文化价值之大是显而易见的。别的我们可以不说，单就反映社会的礼仪风俗上，玉器的象征意义是巨大的。

玉器象征着一个人的身份。

在福泉山良渚文化墓地，发现玉钺8件，均为扁平梯形，上部有管钻的圆孔，没有磨出刃口，说明并不是实用器，而是良渚人用来礼神的礼器。发现7件玉璧，最大的一件直径为23厘米，厚1.4厘米，玉质呈绿褐色，间有青白斑纹，表面抛光，也是一种重要的礼器。玉琮发现6件，皆内圆外方，上大下小，孔由两面对钻，线条匀均，图案繁密，琢玉工艺精湛。其中有一件玉琮，在湖棕色的玉质上，以精确的减地法凸出四块方座，以四角为中线，各刻一组兽面纹，四面有16只展翅欲飞的鹳鸟，每只只有人的指甲的一半大小，其羽毛丰满、翅膀、尖喙刻纹纤细，炯炯有神的鸟眼，像一颗细小的圆润珍珠，令人难以相信这是原始人的作品。另外，还发现有4件玉杖首，象征墓主的权力和地位。发现的一件玉带钩，出土时位于人骨架的腰部，说服是非其人莫属的专用品。在福泉山良渚文化大墓中，还有人殉葬或用人作祭品的。这些都有足够的理由说明，在这个花费大量人力物力构筑的高台上占有一席之地者，绝不是普通人物。

在反山良渚文化墓地，玉器占全部随葬品的90%以上，玉器多达3200件以上。玉器的品种有璧、环、琮、钺、璜、镯、带钩、柱状物、杖端饰、冠状饰、锥状饰、三叉形器、半圆形冠饰、镶嵌端饰、圆牌形饰等。出土时玉器放置的位置基本上相同，头骨上方为玉冠饰，胸腹部放置玉琮，

兴隆洼遗址出土的玉锛

一侧放玉钺，玉璧多置于腿脚部。这是一个专为一些人堆筑起来的东西长90米、南北宽30米的熟土堆。其中有墓葬11座，排列整齐有序，墓穴均比较宽大。随葬品少则数十件，多者数百件。从墓葬的规模和丰富的随葬品来看，它并不是一般的氏族或部落的公共墓地，墓主应当是有特殊身份的人，正如发掘报告说的："墓地的主人是一批部族的显贵，他们已经成为凌驾于部族一般成员之上的特殊阶层，或为巫觋，或为军事酋长。"当然还可能有一些在部族中很有威望的长老阶层，还有一些对本部落具有特殊贡献备受尊荣的人。

就是一些玉制的饰物、饰品，也反映着它的主人的身价和地位。

在反山墓地第16号墓葬出土了一件玉冠饰。它由浅黄色透闪石软玉琢成。造型呈蝴蝶形状，形体扁薄平整，中间部分向上高耸突起，顶部正中有一个微起的突脊。两侧向旁边平伸，似蝴蝶之翅膀，下端内折弧收。该体最大特点是通体透雕，以透雕与阴刻相结合的手法在正背两面琢出相同的神人兽面纹图案。神兽居中，透雕大圆眼，外框以重圈和弧线三角形画眼眶和眼角，扁圆鼻子，大阔嘴，内有一对獠牙。神兽两侧各刻一神人像，神人四肢张开，上肢上举，下肢作蹲状。这样的蝴蝶形镂空玉冠饰，充分显示了其主人的威武、权势和充满神力，岂是一般人所能冠饰的？

在考古发掘中，这样的冠饰每座墓只有一件，出土时都位于墓主的头部。而那些墓本身是非同凡响的，其身份也就不言自明了。

在余杭的反山遗址中，还发掘有三叉形玉冠饰、牛首形神人兽面纹玉牌饰、玉鸟、玉鱼、玉龟、兽首玉镯、玉项链等，这些都不是一般人的饰物和佩物，是与氏族社会后期的社会分化联系在一起的。

第二节　文化中兴：艺海拾贝　科技撷英

中国音乐产生

　　新石器时代，中国音乐从先民的原始乐舞中脱身出来，发展为高水平的、有中国特色的音乐体系。

　　在人脱离猿人演变为现代人的漫长历程中，产生了人类的原始乐舞活动，人们在原始简单打击器的节奏和乐声中尽情歌舞，产生了歌舞一体的原始乐舞，它往往以模仿狩猎活动的化妆舞蹈为主体，也伴

仰韶文化彩陶乐舞图纹饰陶钵。盆内壁上绘有组合式舞蹈纹，纹中人物相互牵手而舞，分腿而蹈，颇具韵律感。

随以祈求丰收、愉悦神灵等巫术内容。在一些现存原始民族中，这样的乐舞活动仍有存在，《吕氏春秋》也记载了葛天氏氏族的大型乐舞。青海大通县上孙家寨新石器时代的彩陶乐舞图（5800～5000年前）描绘了一个队列、服饰、动作都一致、整齐的乐舞场面，表现了乐舞的高级形式。

　　但是在新石器时代，中国音乐已从乐舞中发展成为高度发达的音乐体系，人们对音乐的乐律性质已有了理性认识，随着笛、埙类有明确音高的旋律乐器的出现，人们开始认识音之间的关系，音阶开始产生，并有了将音高纳入模式的乐律知识。山西万泉县荆村和半坡的陶埙已不按绝对音高制作，而具有调式性质，其中一音孔陶埙均能发4个音，并且相邻音阶各埙也大致相同。

陶埙。单孔陶埙，仰韶文化半坡类型文物。上端有一小孔，轻吹可发出声响，属原始乐器。三孔陶埙，仰韶文化姜寨二期类型文物。压或不压音孔可吹出四种不同声音，属原始乐器。

　　早于仰韶文化的河南省舞阳县贾湖新石器遗址出土有十几件骨笛，大多为七孔，能奏出七声音阶，结构完整准确，音质较好。有些骨笛在音孔旁还有调音用小孔，可见制作者已有明确的乐律意识和调音水平。中国乐律知识产生于新石器时代，表明中国音乐已完全脱离原始乐舞时代，对于音乐的认识有了一个飞跃，真正的音乐开始产生。在这一点上，中国远远走在其他各文明之前。舞阳骨笛解决了先秦有无七声音阶，春秋战国的六声音阶是否由国

外传入的争论，它的发现是世界史前音乐遗物中最早、最可靠、最杰出的。

陶号角。距今5000年左右，长32厘米，口径8.5厘米，手制，呈弯形牛角状。山东莒县大米村出土。

中国乐器体系在新石器时代的发源也是中国音乐体系产生的重要标志。在江苏吴江梅堰和浙江河姆渡遗址中都发现新石器时代人所使用的骨哨，已具有原始乐器的性质，并说明管、箫之类易腐难存的器物的出现是可能的。具有音程的埙在中国广泛使用，陶钟、陶铃也出现于陕西龙山文化和甘肃临洮县寺洼山，预示了青铜时代中国钟乐的辉煌。鼓、缶这样的节奏乐器，特别是笛、埙这样的旋律乐器显示了乐器的专门化水平，是中国音乐乐器体系的雏形。

专职乐人和完整作品在这一时代可能已大量出现，中国古代乐人伶伦，作品《韶》、《云门》、《咸池》等虽然是传说，但也体现出前商时代中国音乐成果对于后代的影响。

早于仰韶文化的河南舞阳新石器遗址中出土的骨笛

新石器时代中国音乐的产生，就是人类音乐在东亚的首先突破，为中国音乐文化的发展奠定了基础，也深深影响了商周的生活方式。

伏羲氏画八卦

捕兽捉鱼

伏羲氏有着各种各样的本领。首先他教人结网：在陆地上结网可捕捉野兽，在水中张网可捕捉鱼类，从此，人们在田猎，

伏羲像（中）

捕鱼方面取得了很大的进步。在捕捉到野兽后，伏羲氏又教人们把野兽养起来，变成家畜，从而畜牧业又大大发展起来。人们可以不去打猎而依靠放牧，就能获得大量的动物产品。

上古的人们没有文字，为记住事情不要忘掉，就在一根长绳上打个结。这种方法太含糊，时间久了，人们不知道那绳上的结究竟是指什么。伏羲氏"造书契"以代替结绳，就是在木头或石头上刻画许多符号，这比结绳的意思清楚多了。伏羲氏是中国古代最早的文字学家。

娱乐与烹调

当时的人们生活单调，没有娱乐活动，

伏羲氏又教人制作琴瑟。他砍伐桐树做琴身，用丝线拉起来做弦。他制作的瑟长7尺2寸，上有27根弦。伏羲氏制作琴瑟，丰富了人们的文化生活。

伏羲氏还能养供祭祀用的牲口，以充庖厨，据说他有一手烹调的好手艺，能改变腥臊之味。他之所以又叫"庖牺"，就是因为他能在庖橱里把牺牲烹调成美味佳肴的缘故。伏羲氏又是中国最早的烹调大师，这对改善人们的生活意义也很重大。

上古的人比较粗鲁，不懂什么礼仪，伏羲氏又为他们制订一些礼仪规范。据说在嫁娶时以"俪皮"即两张鹿皮作为礼物，就是伏羲氏制订的。从此，野蛮的掠夺婚姻减少了，人们开始以文明的赠送礼品的方式进行嫁娶活动。

远古风范太昊伏羲氏

奇妙创造

伏羲氏最著名的创造发明，是画八卦。当时他仰观天文，俯察地理，旁观鸟兽身上的花纹以及土地的特性，近取身上的器官，远取天下的万物，用一条长画代表阳，用两条短画代表阴，阴阳搭配，画成八种不同的图案，称作"八卦"，象征天、地、雷、风、水、火、山、泽八种自然现象。伏羲氏不愧是中国最早的天文学家、地理学家。据说，在祭祀天神、告示民众、表达万物之情时，都可以用"八卦"来进行。这又是一个奇妙的创造！

伏羲氏在打猎、捕鱼、畜牧、文化、娱乐、烹调、礼仪、祭天，治民等各方面都有许多突出的创造，他的形象又是那么奇怪。这个故事代表了原始社会的人们对当时能发展生产、推动文明进步的杰出人物的崇拜。

仓颉造字

苦心孤诣

黄帝时代有个人名叫仓颉，他生而神灵，十分聪明，小时候就能刻画许多符号来表示各种事情。后来，他被选为黄帝的史官。为了要把黄帝时代的许多人和事记载下来，留给后人作为纪念和借鉴，他决心要创造一套能够表达各种具体事物和思想的文字。

于是，仓颉上爬高山，下俯沼泽，观察各种野兽的足迹、飞鸟的姿态、昆虫的爬行、鱼虾的游动，还有高山的走向、水流的弯曲、太阳的升落、月亮的圆缺，同时他还深入到人群中去，注意他们喜怒哀乐感情的变化，起早贪黑从事各项劳动的辛苦，人群中男女老少各种人物的特征，还有房屋的建造、生产的工具、集市的贸易、家畜家禽的饲养、一日三餐和拉屎撒尿、男女结合和生育孩子，如此等等，凡是生活中发生的事情，他都细心地观察、描摹。经过苦心孤诣地探索和夜以继日地描绘，一套既有象形、又能会意，能够表达世界上各种事物和思想感情的文字，终于被仓颉创造出来了。

仓颉创造出了这套文字，史官可以用它来记录历史事实、人物言行，把这些记录保存下来，集合成典册，就成为富有教育意义的历史资料。在上的领导人物可以用文字发布告示，传达命令，治理下属的百官、平民；在下的平民百姓也可以用文字来记载往事，使之不忘，还可与远处的朋友交流思想，传递信息。

伟大力量

在仓颉造字成功后，天上和地上都出现了奇异的现象：天上下起了谷子，地上有鬼在夜间哭泣。于是，人们议论开了：有人说文字的创造，使得一部分人脱离生产劳动而专门去舞文弄墨，用书写文字来欺骗百姓，使奸伪萌生而田地荒废，粮食短缺，故而天落下些谷子来使人民免遭饥饿；也有人说由于有了文字，人们可以用文字来揭露邪恶，弹劾丑行，鬼感到有被揭露的危险，故在夜间哭泣起来。这些说法当然都是没有根据的，上面所讲的两件事也不可能有，或者是牵强附会上去的。当时正遇龙卷风把甲地的谷子卷上天，又在乙地落下来，人们就说"天雨粟"；正有人因为冤屈而在晚上哭泣、喊叫，人们就说是"鬼夜哭"。然而从史书上有这方面的记载来看，仓颉创造文字成功对人们生活带来的震动的确是不小的。

根据考古学的发现，在距今六千年的新石器时代遗址中，出土过不少上面划有许多符号的彩陶。这些符号笔画各异，很明显具有象形和会意的性质，是我国最早的文字雏形。公元前四千年，正当传说中的黄帝时代，说不定这些符号就是黄帝的史官仓颉所造的。仓颉是中国历史上第一位文字学家。他辛辛苦苦创造出第一批文字的功绩，是永远值得纪念的。

龙凤文化开始

龙凤文化是中华民族文化中一种十分古老而奇特的文化现象，它几乎与中华文明同时诞生并经历了漫长的演进历程，到中世纪变成了高度艺术化的龙凤形象，在其演化过程中，不断融入了人类文明不同历史发展阶段的社会生活内容和文化涵义，思想意蕴极为丰富，从而成为中华文明乃至华夏民族精神的崇高象征。

内蒙古翁牛特旗三星他拉出土的距今5000多年的玉龙

龙、凤虽具动物形态，但非现实世界中实际存在的动物。因此，长期以来，无数的学者企图探索其神圣外表所掩盖的实质内容。在众多的解释中，学者们寻根探源，旁征博引，但迄今也没有得出使人完全信服的结论。

关于龙的原型，已有多达10余种说法，如图腾说，龙卷风说，雷电说，鳄鱼说，恐龙说等。本世纪30年代闻一多先生提出的"图腾合并"说影响很大。近年来，研究者对此提出了一些新的见解，认为在旧石器时代，狩猎是人类赖以生存的最重要经济活动，动物在人们心目中占据

辽宁建平发现的距今5000多年的玉龙

殷墟玉凤。商代凤形饰物，说明"凤"作为一种原始艺术形象在当时已具雏形。

着十分重要的地位，一些外表威猛的食肉动物如鳄、虎、蛇、鹰等对先民的生命构成威胁，而一些生态奇特的动物如鸟、鲵、蝉等，使人类感到惊奇，这种畏惧和奇异最终发展到崇敬，与原始宗教和巫发生碰撞以后，形成了先民的动物崇拜，其造型的神秘色彩也不断增强。

以鳄鱼为原型的龙和以鸟为原型的凤就历经了这样的演变历程。首先是发祥于江淮的太昊族长期受到水患的威胁，以当时的能力他们无力抗争，生活于长江中下游的貌似凶猛的扬子鳄成了人们心目中兴风作浪的罪魁祸首，因畏惧而对其加以崇拜。古代文献中被称为蛟龙，直至新中国建立前，在水患严重的地区龙王庙都比比皆是，由于降雨与水旱灾害有直接的关系，因而龙又被幻化为可以升腾飞翔之物。总之，龙文化的形成完整地体现了中国的农业文化特色。

凤起源于青鸟，它之所以成为人类心目中的崇拜，当与农业生产和生殖有密切的关系，"玄鸟生商"的传说，表明它与商民族的生产活动关系重大。众所周知，燕子是一种候鸟，冬去春归，它的到来标志着春暖花开和一年的生产活动的开始，同时鸟类普遍具有较强的繁衍能力，在那渴求人丁兴旺的时代，生机盎然和生殖力强盛是人们的企盼。它十分自然地演变成了人类的崇拜物。甚至对于龙，有人认为与生殖崇拜也有直接关系。

总之，龙凤文化是以农业文化为特色的中华民族的典型象征。中世纪以后，成为皇权的象征和专用物，又溶入了人民渴求和平和统一的愿望。作为民族凝聚力的象征，它伴随着中华民族历经了无数灾难深重时代和多次亡国灭种的关键时刻。

江南新石器文化繁荣

江南新石器文化遗存覆盖面相当广泛，主要可划分为长江中下游广大地区和南方地区两大区域。在这片广阔的地域上，新石器文化遗存异常繁荣。

长江中下游地区新石器文化十分发达，

从文化面貌和分布状况看，可再分为太湖地区，宁绍地区和宁镇地区。包括了江苏省大部、浙江中北部及皖南部分地区。

福建的昙石山文化彩陶壶

玉环兽，湖北天门石象河出土新石器时代玉器。玉环兽蜷跼呈"C"字形，隐约能辨出耳、嘴等，是一种表现图腾崇拜的器物。

太湖地区文化遗存被正式考古发现的有二十多处，一般坐落于向阳的土坡或山脚、高大的土墩上，表明当时的人们已能根据自然环境条件有意识地对居聚地加以选择的特点。以太湖为中心，依次分布着马家浜文化、崧泽文化、良渚文化等，其中马家浜文化是迄今发现年代较早的新石器文化之一，距今约7000～6000年左右。考古发现，这时的人类已培植出了粳稻，标示着水稻种植业已经历了相当长的时间。崧泽文化距今约6000～5300年，以上海青浦崧泽遗址最具代表性。良渚文化发现于浙江余姚良渚镇，距今约5000～2000年。

崧泽文化彩绘碗形豆，上海青浦崧泽遗址出土。

其农业、手工业都有长足的发展，是新石器时期生产力水平的标尺。

宁绍地区文化分布于杭州湾以南的宁绍平原上，其中河姆渡文化距今约7000～5000年左右，延续长达2000年。在太湖平原以西，以宁镇山脉为中心的丘陵和河谷平原交错的地带发现的南京北阴阳营、太岗寺，及安徽潜山薛家岗等文化被合称为宁镇地区文化。在北阴阳岗，出土了大量石制的农业生产工具。陶器以夹砂陶居多，并有大量泥质红陶和少量灰黑陶及夹砂灰陶。

除狭义的江南以外，长江以南各地也出现了许多同类的文化遗存，在许多方面表现了类似的文化特色。

在江西万年县大源，1962年发现了仙人洞。其新石器文化积层厚约2米，分上、下两层，代表了前后两个阶段的文化遗存，据测定，仙人洞文化的时间上限可推到10000年前。这时原始农业尚未出现。山背文化分布于江西修水以山背村为中心的小盆地四周，约30余处。以跑马岭、杨家坪文化遗存最为丰富。

在广东，新石器时代遗址多为洞穴，如阳春独石仔洞穴、封开洞穴、英德青塘洞穴等，以阳春独石仔洞穴最具代表性。

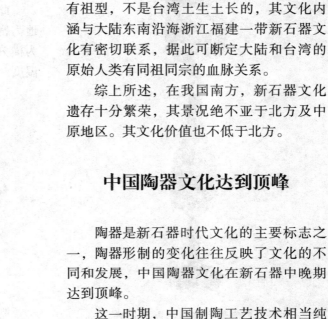

玉人，距今4500年左右，安徽含山凌家滩出土。玉人长眼粗眉，蒜头鼻大嘴，头戴扁冠，腕部戴环，腰间束带，再现了江淮地区原始人的面貌和风采。

这里的人类活动年代为前12000～前9000年间。而发现于广东曲江县石峡遗址的石峡文化，新石器时期文化涵义最为丰富。这里的人类生活于前3000年～前20000年间，时间跨度较长。此外，广西的新石器文化以桂林市独山西南麓的甑皮岩洞穴遗址为代表，年代约在前7000年～前5500年。

福建和台湾也有多处新石器时期的文化遗存出土，包括福建的昙石山文化，台湾的大岔坑文化、圆山文化、凤鼻头文化、芝山岩文化等。据1971年台南县左镇发现的左镇人化石显示，大约30000年～2000年前，台湾就有人类活动，左镇人可能是

由大陆移居于此的。台湾新石器文化遗存的时间上限约为前5000年，而下限则在前1000年左右，台湾学者认为芝山岩文化没有祖型，不是台湾土生土长的，其文化内涵与大陆东南沿海浙江福建一带新石器文化有密切联系，据此可断定大陆和台湾的原始人类有同祖同宗的血脉关系。

综上所述，在我国南方，新石器文化遗存十分繁荣，其景况绝不亚于北方及中原地区。其文化价值也不低于北方。

中国陶器文化达到顶峰

陶器是新石器时代文化的主要标志之一，陶器形制的变化往往反映了文化的不同和发展，中国陶器文化在新石器中晚期达到顶峰。

这一时期，中国制陶工艺技术相当纯

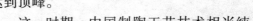

富有神秘象征意义的人面含双鱼纹彩陶盆，陕西西安半坡村出土的珍贵文物。

熟，已由手工制陶发展到快轮制陶，这是新石器时代制陶术的一项重要成就。快轮制陶工艺出现后，可以制作出壁薄而均匀的器物。山东龙山文化出土的漆黑光亮、壁薄如蛋壳的高柄杯，反映了史前制陶术的最高水平。

此时，人们对制陶材料的性能已有一定认识，有意识地选择不同的陶土来制作用途不同的器物，泥质陶主要用来制作致密度较高的一些器物，如碗、瓶、甑等，

黑陶蛋壳杯，龙山文化典
型文物。轮制，造型规整，器
壁薄如蛋壳，且厚薄均匀。

仰韶文化彩陶、龙山文化黑陶则多是细泥
质的。尤其是，黄河流域发明了高铝质白
陶，长江流域发明了高铝质和高镁质两种
类型的白陶，这对我国陶瓷技术的发展，
以及由陶向瓷的转变都具有十分重要的意
义，我国也因此成为世界上最早发明白陶
的国家。

舞蹈纹彩陶盆。青海大通上孙家
寨出土，马家窑文化文物。

陶器表面修整和装饰工艺更趋成熟。
主要有陶纹、表面磨光、涂施色衣（又叫
陶衣）、彩绘等方式。

此期陶窑的构造都是地穴式的，即穴
地为窑（东周之后才建到地面上）。并分
为横穴式和竖穴式两种，能较好地控制
温度。

涡纹双耳彩陶壶，甘肃省出土。

制陶术的发展，在物理化学知识、高
温技术上，为制瓷术、冶金术的产生打下
了良好的基础。

鹰鼎。陕西省出土。

在新石器时代，陶器几乎是当时物质
与精神文化的总和。彩陶的出现，意味着
人类的审美能力又登上了历史的一个新阶
梯。彩陶艺术的光芒已辉映了新石器时代
中期的历史环境，并敲响了高级文明来临
的晨钟。从仰韶文化以及马家窑文化等彩

陶的纹饰来看，那些流畅而又挺健的线条，长达周圈，没有能够蓄色的工具来进行那

彩绘三足陶罐，内蒙古敖汉旗出土。三足加强圆罐的稳定，整个器物表面呈黑色，又用白、红二色装饰，端庄大方。

种描绘，几乎是不可能的。由此可以推见，当时必定有陶工和画工的相对专业化。

　　陶器本身是我国造型艺术的先驱，到目前为止，我国还没有发现比陶器年代更早、更完美、更典型的造型艺术作品。我国最早的人物画，是马家窑文化彩陶舞蹈盆，最早的动物画，是河姆渡文化的夹炭黑陶猪纹钵上刻划的猪纹，以相当写实的

船形彩陶壶。陕西省出土。

手法，活现出一头肥猪呆拙粗壮的特征。红山文化遗址"女神庙"中，不但发现了孕妇神像，还发现了一尊相当于真人原大

的完整女性头像。女性头像各部位塑造得十分准确而又加以夸张，嘴唇外咧、微笑

陶人头。仰韶文化文物。

欲语，面颊有肌肉起伏感。这一尊极富生命力而又高度神化了的女神头像，是我国第一次发现的 5000 年前的祖先陶塑像。"女神庙"中还有一些大小不等的塑像，从一些残迹可知，最大的塑像三倍于真人。体内有木制的支架，内外层泥质不同，其塑制方法与现代大型雕塑的做法很相似。预示着中国雕塑艺术的辉煌。

陶鼎。新石器时代生产的陶鼎、鬶尊、豆等，设计精美，已能在陶器上镂刻花纹。这对于商周时期青铜文化的繁荣发展奠定了基础。

人首形器口彩陶瓶。甘肃秦安大地湾出土。

新石器时代晚期的陶器文化，为青铜时代的来临，准备好了造型的场所。使它们在火光的焙烧中迎接冶炼的铸造艺术形体的降临。

女神像，辽宁红山文化文物。此像具有典型的蒙古人种的女性特征。

岩画出现

岩画是在岩石上雕刻和绘制的图画，其创作时间最早约为旧石器时代，晚期至迟不超过新石器时代早期。中国境内岩画分布很广，比较著名的有阴山岩画、云南边境的沧源岩画、广西的花山岩画、连云港的将军岩画、新疆的呼图壁岩画、青海的刚察岩画以及嘉峪关附近的黑山岩画。

甘肃黑山岩画人物和野牛图

新疆阿尔泰山岩画动物和民族文字

中国的岩画按其表现的内容可分为南北两个系统：北京地区的岩画多表现各种动物、人物、狩猎及各种符号，反映原始的游牧生活；南方地区岩画除表现各种动物、狩猎场面外，还有采集、房屋或村落、宗教仪式等内容，反映了南方原始农业社会的生活状况。这些岩画从总体上反映了远古时代的社会经济、生活状况和人群组织形式，成为研究原始社会的活化石，也为探索原始人的精神世界提供了实物依据。

中国通史

最新整理图文珍藏版

92

江苏将军崖岩画上的人头像

狩猎和畜牧业是原始社会的两种主要经济形态，在岩画中多有反映。阴山狩猎岩画凿刻出猎人全神贯注的行猎动作。青海刚察县岩画描绘了一位骑马的猎手正弯弓搭箭追射一头弯角相对、毛茸茸、肥胖胖翘着尾巴惊恐奔跑的牦牛的狩猎场面，形象栩栩如生。黑山岩画则画了一猎人披虎衣戴虎帽扮成虎形驱赶其他动物的场面。这些反映狩猎生活的岩画中有不少单独表现动物的作品。最值得注意的是阴山岩画中有已在中国灭绝的动物形象的岩画，一幅是角鹿形象，另一幅是驼鸟。

反映宗教内容的岩画也十分丰富，原始人的生殖崇拜、图腾崇拜、对太阳和各种神祇的崇拜等宗教观念和宗教仪式通过这类岩画表现出来。阴山岩画有一幅雄性

对马构成一组单独纹样，表现了对男性的性崇拜，同样的"对马"图在新疆呼图壁康家石门子的岩画中也出现。阴山岩画中的拜日图，描写一个虔诚的人面向太阳将手中崇拜物高高举起。沧源岩画中的太阳人也反映了原始人对太阳的崇拜。而在人头上加动物或植物的岩画，则表现原始人对图腾的崇拜。将军岩的植物人面图形岩画，是谷神崇拜的遗迹。

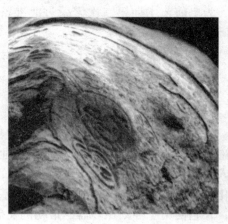

贺兰山岩画人面纹

表现村落、战争、舞蹈的岩画则体现了原始现农业社会的生活状况。沧源岩画反映的村落，排列有序，房屋为干栏或建筑，突出表现氏族公房和首领住房。沧源岩画中的顶竹杆、叠人、走绳索等画面，反映了当时的娱乐活动已有杂质和舞蹈。广西左江花山岩画，众多的氏族成员在首

内蒙古阴山岩画围猎图

领或部落酋长的带领下作手舞足蹈状，为当时部落大典的群舞庆贺形式。沧源岩画中有一副村落图，把村落布局、房屋建筑等情况放到次要的地位，主要表现一次战争胜利后满载而归，载歌载舞的情况。这种岩画的创作目的，除了记载部落大事外，也给后人以军事、武力教育。

岩画达到史前艺术第一次繁荣期的顶峰，包含着人类初期的各种审美意识和观念，为史前艺术向第二次繁荣过渡准备了基础条件。

大汶口文化使用陶文

大汶口文化分布在山东省、江苏北部、河南东部一带，显示了新石器时代当地原始人类的社会经济文化生活状况。大汶口文化的居民在前人刻木、结绳记事的基础上，开始使用一种刻在陶器的最初的文字。大汶口文化中使用的陶文，时间上早于殷商时期的甲骨文；从笔划形体上看来，甲骨文又继承了陶文的某些造字方法，因而，陶文成为迄今为止我国发现的最早的文字。

到目前为止，在大汶口文化遗址中共

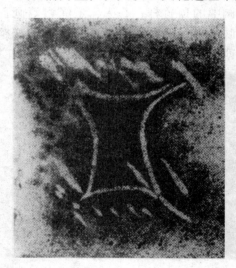

大汶口陶文

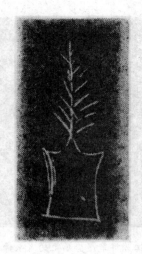

"封"字陶文

发现了九种文字符号，其中有六种已可解释、译读。宁阳堡头出土的一件陶背壶上有一个用朱红颜料书写的笔划复杂的文字，释读为"苯"字，意即花朵的象形文。莒县陵阳河遗址出土了四个灰陶尊，尊口沿下面相同的部位上分别刻有形状各异的文字符号。这四个字，有两个为象形字，一个象柄的大斧，释为"钺"；一个象短柄的锛或锄类，释为"斤"字。另外两个类似会意字，有人认为是同一个字的省体和繁体的两种写法。一个字为小舟或山上顶着太阳，释为"旦"或"钺"；一个字为在上字的下面再加了一座五峰的山，释为

大汶口陶文

"炅"或"昺"字。从陵阳河向东二百华里的诸城前寨上发现了一块陶器残片，上面刻画后并涂朱红颜色的文字与陵阳河陶文中的"昺"或"昺"字的结构完全相同。由此可见，这些笔画工整、繁复多样的陶文，在当时已经具有相对规则的结构并趋于固定化，而且相同的字反复出现于不同

中国通史

最新整理图文珍藏版

大汶口陶文

山文化出土泥塑孕妇像

地点，写法则象出于一人之手，可能是文字使用比较普遍的缘故。

莒县大汶口文化遗址中又出土了一些新的陶文资料，共出现了四种新符号。有一种好象在一方形土块上树立植物之形，释为从木丛土的"封"字。有三种符号目前尚不能解释：一种由四个弧形向心的笔画组成，呈四角尖锐的长方形，这种字在甲骨文、金文中经常出现，作人名或氏族铭文。一种象长颈有肩的容器，里面填塞小圆圈，涂上朱红颜色，带着某种神秘的气氛。最后一种形状相当复杂，上部中央为一高颈有肩的容器，容器放在两旁有草叶模样的双层托盘中，下部为一个盆状的容器。

大汶口文化中的陶文，都是由象形的图画或两三个图画组合而成。既有简单的象形文字，又有比较复杂的会意文字，某些字又多次出现在不同的地方，成为当时用以交流的符号。从陶文与甲骨文的关系上看，陶文的产生和使用，为甲骨文、金文的产生提供了条件。

红山文化雕塑细致

在内蒙古赤峰西水泉，辽宁喀左东山嘴，辽宁建平、凌源二县交界处的牛河梁均发现属于新石器时代红山文化的雕塑作品，这些雕塑作品，塑工细腻，栩栩如生，在中国原始社会雕塑史上占有重要的地位。

赤峰西水泉红山文化遗址出土一件小型陶塑妇女像，头部已残缺，剩余部分高3.8厘米，是捏塑而成的泥质褐陶，胸前突起乳房，腰部纤细，下半身呈喇叭座状。

额左东山嘴一处红山文化祭祀遗址中出土一些陶塑女裸像，是距今约5400年前的遗物，分小型和大型两种，小型为立像，残高5~5.8厘米，皆为陶质，残体腹部隆

红山文化出土陶塑孕妇像

起，臀部肥大，左手贴于上腹，是个典型的孕妇形象。大型是坐像，高度约为真人的一半，身体均具孕妇特征，头部残缺。它们可能是当时人们所崇拜的"生育神"。

牛河梁红山文化遗址也为祭祀遗址，出土一件泥塑女神头像，而涂红彩，头高22.5厘米，面宽16.5厘米，形体与真人相当。整个头像生动，额上塑一圈穿越的圆箍状饰眼睛用淡青色圆饼状玉片制成，整个面部表现出扬眉注目，翘动嘴唇的说话形状，颇具动人的神秘色彩。

这些陶质妇女裸体塑像，是母系社会的象征物，它们的造型强调女性特征，具有女性或生殖崇拜的意义，母系社会女神崇拜这一精神产物，到父系社会渐渐消失。尽管原始女神不复存在，但这种审美影响与原始人类的宗教波及后世雕像与宗教。

红山文化雕塑集中反映了红山文化人们的精神及物质世界，丰富了红山文化的涵蕴，在雕像的强烈艺术表现力震撼下，人们了解到北方的红山文化与中原、南方古文化一道组成了史前文化群。

北阴阳营文化形成

北阴阳营文化分布在江苏省镇地区和安徽东南部，反映了我国长江中下游地区的新石器时代的文化成就，因颇具代表性的南京北阴阳营文化遗址而得名，同类遗存还见于江苏溧太岗寺、卸甲甸、庙山、江浦蒋城子，安徽滁县朱勤大山等地。年代约为前4000～前3000年前。

北阴阳营文化中以种植水稻为主的农业经济比较发达，农业生产工具多使用磨制穿孔的石器。饲养业和渔猎业也有发展。渔猎工具有骨镞、石球、陶弹丸等，猎取的动物有鹿、水獭、鼋、龟等。

北阴阳营文化的手工业以陶器为主，

彩陶器

并能用蛇纹石、透闪石、阳起石、石英等琢磨成小件装饰品，如玦、璜、管、珠、坠饰等。陶器制作尚处于手制轮修阶段，胎壁较厚。从质地来看，以夹砂红陶和泥质红陶为主，灰陶次之，彩陶数量很少。从形状看，三足器、圈足器普遍，有牛鼻式的器鋬，角状把手和弯曲的器足，代表性器具有罐式鼎、双耳罐、三足盉、高柄豆、圈足碗等。北阴阳营文化的彩陶制作别具一格，先抹上橙色或白色陶衣，再以红彩或黑彩绘成宽带、网状、十字、圆圈等简单纹样，内壁画彩相对稀少。

墓葬反映了当时的社会状况。北阴阳营遗址中有居民共用的氏族公共墓地，以仰身直肢葬为主，多为单人一次葬，头部朝向东北方。墓葬都无葬具和墓坑，也没有出现男女合葬墓，随葬品的数虽有不等，

玉质装饰品

相差并不悬殊,可见北阴阳营文化还处在母系氏族社会。但是,墓葬中出现了一些玉器随葬品,并有象征财富的猪下颚骨,在农业为主体的社会经济结构中,孕育着父亲氏族社会的萌芽。

北阴阳营文化因所处的特殊地理位置,与东邻的马家浜文化后期遗存,与西北的安徽潜山薛家岗遗址及北部邳县刘林遗址的大汶口文化遗存,都存在着某些联系。

齐家文化开始锻造

前2000年左右,齐家文化的人们已经认识了金属的性质并运用锻造和铸造制作出各种铜器。齐家文化中冶炼技术的普遍应用,为商、周时代的青铜文化奠定了基础。

齐家文化灰陶盉

中国古代锻造分为冷锻和热锻两种,齐家文化时期冷锻工艺普遍应用,一些出土的刀、斧等铜器口的铸范痕迹可作例证。1978年以前在甘肃武威皇娘娘台齐家文化遗址出土的刀、凿、锥等红铜器和一些饰物均经过冷锻,锤击痕迹非常明显。在秦魏家出土的青铜锥也经过冷锻。这些出土的器物表明,齐家文化的冶铜和锻造技术都达到了较高的水平。人们可以利用单金

齐家文化鬲

属矿冶炼出红铜,也能利用多金属共生矿冶炼出青铜,锻造工艺随着冶金业的发展得到推广,锻造技术不断提高。齐家文化朵马台出土的铜镜保存较好,直径9厘米,厚0.4厘米,正面光滑,背部饰有七角星图案,为我国目前发现最早的铜镜。齐家坪还发现迄今为止最大的一件铜器制品——斧,长13厘米,一端有长方孔,便于安柄。这些器物展示了齐家文化锻造工艺之精。

齐家文化红陶罐

齐家文化锻造工艺的产生,适应当时冶炼技术的发展,制造出各种金属工具和用于日常生活的铜器及饰物,促进了农业生产的发展也丰富了人们的生活。冶金与锻造工艺在齐家文化空前繁荣,为商、周时期青铜文化的繁荣发展奠定了基础。

齐家文化使用铜镜

齐家文化反映了新石器晚期甘青地区的社会经济状况，开始普遍应用冶炼技术，冶铜业已经相当发达，出现了红铜和青铜制品。我国目前最早的铜镜在齐家文化遗址中发现。

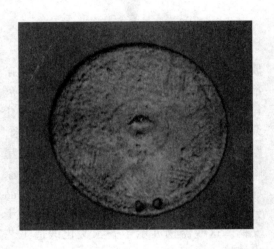

我国目前最早的铜镜在齐家文化遗址中发现

铜镜中的含锡量一般较高，多为青铜铸件。铜镜的制作程序相当复杂，大致包括制镜范即制模、浇铸、刮削、研磨、抛光、开光等工序，还要在刮削前后进行热处理。铜镜真正开始大量制作是在冶炼技术比较成熟的战国时期，到汉唐时期，制铜镜的工艺相当成熟，发展到高峰，宋代以后才逐渐衰落。这个时期铜镜中各成份的含量分别为铜占65%～72%，锡占22%～25%，铅占3%～8%，因此，铜镜是一种含合金铸件。

制造工艺如此复杂的铜镜在史前的齐家文化时期已经产生并开始使用，表明我国齐家文化时期的冶炼技术尤其是冶铜技术已经相当成熟。

中国文明的传说时代

创世神话

产生于上古时代的中国神话和世界上各民族童年时代的神话一样，是人类对于宇宙、世界和人类的历史的最早的观念，在神话中不但展开了中华民族在这一时代的朴素的宗教思想，更反映了他们心目中的世界和自己的历史。

唐代伏羲女娲帛画

在南方人民的心目中，盘古是宇宙的开辟神，他生于宇宙中，经历一万八千年之后开天辟地，阳清为天，阴浊为地，而盘古则身化为山川日月江海草木，产生风云雷电。

明代木雕三皇像，从右到左依次
为燧人氏、伏羲氏、神农氏。

藏族人类起源图

　　而在北方神话中，女娲则是创造人类的女神，她用黄色泥土揉成了人类，并且在天崩地塌洪水泛滥的时候，炼成了五色石块修补苍天，以巨鳌的足代替坍塌天柱支撑起天，她还屠龙堵水，造福人类。

　　后来出现了女娲与伏羲是夫妇的廉洁，伏羲是汉民族中淬最广的神话人物，是雷神之子，其形象是蛇身人首，来往于天地之间，创造了八卦以及其它一些事物，后来成为三皇之一。

　　神话是上古人民根据自己的能力对自然的理解，具有强烈的想象性和艺术性，并反映了上古人民生活水平和生活环境的

特征，中国神话中的女神人物如女娲、羲和、西王母等据认为在很大程度上带有母系社会的色彩，中国母系氏族社会在新石器代中晚期发展成熟，进入全盛时代，女性在氏族生活中的核心地位就使这些女神成为人类甚至万物的创造者。另一方面，人类早期的万物有灵、巫术、图腾崇拜也无不在神话中打上了烙印。

　　中国古代神话来源广泛，不但从南北不同地方产生，反映了不同的自然环境和族。中原黄河流域的华夏民族，东部淮河流域的东夷，南方长江流域的三苗，西北的氐羌和山戎等都有所贡献，构成了其中相当重要的主体，例如盘古神话就是很晚才由少数民族传说进入汉民族神话系统的。

祖先传说

　　神话是上古人民根据自己的想象对自然事物，包括人类自身的起源的虚构，而祖先传说则是他们对自己历史的改造。与创世神话的几乎纯粹的创造性不同，祖先传说有相当的依据，不管其中的人物和事件是否是真实的，因为祖先传说产生于历史，又往往在某种程度上有一定的历史意义，反映了远古历史的某一方面。

　　来源烈山氏部落的神农被传说为中国农业的发明者，他发明了农业工具和水利措施，尝遍百草，认识了植物特性。

　　而在中国历史上影响最大的还是黄帝，他是少典氏之子，在神农氏的末世出现，统一华夏各部落，在统一过程中与他的同母异父兄弟炎帝进行了长期战争，尤以对炎帝后裔蚩尤的战争为剧，蚩尤制作兵器攻打黄帝，黄帝派应龙到原野抵御，双方招来各路神怪，调动了风雨雷电，蚩尤作成大雾，黄帝命风后作指南车冲出大雾，最后俘虏蚩尤。

　　黄帝一族当生活在姬水一带，与姜水一带的炎帝族世代通婚（传说炎帝是黄帝的周母异父兄弟），夏人、周人都是其后

代。黄帝曾与炎帝长期争夺统治权，最后黄帝得胜。统一华夏部落后的黄帝成为华夏民族的宗祖，"炎黄子孙"成为后代华夏人民的称呼。

黄帝的后代颛顼成为黄帝的直系继承人，是黄帝之后华夏人民最重要的领导人，传说他曾重新安排神与人的职司，断绝天地神人的联系，而使自己具有沟通天人的特权，他的专横统治引起了炎帝的后裔共工的不满，起而反抗，争夺帝位，"怒而触不周之山，天柱折，地维绝"，天倾向西北，地在东南坍陷。共工由此成为正统历史中的反面角色。

殷商民族的祖先帝俊又称帝喾，是个神话与历史传说合一的人物。他有两个妻子，羲和生了十个太阳，常羲生了十二个月亮，传说中他的另外一个妻子生了三身国，他有五彩鸟作朋友。

周人的祖先是后稷，他的母亲姜原是帝俊的王妃，践巨人足迹而怀胎，生下后稷后因为不祥而弃之，但得到不死，长大后开创农业，开始周国。

经儒家推崇而地位崇高的尧、舜、禹是夏代建立之前最后的重要传说人物，尧是个道德勋业彪炳的典型圣王，他禅让给舜，舜完成了任用八元、八恺，放逐四凶的事业，并任命禹治水。禹完成了父亲鲧未完成的治水大业，划分九州、奠定三川，他的儿子启结束禅让制，建立夏，开始了奴隶制国家的时代。

除了这些声名显赫的领导人物，还有一些传奇人物，具有更多的神话色彩。夸父是炎帝后裔，意图追上西去的太阳，到达禹谷。夸父因长途追逐而狂饮，河、渭不足，只好北去大泽，渴死于半途；尧时十日并出，盗贼、野兽、怪物横行天下，羿射中九日，杀灭凶害，但被其徒弟嫉才杀害。他的妻子嫦娥偷了他从西王母处得到的不死药，飞入月亮，化为蟾蜍。

三皇五帝构成了中国神话的或传说的历史系统，三皇五帝的构成在各代有不同说法，但具有相同的特点。三皇都是创世神话中的神人，或是史前人类生活方式的象征，女娲是人的创造者，有巢、燧人、伏羲是先民的代表。而五帝诸人主要是父系家长制部落联盟时代的杰出人物，有一定的历史意义从炎黄到尧舜禹可能都是人民中口耳相传的历史人物。

中国创世神话和祖先传说都缺乏系统性，大都散见于典籍之中，先秦的《左传》、《国语》，特别是《楚辞》；汉的《淮南子》、《史记》，特别是《山海经》中，都有关于神话和传说的大量材料，但都构不成体系，也互相矛盾。一方面，中国古代神话发育不健全，或是在历史上失传，神话只在《楚辞》、《山海经》等著作中规矩地保存着，不但有些只有名字和简单描述，故事和渊源语焉不详，并且往往都经过改造，《山海经》中保存的神话已很难看出原貌。关于中国古代神话不发达的原因和性质有很多争论，还没有定论，但事实上是，中国古代神话是不健全的。

另一方面，中国祖先传说有着一个明显的积累的过程，并非完全是先民史实的流传，先秦史籍中只有关于夏商周始祖的朴素传说，而在春秋战国时代，炎黄、颛顼以及六国始祖才开始出现，各族谱也才开始完整，战国诸子按照自己的哲学提出了二帝三王、五帝、七十九代之君以及五帝三王的系统。

神话与传说在上古人民中并非自觉的艺术创作，而往往是人们根据自己的生活环境和技术水平产生的地自然与历史现象的理解。在新石器时代中晚期，母系社会全盛于黄河、长江流域，而真正中国特色的文明也从此时产生，于是女娲等女神被创造出来；而进入父系氏族社会后，部落联盟和部落战争成为社会活动的中心，黄帝、炎帝、蚩尤、共工等带有半神话色彩的历史人物成为传说的中心。与原始人民的巫术、万物有灵、图腾崇拜、神话思维相适应，这些神话和传说充满了幻想色彩，但更多的是人类当时生活状态写照，神农、有巢是如此，洪水神话更是如此。

羲和制历

历法不清

尧担任部落联盟的首领后，决心改变过去的混乱局面，把天下治理好。他所遇到的第一个问题就是历法含糊不清：人民不知道什么时候是夏至，白天最长；什么时候是冬至，白天最短；什么时候是春分和秋分，白天和黑夜时间一样，什么时候是一年的开始，什么时候应该置闰月，甚至不知道一年四季有多少天。大家糊里糊涂地过日子，农业生产受到

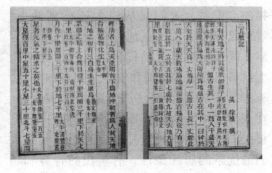

《三五历记》书影

损害，各方工作拖拉无序。尧看到这种情况，便命令羲氏、和氏观察天象的变化、日月星辰的运行位置，制定一年四季的历法，以教导人民按时令节气从事农业生产和各项工作。羲氏、和氏是颛顼时代执行"绝地通天"命令的重、黎的后代。"重"后代中的一支成为羲氏，"黎"后代中的一支成为和氏。他们世

代掌天地之官，负责祭祀天地之神、观测天地变化的工作。羲氏、和氏接到帝尧的命令，便认真地遵照去办。

实地测量

在观测天象变化的过程中，尧命羲仲住在东方海滨一个叫"畅谷"的地方，每天恭敬地等待着日出，观测太阳逐渐移动的位置，以训导人们农田耕作之事。他以白天和黑夜时间相等的那天为春分，并以鸟星见于南方正中之时作为考定的依据。这时，人民分散在田野里劳作，鸟兽也顺时生育繁殖。尧又命令羲叔住在南边一个叫"明都"的地方，他也在那里每天恭敬地观察日出，注意太阳移动的位置。他以白昼最长的那天为夏至，并以火星见于南方正中之时作为考定的依据。这时，人民依附着出来劳作，鸟兽的毛也因天热而逐渐稀疏。尧又命和仲居住在西边一个叫"昧谷"的地方。

他在那里每天恭敬地观察太阳的入山及其移动的位置。他以由热转冷，白昼和黑夜相等的那天作为秋分，并以虚星见于南方正中之时作为考定的依据。这时，人民在田野里奔忙，鸟兽的毛逐渐更生。尧又命和叔居住在北方一个叫"幽都"的地方，观察太阳由北向南运行的情况。他把白昼最短的那天定为冬至，并以昴星见于南方正中之时作为考定的依据。这时，人民都进入室内取暖，鸟兽为了御寒也都长出细软的长毛。

四季节气

经过羲氏、和氏几个兄弟这样紧张细致的工作，一部尧时的历法终于制订出来了。他们确定一年为366天，以月亮圆缺的一个周期作为一月，一年12个月如不足上述天数，则每隔一二年置闰月一次。他们还测定各种节气的日子，以指导农业生产。虽然这部历法是极粗浅的，测定一年的时间也不准确，但他们毕竟有了历法的

规定。这部历法制定后，人民都明确了四季的时间，生产和工作有了遵循的法度，天下阴阳调和，风雨节制，万物有序。百官都按照历法来办事，各方呈现出欣欣向荣的景象。

有巢氏树上栖居

恶劣环境

自从人类出现在世界上，便和其他飞禽走兽杂居在一起。当时气候炎热，人类少而飞禽走兽多，除了大象、狮子、老虎、豹、豺狼、犀牛等野兽外，在地上和水中爬行的鳄鱼和各种蛇类都能伤害人。就是那些小爬虫，如蝎子、蜈蚣、蚂蟥等，咬人一口，也疼痛难忍。人们常常一觉醒来，发现自己的同伴已被野兽咬死、拖走，或者野兽就在自己身旁，使人心惊肉跳。为躲避野兽和其他蛇虫的侵害，有人发现山边的洞穴，住在里面比较安全。但洞穴往往比较阴湿，住在里面容易得病；且洞穴内一片黑暗，行动不便，一旦有野兽进入，更是无法逃脱。

汲取智慧

正当人们在为没有理想的居住之处发愁的时候，部落中有一个人看到了树上的鸟巢。鸟儿白天出外寻找食物，晚上回来栖息在巢中，地上的野兽不能伤害它。由于有树叶的遮蔽，下雨也淋不到它。居住在巢中，既安全又舒适。那个人就想，人类为什么不可以学学鸟儿的居住方式呢？于是，他便动手折来一些树枝插在树上，用泥浆把树枝加固起来。一个庞大的能住人的巢便筑成了。爬上树住在巢里像鸟儿一样，果然舒服！一时间，人们纷纷效仿在树上搭巢居住。当时的树木又高大又多，人们在树上筑起了各式各样的巢，晚上栖居在那里，从此便能放心地一觉睡到天亮，

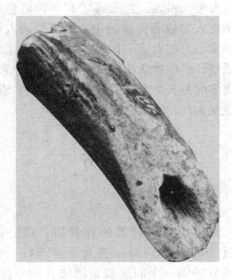

古老的骨器技术

再也不怕野兽来侵扰了。

为了感谢这位发明在树上筑巢居住的人的功绩，人们选举他为王，服从他的调配，称他为"有巢氏"。过了很长一段时间，人们感到在树上居住，爬上爬下很不方便，一不小心从树上跌下来，还会把人摔伤。于是，人们又从树上迁移到地上，效仿筑巢的方法，在地上建造起坚固的房屋，同样能防野兽的侵害。这样，比在树上筑巢居住更加舒适和安全了。虽然如此，有巢氏还是原始社会历史上的一大发明家。在人类的生活方式不断进步的过程中，有巢氏倡导上树筑巢居住，在当时确实是人们最优越的居住条件。有巢氏的智慧和功德，人们将永远深深地怀念！

燧人氏钻木取火

偶然发现

有一次，森林里由于雷击闪电，发生了大火。火势十分猛烈，一些小动物来不及躲避，被火烧死了很多。人们来到大火烧过的森林中，发现被烧死的兔子、野鸡

等动物，吃起来味道特别香，而且吃下去很舒服，不会拉肚子。于是，人们悟出了一个道理：食物最好烧熟了吃，特别是那些在水中和地上生长的各类动物，一定要熟食才不会得病。但是，森林中的大火熄灭了，到哪里再去找火呢？当时，人们想办法在某处着火后，就一直把火种保留下来，让它不断燃烧，到需要煮食物时，就可以用火来烧。然而保留火种，需要很多可以燃烧的东西，而且要有人看管：火苗太大，烧到其他物体，就会发生火灾；火苗太小，容易熄灭，再生火就十分困难。人们是否能不靠天火而自己制造出火来，什么时候需要就什么时候生火呢？大家都在思考着这个问题。

用火图

试验成功

当时有一个人发现，用一块石头不断地在硬木头中钻，就会产生火星，如果在底下再放些易燃的干草，不就可以自己生火了吗？这个人不断试验这种偶然发现的取火方法，有一次在经过长时间的钻动后，火星果然引燃了下面的干草，钻木取火的试验终于成功了。这个消息不胫而走，传遍了各个氏族部落，大家都来学习人工取火的经验。从此以后，人们再也不用为找不到火而发愁，进食野生动物的时候都可

以烧熟了再吃。人们吃着香喷喷的熟食，自然忘不了钻木取火的发明者，一种尊敬、感激之情油然而生。于是，人们把那位发明取火的人称为"燧人氏"，意思是教会人们取火的人。当时大家都服从燧人氏的领导，请他来做天下的王。燧人氏试验成功了人工取火的方法，使人们的饮食习惯发生了根本的变化。他是原始社会时期一位了不起的发明家。

神农氏尝百草

教民耕种

当时的人们，肚子饿了采摘野果子或野生植物充饥。捕捉到野兽后，伏羲氏教给人民把野兽加以畜养和繁殖的方法，畜牧业开始发展起来。但是，人们还不知道在土地上耕种，可以获得丰富的粮食和新鲜的蔬菜、瓜果。神农氏治理天下后，第一件大事就是教人们制作耕田农具，在田野里播种五谷。他把坚硬的树枝头削尖成叉形，用以翻土；又在耜上装一根揉曲的长柄，称为"耒"，用以提高翻土的效率。他视察各地土壤的干湿、肥瘠和性质，教人播种不同品种的谷物。从此，人们在春季播种谷物，秋季便可收获庄稼，把粮食积聚起来，以供一年食用。人们再也不愁找不到食物充饥，生活开始富足起来。

忍痛寻药

然而还有一件事困扰着人们，就是当时的人经常生病。晚间着了凉，或者吃了不清洁的食物，就要发高烧、拉肚子、呕吐、头晕眼花，无法参加生产劳动。时间拖得久了，病情愈来愈严重，甚至危及生命。被蛇、虫咬了，或者不小心擦破了皮，被毒菌感染，四肢就肿起来，如不采取治疗措施，肿的地方就会化脓，严重的也有

生命危险。由于各种疾病的侵袭，当时人的寿命比较短。神农氏看在眼里，急在心中。他奔走各地，尝百草的滋味，水泉的甘苦，研究其治病的效果。由于不知道一些草的性能，神农氏经常误食毒草而使身体受到损害。据有的书上记载，神农氏"一日而遇七十毒"。可见他尝百草的用功之勤和受害之多。功夫不负有心人，在神农氏日夜辛劳的试验下，用草药治病终于有了成果。他总结了许多用什么药可以治什么病的经验，中国从此有了医药，神农氏乃是中医学的鼻祖。

太平时光

神农氏还是一个非常乐观的人。他在辛勤工作之余还制作琴瑟。他用琴瑟弹奏乐曲，一方面自娱自乐，一方面也为了丰富人民的文娱生活。据说神农氏的琴长三尺六寸六分，上有五根弦，其弦的名称依次是官、商、角、徵、羽。神农氏造的五弦之琴，在乐理上又有了新的认识和发展，弹奏的乐曲逐渐动听悦耳。

神农氏治天下的时候，男耕女织，衣食丰足。大家没有相害之心，不用刑罚而天下大治。神农氏又教人民在中午时分，

神农尝药图

拿出多余的东西去交易需要的物品，进行物物交换，互通有无。可见当时已经有了集市贸易。当时法宽刑缓，天下无争，其化如神，是历史上理想的太平时光。

中国开始养蚕

蚕桑业自古以来就是中国农业的重要组成部分，它具有悠久的历史，早在六、七千年前，我国祖先就已开始养蚕抽丝。

蚕桑技术发源于中国，辽宁沙锅屯仰韶文化遗址出土的蚕形石饰、山西夏县出土的半切割蚕茧、芮城西王村仰韶文化遗址出土的陶蚕蛹、浙江余姚河姆渡出土的蚕纹象牙盅都表明早在新石器时代，我们的祖先就利用蚕丝为自己的生活服务了。

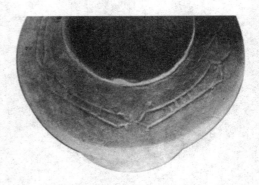

蚕纹陶罐底部蚕纹细部。在陶罐底部绘有清晰的一对蚕形纹，表明距今5000年前，中华民族对蚕已有成熟认识，并将其记录在器皿上。

我们的祖先对蚕不仅有了充分的认识，并且产生了巫术崇拜。这种对蚕崇拜的巫术观念，到了商代，演变为统治阶层对蚕神的崇拜，也说明蚕桑业在社会生活中扮演日益重要的角色。

新石器时代，还能生产丝织品，拥有较高水平的缫丝和织绢技术。浙江钱山漾出土的4700年前的放在竹管中的丝织品，

其精密度已和现在生产的 11153 电力纺织的精密度相似,并有较好的韧性,说明在当时已能生产较好的丝织品。中国丝绸之邦的地位,实际上从新石器时代已开始。

中国原始农业兴起

中国是世界上农业产生最早的地区之一。原始农业作为农业的第一个历史形态,开始了人类积极改造自然界的历史,其特点是生产工具以石质和木质为主,实行刀耕火种和撂荒耕作制,种植业、畜牧业和采集渔猎并存。中国原始农业早在距今八九千年以前就在某些地区发生,中原地区大约在距今四千年左右结束,基本上和考古学上的新石器时代相始终。

中国是主要的农作物发源地,水稻、黍、粟等许多农作物都是中国首先栽培的。在大多数地区,原始农业以种植业为主,南方大多种植水稻,北方大多种植粟黍。

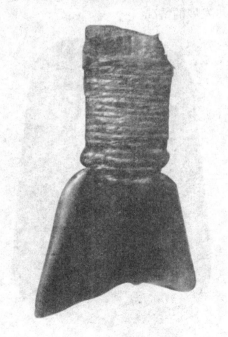

新石器时代的木柄骨耜

黄河流域是中国农业文化的摇篮,距今七八千年的河南裴李岗文化和河北磁山文化遗址中出土的种类较为齐全的农具和鸡等动物骨骸,表明了中国是世界上最早饲养家鸡的国家,先民们已进入了锄耕农业时期。距今七千年到五千年的仰韶文化时期的农业遗址出土的大量生产工具和生活用具以及几万乃至几十万平方米大小不等的

河姆渡出土的新石器时代的稻粒

村落,说明先民们已进入了定居农业时期。年代相近或稍晚的北辛文化、大汶口文化和龙山文化遗址出土的石斧、石凿和磨制骨器等生产工具和彩陶、钵、杯等生活用具,表明黄河下游有了较为发达的定居农业文化。马家窑文化、齐家文化和火烧沟文化则表明黄河上游以种植业为主,畜牧业比较发达并逐渐成为该地区的主要产业。长城以北和甘肃、青海等地遗址说明了各自不同的经济类型,一部分形成了以种植业为主、农牧采猎相结合的格局,一部分是以渔猎经济为主,还有一部分是以游牧经济为主。长江流域高温多雨多湖泊,也是中国农业文化的发源地,以水田农业为主。距今六七千年的浙江余姚河姆渡遗址

发现了世界上现存最古的稻谷以及大量骨耜等生产工具，表明了长江下游已进入了耜耕农业时期。距今约四、五千年的马家浜文化、良渚文化出土较多的新的农业工具，说明了水田耕作技术有了很大的提高。浙江吴兴钱山漾遗址出土的绢片和丝线证明了中国是蚕丝的故乡。大溪文化和屈家岭文化则表明长江中游的稻作农业比较发达。距今九千年以上的广西桂林甑皮岩遗址出土的磨光石斧等农业工具和现存国内外最早的家猪遗骨，表明了南方地区有了较为发达的农业文化。此外，西南地区也在三四千年前开始有了原始农业。

木耜

铜石并用时代

我国史前人类已经开始使用金属。仰韶文化时期就已发明的冶炼技术使我国史前人类在新石器晚期就已步入了铜石并用的时代，为商周时代璀璨辉煌的青铜文明准备了技术条件。

人类利用金属，最早是铜的利用，首先是直接利用自然铜，然后利用单金属矿冶炼红铜，或利用多金属共生矿冶炼出青铜、黄铜、白铜。由于我国从一开始就出现了人工冶炼的黄铜和青铜，没有经过漫长而相对独立的自然铜阶段，因此，我国金属铜的早期冶炼和成型方法是和铜器的利用成正比的。

我国目前所知最早的姜寨铜片是黄铜。1973年在姜寨29号房址的居住面上出土了一个半圆形铜片，经碳14测定，并经树轮校正，该房碳化木椽年代约为前4675年，为我国迄今所见最早的金属块。最早的可辨器形的甘肃林家铜刀则为青铜制品，均属于仰韶文化时代。到了龙山文化时代，最早的容器是河南王城岗容器残片及山东牟平的铜锥，都为青铜制品；山东三里河铜锥和山东长山店子的铜片为黄铜；部分铜刀则为青铜；唐山大城山两件斧形铜片为红铜。到齐家文化，红铜器具、器械却又多了起来，呈现出利用自然铜和冶炼铜同步发展的情况。

新石器时代的石器

中国通史

最新整理图文珍藏版

我国新石器时代的金属铜成形技术已有了铸造和锻造两种方法，不分是红铜还是黄铜等铜合金。小件器物如锥、指环等饰物，一般用锻制，如皇娘娘台遗址中的12件铜锥及铜凿一件，都有锻打的痕迹。大件器物如斧、锄等，多为铸造——制一个陶范或其他模进行浇铸。铸铜或锻铜工具的使用，大大促进了社会生产力的提高。

因为早期铜器铸造的技术比较粗糙，操作相对简单，范多数为单面的或者是两合范。做范的质料有石质、陶质等。

从我国新石器文化遗址出土的原始铜器来看，至迟到龙山文化时期，我国史前人类已经开始使用铜器。史前人类使用金属，也是我国将进入青铜时代的前奏。金属工具逐渐普及，石器工具缓缓退出历史舞台，使人类最终告别石器时代，将文明引入更高的层次。

纺织技术出现并迅速发展

纺织历来是人类社会最古老的一个生产部门，所谓"纺织"即将某种纤维性物质通过纺纱工序织成布帛。中国的丝织在世界文明史上具有重要意义。而中国的纺织技术则大约出现在旧石器时代晚期，与农业相伴发展，并在人类改造自然的过程中迅速发展，重要成就之一就是原始织机的发明。

在纺织技术的起始阶段，编结与编织技术给了纺织技术许多启示。例如出土于山西芮城风陵渡匼河遗址的石球，这种石球是用来作飞石索投掷打击野兽的飞石索多用皮条或植物纤维编成网兜来系住石球；此外还有大量出土的骨针，用来缝制和编结；《易·系辞下》中说："……作结绳而为网罟"。这些实物证明编结技术与纺织技术密切相关，现在全国各省区的出土情况

山东大汶口出土的新石器时代的骨梭

则说明纺织技术的发明地呈多元分布。

随着农业的发展和手工编结技术的提高，纺织技术出现并发展起来。纺，即"谓纺切麻丝之属为缕也"，织，即"作布帛之总名也"。纺织技术的出现和发展首先表现在纺织纤维的提取，新石器时代有植物性与动物性两种不同类型的纺织纤维，植物性的有葛、大麻、黄麻和纻，动物性的主要有蚕丝。开始时原料多采集，后来变成人工栽培或饲养。

对于葛麻纤维主要有两种提取办法，一是用手或手工具直接提取，这样的纤维多呈片状，如：河姆渡的绳子；二是浸脱胶即自然脱胶，利用池水中细菌分解胶质，分离出纤维。而对于蚕丝，则如《说文解

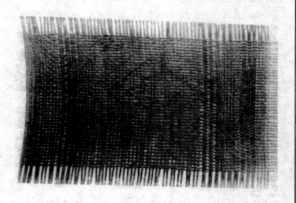

公元前4000年的葛纤维织物。江苏吴县草鞋山遗址马家浜文化层出土的织物残片（已碳化）。图为葛纤维织物模型。

前4000年的葛纤维织物残片（已碳化）。

字》中说的："缫，绎茧为丝也。"即将茧置于热水中，用文火加热并适时加入冷水，这样得到的纤维表面光滑均匀，如浙江吴兴钱山漾良渚文化遗址出土的织物残片。除此以外还有对葛麻纤维的劈绩技术，即劈分与绩接，前者是将脱胶的纤维撕裂至小，后者就是将劈分的细小纤维束合接续在一处。

纺织纤维的提取为纺织技术的出现与发展提供了物质基础，最早的丝织品是1958年在浙江吴兴钱山漾下层（第四层）良渚文化遗址出土的织物残片。早期的纺织品还有陕西华县柳子镇遗址出土的麻布片和江苏吴县草鞋山遗址马家浜文化层出土的织物残片（已碳化）。此时的纺纱技术操作全是手工进行，新石器时代唯一的纺纱工具就是纺坠。纺坠的构造十分简单，最初只是一根垂拉纤维的木棍和与之垂直的木杆，具体操作则有吊锭与转锭二法，尽管纺坠的结构非常简单，却具有现代纱综合股和加捻的基本功能，可纺出多种粗细不同的纱，原因就在于它的组成部分——纺轮的外经大小与重量，外经大纺轮重侧成纱粗，反之则细。除纺坠外还有施捻合股合并细线的纺专。

经过提取、绩、纺，纺织纤维成为纱线，于是织造成为可能。开初的织造是一种手工编织，在技法上大约还借鉴过竹器编织术，具体的新石器时代的手工布帛编织术有平铺与吊挂二式，河姆渡出土的骨针、骨梭等就是当时的编织工具。在不断的初中过程中人们逐渐克服手工编织的速度慢、产品粗的缺点，发明了原始织机。根据考古发掘可推断出原始织机发明于新石器时代早中期。从河姆渡、钱山漾、草鞋山的考古发掘看，我国在新石器时代使用原始腰机，它由两根横木、一个杼子、一把打纬刀、一根综杆和一根分经棍组成，综杆可使需要吊起的经纱同时起落，纬纱一次引入，打纬刀则抽紧纬线，可完成开口、引纬、打纬三项主要操作，使原始织机具有机械装置的一些特点。

由于原始织机的使用，织物的产量及质量都有提高，草鞋山、钱山漾出土的织物可看出织机的痕迹，由此证明我国纺织技术出现后，人们通过努力不断发展完善纺织技术，进入了纺织品的文明时代。

新石器时期农牧技术普遍提高

原始社会的生产力极其低下，到新石器时代，随着生产工具和生产技术的不断改革、进步，推动着我国原始农业不断向前发展，农业生产的发展又反过来促进了农业生产技术和生产工具的改进，两方面相辅相成，共同提高、进步。

河北磁山出土的新石器时代骨铲

中国通史

最新整理图文珍藏版

旧石器时代尚处于刀耕火种的原始农业阶段，专用农业生产工具极少，没有固定的形制，也没有配备成套。进入新石器时代，原始农业进入锄耕或耜耕阶段，如磁山文化，裴李岗文化等都有从耕翻土地的农具到收获加工粮食的配套工具，磨制的石铲、石斧、石镰和石磨盘都已经大量使用，提高了劳动效率。河姆渡文化凭精致的骨耜、角器和木器构成了独特的文化特点——耜耕农业，与北方的锄耕农业相区别。

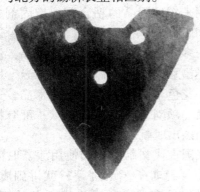

上海松江平原村遗址中出土的新石器时代的三孔石犁

内蒙古赤峰出土的新石器时代的石锄

河姆渡出土的新石器时代的骨耜

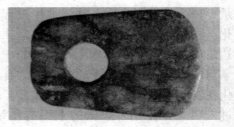

新石器时代的穿孔玉石斧

江苏淮安出土的新石器时代带柄穿孔陶斧

文本隆安出土的新石器时代大石铲。此为原始氏族进行与农业生产有关的祭祀活动时用的器物。

到仰韶文化时期，原始农业已经进入比较发达的锄耕阶段，半坡遗址中出土了大量农业生产工具，而且出现在木质耒耜上安装上骨、角刃的复合工具。半坡陶制工具数量最多，占工具总量的 63.2%，以便节约有限的石材。石磨盘和石磨棒制作粗劣，粮食加工已经用杵臼，均为木质，逐渐取代了石质碾磨器。

龙山文化时期的农业生产工具比仰韶文化进一步提高，农业开始进入相当发达的锄耕阶段。龙山文化已经开始广泛使用当时先进的翻土工具双齿木耒，石铲更为扁薄宽大，磨制精细，出现可装木柄的有肩石铲和穿孔石铲，显示出前未有的新面貌。龙山时代的农业生产工具无论从数量、质量、种类诸方面来看，都远远用过仰韶文化。收获工具的大改造，表明生产工具发达之后农作物产量大大增加的情况。

与此同时，同样处于原始农业的良渚文化在农业生产工具上有大改革，已经开始进入犁床上使用，犁床的上面有长辕，由人力牵引，将间歇性的锄耕或耜耕发展为连续动作犁耕。结合水田开沟排灌的需要，发明了斜把破土器，形体上呈不规则三角形，长边有刃居下，后部上角有一矩形缺口，用来装柄，成为石耜一类的复合工具。使用方法同钱山漾、梅堰、孙家山等遗址出土的"耘田器"相仿，可用来开沟和在沼泽地的开荒。农具种类的增多和形制的日益多样化表明了河姆文化的农业生产不断进步和发展。

纵观原始社会和进化发展过程，生产工具的水平代表着生产力水平，推动着原始农业向前发展，也推动着原始社会不断向前文明社会发展。到了新石器时期，农业生产工具不断推陈出新，促使原始人类不断改进农业生产技术，从而使新石器时代的农业生产技术得到了普遍的提高。

中国漆器发端

考古界发现的最早的漆器，是距今7000年前的河姆渡文化时期的朱漆木碗和缠滕蒌朱漆木筒，证明当时人们已懂得使用调朱的的漆料对器皿进行髹饰。从事物发展规律来看，从使用本色的天然漆到学会使用调色漆，中间必定还要经过一个相当长的过程，因此，漆器的发明年代应该还可往上推溯，我们有理由自豪地宣称，漆器是中华民族的发明创造。

漆器有搞腐、耐酸、经久不变的性能，我们的祖先很早就学会采割天然漆树的汁

朱漆木碗

液，用来作日用品的粘合剂、增固剂，并进而加工炼制，掺调色料，使之由单调变得绚丽多彩，不仅用来髹饰日用品，使器皿流光溢彩，还用此做成形态各异、用途广泛、花色繁多的工艺品和美术品，这是中的又一项对人类有重大贡献、可夸耀于世界的杰出成就。

我国古代文献记载的使用漆器时间也很早，《韩非子·十过篇》就讲到虞舜、夏禹时代已有单色的和朱黑两色的漆器。在出土实物里，距今四、五千年的良渚文化，人们找到了棕地红黄两色彩绘的黑陶壶；比这还早近千年的马家浜文化，则发现了上端涂黑、下端涂暗红的两色喇叭形器；辽宁出土了三千多年前的薄胎朱色漆器，色泽仍然鲜明；山西发现了四千年前的彩绘木器……这些发现不仅有助于了解漆器的发展年代和水平，而且也知道古漆器在我国分布甚为广泛，不限于某一地某一文化才有。

值得一提的是在良渚文化发现的嵌玉高柄朱漆杯，尽管出土时杯的胎体已松坏，但漆膜仍保持原状，有光泽感。在杯的圈足处，镶嵌有一面弧凸，一面平整的椭圆玉珠两圈，朱漆与白玉交相辉映，形成独特的艺术效果，表明良渚文化的漆器已和玉雕相结合，超过实用品而成为艺术品；也表明新石器时代，髹漆工艺已经发展到彩绘、镶嵌等较高的水平。

中国通史

最新整理图文珍藏版

新石器时代广泛使用纺专

纺专是由陶片或石片做成的扁圆形回转体和回转体中是的专杆组成。转动的回转体以其惯性来给纤维做成的长条加上拈回；专杆则用来卷绕拈制的纱线。旧石器时代出土的文物中已有纺轮，到新石器时代，用纺专纺纱已经相当普及。

河南郑州山土的前 3500 年的浅绛色罗

最原始的织不用工具，徒手操作，经纬相交的织物的长宽度十分有限，效率也很低，因此，最原始的纺也仅用手搓合，将植物的茎外皮和野蚕丝搓合拈回，成为最原始的纱线。纺专技术出现后，效率还相当低。因为用纺专加拈必须间歇进行：先加拈一段纱，再绕上去，如此循环反复而已。但是，用纺专纺纱，不但使纺出的纱线均匀结实，而且效率比后工要高一些。

浙江余姚河姆渡新石器时代遗址中出土了纺专和织机零件，为后世发明纺车提供了依据，说明我国纺织科学技术起源较早，工艺发达。考古工作者在古代遗址考古发掘中，又为我国史前发达的纺织业提供了更可靠的实物史料。

史前织造技术是从制作渔猎用编结品网罟和装垫用编制品筐席演变而来的。河姆渡、半坡文化都有编织物印痕出土，制作已相当精细。在河姆渡文化时期，用纺专来纺纱已经是很普及了，还使用了木刀、分后桩、卷布棍等古式织机。用纺专纺出的古代织物，品种丰富多彩，有丝织品、麻织品等。其中丝织品已有锦、绢、纱、缎等类型，有双经双纬、回纹、平纹、菱形花纹、多层纹、对龙对凤纹等多种纹式，异彩纷呈。

新石器时代的青海柳湾遗址还出土有朱砂，山西西荫村出土有研磨颜料的石臼、石杵，陕西姜寨遗址出土有彩绘工具，说明史前人类还从视觉效果上追求织物的美感，已对纺织品进行染色，绘有红、绿、黄等颜色，与纹样交相辉映。最普遍的染色是用朱砂染涂成红色，象征着史前人类对生命的渴望，对征服自然的追求。

中国素以丝绸之国著称，丝绸之路几千年如一日地传递中西文明互动的信息。中国丝绸的地位，在史前时代就已奠定了。朝鲜、日本、波斯、印度、埃及等世界各地，都先后引进先进的中国式的手工织机、亚麻纺车、棉纺车，中国丝织业一直领先于西方几百年甚至上千年，所以也不直引导着世界丝织业朝着更加多姿多彩的新境界发展，把人类生活装点得更加美好绚丽。

新石器时代渔猎技术提高

新石器时代，随着原始农业的产生，起源于旧石器时代的渔猎业不但没有消失，反而得到了更进一步的提高，成为整个社会经济中不可或缺的组成部分，其进步主要体现在渔猎工具和渔猎技术两方面。

狩猎工具包括弓箭和矛，弓箭产生于旧石器时代，其箭头（即镞）在开始时只有为数极少的几中，到新石器时代已发展到圆底镞、尖底镞等十多种型式，质料也包括石、骨等。矛在当时也发展到六种。捕鱼工具也包括鱼镖、鱼叉、鱼钩等，其

111

中鱼镖由镖头、镖杆、绳索组成，分固定式和可离式两种；鱼叉由鱼叉头、标杆和绳子组成；鱼钩由骨、牙磨制而成，分无倒刺式和有倒刺式两种。

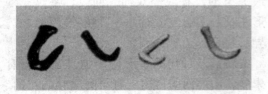

新石器时代的蚌鱼钩

新石器时代的石网坠和陶网坠

旧石器时代，捕鱼方式比较原始，仅限于徒手、石掷、木棒打、鱼叉叉等几种方法。到新石器时代，由于鱼镖的出现，逐渐出现了较为先进的捕鱼技术。如西安半坡出土的可动式鱼镖，镖头装有倒刺，镖尾有孔，供以穿绳索之用。刺鱼时，鱼镖尾部插入镖杆前端刺中鱼后，由于水的阻力和鱼的挣扎，镖头和镖杆分离，人们就可把鱼拖上岸。除鱼镖外，人们还使用钓鱼、网捕、笱捕等技术。

狩猎技术在新石器时代的发展，主要体现于弓箭、矛及一些新式工具的广泛应用。河姆渡遗址中曾发掘出骨镞330多件，半坡也出土了箭镞288件，其中骨制的就有282件。有广泛应用弓箭的基础上，又发明了弩弓和弋射。弩弓就是通过扣动戴在右手大拇指上的扳指来发射弹丸或石球，以射杀猎物，相对于弓箭而言，弩弓射程远，杀伤力大，并且易于瞄准和掌握方向，命中率高。弋射则是弓箭在另一方面的发展，形状与弓箭相似，且在箭的尾部系有长线，便于射中猎物后牵动长线，将猎物

拖回。这都旧石器时代的弓箭所无法相比的。

渔猎技术在新石器的发展和提高，为人们在以后的时期内开始大量的捕获猎物和鱼类，并进行人工饲养创造的物质条件。

大河村人观测天象

华夏文明在史前时期已经有了较为丰富的天文学知识，包括天文、历法、方向测定等。原始人在长期的农牧渔业生产中观察物候、天象，形成了最初的天文、历法概念。初始的季节概念起源于对物候的观察，原始人在生产活动中观察某些动、植物的生活现象，慢慢总结出这些动、植物生活习性或生长规律，从动、植物生长活动的周期性中产生了年岁、季节和物候月的概念。后来人们发现星象的位移比物候更能准确反映季节变化，在观察星宿位置变化的过程中发明了原始的天象物候历。原始社会晚期的人们已经掌握了观测恒星以定节气的方法。天干计日法是原始人观测太阳产生的天文学成果，原始的朔望月的观测也促成阴阳合历的诞生。史前人还依靠对太阳的观测确定方位，形成四方的概念，以北极星定方向的方法也随之出现。此外我国在史前时期已发现太阳黑子现象。

这些史前时期的天文学知识可以在出土器物中得到印证。

1972年到1975年在仰韶文化郑州大河村遗址出土了一些绘有太阳纹、月牙纹、月亮纹的陶片，提供了考察约前

大河村月亮图

大河村遗址图

3790 至前 3070 年间史前人天象观测方面的资料。根据陶片上太阳纹的大小形状制出的复原图，表明古大河村人已懂得把太阳在监察背景上绕一周的路径均匀分成 12 等分，推测他们也有将一年分成 12 太阳月的知识，一年 360 天，一个太阳月 30 天。彩陶残片上有两个相对的月牙纹饰，分别表现新月和残月的月相。可见，当时阴阳历都有使用。

关于太阳的观测，中国古代还有许多"金鸟"的福州和画有飞鸟驼红日的彩陶出土，证明我国发现太阳黑子现象绝不会晚于新石器时代晚期。大河村遗址中几件彩陶碗残片上，绘有带光芒的太阳，可能是古大河村人观测到日晕后在彩陶上的艺术表现。

大河村遗址出土了一些绘有太阳纹、月牙纹、月亮纹的陶片，提供了考察约前 3790～3070 年间史前人天文观测方面的资料。

第二章

三代（夏商周）和十二诸侯（周、春秋）时期

人类历史度过了漫长的茹毛饮血的远古时代，迎来了夏商周三代走向文明的大发展时期。

　　夏商周三代政治文化最大的特色即为宗法制度。宗法制度萌芽于夏朝，在西周时期得以确立完备。夏王朝的政治组织制度还比较简单，设有负责观察天体四时的羲氏、和氏，管理政事的牧正、车正、庖正，有专门囚禁犯人的地方"夏台"。西周的宗法制度很有特色，它以血缘关系为基础，最大限度地保证了各个权力阶层嫡长子式的世袭制度。西周的国家机器也有着比较周密的设计。周天子是国家至高无上的统治者，天子之下的各级机构和各种官职，都服务于天子个人。

　　在经济文化方面，夏商周三代也取得了可观的成就。夏朝的羲氏与和氏制定了"夏小正"的历法，把一年分为 12 个月，这就是最原始的夏历。夏朝的农业很发达，考古发现在夏代已经有谷、稻、麦、菽、瓜等多种农作物。商实行"以宽治民"的政策，注意发展农业生产。盘庚迁殷后商王朝在政治、经济各方面都有发展。同时，商朝灿烂辉煌的青铜技术和文化，为中国古代文化的进一步发展奠定了基础，在世界文明史上占有重要地位。西周也一直将农业作为经济发展中的重中之重。农业工具、农作物品种和初步的农业技术相结合，使得西周的农业发展强盛一时。同时，以纺织、酿造、烧制和冶炼为主的手工业也得到了长足的进步，以货易货的商业贸易也十分流行。这一切都使得西周的经济水平远胜前代。

　　东周被史家分为春秋和战国两个时期，这一时期的政治中心逐渐从周室转移到了诸侯各国，王室的权力大受削弱，诸侯的势力不断上升。权力的下降意味着独尊地位的丧失，以至于发展到诸侯与周室兵戎相见。于是在中原大地上出现了各诸侯国为争夺霸业而大打出手的局面，"春秋无义战"从此开始。

　　然而，在社会大混乱的时期，最有成就的莫过于思想界的"百家争鸣"了。政权交叠更替，思想相对宽松。道家、儒家、法家等各个学派纷纷提出自己的主张，为人类历史推出了诸如老子、庄子、孔子、孟子、墨子等一大批光彩熠熠的思想家，影响和丰富着人类历史。

　　至今，我们根据国家最新的夏商周断代工程的研究成果，将这段历史划为一个整体，希望能给您留下全新的印象。

中国通史

最新整理图文珍藏版

第一节　史海钩沉：重大事件　历史典故

夏王朝概况

夏王朝的奠基人是治水英雄大禹。尧、舜时期，黄河中下游洪水泛滥成灾。尧曾经任命禹的父亲鲧治水，没有成功。舜继尧以后，又任命禹治水。禹率领中原各部落人民辛勤劳动 13 年，终于疏通了河道，排除了水患，安定了民生。禹又曾奉舜的命令，率领华夏族各部落打败了三苗族各部落，把他们驱往边远地区，从而稳固了华夏族各部落在中原的地位。舜死以后，禹受禅继位，曾会诸侯（原先的各部落首领）于涂山，据说与会者有"万国"。又会诸侯于会稽，并处死了迟到的诸侯。禹命令各地诸侯进贡方物和铜，由铜铸成九鼎。鼎上刻着各州应贡的产物，这些都表示夏王是位在诸侯之上的"天子"。禹死后，其子启夺得王位，"世袭制"代替了禅让制，约在公元前 21 世纪，建立夏朝。中国开始进入阶级社会。

夏后启夺得王位以后，以为自己的政治统治已经牢固，因此，整日沉醉于骄奢淫侈、田猎无度的生活中。在启死了以后，他的儿子太康即位。太康比启更为荒淫无道，整日游玩田猎，时间一长，又嫌在都城附近打猎游玩已不能尽兴，于是"畋于有洛之表，十旬弗反"。也就是打猎的地方已跨过洛水以南，而且越玩越远，一直去了 100 天都没有返回都城。

本来在太康即位以后，整天只知"盘

大禹像

游"又"不恤民事"，人民就有怨恨之言，诸侯、方国也开始产生离心。当他这次跨过洛水去打猎，而且长时间不返国都，就给地处黄河以北有穷国的方伯后羿造成了进攻的机会。有穷氏部落首领后羿趁此良机把自己的部落从鉏迁到穷石（今河南境内洛阳附近），利用夏民对太康的不满，夺取了太康的政权。太康在洛水南边打猎尽兴归来时，已不能还朝，只得率领打猎的少数兵员，暂住洛水南岸，大约 10 年后在夏阳死去，史称"太康失政"。

太康死后，仲康继位，政权掌握在羿的手中，仲康当了一个时期傀儡。仲康死后，羿赶跑了仲康之子相，自己正式当了国王。这就是"后羿代夏"。

相被赶跑后，逃到同姓斟灌氏那里，依靠斟灌氏和斟寻氏的力量，在那里避居起来。

羿担任国王后，统治并不稳固，内部矛盾重重。

羿死后，寒浞取而代之，担任了国王。寒浞有二子，长子名浇，次子名豷。这时，相还避居在外，这对寒浞政权是很大威胁。为免除后患，寒浞派其子浇灭掉了斟灌氏和斟寻氏，杀死了相。相妻后缗为有仍氏之女，这时已怀孕，在紧急中从小洞逃跑。

后缗逃至其母家有仍氏处，生子少康，少康长成后，任有仍氏牧正。

这时寒浞的政权为浇所掌握。浇又欲杀少康，少康逃奔有虞氏，任有虞氏庖正，并娶有虞氏女为妻。少康在这里积极积蓄力量，作复国的准备。

夏的遗臣靡，在羿死后逃奔有鬲氏。少康和靡以及有鬲氏联合起来，并聚集了夏的势力，经过长期准备，最后消灭了浇和豷，恢复了夏王朝的统治。少康继任夏的国王。太康失去帝位，经过几十年，又被少康恢复，被称为"少康中兴"。

经过这场动荡之后，夏王朝又重新建立起来了。自此，夏朝的统治得到了巩固。

夏王少康从小就经历过一段流离的生活，接触过平民和奴隶，深知要保住祖业就必须得到人民的拥护，因此太康即位后，由于关心生产，治理水患，使社会生产有了较快的发展，王朝的统治也得到巩固，但东夷诸部落、方国时服时叛，少康欲对东夷征伐，未及而死。

少康死，其子杼继位为夏王，杼为了扩大夏王朝的统治范围，即位不久就将王都由斟鄩（即太康所居之地今河南巩义布）迁到黄河北岸的原（今河南济源市西北）。当其完成征伐东夷的准备以后，为了战争的需要，又迁都于老丘（今河南开封县陈留镇北），然后出兵征伐东夷。

杼率兵征伐东夷的过程中，得到沿途各地诸侯、方国的支持，所以较顺利地征服了分布在今河南东部、山东和江苏北部一带的夷人部落，而且一直打到大海之滨。这样，夏政权的统治继续稳固下来。经过杼征东夷的胜利，夏王朝的威望在各地诸侯、方国中大大增高，此后，夏王朝政权经历了长期的发展。到了后期，自孔甲开始，由于统治阶级日趋淫乱腐化，使夏王朝逐渐走向衰落。孔甲喜好鬼神，淫乱无度，原来臣服于夏后氏的部落便开始脱离夏的统治。

孔甲传四世是履癸，履癸即夏代最后一个国王夏桀。桀是中国历史上著名的暴君之一。在桀即位以后，夏王朝的统治已经摇摇欲坠，王畿以内的民众怨声载道，那些原来与夏后氏结盟的部落也纷纷叛离。面对这样的情形，夏桀不但不修明政治，施恩于民众，相反，却赋敛无度，竭尽民力物力，修筑宫室台榭，劳民伤财。现存的汉代武梁祠石刻就有夏桀把人当坐骑的浮雕，象征了夏桀对人民暴虐的事实。不仅如此，夏桀还频繁地对周边部落用兵。桀兴兵讨伐有施氏，获得了有施氏的女子妺喜，桀对妺喜极其宠爱，生活也愈益荒淫无道。桀为了加强对各部落的控制，召集各部落首领在仍会盟。居住在山东一带的有缗氏公然反叛，于是桀又发动了讨伐有缗氏的战争，这一举动更加剧了各部落的不满和反抗。夏桀的残暴统治，也使王畿以内的民众更加离心离德。人民咒骂桀说："时日曷丧？予及汝偕亡。"夏桀的统治再也无法维持下去了。

就在这个时期，临近夏王朝东部边界的商族，已经兴盛起来。商族是个古老的

启母石

民族，经过长期的发展，这时候，在商汤的领导下，逐渐强盛起来，积极作灭夏的准备。

商的兴起对周围各小国的影响很大，一些不满夏王朝统治的部落和方国，都聚集在商的周围，商族成为东方反对夏政权的一面旗帜。甚至夏政权内部的一些臣僚，由于对夏桀不满，也纷纷投奔商汤。

夏桀的忠臣关龙逄因进谏被杀，此事在统治阶级内部引起很大不满，以致"众庶泯泯，皆有远志，莫敢直言"。

助汤灭夏的伊尹，原来也是夏桀的臣属。这时，他也弃夏奔商，后来成为商汤的重要辅佐。

夏族的起源

我国历史上最早相继的三个王朝——夏、商、周，目前关于这三个朝代的存在，被史学界和考古学界所公认。而三代之首的夏代，人们只能从保存在先秦典籍中极少的、零散的甚至相互矛盾的关于夏代历史的记载中对夏代有一个大体的认识。夏代，对人们来说始终是一个解不开的谜。关于先夏族的起源，就是一个聚讼千年的历史疑案。春秋战国时的人在回顾历史的时候，对夏族就觉得茫然。自汉代以来，今古文学派之争大盛，各家从自己的学术立场出发，各抒己见，形成了诸多不同的

说法，一直影响到今天。迄今为止，关于先夏族的起源意见仍然不一，主要有以下三种意见：

中原说

有学者认为先夏族居住河南嵩山为中心的黄河中游地区，主要是伊洛汝颖流域。《国语·周语上》曰："昔夏之兴，融降于崇"。史书常把夏的始祖称为"崇伯鲧"、"崇禹"，在古代崇、嵩通假，崇即嵩。又因为夏人"禘黄帝而祖颛顼，效鲧而宗禹"，就是说夏人与黄帝、颛顼有着直接的血缘关系。据《帝王世纪》和《吕氏春秋》载黄帝世居"河南新郑"，颛顼生自汝水，所以先夏族亦不出这个范围。也有人提出禹因封在夏地而称夏国。至于夏地的地望虽有不同说法，如有认为夏是指"夏水"，有认为是指山西的夏墟，也有人考证是古代的雅山、阳翟，但这些地方都在今河南的嵩山附近。另有人提出了"发展"的中原说，他们认为夏后氏这一部落联盟的活动区域首先在较西的陕、晋一带，逐渐向东发展最后到达河南。在洛阳西南的甘泽与有扈氏部落发生战争，得胜以后便在今郑州西南登封县定居下来，都阳城。

西羌说

持西羌说的本身也有两种意见：一种认为先夏族与西羌有密切的关系。相传禹出在于西羌的茂州汶川县石纽乡。《史记·六国年表》说"禹兴于西羌"。《集解》和《正义》都说"伯禹夏后氏，姒姓、生于石纽、长于西羌，西羌夷人也"。另一种意见则以为夏族本身就是羌人的一支。鲧与西方羌人集团有莘氏妇女修已结婚，生禹于羌地，文献中常见"戎禹""戎夏"并称。有人考证夏人与羌人都奉"白石"作为本族的崇拜对象。从周族与夏族的关系来看，周族祖先弃为西羌人姜嫄所生，故周人常称"我有夏"。据近人考究，周与夏可能是西羌族下的两派分支。

东夷说

东夷说源于《山海经》、《竹书记年》等上古文献的记载，据说夏后氏与东方夷人部族密切关系，提出了夏为东夷说。据史载，鲧、禹曾"教乎九夷"，鲧因治水而无功，被流放到东方的羽山，"以变东夷"。在先夏历史上一些重大事件都发生在东部地区。如大禹治水在今山东境内，禹在会稽山即今浙江省境内会诸侯，"执玉者万国"，而且与夏族有交往的部落涂山氏、有扈氏、有羿等都属于东夷族，所以夏应起源于东方。至于夏人为西羌说，依据的材料都是晚出的，不可靠。

大禹治水

相传在尧作华夏部落联盟领袖的时候，发生过一次延续时间很长的特大洪水。滔滔的洪水咆哮着四处横流，田地被淹没，庄稼被冲毁，房屋倒塌，牲畜死亡。洪水泛滥，逼得人们逃上高丘或山上去找洞穴避难。居住在平原地区的人民，不少人就在大树上搭起木架巢居。洪水时涨时退，人们根本无法耕种。这就是《孟子》书中所说的："当尧之时，天下犹未平，洪水横流，泛滥于天下。草木畅茂，禽兽繁殖，五谷不登，禽兽逼人，兽蹄鸟迹之道交于中国"。这里所谓的中国，并不是如后来指

大禹治水石刻画

大禹陵

统一后的全中国，而是战国时期的人们认为中原地区处于四方之中，把它叫中国。

相传有一个黄帝族的后裔，名鲧，号若阳。其祖先由西北方戎人居住地区，迁到伊水和洛水流域（今河南西部）定居。尧时鲧为夏部落酋长，尧封他于崇（今河南登封崇山附近），为崇伯，赐姓姒，故又称为崇伯鲧。鲧是一个很能干的人，为人有些恃才自负，与其他氏族酋长们关系处得不好，因此常被其他氏族、部落酋长们指责，说他品德不好。在以尧为首的部落联盟里，他也是其中的成员。

尧为滔滔洪水漫患了中原地区，影响人们的生活而万分心急。于是在一次联盟议事会上，向到会的各氏族、部落酋长们说："如今洪水滔天，为患很大，已快淹到山顶，百姓们很担心，这样下去怎么能生活，你们想想有谁能来治理洪水？"酋长们都说："鲧可以治理。"尧说："鲧这个人很自负，不大听教命，容易把事情办坏，不可以用！"四岳说："如今没有比鲧能干的人了，不妨让鲧试试。"尧说："既然如此，就让鲧试试吧。"尧执行了大家的决定，命鲧去负责治理洪水。

鲧接受了尧的任命以后，就采用从前共工治水的"堕高堙庳"的办法。而当年共工是"欲壅防百川，堕高堙庳，以害天下"，意思就是要防治泛滥的流水，将高的地方铲低，把低的地方填高，也即是用土

把水填堵起来。但这是一个失败的方法。鲧认为共工之所以失败是因填堵得太低，未能阻住流水。因此他继续采用这种筑堤围堵的方法，来使洪水归流。

但是，鲧用筑堤围堵的方法，不但没有把洪水堵住，反而使被堤围堵的水越积越多，最后把堤冲溃，大水更加横流泛滥。鲧虽然也辛辛苦苦地奔波了九年，修筑了许多大大小小的堤防，但是堵了东边西边溃堤，围了南边北边泛滥，始终没有把洪水治服。这时期华夏部落联盟的首领袖尧，由于年老而让位给舜。舜见鲧治水九年，不但未成功，反而使人民不能安居而继续遭受损失，就在部落联盟议事会上指责鲧"治水无状"。"违背了天帝的命令，危害了同族"。于是将鲧流放到羽山（今江苏赣榆西南），后来又将他诛杀。

舜主持的议事会商量治水问题，人们又一致举荐禹领导治水。禹是鲧的儿子，从小跟先人治水，积累了许多实践经验，也深知鲧失败的教训。禹为人勤劳、俭朴，又很谦虚。他再三推荐贤者以自代，大家还是把这项重任委托给了他。

禹遂毅然奉命，不敢稍有懈息。他背着干粮袋，拿着工具，勘察山川地势，足迹遍及九州。禹在亲自调查研究的基础上改变了各氏族部落分散治水的办法，动员九州的力量统一划分治水区域，并把边界上的大树剥掉皮，刻上表记，以作标志。禹借鉴鲧治水失败的经验教训，就改用"疏导"的方针，先导大河之水入于湖海，再导沟壑之水入于大河。禹用了十三年的时间，终于把洪水驯服，治理得地平天升了。

这就是家喻户晓的"大禹治水"的故事。这个古老的故事告诉我们，浩浩荡荡的洪水给先民们造成了灾难，人们在同灾难的斗争中增长着才干，密切了联系。洪水被战胜了，由于各部落在治水过程中密

黄河禹门口

切合作使氏族部落之间的狭窄界限也在同洪水斗争中被突破了。这种在同自然斗争中引起的组织形式的变革，不久就反映到社会政治生活中来了。

禹为中华民族做出了不可磨灭的贡献，因而受到人们的崇拜，因此关于他的神话传说也很多。

关于禹的出生有一个美丽的传说，据说鲧偷窃了天帝的宝物"息壤"以治洪水，天帝发怒，命火神祝融把鲧杀死在羽郊。鲧死了三年尸体都不腐烂，有人用刀剖开他的肚子，里面就出来禹，而鲧自己则变化成一头黄熊（一说黄龙）隐入山中。

禹忙于治水，到了30岁还没有结婚。这时来了一只九尾白狐，变化成一个叫涂山氏的美丽姑娘，向禹唱歌表示爱情，禹就和她结了婚。可是禹婚后仍然忙于治水，很少回家，涂山姑娘想念禹，去治水工地找他，却正好看见禹变成一头熊在挖山洞。涂山氏觉得嫁了熊很羞耻，回头就跑。禹在后面追，匆忙间也忘了变回人形。涂山氏见还是一头熊追来，就变成了一块石头。禹对着石头大声说："还我儿子来！"石头就裂开了口生出一个小孩，所以小孩的名字就叫启或开。

此外，还传说他得到了许多神灵的帮助，如有黄龙替他曳尾疏导河川，有鱼身人脸的河精送给他河图帮助他治水，又有蛇身人面的神送给他长一尺二寸的玉简来量度天地，平定水土，等等。同时，禹在

治水过程中也杀死了一些水怪、山妖、木魅等危害人类的妖怪，他曾擒杀水妖无支祁。

禹伐三苗

三苗就是古书上所说的苗、蛮、南蛮。相传为颛顼的后代。也有说是他们的祖先是帝鸿氏。帝鸿氏有一个不成才的儿子叫浑敦，据学者的考证浑敦就是驩兜。他曾是三苗中最有势力的一个酋长。在尧时被流放到崇山（即嵩山），可能后人向南迁徙，成为南蛮中的一个部落。三苗可能是由三个氏族或部落组成的一个部落联盟。

禹在治理洪水过程中，三苗也参加了治水工程，而且作出了很大贡献。但是治水成功以后，各氏族、部落都得以论功行赏，只有三苗未受赏。三苗因不服而反叛。禹准备用兵去征伐，但舜制止说：我们自己的德薄，反要用武力去征伐三苗，是不道德的事。于是"修教三年，执干戚舞，有苗乃服"。也就是用了三年时间来对三苗实行教化，同时加强练兵。古代练兵是军士一手执防身用的盾牌，叫做干；一手拿一种斧形兵器，上面插上羽毛作装饰。操练时要奏乐，其动作如舞蹈一样整齐协调，所以叫做"执干戚舞"，又叫做"武舞"。三苗知道舜、禹作了文武两手准备，只好归顺。

三苗在得知禹被推荐为华夏部落领袖后，又起兵向禹发动进攻。但此时期的禹已经是掌握了领导中原地区各氏族、部落的大权，而且已经形成为以夏族中心的一个领导集团。禹在这个领导集团中的威令已具有王权的特征。协助禹治水时专掌刑罚的皋陶就曾作出规定，各氏族、部落的人民，如有不听禹的号令、调遣的，就要用刑罚来惩办。禹为了进一步扩大统治区域，统一长江流域，决心对三苗进行一次大规模的兼并战争。

《春秋·左传》中关于夏军制的记载

在出兵前，求上天和祖先给以力量，保佑战胜三苗。祭祀之后，举行了誓师大会。参加这次誓师会的，有各氏族、部落酋长，也有掌管各种事务的"百官"。

誓师以后，禹率领主力队伍约五千人出发南下，沿途又收编了当地的一些氏族、部落的兵力，直抵三苗活动的根据地——江汉流域。三苗见禹率军前来征战，也驱军前来抵御。但禹所率领的军队，是有严格组织和经过"执干戚舞"严格训练的武装，不仅战斗力强，而且齐心协力。所以战斗一开始，三苗的酋长就被禹军射死。主帅丧失，苗军大乱，纷纷四散逃跑。大部分向南退却，少数逃向北方、东方，一部分向西南方逃走。这些苗民逃到各地后，逐渐被融合到其他氏族、部落中去了，也有些被俘而沦为奴隶。只有向南退却的苗民，才得以保存下来。相传后世在湖南、广西、广东以及云南、四川、贵州等地苗族，其祖先就是三苗。

禹对三苗的这次征伐，虽不知最后打到什么地方，但是自此一战，禹的势力已经达到江淮流域，由于禹的势力日渐强大，北方和东夷的许多氏族部落，也都纷纷向禹表示愿意归顺。这些地区的氏族、部落的人民，后来就成为夏王朝的国民。以禹为首的夏族领导群体，在这次战争中也俘获了许多的苗民和掠夺了大量的财物，这些俘虏就被分配给夏族和参加征伐的各氏族、部落首领们作为奴隶。由于对三苗征战的胜利，以禹为首的华夏部落联盟的势力大增，禹的个人权力也远超过在一个地区部落联盟中行使的范围，而华夏民族也得到了更大范围的融合。

夏王朝诞生

禹治水成功，征讨三苗大获全胜，这两项事件极大地增加了他的权势和威望。于是，上了年纪的舜就按照部落联盟中的传统，让位于大禹。舜死后，禹按照华夏部落联盟的传统，为他举行了祭奠，办理丧事，守孝三年。虽然禹的势力已经很大，还是按照部落联盟的传统，表示让位给舜的儿子商均，自己住到老根据地阳城去。但是这时的形势已和以前大不一样了，所谓"天下诸侯皆去商均而朝禹"。也就是四方拥护禹的氏族、部落的酋长们，都不去朝见商均，而去朝见禹，表示拥护禹作领袖。这是社会发展的必然趋势。"禹于是即天子位，南面朝天下，国号曰夏后，姓姒氏"。我国历史上的第一王朝——夏王朝就这样诞生了。从时间上来推算，这是在公元前2100年至公元前2000年之间的某一年。夏后即夏王，古书中称的夏后氏，就是指以禹为首的姒姓夏族。

禹建都何地，古书中有不同的记载，历来的史学家也有不同的说法。见于记载的有阳城、阳翟、平阳、安邑和晋阳。阳城在今河南登封告城镇，阳翟在今河南禹

县，平阳在今山西临汾西南，安邑在今山西夏县西北，晋阳在今山西太原市南的晋源镇。在五个地方除晋阳外，都在今河南西部和山西西南部。从考古工作对夏文化的发掘考察来看，一部分学者认为在河南西部的可能性较大。

禹建立的夏王朝，以原华夏部落联盟为基础，统治地区由原来的中原地区扩大到黄河上下，及长江流域。当时在这些地区是小邦林立，社会发展阶段也各不相同，虽然，禹伐三苗的胜利迫使这些氏族、部落统一在禹的领导下，但仍是一种联盟的形式。

涂山大会

禹建立夏王朝以后，为了缓和一些氏族、部落与夏王朝的矛盾，分封前代显贵。首先封尧的儿子丹朱于唐（今山西翼城西），封舜的儿子商钧于虞（今河南虞城西北），使其"皆有疆土、以奉先祀"。原来禹作部落联盟领袖时，曾准备推荐皋陶为自己的接班人，但皋陶死得早，禹因皋陶最贤，所以封其后人于英（即春秋时期的蓼国，在今河南固始东北）和六（今安徽六安境内）。同时又封与夏同姓的姒姓氏族、部落和与夏后氏有婚姻关系的酋长们，如司马迁所说的：有扈氏、有男氏、斟寻氏、彤城氏、褒氏、费氏、杞氏、缯氏、辛氏、冥氏、斟戈氏，以及原来的一些氏族、部落为诸侯。

安抚了原华夏部落联盟中各氏族、部落之后，为统一江南地区各氏族、部落和巩固对东夷的统治，禹以天子的身份到东南各地去巡守。禹在涂山暂住，和各方诸侯约定时间来涂山相会。

到了相会的时间，从四方赶来的氏族、部落酋长多达万人以上。而且都带来了朝

素爵

贺的礼物。大国进玉，小邦献帛，所以后世史家说："禹会诸侯于涂山，执玉帛者万国。"这次与天下诸侯相会时，举行了隆重的祭天祀土的祭仪，表示禹是受命于天帝，是天之子，从而掌管天下。此举使禹天子的地位得到认同。同时，奏起大夏之乐，表演了干羽之舞。许多边远地方来的诸侯，方伯们欣赏了这些声情并茂的乐舞，看到了如此有礼仪的祭祀，对先进的中原文化都赞不绝口，不得不佩服禹领导有方。加之在大夏之乐中，又歌颂了禹治水之功，干羽之舞又显示出夏军的威武雄壮。于是同声称颂禹的功德，都表示愿臣服于夏王朝，岁岁称臣，年年纳贡。禹虽然显示出天子的威仪，但是为了扩大夏王朝的疆域，巩固王朝的统治，将各地的氏族、部落统一于夏王朝，就封前来相会而未有封号各氏族、部落酋长为诸侯或方伯，并和各方的诸侯、方伯协商，每年向夏王朝进纳贡赋的种类的数量，最后向大家宣布了规定的贡献。

涂山大会诸侯，是夏王朝建立的一个标志，也是禹力图统一全国的一次检验。禹未用武力征伐而使四方诸侯（氏族、部落）臣服，一方面是禹平治水土、发展了

农业生产，使人民安居乐业，有功于全国人民，人心归服；另一方面是社会历史发展的必然趋势。氏族社会发展到末期，各氏族、部落内部经济在不同程度上都有较大的发展，在黄河流域和江淮两岸的一些氏族、部落内部，较早的开始了分化。伴随着社会财富的逐渐增加，阶级分化日益明显，以掠夺异族的财富、人口和扩大地域的兼并战争也在不断发生。在这些长期的、大大小小的兼并战争中，都力图将其他氏族、部落统一于自己势力之中。以禹为首的夏族在这些民族、部落中是势力最强大的，对三苗征伐的胜利，显示出夏军巨大的军事威力，因此统一的任务由禹建立的夏王朝来完成，是顺理成章的事。

涂山大会以后，禹为了纪念这次在历史意义的盛会，将各方诸侯、方伯进献的"金"（青铜）铸了九个青铜鼎，象征着统一天下九州万国，为夏王朝镇国之宝。

胤征羲和

有穷后羿逼迫太康向东流亡以后，他害怕夏民和诸侯起来反对，暂时不敢明目张胆地废弃夏帝而篡位自立。于是在有穷军队进驻夏都的情况下，允许夏人立太康之弟仲康继登帝位。仲康成为有穷驻军和后羿卵翼下受制于人的帝王，当然不能在政治上有所作为。不过，他还是做了一件有意义的事，就是命胤征羲和。

官吏失职历法乱

羲氏、和氏这两个家族自尧舜以来，世代执掌天地四时之官，观察天文、地理，定历法和时令节气，以指导人们的生产和生活。然而自太康以后，因为帝王自己整天游乐玩耍，不问政事，于是上行下效，使许多官吏都严重失职。特别是羲氏、和氏这两个家族，在他们的私邑里酗酒，荒

禹的城堡：登封王城岗龙山文化城遗址

废其职，不修其业，以致历法混乱，过差失度，时令节气模糊，月蚀、日蚀一无所知。仲康一登帝位，就命胤侯统率六军，做"大司马"的官。仲康既然是在有穷军队和后羿势力的卵翼下做帝王，他所拥有的"六军"在数量上自然大大减少，其矛头只能惩罚国内的一些违纪行为，而不能攻打后羿，驱逐侵略者。所以仲康任胤侯为大司马后，就命他率领军队去攻打羲氏、和氏的私邑，惩办那些失职的官吏。

宣布罪状命征伐

胤侯承帝仲康之命出发前，在军队中进行训话，说："啊！我军队的将官和众兵士们，圣人有教训谋略，其目的在于定国安家。先王能谨慎地对待天的告诫，臣人能遵守常规法典，百官修职辅助其君，我们的事业蓬勃向上。每年开春，遒人以木铃摇于路旁，告诉人们勤奋工作。众官互相规劝，百工各发挥他们的技艺，对君上的失常行为还可以进谏。其中或有不恭谨地履行其职责的，国家则有常规的刑罚。"

在讲了一通失职应受罚的大道理后，胤侯开始数落羲、和二氏的罪责："现在羲氏、和氏担任天地四时之官，丧失了他们的道德，沉湎于酗酒，而叛离子所居的官位，开始扰乱天时节令，远弃其所主之事。就在深秋九月初一那天，日月没有会合而出现了日蚀的现象，于是，瞽人乐官敲击大鼓，办事的啬夫官快速驰骋而取来币帛礼拜天神，庶人奔走以救日蚀之灾。在这样大的灾异面前，群官和百姓都忙碌奔走，而羲氏、和氏主其官却不闻不知。羲、和昏迷错乱了天象，犯了先王规定的诛杀之罪。夏后的政典上说：'天地四时之官，对于历法、时令、节气，不认真进行测算，颁布的历法比天时太超前的，罪死无赦；其历法比天时太拖后的，也罪死无赦。'"

宣告了羲、和的罪状，胤侯便发布进攻的命令和治罪的政策："现在你们众军士，要共同协助王室，辅助我去完成天子的威命。火焰烧上山冈，玉石都要被焚毁；天王之吏丧失道德而滥加杀戮，其害甚于猛火。要歼灭其罪魁祸首，对于胁从的人可以不问，其余久染污习而本无恶心者，都一概不予追究而使他们重新做人。啊！将军的威严能胜其爱心，有罪者虽爱必诛，这样，征伐必能完成使命；若爱心胜其威严，亲爱者有罪不杀，则征伐必然无功。你们众军士，一定要勉力，谨慎地接受告诫，不要违令而触犯王命啊！"

冲进邑里惩首恶

训令结束，胤侯率领军士出征，很快来到羲氏、和氏的私邑，率军冲进邑里，

125

陶盉

抓住两个家族中的首恶分子把他们杀了，然后再命其他人员任此官职。经过这次征伐，仲康的政治稍有起色。但在有穷后羿的侵占之下，仲康再也难有别的作为了。

寒浞杀后羿

中国大地四分五裂

仲康死后，其子相即帝位。有穷后羿的军队仍然驻扎在夏都，随时可以对夏王朝采取行动。由于夏王朝的衰弱无力，后羿就把自己的有穷氏族部落从钮迁到穷石，就是现在的河南偃师，在原来夏王朝的国都旁建立自己的都城。同时，后羿废弃夏后帝相，由自己登上帝位，称为"帝羿"，国号"有穷"，正式宣告取代夏王朝的政权。夏后帝相遭后羿驱逐，向东北逃到帝丘，就是现今的河南濮阳县，在那里建立夏王朝的都城，依靠同姓诸侯斟灌氏、斟寻氏，苟延残喘。有穷后羿虽然废弃了夏王朝的都城和帝王，正式称帝，但他在诸侯方国和人民中威信不高，许多诸侯都不拥护他，夏后帝相又在帝丘偏安，中国大地处于四分五裂的状态。

宠信奸诈子弟藏隐患

后羿有一手高超的射箭技艺，他不去作巩固政权的打算，对人民的生产、生活漠不关心，却整天在田野里打猎。他的身边原来有四位贤臣，他们叫：武罗、伯因、熊髡、龙圉。这四位贤臣曾帮助后羿攻克夏朝都城，又策划篡夺夏朝政权统治中原。在后羿篡位称帝后，他们又劝谏后羿要治理朝政，关心民事。但后羿此时一反常态，对四贤臣态度冷漠，有意疏远，却对一个善于花言巧语、口蜜腹剑的人，十分亲近，言听计从，这个人名叫"寒浞"。

寒浞原是寒国的一个奸诈子弟。寒国在今山东潍坊市寒亭区，原是东夷部落一个氏族的居地，禹时臣服于夏王朝，封为方国，此时的首领叫"伯明"。伯明对寒浞吹牛拍马、搬弄是非的恶习十分反感，就把他从寒国驱逐出去。寒浞流浪到有穷国，为后羿所收养。他凭着一手吹拍的本领，向后羿百般献媚，为后羿出了不少吃喝玩乐的主意，深得后羿的宠信。后羿认为寒浞是最了解自己心意、最能效忠于自己的人，因而把寒浞立为有穷国的丞相。

后羿射日

培植势力，买通家丁施阴谋

寒浞由一个被驱逐的流浪儿，摇身一变成为帝羿最宠信的人，更加得意忘形起来。他在内，经常出入帝羿的宫闱，与帝羿的妻妾打情骂俏，暗中勾搭；在外广泛行贿，收买人心，特别是与帝羿的管家人员交往甚密，打得火热。同时，他又欺骗、愚弄人民，说了许多漂亮话，却一句也不能兑现。寒浞还有更加恶毒的一招：他千方百计诱使帝羿在田野里作乐而忘记返回宫廷，终日糊里糊涂，不问朝政；然后又在宫廷中培植自己的势力，为夺取帝位、霸占帝羿的妻妾创造各种条件。这一切活动，在不知不觉中进行得十分顺利，杀帝羿取而代之的时机已经成熟。

帝羿的家丁中有一个人叫"逢蒙"，他曾经向羿学习射箭技术，学得非常精通，几乎把所有的技术都学到家了。他想，世界上只有羿的技术能超过自己，因此常有杀羿的念头。这时，寒浞来到帝羿家中，

中国通史

最新整理图文珍藏版

想买通家丁暗杀帝羿，先付给家丁一笔好处费，答应事成之后还有大赏。逢蒙首先表示愿意效劳。在一切都布置就绪后的一天傍晚，帝羿出外打猎玩得高兴，在回来的路上，以逢蒙为首的众家丁忽然将帝羿射死，并把他的尸体放在锅里煮熟。逢蒙还将这尸体的肉羹拿来给羿的儿子吃。羿子不忍吃其父亲的肉，也被众家丁杀死在国门。

霸占他人妻室登帝位

寒浞经过几年精心策划，迷惑帝羿，勾结其妻妾，贿赂其群臣，欺骗其人民，买通其家丁，终于把帝羿杀死。寒浞杀死帝羿后，自己登上有穷国的帝位，同时霸占了帝羿的妻室。原先乐官后夔娶有美丽的有仍氏女，帝羿为了占有这个美丽的女子，耍阴谋将夔杀死，现在这位有仍氏女又在帝羿被杀后，转到了寒浞的手中。

会稽山防风氏被诛

涂山大会诸侯以后数年，禹为了巩固夏王朝的统治再次出外巡守。地处江淮流域的东南地区是夏建国后禹所经营的一个重要区域。这里分布着古夷人的许多氏族、部落。在古书中称这些夷人为东夷或夷方，有的记载中又称为"九夷"。所谓"夷有九种：曰畎夷、于夷、方夷、黄夷、白夷、

崖画上的村落

赤夷、玄夷、风夷、阳夷"。这是东夷地区九个较大的部落。在禹征伐三苗时，东夷未能参加夏的联军对三苗征伐，虽在涂山大会上东夷也来朝贺和进献玉帛，但禹对东夷始终心怀疑忌。而东夷诸部落虽然有的也处在由氏族制度向奴隶制度过渡阶段，但比起中原地区各部落来，在文化、礼教方面还是较落后。所以禹的这次出巡是向东南地区，除了加强政治上的统一以外，还有传播中原地区先进文化、礼教的用意。

禹的东南巡守是水陆并行，时而年在江中乘船，时而在陆地乘车，所到之处，都受到人民的欢迎和礼遇。但在四千年前祖国的东南地区，有许多是荆棘丛生、沼泽遍布而未开发的地方，更没有交通大道可供行走。禹为了统一东南地区，仍以平治水土时那种不畏艰险、披荆斩棘的毅力率领夏王朝的一些文武官员和军队，顺长江而下。

到了东夷族居的地区以后，禹便弃舟登陆沿途向夷人中的耆老询问习俗，鼓励夷民勤于农耕，告其农时，播种五谷。教育夷人酋长们要讲礼仪，知法度，不要以强凌弱，以大压小。要和睦相处，不要相互攻杀。还宣布今后若有不听教化者，夏王朝就要以兵征讨。这些夷人的氏族、部落都感激禹的德教，表示愿意听从禹的教化，东夷各部落于是臣服于夏。

禹来到了越地（今浙江境内）的苗山（又称为茅山或防山，在今绍兴境内），并在此暂住，并下令传喻各地诸侯、方伯于第二年的春天来苗山相会。还宣布自涂山大会诸侯数年以来，各地诸侯、方伯都对夏王朝有所进贡，在苗山与诸侯相会时，将要根据贡献大小来计功行赏。

夏王朝虽然建立不久，但是自涂山会诸侯以后，禹规定凡是到夏王朝去朝见禹的诸侯、方伯，或未有封号的氏族、部落酋长，禹都一律以礼相待，皆有封赏。所

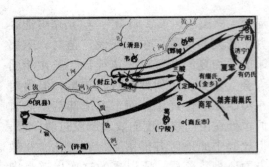

鸣条之战示意图

以各地诸侯、方伯们得知禹已巡守到苗山，要在那里再次与大家相见时，都纷纷备办进贡的方物。由于禹的威望很高，到了约定的日期，各地诸侯、方伯都如期到达。

到了相会之期，禹先在苗山的行宫接受诸侯、方伯们朝见。然后举行祭祀，告祭天地山川和祖先。祭祀以后，宣布了自涂山大会诸侯数年来每个诸侯对夏王朝贡物和其他贡献，应是什么样的功，按其贡献大小会计赏物和加封号。计功封赏以后，又举行了祭祀仪式和庆功会。当然这次的庆功会上又演奏了中原乐舞，使各地诸侯、方伯们再次领受了中原先进的礼乐。就在计功封赏和庆功会之后，才见一个叫防风氏的诸侯姗姗来迟。防风氏的族居地就在距苗山不远的地方。此人原是古越人部落一支的一个酋长，曾表示臣服于夏。

防风氏生得高大健壮，在越人各部落也算是一个有势力的部落酋长，常自恃其有勇而欺凌其他部落。他早就有建国称王之心，可是他得知三苗是一个比他还大得多的部落都被禹率军打败，只得到涂山参加朝见禹的大会。在那里他受到禹的封号，列为夏王朝的诸侯，他也表示愿意听禹的教化、号令，臣服于夏。但是他总想独霸一方，只有为越人诸部落之长或称王才甘心。禹巡守到苗山时，他本应先去朝见，可他不但没有先去，反到有意在苗山会期之后才到达。而且见禹时不但认为自己迟到无罪，态度还十分傲慢。

防风氏的所作所为为禹的政令所不容，禹在越地巡守时早已知道。为了警告各地诸侯、方伯，禹毅然命令将他杀了，并且暴尸三日。诸侯、方伯们见此情况，深知夏王朝的国威和夏天子的权威是神圣不可冒犯，所以都一致表示防风氏该杀。

诛杀防风氏是禹行使王权的开始，也是第一次以天子的威力诛杀诸侯。经过这次大会，禹的权威更是遍及四海了。

夏启继位

禹代舜为华夏部落联盟领袖以后，因皋陶贤能，曾推荐皋陶为自己的接班人，可是皋陶在禹代舜没有多久就病死了。禹建国以后，又选定了益（即伯益）作为自己的继承人，并且将夏王朝的政事也委益掌管，有意培养益。这说明禹虽建立国家，做了国王，但这样一个国家制度还不健全最早的国家，还保留着部落联盟中军事民主制的传统。所以在禹死后，益仍然按照部落联盟的传统，为禹举行丧葬，挂孝、守孝三年。三年的丧礼完毕之后，益没有能继承夏王朝的王位。原因是夏后氏的势力已不允许益来继王位。于是发生了"益之佐禹日浅，天下未洽。故诸侯皆去益而朝启"的情况。也就是说益虽然助禹治水，但时间短，资格不够，诸侯们都不拥护他，而拥护禹的儿子启。益助禹治水的时间确实是不如契、后稷、皋陶长。但这并非主要原因，主要的是这时期禅让制已经过时，氏族社会那种"天下为公选贤与能"的"大同"世界已经结束，这是历史发展的必然结果。

益也深知自己不孚众望，无力对抗夏后氏的势力，才在"三年之丧毕，益让帝禹之子启，而辟居箕山之阳"。益为了让启，避到箕山（在今河南登封东西）的南面去。益是一个识时务的而头脑清醒的人，因为这时期的情况是："朝觐、讼狱者，不之益而之启，曰：吾君之子也。讴歌者，不讴歌益而讴歌启，曰：吾君之子也"。前面已说了，诸侯们不去朝益而朝启，这里还可以看出，不但不去朝见，人们打官司都不找益而找启，唱歌的歌词也只歌颂启，其理由就是："启是我们君王大禹的儿子。"这反映了历史发展到阶级社会以后，所建立起的奴隶制国家，氏族时期的禅让制必然被世袭制取代。

夏启

启继承夏王朝王位的情况，还有另外一些传说。如"益干启位，启杀之"。"禹选定益为王位继承人时宣布说：启只能为人臣。但到年老时，又宣布：启不胜任作天子，要将王位传给益了。于是启与同党用武力攻打益，结果夺得了王位。天下的人都说禹虽说名为传位给益，实际上是在暗中让启培植同党（支党）用武力夺取王位"。又说："启代益作后"。启做了夏王朝的国王后，将国都定在阳翟（今河南禹县）。

古代的"禅让"制度遭到了破坏，父子、兄弟相传的王位世袭制度确立了。这是古代中国历史上的一个重大变革。

启伐有扈

启这种废"禅让"而实行父传子的王位世袭方式，引起了夏王朝争夺王位的激烈斗争。当启登上了夏王的宝座以后，首先就遭到了一个姒姓诸侯有扈氏的不满，起兵反对。

有扈氏是族居在夏族中心地区西边的一个大部落，他的活动中心在今陕西户县一带。他的活动范围很大，早在舜、禹时期，他就在向东发展。处于氏族公社阶段向阶级社会过渡阶段的有扈氏，为了夺取更多的财富，就需要扩大地方，发展势力。而以禹为酋长的华夏部落联盟此时正处在建国的前夕，势力也正不断地向四周发展。传说，"禹攻有扈"，"其用兵不止"，有过三次较大的战役，虽然阻止了有扈氏向东发展，但有扈氏仍不归顺于禹，"禹于是修教一年而有扈氏请服"。所谓"修教"，就是用了一年时间治兵，准备用更大的兵力来打仗，同时用禹之德政对其进行感化。禹用了文武两手终于使有扈氏臣服，成为华夏部落联盟的一员，禹建国以后，封有扈氏为诸侯。

另一种传说认为：有扈氏是启的庶兄，他看见尧、舜都荐举而禅让，禹不传贤而传位与儿子时理应传给他，但王位被启夺去，才用兵攻启。两军在甘地大战。启在出兵前召集六卿，即六军之主将，举行誓师大会。启对六军的兵将们宣布有扈氏之罪行说："有扈氏威侮五行、怠弃三正。上天要灭绝他的性命，大家要同心协力地执行天命去消灭他"。这是战前的动员令，也就是战争誓词。因这一仗是在甘这地方进行，所以古书中称做"甘誓"。

誓词中的"五行"和"三正"是什么意思？历代的注疏家有不同的解释。近年来有的史学家认为"五行"是古人对天体中五颗行星的认识，"五行"是代表天的意思。"三正"是指"臣正"，也就是指有扈氏左右几个大臣。也有的学者认为"三正"就是"三政"，指的是政事。

誓师以后，启率领六军兵将和有扈氏大战，因夏王朝的军队训练有素，有扈氏的兵将大败落荒而逃。夏军直打到扈地，杀了有扈氏，这场我国古代史上最早有名的战役——"甘之战"，以夏军战胜而结束。

经过有扈氏和启在甘地一战，有扈氏灭亡后，启的王位就巩固下来，各地诸侯、方伯们纷纷进贡朝贺。夏王朝的政治基础也得以巩固，这也就为进一步发展奠定了基础。

钧台之享

启灭了有扈氏以后，为了进一步巩固其统治地位，便仿效其父夏禹当年"涂山大会"办法，下令各地诸侯、方伯前来钧台（在今河南禹县南）相会。各地诸侯、方伯一方面是感禹的功德，一心拥护夏王朝；另一方面有扈氏的下场也是前车之鉴，不敢不来。于是都沿袭涂山大会之例，根据各地所出的土特产，备办了朝贡物品，先后到钧台来朝见。这就是历史上有名的"钧台之享"。启为了要显示天子的威仪和夏王朝的富有，一改禹生前节俭朴实的作风，除了一般的会见礼之外，还特设"享礼"。

"享礼"就是在接受诸侯、方伯们的朝见和进献的礼物时举行祭礼，然后设酒食大宴群臣。吃山珍海味，喝香甜美酒。相传禹时有一个小臣子叫仪狄，用米造出一种醇香甘美的酒，进献给禹，禹喝了后虽觉香甜可口，但又感四肢无力，昏昏欲睡。于是告诫群臣说：酒不能喝，否则一定会有喝酒误事而亡国的国君。尽管禹在当年已下了"禁酒令"。但因酒既可以助兴、又能显示出粮食的充足，所以启还是以酒来款待诸侯。

在夏朝初期，青铜仍是一种贵重金属，用作器物使用还很少。启为了显示天子的富有和豪华，用了青铜鼎、彝尊等器来盛肉和装酒。还用了大量精美的陶、竹、木器。有这样丰盛的酒食和琳琅满目的精美食器，使得不少诸侯、方伯大开眼界。而且在饮宴过程中，还有乐舞助兴。

启喜欢乐舞，他的倖臣们知道后便在民间访得一些新颖的歌舞，编成之后，取名为"九辩"、"九歌"和"九韶"。说是从天上神仙那里学来的。于是在钧台大会诸侯时，启特意演奏了这些乐舞。

在以启为首的夏王朝统治者们朝贺饮宴、歌舞升平的后面，大多数的平民、奴隶们过着牛马不如的悲惨生活。尽管禹领导人民平治水土、使人们得以安居，但随着阶级社会的发展、阶段压迫和剥削也日益加重。虽然在记载的传说中缺乏这方面的具体资料，但有关夏文化的考古资料却给我们提供了物证。

目前关于夏代文化遗址的考古和历史研究工作，虽然还有分歧，但从已发掘过的遗址来看，有的文化遗址从年代上是相当于夏王朝建立后的时期。如河南偃师二里头文化遗址，根据测定，其时代是在公元前1900年至公元前1500年之间；山西夏县东下冯遗址的时代比二里头遗址稍晚一点，也就在公元前1800年至公元前1400年之间。而山西襄汾陶寺遗址的时代早期，比二里头遗址要早，约在公元前2400年左右，晚期也是在公元前1800年左右。虽然测定的年代也有几十年甚至一百年的误差，但根据历史文献记载，夏王朝的历史时期是公元前21世纪至16世纪之间，基本上是相同的。

在二里头遗址中发现了有特殊葬式的墓葬，如在一个墓穴中，有一具人骨架，两手紧贴髋骨，左右两上肢已脱位。还有一墓穴中的人骨架是俯身，两手举过头顶，手腕成交叉状，下肢伸开。另有一墓穴中有四具人骨架，一具仅有身躯骨架；一具只有头骨：一具仅有半个头骨和身躯骨，看来像是被活埋或被杀死后埋葬的，这是一种乱葬坑。

在陶寺遗址中，发现了六百多座小型墓葬，占目前发现该遗址墓葬中百分之八十多。这些小型墓葬的墓穴狭小，没有棺木，大多都无随葬品，有的只有骨制小件物品一二件，偶有陶盆或陶罐一件。

墓葬能反映各个历史时期的埋葬制度和习俗，也是死者生前社会地位的反映。在进入阶级社会以后，社会财富被少数富有者所聚敛，而大多数劳动者变为贫民，或沦为奴隶。他们生前要负担着繁重的劳动，为创造社会财富而长年累月地从事各种劳动生产，死后连一件随葬品也没有。大批的奴隶人身是得不到自由，他们随时都有被杀殉或活埋的可能。甚至连一个人一个墓穴也办不到，而是埋在乱葬坑内。这比起在同一遗址中有木棺、有十几件，甚至几十件随葬品的大墓穴来，表明夏朝的贫富悬殊已经极为明显，阶级分化更加严重，奴隶制社会已经大体形成。

启征西河

正当启在钧台大会诸侯、歌舞升平的时候，夏后氏家中却发生了内讧。原来禹有幼子叫武观，封于观地（今河南浚县和淇县一带）。武观见其兄启继其父禹做了天子后，一改禹在世时的勤劳、节俭、朴实的作风，尤其在钧台大会时那种铺张和享

受，使武观产生了羡慕，觉得要是自己能继位做王，称天子，受天下诸侯、方伯们的朝贺，有多么威风！而在钧台大会上，武观是诸侯，当然也应随班朝贺。但武心中不服，认为都是兄弟之辈，启做了王，称天子受天下诸侯、方伯们的朝贺是应当

伯益像

的，自己亲弟兄就不必如此守礼了。就在朝贺祭祀、宴乐等礼仪方面都马马虎虎地应付，还口出怨言。启感到弟弟武观不服管教，于是"放王季子武观于西河"西河指今河南滑县和浚县一带地区，因当时河水（黄河）流经其境，这一地区是在黄河西岸，故称西河。武观被逐放在西河以后，大为不平，就蓄积力量，三年后就"以西河叛"。所谓"以西河叛"，就是拥兵自守，也可能是自己称王。这当然是对启有很大的威胁，启就命令彭国（在今江苏徐州市）的方伯名叫寿的率兵前去征伐武观。

当彭伯寿率兵跨过黄河以后，武观虽也以兵抵抗，但终究兵力有限，只好投降、认罪。彭伯寿将武观带回都城交给启，虽然武观认罪，但启对他终不放心，最后还是把武观杀了。这是启为了巩固夏王朝的

统治，用武力来平内乱的一件大事。

启经过甘之战灭了有扈氏，经过征西河诛杀了武观之后，统治地位巩固了，成为统一天下的天子。

太康失政

夏后启夺得王位，巩固了自己的政治统治以后，就开始腐化堕落整日沉醉于骄奢侈淫、田猎无度的生活中。在启死了以后，他的儿子太康即位。太康比启更为荒淫无道，整日游玩田猎，时间一长，又嫌在都城附近打猎游玩已不足兴，于是"畋于有洛之表，十旬弗反"（《尚书·五子之歌》）。也就是打猎的地方已跨过洛水以南，而且越玩越远，一直去了一百天都没有返回都城。

太康即位以后，整天只知"盘游"又"不恤民事"，人民怀有怨恨之言，诸侯、方国也开始产生离心。当他这次跨过洛水去打猎，而且长时间不返国都，就给地处黄河以北有穷国的方伯后羿造成了进攻的机会。

相传有穷是聚居在今河南东北部的一个方国，方伯后羿是尧时以善射著称的羿的后代。尧时的羿是东夷各部落中的一个较大的部落的酋长，在禹时羿受封在鉏（今河南濮阳西南）。但羿在东夷各部落中仍有很高的威信，所以在有的古书中又把后羿称作"夷羿"。因受祖传的射箭技术，后羿的箭法也很好，可称得上是百发百中，箭无虚发。他也就是仗恃自己的射箭技术高，很久以来对夏王朝就有野心。但是因启在甘之战灭了有扈氏，心怀畏惧，才不敢对夏王朝以兵相侵。钧台之会，后羿也前往朝贺，看见做了国王以后，可以号令万邦，享有天下，于是代夏之心又复萌。启在位时，摄于启的威望和夏的强大兵力，

他不敢公然以兵犯夏，只在国中蓄积力量，待机而动。启死后，太康继位，他昏聩无能只知打猎游玩，人民也怨恨他，诸侯、方国产生离心，就乘太康渡洛水而畅游的机会，拥兵占据夏都，以重兵把守洛水北岸阻止太康返国，企图代太康而自立。

当这位昏聩的太康在洛水南边打猎尽兴归来时，已不能渡洛水还朝。只得率领打猎的少数兵员，暂住洛水南岸，同时又派人向各方诸侯求救兵。可是此时各方诸侯对太康已置之不顾。太康无奈，只得向东流落。最后找了一个地方修筑了一座城住下来。后来此地就叫太康，秦汉时期，这个地方叫阳夏。即现在河南省太康县。太康因失国不得归，在阳夏居住了约十年而病死。

后羿将太康逼得向东流亡后，就"自鉏迁于穷石，因夏民以代夏政"。穷石在今河南孟县（或说在今河南巩县）。后羿不但迁到穷石来，而且还利用夏朝人对太康不满的情绪，夺取了夏王朝的政权。史称"后羿代夏"。

少康中兴

后羿将太康逼得向东流亡以后，取太康而代之掌握了夏的政权。但因夏族自大禹以来，在众多方国、诸侯之中有很高的威望，后羿并没有完全得到他们的拥护。后羿掌管了夏朝的政事后，没有作巩固政权的打算，而是自恃射术过人，武力强大，不理民事也整日沉溺于田猎游乐之中。把政事交给寒浞处理。寒浞便诱使后羿以打猎为乐，不理国事，且乘机挑拨离间，制造混乱，培植自己的势力。几年后，寒浞趁一次后羿外出行猎，煽动族众将后羿杀死，寒浞夺取了大权，并且占有后羿的妻妾，生浇和豷，霸占了后羿的财产，自称

中国通史

最新整理图文珍藏版

为王。

后羿驱逐了太康，取代了夏后氏以后，对夏后氏家族并未诛杀或驱逐，以防后患，夏王朝中一部分贵族和臣僚们仍在后羿政权中供职。后羿对太康的弟弟们的行动也未加限制。太康之弟仲康见哥哥久而不归，在部分贵族、臣僚们的保护下，在斟鄩建立了一个小朝廷做了夏王。而且也得到了部分诸侯、方伯暗中拥护。仲康是一个无大作为的人物，不但无力复国，而且不到二十岁就死了。当时属于夏的有穷国的势力很大，后羿以为从此可以统治天下，没有将仲康的小朝廷放在心上，只受寒浞的引诱而一心打猎玩乐。

仲康死后，在斟鄩存在的夏族小朝廷，由仲康年幼之子相继位为王。此时夏王室势力有所发展，引起了后羿和寒浞的注意，于是后羿以武力威逼相及其夏王室。年幼的夏王相，在王室贵族们的保护下，迁居到帝丘（今河南濮阳）。到帝丘以后，得到了同姓的斟灌氏和斟鄩氏两个诸侯的帮助，使夏王室的势力又开始重新壮大。

斟灌氏和斟鄩氏是夏王朝所封的两个姒姓诸侯国。斟灌氏封国在今山东寿光，斟鄩氏封在太康建都的地方（今河南巩县）。后羿取代夏政以后，斟鄩氏被迫迁去与斟灌氏为邻（今山东潍县）。由于相迁居帝丘，得到斟灌氏和斟鄩氏的帮助势力壮大也影响了一些原来忠实于夏王朝的诸侯和方国，他们都对相表示拥护，这就引起了寒浞的恐惧。

寒浞霸占了后羿的妻妾之后，生了两个儿子，大的取名叫浇，小的取名叫豷，长大后皆勇力过人。而寒浞"恃其谗慝诈伪而不德于民"。即是仗恃着自己的奸诈，善于用作伪缺德的手段欺骗人民，而不是对人民真正的施以恩德。为了扩大有穷国的势力，统治天下。把大儿子浇封在过（今山东掖县北），小儿子豷封在戈（今河

南杞县与太康一带）。虽然如此，但对相的存在，总觉得不放心，因为相自从迁到帝丘以后，也在斟灌、斟鄩两个诸侯的协助下，尽力的扩充实力，准备消灭寒浞，夺回失去的政权。

夏王朝建立以后，分布在祖国东部地区的是一些古夷人氏族、部落，都先后臣服于夏。但是自"夏后氏太康失德，夷人始叛"。也就是太康的所作所为丧失了人心，东夷的各氏族、部落就开始叛夏。有穷国的后羿本来就是东夷中的一个氏族，在夷人中有很大的影响。后羿夺取夏王朝的政权以后，东夷中的一些部落就拥护有穷国。相被逼迁至帝丘，斟灌、斟鄩二国又与夷人为邻相处。相在二斟的协助下扩充实力，首先就与夷人发生了矛盾。相传在夏相到帝丘以后的初期，就发生过"征淮夷"和"征风夷及黄夷"的战争。

淮夷是族居在淮河流域一个较大的部落。风夷和黄夷都是族居在现在山东和江苏北部的所谓"九夷"中的两种，这两个靠近海边的部落，就其力量来说，当然敌不过斟灌和斟鄩的联合军队。由于对风夷和黄夷的战争的胜利。有的夷人又重新臣服夏，所以又有"后相七年，于夷来宾"的情况。于夷也是九种夷人之一。到了商代，于夷被称为盂方，其族居地在今河南睢县一带。"来宾"就是来向夏相致礼朝贺，表示臣服。

由于在相初期对东夷的征伐取得一些胜利，引起寒浞的恐惧，于是寒浞命他的大儿子浇"帅师灭斟灌。"第二年浇又帅师伐斟鄩氏。斟鄩氏虽势孤力薄，但还是和浇"大战于潍"。斟鄩氏凭借着潍水之险与浇大战。因浇兵多而勇猛，结果被浇"覆其舟，灭之"。

浇灭了斟灌氏和斟鄩之后，即挥师直抵帝丘。相因"二斟"被灭，势孤无援，结果被浇杀死。相自迁居帝丘到被杀约二

十多年。此后有穷国的势力又有所壮大，寒浞愈加骄横。但各方诸侯、方国灭寒浞恢复夏王朝统治的势力也同时在壮大。

在后羿逐太康代夏政时，夏王朝中有不少臣僚，服事后羿为有穷国的臣僚。其中有一个叫伯靡的臣子，见后羿被家众杀了以后，寒浞夺取了有穷国王位，就弃官逃走，逃到一个叫有鬲的诸侯国（今山东德州北），依附于有鬲氏。并且得到了有鬲氏的支持，也在积蓄力量，准备灭寒浞，恢复夏王朝的统治。

二里头出土的酒尊　夏

寒浞命浇杀相时，相的妃子后缗已怀孕在身，见相被杀，就从城墙一个洞中逃了出来。后缗是夏王朝诸侯有仍氏之女，所以逃出来后就直奔有仍（今山东济宁）。后缗回到娘家不久便生了个儿子，这个相的遗腹子就是少康。有仍氏因少康是夏后氏之遗孤，对他特别爱护。少康长大后，有仍氏便命他做了牧正，也就是主管畜牧的官。少康长大以后，知道了自己的身世，对寒浞和浇满怀仇恨。同时又随时警惕着，怕浇知道他是相之子而加害于他。

因为有仍是一个较小的诸侯，少康在那里做牧正之事，没过多久就被浇得知。派了一个叫椒的人前往有仍寻找少康。椒

还没有到有仍，少康得到了消息，就从有仍逃奔到有虞（今河南虞城）。有虞的诸侯叫虞思，是有虞氏之后，世代与夏后氏亲善，得知少康是夏相之子，就热情接纳。命少康做有虞国的庖正，也就是掌管膳食的官。这样安排少康是为了避免浇来杀害。"虞思于是妻之以二姚，而邑诸纶，有田一成，有众一旅"。

虞思把自己两个女儿嫁给少康，又把纶（今河南虞城东）这个地方分给他住。在此地，少康有十里见方的土地，有五百个人供其使用。少康广泛施恩布德，团结群众，准备复国，并且暗中收集夏王朝的人，又安抚在夏王朝中做过官的人，还派了自己身边一个叫女艾的人混到过城中去打探情况。派自己的儿子季杼到戈城去诱惑豷。

就在少康准备灭浇、豷的同时，依附于有鬲的伯靡也在积极的准备行动。所谓"靡自有鬲氏，收二国之烬"。就是将斟灌、斟鄩二国的残余部队招抚到有鬲，重新武装起来。此二国流散的人，与浇有亡国之仇，不但易于招抚集中，而还十分勇敢。伯靡得知在有虞的少康是相的遗子，夏后氏之根苗尚存，就以禹之功德来鼓动人们参加灭寒浞的队伍。因此很快就组织了一支很有战斗力的武装。他率领这支队伍一路未受什么阻力就攻入有穷国都穷石，寒浞未及防避就被众军所杀。伯靡又帅师直奔有虞迎少康回到夏邑。少康又命伯靡助女艾在过城诛杀了浇，灭了过国。浇一死，在戈的豷也就孤立无援。季杼见时机已到，就乘机杀了豷，灭了戈国。有穷国也就被灭亡了。

伯靡和夏后氏的贵族们拥少康继位为夏王"复禹之迹，祀夏配天，不失旧物"。各地的诸侯、方伯得知少康回到了夏都，恢复了夏禹的业绩，奉祀夏的祖先和天帝，维护了夏朝原有的统治，又都纷纷带着贡物前来朝贺以前旧朝的天子。

中国通史

最新整理图文珍藏版

夏王朝自太康时被后羿夺取政权，失去了对全国的统治以后，经过了三代人、约四十年的斗争，又重新夺回政权，恢复了夏后氏奴隶主贵族的统治。自此夏王朝对全国的统治才最后巩固，所以后世史家们称少康灭有穷重建夏王朝的统治为"少康中兴"。

夏杼东征

夏王少康由于经历过一段时间的流离生活，即位以前，先依有仍氏而做牧正，后又被逼逃归有虞氏做了疱正。在管理畜牧和膳食的过程中，接触过平民和奴隶，他了解了平民和奴隶们的疾苦。而他之所以能复国继续做了夏王，是由于得到人民的帮助和拥护。深知要保住祖业，巩固统治地位，就必须得到人民的拥护，要使人民拥护夏王朝，就要关心人民的生产和生活，不能像祖父太康一样，不关心人民生产而"盘游无度"。所以，他即位以后，恢复了稷官来管理农业生产。相传稷官是管理按时播种五谷的官，在禹时是由周族的祖先后稷担任。到了太康时，才"去稷不务"。因太康只知打猎游玩，废稷官，农业生产得不到良好管理，以至误国。

虽然自禹平治水土以后，黄河中下游地区不再是"洪水横流、泛滥于天下"，但是每年到了雨季，河水上涨，近河两岸的农田，仍然要受河水之患。而自后羿代夏以后，统治阶级内部的争夺不断，河道失治，因此水患又成为发展农业生产的一大阻碍。而要使人民安心从事农业生产，必须对黄河加以治理。少康即位后恢复了管理水利工程的水官——水正，任命商侯冥为水正，"使商侯冥治河"。

相传冥是商侯始祖契的五世孙，契因"佐禹治水有功"，"封于商，赐姓子氏"。

夏朝建立之后，契之后被封为诸侯，所以少康任命商侯冥去治理黄河的水患。冥自从做了水正以后，勤勤恳恳的从事治水。自少康中期到他儿子杼即位后，先后约二十多年时间里，冥是身先士卒，率领黄河沿岸的人民将水患消除，使农业生产有了较大的发展。在杼继位以后的十三年，"冥勤其官而水死"。即是冥在勤恳的治水过程中，被淹死在水中。因为冥是勤于职守而死，后人对他报以隆重的祭祀。冥也是我国古代史上一位有名的治水英雄。

少康重建夏王朝以后，由于关心生产，治理水患，使社会生产有了较快的发展，王朝的统治也得以巩固，但对于东夷诸部落、方国的时服时叛，终是一大忧患。少康即位初年，东夷中只有"方夷来宾"，所以与东夷的关系仍处于敌对状态。少康想对东夷进行征伐，就在准备力量时，少康却得病而死。相传少康在位二十一年。死后由其子杼继位为夏王。

杼继位以后，继承少康的遗志，积极准备征伐东夷。相传杼为了战争的需要发明了矛和甲。矛是进攻的武器，甲是防御的衣服。这时甲当然还不是铜甲，而是皮甲，用兽皮制成的，如犀牛甲之类。因为东夷人善射，有了皮甲就能防身。

杼为了扩大夏王朝的统治范围，即位不久就将王都由斟郭迁到黄河北岸的原（今河南济源西北）。当其完成征伐东夷的准备以后，为了战争的需要，又迁到老丘（今河南开封县陈留镇北），然后出兵征伐东夷。

杼率兵征伐东夷的过程中，得到沿途各地诸侯、方国的支持，所以较顺利地征服了分布在今河南东部、山东和江苏北部一带的夷人部落。而且一直打到大海之滨。古代把现在的黄海称为东海，所以传说中记载："征于东海及三寿，得一狐九尾"。"三寿"有的记载为"王寿"，是东夷中的一个部落，其确切的令地已无从考证，只知是靠近大海的地方。杼打到三寿，三寿臣服并献上一种名叫"九尾狐"的白狐，当时能见白狐则为祥瑞，所以"九尾狐"又叫"瑞兽"，传说只有天下太平时期，才能见到。杼征东夷，不但使东夷诸部落臣服，而且还获得了一只"九尾狐"，便高兴地班师回朝。过了不久他死去了，死时年仅27岁。杼虽然年纪很轻，但是"杼能帅禹者也，故夏后氏报焉"。在夏族后人看来。杼是能继承禹的事业的一个名王，不但能巩固夏王朝的统治，而且还重新征服东夷诸部落，所以死后受到后人隆重的祭祀，受到后世的尊重。

因为杼征东夷的胜利，夏王朝的威望在各地诸侯、方国中又大大增高，一些原来叛离的又重新臣服于夏。所谓"九夷来御"。"九夷"就是分布在淮水和泗水流域的九种夷人部落。他们是畎夷、于夷、方夷、黄夷、白夷、赤夷、玄夷、风夷、阳夷。这些夷人部落自夏王朝建立后，时服时叛，经夏杼东征后，他们又共同臣服于夏，而且还到夏王都来进献方物，表示愿意听夏王的调遣。到此时期，夏王朝与东方诸夷人的关系才算是有一个较大的改善。对东部夷人分布地区的社会经济和文化的发展，起到了促进作用。

迷恋妹喜

大凡一个国家或朝代的衰亡，与国君迷恋女色往往有很大关系。古今中外，有着举不胜举的例子。中国古代最早的夏、商、周三朝，可以说是因国君迷恋女色而遭灭亡的典型代表。夏朝的最后一个帝王桀，就是由于迷恋美女妹喜（原作妹喜，妹，音默），导致了夏朝的覆亡。

末代昏君的致命弱点

夏后孔甲去世，由儿子皋继承帝位。

有的书上把皋写作"昊"。皋死后，由子发即位。有的书上把发写作"敬"或"发惠"。发去世，又把帝位传给儿子履癸。履癸，又作"癸"，也名"桀"，就是遗臭千古的夏朝末代帝王。

夏桀身材魁梧，力大无穷，据说他能折断铁钩索，在水中能杀大鳄鱼，在陆地能生擒熊、罴、虎、豹。然而，他有一个致命的弱点，就是酷好女色。夏桀即位后，为了便于征伐，又将都城迁回黄河以南的斟寻，这是太康曾经建都的地方。夏王朝东边的有施氏，在今山东滕州一带，是一个小诸侯、方国，对夏王朝一直怀有二心。桀为了杀一儆百，决定先拿有施氏开刀。他调集了大量军队，向有施氏的族居地进发，大有一举攻灭之势。有施氏国小力薄，见夏王朝大兵压境，赶忙向夏桀请罪，表示愿意称臣纳贡。桀开始时声色俱厉，不接受有施氏的投降，一定要灭之而后快。在这生死存亡的紧急关头，有施氏国君打听到桀是个好色之徒，赶忙选了一个叫"妹喜"的美女进献给夏桀。妹喜，有的写作"末喜"、"末嬉"或"妹嬉"。桀见妹喜生得妖媚可爱，立刻改变态度，不再要灭有施氏，迅速带着妹喜罢兵而归。

造宫室极尽富丽讨好妹喜

妹喜见桀十分钟爱她，就撒起娇来。她说斟寻的宫殿已经陈旧，应该造个新的。桀为了讨好妹喜，就征派民夫、调集奴隶在旧宫旁边修建新的宫殿、楼台。这座宫殿造得高大，外形别致，看上去像要倾倒的样子，所以名为"倾宫"。倾宫中的柱子，都是烫金、雕饰过的，十分富丽堂皇。倾宫的花园里，又用玉石建造了一个漂亮的楼台，称为"瑶台"。倾宫、瑶台完工以后，桀就和妹喜迁到这个离宫中去居住。

恶作剧踩死百姓寻开心

桀和妹喜在新造的离宫中纵情享乐。他召来许多能歌善舞的女子，还有弹奏乐器的人和演滑稽戏的小丑。离宫中张灯结彩，每天都有大型的歌舞和戏剧演出。在歌舞和戏剧演出之外，夏桀日夜与妹喜及宫女饮酒作乐。妹喜常常坐在夏桀的怀中，撒娇作态，博取桀的欢心。为了寻找刺激，妹喜想出了许多奇异的游戏。她要夏桀造一个很大的酒池，叫许多人在旁边把头伸下去饮酒。据说夏桀击一次鼓，像牛一样下到池中饮酒的就有三千人。这些人喝醉了，都淹死在酒池中。妹喜觉得有趣，大笑不止。本来，车是用马拉的，妹喜想看看人拉车的样子，于是就叫来一些奴隶，套上缰绳，命他们拉着车奔跑，妹喜觉得新奇，玩得十分高兴。妹喜还想出一个奇招：她要桀在集市贸易时，把老虎放入市中，她在台上观看。她看到人们见老虎扑来，惊慌失措地奔逃，卖货的摊位上东西狼藉，互相碰伤踩死的人不计其数。这种惨状，使妹喜笑得前仰后合，桀看到妹喜开心的样子，心里也是乐滋滋的。

一个昏君，一个宠妃，过着这样花天酒地、穷奢极欲、胡作非为、寻找刺激的生活，不管国家的政事、人民的生活，它预示着千秋大业必然要断送在他们的手里。

忠臣关龙逄

民众诅咒太阳骂夏桀

夏桀除了贪恋女色，荒淫无道，整日过着花天酒地的放荡生活，不理朝政外，

琮王的设计表现出数学计算的精确性

他还无休止地搜刮人民，进行残酷地剥削、压迫，把他们的血汗都榨光了，就征发他们来服劳役。被征发来服劳役的民众，敢怒不敢言，就用消极怠工的方式进行对抗，不执行监督官吏的命令。因为夏桀经常把自己比做天上的太阳，所以服劳役的民众对着天上的太阳诅咒道："你这个太阳啊，什么时候才能命丧，我与你一起灭亡！"民众表面上诅咒的是太阳，但实际上是指桑骂槐，痛骂的是夏桀。

佞臣花言巧语当丞相

在国家局势的危难关头，君主的身边总有两种大臣：即佞臣和忠臣。佞臣用花言巧语向君主献媚，说天下局势稳定，政权巩固，百姓们感恩戴德，你君王永保天命。这样可以得到君主的恩宠，容易升官发财。但佞臣这样的吹牛拍马，阿谀奉承，掩盖矛盾，粉饰太平，会使君主越来越胡作非为，最后导致国家灭亡。夏桀时有两个著名的佞臣，一个名叫干辛，一个名叫侯侈，他们都当了夏桀的丞相。干辛对夏桀百般谄媚，说尽好话，而对诸侯和百姓耀武扬威，进行凌辱和苛刻剥削。侯侈，又叫"推侈"、"推哆"或"推移"。他能说会道，颠倒是非，内心险恶，手段狠毒。他投君主之所好，善于掌握君主的心理而操纵君主的行为。这些佞臣，成事不足，败事有余，把桀一步步推向深渊。

忠臣直言劝谏遭杀戮

在桀的身边，也有一些忠臣。当时最著名的忠臣叫关龙逄。他看见桀大肆搜刮民脂民膏，终日过着荒淫无耻的生活，诸侯叛离，人民怨愤，一旦边境有外族入侵，国家命运就危在旦夕，因而他手捧"皇图"，来到倾宫求见桀。皇图是古代王朝绘制的宣扬帝王祖先功绩的大幅图画，它的作用是留给后代帝王们看，使他们弘扬祖先的功德，效法祖先们治理国家的业绩，把王朝一代代继续下去。关龙逄捧去的皇

关龙逄

图绘有大禹治水、涂山诸侯大会等宏伟的图景和壮阔的场面。他的目的是要桀效法先王，像夏王朝的始祖大禹那样节俭爱民。因为只有这样，才能得到诸侯和人民的拥戴，使国家长治久安。关龙逄一边手捧皇图给桀看，进行规劝和诱导；一边严肃地进谏道："古代的人君，身行礼义，爱民节财，故国家安定而身自长寿。现在你作为君主，用财大肆挥霍，好像有无穷无尽的来源；杀人唯恐不多，好像割草一样。长此下去，如果不改，天灾一定会降临，而诛杀一定会轮到君的头上。我的君王，你一定要改变啊！"说罢，立在倾宫中不出去，希望夏桀醒悟。桀见他话中有不祥之意，并且态度激昂，行动傲慢，不禁大怒，便令边上的卫士把关龙逄拉出去斩了，把皇图也一起焚毁。关龙逄被桀处以极刑，先斩其四肢，然后再杀头，让其慢慢死去，惨状目不忍睹。

在朝的大臣们听说关龙逄忠言谏桀，得到如此的下场，不禁心寒胆栗，纷纷有离夏朝远去之意。而桀对逆耳忠言更加反感，态度更加骄横暴虐。这样一来，桀边上的忠臣越来越少，佞臣越来越多，离大难临头的日子已为期不远了。

终古奔商

天壤之别的两个世界

历史上每当一个王朝或政权将要灭亡的时候，总有一些大臣或贤士弃暗投明，跑到敌对的国家去。古今中外，概莫能外。夏王朝传到桀，君主享乐腐化，不问国家的政事和人民的生活，专制暴虐，滥杀无辜。当时在夏桀周围的，都是些阿谀奉承的佞臣，投合君主的意思，沆瀣一气，互相串通，道德沦丧，世风日下。由于贪官污吏残酷的剥削和压迫，人民无法正常地进行农业生产，因此田地荒芜，野草丛生，害虫遮天蔽日，呈现出一片衰败景象。

在夏王朝的东面，有一个叫"亳"的地方，就在现今的河南商丘市东南，那里是诸侯国商的所在地。商国的首领叫汤，他待民宽厚，附近的人民都来归附于他。汤又虚心纳谏，礼贤下士，重用能人，所以商国政治清明，君臣和睦。人民都安居乐业，农田里庄稼茂盛，谷穗壮实，年年丰收。夏王朝和商国相隔只有几百里地，然而两地的政治、经济状况却有天壤之别，

名厨贤相伊尹像

中国通史

最新整理图文珍藏版

看上去简直是两个世界。官吏和人民纷纷离夏投商，是很自然的事。

伊尹劝诫不成由桀归汤

当时伊尹正在夏王朝担任一个小官职。伊尹姓伊名挚，因为他后来当了"尹"的官职，所以人们都称他为"伊尹"。伊尹

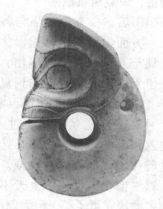

地位与权力的象征：玉猪龙

在夏王朝宫廷中听见群臣唱这样的歌："河水滔滔啊，船和桨都败坏了！我的帝王荒废政事啊，快快归向东方的亳，亳正在一天天壮大啊！"也有人这样唱："快乐啊，快乐啊，四匹公马矫健拉车啊，六根缰绳粗壮有力啊，离开不善而到善的地方去，怎么不快乐啊！"伊尹听了这些唱词，知道夏王朝的气数将尽，就举着"觞"跑到桀所在的地方。"觞"就是酒杯，和伤亡的"伤"同音，举觞就象征着国家将要伤亡，用以提醒桀警惕。伊尹对桀大声劝诫道："君王终日不理朝政，不听群臣忠告，大命将要逝去，灭亡就在眼前啊！"桀看了看伊尹，忽然大笑起来，不屑一顾地说："你又在制造妖言了。我有天下，就好像天上有太阳。太阳有伤亡的日子吗？太阳灭亡，我才会灭亡呢！"伊尹见夏桀已经无药可救，便急忙打点行装，朝商国奔去。汤见伊尹明白事理，才能出众，立刻任他为丞相。

终古顺应大势离夏奔商

夏王朝有一个太史令叫"终古"。太史令是记录政事的长官，兼管天象、历法。终古多次向桀进言，规劝他要爱惜民力，关心人民的疾苦，夏桀都置若罔闻。眼看夏朝将要灭亡，他将无处容身，便拿出多年记录的史事、绘制的天文图及计算的历法，暗自哭泣。他得不到夏桀的重视，夏朝灭亡后，这些东西也将成为旧物，再也不能发挥作用了。他思前想后，最后也像其他官吏一样，带着自己的记事本和图法，奔往商汤之国。商汤见夏朝的太史令也奔来了，喜出望外，遍告四方诸侯说："夏王无道，暴虐百姓，他使父兄穷困，使功臣受辱。他轻视贤良的人，抛弃德义，听信谗言。广大民众，怨声载道。守法之臣，都自动归于商国。"商汤利用夏朝官员的纷纷来归发布告示，他这是为推翻夏王朝的统治大造舆论。

伊尹归汤和终古奔商，表现了当时的大势所趋，人心所向。

拘禁阴谋

出了一个馊主意

夏桀听说东邻的商国政治清明，官吏廉洁，人民都能安居乐业，农田庄稼一片兴旺，特别是夏王朝的官员，如伊尹、终古等，一个个投奔商国。夏桀意识到这不是一个好兆头。他还听说，商国的国君汤，年轻有为，办事精明，有远见卓识。商国还在制造武器，训练军队，莫不是要来进攻夏王朝？想到这里，夏桀全身不寒而栗。他和旁边的佞臣商量，出了一个馊主意：借故召商汤来夏都有要事面谈，等他来了之后，便把他逮捕，关进监狱，这样夏朝就不会有商国的威胁了。如果商汤不来，说明他心中有鬼，便可以发兵去攻他。

明知凶多，还要前往

于是，一道传令到商国，要汤马上来见夏王。汤知道夏桀旁边有一帮奸臣，诡计多端，此去凶多吉少。但是，商国现在的国力还不能和夏朝对抗，如果对传令置之不理，很可能引起夏朝军队来攻，后果将不堪设想。在衡量了去还是不去的利弊之后，商汤决定还是去走一趟，看夏桀能把自己怎么样。果然不出所料，商汤一进入夏都，就被拘禁起来，夏桀把他关押在"夏台"。这是夏朝的中央监狱，专门囚禁重要的犯人。

凭机智设计脱险

商汤早就在夏桀周围买通了间谍。夏桀最喜欢的琬和琰两名女子，商汤曾托人给以"千金"的代价，使她们为商国服务。琬和琰也知道商国欣欣向荣，必定大有希望；而夏桀专制暴虐，总有一天会走向灭亡。为自己的前途考虑，琬和琰接受了聘金，愿与商汤合作。自从商汤被拘禁后，两个女子每天在夏桀面前讲好话，说商汤是忠于夏桀的，是夏王朝的忠实卫士，他不会有叛逆之心，他制造武器和练兵是为了保卫夏王朝。商汤在监狱中也不断向

作为祭祀礼器的青绿玉饰

夏桀陈词，表示自己的忠心，永远向夏王朝称臣纳贡，做夏桀的马前卒。由于两位得宠女子的说情，商汤自己又不断表白对夏桀的忠诚，夏桀觉得商汤确实没有违抗自己的行为，拘禁的时间长了，对各地诸侯的影响不好，因而便把他释放归国。

夏桀拘禁商汤、欲把他置于死地的阴谋，因为夏桀的昏庸和商汤的机智终于没有能够得逞。

桀之死

获情报，攻夏时机成熟

商汤归国后，一方面加强与各诸侯国的联系，一方面加紧军队的建设，同时派伊尹为间谍至夏侦察。怕桀不信，汤故意用箭射伤伊尹。伊尹带着箭伤到夏桀面前哭诉商汤如何暴虐，请求夏桀再收留他。这样，伊尹又在夏潜伏下来。过了三年，伊尹悄悄跑到亳向汤报告："桀迷惑于妹喜，钟爱琬和琰，不顾恤其民众。民众不堪剥削，怨气郁积，都说：上天不会照顾他，夏朝之命快完蛋了。"汤听了伊尹的报告，觉得出兵攻夏的时机已经成熟，便与伊尹歃血为盟。他们杀了牲口，把血涂在嘴唇上对神起誓，表示一定要消灭夏朝，不达目的，誓不罢休。

桀被擒，政策宽大区别对待

商汤的军队向西挺进，直逼夏都斟寻。夏桀此时已是众叛亲离，自知无法与商汤对抗，便带领一部分军队向西逃到鸣条，其地在今山西运城市东北。商汤引兵追至鸣条，夏桀觉得再无路可退，便在鸣条的野外摆开决战的架势。夏桀的兵都不愿为桀战斗，纷纷逃离战场，溃不成军。夏桀见大势已去，亡命奔逃，终为商汤军队擒获。

商汤没有杀死夏桀，为表示宽大为怀的政策，决定对夏桀加以流放。为了使夏桀与夏朝的人民不再发生关系，断绝其死灰复燃的可能，商汤把夏桀流放到南巢，其地在今安徽巢湖市西南的巢湖边上。妹喜虽然曾经与伊尹结交，愿当商汤的间谍，但她是因为妒忌琬和琰，并非出于真心拥护商，而且后来又有反悔，故商汤将妹喜

折腹黑陶壶

和夏桀一起流放。同时流放的还有夏桀的一些嬖妾，但不包括琬和琰。因为琬和琰在汤被夏桀拘禁时，曾经为汤说了许多好话，救了汤的命。因此，琬和琰在夏朝灭亡后就恢复了自由。

自寻短见，摔死南巢山下

夏桀流放到南巢，过着囚徒般的生活，再也不能像往常那样奢侈腐化，为所欲为。他也没有面目去见他的臣僚和乡亲，心情十分懊丧。他告诉别人说："我懊悔没有在夏台杀了汤，才落到这个下场。"他觉得这样窝窝囊囊地活着还不如一死了之。一天，夏桀和妹喜以及嬖妾同坐一条船在巢湖里漫游，然后就登上湖边的南巢之山。夏桀自寻短见，在高处纵身一跳，摔死在南巢山下，结束了他荒淫无耻的一生。

夏朝自禹建国，共传了 14 代，有 17 个帝王即位，历时 471 年。桀是夏朝的最后一个帝王，他的所作所为在历史上遗臭万年。战国时代的吴起曾经指出：夏桀统治的地方，东边到达黄河下游和济水流域，即今河北东南部和山东中部；西面到达华山，即今陕西东南部；南面到"伊阙"，即今河南西部的伊河及其附近的山脉，北面到"羊肠"，即今山西南部的丘陵地带。

地域广阔，形势险要，但是由于夏桀暴虐无道，不施德政，终于被商放逐。这是个深刻的教训。

商族的起源

商族是黄河下游一个古老的部落，在灭夏以前，已经经历了很长时间的发展。关于商族的起源，有数种说法，一说认为在北方辽河流域，一说认为在东方黄河下游的齐鲁地区，一说认为在中原今冀南、豫北地区的漳水流域。

殷的始祖契

契是商部族的始祖。契的母亲是简狄氏，又作简易，因是有娀氏（今在山西永济西）之女，又称娀简。相传她随本氏族的两个姊妹偶出行浴于玄丘水，有玄鸟（即燕子）飞来，生下一只鸟卵，简狄误取鸟卵吞食，因有身孕而生下了契。这就是所谓"天命玄鸟，降而生商"的神话。契长大后，因帮助大禹治水有功，被舜帝任为司徒，掌管教化，封于商地，赐姓子氏。

以神话传说来叙述本民族起源的，乃

是一种常见的现象。中国及世界上其他国家均有这种情况。简狄误吞了玄鸟（燕子）卵，因此降生了商的始祖契，虽属神话传说，但也说明两种事实。

首先，商族原是东夷旁支，氏族的图腾是玄鸟。所谓"天命玄鸟，降而生商"，是由夷族鸟图腾推衍而来。图腾崇拜是产生于原始氏族社会的一种古老的宗教形式，这种宗教迷信是将本氏族的产生，同某一种动物或植物联系起来，认为自己的氏族与它之间存在着血缘关系，进而将它当作自己氏族的祖先、保护神或标记。由商代甲骨文中可以找到鸟图腾的证据，卜辞上记载了商王对高祖王亥的询问、祷告或是祭祀，甲骨文写王亥之"亥"字，上面均加一鸟形。王亥是商人的"高祖"，固将

铜卣

氏族图腾符号"玄鸟"加其名字之上。除加鸟形之外，更有的旁加手形者，由《山海经·大荒东经》"有人曰王亥，两手操鸟方食其头。"进一步印证王亥——商的高祖与鸟有密切关系，说明商族确以玄鸟作为氏族的图腾。在东方夷族中不少氏族即以鸟作图腾，如少昊氏"以鸟名官"之传

说，可见商族也是起源于东方的夷人氏族。

其次，商人的始祖是契，契母简狄是有娀氏之女，为商喾次妃，帝喾应是契的父亲。帝喾为传说中的"五帝"之一，他生下来之后，能自言其名曰夋，所以帝喾又叫帝夋。帝喾有四个妃，元妃有邰氏女曰姜嫄生后稷，次妃有娀氏女曰简狄生契，次妃陈丰氏女曰庆都，生放勋（尧），次妃娵訾氏女曰常仪，生帝挚。若依此说，各族始祖的母亲都是商喾之妃，帝喾也就不仅是帝族的祖先，而是古代几个族的共同祖先。而帝喾与颛顼——夏族、秦族及舜的远祖又有较近的亲缘关系，均为黄帝之后。司马迁作《史记》载，黄帝正妃是嫘祖，嫘祖生二子，一曰玄嚣，一曰昌意，昌意之子便是颛顼，玄嚣之子是娇极，娇极之子便是帝喾。颛顼和帝喾又都是几个族的祖先，依此排列，则尧、舜、夏、商、周、秦乃至南方的楚，统统由黄帝与嫘祖繁衍下来，各族均是"黄帝之子孙"，黄帝也就成为始祖了。我们今天所说的"炎黄子孙"，就是从这里来的。

相土作乘马

契大约在夏禹建国前就死去，他的儿子昭明根据畜牧业部落的特点，也和其他游牧部落一样"逐水草而迁徙"，找水源丰富、草木茂盛的地方去生活。他听说北方有平坦的大草原，于是就带着本族人和马、牛、羊等畜群，离开了蕃地寻找合适于居住的地方。他们跨过黄河以后，沿着沾河水北行，走到了古泜水和石济水流经的一片叫砥石的地方（在今河北石家庄南，邢台以北），看见这里不但地势平坦，而且水源很丰富，尤其是有长满茂盛青草的大片草原，是最适于放牧。于是就在这里居住下来。由于在砥石有丰盛的水草，使得

中国通史

最新整理图文珍藏版

142

畜群繁殖增长很快。虽然这时期夏王朝已经建立，黄河流域各氏族、部落都臣服于夏，但是许多氏族、部落的发展很不平衡，有的已过渡到奴隶制阶段，有的开始了两极分化，产生了阶级。各氏族、部落间掠夺财富、扩大土地的兼并战争仍然频繁出现。商族处在向奴隶制过渡阶段，也臣服于夏王朝，但是势力还不大。

砥石地处北方，昭明在那里发展了大量的畜群，成为一个很富有的氏族，引起周围一些氏族、部落的垂涎，发生侵扰的行动。所以在昭明死后，他的儿子相土又率领着商氏族赶着畜群回到了老根据地商。

相传"相土作乘马"，就是相土发明用马来驮运东西和拉车子。用马来驮运和驾车，必须把马驯服并加以训练，而这种马，用群放散养的办法是不行的，相土就

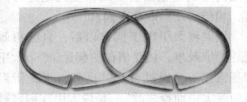

金臂钏

改变了饲养方法，这就是"殷人之王立皂牢，服牛马，以为民利"。"殷人之王"就是指的相土，皂是喂牛马的槽，牢就是关牧畜的圈。设立了用槽喂、用圈养牛马的方法。所以相土回到商地以后，就改变了过去游牧的生活，开始定居畜牧，同时也开始了农业种植。使用马作运输工具，逐渐地促使农业生产在商族活动地区得到发展。有了比从前多的牲畜和粮食作基础，商族的势力也就一天天的发展壮大起来。相土为商族的发展作出了巨大贡献。

夏朝初期，由于王位的争夺，发生了夏启与有扈氏的战争，后来又有"征西河、诛武观"的事，对于各方的氏族、部落也

无力顾及。相土利用夏启死后，即位的太康失政，夏王朝无力对东方诸侯控制的时机，加快发展了商的势力，扩大土地的范围。虽然在砥石地区，因远离商族的根据地，无法迅速发展势力而遭到其他氏族、部落的侵扰，可是回到商地以后，原有的商族各部落就很快地聚积起来，听从相土的领导。而中原地区长时间的处于混乱中，又给相土造成了使用武力向东方地区发动兼并战争的机会。

但是从商代的后人，春秋时宋国国君祭祀他们的祖先时，歌颂其祖先功绩的乐歌中有"相土烈烈，海外有截"，这样的颂词来看，可能其势力已经到达黄海之滨，而且还征服过沿海地区或海岛上的部落。若是按这句诗的意思来看，"烈烈"是形容很威武的样子，"海外"是形容四海之外，应当是指海边或海岛。"截"是斩杀的意思。就是说，相土是很威武的，率领了军队征伐到了海边和海岛，取得了胜利。

亥作服牛

相传相土的曾孙商侯冥死后，长子王亥继承了侯位，没有再作夏王朝的水正，而是一心经营牧畜业。他见其先祖相土把马驯成驾车和驮运的工具，使用起来非常方便。但是当时的马主要产在北方，在中原地区还比较少，而且饲养起来也很困难，所以驯马一直发展不快。王亥就将牛加以驯服来驾车和驮运东西。牛的行动不如马快，但是牛的繁殖和驯养比马快。在不长的时期里，王亥就驯服了大批牛群。

远在三千年前的祖国大地上，因为没有道路，交通不便，各地区间的互相往来是很不容易的。就是较大的方国、部落之间，在陆地上也只有少数道路可通，相互间的贸易交换是不多的。王亥驯服了牛作

驮运工具以后，就经常赶着牛羊和用牛马驮运的方物在东方地区各方国、部落间进行贸易交换。由于王亥和各方国、部落间的贸易交换往来次数多，大家都知道他是商族人，都管他叫商人。所以有的学者认为我国把做生意的人叫做"商人"，就是来源于商族王亥服牛负贩的故事。王亥服牛负贩为商业发展作出了贡献。

伊尹放逐太甲

汤建商后，"改正朔，易服色，尚白，朝会以昼"，实行"以宽治民"政策；注意发展农业生产，同时汤又向四方征伐，疆土扩大到西部的氐羌地区。汤去世后，经太丁、外丙、仲壬三王，至太甲即位。太甲是成汤的嫡长孙，执政后不遵汤法，于是伊尹把他放逐到桐宫，自行执政。

伊尹像

太甲做了商王以后，看见四方臣服，风调雨顺，五谷丰登，国势正处在兴旺时期。因此就不理政事，只知享乐，对不顺从他的人还任意处罚和杀戮。他的这种行为完全与汤的做法相反，在他统治期间商朝政治腐败，所以古书中说太甲是"不明，暴虐，不遵汤法，乱德"。

当太甲即位做商王时，伊尹就对他进行过教育，给他讲述夏桀暴虐伤民，失德而亡国的历史教训；讲述他的祖父成汤是如何反对暴虐、爱护人民而得人心，灭夏建商的过程。可是太甲根本听不进去。后来伊尹又教导太甲要做一个管理好国家政事的国王，不要只知享乐而不理朝政，太甲仍然不愿听。伊尹又劝告太甲要遵守成汤之法，不要乱德。太甲不但不听，反而认为伊尹是多事，想要篡他的王位。伊尹见多次教育都没有效果，就把太甲囚禁在王都郊外在桐宫（今河南偃师附近），桐宫是商王朝的皇陵所在地，在此地建有离宫，相传汤死后即葬在桐宫。

伊尹将太甲囚于桐宫以后，自己摄政处理国家政事，接受诸侯的朝见。"帝太甲居桐宫三年，悔过自责，反善，于是伊尹乃迎帝太甲而授之政"，是说太甲在桐宫被囚了三年，也觉悟到自己即位以后所作所为是不对的，又经伊尹的劝教，悔过自责，表示改恶从善，这样伊尹又把太甲接回王都，还政给他。太甲继续做商王以后，痛改前非，效法成汤，以德治民。人民得以安居，四方诸侯年年都来朝贡．伊尹见太甲能继承商汤的统治，非常高兴，率诸臣朝贺。太甲死后，伊尹作了《太甲训》三篇，记叙太甲能听教诲，知过自改，继承商汤的事业的事迹，并尊太甲为中宗。

一代王朝的建立、巩固和发展，必然经历各种内部和外部斗争。斗争的方式也有各冲形式，伊尹放（囚禁）太甲，是统治集团内部解决矛盾的一种方式，也起到了应有的作用，自太甲以后商王朝处于巩固的时期。在古书中也有相反的记载，说是伊尹为了篡夺政权，才将太甲放于桐宫，自己做了七年的王，得不到拥护，太甲乘机从桐宫逃回王都，杀了伊尹，恢复了王位。

商王朝的巩固

为了能够有效地控制四方的诸侯、部落和夏王朝的遗民，巩固新建立起来的商王朝，汤和伊尹将王都迁到西亳。汤从夏桀灭亡中吸取了经验教训，要使国家巩固和兴旺，必须得到人民的拥护；要使人民拥护自己，就不能对人民施暴政。汤在伐桀灭夏过程中，对人民就是施德来争取人民的拥护。他曾对伊尹说："人视水见形，视民知治不。"意思就是说：人往水中看，就能看出自己的形象，看见人民的态度，就知道自己能不能治理好国家。由于汤能看到人民是国家的根本，没有人民的拥护，就不能灭夏建商。所以建立商朝以后，就废除夏桀时伤害人民的繁重徭役，横征暴敛，与民一个休养生息的时期。

我国古代任何一个国家的王都有一个"社稷"，从夏朝开始一直延续到清朝时的社稷坛。夏禹建国后，建立的社稷叫做社，社就是土地神。相传发明社的人是共工的儿子句龙。共工是世代的"水正"，治水的氏族。当洪水泛滥时期，人们都逃到高地上居住，没有高地的地方，句龙就叫人们挖土堆成土丘，使大家在上面居住。每一土丘住25家，称为一社，所以社最初是居民点，是聚落。后来句龙死后，人们就尊他为社神，给他盖了一个房屋供奉他的神位，称为后土。后土就是土地神，这就是后世土地庙、土地神的始祖。

夏禹建国，占有四方土地，夏王是居中央之土地。五方土地皆为夏王所有。因此立社以祭祀土地神。稷为五谷神，相传

圆雕玉龙

烈山氏的儿子柱作过稷正（掌播种五谷的官），后来被人们尊为农神。"人非土不立，非谷不食，土地广博，不可遍敬也；五谷众多，不可一一祭也。故封土立社，示有土地；稷，五谷之长，故立稷而祭之也。"夏王朝每年都要举行祭社的仪式，祈求后土农神福佑风调雨顺，五谷丰登。我国自古以来是以农立国，因此祭祀社稷就成为国家大事，社稷的存亡也就象征着国家的存亡。国家被灭亡，社稷也随之而毁掉，若不毁掉就要迁走。汤灭夏以后，想将夏社迁走，被伊尹阻止住，要汤留下来告诫后人，作为暴虐而亡国的见证。因为社坛是一露天的土坛，上面植有不同的树，汤就下令砍掉树盖一房屋把夏社封起来，永不使用。商的社另建在商王都，这就是所谓的"屋夏社"。

汤除了"屋夏社"外，还实行一些改朝换代的措施。"汤乃改正朔，易服色，尚白，朝会以昼。"也就是改变夏王朝的每年开始的一天（正朔）。夏称一年为一岁，夏正建寅，即以夏历正月为岁首，正月初一为一岁的开始。汤改称一年为一祀，商正建丑，即以夏历的十二月为岁首，每年十二月初一为一祀的开始。把衣服的颜色也由夏的"尚黑"（尊崇黑色）改为"尚白"，把朝见改在白天来举行。商人不光是

衣服以白色为主，就是旗帜、器物、驾车的马，祭祀用的牛、羊、猪、狗也以白的为主。在商代遗址的考古发掘中，就出土了不少白色陶器。甲骨卜辞中有不少祭祀是用白牛、白羊、白犬、白豕作牺牲。在田猎卜辞中，凡是猎获白色野兽都使用了白字，如"获白兕"，"获白狐一"，"获白鹿一，狐三"等等。

汤祷桑林

汤建国不久，商王畿内发生了一场旱灾，延续了七年，在后五年中旱情很严重，烈日暴晒，河干井涸，草木枯焦，禾苗不生，庄稼无所收，人民困苦异常。虽然旱灾刚发生时，伊尹也教民打井开沟，引水灌溉农田，但是旱情愈来愈严重。

天旱这是一种自然现象，商代统治者们把这看成是上帝所为。卜辞就有"贞（问）：不雨，帝侍湄（旱）我"，意思是：不下雨，是上帝给我的旱灾。还有"戊申卜，争贞：帝其降我湄（旱），一月，戊申卜，争贞：帝不我降湄"。这也是商王武丁时期正反两问的卜辞，意思是：一月戊申这天占卜，史官争问道：上帝会降旱灾给我吗？上帝不会降旱灾给我吗？因此自从天旱发生后，汤就在郊外设立祭坛，天天派人举行祭祀，祈求上帝除旱下雨。古代在郊外祭天叫做"郊祀"。最初的郊祀仪式是燃烧木柴，用牛羊猪狗这些家畜作上供的牺牲，这种烧柴祀天的祭名叫做"湄"。汤命使官们在郊外湄祭上帝，史官手捧三足鼎，鼎内盛有牛、羊等肉作供品向天地山川祷告说："是不是因我们的政事无节制法度？是不是使人民受了疾苦？是不是因官吏受贿贪污？是不是因小人谗言流行？是不是有女人干扰政事？是不是宫室修得太大太美？为何还不快快下雨呢？"这是史官受汤之命，说了六条责备自己的事以求上帝鬼神赐福降雨。尽管汤命使官天天祭祀，苦苦哀求，上帝仍然没有赐福降雨。

大旱延续到第七年的时候，汤见郊祀也不见下雨，就命史官们在一座林木茂盛的山上，选了一个叫桑林的地方设了祭坛，他亲自率领伊尹等大臣举行祭祀求雨。但祭了以后也未见下雨，后来就占卜为什么不下雨。史官们占卜后说：湄祭时除了要用牛羊作牺牲外，还要用人牲。就是将活人放在柴上焚烧后让被烧的人上天去祈求上帝降雨。汤听了以后说："我祭祀占卜求雨，本是为民，怎能用人去焚烧？用我来代替吧！"于是命把祭祀的柴架起来，汤将头发和指甲剪掉，沐浴洁身，向上天祷告说："我一人有罪，不能惩罚万民，万民有罪，都在我一人，不要以我一人的没有才能，使上帝鬼神伤害人民的性命。"祷告毕便坐到柴上去（有说是用发和指甲来代替

商汤像

其身），还没有焚柴时，正好就下起了大雨。这是一种巧合，久旱必有大雨是自然界的现象，但汤的这种勇于牺牲的精神，受到了人民的敬佩和颂扬。因为在迷信思想的统治下，人民还不能完全认识自然现象，下了雨，旱灾解除，人民就用歌唱来颂扬汤的德行。汤就命伊尹将人民这些歌

词收集起来编了乐曲，取名为《桑林》，也叫《大镬》，这就是后世人们称作的"汤乐"。不过汤乐很早就失传了。

自汤"祷于桑林"求雨以后，商王们遇天旱求雨，就使用了这种焚烧人的祭祀，这种祭名叫做"烄"。甲骨文中烄是个象形字，原形就像一个人站在火上被焚烧。卜辞有"其烄大有雨"的记载。还有很多用烄祭来求雨的卜辞。当然商王不会为了祈求下雨而焚烧自己，而是用奴隶来作牺牲品，甲骨文中反映出这种被用来焚烧求雨的人，大多是女奴隶。商代以后，烄祭发展成为焚烧巫（女神婆）来求雨。

旱灾解除以后，汤更加受到四方诸侯、方伯的拥护。他仿照夏朝的制度，帝王六年一巡狩，开始了第一次巡狩。在巡狩过程中，诸侯、方伯们都向他进献贡品方物。回到商王都以后，汤对伊尹说："我想下一道令，根据各方所出产的物品，规定四方诸侯朝贡进献的种类。这样四方诸侯也容易备办，而王朝中就会样样都有。"伊尹就受命制定了每年四方进贡物品种类的规定，并向四方诸侯、方伯们做了宣布：正东方地区各国离海近，主要进献鱼皮制的器物、乌鲗鱼的酱、锐利的剑。正南方地区各国出产丰富，犀牛、大象产得多，主要进献犀牛角、角牙、珠玑、玳瑁、翠羽之类。正西方地区各国地广山多，主要进献丹青、赤色、白色的颜料，以及龙角、神龟之类。正北方地区各国地广野物多，主要进献骆驼、野马、各种良马和良弓。此令下后，四方诸侯、方伯都欣然应承。

汤和伊尹将商王朝的内外政事治理了以后，就将夏禹建国时在涂山大会诸侯后铸成的九个铜鼎，夏王朝的镇国之宝，搬到了商王都。这九个象征着国家政权的铜鼎搬到了商王都后，也就意味着夏王朝彻底灭亡，商王朝开始发展。所以古书中说："桀有昏德，鼎迁于商，载祀六百。"也就是说夏桀暴虐无德，才被商汤灭亡，将夏的铜鼎迁到商，自此以后商就延续了六百祀（年）。

"鼎迁于商"的第三年，作了约十三年商王的汤就病死在王都。汤是商王朝的开国之君，所以"商人祖契而宗汤"，也就是在商王的祖庙中是以契为始祖，以汤为继宗。

商汤灭夏

商族是居住在黄河下游的一个历史悠久的部落，为东夷的一支。《史记·殷本纪》记载：有娀氏之女名简狄，吞玄鸟之卵，而生契。《诗·商颂·玄鸟》曰："天命玄鸟，降而生商。"与《史记》的记载一致。简狄时，大约尚处于母系氏族制时期，所以她是商族的始祖母。至契时，已过渡到父系氏族制时期，所以契是商族的始祖。这个传说正反映了这一过渡时期。

契之孙相土在位时，商的势力进一步发展，把附近的许多部落或征服，或纳在它的控制之下。《诗·商颂·长发》曰："相土烈烈，海外有截。"可能这时商族的势力已达到渤海沿岸，或已到了辽东半岛。

汤，殷墟卜辞作"唐"，也称"成"，后世连称"成汤"，又叫做太乙。汤自号武王。汤即位后，商族已进入奴隶社会。但当时商族的力量还比较弱小，仍臣服于夏朝。汤是一位有才干的君主。他目睹夏桀统治下的夏王朝日趋腐朽，便积极准备力量灭夏。

公元前16世纪商汤联合同盟部落和方国，举兵讨伐夏桀，并发表了著名的《汤誓》，揭露了夏桀的残暴，声称"夏氏有罪，予畏上帝，不敢不正"。双方战于鸣条（今河南封丘县东），夏桀失败东窜，又在三堸（今山东定陶）大战，商军击败夏桀

147

残军，杀三堠伯。夏桀南逃，死于南巢（今安徽巢县），夏亡。汤灭夏，正式建立商朝，都于亳。

商族起源

商族，历史教科书上都说是活动于黄河中下游的一个古老部落，似乎已成定论。但是，商族到底起源于何地，则是史学界一个长期聚讼未决的问题。

解放后研制商史的专家学者，用文献资料与地下考古发掘相印证，已弄清商族在灭夏后，即商王成汤建国以后最初阶段的活动地域，主要是在今河南的洛阳、郑州和安阳一带，也就是今日之黄河中游。但对先商时期商族在灭夏之前是从何方进

河南偃师二里头宫殿复原模型

入河南中部而统治中原的，历代学者均有考证与猜测，形成了商族起源西方、东方、北方与山西诸家说，众说纷纭，悬而未决。

诸说之中，以"西方说"为先。以汉、晋为例就有司马迁、许慎、郑玄、皇甫谧、徐广等人，无一不说商族的发祥地在我国之西土。司马迁在《史记·六国表序》中说："东方物所始生，西方物之成熟，夫做事者必先于东南，收攻实者常于西北。故禹兴于西羌，汤起于亳，周之王也，以丰镐伐殷。"论定夏、商、周都是以西北为其发祥地。《史记·殷本纪》中说商汤"始居亳，从先王居"。此后，有人对"亳"的地点给予定位：许慎《说文》曰："亳，京兆杜陵亭也。"《史记·六国表》"集解"引徐广说："京兆杜县有亳亭"，将"亳"定在西方。《史记·殷本

纪》又有商族始祖契被封于"商"一说。郑玄说："商，在太华之阳"；晋代皇甫谧谓即"上洛，商是也"。无论是"商"，还是"亳"，他们所定的位，今日的地点，就是陕西省，亦即关中平原。这就是商族起源"西方说"。

近代以来，又有众多学者一反旧说，提出商族起源于东方。王国维论证商族早期居留地"商"与"亳"绝非古时关中，而是河南的商丘和山东的曹县（见《观堂集林》卷12）；丁山认为商人发祥地在今日的永定河与㶟之间，也就是今河北省东部至渤海湾一带（见《商周史料考证》）。丁山说与王国维说略有出入，但都是"东方说"的坚持者。此后，徐中舒、傅斯年在20世纪30年代都对商族起源于东方撰文论证，提出自己的看法。近年来，又有学者对此说进行补充论证。王玉哲在《历史研究》上发表了《商族的来源地望试探》，从图腾信仰上，"商"、"亳"地望上等五个方面，并结合大汶口文化、龙山文化等考古资料详尽地论证了商族起源于东方：最远的祖居地可能是山东，后来才向西北转移，达到河北省的中部，到夏的末叶才把主力定居于河北省南部和山东省西部，卒能西向灭夏，建立商王朝。

金景芳则撰文，摈弃他说，提出商人起源于北方。他主要征引《荀子·成相》

乳钉纹爵

与《世本》的说法，并详加考证发挥。《荀子·成相》曰"契玄王，生昭明，后居于砥石迁于商。十有四世，乃有天乙是成汤"；《世本》载"契居番"、"昭明居砥石"。这里出现了"番"、"砥石"两个与东西说所不同的地名。经金景芳考证，"番"为史书中屡见之"亳"，虽无法确定今地，但属北方之域，即古之燕地；而契之子昭明所居之砥石则在辽水发源地，即今内蒙古昭乌达盟克什克腾旗的白岔山。据此，他提出成汤灭夏以前，商人的势力并没有到达今河南中部，因此，在今河南中部不可能有"商代先公时代的文化"或"商代早期以前的商文化"。另外尚有邹衡的"商族源于山西"一说。此说虽与金景芳之"北方说"略有不同，但从地域上看，仍属"北方说"。

综观上述种种起源说，难以定论。这个问题的症结在于文献上可以征信的史实确实贫乏，又加上商族常徙，有"前八后五"之说，即其建国前曾徙八次，立国后又迁五都。关于前八徙，皇甫谧就说过"史失其传，故不得详"。所以，关于商族的来源问题，我们只能根据有限的历史传说和近年来的田野考古收获综合分析研究，各家可以凭借这些仅有的史料，加以论述、论证。由此看来，产生商族起源诸家说是自然的事，无怪乎商族起源问题长期聚讼不决。

仲虺和伊尹

在商汤灭夏桀和建立商王朝的过程中，他的左相仲虺和右相伊尹起了重要的作用。这是两个身世和经历完全不相同的人。仲虺是个奴隶主，从他先祖起就世代在夏王朝做官。伊尹是个奴隶，从他少年时代起就过着流浪生活，长大后当了厨子。他们都很有才干，看见夏桀的暴虐，残害人民，不关心生产，只知淫乐，引起了人民的咒骂，诸侯的叛离，深知夏王朝的灭亡已为

时不远。他们想解救人民的痛苦，只有扶持一个有力的诸侯，推翻夏桀的统治才能办得到。他们看见商的势力在东方地区诸侯国中是最强大的一个，认为商汤是一个理想的诸侯，于是先后通过不同的途径来到了商汤身边。汤也是个识才之君，果然任用了二人为左右相，委以灭夏的重任。仲虺和伊尹也就全力协助汤灭了夏桀，又协助汤建立起了商王朝。

相传仲虺的祖先叫奚仲，是夏禹时候的车正，就是管理制造车子的长官。奚仲原来是族居在薛（今山东滕州市南）地的一个氏族酋长，善于制造车子。当了夏禹时的车正以后，就迁居邳（今江苏邳州市西南）。自奚仲以后，子孙都在夏王朝做官，为夏监制车子。到了仲虺时又迁回薛去居住，是夏王朝东方地区的一个诸侯。他看见夏桀暴虐，人民怨恨，诸侯叛离，就从薛带了个族人来到了商。汤也早就听说仲虺是个有才干的人，正想前去相请，可是又顾虑，仲虺的祖辈们都是夏王朝的臣子，恐仲虺不愿归商助他灭夏。没有料到夏桀自诛灭了有缗氏以后，引起了各地一些诸侯的恐惧，不仅与夏异姓的诸侯，就是与夏后氏同姓的诸侯也先后叛离夏桀。仲虺就是在这种形势下来到了商。汤见到仲虺以后非常高兴，向仲虺请教了治国之道。仲虺根据当时天下的形势，分析了夏桀如此下去，必然会自取灭亡，人心所向是商。他鼓动商汤蓄积力量，先伐与商为敌的诸侯，剪除夏桀的势力，然后灭夏建商。汤见仲虺是有用的人才，就任命为左相，参与国政。

伊尹，在甲骨文中又称伊（有的学者认为甲骨文中的伊 、黄尹、黄 都是指的伊尹），金文中称为"伊小臣"，小臣是指伊尹的身份和地位，不是名字。伊尹原名伊挚，尹是官名。有的古书中还说伊尹名阿衡（又称保衡），是不对的。阿衡是

官名，商代称当权的大官为阿衡。伊尹作了商汤的右相，执掌商的大权，故称为阿衡。伊尹辅佐商汤灭夏，建立起了商朝，后来又扶立外丙和仲壬，教诲太甲改过，不仅是一代的开国元勋，还是三代功臣。所以得到了后代商王隆重的祭祀。在甲骨文中，伊尹是列为"旧老臣"的第一位，卜辞中有"侑伊尹五示"的记载，就是侑祭以伊尹为首的五位老臣。还有"十立伊又九"的记载，就是祭祀伊尹和其他九个老臣。卜辞中除了合祭旧老臣是以伊尹为首外，伊尹还单独享祀。或与先王大乙（汤）同祭。

相传伊尹是出生在伊水边（有说在今河南伊川），长大后流落到有莘氏（一说在河南开封县陈留镇，一说在今山东曹县北）。有莘氏姓姒，是夏禹后裔建立的一个诸侯国。伊尹到了有莘氏以后，在郊外耕种田地以自食。他是一个有抱负的人，虽然处身在田亩中，还是时时关心着形势的变化。他想找到一个有作为的诸侯，消灭夏桀。他听说有莘国君是一个比较好的诸侯，对平民和奴隶不像夏桀那样暴虐，就想去劝说。但他觉得不能贸然去接近有莘国君，于是就说他会烹饪，愿为有莘国君效力。按照当时的制度，只有作了有莘氏的奴隶，才能为有莘国君所用。伊尹自愿沦为奴隶，来到了有莘国君身边当了一名厨子。不久有莘国君发现他很有才干，就升他为管理膳食的小头目。他本想劝说有莘国君起来灭夏，但是一来有莘是个小国，二来有莘氏是和夏桀同姓，都是夏禹之后，因而又不便劝说。

伊尹在有莘国作管理膳食的小头目过程中，商与有莘氏经常往来。伊尹见汤是一个有德行、有作为的人，就想去投奔商。可是做了奴隶以后，自己就没有行动的自由，即使是偷跑出去也会被抓回来，轻则处罚，重则处死。正在这时，商汤要娶有

莘氏的姑娘为妃。伊尹看见机会来到，就向有莘国君请求，愿作陪嫁跟随至商。有莘国君就派伊尹为"媵臣"跟随有莘女嫁到商，所以古书中称伊尹为"有莘氏媵臣"。在夏商时期的臣，有各种不同的身份。古书中称伊尹为"小臣"，金文中称伊尹为"伊小臣"（《叔尸锡》），甲骨文中"小臣"的身份是奴隶，但又区别于一般的奴隶，是管理奴隶的小头目。"媵臣"就是陪嫁奴隶，这与商代以后的诸侯嫁女，派大夫陪送所称的"媵臣"不同。

兽面纹铜瓿

伊尹跟随有莘氏女来到商汤身边以后，仍然给汤作厨子，他就利用每天侍奉汤进食的机会，分析天下的形势，数说夏桀的暴政，劝汤蓄积力量灭夏桀。汤发现伊尹的想法正合自己的主张，是一个有才干的人，就破格免去伊尹的奴隶身份，任命为右相。左相仲虺也见伊尹是一个贤才，两人的政治主张也相同，也就一心和伊尹合作共同辅佐汤蓄积力量，准备灭夏。

商汤有了仲虺和伊尹的辅佐，首先是治理好内部，鼓励商统治区的人民安心农耕，饲养牲畜。同时团结与商友善的诸侯、方伯。在仲虺和伊尹的鼓动下，一些诸侯陆续叛夏而归顺商。汤经常率领仲虺和伊

中国通史

最新整理图文珍藏版

尹出外巡视四周的农耕、畜牧。有一次汤走到郊外山林中，看见在一个树木茂盛的林子里，一个农夫正在张挂捕捉飞鸟的网，是东南西北四面都张挂。待网挂好后，这个农夫对天拜了几拜，然后跪在地上祷告说："求上天保佑，网已挂好，愿天上飞下来的，地下跑出来的，从四方来的鸟兽都进入我的网中来。"汤听见了以后，非常感慨地说："只有夏桀才能如此网尽矣！要是如此的张网，就会完全都捉尽啊！这样做实在太残忍了"。就叫从人把张挂的网撤掉三面，只留下一面，也跪下去对网祷告说："天上飞的，地下走的，要往左面，就从左吧，要往右面，就从右面吧，要高就高飞吧，要下来就下来吧，就到我的网中来吧！"说完起来对那个农夫和从人们说：对待禽兽也要有仁德之心，不能捕尽捉绝，不听天命的，还是少数，我们要捕捉的就是那些不听天命的。仲虺和伊尹听了以后，都称颂说：真是一个有德之君。那个农夫也深受感动，就照汤的做法，收去三面的网，只留下一面。这就是流传到后世的"网开一面"的成语故事。

商汤"网开一面"的事在诸侯中很快就传扬开了。"诸侯闻之，曰：'汤德至矣，及禽兽'"。也就是诸侯们听说以后，都齐声称颂说："汤是极其仁德的人，对禽兽都是仁慈的"。大家都认为汤是有德之君，可以信赖，归商的诸侯很快地就增加到四十个。商汤的势力也愈来愈大。

伐昆吾灭夏

昆吾的夏伯自恃其能，率军向商进攻。伊尹见昆吾死心塌地效忠于夏桀，一心与商为敌，就请汤率军迎战昆吾。一战而大败昆吾军，再战而杀夏伯灭昆吾，并昆吾土地、人民入商。伊尹又出谋说："今年本应向桀入贡，且先不入贡以观桀的动静。"汤用其谋不再向夏桀入贡。当夏桀得知商汤又灭了昆吾，而不再入贡，又下令"起

九夷之师。九夷之师不起，伊尹曰：可矣。汤乃兴师"。夏桀下令调东夷的军队征伐商汤，但因桀反复无常，昆吾又是助桀为虐，与商为敌，东夷的首领们也看出夏桀不会长久，就不听调遣。伊尹看见九夷之师不起，灭夏的时机成熟了，就请汤率军伐桀。

汤和仲虺、伊尹率领由七十辆战车和五千步卒组成的军队西进伐夏桀。夏桀调集了夏王朝的军队，开出王都。夏商两军在鸣条（今河南封丘东，或说在今山西城安邑镇北）之野相遇，展开了大会战。会战开始之前，汤为了鼓动士气，召集了参加会战的商军和前来助商伐夏的诸侯、方国的军队，宣读了一篇伐夏的誓词，汤说：

你们大家听我说，并不是我小子敢于随便的以臣伐君，犯上作乱。乃是由于夏王桀有许多罪恶，上帝命我去诛伐他。你们大家都知道桀的罪在于他不顾我们稼穑之事，侵夺人民农事生产的成果，伤害了夏朝传统的政事。正如我听见大家所说的，桀之罪还不仅是和他的一些奸谀臣子侵夺人民的农事生产成果。为了他们淫逸享乐，还聚敛诸侯的财物，供他们挥霍。害得夏朝的人都不得安居。大家都一致的不与桀一条心，还指着太阳来咒骂他，何日灭亡，大家都愿同他一起亡。这已经是天怒人怨。桀的罪如此之多，上帝命我征伐，我怕上帝惩罚我，不敢不率领大家征伐他。大家辅助我征伐，如果上帝要惩罚，由我一人去领受，而我将给大家很大的赏赐。你们不要不相信我的话，我决不食言。如果你们有不听我誓言的，我就要杀戮不赦，希望你们不要受罚。

这就是《尚书》中的《汤誓》，是一篇汤在鸣条会战前的动员令。

商军经汤动员以后，士气大振，都表示愿意与夏军决一死战。夏军士气低落，

人有怨心。两军交战的那一天，正赶上大雷雨的天气，商军不避雷雨，勇敢奋战，夏军败退不止。夏桀见兵败不可收拾，就带领五百残兵向东逃到了三㚇（今山东定陶北）。三㚇是夏王朝的一个方国，三㚇伯见夏桀兵败逃来，立即陈兵布阵以保夏桀，并扬言要与汤决一死战。汤和伊尹见夏桀投奔三㚇，即麾师东进。商军和三㚇军在

商后期·殷墟妇好墓玉人

郕（今山东汶上北）交战，结果商军打败三㚇军，杀了三㚇伯，夺取了三㚇伯的宝玉和财产。夏桀见三㚇又被汤所灭，仍旧带了那五百残部向南逃走。汤和伊尹率军紧追不放，夏桀逃到了南巢（今安徽寿县东南），商军追至南巢，夏桀又想从南巢逃跑，但是刚走到城门口就被商军捉住。汤将夏桀流放（监禁）在南巢的亭山，"桀谓人曰：'吾悔不遂杀汤于夏台，使至此'。"也就是夏桀被监禁在南巢后非常气愤，对看管他的人说："我很后悔，没有将汤在夏台杀掉，才落得如此下场。"商朝建立后的第三年，夏桀就忧愤病死在亭山。

汤和伊尹为了彻底消灭夏王朝的残余势力，又率军西进。因为韦、顾、昆吾和

三㚇这样一些较有势力而又忠于夏的方国都被商汤所灭，商军在西进的路上未遇到大的抵抗，很快就占领了夏都斟㖫。夏朝的亲贵大臣们都表示愿意臣服于汤。汤和伊尹安抚了夏朝的臣民后，就在斟㖫举行了祭天的仪式，向夏朝的臣民们表示他们是按上天的意志来诛伐有罪的桀，夏后氏的"历数"（帝王相继的世数）已终。这就正式地宣告了夏王朝的灭亡。我国历史上的第一个奴隶制王朝至此宣告结束。商代后人歌颂他们开国之君商汤的功绩时说："韦顾既伐，昆吾夏桀。"就是说，汤是先征伐韦、顾两国，然后才灭昆吾和夏桀。

汤和伊尹在夏王都告祭天地以后就率军回到了亳。这时期商的声威已达于四方，各地的诸侯、方伯以及大大小小的氏族、部落的酋长们都纷纷携带方物、贡品到亳来朝贺，表示臣服于汤。就连远居西方地区的氐人和羌人部落也都前来朝见。数月之间，就有"三千诸侯"大会于亳。四百多年前夏禹建国时在涂山大会诸侯时，"执玉帛者万国"。经过四百多年的发展，这些上万的"诸侯"由于兼并、融合，到汤建国时，只有"三千诸侯"。但是这时商汤统治的地域远比夏禹时大。汤对前来朝贺的诸侯皆以礼相待，汤自己也只居于诸侯之位，表示谦逊。"于是诸侯毕服，汤乃践天子位"。也就是在"三千诸侯"的拥护下，汤作了天子，告祭于天，宣告了商王朝的建立。

古书中把汤伐桀灭夏称做"汤武革命，顺乎天而应乎人"。"革"的本意是指皮革，兽皮去其毛而变更之意。"汤武革命"是说商汤变革夏王桀之命。"顺乎天"是商讲究迷信，凡做一事都说是上天的意志，所以是顺天命。"应乎人"就是得人心的行动。商汤革命是我国奴隶社会中一个奴隶主的总代表革去另一个奴隶主总代表的命，虽革除了夏桀的暴虐，但仍然是奴隶

主阶级的统治。所以后世人们又称为"贵族革命"。我国历史上的第二个奴隶制王朝，也就是在汤革了夏桀之命后建立起来的。

汤经过二十年的征伐战争，最后灭了夏王朝，统一了自夏朝末年以来纷乱的中原，控制了黄河中下游地区，其势力所及，远远超过了夏王朝。所以商代的后人称颂说："昔有成汤，自彼氐羌，莫敢不来享，莫敢不来王，曰商是常。"意思是说从前商汤的时候，连远在西方地区的氐人和羌人都不敢不来进贡和朝见，都说商汤是他们的君主。

汤灭夏后奠定了商王朝疆域的基础。为了控制四方诸侯，防止夏遗民尤其是夏后氏的奴隶主贵族的反抗。汤和伊尹决定将处于东方地区的亳放弃，把王都迁到距原夏王都斟鄩相近的西亳，西亳在现在的什么地方？学者各说不一，或说是在今河南偃师。也就是古书中所说的"尸乡"。

1983年夏天，考古工作者在河南偃师城西的尸乡沟一带，发现一座古城遗址，呈长方形，东西宽为1200多米，南北长为1700多米。城墙全部用夯土筑成，截至1984年初，已经探到七座城门和若干条纵横交错的大道。同时在城中发现大型建筑基址三处，其中有一座大型的宫殿基址。发掘这遗址的考古工作者认为，可能这就是商汤所建的王都西亳。

夏桀灭亡

夏癸又名桀，是夏王朝最后一个国王。是我国古代史上有名的暴君。夏朝自禹建国以来，共传了十四代，一共十七位夏王。到了夏桀时，我国奴隶制社会经过四百多年的时间，已由局部地区发展到全国大多数地区，夏王朝的统治中心也扩大到"左河济、右太华，伊阙在其南，羊肠在其北"。即是东面到达黄河下游和济水流域（今河北东南部和山东），西面到华山（今

陕西东南部），南面到伊水流域（今河南西部），北到羊阳（今山西晋城一带）。但是其统治势力所及，还远不只于这样一带地区。夏王朝就是从这个统治中心把势力伸展到全国，并在全国建立起了大大小小的氏族、部落，或方国、诸侯的贡纳关系。自孔甲即位以后，各种社会矛盾日益尖锐化。统治阶级内部的矛盾也开始激化，诸侯、方国中的奴隶主贵族，有不少开始反叛。桀即位以后，面对这种江河日下、众叛亲离的统治局面，力图加强控制，以巩固他的统治，所以才不惜以残暴的手段来对付一切反抗他的人。

相传桀是一个有才智又有勇力的人，他能够一人生擒兕（野牛）、虎，折断钩索，其力之大，无人可比。但是性情很暴躁，又很残忍，动辄杀人。他酷好声色，又好喝酒。即位以后，为了控制局势，又将王都迁回斟鄩旧都（今河南巩义市）。地处东方的有施氏（今山东滕州市）在桀当夏王前，就反叛不臣服。桀因有施是一个小方国，首先就出兵东进，伐有施。为了杀一儆百，桀调集了上万的军力开向有施氏的族居地。有施氏国小力薄，看见夏王朝大兵压境，首先表示请罪，愿意臣服纳贡。桀开始不准有施氏投降，一定灭掉

阴阳直立玉人

有施氏。有施氏得知桀是一个好色之徒，就选了一名叫妹喜的美女进献请降。桀见妹喜生的美貌，大为高兴。于是不再说要灭有施氏，就罢兵带了妹喜回到王都。妹喜见王都宫殿陈旧，很不高兴。桀为了讨妹喜的欢心，就下令在河南（今洛阳附近）"作倾宫、瑶台，殚百姓之财"。为了修建倾宫、瑶台，首先是搜刮人民的财物，然后征派民夫，调集奴隶动工修筑。因为这座宫殿修得很高大，从地面往上看，有将倾倒的感觉，所以取名为倾宫。在倾宫里又用玉和石头来建造了很漂亮的琼室瑶台。修好了以后，桀就和妹喜迁往河南这个离宫中去居住。当桀登上这座高大的倾宫时，十分高兴，他和妹喜日夜在此饮宴作乐。俯视其下，感到他是在天上，就将自己比作是太阳，居天下之上，永远存在。当然，修建这座离宫"殚百姓之财"，就是说把平民百姓之财都搜括殆净。人民在桀统治时期，实在不堪其苦，就天天指着太阳咒骂："时日曷丧，予及汝偕亡"。这是借着骂太阳来咒桀，意思就是："这个太阳为何不快灭亡，我们愿与你一同灭亡"。

桀劳民伤财，残害人民，在诸侯、方伯中也引起了不满和反抗。他为了控制这种形势，就下令在有仍这地方（今山东济宁）会见诸侯、方伯。虽然许多诸侯、方伯慑于桀的武力，不得不前去赴会，但各自都怀有戒心。而桀召集有仍之会，一方面要显示他是天子，仍有威力，另一方面要向诸侯、方伯们敛财，征收贡物，供他挥霍。但是"夏桀为仍之会，有缗叛之"。

有缗是夏王朝东部（今山东金乡）的一个方国，有缗首领见桀是一个暴虐贪婪的国王，不等会散就先回国。有缗氏的这一行动，激怒了桀。桀便率领参加"有仍之会"的各诸侯、方国出兵征伐有缗。有缗国小力弱，当然无法抵御。灭了有缗之

后，将其财物、美女、人口尽数掳掠到王都。但是桀所作所为被各诸侯、方伯们看在眼里，更加和夏王朝离心离德，叛夏的更多了。所以古书中说："桀克有缗，以丧其国"。

相传夏桀命令一个叫扁的武将率兵去征伐岷山。岷山之君进献两个美女请降，这两个美女一个叫琬，另一个叫琰。经学者考证，岷山即惵山，就是有缗。有的古书中又作民山或蒙山，指的都是一回事。总之，桀暴虐无道，不惜用武力来灭亡一族一国来满足自己的淫逸奢欲。

自桀灭有缗之后，统治阶级内部的矛盾更加激化，桀的无道引起了众叛亲离，最后终于被商汤灭亡。

相传夏王朝有个太史叫终古，是掌记事兼天象、历法的官。见桀暴虐，又贪乐纵欲不理朝政，便多次向桀进言，劝谏要爱惜民力，不能这样奢侈。桀根本听不进，反而征发平民和奴隶在倾宫中修建一个很大的池子，里面灌满了酒，称为"酒池"。还作了一只彩船放在池中，使歌女们在船中演奏"靡靡之乐"。又使许多青年男女奴隶在池边载歌载舞地饮池中的酒，有所谓"一鼓而牛饮者三千人"之说。然后，使男女奴隶相戏。桀与妹喜以及一些谀臣们通宵达旦地在此观看和饮酒取乐，一个月都不出宫办理朝政。终古又哭着苦苦劝谏，桀不但不听，反而责骂终古是多事。终古眼看桀如此下去，不久便会亡国，于是就逃出投奔商汤。

夏王朝有一个大夫叫关龙逄，他见终古劝谏桀无效，就手捧"皇图"来到倾宫求见桀。"皇图"也称作"黄图"，是古代王朝绘制有帝王祖先们功绩的图，给后代帝王们看，以便效法祖先们治理国家。关龙逄捧去的"皇图"绘有大禹治水和涂山大会等图像，他是要桀效法先王，像始祖大禹一样节俭爱民、薄衣食、惜民力，才

能得天下诸侯的拥戴，才能长久享国。若是像如今这样挥霍无度，任意杀人，亡国的日子就不远了。桀对这样忠言很感逆耳，不仅不听，反而将关龙逢杀害，下令将皇图焚毁。还警告朝臣们说，今后再有像关龙逢这样的人来进言，一律杀头。于是贤臣绝迹，言路断塞，桀愈加骄横暴虐。

夏朝末年，活动在东方地区的商国，逐渐强大起来。大约在公元前1700年间，商汤起兵伐桀灭亡夏朝。夏朝从禹建国起，到夏桀灭亡，共有471年左右的历史，有的史书中说是432年。

盘庚迁殷

迁都概况

商朝自汤建国以来，前十个王都都在亳（今河南商丘附近），但自第十一代仲丁起到盘庚前的第十九王阳甲止的九个王朝，竟五次迁都，其中十一王仲丁迁嚣（今河南荥阳东北）；十三王河亶甲迁相（今河南内黄东南）；十四王祖乙迁邢（今河南温县东）；十五王祖辛迁庇（今山东郓城北）；十八王南庚迁奄。迁都为何如此

商朝带铐奴隶图

频繁呢？

原来亳、隞、相、邢、庇、奄六个王都，均在黄河两岸，显然是为了用水的便利。但黄河又是一条常出问题的河流，大雨一来泛滥成灾，汛季一到，水害更大，如邢就曾被水淹没。黄河泛滥时，大水冲毁良田，人民无所收获，而商人中的贵族

铁刃铜钺

豪富，大发国难财，这就更加剧了国家的财政恐慌，甚至造成王室穷、贵族富的局面，许多大户因此无视王权。故摆脱黄河水害，成了商政权、也是新当政的商王盘庚的重大问题。

另外，商朝王位继续采取"夫终弟及"法，即兄死由弟即位，直至少弟死后，再由长兄之子即位。兄终弟及这个王位继承法与父死子继法相比，使有权当商王的家族、人选相应增加了。十一王仲丁的父亲太戊是少弟，传说他即位后出现了一件奇事：亳都的宗庙生出一棵妖树，一半是桑，一半是谷。一夜妖树长得又高又粗，而且两部分互相斗争起来，太戊十分恐惧，后经相辅伊陟的提醒，太戊大修德政，以德克妖，终于使桑树自行枯死。

这个传说其实是太戊时期王位继承斗争尖锐化的反映，是王位传自己的儿子，还是传给长兄儿子两种不同势力的斗争。由于太戊安抚政策奏效，传子派暂时得势，

但反对派的力量还相当强大。太戊为了转移本族的矛盾，大肆兴兵伐方国取胜，出现了所谓"中兴"的局面，太戊也就成了商王中地位显赫的"中宗"。

但"盛世"随着太戊的去世而消失，两派斗争再度激化，取得王位的太戊之子仲丁无力应付势力较大的反对派，只能迁都于隞，首创了商王迁都的纪录。从仲丁到阳甲的九个王朝，两种势力交替占上风，王都五度迁移，造成"九世之乱"。内乱必引起外患，商王朝西方、北方的方国如周、土方、馘方趁机崛起，又不来朝贡商王。盘庚正是为了上述种种考虑，决定迁殷。

盘庚迁殷在商代历史上有着重要的意义，在盘庚后第三王武丁时期，商王朝的统治达到极盛阶段，在盘庚迁殷后至商灭亡经八代、十二王、二百七十三年，再也没迁过王都，因此商朝在历史上又被称为殷或殷商。

巩固殷都

在商王朝约六百年的历史中，盘庚将王都由奄（今山东曲阜）迁到殷（今河南安阳）是一个转折点。"自盘庚徙殷，至纣之灭 273 年，更不徙都。"也就是说自从盘庚迁都到殷，一直到纣（帝辛）灭亡的 273 年，再也没有迁过王都。自盘庚迁殷以后，商代奴隶制国家得到了复兴，巩固

后岗祭祀坑

了商王朝的统治，对发展社会生产起到了推动作用，为青铜文化向高度发展创造了条件，促使我国奴隶制社会的发展进入一个更高的阶段。历史学家为了研究问题的方便，将商王朝划分为两段时期：从汤建国至盘庚迁殷以前称为前半期；自盘庚迁殷至商纣灭亡称为后半期。

盘庚在奄都连哄带吓地说服了反对迁都的臣民以后，大约在公元前 1300 年间将王都迁至殷。盘庚营建新王都比较节俭，这样又引起了王室贵族们的不满。这些人原来就反对迁都，现在看见新王都一切都很简陋，虽然勉强可以居住，总不如在奄都时那么舒服，于是，又开始散布不满的流言。因为这些王室贵族中有许多人是在朝廷中担任职务的老臣，他们的言行对人民有很大的影响。而且自盘庚迁到殷以后，不少臣服于商王朝的诸侯、方国和部落酋长都前来进贡朝贺。为了制止这批王室贵族们继续散布不满的言论，盘庚仍然求助于上帝祖先，举行了一次隆重的祭祀，还用龟甲进行占卜。祭祀时满朝文武和一些诸侯、方伯都参加。祭祀以后，盘庚又很严肃地对这些臣僚、诸侯、方伯们训了一次话。盘庚告诫道：

你们不要贪图安乐享受，要勤奋地把从上帝那里得来的大命很好地建树起来。我现在掏出心肠来同你们百官讲话：我心中不责怪你们；你们也不要再存以前的怨怒，勾结在一起说我的坏话。

在从前我们的先王要发扬前人的功业，迁到高地免除灾害，在我们都邑里遵循着前人美好的业绩。

如今我们的人民遭受水患的荡析离居之苦，没有止境。你们问我："为何震动万民来迁徙！"你们不知，这是上帝要恢复我们商祖的美绩到我们这一代王朝，故我急于敬奉上帝的旨意来拯救民命，以获永远

定居于新都邑。

我不是不理会人们的意见，是由于上帝的神灵使我们得到好处。我是不敢违反占卜，现在便发扬了这神龟的吉示了。

唉！各位方伯、军事长官和各级官吏们，你们都要服从这灵验的占卜，我要加强观察和选取你们，看谁能经常想到重视我的众民。我不屑于那种贪财贸的行为，那种敢于孜孜从事自己家业的行为，只对那些能养育人民和为人民谋安居有成绩的，才任用，敬重他。如今我已向你们说清楚了对我的意志，不论同意与否，你们都必须服从。

盘庚对王室贵族、朝中官吏和诸侯、方伯们作了告诫训话以后，又发现在人民中也吵吵嚷嚷，闹着住不惯这新都邑。盘庚就暗自作了调查，结果发现这些吵嚷都是由于贵族和一些官吏在煽动。经过再三

贴金箔铜人头像

考虑，决定用旧有的典制去矫正法纪。如果不用法纪来整顿，这个新王都就保不住。说不定连他自己这个商王也作不成。于是就下令，在一天的上午将朝中大小官吏召到朝廷中来，先是对他们说明：他原来派一些官员去向迁来新王都的人民讲明，为什么要由奄都迁来这里的道理，人民都能听从王命。有的朝臣和下属官员又在人民中散布不满，煽动人民，不使他们安居。他很严厉地对这些大大小小的官吏们说：

你们不把我的好话向百姓们宣布，这是你们自取其祸，以致做出许多坏事来害了自身。你们既然带头引导人民做坏事，那就得由你们自己来承受其痛苦，要后悔也来不及！你们看，这些小民还知道听从规劝，唯恐说出引起祸患的错话，何况我是操着你们生杀大权的人，你们为何倒不畏惧呢？你们有话为何不来告诉我，竟敢擅自用谣言来煽动人心，恐吓大众。你们要知道，即使你们像野火一样在大地上焚烧，使人近前不得，但我就能有力量来扑灭。如果一定要弄到这种情况，那是你们自己惹出的祸患，就不要怪我错待你们了！

盘庚讲了这番话后，又劝诫他们要像他们的先祖先父们一样，和商先王们什么事都同心协力，因此在祭祀先王的时候，才把他们的先祖先父也一同祭祀。最后又说道：

你们应该把我的话广为宣传告诫：从今天以至将来，各自忠于你们的职务，整饬你们的阶位，说话要谨慎。如果不是这样，到时候罚到你们身上，就不要懊悔呵！

盘庚迁殷以后，对于不安居于新王都的贵族、百官和人民作了耐心的说服，借助于上帝的神灵、龟卜的吉示，最后发出

了警告，如果这些人再不安心维护王命，仍旧散布谣言，煽动人民，则要以罚惩处，收到了安居于殷的效果。王都巩固，纷乱局面扭转，克服了商王朝统治的危机。

盘庚迁都的借口是在奄有水患，大家过着"荡析离居"的生活。对这句话学者们有不同的解释，不管是指水患，贵族和百官们本身的生活，还是方国、部落的侵扰不得安宁，盘庚总是看到不迁都无法改变商王朝那种"九世乱"后所造成的衰弱和混乱的局面，尤其是对王室亲贵、朝中大臣这些地位高、权势大、贪婪好逸的特权们的告诫，是看准了商王朝危机问题的所在。为了维护奴隶主阶级的利益，巩固商族的统治地位，采取迁都，改变统治阶级内部的一些不利的风气，便于集中力量发展生产，对付一些反叛方国、部落的侵扰，盘庚迁殷的决定是很有远见的。他是"行汤之政，然后百姓由宁，殷道复兴，诸侯来朝"。

经过盘庚的迁都、整治，衰弱的商王朝又开始复兴，这为他的侄儿武丁时集中力量征伐诸方国、振兴商王朝奠定了基础。

武丁中兴

经过盘庚的迁都、整治，衰弱的商王朝又开始出现复兴局面。这为他的侄儿武丁时集中力量征伐诸方国，振兴商王朝奠定了基础。盘庚在位28年死去，由他的弟弟小辛继王位。

小辛名颂，甲骨文中也称小辛，武丁时期的卜辞中称为"父辛"。祭祀小辛的卜辞很少，武丁祭祀父亲的卜辞较多一些，但祀典很一般。这可能是小辛在位时间短，又是旁系先王的缘故。

小辛死后由他的弟弟小乙继王位。小乙就是武丁的父亲。小乙为了调查人民对

武丁像

商王朝的态度、观察诸侯、方伯们的动向，同时也能使武丁能学到更多的本领，成为一个安邦治国的统治者，在他死后能位位做商王，便将武丁由大邑商（殷都）派到正都以外的地方上去。先是隐居在黄河岸边，后来武丁经常在黄河两岸许多地方去观察人民的生活情况，接触了不少的平民和从事农业生产的奴隶。有时武丁还和这些所谓"小人"一起参加农业劳动，使他了解到这些"小人"们生活的艰辛和劳动的辛苦。

这些就是古书中说的："命世子武丁居于河"、"其在高宗（武丁）时，旧劳于外，爱暨小人"。自武丁和祖甲两个商王以后情况就有变化，其原因是以后的商王没有在民间居住过。所以《无逸》中接着又说："自时厥后，立王生则逸。生则逸，不知稼穑之艰难，不闻小人之劳，惟耽乐之从。"

武丁继位前，很留心访求贤才。一次，他来到傅险，见一批犯刑后罚做苦工的奴隶正在修路。武丁与一位名叫傅说的奴隶交谈，发现他对国事及治国计划说得头头是道，了如指掌，十分惊服，便有心以后请他帮助自己治理国家。

中国通史

最新整理图文珍藏版

武丁即位为商王后，按照古代的传统，父亲死后儿子要守孝三年，叫做"三年之丧"。为了表示是一心守孝，在这三年内的商王不得过问朝中政事，凡是国政大事皆委托于朝中的执政大臣来处理。武丁在这三年中也是照此古礼执行。他只住在守丧的房子里，这个房子叫做"凶庐"，古书中说："高宗谅阴，三年不言。"

武丁在守孝的三年里，虽不能直接过问朝中大事，但他仍在"思复兴殷"，"以观国风"，考虑怎样复兴商王朝和观察形势的变化，他考虑的是如何把傅说请到朝中来辅佐他治国，如果直接采取赦免傅说胥靡，任命为相的办法，王室中的亲贵大臣和百官们一定不会同意，甚至引起反对，制造混乱。他看见这些亲贵大臣们迷信鬼神，就决定利用这种手段来达到获得傅说的目的。

三年守孝期满，武丁告祭天地、祖宗后，来到朝廷接受百官的朝贺。在朝贺的

傅说像

臣僚中也有许多臣服商王朝的诸侯、方伯和部落酋长武丁决定借此机会获得傅说，任其为相。武丁等大家颂扬之后，说道："我夜得一梦，梦见上帝赐予朕一个圣人，叫傅说，上帝对朕言道，得到此人，我朝将会兴盛起来"。并把傅说的相貌叙述了一番。然后在群臣百官中一一对像。对完了后，没有一个是和傅说一样的。武丁就问群臣应该怎样办？这批新贵大臣们只好说只有到民间去访查，武丁就下令派使臣在百工中去寻找。没有多久就在虞山山岩修筑工地上把傅说给找了来，于是武丁召集群臣百官传梦中圣人相见。当傅说走进朝廷以后，武丁一见就以礼相待。群臣百官们见与武丁所说相貌完全一样，也都问声相贺，祝武丁梦得圣人，武丁当时就任命傅说为相，辅佐治理朝政。傅说当然是早就心中有数，也只等这一天，面对群臣百官，誓言要尽心辅佐武丁，治理朝政。

武丁得到傅说，"举以为相，殷国大治"。傅说是个很有才能的人，他做了执政大臣以后，和甘盘、祖己这样一些贤臣一起，兴利除弊，很快地就改变了商王朝那种衰弱的局面，数年之间，使商王朝的统治得到巩固，而且逐渐地兴旺起来。在此基础上，武丁对其周围的方国进行了一系列的斗争。

舌方居住在今山西、陕西北部直至内蒙河套以北，是西北地区的游牧邪落，武丁时舌方非常猖獗，屡次侵犯商界，进行抢夺。商王经常接到沚君的紧急军情报告。武丁曾多次亲自率兵征伐，所用兵力达三、五千人。甲骨文中有"登人（征兵）五千"，及很多"王往伐舌方"的记载，足见战争激烈规模。

土方居住今山西北部一带，武丁时土方曾与舌方相互联合侵犯商的属国沚，土方在沚的东面，进犯沚的东鄙，舌方在沚的西面，进犯沚的西鄙。甲骨文有"沚盛

告曰：土方征于我东鄙……"。对付这支强悍的部落，武丁也要亲自征伐，甲骨文有"王伐土方"。用兵人数，最多亦达五千，可见土方之强，似不在舌方之下。

鬼方居住今陕北、内蒙及其以北的辽阔地区，是强大的游牧部落。武丁曾调动西部属国的兵力命震率军讨伐鬼方，花了三年的时间，平定了鬼方，其一部落被迫西移。

羌方居住今晋南、陕西一带，也是商时用兵的主要进攻目标。甲骨文中有关羌方的记载很多，武丁时伐羌方所用兵力最多，远超伐舌方、土方的人数，最多一次是一万三千人往征羌方。在战争中俘虏的羌人，被商人用作人殉人祭的牺牲。甲骨文记载了很多这类材料，其数字是惊人的。

商朝西北之敌尚有𢀛方，𢀛人善于养马，"多马𢀛"在商朝的战争和商王的田猎中都起着重要作用。武丁为掠夺其财富，对𢀛人曾大举用兵，所征调的兵力，亦竟达一万多人。

商朝在南方无劲敌，武丁曾经南征，"奋伐荆楚"，此后，商朝的势力延伸至长江以南地区。其他被武丁征伐过的方国还有缶、蜀、湔方、基方以及江淮流域的虎方等。从而征服了商朝西北至南方的广大地区。如《诗经》所云："武丁孙子，武王靡不胜。龙旗十乘，大糦是承，邦畿千里，维民所止，肇域彼四海。四海来假，来假祁祁、景员维河，殷受命咸宜，百禄是何。"通过对周边部落的征伐，商的势力

范围急剧扩大。

武丁在位 59 年，商朝的政治、经济、文化部得到了空前的发展，达到了极盛时期。史称"武丁中兴"。

祖甲改革

武丁在位 59 年而病死，他的后代为他立庙，尊称为高宗，古书中又称为武王，说他"享国百年"，就是说他活了一百岁。其实他在位 59 年，死时大约是 80 多岁。从甲骨卜辞中知道他有三个入于祀典的王后，你为妣戊，妣辛、妣癸，第一个王后生祖己（孝己）以后死去，续立的王后生了祖庚后来继承王位，后来也死去。再立的王后生的儿子叫祖甲。

祖甲山生时，武丁已年老，老来得子，分外宠爱。祖乙死后，已经立了祖庚为太子，武丁又听了续妻的话，想废祖庚而改立他宠爱的祖甲为太子。祖甲从小知礼义，认为这是不合于商王朝的制度，是不义的，怕引起王室内部兄弟间争夺王位的矛盾，重演"九世之乱"的局面。便偷偷地离开王都，到当年他父亲生活过的平民家中去。他也学着武丁当年在民间一样，和平民们在一起生活，参加一些劳动，了解平民和奴隶们的生活状况、武丁此时年老而无力顾及祖甲的出走，后来得知祖甲是逃到他当年生活的地方去和"小人"们在一起，也就放心不管了。武丁死后，王位就由祖庚来继承。

祖庚名曜，甲骨文中也称祖庚，即位时年纪已经不小，若按武丁死时年纪在 80 以上，则祖庚即位时也是 60 岁左右的老人了。因武丁给他打下了个巩固的统治基础，开创了一个强盛的局面，他即位后，坐享了约 10 年的清福就病死了。

祖庚死后，祖甲继王位。祖甲名载，

回字纹铙

象牙雕夔鋬杯

古书中一般称作"帝甲"，晚期甲骨文中也称祖甲，廪辛、康丁时期的卜辞中称为父甲。祖甲即位时正是商王朝最兴旺的时期，这时期是四方称臣，远近纳贡。在王族内部也因武丁统治有方，在位时就将一些有势力的王室亲贵们分封到大邑商的四周和一些被征服的方国中去担任官职或者是戍守，他们共同捍卫商王朝对四方的统治，这就减少了王族内部许多争权夺利的矛盾。

祖甲也因为在民间生活了一段时期，亲自看到平民和奴隶们的生产和生活状况。尤其是武丁时期长时期对四方的征伐，经常征召平民和奴隶去当兵打仗。虽然征服了许多的方国，开拓了不少的疆土，但也造成了许多人家破人亡。生活十分贫困，所以他"作其即位，爰知小人之依，能保惠于庶民，不敢侮鳏寡"。也就是说祖甲懂得要巩固商王朝的统治，没有人民是不行的，要给人民一个休养生息的时间，不再加重他们的负担，使他们能安定地生产和生活。所以在祖甲时期，没有大的征伐战争。

祖甲急于求成，想用过激之政建立历史上贤王们曾有过的功绩。他的改革涉及了国政的方方面面，其中包括：将历代先王分为亲疏不同的大宗和小宗，并把相应的祭祀之庙也分为大小两种；他还改革文字和历法，力图留名青史；同时，对殷人最为看重的占卜之道也作了种种限制。这些改革措施，在当时就引起守旧派的强烈反对。在他之后的六代商王的朝野上下，随之也就出现了革新派与守旧派之间的不断争执和相互打击，直到把王朝的政治资源耗尽。

祖甲末年为了限制大大小小的奴隶主贵族对人民过分盘剥、过多榨取方国的贡物，怕这些大小亲贵们的奢侈、贪心引起方国和人民的反抗，削弱商王朝的统治。他下令将先祖成汤所定的刑法——《汤刑》加以修订。想借祖宗的威力以严刑来限制这些不孝子孙。可是这样一来，反而使得这些亲贵们对祖甲的不满，故意对他刁难。当朝不朝，应贡的也不贡，大有各自为政之势，于是商王朝的统治实际上被削弱。

武乙"射天而戏"

武乙名瞿，甲骨文中称为武乙或武祖乙，商末的铜器铭文中也称武乙，是直系先王。武乙酷好田猎，他在位三十多年的时间里，大部时间是用在田猎上。为了巩固其统治，他除对西部地区叛商的各方国继续命武将去征伐外，还伐过处今湖北秭归的归伯。在对西部地区各方国的征伐中最大的战斗算是伐旨方，由沚或（此字依甲骨原形隶定，是武丁时大将沚戛的后人）率领数千军队经几次战斗之后，征服了旨方，并且俘虏了旨方两千人。由于武乙以重兵对付西部地区的方国，迫使得西部地区除羌人外，都臣服于商，使商王朝的统治又得以巩固。

武乙末年和周族的君臣关系有所发展。武乙、文丁时期的卜辞中有"命周侯，今生月无祸"的记载。这是占卜商王要受命周侯作某件事，从现在至下一个月（生月）有无灾祸的卜辞。周族在武丁时期的卜辞中称作"周方"或"周"。周族擅长农业，到戎狄地区，就定居开垦土地从事耕种，所以一直在戎狄地区生活了十几代。入商以后传至古公亶父时，戎狄便多次与古公亶父发生冲突，最后还是受不了熏育部落的排挤，便率领族人离开居住了十几代的豳地（今陕西旬邑西），来到岐山下（今陕西岐山），在那里开辟土地，修建城邑，建立家园，此地就是古书中的"周原"。

后来古公亶父病死，季历即位为周侯。来到岐山下以后，利用周原这片有良好自然条件的土地，大力发展农业，影响所及，连附近地区的一些氏族、部落也归附于周侯。季历即位以后，又加以发展，势力逐渐强大。这时商周关系正处于融洽时期，商王武乙对周侯季历授以征伐大权。于是季历率兵西伐程（今陕西咸阳市）、北征义渠（今宁夏固原），灭了程，活捉了义渠首领。自此周的声威大震，季历为了表示对商王朝的忠诚，在武乙末年带了贡物来到商朝见武乙。武乙见周侯在西部地区虽然势力强大，但还是臣服于商王朝，非常高兴，便赏赐给季历三十里土地、美玉十双、良马十匹。

商朝人对上帝及鬼神十分迷信，史官们也常借占卜、祭祀干涉国王的行为。武乙却相信只有用武力才能统治天下。为加强王权，武乙命人作木偶为"天神"，让一名史官代"天神"和他赌博。结果，武乙连赢三局，他便因此认为"天神"不灵，并命人剥下这些木偶"天神"的衣冠，抽打、污辱不算，还毁坏了这些所谓的"天神"。武乙又命人缝制了一个大皮囊，将其注满动物的血液，并将皮囊挂在高杆上。武乙命群臣前来，看着他亲自用箭射破皮囊。囊中的血流落于地，武丁称之为"射天"。此后，就再也没人敢干涉武乙的行为了。否则就是对天的大不敬。

武乙酷好狩猎，经常沉溺于游猎之中。一次，武乙狩猎于黄河渭水之间，忽遇大雷雨，因躲避不及，被一阵雷电击死、武乙本来死于自然现象，但因他对"天神"百般污辱，激起了群臣的不满。于是，武乙的不正常死亡就给迷信很深的商人提供了触怒天神，受到诛罚的借口。

帝乙归妹

早在商朝武乙时，商曾授给居住西部的周族首领季历以征伐大权，命其率兵西征，灭程、义渠等部，季历为表示对商王朝的臣服，还亲带贡物到商来朝见，受到武乙的赏赐。文丁即位之后，周季历对商朝仍勤劳王事率军征讨反商部落，文丁即位后第二年，居住在燕京山（今在山西静乐北）的燕京戎反对商朝，季历率兵征伐，结果反倒被燕京戎所击败。两年之后，居住在余吾（今在山西长治西北）的余吾戎反对商朝，季历又率兵去征伐，将其打败，余吾戎投降周人。于是季历遣派使者到商向商王文丁报捷，文丁听了十分高兴，并任命季历为商朝牧师（地方长官），管理商朝西部地区的征伐事宜。又过了三年，季历开始征伐始呼戎，打败了它使之投降臣服。几年以后，季历再次出兵。又征伐了翳徒戎，将其俘获的三名翳徒戎的首领，向商王献捷。商王文丁见周人越来越向东发展，开始对周产生猜忌，十分融洽的商周间的臣服关系开始有了改变。

三联铜甗

文丁借季历献俘报捷，装作高兴给予嘉奖，还以祭祀时所用、美玉所雕制盛酒的圭瓒和以黍、香草酿制的香酒常赐季历。文丁又加封季历为四伯，命其统领西部地区，季历也非常开心。住了段时间后，季历向文丁辞行，要返回周地时，文丁不准，只许其随从回国，而将季历囚禁起来。经此突变，连气带恨的季历便死在商朝了。

季历死后，其子昌即位为周侯。两年后，文丁也死了，帝乙继了王位。昌为报父仇，准备兵力向商进攻，而此时位于商王朝东南的夷方也先后同孟方、林方等部落叛乱，反对商朝。帝乙为了避免东西两方同时受敌，也为了修好因其父杀季历而紧张的商周间的关系，采用了和亲的办法来缓和与西部周人的矛盾。

帝乙有一胞妹，生得端庄秀丽。为了与周人和亲，帝乙决定采用和亲的办法缓和商周矛盾。帝乙先派遣使臣到周，先向周侯昌表示歉意，表示双方父辈所做之事业已过去，商王现在想将自己的妹妹嫁与周侯昌为妻，使双方结为亲家。当时周族的势力虽然逐渐强大，如今的商朝势力虽不如前，毕竟还是统率全国的天子，叛商者还不及臣商者多，但要与商王朝相抗衡，恐为时尚早。考虑来去，周伯答应了和亲一事，又备办了贡物，遣使臣入商朝见商王帝乙，商定吉日迎娶帝乙之妹。帝乙不

但亲为选定迎亲之日，还特意准备了十分丰厚的陪嫁财物，派自己的亲军卫队护送其妹到周成亲。还命昌继其父为西伯，昌也尽力将婚事办得隆重盛大，亲自去渭水相迎，造船在水中搭成浮桥。周人自称"小邦周"，而今能同商王之妹联姻，觉得是"天作之合"，商周双方皆大欢喜。

帝乙嫁妹与周，使恶化了的商周关系得以恢复。帝乙可以征伐夷方，专门对付东南方的敌人。而周人在西部力量得以日益增强。

帝乙征伐

武丁死后，祖庚和祖甲在位其间没有什么大的战争。祖甲"淫乱"，在位33年，社会矛盾开始激化。其后的几代商王，更是"惟耽乐之从"，加紧对商朝内外的搜刮和奴役。商朝西部的方国部落不堪这种压榨，群起反抗，沉重地打击了商朝的统治。

妇好偶方彝

廪辛、康丁时期，时有战争发生，对
芍方、舣方、羑方、嚣（啚）方、系方等
方国进行了长时期的征伐，并征调卫、虎、
受等十几族"王众"出戍，但始终没有把
西部方国部落的反抗完全镇压下去。武乙
时候，羑方又和旨方联合起义。武乙率沚
国等诸侯进攻旨方，途经嚣、淂等地，俘
虏了旨方人民几千人。武乙到河谓之间田
猎，被雷震死。其子文丁即位，曾经征伐
归国（今湖北秭归）。

商朝末年，江、淮之间的夷人又强盛
起来。武乙时，他们"分迁淮岱，渐居中
土"，威胁着商朝的后方，商朝不得不集中
主要兵力对付来犯的夷人。到帝乙时候，
进行了对夷方，即岛夷与淮夷的战争。帝
乙九年二月，夷方已有大举进攻商朝的打
算。商王出征夷方，在今河南睢县附近的
盂方于中途截击商师，帝乙于是率诸侯亲
征盂方伯炎，取得了胜利。帝乙十年九月，
又出征夷方，到达淮河流域的攸国。商王
与攸侯喜合兵，出征夷方及林方，直到次
年三月才胜利而归。帝乙十五年，再次率
诸侯出征夷方，经过的地区更远，包括齐、
顾等地。

纣伐东夷

帝乙死后，由他的儿子帝辛继王位，
帝辛就是纣王，据《史记》记载，殷纣王
非但不是昏庸无能之辈，反而还是勇力过
人、天赋聪颖、才思出众之人。他"智足
以拒谏，言足以饰非，矜人臣以能，高天
下以声，以为皆出己之下"。纣能言善辩，
遇事自以为是，不听臣僚们的劝谏。嗜酒，
常作长夜之饮。爱玩乐，喜美女歌姬。好
大喜功，性情残忍，对反对他的臣僚，往
往加以酷刑，轻者致残，重则丧命。

因大兴土木，修建离宫别馆，消耗了

商纣王像

大量的资财。为了弥补费用的不足，纣加
重赋税，把这些负担转嫁在人民身上，下
令在全国增加赋税，规定属国进贡的方物
由每年一次增加到两次。这些举指引起了
属国的不满。此时期能够按时进贡的属国
已逐渐减少，纣见此情景，便下令召集各
诸侯前来黎地（今山西黎城）相会。

黎地距商都很近，纣便点齐了亲军卫
队，先在黎地布置了一个威武的会场。到
了相会之期，纣率领全副武装的商军来到
会场，各地诸侯陆续来到以后，看见刀枪
林立，戒备森严，便知纣要举行"大蒐"
古代的"大蒐"是一种阅兵的典礼，又是
一次军事大检阅。商代的正规军自武丁征
伐四方以来，算是训练有素的。平常不出
征时，经常要随商王去田猎，一次田猎，
也就是一次练兵活动。而纣布置的这次在
黎地的大蒐，是有意在各诸侯面前示威，
阅兵过后，纣便向各诸侯、方国宣布，各
地要加倍按期进贡赋税、方物。在强大的

武力威逼下，各诸侯只好同意。不想东夷的首领未等会散就逃了回去，拒贡赋叛商。这就是古书中说的"商纣为黎之蒐，东夷叛之"。

东夷叛商，纣十分恼火，决定征伐东夷，于是加紧准备出兵，增加的军费开支，除了压榨人民外，对一些诸侯国，就用武力威逼进贡，在商王朝的沁阳（即衣）田猎区附近有一个小小的属国有苏氏（今河南武涉东），因地小人稀，出产不富，无力给纣进交年年增加的贡赋，纣认为有苏氏是有意对抗，便派兵前去征讨。有苏氏无力抗御，得知纣喜欢美女，便从族人中挑出一个叫妲己的美女献给纣以求和，纣见妲己生得很美，便撤兵免贡，班师回朝。

伐有苏氏以后，纣率领了上万的商军又向东南进发去伐东夷。人方是东夷中的一方国，是纣所征伐的主要目标，但纣所征伐的东夷方国还不止人方一个。纣又下令东方各诸侯国也出兵协助征伐，所以伐东夷的战争规模是很大的。尤其引起东夷恐惧的是在商军中出现一支用象组成的"象队"，这些象生长在中原地区，被捉住以后饲养驯服，用作驮运工具，后来又被商军调驯来作进攻敌人的"武器"。古书中说："商人服象为虐于东夷"。

毕竟力量悬殊，东夷各部落经不起商的大军压境，经过几次战斗以后，俘虏了不少夷人只好投降。纣为了防止东夷再叛，将商军留在东夷地区戍守，然后带着俘虏师班回朝。此后东夷未再叛商，朝聘往来经常不断。因有大批商军在东夷地区常年驻守，加上经济和文化交流，商文化传播到东夷，加速了东南地区的发展，东南地区的一些生产技术，如农作物中一些品种的种植，手工业生产中的一些制作技术也传到中原地区。此后两地的经济文化交流日趋频繁。

商纣暴政

纣征伐东夷已经是大耗资财和人力，征服东夷以后本应安定民心，发展社会生产。可是纣只顾纵情声色，花天酒地。妲己喜欢观看歌舞，纣命乐师延创作了靡靡之乐，怪诞之舞。为了玩乐，"弃田以为园囿，使民不得衣食"。每个商王都喜欢打猎，这是从卜辞中得以证实。但纣还更进一层，干脆把商都附近的一些农田荒废，让禽兽自然生长，成为天然动物园，供他玩乐。人民无田可耕种，衣食无着，民不聊生，十分不满，激化了阶级矛盾。

而纣王自以为英雄盖世，便领着兵马，到处炫耀武力，强逼各诸侯与属国增加贡赋，稍不如意，就兴兵问罪。诸侯们心中虽是叫苦不迭，但因惧怕纣王威势，都敢怒不敢言，只得勉强搜索国中珍宝，以投其好。

纣王用兵连年得胜，愈加志满意骄起来。他大兴土木，筑了一个方圆三里，高过千尺的鹿台，专门收藏战争勒索来的或

杜岭方鼎

诸侯进贡的各种珠宝钱财。又修了一叫钜桥的巨大仓库，里面装满了搜刮来的粮食。并扩建原来的宫殿，搜罗天下狗马奇物充实其中。自己则领着一群妃子宠臣整日在那里游嬉，过着花天酒地、奢靡无度的生活。纣王还十分贪恋酒色，经常和他最宠爱的女人妲己在一起，整日整夜喝着醇酒，听着靡靡之音，连朝政也无心过问。

纣王还驱使大量奴隶和民工，在南连朝歌（今河南淇县）、北到沙丘（今河北广宗西北）、邯郸的广大区域内修筑了许多巍峨壮美的离宫别馆，并在这些御苑中，放养了许多珍禽异兽。甚至别出心裁，在沙丘一带的离宫里，建立"酒池"和"肉林"，供他享用玩乐。

"酒池"，即是在人工挖成的池子里灌满了酒。据说这个酒池大得可以划船，池中的酒可供三千人狂饮不竭；"肉林"，是在许多树上挂满了肉，以便随手取食。每当聚乐的时候，纣王便命成群赤身裸体的男女在酒池肉林间追逐，通宵胡闹，搅得一片乌烟瘴气。从此以后，"以酒为池，悬肉为林"便被作为历史上剥削阶级最奢侈的典型而载入史册，遗臭万年。

纣王的穷奢极侈，耗费了大量民脂民膏，他不断用兵，屡兴大役，不仅使得民怨沸腾，连一些诸侯也纷纷叛离。纣王看到这种情况，非但不思改悔，反而大为震怒，决意用加重刑罚来维持其统治。他制作了一系列极其野蛮的刑罚来对付各种有不满情绪的人。比如"炮烙"之刑，用时在一个大铜柱上涂满油，下以炭火烧炙，让"罪人"光着脚在烧红的铜柱上走，把人活活烤死，可谓残忍至极。

对于那些不称心的诸侯，纣王也随意杀戮，毫不顾惜。如西伯昌（即周文王）、九侯、鄂侯在各诸侯中素孚众望，曾被商封为"三公"。纣王眼看"三公"的势力越来越大，决心要除掉他们。九侯是他开

比干像

刀的第一个对象。九侯有个美丽贤惠的女儿，被纣王看中选入宫中，后因不愿迎合他的胡作非为而被杀。纣王怕九侯怨恨在心，把九侯也剁为肉酱。鄂侯看不过去，心生不满，也被杀死，做成肉脯，西伯昌得知二人惨死，伤心地叹了口气，被纣王的心腹崇侯虎偷听到了，立即向纣王告密，纣王大怒，把西伯昌也抓了起来，投入监狱。"三公"的悲惨结局，使朝廷大臣和各路诸侯大为寒心，人人自危，于是日益与商王朝离心离德。与此同时，由于纣王重用费仲、恶来等阿谀好利之徒，大肆搜刮百姓，在国内也渐渐失去民心。

纣王的倒行逆施，使一些较有远见的商朝贵族十分不满，一再向他进行劝谏。可纣王哪里听得进去。纣王的兄长微子启见劝谏无效，不忍心看着商朝灭亡，想一死了事，后来听了太师、少师的劝阻，便暂时逃了出去。只有纣王的叔父王子比干素称忠直，屡次向他犯颜直谏。有一天，纣王正在宫里饮酒取乐，比干又到纣王面前强谏，请他以商朝天下为重，不要再胡

闹下去了。纣王听了，心下已十分不快，但还不好马上发作，只得敷衍说："叔父不必多虑，眼下商朝国运方隆，凭着我东征西讨，诸侯谁敢不服？那些小民自然更翻不了天。请叔父放心回去，有事改日再议。"比干见他如此昏庸，不禁又气又急。心想，今日就是冒死也要说个明白，于是当着纣王面把他的种种昏庸暴虐数落一番，末了说："大王若不改过归正，恐怕祖先艰难经营得来的商朝六百年天下就要亡在你的手里了！"纣王闻言勃然大怒，拍着桌子叫道："你这糟老头子，几次三番危言耸听，扰乱人心，我念你身为长辈，不与你计较。不料你胆大妄为，竟敢辱骂起我来。你说我是暴君，难道你是圣人？听说圣人心有七窍，我今天倒要看看你究竟是否圣人？"说罢，喝令左右将比干推出，剖心而观。可怜比干一片忠心，竟遭如此酷刑而死。

比干惨死的消息，震动了朝野。贵族箕子深恐祸及己身，便假装疯傻，与奴隶混在一起，但纣王还是不放心，派人把他关了起来。太师、少师眼见纣王已不可救药，便带着宗庙里的祭器和各种乐器，悄悄投奔岐周去了。其余的大臣见此状况，

司母戊方鼎

也纷纷另谋出路。总之商纣王将商朝的政治腐败推向了极致。

广大奴隶以及平民的强烈不满与反抗，诸侯们的纷纷叛离，商朝统治集团内部的矛盾重重和互相倾轧，这一切都表明：商王朝的灭亡已经为期不远了。

殷商灭亡

商的政治腐败导致商统治力量的削弱，许多小国便纷纷从商的控制下摆脱出来。曾长时期屈从于商的周，这时乘机拉拢一些小国，以壮大自己的力量。《左传》说周文王"帅殷之叛国以事纣"，出现了三分天下周人有其二的局面。商要被周灭掉已成定局。

公元前1227年周武王发布讨纣檄文，率领戎车三百乘、虎贲（敢死队）三千人，甲士四万五千人，东进伐纣。武王的军队来到孟津，会合了讨纣的各路人马，并争取到庸、蜀、羌、微、卢、彭、濮等方国的军队的支持。周武王在孟津举行了誓师大会，随后即率众渡黄河北上进攻。

纣王闻讯，慌忙集中商军南下，与周军会战于牧野（今河南汲县）。战前，周武王再次宣布了纣的罪行，誓死灭纣，周军士气大振，而"纣师虽众，皆无战之心"。纣王将临时编成的奴隶兵队放在头阵，奴隶们一接触到周军，即掉转戈头，向商军杀去。周军在倒戈的商军的协助下，直抵朝歌城下。纣王眼看大势已去，便登上鹿台，自焚而死。结束了自己暴虐的一生。这就是历史上著名的"牧野之战"。尔后，周武王率领诸侯们进入朝歌，命人将纣王的尸体抬出，割下头颅挂在大白旗上示众，并于次日举行了隆重的礼仪，宣告天下："周朝灭掉了商朝，我受天命管理天下。"随后，周武王迅速分兵四出，征讨

商朝各地的诸侯，基本上控制了商朝原来的统治地区。

纣死后，其子武庚受封于周。周初三监叛乱被平定之后，周以微子代武庚。尽管"殷祀"还保存了很长时间，但作为一个朝代而言，纣王之死则是商朝寿终正寝的标志。

纣王的亡国，是内外交困的结果。纣王之前，武丁的四方征战已使殷商的国力大损，而祖甲的政治改革则使殷商内部的统治上层内讧不断。而纣王的个性，又不是那种以慢功见长的人。当他的急功政策受到朝野内外的反对时，不是采取说服的手段，而是不断高压，甚至不惜滥用杀戮，以至于怨声载道，臣民对他离心离德。为了转移国内的一片反对声，纣王又开始了对外征战。特别是在对东方各部落的攻伐中，耗时损财，国力大减。这些因素结合起来，终于导致了商的灭亡。

周族的崛起

周族是活动在中国黄土高原的一个古老部族，具有悠久的历史。相传它兴起于"陶唐、虞夏之际"，发迹于今晋东南或陕西泾渭流域之间，始祖为弃，在舜时被封为后稷一职，主管农事。其后人世袭后稷之职，直到不窋时才失官。夏商鼎革时，周族被迫西迁，与西部的戎狄杂处混居。公刘时期，周族得到较大发展，其社会形态也由氏族部落进入了国家阶段。古公亶父时，周族在亶父的带领下迁徙到今陕西岐山之下的周原，在那里修建宗庙、城邑，驱逐侵扰的夷狄，由此开创了剪商霸业。此后，周人仅经王季、文王、武王三代人的努力，便推翻商朝，建立了"赫赫宗周"。相较于夏、商而言，周是后起的僻远小国，故史书有"大国商"、"小邦周"之

称。然而正是这个蕞尔小国却代商而起，开创了八百年基业，奠定了华夏文化的主体，成就了后人传颂的惊世伟业。

后稷播百谷

相传周的始祖为弃，是轩辕氏黄帝的后裔。其母为有邰氏女，名姜嫄，传说为黄帝曾孙帝喾高辛氏的元妃。据《诗经·大雅·生民》记载，周族始祖弃出生的情况大致是：弃的母亲姜嫄在野外偶然踩在

后稷像

了一个巨人足迹的大拇指上，感而有孕，生下了始祖弃。之所以名弃，是因为他曾三次被其母抛弃。由于姜嫄认为此子无父而生，不吉利，遂将他抛弃。她先把他抛弃到陋巷之中，然而过往的牛羊不但不踩反而过来喂养看护他；于是姜嫄只好把他抱走，抛弃到较为偏远的荒林之中，又恰巧被伐木的工人抱回，最后，姜嫄把他弃置在一片寒冰之上，此时，只见一群飞鸟翩然落下，用它们的羽毛小心翼翼地温暖他。见到这些奇特现象，姜嫄认为必定有神灵在护佑他，于是把他抱回养大。

这种关于远古氏族部落先祖诞生的神

话传说自然不足凭信，但是从姜嫄生弃的传说当中，仍可窥见周族起源的蛛丝马迹——弃诞生的过程，正好反映了周人从母系氏族向父系氏族过渡的历史。周人之所以奉弃为始祖，大概是从他开始，周族才建立起独立的父系氏族部落。至于相传姜嫄为帝喾元妃的说法，则反映了弃为始祖的周族与夏的密切关系，而且很有可能周族是有邰氏和高辛氏两个部落繁衍出来的一个支族。

弃生长的母家有邰氏，是一个从事农业生产的部族。由于受到有邰氏农业生活的影响，弃从小就喜欢玩种麻植豆的游戏，长大后便成为耕种庄稼的能手。他不仅掌握了除草、选种等先进的耕作技术，还会根据不同的土质选种适宜的庄稼。在弃的带领之下，有邰氏很快成为著名的农耕部落，他自己曾被尧举荐为"农司"，后来又被舜任命为后稷，专门主管农事。其后代也世享恩泽，累居后稷之官。由于后稷对农业的贡献和他勤于农事而死的精神，被后人尊奉为农神。

利簋

公刘与亶父

根据司马迁《史记·周本纪》所列周族的世系，从后稷到武王克商的先公时期，共有 15 位先公，他们是：后稷—不窋—鞠—公刘—节庆—黄仆—差弗—毁隃—公非—高圉—亚圉—公叔祖类—古公亶父—季历—文王。很显然，这"15"不是一个确切的数字，因为从周族兴起的虞夏之际到周文王，历经夏、商两个王朝，共 1200 多年历史，绝非 15 代人能经历完成。若依《史记》记载，后稷之后为不窋，然不窋之时正值成汤灭夏之际，与虞夏同时的后稷居然与其子相隔数百年，简直是匪夷所思。所以史学家认为，由于这些先公的世系都是后人追记的，有可能因时代久远而漏记，也有可能是将某一时代的若干世误认为一世，譬如"后稷"，本是管理农事的职官，传说自弃之后，其子孙累世为后稷之官，直到不窋时才失去官职，因此，很可能"后稷"是周族历史上的一个时期，而非单指某一个人。唯此解释，方不致有悖常理。在这 15 个有史可查的先公里，公刘和古公亶父是周人的两个著名先公。

公刘时期，周族逐渐强大起来，并进行了一次重大的迁徙——周人从邰迁到了豳。为什么会有这次重大的迁徙？历来史学界有不同说法，一说以《史记·周本纪》为主，认为周人为了发展农业而主动迁徙；一说以《诗经》毛传为主，认为周人为了躲避戎狄的迫害而被迫迁徙。

关于公刘时期的这次重大迁徙，《诗经·公刘》有详细记载：伟大的公刘率领众人穿过泾水，来到了豳地（在今陕西邠县西北）。他上山下原，勘察地形，选择高地用来建筑城池、居邑。他来到这里后大力发展农业，亲自勘察水源，将低平肥沃的地方划为田地；又架设浮桥，把河对面的石料运过来制造工具。后来，由于经济的发展和人口的不断繁衍，加上周边人民的陆续归附，连皇涧和过涧的两边都布满了聚居的村落。人们逐渐安定下来，建立起强大的军队，驱逐侵犯的敌人；兴造巍峨的庙宇，祭祀伟大的祖先。

公刘时期是周族发展史上的一个重要时期，《史记·周本纪》称"周道之兴自此始"。因为公刘不仅有计划地选定和营建了新的国都，创建了国家机器，而且周族在公刘的带领下，恢复并发展了农业生产，其社会形态也由氏族部落进入了国家阶段。所以，公刘是第一个被尊称为"公"的周人先祖，是著名的先公之一。

在关中平原西部，有一片肥美的黄土高原，它东依漆水，西傍汧河，北枕岐山，南临渭水，东西长约70公里，南北宽约20公里。这一块高原就是著名的周原，周人曾赞美道："周原膴膴，堇荼如饴"，意思就是说在这片沃野上长出来的野菜，吃起来也像饴糖一样甜美。这片肥沃的高原，成为周人迅速崛起和繁荣的理想之地，而带领周人在这块宝地上耕作的是周族的另外一位著名先公——古公亶父。

古公亶父被周人尊称为"大王"，而周族先公也是自亶父时才开始称王。古公亶父之所以赢得后人的如此尊重，主要源于他的两项功绩：一是带领周族从豳地迁到了岐山之下的沃野周原，二是开创了剪商的霸业。

对于亶父迁岐的经过，《诗经·大雅·绵》有较为详细的记载，其诗云："古公亶父，来朝走马，率西水浒，至于岐下。"这几句指明了亶父率众迁徙的方向、路线以及目的地。这里的"水"指的是渭水，大概当时古公亶父率领族众沿着渭河西行，从今天的晋西南迁到了岐山的南面。这次的西迁之举源于周边戎狄的威胁，因为周人所居的豳地，处于戎狄（即后来汉代时所称的"匈奴"）等游牧民族部落的包围之中，他们经常对周人进行掠夺。孟子在《梁惠王下》中记载：古公亶父即位之后，狄人大举进攻。亶父向狄人进献皮币珠玉、牛马牲畜，仍然无济于事。所以亶父便决

伯夷像

定率领族人离开豳地，沿着渭水向西而行。不久，亶父率领周人来到岐山之下的周原，在用龟甲占卜之后，选中周原作为他们新的居所，然后大兴土木，建立了用于居住的室家、办理政事的宫殿，还有恢弘的宗庙和社坛。另外，亶父在恢复后稷之业，消除戎狄习俗之时，还建立了分别掌管庶务的"五官有司"和强大的武装，逐渐解除了周围混居的少数民族的威胁，并从此奠定了周人迅速崛起的基础。自从亶父迁岐、营治周原之后，仅经过季历和文王两代人的努力，就使原来的"小邦周"变成了"三分天下有其二"的强大国家。到武王时，则旌旗一挥，天下诸侯响应，一举灭商。所以亶父在周人中享有很高的威望，被尊为"大王"，其位在"烈祖"之首，史书也称自大王时，"实始剪商"。

季历与文王

古公亶父在岐山下建国，开创了剪商霸业。他有三个儿子，分别为长子太伯、

次子仲雍（即《史记》所称"虞仲"）及幼子季历。相传大王看到季历的儿子昌有"圣德"的兆象，遂决定把王位传给季历，而太伯和仲雍为了让位给季历而逃亡到"荆蛮"之地，断发文身，建立了后来的吴国。后世史学家认为，太伯、仲雍与季历之间的权位谦让之事可能发生过，但肯定与季历的儿子即后来的文王昌的"圣德"无关，而且太伯、仲雍远避荆蛮之地也不单纯只是退让避嫌之举。事实上，在亶父率族众西迁之时，就对周族的力量进行了部署：一是让太伯继续留守豳地以抵抗戎狄，保持周族原有的影响，后来，出于形势变化和战略考虑，太伯率部分族人从豳地南下，来到今江苏苏州一带建立吴国，二是让次子仲雍西迁之后在岐山西北面的地区开疆拓土，后来建立了欠国，三是让幼子季历和亶父一起营建周原，作为周人的大本营。

为什么在亶父迁岐之时要作兵分三路的部署呢？《诗经·鲁颂·閟宫》说："后稷之孙，实维大王，居岐之阳，实始剪商"，即亶父揭开了周人兴盛的序幕，而到了季历、文王之时，周人又把首都向渭水下游的丰、镐一代迁移。这种迁移的趋势与后世秦国为了经营中原而逐步东迁的方略是一致的。亶父让太伯在东南建吴（也称虞国），北可拓土，南可越过黄河进入洛水流域，东则可窥商朝京畿地区，是周向

周文王演易坊

东方开拓的重要据点。同时，太伯南下建国和仲雍西北拓土形成夹辅之势，辅助居于中间的周原。因此季历在父兄的帮助之下，使周国的势力得以迅速发展。其后，文王的经营又为武王的一举灭商进一步做好了准备。

大王死后，三子季历称王，也称王季。古公亶父时期，基本解决了周边夷狄的威胁，而季历在太伯的帮助之下，四处开疆拓土。据《古本竹书纪年》记载，季历先后为商王朝征讨了鬼方、燕京之戎、余无之戎和始乎之戎。

鬼方是殷周之际居于中国西北方的一个方国部落，他们经常骚扰中原，对商王朝边疆形成威胁。商王武乙统治时期，季历奉商王命令讨伐鬼方，力战三年，俘虏了鬼方二十多个部落首领。继征服鬼方之后，季历又于商王文丁时期进一步征讨山西地区的燕京之戎。燕京之戎是一个逐水草而居的游牧民族，今山西静乐周围、汾水两岸直到祁县以西、邬县以北，方圆两百多里都是他们的活动范围。燕京之戎比较强大，季历曾被打得大败而归。由于征伐燕京之戎受挫，季历转而征伐山西地区的余无之戎，并大获全胜。在这之后，季历又分别征伐位于滹沱河流域的始乎之戎和翳徒之戎，都取得了不俗战绩。

在季历即位的初期，由于商王朝必须联合周人对付进犯中原的戎狄，所以商王对周人很倚重。在季历对鬼方用兵取得初步胜利时，商王武乙曾赐给他土地、玉器以及马匹，以示奖励，后来，商王文丁为了嘉奖季历攻克余无之戎的功劳又命他为诸侯的方伯首领。但是，因伐戎而强大起来的周族也就逐渐成为商王的心头之患。"飞鸟尽良弓藏，狡兔死走狗烹"，季历因其势力的不断扩大招致商王的猜忌，最终被文丁杀死了。

季历被商王文丁囚杀之后，其长子昌

继位。昌就是被后人尊奉的周文王。文王继位时已届中年，他当时接管的领土范围不过百里，还远不是商王朝的对手。鉴于父亲季历的悲惨结局，文王一方面小心谨慎地侍奉宗主国——商王朝，以减少商王的顾忌和猜疑；另一方面则暗中壮大实力，积极谋划剪商大业。

文王在位的时间很长，据说有 50 年之久。他内修政事，建立了一套卿士制度，健全了政权机构，并积极选贤任能，广罗人才，如后世熟知的军师姜子牙、弃商纣而事周的大臣辛甲以及众多方国首领如散宜生、鬻子、闳夭，太颠等都被文王所用。此外，文王还"勤于政事，废寝忘食……发展农业生产，关怀小民、照顾鳏寡孤独，使万民咸和"。在文王的贤明统治下，周的国势蒸蒸日上，在方国部落中的威望也越来越高。相传虞、芮两国争讼，久不能决，便入周请求文王调解。当他们进入周国境内以后，只见"耕者皆让畔，民俗皆让长"，于是惭愧而去。虞、芮争讼的故事传开之后，周文王声名鹊起，据称"天下闻之而归者四十有余"，河东小国纷纷归附到周王旗下。

文王在对外团结诸侯的同时，一直殷勤、恭顺地事奉商王，终于博取了商纣王的信任。纣王册封文王为"西伯"，让他负责征讨叛国事宜。周文王则正好利用这个时机，有计划地用兵西方，解除戎狄对周的威胁。文王先后灭了周以北的犬戎和以西的密须，为东进灭商消除了后顾之忧。犬戎就是古公亶父迁岐之时就为患不宁的混夷，而密须则是居于今甘肃灵台周围的姞姓之国，势力颇为强大，经常骚扰周民，所以文王首先征伐这两地。为了达到东进灭商的目的，文王在打败密须之后，把都邑迁到了位于岐山之南、渭水北岸的程，即《逸周书》所说的"周王宅程"，以图向东发展。

姜太公像

文王宅程之后，积极向东推进。他先东渡黄河，进入河内地区，攻伐黎、邗等国；接着沿渭水东进，拔掉商朝在渭水流域的重要据点崇国。黎又称耆，地处晋东，其地迫近商朝的本土。在灭掉密须的第二年，文王伐黎，《尚书·西伯勘黎》记载了此事。邗国在黎的南面，位于黄河北岸，应在今天河南沁阳周围，属于商王的田猎范围。黎、邗两国距离商都朝歌已非常接近，且在山西高地的东边，可俯瞰商朝王畿的平原，直扣商朝的大门，因此具有非常重要的战略意义。

周人在攻克黎、邗两国之后，又于第二年攻伐崇。崇位于今河南西部嵩山附近，在殷商末年属于崇虎侯的封地。崇国是周人东进的一个重要障碍，因为崇虎侯是商纣王的亲信，负责在关东监视周人。文王就曾由于此人告密被商纣王囚禁于羑里，最后在周大臣闳夭进献了美女、良马和奇物之后才被释放回周。但是崇国地势险要，易守难攻，经过了一场持久的攻坚战之后，周人才征服了崇。伐崇的胜利不仅拔掉了商王朝楔在渭水流域的一颗钉子，扫除了周人东进的一大障碍，同时还让周人拥有了关东的膏腴之地，大大增强了他们的经济实力。《诗经·文王有声》记述，在征服崇之后，文王把都城从渭水北岸的程迁到了渭水南岸的丰。丰在地理形势上更适合作国都，从这里出发，调动灭商的大军将更加便捷。史书称文王在这里建有灵台和灵囿，据后世考古发现，这里建有城墙及其相匹配的城沟，遗址总面积约 12 平方公里。

文王于迁都丰邑后不久去世了。他虽然没有完成剪商大业，但是为武王伐商做好了准备：在当时的中国版图上，周人已经占据了渭水流域和黄河中游一半的土地，还有晋南和江汉地区；而商王只剩下黄河下游以及东边的东夷之地，可以说周已是"三分天下有其二"。所以在武王即位不久，就一举灭掉了商王朝。

西周的统治

兴起于西方的小邦周在经过历代首领尤其是古公亶父以至季历、文王的开拓之后，已由最初的蕞尔小国变为能够与殷商分庭抗礼的大国。文王去世后，武王继志。武王以牧野一战灭商，定都镐京，建立了赫赫的周王朝。建国不久，武王去世，尚在襁褓之中的成王即位，于是周公旦居摄国政，辅佐成王。周公摄政 7 年，东征顽殷，营建成周，分封诸侯，制礼作乐，使成康之际出现了"天下安宁，刑措四十余年不用"的安定局面。武王以至成康之际的周王朝，国势蒸蒸，典章制度、礼乐行政都日臻完善，中国进入了奴隶制的鼎盛时期。

武王灭商
发生在公元前 11 世纪末叶的殷周鼎革

是先秦时期的重大历史事件，春秋时人认为"纣作淫虐，文王惠和，殷是以损，周是以兴。"即商周交替的原因在于商纣王的暴虐和文王的韬光养晦。事实上，商纣之季的商王朝已成四面楚歌之势：北面是雄踞山西高地的周人，南面汉流域也成了周人的疆土，东边则是刚刚平定的东夷；而商王朝中因奸臣当道，贤人尽去，其统治岌岌可危。故武王灭商是水到渠成，商周交替也是商周之际政治发展的必然结果。

相传周文王长寿而多子。长子伯邑考在文王生前已经亡故，故文王去世后由次子姬发即位，是为武王。武王即位之时，商王朝内部矛盾日益尖锐，残暴的纣王不仅设炮烙之刑，还重用费中、恶来等谄毁善谀的佞臣。对于当时殷商末年的形势，纣王之兄箕子曾断言：纣王任用奸宄小人必将殷商社稷推向无涯的深渊。

周武王姬发像

但是瘦死的骆驼比马大，"小邦周"与"大邦殷"之间的军事力量对比还是很

第一编　远古至秦统一时期

最新整理图文珍藏版

173

悬殊的，所以即位之后的武王并没有直接进兵而是继续文王的政策。据说武王即位之后连年号都未改，仍沿用文王受命后的年号。可见武王继志之后是继行文王之道，等待灭商时机的完全成熟。

武王一方面重用文王时期的旧臣以及召公、毕公，毛叔郑等一批贤臣大修内政；另一方面在离丰邑东边不远的丰水东岸营建了镐京，为进一步东进灭商做准备。镐京在今西安市西南，丰，镐在后来周公营建东都成周之后与之相对称为宗周。

盟津也作孟津，位于黄河北岸，在今河南孟津西南十多里处，因附近曾有一个城邑叫"盟"而得名。《史记·周本纪》记载：武王继续文王克殷的天命，先祭祀天神，然后载着文王的牌位率师东进，与各路诸侯会师于盟津。据说不期而会的诸侯有八百之众，他们都认为可以讨伐商纣王了，但是武王认为时机并未完全成熟，于是暂时退兵西守。盟津观兵是一次对商朝武力的刺探和实战的预演，既达到了与诸侯结盟期会的目的，又熟悉了北上伐纣的地形和路线，为伐纣预先作好了准备。

与此同时，商纣王的统治更加岌岌可危。殷商贵族中的有识之士为了挽狂澜于既倒，纷纷向纣王谏言，但是残暴的纣王不但没有觉醒，反而将谏言的王叔比干杀掉，把箕子囚禁起来。于是微子和太师、少师等人纷纷向周逃亡。这时，商王朝的统治核心已经分崩离析，商纣王在众叛亲离之后成了真正的孤家寡人，武王灭商的时机已完全成熟。

武王十一年（前1046）元月，即观兵盟津后的第二年，武王率戎车300乘、虎贲3000人、甲士4.5万人，以及庸、蜀、羌有髳、微、卢、彭、濮等方国部族武装向东讨伐纣王。这支讨伐队伍在渡过盟津之后，举行了规模盛大的盟会誓师，武王历数了纣王的罪状，勉励伐纣的各路诸侯与周师官兵一道像虎、熊一样英勇前进，以达到一举灭商的目的。盟津誓师之后，伐纣大军采取急行军战术，日行几十里，仅用了4天时间便赶到了朝歌郊外的牧野。他们连夜布阵，于第二天早晨与纣师决战于牧野。

对于牧野之战的过程，后世有很多记述。《逸周书·克殷解》记述牧野之战的经过是：周师率350乘戎车布阵在牧野，商纣王也率军队前来抵抗。武王先让太师吕尚即姜子牙和百夫长与商朝军队单车挑战，然后亲率虎贲、戎车等精锐部队冲击商朝的军队，使商军大溃而逃。商纣王在败兵之后逃回都城，登上鹿台自焚而死。《韩非子·初见秦》和《战国策·秦策一》的记载为：牧野之战在一天之内结束，次日，周武王一举攻下了商朝的都城，建立了新的王朝。

对于两军对垒力量的记述，后世史书则多有不实，且互为抵牾。《史记·周本纪》记载周除了自己的3000虎贲，还有四方八国的战车4000乘，而商纣王则发兵70万以抵拒，这与《韩非子》和《战国策》说纣王"将率天下甲兵百万"的说法都属夸张之辞。事实上，商在牧野的军队数量远不到百万，但数量上确实是超过周的军队，《诗经·大明》说，商朝军队的旌旗如林般布满牧野。但是，在人数上占优的商朝军队并没有取得战役的胜利，反而在战场上"前徒倒戈"，成为武王的先锋，所以牧野之战在一日内便结束，以武王大获全胜而告终。

牧野之战是一场以少胜多的经典战役，商朝军队一触而溃的原因，后世史家认为大致有二：一是商纣王的暴虐失去民心，得不到臣民的拥戴，最终导致士卒在战场上倒戈相向，二是商纣王陷入四面楚歌之中，得不到有效的援助。由于长期对四夷的掠夺使得商朝与四方夷戎部落的关系紧张，同时与东夷的连年征战使其军事力量大为削弱。再加上商纣王对逃亡罪人和奴隶的庇护，加剧了他与周边方国的矛盾，并成为周人联合诸侯伐纣的利器，相对而言，周师能够以少胜多，则在于周武王领导集团的"同心同德"，姬、姜两姓贵族的联盟以及西方诸侯的合作，当然还有武王选定的克商时机、战略部署的正确和周师的昂扬斗志。

牧野之战后，周师直接进入京畿，在这里遭到了比较顽强的抵抗。《诗经·武成》篇曾记载，双方在京畿附近展开了惨烈的激战，以至鲜血汇流成河，连战斗用的木棒都漂了起来。商纣王自焚而死后，武王用黄钺斩下他的头颅，悬挂在大白旗上。牧野之战次日，武王在商王的宫殿举行了隆重的革殷授命仪式，正式宣告商朝的灭亡。

武王在膺受大命之后，实行了几件大事。一是安抚殷商遗民：封商纣王的儿子武庚于殷，继续统率商的遗民；下令释放被纣王囚禁的箕子和百姓，表彰商朝的贤人商容和比干，并为比干修葺了坟墓；将商王囤积在鹿台和仓廪的钱物发放给民众。二是将传国的九鼎和宝玉带回周，以象征殷周政权的嬗递。三是在军中举行祀典，告慰先祖，祭祀神灵，然后继续剪灭殷商贵族的残余势力。

武王克商之后，在商都朝歌只停留了7日，便班师回周，然后"燎于宗庙"，祭祀祖先。据《诗经·武成》篇记载，武王从元月发兵至四月班师，只用了短短两月余就完成了灭商大业，不得不说是一个奇迹。然而诚如《大盂鼎铭》所说："武王嗣文王作邦，辟厥匿，匍有四方。"这个奇迹不是凭空掉下来的，而是周族几代人奋斗不息的结果。

周公摄政

武王在灭商4年后病逝，其子成王继

位。此时的成王还是一个尚在襁褓中的孩子，自然不能料理政事。此时，商王朝的残余势力以及还未臣服的方国部落是刚刚建立的周王朝的最大威胁，灭商后的武王也曾为此夜不能寐，在如此形势之下，只有能担当大任的人才能接替武王肩此重担，于是武王的弟弟周公旦摄政，辅佐年幼的成王。

周公像

周公旦是文王的儿子、武王的弟弟，曾跟随武王伐纣，在灭商之后又与召公奭一起勤勉地辅助武王，是武王诸弟中最通情达理、堪委于重任的一个。武王在临死之前考虑到周王朝初建尚未稳固，只有周公旦可托大任，曾想以兄终弟及的方式，传位给他。当时周公惶恐，泪流满面，拱手辞让。在武王病笃期间，周公设坛祷告，愿意用自己代替武王去死。然而，周公的祷告并没能挽救武王的生命。武王去世之后，周王朝的形势更加严峻，为了完成武王的未竟事业，周公毅然摄政称王。

周公的摄政称王在周王朝的统治内部

周公辅成王画像石

果然引起波澜：贵族们对周公摄政的动机产生了怀疑，连召公奭也怀疑周公旦，认为他想乘成王年幼，取而代之；留在殷都监视武庚的管叔和蔡叔则由怀疑发展至不满，终于引起了三监和东夷的叛乱。武王克商后，让管叔、蔡叔留在殷都朝歌，监视纣王的儿子武庚，共同管理殷商的遗民，所以管叔、蔡叔以及武庚统称为"三监"。管叔是周公旦的兄长，如果按照兄终弟及的原则，那么摄政称王的理应是管叔而不是周公旦，所以管叔怀恨在心，于是唆使蔡叔，勾结武庚公然叛乱。

面对三监的叛乱，周公显示了自己的过人才干和果敢决断。他首先争取政权核心的支持，稳定统治集团的内部。他反复向召公奭和姜太公表明心迹，消弭了误会，取得了他们的鼎力支持；然后向王室百官及方国友邦宣讲形势的严峻以及平叛的决心和希望。他坚定地说："我之弗辟，我无以告我先王。"即宣称东征平叛是继承前辈的遗愿，完成先王的未竟事业。周公在"内弭父兄，外抚诸侯"之后，亲率大军东征。

东征战事历时三年，《尚书大传》说周公第一年制止叛乱；第二年平定了三监之乱；杀掉武庚和管叔，流放蔡叔，第三年则相继削平参与叛乱的东方小国。周公在平定三监之乱后继续东进，征服了殷商在东方的残余势力。当时的东征战事非常激烈，据《诗经·破斧》所载，这次的征伐把斧、戟都用得残破了，可见战事的惨烈程度。

历时三年的东征，以周的胜利而告终，它既解决了因周公摄政而引起的王位之争，又沉重打击了殷商的残余势力，可以说是第二次灭商。东征之后，周王朝的势力和影响达到了东海之滨，这对周王朝的巩固具有重大意义：武王克商之时，只经过牧野一役便推翻了商王朝的统治，但是占领的只不过是京畿及其南边的方国，除了原有的西土之地，周可控制的范围十分有限。而商朝灭亡后，原来京畿的殷商贵族仍保持着较大的势力，所以当三监和东夷叛乱时，周一度陷入了"大艰"的局面。因此西周在东征胜利之后，经过周公的二次克殷，才大大加强了对殷遗贵族的控制力度，同时还将东夷纳入周朝的直辖领地，真正完成了统一大业，奠定了西周统治的版图。

在东征结束之后，为了进一步巩固胜利果实，加强对东部地区的控制，周公便着手营建东都洛邑。关于营建东都的计划，早在武王时期就已经形成。武王在克商之后的归途中，曾在伊洛地区停留，对这里进行了考察，他认为此地比关中开阔，更适于建立都城。洛邑的地理位置确实适宜建立都城，在此建都可坐镇中原，西守周的根据地，东扼殷顽势力，并控制东边的新土。但是由于战事不断，营建东都的计划一度搁浅，直到周公东征结束之后，才腾出手来实施这一计划。

东都洛邑的营建始于周公摄政的第五年。这一年的二月乙未日，成王先派召公奭前往洛邑考察，选址兴建新都。三月戊申日，周公亲自前往洛邑视察，举行祭典。在营建东都的同时，周公陆续把平叛后的殷周遗民迁往洛邑和镐京一带。对于殷商遗民的处理，武王克商之后采用的是安抚政策。但是这种政策虽然能在短期内安定殷遗民，却不是长久之计，武王去世不久发生的三监叛乱即证实了这种政策的弊端。平定叛乱之后，周公把殷遗民迁到洛邑，这样既可以利用这批劳动力修筑城池居邑，又可以使他们失去根基而直接置于周王朝的监视之下，可谓是一举两得。

洛邑由两部分组成，在瀍水以西的是以宗庙宫室为主的王城，以东则为安置殷遗民之所，统称"洛邑"，又称"新大邑"或"成周"。因洛邑在西都镐京以东故又称为"东都"。与之相应，西都镐京称为"宗周"，即为天下宗族宗庙的所在。《汉书·地理志》称：东都洛邑建成之后，东西两者的京畿连成一片，"京畿千里"，成为统治全国的枢纽。

洛邑建成之后，周公便还政于成王。成王命令周公留守洛邑，继续勘定叛乱，稳定天下局势。成王时期，宗周镐京与成周洛邑都是周王朝发布命令的重要场所，而周公与成王也往来于宗周和成周之间处理政务。在成周也建有宫室和宗庙，与宗周六师一样驻扎有八师，作为周朝戡乱戍卫的重要力量。相对于西都宗周而言，东都成周的任务更侧重于接受四方的贡赋和监视诸侯群臣的举动。

周公还政成王后，仍兢兢业业地辅佐成王，最后病逝于丰邑。周公临死前留下遗言说："必葬我成周，以明吾不敢离成王。"可见周公辅成王是忠诚谨慎，尽心竭力。周公的大公无私也成为辅政贤臣的典范而流芳百世。从平定叛乱到营建成周，从分封诸侯以藩屏周，到制礼作乐以化成天下，周公在西周的建国当中起着非常重要的作用。可以说周公摄政，前承文武之续，后启成康之治。

成康之治

在周公东征、营建成周之后，成王开始正式统治西周王朝。成王和其子康王时期，周王朝得到进一步的发展和巩固。成王以勤于政事而著称，他勤勉地执行周公制定的政策，并亲耕籍田，为世典范。康王则注重从历史中吸取教训，他认为殷之所以亡国，殷人的酗酒是一个重要原因，故戒酒抑奢，告诫诸侯勿骄奢。《古本竹书纪年》记载："晋侯筑宫而美，康王使让之"。就是说晋侯因宫室修筑得过于华美而遭到康王的责备。

周康王像

成康之际，西周的国力昌盛，对外战事也取得了不少胜利，《大保簋铭》记载成王伐录，获胜后封其为子爵；《小盂鼎铭》记载康王伐鬼方，大有斩获，第一次就生擒鬼方首领3人，斩杀4300多人，俘获1.3万多人以及战车30辆，牛300多头。在成康之际，还多次会盟诸侯，成王有"岐阳之狩"，康王有"酆宫之朝"。另外还大封诸侯，以藩屏周。故成康之际，社会安定，百姓休息，以至"刑措四十年不用"，出现了天下安宁、社会繁荣的局面。

西周的衰亡

中国历史上的每一个朝代似乎都遵循着兴、盛、中、衰的发展轨迹，西周也不例外。自武王灭商到公元前771年犬戎灭周，西周共历280余年，传11世12王。武王、周公、成王、康王四世，是西周的兴盛时期，国力蒸蒸日上，各项典章制度日趋完备，使西周成为闻名于世的泱泱大国。昭王以至夷王，为西周的中衰时期，这一时期西周对周边的战事仍然不断，继续扩大周的势力和影响。但不断的战事也不断消耗着国力，尤其昭、穆二世的出游远征，加剧了社会的消耗，各种矛盾、隐患已经潜伏在冰河之下。厉王以至幽王为西周的晚期，王道缺失，王室衰微，荒服不朝，而厉王的暴政引发了国人暴动，使西周颓势一发不可收拾。虽然其间尚有宣王的中兴，但终难扼颓败之势，至幽王时则因宠褒姒、烽火戏诸侯而亡国。

周召共和

成康之世，国民享太平之世四十余载，周朝的国力也达到了顶峰。康王之后为昭王，昭王南巡渡汉水时淹死。昭王之后为穆王，穆王好远征，曾西征至河上，北逐犬戎至太原，东南平徐戎，南伐荆越，是继成康之后再度取得扩张胜利的君主。穆王在位41年（一说为55年），有记载其西游昆仑而见西王母故事的《穆天子传》传世。穆王之后，传子共王，共王传子懿王，懿王传位于叔父孝王，孝王之后复传位于懿王之子夷王。

《史记·周本纪》载，西周王朝至昭王之时始显颓衰之势。昭王、穆王之时还是王道"微缺"和"衰微"，到懿王之时则是"王道遂衰"，以至北边的戎狄（即匈奴）侵入中原，进入到京畿镐京附近。到了夷王之时，周朝更加衰弱，以至"荒服不朝"。随着西周王室权力的日衰，作为统治基石的奴隶制度也盛极而衰，走向历史的尽头。

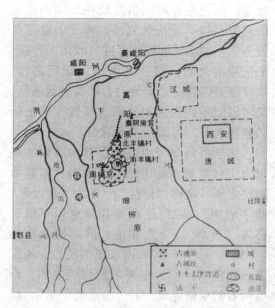

周镐京附近古迹图

夷王去世之后由其子胡即位，是为厉王。厉王好利，故执政之后任命同样好利的荣夷公为卿士，实行"专利"，即专天地百物之利为王所有，将山林川泽的渔猎之利统统收归于王室，不准百姓樵采渔猎。"专利"是西周后期出现的一种社会现象，是随着奴隶制公田所有制的瓦解而出现的一种私有制现象。到了厉王时期，"私有"的观念越演越烈，不仅"匹夫"、贵族专利，连天子也专利起来。"专利"虽然是西周后期社会发展变化的一个趋势，但是天子专利却非同寻常，它一方面因不符合周的王道政治而失去了贵族的支持；另一方面则使本已不堪赋税之重的广大民众又断绝了渔猎薪樵之源，遂导致"财力殚竭，手足靡措"、"民不堪命"的局面。厉王的"专利"触动了各阶层的利益，尤其对国人的利益侵害最大。

国人即国都的平民，他们居住在王畿内，有自己的土地，平时为农，战时为兵。他们还享有参与国家大事决策的权利，如国家有难、废立君主、迁都等重要事宜，决策者都要在征询他们的意见之后才能采取行动。到了西周后期，由于对外战事和赋敛的有增无减，国人与奴隶主贵族的矛盾日益尖锐。沉重的赋役使得老百姓无暇顾及生产，无力供养父母和妻儿。而厉王的贪婪好利更恶化了国人的生存条件，因此他们对厉王的不满也更加强烈。

为了镇压国人的不满，厉王从卫国请来巫师，专门监督国人的言论，一旦发现有人"诽谤"，就把他抓起来杀掉。厉王的恐怖政策使得国人惶恐，不敢言论，路上相遇只匆匆递个眼色就算打招呼了。看到国人不再谤王，厉王很满意，为自己弭谤有方洋洋自得。有识之士召公曾向厉王谏言说："防民之口，甚于防川"，应该让国人说话，广开言路，才能长治久安。但是刚愎自用的厉王一意孤行，继续执行高压统治。

公元前 841 年，不堪忍受厉王暴政的国人终于爆发了声势浩大的武装起义，他们像决堤的洪水一样冲向王宫。厉王仓皇出逃到了彘（今山西霍县），厉王的太子静则躲在召公家中。国人将召公的住所团团围住，要召公交出太子静，召公只好将自己的孩子代替静，才使得太子幸免一死。

国人暴动是一次以国人为主的、由广泛社会阶层参与的一场驱逐暴政的行动，也是中国历史上第一次大规模的群众性武装起义。它成为西周历史的一个转折点，从此赫赫宗周江河日下，周王朝的统治日

益衰微。而厉王逃到彘后一直不敢回都城，于是人们推举有威信而好仁义的共伯和来主理政事，史称"共和行政"。从共和元年即公元前 841 年起，中国历史开始有了确切的纪年。

宣王中兴

共和十四年（前 828），厉王死于彘。共伯和联合诸侯尊太子静为王，是为宣王，共伯和则回到他原来的属国卫国。宣王在位共 46 年，由于他亲历了国人暴动的风暴，所以能以史为鉴，在执政期间，锐意革新，任贤使能，使周王朝得到复兴，史称"宣王中兴"。

宣王即位后施政的重点是改变厉王的高压政策，以缓解阶级矛盾。《毛公鼎铭》说他谆谆告诫官员："不要侵害百姓的利益，并且要严于律己，以身作则。"宣王还任用召公和周公为相辅佐他，又重用尹吉甫、仲山甫等贤臣。宣王继承文、武、成、康等先王的遗风，取得了诸侯的信任，周王室的威望也逐渐恢复。

宣王在国势振兴之后，便着力驱除王室衰微以来进入中原的夷狄，于是北伐猃狁，南征淮夷、荆楚。宣王的北伐取得了较大胜利。《诗经·六月》称"薄发猃狁，至于太原"，即宣王一直打到今甘肃平凉一带，解除了猃狁在北方对周的威胁。北伐猃狁之后，宣王又南征荆楚和淮夷，并封他的大舅子申，作为南方诸侯的首领，保卫周室的南疆。宣王的南征恢复了周对南方的影响。南征之后，宣王还派秦仲率领 7000 援兵讨伐西戎。这些征伐的胜利，使得一时出现了四方平定、诸侯朝周的中兴景象。

但是，连年的征伐也消耗了周的国力，而且到了宣王后期，战事连连失利，故宣王的中兴如昙花一现，转眼即逝。宣王时，西周的井田制进一步遭到破坏，出现了奴隶集体逃亡、田地荒芜的现象，甚至连宣

王都不修籍田之礼。随着王室的衰微，诸侯的离心力越来越大。尤其是宣王自己带头破坏宗法制的威严，在鲁国废长立少，引发了鲁国内乱后，"诸侯多畔（叛）王命"。周王室对诸侯的控制越来越弱，中兴气象在宣王死后便成了过眼云烟。

犬戎灭周

宣王四十六年（前782），宣王去世，其子幽王即位，幽王是西周的最后一个王，他即位之后，并没能挽救宣王晚年的颓败之势，反而加速了西周的灭亡。幽王二年（前781），周朝王畿周围的渭、泾、雒三川地区发生强烈的地震，出现三川断流、岐山崩陷的重大自然灾害，造成了巨大的损失，加剧了社会的动乱和不安。这种严重的自然灾害与夏、商二代灭亡前的景象相似，故被视作西周灭亡的征兆。

易旁簋

面对巨大的自然灾害，幽王不但没有及时采取措施安民抚众，反而任用奸邪小人，加重了对人民的剥削，形成比天灾更为严重的人祸。幽王时任用的人多是谄佞暗昧之徒，使得"小人在位，君子在野"，周王室的统治更加黯淡。而在后宫及王位即承问题上，幽王的荒诞和一意孤行，直接导致了周王室的灭亡。

幽王有一个宠妃叫褒姒，"褒"为国名，"褒姒"即为从褒国嫁入周王室的女子。传说"褒姒"是龙涎所生的妖女：夏朝末年，有两条龙忽然停在夏朝王宫的大殿之上，自称是褒国的两位先祖。夏王叫人占卜，结果显示无论是把这两条神龙杀掉或赶走都不吉利，只有将视为龙的精气的龙涎封藏起来才为吉，所以夏王在神龙走后将它们留下的龙涎用匣子封存起来。就这样，这个装着龙涎的匣子一直传到了西周王朝，历经三代都没有人敢开启。直到周厉王末年，厉王因好奇将它拿出来观看。不巧龙涎从匣子里流淌出来，怎么也除不掉。于是厉王叫宫女们赤裸着，大声叫嚷，想把龙的精气吓走。龙涎于是化作一条大蜥蜴潜入后宫。它在后宫碰到一个7岁的小宫女，而这个宫女在及笄之后便生下了一个女婴。由于无父而生，宫女遂将她抛弃。宣王时，民间流传一句童谣说："桑木做的弓、箕木做的箭袋，是导致周亡国的元凶"。宣王听到歌谣后，恰好发现在都城有一对夫妇正在卖这些东西，于是叫人把他们抓起来杀掉，以除后患。这对夫妇仓皇逃命，而他们在逃亡的路上恰好碰到被宫女丢弃的女婴，于是将她抱走养大。这个女婴长大后出落成惊艳四方的绝色美女。当时，褒国国君获罪于幽王，于是褒人将她献给周王以赎罪。幽王在后宫见到褒姒，遂将三千宠爱集于她一身。不久，褒姒生下了王子伯服。

据说褒姒不爱笑，自从进宫之后就没有人见过她的笑容。幽王便下了悬赏令，谁能使褒姒一笑，就赏千金。一个叫虢石父的人给幽王出了个"烽火戏诸侯"的馊主意。原来，周王朝为了防备西边犬戎的进攻，在镐京附近的骊山（今陕西临潼东南）一带修筑了20多座烽火台。一旦有犬戎来犯，守关的兵士便依次燃起烽火报警，附近诸侯见到信号就会发兵救援。周幽王为博美人一笑，真的下令燃起了烽火。诸侯们匆匆率兵赶来，不见犬戎，才知被愚弄了，只好愤然离去。看到诸侯们乱哄哄地一阵奔忙，褒姒不禁灿然一笑。这一笑笑得幽王心花怒放，哪还管诸侯们的感受。当时的诸侯，贵族以及国人都对幽王宠褒姒表示不满，并把周的亡国归咎于褒姒。《诗经·瞻印》中"妇有长舌，维厉之阶，乱匪降自天，生自妇人"的诗句即反映了国人对褒姒的不满。与此同时，幽王还随意征发赋役，夺取人民的财物土地，使得民怨更深。幽王的昏庸无道所导致的天怒人怨，使得统治阶级部内部的贵族都感到形势危殆，纷纷另谋出路：大臣皇父在东部另建自己的城邑，司徒郑桓公也到东部寻找立足之地以避祸。

骊山烽火台遗址

周幽王一意孤行，甚至用废申后和太子宜臼，立褒姒为后、伯服为太子的方法来博取美人的欢心。幽王这不计后果的一废一立，终于招来了灭国之灾。申后为申侯的女儿，申后被废之后，太子宜臼也逃回舅家——申国避难。幽王十年（前772），幽王与诸侯会盟于中岳嵩山，为了除掉宜臼而兴兵讨伐申国。于是，申侯于幽王十一年（前771），联合缯国和西方的犬戎举兵攻周。幽王率兵与之战于骊山，大败而归。幽王被杀于戏（今陕西临潼），而褒姒则被犬戎虏获而去。在周被攻以至幽王被杀的过程中，各地的诸侯都没有派兵前往营救，除了是"烽火戏诸侯"的恶果之外，更在于周天子已失去了对诸侯的控制，因此诸侯才敢按兵不动，坐山观虎斗。

幽王被杀之后，伯服逃到晋国，晋有立伯服之意。而申侯则联络了一些诸侯拥护前太子宜臼即位。因为申侯方面的势力较为强大，所以晋侯最终杀了伯服，倒向了宜臼一方。宜臼即位，是为平王。西周京畿所在的镐京，由于犬戎破坏，已残败不堪，平王即位后于第二年，即公元前770年，在晋文公、郑武公、卫武公、秦襄公等人的护送下迁都洛邑，建立了东周。历时280多年的西周正式宣告灭亡。

诸侯争霸和大夫兼并

春秋时期，中国南方和北方的少数民族不断对中原发起进攻，对各诸侯国构成了巨大威胁。由于周天子已名存实亡，无法起到组织领导各诸侯国抵御外侵的作用；另外，一些强大的诸侯国为了争夺土地、人口以及对其他国家的支配权，纷纷"挟天子以令诸侯"，开始了春秋时期频繁的争霸战争。

齐桓公是春秋时期的第一位霸主。齐襄公死后，逃亡在外的公子纠和公子小白都急于回国，继承王位。公子纠在鲁国的护送下向齐国进发，并派自己的老师管仲去路上截杀小白，管仲射中了小白的衣服带钩，小白遂将计就计假装死去，于是公子纠和鲁国军队放慢了行进速度。与此同时，公子小白和其师鲍叔牙却兼程领先回到齐国都城临淄，公元前685年，公子小白继承王位，即齐桓公。

齐桓公即位后，立即发兵攻鲁，迫使鲁国杀死了公子纠，并囚送管仲回齐国。管仲是春秋时期著名的政治家，齐桓公即位后，在鲍叔牙的劝说下，不计前嫌，任用管仲为相。管仲在齐国进行了一系列改革：第一，按土地好坏分等征税，打破了井田制的限制，肯定了土地私有权，调动了生产者的积极性，增加了税收，增强了国力。第二，改革行政机构，推行"叁其国而伍其鄙"制度，形成了严密的行政机构，加强了对国内的控制和管理。第三，改革兵制，实行"作内政以寄军令"的军政合一制度，士兵平时生产、训练，战时出征，增强了战斗力。第四，设"轻重九府"，由官府铸造货币，调剂物价，并设置盐铁官，发展盐铁和渔业，以增加财政收入。

晏婴像

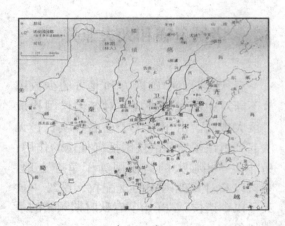

春秋形势图

经过一系列改革措施的实行，齐国国内政局稳定，经济实力增强，军队也具有较强的战斗力。这些为齐国称霸诸侯奠定了基础。公元前 679 年，齐与宋、陈、卫、郑会于鄄（今山东鄄城），开始称霸。齐桓公以"尊王攘夷"为旗帜，联合诸侯，抗击夷狄，并提高自己的威望，发展自己的力量。

公元前 651 年，齐桓公又在葵丘（今河南兰考）大会诸侯，参加的有鲁、宋、郑、卫等国，周天子也派代表参加。这次盟会规定："凡我同盟之人，既盟之后，言归于好"。通过这次盟会，齐桓公最终取得了中原霸主的地位。齐桓公死后，诸子争立，齐国从此失去了霸主之位，走向衰落。不久，晋文公登上霸主地位。

公元前 636 年，晋国公子重耳登位，就是春秋的著名霸主晋文公（公元前 636 年～前 628 年）。

晋文公任用很有才能的赵衰、狐偃等人为大臣，对晋国内政进行整顿：一是实行"轻关易道，通商宽农"，"弃债薄敛"，发展经济，增加财政收入；二是安抚旧臣，选拔人才，稳定政局；三是作三军，扩大军队，加强实力；四是整顿吏治，厘清政治。从而为晋国称霸创造了条件。这时周王室发生了"王子带之乱"。公元前 636 年，王子带联络狄族"同伐京师，入王城，焚东门"发动叛乱，赶跑了周襄王。晋文公利用这个机会，以"尊王攘夷"为号召，会合诸侯，出兵"伐戎救周"，打败王子带，护送周襄王回雒邑。周襄王将南阳的温、原等八邑赏给晋，大大提高了晋文公在诸侯中的威望。公元前 633 年冬，

中国通史

最新整理图文珍藏版

楚成王率领陈、蔡、郑、许之师围宋，宋向晋文公告急。公元前632年，晋文公联合齐、秦两国救宋，决心与楚国争霸中原。晋文公采取诱敌深入，集中兵力，各个击破的方针，令晋军"退避三舍"，从曹陶丘退至城濮，占据了有利位置。随后晋大败楚军。这就是历史上著名的"城濮之战"。战后，晋文公和齐、鲁、宋、卫等七国之君盟于践土（今河南荥泽），并得到周王的策命。这年冬天，晋又会诸侯于温（今河南温县），周王也被召赴会，晋于是继齐成为中原霸主。

此时，在西方是秦穆公霸西戎。秦国地处渭水流域，于西戎、北狄之间。周宣王时封非子的曾孙秦仲为大夫，秦仲在攻伐戎、狄的战争中战死。其子庄公继续攻伐西戎，被周宣王封为"西陲大夫"。西周灭亡，秦襄公因护送平王东迁有功，被封为诸侯，占据了以岐、沣为中心的广大地区，建都于雍（今陕西凤翔），势力逐

蟠虺纹镂空俎

渐发展起来。经过一百多年，到秦穆公（公元前659年～前621年）时，秦国发展成为强盛的奴隶制国家。秦穆公招贤任能，秦由是强盛。百里奚是当时著名的政治家，他协助秦穆公改革内政，发展生产，秦国力渐强。在晋称霸时，秦也很想向东发展自己的势力。公元前627年，秦穆公乘晋文公去世之机，派军偷袭郑国，后因郑国已有准备，便灭滑国而回师。当秦军路过殽山（今河南渑池西），遭到晋军的伏击，秦全军覆没，这就是著名的"秦晋殽之战"。秦向东扩张的道路被晋所阻。于是，秦穆公采用谋臣由余的计谋转而向西发展，"益国十二，开地千里，遂霸西戎"，"天子使召公过贺穆公以金鼓"，秦成为西方的大国。

春秋时期楚国日益强大。楚成王时"楚地千里"，又向北扩张。但先被齐桓公遏制于召陵之盟，被迫向周纳贡，后又被晋文公败于城濮，楚北进被阻。公元前613年楚庄王继位，继位三年后发愤图强，罢斥奸臣，选用贤材，治理了内政。然后又注意经济的恢复和发展，特别是注重水利的兴修，使国力迅速发展起来。并且迅速平定了若敖氏的叛乱，稳定了政局，"国人大悦"，国力强盛。公元前606年，楚庄王借伐陆浑之戎，北上陈兵周郊，周天子

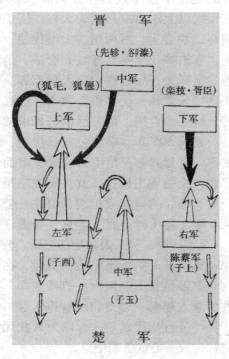

晋楚城濮之战示意图

183

吴王夫差矛

派王孙满慰劳楚师，楚庄王竟询问"九鼎"之轻重，意在取周而代之。

楚争霸中原的强大对手是晋国，而宋、郑诸国夹在中间，是晋楚争霸的焦点。公元前597年楚伐郑，围郑都三月，破郑都，郑伯肉袒乞降。晋闻讯后，派大兵救郑。晋楚两军大战于邲（今河南郑州北），由于晋内部政令不行，将帅不和，晋军为楚所败而狼狈逃归。公元前594年，楚庄王率军围攻宋，宋人告急于晋，晋畏楚而不救，宋人坚守都城达一年多。最后宋大夫华元夜入楚营，挥刃迫楚帅子反撤围，楚宋议和，宋依附楚国。从此中原诸国除齐、秦、鲁等国外，皆背晋向楚，楚庄王成为中原霸主。

春秋中期以后，晋楚双方势均力敌，互有胜负。但连年的攻战，各国都很疲乏，尤其是小国普遍厌战。同时，争霸战争也加速了本国阶级矛盾和新旧势力之间斗争的发展，使各国无力外顾，都想暂时休战，于是便出现了"弭兵"运动。它是由受战祸最深的宋国发起的，先后召开两次"弭兵"之会。公元前579年，宋大夫华元倡议晋楚两国在宋西门之外订立盟约，规定双方"无相加戎，好恶同之"。但不过几年，盟约被撕毁，晋楚战争再起。鄢陵之战后，楚衰落，晋亦开始衰微，于是，公元前546年，宋大夫向戌继华元倡议召开"弭兵"之会，晋、楚、齐、秦、宋、郑、卫、鲁等十四个诸侯国会盟于宋。会上规定，晋、楚之从国必须交相见。也就是说两国的仆从国必须既朝晋又朝楚，承认晋、楚为共同的霸主。这样，中原大国争霸就以晋楚两国平分霸权而基本告一段落。

弭兵运动之后，春秋历史进入晚期。这时，地处长江下游新崛起的吴国和越国却企图向中原争夺霸权。

吴国在春秋中叶后得晋助而强大。公元前515年，吴公子光杀王僚自立为王，即吴王阖闾，他重用伍员（子胥）和孙武等人，改革政治和军事，建造城郭，设立守备，充实仓廪，整治库兵。吴国力渐强，在晋的支持下连年攻楚。公元前506年，吴王阖闾以大军事家孙武为大将，伍子胥为副将，联合唐、蔡两国，大举伐楚。吴楚两军在柏举（今湖北麻城）会战，楚军大败。吴军又五战五胜，攻入楚都郢。楚昭王逃亡云梦泽，受"盗"攻击，后逃奔到随，楚几乎亡国。楚大臣申包胥求救于秦。公元前505年，秦襄公派兵援楚，击败吴军，收复郢都。楚由于这次失败而失去了它强大的霸主地位。就在吴攻陷楚都时，与吴相邻的越国乘机袭击吴国。公元前496年，吴伐越，战于檇李（今浙江嘉兴），吴军战败，吴王阖闾受伤而死。公元前494年吴王夫差为报父仇而伐越，在夫椒（今江苏吴县太湖椒山）打败越军，又乘胜而攻入越都。越王勾践被迫求和，臣服于吴。吴自从灭越后，自以为从此无后顾之忧，故一心欲争霸中原。

越王勾践被打败后，不甘心屈服，暗

中准备复仇。他"卧薪尝胆"，"身自耕作，夫人自织，食不加肉，衣不重彩，折节下贤人，厚迁宾客，振贫吊死，与百姓同其劳"，因而，得到人民的拥护。又任用文种、范蠡等人，整顿内政，发展生产，训练军队。同时在外交上采取"结齐、亲楚、附晋"的方针，孤立吴国。经过"十年生聚"、"十年教训"，越国的力量很快恢复起来。越王勾践看到吴国争霸黄池，主力北上，"唯独老弱与太子留守"，便于公元前482年向吴国进攻，大败吴军，杀吴太子。夫差闻讯引兵回国与越议和。过了几年，越再次伐吴，大败吴军。公元前473年，夫差被迫自杀，吴亡。越王勾践继而率师北上争霸中原，与诸侯会盟于徐（山东滕县）。周元王使人赐勾践胙，命为伯。"当是时，越兵横行于江淮东，诸侯毕贺，号称霸王"。至战国时，越为楚灭。

春秋时期长期的争霸战争，虽然给人民带来了巨大的痛苦和灾难，但也打破了各民族间的隔阂局面，促进了以华夏族为主的民族大融合。为后来统一的多民族国家的形成奠定了基础。

春秋时期，随着井田制的瓦解和土地私有制的产生，在政治上也引起很大变动。这主要是许多诸侯长期陷于争战之中，经济困难，政治权力日益削弱；而且不少卿大夫拥有大量的土地；掌握了强大的政治、军事权力。这些卿大夫在经济上损公济私，在政治上干预朝政，甚至影响操纵君位继承，把国君置于他们的控制之下，直至最后篡夺君位。

晋国的新兴势力代表是韩、赵、魏、范、中行、智六家，称"六卿"，又称"六将军"。春秋中叶，晋国的大权逐渐为一些新崛起的异姓贵族所掌握，而旧公族势力日弱，仅有栾氏、羊舌氏和祁氏等几家。晋厉公即位后，被栾氏所杀，拥立晋悼公。公元前550年，以范氏为首的新兴

势力联合起来，打败栾氏，以后又镇压了祁氏、羊舌氏的叛乱，一部分旧贵族"降在皂隶"，成为奴隶和平民。从此，"六卿"登上了政治舞台。晋六卿进行了封建性的政治改革，各自废除了"步百为亩"

子产像

的井田制，实行了封建的田亩制和地税制。此后，"六卿"内部展开了激烈的斗争，范氏和中行氏联合郑国和齐国，攻伐赵氏。公元前493年，赵鞅为争取胜利宣布："克敌者，上大夫受县，下大夫受郡，士田十万，庶人工商遂，人臣隶圉免"，意思是说，立了军功的人，无论其地位如何，皆可得到赏赐和改善地位。通过这种方式，发展了封建关系，争取了支持者，打败了范氏和中行氏。智、赵、韩、魏四家共同瓜分了范、中行二氏的地盘，而智氏势力最强，智伯掌握了晋国的国政。公元前453年，韩、赵、魏三家联合攻灭智氏，分别建立了三个封建政权，赵氏占据晋的北部地区，以晋阳（今山西太原）为都城；韩氏占据晋的中部地区，以平阳（今

山西临汾）为都城；魏氏占据晋的南部地区，以安邑（今山西夏县）为都城。史称"三家分晋"，晋公室名存实亡。公元前403年，周威烈王正式承认韩、赵、魏为诸侯。公元前377年，韩、赵、魏灭晋侯，三分其地，晋亡。

在齐国，新兴的地主阶级代表是田氏。田氏本是陈国贵族，春秋初期，陈国发生内乱，公子完奔齐。改姓田，齐桓公命其为"工正"，齐景公时，公室日益腐朽没落，阶级矛盾十分尖锐。这时，陈完的四世孙田桓子已做了齐国大夫，他为取得人民的支持，在向贫苦民众放贷时，用大斗借出，小斗收入，其山海所产树木鱼盐到市场上出卖，价格同产地一样。因此大批民众都逃往田氏门下。公元前490年，齐景公死，国、高两氏立齐景公的儿子荼为君。田乞（田桓子之子）乘机发动武装政变，杀死荼，打败了高氏、国氏、弦民、晏氏四大贵族，拥立阳生为君，为齐悼公，田乞自立为相。公元前485年，齐悼公被

杀，齐简公立。公元前481年，田常（田乞之子）与贵族监止分别担任左、右相。田常继续采取大斗出租小斗收租的办法来笼络平民，实力大增。五月，田常再次发动政变，击败贵族监止的军队，杀齐简公，另立齐平公，内修政治，外结同盟，五年之后，"齐国之政皆归田常"。公元前391年，田常的曾孙田和将国君齐康公放逐到海上，田和成了事实上的齐国国君。公元前386年，田和被周安王封为诸侯，并沿用齐国的国号，史称"田氏代齐"。

春秋时期经过连年战争，以及各国新兴地主阶级的夺权斗争，许多诸侯国灭亡了，大部分诸侯国中的新兴地主阶级取得了政权，中国进入了封建社会。

周王室的衰落

西周末年，周天子地位衰微，强大起来的诸侯逐渐不听从王室的指挥。到春秋

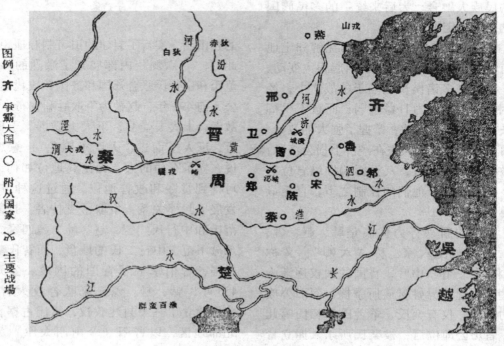

春秋争战形势图

前期，这种状况愈演愈烈，以致在周桓王十三年（公元前707年），爆发了周、郑葛（今河南长葛东北）之战，郑国的祝聃竟敢以箭去射天子周桓王。

春秋初年，郑国同王室的关系最为密切。郑武公以大军保护周平王东迁，其后成为王室卿士。郑庄公继位后，仰仗祖先的功劳，在王朝内专横跋扈。庄公在国内与其弟公叔段不和，经常不理王室之政，于是周平王就打算让虢公与庄公为左右卿士共同掌管王事。郑庄公得知这个消息后，即责问平王。平王矢口否认，并提出君臣交质，以示信任。周平王五十一年（公元前720年），平王去世，太子林继位，是为桓王。桓王上台后便准备授虢公政以分庄公之权，庄公得知，想给新即位的天子一个下马威，派祭足带领人马把王室在温地（今河南温县）的麦子割掉，在成周（今洛阳东）的禾割走。至此，周、郑交恶。

楚故都纪南城东南角鸟瞰

桓王毫不示弱，郑庄公意识到失去同周天子的密切关系，对自己在诸侯中争雄不利，于是便采取了怀柔策略，于周桓王三年（公元前717年）亲自到王都朝见桓王，桓王却不加礼遇，不久又任命虢公忌父为王室右卿，与郑庄公共理朝政。郑庄公的退让，使得周桓王得寸进尺。周桓王八年（公元前712年），桓王把本来不属于王室的十二个邑作为空头支票，换取郑国四邑，使郑国白白丢了四个邑；到周桓王十三年（公元前707年），桓王又干脆罢免了庄公的左卿士之职，因而庄公也就不去朝见他。这样，桓王便率领王师及蔡、卫、陈之师讨伐郑国，郑国也出兵抵抗，两军在 葛摆开阵势。

王师方面的部署是：桓王亲率中军，虢公林父将右军，周公黑肩将左军；蔡、卫两国军队属右军，陈国的军队属左军，呈"鸟阵雁行"的阵势，突出中军。郑国方面针对王师的部署，采取"鱼网之阵"的阵法，把主力放在左右两方阵上，中军摆在两方阵中间靠后，郑庄公率中军，祭仲将左方阵，曼伯将右方阵，左右方阵中把战车排列在前面，步卒配置于战车之后，填补车与车之间的空隙，构成密集队形。开战时让左右方阵先接敌，打垮对方力量较弱的左、右军，然后三军呈鱼网状合围对方中军主力。

两军交战，郑庄公在原繁、高渠弥护卫下坐镇中军，并与祭仲、曼伯约定中军大旗挥动时，左右两方阵同时发起攻击。开战后，陈国由于内政处于动乱之中，士气不高，遇到郑军方阵的攻击，立即溃逃，周王室的左军士卒跟着也败下阵来；蔡、卫两国的军队本无战斗力，在受到攻击后，抵挡不住，转身而逃，王室的右军也随之溃败。然后，郑国三军合围周王中军，祝聃一箭射中周桓王的肩膀。桓公忍着箭痛，指挥军队退却。祝聃请求庄公下令追击，庄公认为君子对一般人尚且不能逼之太甚，何况对于天子！如果能够使国家免于危亡，这就足够了。因此，按兵不动。当天晚上，郑庄公派遣祭仲去慰问周天子及其随从，表示郑国只是不得已应战，愿同王室和好。繻葛之战是诸侯强大、王室衰微的一个标志，祝聃"射王中肩"，王师惨败于诸侯军队名下，这使周天子的威风扫地，事实上等同于诸侯。同时这一仗也拉开了列国争雄的序幕。

春秋诸霸

齐桓公的霸业

齐在经济、文化上都较为先进，是春秋时东方的泱泱大国。春秋初年，齐内乱迭起，无暇对外。桓公继位后，任用管仲为辅佐，稳定了国内的局势，同时又注意发展经济，国力大为充实。于是桓公积极开展对外活动，首先拉拢宋、鲁两国，接着把郑也争取过来。当时北方戎、狄势力强大，华夏小国深受其害。公元前661年，狄伐邢（今河北邢台）；次年，狄又破卫（今河南淇县），卫只剩下遗民五千余人。齐乃出兵救邢存卫，迁邢于夷仪（今山东聊城），迁卫于楚丘（今河南滑县）。史称"邢迁如归"，"卫国忘亡"。由于齐联合其他诸侯摧折狄人南下的锋芒，使邢、卫两国转危为安并受到保护，齐桓公在中原国家中树立起很高的威信。

南方的楚国，在春秋初年还并不强，但经过武王到文王的苦心经营，楚开始强大，先后灭后掉了邓、申、息等国，并渐向北发展其势力。到成王时，楚打算更进一步向中原逼近，但正逢齐桓公的崛起，一向附属于楚的江、黄等小国都转向齐。这使楚大为不满，于是连年进攻郑，以此作为报复。公元前656年，齐桓公也采取相应的举动，率领鲁、宋、陈、卫诸国之师，讨伐追随于楚的蔡国。蔡不堪一击而溃败，齐遂进而伐楚。楚不甘示弱，派人责问齐师。最后两国无法压倒对方，故在召陵（今河南郾城）会盟。这次齐虽未胜楚，但楚北进的计划受到了阻力。

公元前651年，齐桓公大会诸侯于葵丘（今河南兰考），参加盟会者有鲁、宋、郑、卫等国的代表，周天子也派人前往。盟会上规定：凡同盟之国，互不侵犯，还

齐国殉马坑

须共同对敌。通过这次盟会，齐桓公成为霸主。霸主就是代替天子而成为诸侯中的主宰力量。

桓公死，诸子争位，内乱不息。齐失去其霸主地位。齐称霸时间虽不长，但对阻止戎、狄入侵和遏止楚的北上起到一定的作用。

武力强而好战的宋国，在宋襄公时期，也跃跃欲试，想乘齐中衰而成为霸主，但不久就被楚所摧败。

晋的崛起和文公的霸业

晋在春秋初年比较弱小。其疆域仅包括今晋南和汾、浍流域一带，都城在翼（今山西翼城）。《国语》说晋国是"景、霍以为城，而汾、河、涑、浍以为渠"。《左传》说："晋居深山，戎狄之与邻"。由于晋国是"表里山河"，有难攻易守的好处，但这样的地理环境对于晋和中原的交往则颇为不利。

公元前745年，晋昭侯封其弟桓叔于曲沃（今山西闻喜）。桓叔实力超过晋君，双方展开了不断的激烈斗争。到公元前679年，桓叔之孙取胜而成为晋君，是为武公。到其子献公时，晋改一军为二军以

扩大兵力，随后灭耿（在今山西河津）、霍（在今山西霍县）、魏（在今山西芮城）三个小国，接着又灭虢（在今河南陕县）、虞（在今山西平陆）两国，晋国疆土从黄河北岸延伸到黄河以南。这对晋以后的发展具有重要的意义。

献公时晋开始强大。献公死，诸子因争位而酿成内乱。相继在位的是碌碌无能的惠公和怀公，故一直受制于秦。晋长期处于动荡不安的状态。

公元前636年，流亡在外达十九年之久的公子重耳，在秦的援助下回国继位，是为有名的晋文公。他备尝"险阻艰难"，所以即位后能奋发图强，任用有才干的赵衰、狐偃等人，并注意发展农业、手工业生产。经过文公的治理，晋政权不仅巩固起来，而且还出现"政平民阜，财用不匮"的局面。

同年，周王室发生内乱，周襄王出居郑以避难。公元前635年，文公利用这一机会，出兵平乱，护送襄王归国。襄王为了酬谢文公的功劳，把阳樊、温、原和攒茅之田（今河南济源、武陟一带）赐给晋

象首龙纹铜方甗

文公。文公通过兴兵勤王，除得到土地外，还提高了晋在中原诸侯中的威望。

自齐霸中衰，楚又乘虚而入，中原的一些小国都在其支配之下。当时不仅鲁、郑屈服于楚，甚至像齐这样的大国也受到楚的威胁。由于晋的强盛，晋楚之争势在必然。公元前632年，晋楚发生城濮之战，楚人战败。晋文公和齐、鲁、宋、卫等七国之君盟于践土（今河南荥泽），并得到周王的策命。是年冬，晋文公又会诸侯于温（今河南温县），周王也被召去赴会，晋跃升为中原的霸主。

文公死，襄公立。襄公依靠文公手下的一批老臣，不仅能使内部稳定，同时还打败白狄与秦人，故晋仍能保持其霸业。

秦霸西戎

周东迁时，秦襄公因护送平王有功而被封为诸侯。秦原来居于今陇东，周东迁后，占有岐西之地。德公时居雍（今陕西凤翔）。到穆公时秦渐强大。秦和晋通婚，故关系较密切，两国又因接壤而经常有矛盾。在晋文公卒后，穆公即乘晋丧而东向派兵袭郑，后因郑有备而退回，但在行经殽（今河南渑池、洛宁一带）地时，遭到晋伏兵的狙击，秦师全军覆灭，三帅被俘。此后，秦不断和晋较量，如公元前625年，秦伐晋，战于彭衙（今陕西白水），秦战败，一年后，穆公亲自率兵伐晋，渡过黄河后，烧毁乘舟，晋人见秦有决一死战之心而不敢应战。秦由于国力不如晋，故屡与晋战而很少得利。而晋正好堵住秦东向的通道，故秦很难进入中原。出于以上原因，秦只好向西发展，击败附近的戎人以增强自己的力量。史称穆公"益国十二，遂霸西戎"。同时，秦与南面的楚国加强联系，从穆公以后到春秋末，秦一直和楚站在一起而与晋为敌。

楚庄王之胜晋

在晋文、襄时期，楚不敢与晋争锋。

王子午鼎（春秋炊鼎）

到楚穆王时，楚不断对其邻近的小国寻衅，先后灭掉了江（在今河南汝宁）、六（在今安徽六安）、蓼（在今河南固始）等小国。晋自襄公卒后，大权旁落于赵盾之手，赵盾为了树立自己的势力，排斥异己，杀灵公立成公，晋放松了对外的争霸活动。而这时楚的国势正盛，楚人范山对穆王说："晋君少，不在诸侯，北方可图也。"楚看出晋国的弱点，很想到中原建立霸业，但不久穆王即死去。

继穆王而立者是庄王。庄王初年，楚的局势很不稳定，接连发生贵族暴乱，又逢天灾侵袭，而近于楚的群蛮、百濮也都乘机对楚进行骚扰。庄王平息乱事，并在内政方面作过一些改革，能够赏罚分明，大小贵族各有所用，使"群臣辑睦"；对人民也有所加惠，即使经常出兵，但国内可以"商农工贾，不败其业"。由于庄王治国、治军有方，楚国力日益强盛。

公元前606年，庄王伐陆浑之戎（今河南伊川一带），观兵于周郊，并派人向周询问周九鼎之轻重，以表示有吞周之意。公元前598年，楚攻破陈的都城；次年又兴兵围郑，郑被困三月因城破而降楚。这使晋难堪，故晋派荀林父率大军救郑，晋

楚两军大战于邲（今河南郑州北）。这时晋国政令不行，将帅不和，特别是副帅先縠刚愎自用，不肯服从命令，结果晋军被楚打败，狼狈逃归。邲之战是楚国在中原所取得的第一次大胜。公元前594年，楚又围宋达九月之久，宋向晋告急，晋因畏楚而不敢出兵。宋、郑等国都屈服于楚，庄王成为中原的霸主。

鞍之战和鄢陵之战

随着晋霸的中衰，常和晋站在一起的齐，渐对晋藐视起来。齐顷公时，齐一面和楚联结，一面又不断对鲁、卫两国用兵。另外又不尊重晋的使臣郤克。公元前589年，鲁、卫两国因不堪齐的侵伐而向晋求救，晋派郤克率兵攻齐，两军激战于鞍（今山东济南），齐师战败。齐与晋结盟，并答应归还占领鲁、卫之地。这次战役表明，晋虽不如以前强盛，但齐仍不是晋的对手。

鞍之战晋获胜后，又引起楚对晋的敌意。这年冬，楚以救齐为名而大兴师。接着楚在蜀（今山东泰安）举行了盟会，参与者有齐、秦、宋、郑、卫等十国，声势颇盛。晋不敢出来与楚抗争。当然，楚也不敢攻晋，两强处于相持阶段。

公元前580年，晋厉公立。厉公颇有重整晋国之意，于即位之初就打败了狄人和秦人。被晋人称为"四强"的齐、秦、狄、楚，这时除楚之外，都为晋所制服。

公元前579年，晋、楚两国在宋华元的调停下议和，但两国均缺乏诚意，只能使矛盾获得暂时的缓和。公元前576年，楚首先违约而向郑、卫发动进攻。次年，晋国以郑服于楚为借口而伐郑，郑向楚求援，楚恭王率大军救郑，晋、楚两军大战于鄢陵，楚战败而退兵。鄢陵之战后，晋在实力和条件上略胜于楚，晋厉公因此骄傲自满起来。次年，"欲去群大夫"，杀掉了郤至、郤锜、郤犨，想以此来加强君权，

中国通史

最新整理图文珍藏版

但晋室弱而权在卿大夫的局面已很难扭转，所以次年厉公即被栾书、中行偃这些实力很强的大臣所杀死。

晋悼公复霸

厉公被杀之后，晋国卿大夫之间的斗争也趋于缓和，故在悼公时期，晋势复振。

悼公在对付戎人方面采取魏绛和戎的策略，即用财物去换取戎人的土地，以代替过去的单纯的军事杀伐，借此抽出部分的兵力来加强对中原的争霸活动。

公元前571年，晋在虎牢（今河南汜水）筑城以逼郑。郑背楚而倒向于晋。这时晋、楚俱在走向下坡，但相比之处，晋略占优势，故楚不敢与其相抗。悼公能够复霸，原因就在于此。当然，晋的霸业，至此也已接近尾声。

向戍弭兵

公元前546年，宋向戍继华元而提出弭兵之议，晋、楚、齐、秦四大国都表示同意。是年六、七月间，晋、楚、齐、秦、宋、卫、郑、鲁等十四国在宋都开弭兵之会。齐、秦是大国，邾、滕是齐、宋的属国，这四国不参加盟约。会上规定晋、楚之从必须交相见，就是说两国的仆从国既要朝晋又要朝楚，同时承认晋、楚为霸主，遂出现了前所未有的霸业由两强来平分的现象。

弭兵之会的几十年中，由于晋、楚两强力量的接近于平衡，彼此的军事冲突较以前大为减少。

小国对霸主的贡赋

西周时各诸侯都要定期对周天子纳贡，春秋时因周衰而此制渐废。随着大国争霸的出现，各小国都要向霸主国交纳贡奉。特别到春秋晚期，霸主国为了加紧对小国的勒索，甚至规定出贡赋的标准，如鲁襄公几次到晋国去听政，就是去听取晋对鲁赋的具体数目。霸主为了能保证有这种收入，时常对小国施加军事威慑，小国为了不致遭受战争的灾难，故必须不断地对霸主交纳奉献。《左传》说："鲁之于晋也，职贡不乏，玩好时至，公卿大夫，相继于朝，史不绝书，府无虚月。"除了晋以外，楚是另一个霸主，齐是强邻，鲁对这两国也不敢稍有违抗。据《左传》记载，鲁在春秋时期，对晋、楚、齐三国共朝见过33次。

郑国地当晋、楚之间，两强发生军事冲突时，郑受害最大。郑在子驷当政时期，采取唯强是从的策略，"牺牲玉帛，待于二境，以待强者而庇民焉"。后来子产当政，他对晋人说："以敝邑之褊小，介于大国，诛求无时，是以不敢宁居，悉索敝赋，以来会时事。"郑和鲁一样，为了少受讨伐，只能向两强多交贡赋。郑人每次赴晋，都要带着丰厚的礼品，如晋安葬晋平公，郑执政子皮带着一百辆车的礼物前去送葬。

春秋晚期，晋的执政都很贪婪，加重了对小国的压榨。《左传》说："范宣子为政，诸侯之币重，郑人病之。"又说："韩宣子为政，不能图诸侯，鲁不堪晋求。"霸主国的苛求无厌，使小国承受着很重的负担。但和鲁邻近的滕、小邾、杞、鄫等小国，都要经常去朝鲁，如杞对鲁稍有不敬，鲁则出兵讨伐之，可见鲁又模仿着强国去对待比自己弱小的国家。

单匜

"黄夫人"壶

吴的兴起和吴破楚

地处长江下游的吴国，由于经济文化较落后，在春秋前期和中原各国少有来往，其活动状况也不见于史书记载。

从春秋晚期开始，吴渐渐强大起来。公元前583年，晋采纳从楚逃亡到晋的申公巫臣的策略，扶植吴国以制楚，派巫臣使吴，并把中原的乘车、射御、战阵都教授给吴人，还"教之叛楚"。从此，吴果然加紧对楚的进攻，属于楚的一些蛮、夷，也渐被吴所吞并。

公元前515年，吴公子光杀王僚而自立，即吴王阖闾。《左传》称阖闾与民"辛苦同之"，是一位有作为的君主。吴在其治理下而日益强盛。公元前512年，吴灭徐（在今安徽泗县北）。楚的卿大夫这时已感到吴的威胁，而且也预见到吴将是楚不易对付的强敌。

吴重用楚亡臣伍员。伍员认为"楚执政众而乖，莫适任患"，建议吴王把吴军分成三部分，每次出一师以击楚，如此轮番

地去扰楚，便可削弱楚人，最后以三军攻之，楚一定无法支持。吴王接受了这一计谋，果然，从楚昭王即位之后，"无岁不有吴师"，使楚疲于奔命。

公元前506年，吴大举攻楚。吴军溯淮而上，转战于小别山、大别山一带。继而吴与楚军战于柏举（今湖北麻城），楚军失利。吴从攻楚以来，五战皆捷，吴军遂攻入楚的郢都（今湖北江陵），昭王奔于随（今湖北随州）。楚申包胥入秦乞师，秦襄公派兵车五百乘以救楚。楚人在秦的支援下，把吴军逐出楚境。楚因遭到这次大败而失去其霸主地位。

吴伐越和越灭吴

越和吴相毗邻，占有今浙江一带。越乘吴忙于攻楚而经常出兵以袭吴。公元前496年，吴伐越，战于槜李（今浙江嘉兴），吴师败，吴王阖闾负伤而卒。公元前494年，吴王夫差为报父仇而败越于夫椒（今江苏苏州），又乘胜而攻入越都。越王勾践率领五千甲盾而退保于会稽山（今浙江绍兴），并使人向吴求和，伍员要求夫差灭越以除吴心腹之患，而夫差因胜越而骄傲自满，不听伍员谏阻而许越议和。

吴胜越以后，自以为从此可无后顾之忧，于是一心想到中原和晋、齐试比高下。公元前486年，吴人在邗（今江苏扬州附近）筑城，又开凿河道，将长江、淮水连接起来，开辟出一条通向宋、鲁的水道，进逼中原，在其压力下，鲁、邾等国纷纷臣服。公元前485年，吴派舟师从海上伐齐；次年，又兴兵伐齐，大败齐师于艾陵（今山东莱芜），齐军主帅国书战死，吴俘获齐兵车八百乘。公元前482年，吴王夫差与晋、鲁、周等国会于黄池（今河南封丘）。在这次会上，晋与吴都争作霸主，晋由于国内内乱未止，故不敢与吴力争，使吴夺得了霸主的位置。

《春秋》书影

《左传》说夫差时，"吴日敝于兵，暴骨如莽"，又说他不恤民力，"视民如雠"。吴在争霸方面虽得逞，但连年的兴师动众，造成国力空虚。越王战败以后，不忘会稽之耻，卧薪尝胆，"十年生聚而十年教训"，越的国力渐渐恢复起来。而吴对此并不警惕。吴王为参加黄池之会，竟率精锐而出，使太子和老弱留守。越王勾践乃乘虚而入，大败吴师，并杀死吴太子。夫差闻讯而匆匆赶回与越议和。吴长期的穷兵黩武，民力凋敝，难以和越对抗。公元前473年，越灭吴。

勾践灭吴之后，步吴之后尘，以兵北渡淮，会晋、齐诸侯于徐州。越兵横行于江淮以东，"诸侯毕贺，号称霸主"。《墨子》说当时的强国是楚、越、晋、齐，"四分天下而有之"。在春秋末到战国初，越代吴成为长江下游的强国。

齐桓称霸

"九合诸侯，一匡天下"，说的是春秋时期齐桓公首霸中原的故事。

齐桓公的哥哥齐襄公是一个很昏庸的国君，整天吃喝玩乐，常常诛杀无辜，闹得朝廷内外人人自危，一些有才能的大臣护卫着几个公子都躲到国外去了。因而，引起文武百官的不满。后来，连称和管至父两位军官乘襄公在贝丘放火烧山、围猎取乐的时候，在一座别墅内把他杀了。

齐襄公被杀，在鲁国外婆家避难的公子纠听到齐臣又杀了连称、管至父和新国君，让他回国即位的消息后，高兴万分。就连鲁庄公也很高兴，叫曹沫当大将，护送公子纠回国。刚准备停当，护卫公子纠的大臣管仲禀告鲁庄公说："公子小白（即后之齐桓公）在莒国，离齐国近，万一他先到国内就麻烦了。"鲁庄公依了管仲的请求，让他带着几十辆战车先行一步。

不出管仲所料，公子小白这时正坐在马车里，在鲍叔牙护卫下，边走边仔细看着另外一些齐国大臣拥戴他的信。走到莒、

番君鬲

齐两国的边境上和管仲相遇，管仲气喘吁吁地问："上哪儿去呀！""回国办丧事去。"小白警惕地回答。"这事您哥哥会处理的！"管仲有意阻拦说。鲍叔牙在一边，听出话里有话，也不顾往日和管仲一起经商时的情谊，睁大眼睛对他说："你管得着吗？各人有各人的事啊！"旁边的兵后也跟着吆喝，把手中的兵器故意碰得直响，管仲见势，不敢再说，回马就走。

小白望着管仲的背影直笑。管仲却偷偷地拿出弓，搭上箭，突然转身嗖地射来。小白想躲已来不及了，大叫一声，口吐鲜血，倒在车里不省人事。管仲看到鲍叔牙在抢救小白，急忙跑回报告了公子纠，要他赶快到齐国抢位。他们走了六天才到都城下。可是，小白早已当上了国君，把他们拒之城外。

原来，管仲的一箭，正好射在小白腰间一块坚硬的青铜带钩上。他惧怕再来一箭，机智地大叫一声，咬破舌尖，摔在车里，麻痹对方。结果，抢先回到齐国。

鲁国护送公子纠的兵马聚集在齐国，迟迟不退。齐桓公下令发兵抵抗。在乾时把鲁国军队打得大败。大将曹沫夺路而逃。鲁庄公见到一队残兵败将，正想发作，哨兵前来报告说："齐国军队乘胜打到都城外了！要求杀死公子纠，交出管仲。"齐国是一个大国，人多势众，鲁庄公无奈，只得令人割下公子纠的脑袋，把管仲囚在牢笼里，一起交给齐国。

管仲被押到齐国，鲍叔牙远远地赶到边境上迎接。问候了一番，把他带进都城推荐给齐桓公。齐桓公锁着眉头说："他用冷箭要我的命，杀了他，吃他的肉还不解恨哪！你还叫我用他？"他是越说越激动。鲍叔牙见齐桓公动了感情，不紧不慢地说："那时他帮公子纠是忠心，主公若能赦免，他也对你同样忠心。"齐桓公沉默不语，鲍叔牙又说："主公不是老想着成霸业吗？那就非得有管仲不可！如果只治理一个齐国，那么用我就够了。"齐桓公点了点头。

齐桓公不记前仇，拜管仲为相的事，很快传遍了天下。鲁庄公闻讯，直翻白眼。他下令全国加紧练兵，造兵器，打算报仇。早有人把情况报告了齐国。齐桓公想先发制人，打到鲁国去。管仲拦着他说："主公刚继位，内部还未安稳，不可轻举妄动……"但是齐桓公不听劝阻，命令鲍叔牙带领大军攻打鲁国，结果在长勺被鲁国打得大败。

齐桓公吃了亏，心里很懊悔，忙向管仲问计，管仲回答说："臣以为君王欲霸天下，先得派人开铁矿，这样既有兵器，又有铁农具，农业发展了，国家、百姓的粮仓就会充实起来。我们还要利用我国近海的有利条件加快发展盐业、渔业。这样，离海运的国家就得依赖我们的食盐而听从我们。另外，还要优待工商、甲士……"

春秋楚方城（即楚长城）遗址

中国通史

最新整理图文珍藏版

齐桓公听了管仲这番议论，对他十分信服。

齐国在管仲的治理下，不到五年便强盛起来。国都临淄城里矗立着许多巨大的宫殿，商店遍布全城，商贾、游人熙熙攘攘。齐国兵强粮足，齐桓公腰杆壮了，便对管仲说："能不能会各国诸侯。"管仲了解齐桓公心思，却有意反问："周天子刚新立，是天下共主，我们凭什么去会诸侯呢！"齐桓公沉思起来。管仲见齐桓公遇事冷静而不急躁，就说："主意倒有一个，周天子新登位，主公可派人向他贺喜，请他下令早定宋国的君位，制止那里的内乱。我们只要得令，便成大事。"齐桓公听罢，转忧为喜，派人先去北杏布置会场。

齐都遗址

不久，宋、陈、蔡、邾四国诸侯先后奉命来到北杏。齐桓公摇着头对管仲说："通知了八个，只来了一半，改期再开吧。"管仲不以为然，说："三人成众，再加上我国已过了半数。"齐桓公觉得有理，起身来到会场，拱着手对四国诸侯说："周已衰落，弄得国内经常出乱子，外族也常来侵袭我们。今天开会得推一人为主，把大家带动起来。"陈宣公首先明白意思，站起来朝齐桓公说："既然天子托您召集会议，就该推为盟主。"其他诸侯听了，恍然大悟，都举手赞成。齐桓公故意推让了一阵，坐上了盟主的交椅。

自此以后，齐国力量日益强大，齐桓公先后采纳了管仲的许多好建议，伐鲁国、攻宋国，降郑国……到处势如破竹。并在"尊王攘夷"的口号下，挟天子以令诸侯，一匡天下，公元前651年，大会诸侯于蔡丘，齐桓公再次当上九国盟主。这一切，同他不计私仇、重用管仲是分不开的。

管仲相齐

公元前7世纪中叶，住居东方的齐国，进行了较全面的政治改革，使国内的政治、经济、军事方面的实力大大增强，最终取代了郑国的霸主地位，并一跃成为春秋五霸之首。而实际领导这一改革，使齐国跃居霸主地位的主要人物就是齐国的相国管仲。

管仲名夷吾，字仲，颍上（颍水之滨）人。早年贫困，后在齐国王室公子纠的手下任职。周庄王十一年（公元前686年），齐国发生内乱，管仲因涉事太深，齐桓公原想要处他于死，但鲍叔牙劝说齐桓公应不计前仇，重用管仲，并指出，只有这样，才能称霸诸侯。"齐桓公接受了鲍叔牙的建议，非但没有杀死管仲，反而拜他为相国。

管仲任职后，尽心尽力地为齐国服务，协助齐桓公在经济、政治、军事三方面进行了大刀阔斧的改革。

为了增强国力，管仲着手进行经济方面的改革。首先他鼓励农耕，大力发展农业，提倡深耕、均种、疾耰，利用雨水，不违农时，这样，齐国土地的开垦量增加，农耕技术也得到提高。

与此同时，为了鼓励生产者的积极性，管仲又采取了"相地而衰征"的政策，即根据土地的好坏肥瘠的等级来定赋贡税的轻重，改变了西周以来井田制"藉田"那种强迫劳动者生产，无偿占有劳动者果实的剥削方式，从而缓和了社会矛盾，使生产状况不断好转，改变了田间"维莠桀桀"即野草丛生的衰败景象。同时，他还

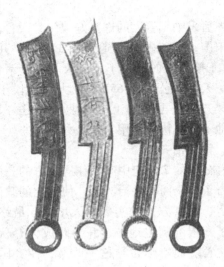

齐刀形币

施行了"与民分货"的办法，即将土地上的收获拿出一部分给生产者，变无偿占有为有偿占有，使劳动者更积极、更安心致力于农耕。这些措施实际上是变奴隶制的生产方式为封建制的生产方式，无疑是一个社会的进步。

在奖励农耕的同时，管仲又大力倡导发展手工业和商业。大力开采铁矿。这一方面大大促进生产力的提高，另一方面也促进了工商业的发展，给国家提供了新的财源。

另外，他又设"轻重九府"，即按年岁的丰凶和人民的需求来经营货物。并由官府掌管钱币的制造。这样就使齐国积累了大量的财富，成为当时中原经济最发达的国家。

在经济改革的同时，管仲又着手内政和军事方面采取种种措施，加强了自下而上的严密的统治机构、中央集权。并通过"寓兵于农"的政策，使兵民合一、军政合一，训练出了一支牢牢地掌握在国君手中的强大军队。

齐国自身强大后，管仲又帮助齐桓公进一步走向霸主的宝座。这就是"尊王攘夷"口号的提出。春秋早期，虽然周天子

已经不能再像过去那样号令诸侯了，但名义上毕竟还是天下的共主和宗法上的大宗，影响还很大。齐国如想称霸诸侯，就必须打出维护周天子的威信和地位的招牌，才能去号召和联合诸侯。所谓"攘夷"，即驱逐夷、狄等少数民族的势力。当时，一方面周天子及其所封的各诸侯之间都有一种或远或近的血缘关系，另一方面，夷、狄等少数民族不断对中原的入侵也严重地威胁了各诸侯国的安全，破坏了各国的社会经济。因此，"攘夷"便成为中原各国的共同心愿。齐桓公举出"尊王攘夷"的真正目的是在这面人心所向的大旗下，来团结各诸侯国，驱逐夷、狄势力，进而最终取代周天子的地位，称霸中原。

秦岭褒斜栈道复原模型图

由于齐国强大的经济、军事实力，以及在政治上牢牢抓住"尊王攘齐"这面有利的大旗，管仲所设计的称霸计划步步地得以实施。在实施过程中，管仲在许多关键时刻，起着重大的作用，维护了齐国在诸侯中的威信。

周僖王元年（公元前681年），齐桓公约宋、鲁、陈、蔡、卫、郑、曹、邾等国三月初一到北杏（今山东省东阿县附近）开会。但届时鲁未按约参加，齐国为此发

兵伐鲁。鲁庄公要求齐退兵，答应在柯地会盟。正当两国君主在台上歃血为盟时鲁庄公的随员曹沫突然揪住齐桓公，以匕首相逼，要求齐桓公答应退还所占鲁国的土地。齐桓公迫于威逼答应了曹沫的要求。等到曹沫放下匕首回到自己座位上时，齐桓公见威胁已过，又要反悔。管仲力劝齐桓公要承诺前言，不要失信于诸侯，齐桓公听从了管仲的劝告，履行了前言。

此事传出以后，诸侯们都称赞齐桓公重信诺，愿意以其为盟主。齐桓公的霸主地位由此而确立。

晋文称霸

周惠王二十一年（公元前656年），骊姬经过长期策划，设置圈套，使昏聩的晋献公废掉太子申生，申生自杀。随后，骊姬又诬告群公子参与太子申生的阴谋，群公子被逼逃亡。其中，十七岁的公子重耳逃到了蒲（今山西隰城）。另一个公子夷吾也出亡。为斩草除根，晋献公派寺人披率兵进攻蒲。蒲城人欲进行抵抗，重耳认为君父的命令是不能抵抗的，自己宁愿流亡，便对众人宣布，谁抵抗，谁就是自己的仇人，然后跳墙逃跑。这时，寺人披率领追兵已经追及。他见重耳要跳墙跑掉，急忙举刀向重耳砍去。重耳闪身躲过，衣袖却被削掉了一块。逃出城后，重耳因为自己的母亲是狄人，到那里比较安全，便投奔到狄去，开始了长期的流亡。

重耳出奔后，晋国的政治便陷于一片混乱。太子申生死，晋献公立骊姬之子奚齐为太子。晋献公死（时在周襄公元年，即公元前651年），掌权的大臣里克又杀掉了奚齐，而迎立公子夷吾为君，是为晋惠公。然而晋惠公一样的昏庸。他杀掉了里克，又断了秦交，倒行逆施，无所不为。

重耳奔狄的时候，跟从他的人有狐偃、赵衰、颠颉、魏武子、司空委子、贾佗、先轸等人。这些人都是当时晋国有才能的人。一次，狄人攻伐赤狄别种廧咎如，俘虏了其酋长的两个女儿叔隗和季隗。狄人把季隗嫁给了重耳，叔隗嫁给了赵衰。季隗为重耳生了两个儿子。重耳在狄，一呆就是十二年。周襄王八年（公元前644年），在狄呆腻了的重耳打算到齐国去。狐偃也怕重耳在狄老这样住下去，会变得全无斗志，便说："当初我们到狄人这里来，非以狄为荣，而以其可以成事。可是现在，我们该走了，应该到齐国或楚国去。齐侯（齐桓公）已经老了，管仲也已去世。齐侯身边大都是些谗佞小人。而他自己到晚年之时，必追择前官，求以善终。此时我们去，他会帮助我们的。"大家都认为有道理。于是，重耳便离开狄，到齐国去。路过卫国的时候，卫文公看不起这个流亡在外的贵公子，对重耳很不礼貌。重耳出卫东行，路过五鹿（在今河南濮阳市南），粮食吃完了。他们看到一个在田野耕作的野人（与国人相对，属于被周人征服的人），便请求野人帮忙找点吃的。野人什么也没说，拾起一个土块递给重耳，表示自己一无所有。重耳大怒，认为野人在戏弄自己，举鞭要打。子犯拦住了他，说："此是天意所赐。百姓把土地奉献给了你，你能要求他们什么呢？上天行事必先有兆。

三轮铜盘

十二年以后，我们必然获得这块土地。请诸位记住我的话。上天已经给了我们大命。以后，我们必获诸侯的拥戴。"子犯之言，显然是为激励重耳，让他知道重任在肩，不要因小失大，意气行事。重耳果然立刻领悟了子犯之言，再拜稽首，把土块接过来放在车上，又向齐国进发了。

重耳到齐国后，受到了齐桓公的热情接待。桓公把自己的女儿嫁给重耳，并给了他80匹马，让他过上富足的生活。重耳在外流亡了许多年，如今有了一个安身之处，觉得很满意，便打算在齐国长住下去，死于齐而已。还说："民生安乐，谁知其他？"过了一年，齐桓公去世，齐国发生内乱。齐孝公即位以后，诸侯纷纷叛齐。齐国已经失去了在诸侯中的霸主地位。跟从重耳的人觉得应赶快离开这个是非之地，另谋出路。可重耳不愿意走，而齐国又不大可能会放重耳他们走。于是，子犯、狐偃、赵衰等人聚在野外的桑树底下，商量如何让重耳离开齐国。否则，重耳安于现状，意志消磨，时间久了，会变成一个平庸之辈。他们在桑树底下商议，却未想到桑树之上有人在偷听，此人是为重耳妻子养蚕的女奴婢。这个女奴婢回去以后，把她听到的话告诉了重耳的妻子姜氏。姜氏听了之后，怕消息走漏，齐国不放重耳走，便杀了这个女婢灭口。然后，姜氏对重耳说："你有经营四方之志。有人知道了你的心理，我已杀了她。"重耳连忙否认。姜氏说："跟从你的人想让你离开齐国。你一定要听从他们的意见，不可犹豫，犹豫是成不了大事的。你为避晋国之难而来到这里。自你走后，晋毋宁岁，民无定君。天未丧晋。晋国公子同生9人，只有你还在。有晋国者，非你而谁？你还是好自为之。天予不取，必有祸咎。"重耳说："我哪儿也不去，就老死在这里。"姜氏说："不然，《周诗》说：'莘莘征夫，每怀靡及。'人

夙夜征行、不遑启处，犹惧不及，何况顺身纵欲，贪图安乐，能成什么大事？当年管仲所以能纪纲齐国，辅佐先君以成霸业，全在于他从怀如流，顺从民心。如今，齐国之政已败，晋之无道亦已久矣。跟从你的人忠心耿耿，为你谋划，而你自己也有此才干。天时、人和你皆具备。机不可失，时不再来。你必须赶快走。晋国之乱，当有来定之时，晋诸公子只有你在，你一定会得到晋国。还待在这里干什么呢？"可是重耳根本听不进去。

姜氏见自己劝说无效，便去找子犯商量。他们合谋将重耳灌醉，然后把重耳装到车上，拉着他火速离开齐国。重耳酒醒以后，发觉自己上当，大怒，操过一柄长戈就朝子犯砍去，并说："我恨不能吃了你的肉。"子犯一边躲一边说："你什么事情也干不成，我们死了连埋在哪儿都不知道，你还能与豺狼争食我吗？你若有成，自然会有美味佳肴。我的肉又腥又臭，只怕你不想吃了。"重耳听后，有所觉悟。一行人遂离开了齐国，向曹国（都城在今山东定陶）行去。

到了曹国后，曹共公对重耳很不礼貌。他听说重耳是骈胁（肋骨比连若一骨），便想看看重耳裸体时肋骨是什么样子。一次，等到重耳脱了衣服洗澡时，曹共公设了一道帘，躲在帘后偷偷地看。曹国大夫僖负羁之妻颇有眼光，在观察了重耳及其随行人员之后，对僖负羁说："我看晋公子

春秋·木铲、竹筷

重耳的那些随从，个个才能出众，足以相国。他们这么多人辅助一个人，重耳必然返回晋国当国。得晋国而讨无礼，曹国必首当其冲。你还是早点和晋公子结交为好。"僖负羁便给重耳奉送美餐，暗地在饭中放了一块玉璧。重耳接受了他的餐饭，而将玉璧还给了僖负羁。僖负羁还劝曹共公说："晋公子在这里，您应该按君主之礼待他。"曹共公说："诸侯之流亡公子多了，谁不路过这里。逃亡者皆无礼之人，我焉能尽礼？"僖负羁说："我听说，爱亲明贤，乃为政之干；礼宾矜穷，乃礼之根本。国君无亲，以国为亲。我们的先君叔振出自文王，晋祖唐叔则是武王之子，文武二王奠定了天朝之基础。所以，晋曹二国之君，世不废亲。如今你这样做，是不爱亲。晋公子在外流亡已经十七年了，从人之中，三个人有上卿之材，而您却蔑视他们，这是不明贤。晋公子流亡，本应哀怜，即使一般宾客，亦应以礼待之。玉帛酒食犹如粪土。你爱惜这些东西，却忘掉不该忘记之事，会有什么好结果呢？您还是该认真考虑一下。"但曹共公不听。

不久，重耳一行离开曹国，到了宋国。在宋国，重耳和宋司马公孙固关系处得很好。公孙固对宋襄公说："晋公子从少年时流亡到现在，一直好善不厌，父事狐偃、师事赵衰，而长事贾佗。狐偃惠而有谋，赵衰文而贵负，贾佗多识而又恭敬。晋公子遇事总和他们商量。您应该善待他们。"宋襄公从之，赠给重耳骏马80匹。

重耳继续前进，路过郑国，郑文公对重耳一行也不大理会。郑大夫叔詹劝郑文公说："我听说天之所启，人将弗及。晋公子有三样是天所赐予的，您应善待他们。男女同姓，其生不蕃。晋公子姬姓所在，而至于今，此其一；让其逃亡在外，遭受忧患，而天却不靖晋国，使其安定，而要留给重耳去干，此其二；三个有上卿之材

的人跟从他，此其三。晋、郑为同等之国，他们的子弟路过这里，就应善待，何况是天之所启，将大有作为之人呢？"郑文公不听。叔詹又说："如果您不善待他，那就请杀了他。俗话说：'黍稷无成，不能为荣；黍不为黍，不能蕃庑；稷不为稷，不能繁殖。'祸福由人，唯以德为基。"郑文公还是不听。不久，重耳一行离开郑国，前往楚国。

楚成王听说重耳到来，热情地设宴招待了他。在宴会上，楚成王问重耳道："公子若返回晋国，将怎样报答我呢？"重耳说："子、女、玉、帛，这些您都有的是，羽、毛、齿、革之类的物产，您的国土丰富得很，晋国所能有的，只是您的零头。我怎么报答您呢？"楚成王仍然问道："虽然如此，公子何以报我？"重耳说："若托

秦公簋

您的福，我得以返回晋国。将来晋、楚两国如果发生战争，我将避君三舍（师行一宿为舍。古代师行日三十里，故三十里为一舍）。如果您还嫌不够，我将和您全力周旋。"楚大夫子玉请楚成王杀掉重耳。楚成王说："晋公子志行广大，文质彬彬，俭约有礼。其随从之人肃敬宽容。忠诚能干。如今，晋君（指晋惠公）众叛亲离，内外结怨。晋为唐叔之后，世有功德，其衰在后。天之将兴，谁能废之？违背天意，必

有大咎。"于是，派人把重耳等人护送到了秦国。

春秋·铜矛

到秦国后，秦穆公把五个女子嫁给重耳，其中包括穆公的女儿怀嬴。一次，重耳让怀嬴捧　为自己洗手。洗完后，重耳甩干手上的水时，不小心甩到了怀嬴的身上。怀嬴大怒，自恃穆公之女，对重耳大发脾气。重耳不愿在此时得罪秦国，急忙身着囚服，向穆公道歉。秦穆公很大度，说："公子有辱，寡人之罪也。进退此女，唯听公子之命。"重耳想辞掉怀嬴，司空季子劝他说："二姓为婚，以德义相亲。应娶其为妻，以成大事。"重耳问赵衰应该怎么办，赵衰说："将有求于人，必先有以自入；欲人之爱己，自己必先爱人，欲人之听从自己，自己必先听从别人。对别人无德无义，要用别人，这是罪过。您应和秦结为婚姻。"于是，重耳先送怀嬴回去，再行纳币之礼，正式娶怀嬴为妻，以示对其敬重。

他日，秦穆公设宴招待重耳。在席间，重耳赋《河水》之诗，取其朝宗于海，以海喻秦，表示对秦国之尊重。秦穆公答以《六月》，取尹吉甫佐周宣王中兴，复文、武之业，祝重耳为君，霸诸侯，佐天子。赵衰闻听，急忙让重耳拜谢秦穆公之好意。

周襄王十五年（公元前637年）九月，晋惠公死，太子圉立，是为晋怀公。晋怀公刚即位，便下令"勿从亡人"，即不准

跟随重耳。要所有跟随重耳的人回晋国来，并规定了期限。谁若过了这个期限，就不赦免他的罪过。狐突之子狐毛及狐偃皆从重耳而狐突不招还他们。冬天，晋怀公就把狐突抓了起来，说："你儿子回来就放你"。狐突说："我儿子策名、委质，跟随重耳。父教子忠，理所应当。若又召之，是父教子贰，父教子贰，将何以事。"晋怀公大怒，杀害了狐突。此举大失人心。

重耳在秦，全面了解了晋国形势之后，认为怀公新立，人心不稳，自己返晋的时机已到，便请秦穆公帮助，借助秦国的武力返晋。秦穆公答应了。周襄王十六年（公元前636年），正月，在秦国军队的保护下，重耳一行渡过黄河，返回晋国。由于晋国人心思变，都盼重耳回来。一过河，令狐（今山西临猗县西）、桑泉（临猗临晋镇北）、臼衰（今山西旧解县治）诸城邑很快都倒向了重耳。晋怀公派军抵挡，但将领们不愿作战，反而和重耳联盟。到二月，重耳便进入晋都曲沃，随即派人杀晋怀公。重耳登上了晋国国君的宝座，是为晋文公。

铜神兽

春秋时期节符图

从周惠王二十一年（公元前 656 年）到周襄王十六年（公元前 636 年），重耳在外整整流亡了十九年。这十九年中，他饱经风霜和磨难，从一个只知享乐的贵公子，变成了一个豁达大度、胸怀壮志、礼贤下士的明君之才。因而他才能在返国之后，整顿晋国，严明纲纪，发展力量，南下击败楚国，取威定霸，成为继齐桓公之后诸侯国的又一位霸主。

泓水之战

这次战争发生在公元前 638 年，交战的双方是宋国（今河南商丘一带）和楚国（长江中游和汉水流域一带）。战争的发动者是宋国的国君宋襄公。

宋襄公在历史上以标榜"仁义"著称。他以"仁义"起家，也以"仁义"覆败。泓水之战就是他以"仁义"指挥战争

遭到彻底失败的一次战例。

讲"仁义"的宋襄公

宋襄公的名字叫兹甫，是宋国国君桓公的嫡子，很早就被立为太子。公元前 651 年，宋桓公病得快死了。兹甫一再请求垂危的父亲把君位让给庶兄目夷。他说："目夷年长，而且仁义，请您改立他为太子吧。"目夷听到了，当然不敢担当，也向宋桓公说："兹甫连君位都要让出来，这是最大的仁义了。我哪里及得上他。况且，他本来就是太子，君位理应由他来继承。"第二年春天，宋桓公死了。兹甫又推让一番，然后当上了国君。他，就是宋襄公（公元前 650 ~ 前 637 年在位）。

在剥削阶级的社会里，统治者争权夺利，你欺我诈；尤其是为了争夺最高的权位，往往演出流血的惨剧。宋襄公居然一再推让君位，这在当时看来，是件"仁义"的事。因此，大家称他是个讲"仁义"的国君。宋襄公名利双收，尝到了讲"仁义"的甜头。

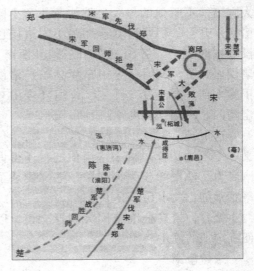

泓水之战作战图

宋襄公认为目夷不肯接受君位，也很有"仁义"，就任用目夷做他的助手，帮助他治理国家。

宋襄公即位后的第八年（公元前643年），齐国国君齐桓公病死，他的五个儿子争夺君位，齐国发生内乱。太子昭逃到宋国，请求宋襄公做主。宋襄公觉得支持太子昭复国，是件"仁义"的事。他立刻会合了几国诸侯，共同出兵护送太子昭回齐国，帮他平定了内乱，立他为国君。太子昭就是齐孝公。

齐国是东方的大国。齐桓公的时候，他曾多次召集诸侯，主持盟会。黄河流域的许多诸侯都奉他为头儿。他成为春秋时期第一个霸主。那时候，齐国的威望高到极点。霸主的地位也特别惹人眼红。现在，宋襄公平定了齐国的内乱，代它立了国君。这样，在无形中，宋国的地位就在齐国之上了。宋襄公自然"当仁不让"，准备出场当霸主了。

但是，霸主的头衔是不能自封的，须要取得一些诸侯的拥护才行。于是，宋襄公仿效齐桓公的做法，准备召集一些诸侯举行会议，借以抬高自己的声望。他恐怕大国诸侯不听他的号令，就约请几个小国诸侯来开会。但是，就连那些小国诸侯也没有按时到齐。滕国（今山东滕县西南）诸侯迟到了，鄫国（今山东峄县东）诸侯干脆不到。会还没有开完，曹国（今山东定陶西北）诸侯又偷跑回国了。

这下子，宋襄公被激怒了。看来，"仁义"是不适用于对待小国诸侯的，还得诉诸武力。他把滕侯关押起来，把鄫侯杀了祭睢水神，又出兵压服了曹国。

接着，宋襄公准备同大国打交道，以便确定他的霸主地位。

宋楚争霸

当时的大诸侯国，有齐、秦（今甘肃天水一带）、晋（今山西太原一带）、楚等。齐国自从发生内乱以后，国力已经衰弱下去。秦和晋，一个在西边，一个在西北，离中原还远，它们暂时并不妨碍宋襄公去称霸。只有楚国，才是宋襄公称霸的唯一对手。

楚国占有长江中游和汉水流域的广大地区，疆域很辽阔。黄河流域的各诸侯国一向瞧不起它，称它为"蛮子国"。这个"蛮子国"不断向北方扩张势力，同那里的各国经常发生冲突。那时候，楚成王在位（公元前671～前626年），国力很强大。鲁、陈（今河南开封一带）、蔡（今河南上蔡一带）、郑（今河南新郑一带）等中小诸侯国，都被迫同楚国订立了盟约，接受它的节制。

对于这样一个强敌，宋襄公打算采取联络它的办法。他的如意算盘是：只要把楚国拉过来，那么，那些同楚国订立盟约的诸侯国自然也会随着一起过来了，他的霸主地位也就可以确定了。

他把这步高招告诉了目夷。目夷却另有看法：第一，宋国称霸的条件还没有成熟，如果急于去称霸，恐怕会惹出祸事来；第二，楚成王野心很大，能力也很强，恐怕宋襄公斗不过他。宋襄公却认为目夷的顾虑太多，仍旧坚持自己的意见。拉拢楚国的方针就这样草草地决定了。

公元前639年春天，宋襄公约请楚成王、齐孝公在鹿上（今安徽阜南南）开了个小会。会上，宋襄公要求楚成王约请他的盟国出席下一次诸侯大会。高傲的楚成王居然答应了。

那年秋天，宋襄公带了目夷和其他一些文官兴高采烈地到盂（今河南睢县）地去大会诸侯。楚成王也带了一帮人如期到达。此外，郑、蔡等五国诸侯也都出席了会议。

宋襄公满以为这次会议既然是由他召开的，当然得由他来担任盟主。因此，他就大模大样地登上了盟主的座位。哪里料到，他还没有坐稳，楚成王一声号令，楚兵一拥而上，就把这位"盟主"从宝座上揪了下来。顷刻间，"盟主"变成囚犯。会场上秩序大乱。在混乱之中，目夷逃回本国，准备应付事变。

楚成王押着宋襄公，带领楚军一直打到宋国的都城商丘（今河南商丘）。幸亏目夷早做准备，楚军一时攻不破城。

楚军这次攻打宋国，本来是临时采取的措施。楚成王只是看到有机可乘，才用军事行动试探一下。现在，强攻的一手一时不易奏效，他就试用讹诈的一手。他向宋军说："你们再不投降，我就要杀掉你们的国君了。"宋军回答说："我们已另立国君。随你怎么办，我们决不投降。"

楚成王觉得在宋襄公身上已经榨不出什么油水，与其把他杀了，还不如卖个人情把他放了。这样，宋襄公才获得了自由。楚成王带着军队凯旋而回。

宋襄公泓水大败

碰了钉子的宋襄公怀着满腹委屈被目夷等一帮大臣迎回宋国。他越想越生气，楚成王如此不讲信义，这个仇非报不可。

但是，对标榜"仁义"的宋襄公说来，要报仇，总得找一个冠冕堂皇的理由才行。凑巧，公元前638年，郑国的国君去朝见楚成王。这给宋襄公带来了兴师问罪的"理由"。在宋襄公看来，郑国国君

鲁侯鼎

莲鹤方壶

祖祖辈辈都受到周王的信任，而那个没出息的后代竟然不去朝见周王，却拜倒在"蛮子"的脚下，这简直是忘恩负义，有失体统。单凭这一点，他就有责任去惩罚郑国。何况，宋襄公十分清楚，郑国的兵力不强，打起仗来，宋国赢得胜利是十拿九稳的。郑是楚的盟国，把郑国打败了，好歹可以出一出这口窝囊气。

提不同意见的，还是那个目夷。他认为攻打郑国可能引起楚国出兵干涉，会闯出乱子，劝宋襄公忍耐一下。但是，宋襄公仍旧不听。那年夏天，他就出兵去攻打郑国。

郑国打不赢宋国，果然向楚国求援。楚成王立刻发兵，矛头直接指向宋国。宋襄公得到消息，急忙带领军队往回赶。宋军赶到泓水（故道在今河南柘县北）北岸，楚军也已到达泓水南岸了。

两军隔河相对，大战一触即发。

目夷对宋襄公说："算了吧！楚强我

弱,乘现在还没有打起来,同楚军讲和吧。"宋襄公不答应。

宋军列好了阵。楚军正在乱哄哄地渡河。

目夷对宋襄公说:"敌军多,我军少。乘他们刚渡河的时机,给他们来个迎头痛击,或许能够打败他们。"宋襄公还是不同意。他说:"不行,讲仁义的人不能乘别人困难的时候去攻打人家。"

过了一会儿,楚军全部渡过了河,但是还没有摆开阵势。

目夷又建议道:"乘他们还没有站稳脚跟,我们即刻发动进攻,还可以打赢。"宋襄公仍旧不同意。他说:"不行,讲仁义的人不去攻击不成阵势的队伍。"

不一会儿,楚军摆好了阵势,千军万马冲杀过来了。到了这个时候,宋襄公才下令还击。但是,已经迟了。宋军抵挡不住,一个个地倒了下去。宋襄公的卫队全部被楚军歼灭,宋襄公的大腿上也挨了一箭,受了重伤。在目夷等的拼死保护下,宋襄公狼狈地逃了回去。

泓水之战以宋襄公的彻底失败而告终。宋襄公争霸的"理想"由此破灭。

回到宋国,大臣们都埋怨宋襄公丧失战机。宋襄公却理由十足地争辩说:"讲仁义的人不去伤害已经受伤的人,这叫做'君子不重伤';也不去捉拿头发已经花白的老人,这叫做'不擒二毛'。我怎能忍心向没有摆好阵势的敌军发动进攻呢?"

宋襄公的伤势很重。泓水之战以后不到几个月,他就死去了。

城濮之战

周襄王十九年(公元前633年),楚成王准备围攻宋国,派前令尹子文在睽地演习练兵,派令尹子玉在蒍地作战前演习。

子文一早就完事,没有惩罚一个人;子玉整整一天才结束,鞭打7人,箭穿3人之耳。子文设宴,元老们都表示祝贺,年轻大夫蒍贾却不祝贺,认为子文把楚国政权让给子玉,而子玉刚愎自用,内不能治理百姓,对外率领兵车超过300乘,恐怕就要吃败仗。子玉如果失败,那是由于子文的推荐,等到子玉胜利归来再祝贺,也不算迟。不久,楚成王便会同陈侯、蔡侯、郑伯,许男围宋。

宋国的公孙固急忙到晋国报急求救。晋国名将先轸认为,报答宋襄公在晋君流亡时的施舍,救援宋国被围之难,成就晋国的霸业,都在这一次了。晋文公之舅狐偃认为,楚国刚刚得到曹国,又新近同卫国结成婚姻,如果攻打曹、卫,楚国一定会救援,那么宋国和齐国就可以免遭楚军的进攻了。于是,晋国就在被庐举行大规模的阅兵式,组建上、中、下三军,晋文公委派郤縠统率中军,郤溱辅佐他;委派狐偃率领上军,狐偃把上军之帅让给狐毛,自己做副帅;又派栾枝率领下军,先轸辅佐他。荀林父为晋文公驾御戎车,魏犨为车右。

单盘

周襄王二十年(公元前632年)春,晋文公打算攻伐曹国,向卫国借路,卫国不答应。晋军回师,从南河渡过黄河,袭击曹国,攻打卫国。正月,晋军占领了卫国的五鹿;二月,晋中军元帅郤縠死,先轸继任中军之帅,胥臣补先轸的空缺辅佐下军。晋侯与齐侯在卫国的敛盂结盟，卫成分向晋请求订立和约，晋国不答应。于是卫成分想投靠楚国，卫国的贵族不同意，就赶走他们的国君，以此来向晋国讨好。卫成分只好离开国都居住在襄牛。鲁国大夫公子买率鲁军助卫防守，楚军救援卫国，

痁父盘

不能取胜。鲁僖公害怕晋国伐鲁，就杀了公子买来讨好晋国，对楚国人却说，公子买没有完成戍守的任务，所以杀了他。

晋军在打败卫国后，又包围了曹国国都，攻打城门，战死许多人。曹国的士卒把晋军的尸体陈列在城墙上，以此打击晋军士气。晋侯很为此事担忧，士卒们献策说：让军队在曹人的墓地扎营，示意掘他们祖先的坟。文公采纳了士卒们的意见，曹人果然非常恐惧，就把晋军的尸体用棺材装好送出城来，晋军乘机发起进攻，攻破曹都，俘获曹共公。晋文公当年流亡在曹，曹共公无礼地观看他洗澡，文公一直耿耿于怀，现在俘获了他，于是文公列举曹共公罪状，责备他不用贤臣僖负羁，却大封亲戚故旧，使曹这样一个小小的国家，尸位素餐的大夫就多达300余人。为了报答僖负羁当年赠飧置璧的恩惠，文公下令不许晋军进入僖负羁的住宅，同时赦免了他的族人。当年跟他流亡的魏犫、颠颉很生气，认为文公不考虑有功之臣，却去报答那些小恩小惠。于是两人带兵就放火烧了僖负羁的住宅，僖负羁被烧死，魏犫放火时伤了前胸。文公很恼怒，打算杀死他，但又爱惜他的勇武，就派人去察看伤情，

如果伤势严重，就准备杀他。魏犫伤得不重，文公于是饶恕了他，杀颠颉在军中示众，又命舟之侨为兵车右卫。

晋军袭卫攻曹，愿意解宋围。但楚见此二国已失，并不前来相救，反率陈国、蔡国的军队加紧围攻宋国。于是宋国派大夫门尹般向晋君告急求救。晋文公十分为难，因为舍弃不管，宋国就会与晋绝交；请楚国退兵，楚国肯定不会答应；如果与楚国作战，齐国和秦国不会支持。进退两难之际，中军元帅先轸献上一计：让宋国用财物去贿赂齐、秦两国，请他们出面求楚国退兵，晋国扣留曹共公，然后分曹国、卫国的土地给宋国。楚国同曹、卫两国友好，其国土被分，必定不会答应齐、秦的调解，而齐、秦二国接受了宋国的贿赂、又恼恨楚国不给面子，就必然出兵伐楚。晋文公同意了先轸的离间计，实施"喜贿怒顽"的外交策略。果然，齐、秦与晋联合了起来。

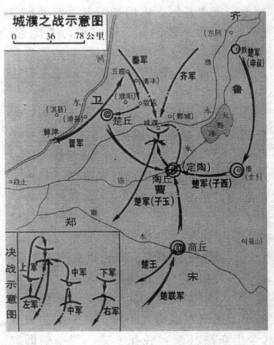

城濮之战示意图

楚成王见形势不利，退回申地（今河南南阳）驻扎，防备秦国的袭击，又命令成守齐国谷邑的申公叔时和围攻宋国的子玉率部撤退，避免与晋军交战。他认为晋文公在外流亡了十九年，险阻艰难，全都经历了；民情真假，他都知道了，上天使他享有高年，同时除掉他的祸患。天所予、不可败。但是子玉却骄傲自负，坚持要与晋军作战，他说：虽不敢保证一定能建立什么了不起的战功，但希望用胜利堵住奸邪小人（指楚大夫蒍贾）进谗言的嘴。

于是，子玉派大夫宛春到晋军中谈判，条件是：恢复卫侯的君位，同时退还曹国的土地，楚军解除对宋国的包围。狐偃认为子玉太无礼了，晋君（文公）只得到释宋之围一项好处，而楚臣（子玉）却得到恢复曹、卫两项好处。不能失掉这个战机。先轸不同意，他认为楚国一句话就使曹、卫复国、宋解围，三个国家都安全，晋国如果不同意，这三国就均被灭亡，这就是晋国无礼。不如暗中答应恢复曹、卫两国，使他们叛离楚国；再用扣留楚军使者宛春的办法来激怒楚国，等打完仗再考虑曹、卫的问题。晋文公很高兴，就采纳了先轸的意见。曹、卫两国果然派人到子玉营中同楚断交。

子玉十分气怒，立即率军北上与晋军作战。文公见楚军逼近，下令退避三舍（古时一日行军三十里为一舍）。将士们对后退很不理解，认为晋君躲避楚臣是极大的耻辱，何况楚军攻宋不下，在外转战多时，已经疲惫不振。狐偃向他们解释这样做是为了报答文公当年逃亡时楚君给予的恩惠，兑现文公当年所许的"两国若交兵，退避三舍相报"的诺言。于是晋文公、宋成分、齐国大夫国归父、崔夭、秦穆公之子小子愁率军退后九十里，在卫国的城濮（今山东濮县南）驻扎下来。楚军随即逼了上来，在城濮附近的险要地带扎营。

龙纹玉玦

晋文公既害怕别人议论自己忘恩，又担心士卒不愿尽力作战，所以在与楚交战的问题上犹豫不决。三军将领都劝他下决心打。狐偃认为，这一仗若打胜，就可以得到诸侯国的拥戴，取得霸主的地位；即便打不胜，晋国外有黄河之阻，内有太行之险，没什么可担忧的。栾枝也说，汉水北面的姬姓国都被楚国吞并，思念小恩小惠而忘记大耻大辱，于国不利，应当与楚国交战！文公这才坚定了决心。

子玉误把晋军战略性的后撤误认为是害怕楚军，于是刚扎下营盘便派大夫斗勃向晋文公挑战道："请和您的部下游戏一番，您可以扶着车前横木观赏，我也陪您来开开眼界。"文公让栾枝回答说：我们国君领教命令了。楚王的恩惠不敢忘记。既然得不到谅解，那就烦请大夫告诉你们的将帅：准备好你们的战车，敬奉你们的君命，明天早晨战场上相见！

晋楚城濮大战前，晋军方面，有战车700乘，兵员3700人，另有齐、秦、宋的支援。中军元帅是先轸，郤溱为副；上军主将是狐毛，狐偃为副；下军主将是栾枝，胥臣为副。楚军方面，子玉为中军主帅，指挥警卫王室的西广、东宫及若敖六卒，共有战车180乘；子上为右军主将，指挥陈、蔡两国的军队；子西为左军主将，指挥申、息两地的地方部队。晋军的上军对楚军的左军，下军对右军，临战，子玉夸下海口说："今天晋军必定覆没！"

战争开始，晋下军副将胥臣命令士卒把驾车的马蒙上虎皮，首先向楚右军发起攻击，陈、蔡的军队从楚本是不得已，遭到这一突然进攻，立即溃不成军，蔡国公子印也被杀死，晋上军主将狐毛另设前军两队，出击楚军的逃兵，楚军右翼被彻底打垮；晋下军主将栾枝让士卒砍伐木柴拖在车后，扬起尘土，伪装败逃，楚中军立即发起追击，左军主将子西求胜心切，以为晋军主力溃逃，带部率先追赶，造成楚军侧翼空虚。晋见楚中计，元帅先轸率领中军精锐拦腰截击，狐毛、狐偃反转回头杀来，前后夹击，楚国的左军也被打垮。子玉见左右两军全垮，急忙收兵，这才不至于全军覆灭。

城濮之战以晋胜楚败而告结束。晋军在楚营内歇兵三天，班师而归。向周天子献上俘获的战车100辆和俘虏的步兵1000人。周天子设享礼款待晋文公，命令大臣尹氏、王子虎和内史叔兴父用策书颁命晋文公为诸侯之长，并赏赐了文公许多财物。

楚成王本不愿与晋交战，听说子玉大败而回，就派人对子玉说："你若是活着回来，有何面目见申、息两地的父老呢？"逼子玉自杀谢罪。但在打发走使者后，成王又后悔起来，忙派人收回成命，这时子玉在连谷（今河南西华县南一带）已自杀了。

城濮之战使晋国国威大振，以前与楚国结盟的国家纷纷投靠晋国。文公在践土（今河南原阳县西南）建造王宫，与诸侯会盟，占据了霸主的地位。而楚国北上的战略在这一战中受到沉重的打击，此后一段时间只好转向南方经营。

晋齐平阴之战

周灵王十四年（公元前558年），晋悼公英年早逝，幼子继位，是为晋平公。晋悼公的去世，使晋国的霸主地位一时动摇。首先想取晋而代之的是齐灵公。在此前两年，周灵王为讨好齐国，使刘定公特赐齐灵公命，期望他"股肱周室，师保万民"，使齐灵公得意非凡。晋悼公死，齐灵公便欲起而争为霸主。为压服鲁国，他首先联合莒、邾二国发兵攻伐鲁国，逼鲁投降。此外，齐灵公又发卫国之兵攻伐曹国，一面又与楚国结盟，寻求楚国的支持。并且派兵进驻于齐西界之平阴（今山东平阴），一时咄咄逼人。

小口三足带盖壶

晋平公即位后，晋国内部作了一些调整。羊舌肸（即叔向）为傅，张君臣为中军司马，祁奚、韩襄、栾盈、士鞅为公族大夫。齐灵公欲争盟，晋国首先与之对抗。

郑都城平面图

周灵王十五年（公元前557年），晋平公会诸侯于温（今河南温县），齐使高厚临席脱逃。第三年，即公元前555年，晋国开始向齐国反击。晋国首先抓了替齐灵公发卫国兵攻曹国的卫国行人（外交官），解除了曹国之患。齐灵公犹不悔改，仍发兵攻鲁。是年十月，晋国便联合宋、鲁、卫、曹、郑、邾、滕、薛、杞等诸侯组成联军，攻伐齐国。晋军以荀偃将中军，赵武将上军，魏绛将下军，合诸侯之兵，共约12万人。晋军东渡黄河时，荀偃以玉祭河，求神灵保佑。

齐灵公闻诸侯联军来伐，亦倾其全国兵力出战，而御诸侯军于平阴。齐军在平阴筑了一道城堑，以作防御之用，并想以此为据点，进攻晋军。齐大夫夙沙卫向齐灵公建议转移阵地，凭险据守，齐灵公不听。双方摆好阵势以后，晋军即向齐军营垒发动猛攻。因齐军所筑工事简陋不足以据守，故齐军伤亡惨重。在交战中，荀偃看见齐大夫析文子（子家），告诉他说，鲁国和莒国的军队已经从侧翼绕道进攻齐都临淄。析文子赶紧将这个消息报告齐灵公。齐灵公一听，才感到有些害怕。齐大夫晏婴也在军中，听了这个消息说："君（指齐灵公）本

来就无勇力，而又听说这个消息，齐军恐怕支持不了多久了。"

为了迷惑齐军，荀偃派了一些士兵在平阴之南的山泽间遍张旗帜，让乘车的甲士"左实右伪"（乘车之士三人，一居中，一在左，一在右。在左实有人、在右乃伪装之人），车前打着大旗，车后拖着干柴，来回奔驰，荡起满天尘土。齐灵公登上平阴北边的巫山向晋军阵地张望，看见这个阵势，以为晋有大军在后，非常恐惧。十月二十九日的晚上，齐灵公趁着月黑天连夜撤军，向东逃回齐国。晚上，晋军听见平阴城中马匹嘶鸣，第二天白天又见平阴城的齐军营垒上有许多乌鸦，方知齐军逃跑。十一月丁卯，晋军进入平阴，立即挥军追赶。齐大夫夙沙卫殿后，一边走，一边把大车连起来堵在山道上，以阻碍晋军通过。并杀马填住山隘。齐军勇将殖绰和郭最二人看不惯夙沙卫如此小心，硬让夙沙卫先走，他们二人率军殿后。晋军勇将州绰率军追到，向殖绰连射两箭，一箭中左肩，一箭中右肩，正好夹住殖绰的脖子。州殖说："若不再奔逃，就当我们的俘虏；若再逃，我就要射中间了。"殖绰害怕被杀，向州绰说两个人立一个私誓，便不再逃，州绰说："有如日！"随即扔掉弓箭，将殖绰反缚起来。郭最也同时被绑。州绰将两人置于中军之鼓下，继续追击。

晋军追入齐境以后，一路势如破竹，进展顺利。十二月初，晋军便攻到了齐都临淄城下。晋军将领范鞅攻临淄的西门雍门，攻了三天后，焚烧了雍门和雍门的西郭和南郭。刘难和士弱率诸侯之师焚烧了临淄南门前的竹木，临淄的阳门（西北门）、束闾（东门）等也遭攻破。齐灵公大惧，准备率众突围，逃到邮棠（在今山东平度南）。太子光和大夫郭荣拉住他的马，劝他说："诸侯之师来得快，退得也快，君何惧焉？而且，社稷之主不可轻易

行动。轻动会失去众心。您必须坚持下去。"齐灵公急着要逃跑，驱马想从他二人身上践踏过去。太子光抽剑斩断了齐灵公马脖子上的马鞅，使马无法架车。齐灵公只好停了下来。晋军向东一直打到潍水边上，向南打到大沂河。

郑国的郑荀公率郑国军队参加了诸侯联军，出国作战，留守大夫子孔想借这个机会除掉与他有矛盾的郑国其他大夫，便暗中派人到楚国去，请楚国发兵袭郑。楚令尹公子午考虑到中原诸侯方和睦于晋国，出兵对楚国不利，因而不答应。楚康王知道后，却坚持要出兵，以为袭郑可以解除晋国对齐国的进攻。公子午不得已，乃派兵于汾（在今河南许昌西南），兵临郑境。郑国诸大夫中，伯有、子张跟从郑简公出征，子孔、子展和子西留守。楚军出兵后，子展和子西发现了子孔的阴谋，立即加强守备，并派人监视子孔。子孔以国内有备，遂不敢乱动。这一来，楚军便失去了内应。楚军侵郑分为两路，一路由北，打到费、滑（俱在今河南巩义、偃师境），以威胁晋军的侧后方；另一路由南侧涉过颍水，攻郑之南境。之后，两师相会于郑都，攻郑国都城。因郑国有备，楚军屯兵于坚城之下，久攻不克。这一年冬天，天气特别寒冷，许多楚军士卒被冻

死，而军中之役徒几乎冻死殆尽。故不得已而撤兵。

晋军在齐围攻临淄的时候，得到了楚国出兵攻郑的消息。荀偃及将领们担心晋国后方受到威胁，便撤兵回晋。晋军撤退不久，齐灵公便病死了。晋、齐之战暂时结束。而晋国的霸业更加巩固。

吴楚柏举之战

周敬王十四年（公元前506年）晋定公以周室名义，会诸侯于召陵，谋攻楚。沈国人因为亲附于楚国，因而未去参加召陵之盟。于是，晋国就让蔡国攻打沈国。这年夏天，蔡灭沈。秋天，楚国又派兵包围了蔡国。吴国的大将伍子胥与太宰伯商量乘机伐楚，蔡昭侯将自己和大夫的儿子去吴国作人质，以表示与吴联合伐楚的决心。冬天，吴王阖庐、蔡昭侯与唐成公联合出兵，攻打楚国。

吴军把船停泊在淮水沿岸的凹曲处，从豫章和楚军隔着一条汉水对峙。楚国的左司马沈尹戌主张，由令尹子常率兵沿汉水与吴军周旋，自己带领一部分人马绕道先毁掉吴军的船只，回军堵塞汉水东边险隘的关口，然后子常可渡过汉水正面交战，自己从后面夹击。子常却想独占功劳，听信大夫史皇的话，立即渡过汉水。

十一月十八日，两军在柏举（今湖北麻城）摆开阵势。阖庐的兄弟夫概王认为，子常不仁，他的臣下没有死战的决心，主张派兵先向子常的亲兵发起进攻，然后以吴军主力猛击，定能取胜，阖庐不同意。夫概王认为人臣见义便行动，不必待命，拼死一战，定要攻入郢都。于是就带领自己所属的五千兵士发起进攻，果然楚军大败，子常奔郑，史皇战死。吴军乘胜追击，到达清发河（今湖北安陆县）。阖庐准备

郑庄公责问周平王图

玉雕人头

进攻，夫概王认为：困兽犹斗，何况人！不如等楚军渡河时再发起攻击。阖庐听从了夫概王的主张，再次击败楚军，并在雍澨（今湖北京山县）又一次击败正在开饭的楚军。吴军屡战屡胜，经过五次战斗，长驱直入，到达楚都郢都。

十一月二十七日，楚昭王带了他妹妹逃出郢都，徒步渡过睢水（今湖北当阳县沮水）。针尹固与楚王同船，楚王让他迫使尾巴上点火的大象冲入吴军。二十八日，吴军攻入郢都，按照爵位尊卑、班次对等的关系，分别住在楚国君臣的宫室里面。阖庐的儿子子山入居令尹子常的宫室，夫概王准备攻打他，子山惧怕而离开，夫概王于是住了进去。

楚国的左司马沈尹戍到达息地（今河南息县西南）就往回退军，在雍澨打败吴军，自己也受了伤。他耻于做吴国的俘虏，就让小臣句卑砍下自己的头，藏好尸体，裹首而逃。楚王逃入云中（今武汉与沔阳之间的汉水区域），遭到当地强盗的袭击，

又逃奔郧地（今湖北安陆）。楚昭王的父亲楚平王曾杀死郧公斗辛的父亲，所以斗辛的弟弟斗怀打算杀死昭王，斗辛与另一弟弟斗巢带着昭王又逃到随国（今湖北随州）。吴军追赶到随国，要随人交出楚昭王，昭王之兄子期长得像昭王，建议昭王逃避，由自己装扮作昭王，让随人交给吴军，这样可以使昭王免于祸患。随人占卜，将子期交出去不吉利，于是婉言辞绝了吴军的要求，吴国人于是从随国退兵。楚王为了表示心诚，就割破子期胸前皮肤，取血与随国人盟誓。

当年伍子胥逃吴时，与申包胥很友好，曾表示一定要报仇雪恨，颠覆楚国。申包胥表示，你能颠覆楚国，我就一定能复兴它。等到昭王逃亡在随国时，申包胥就到秦国请求救兵。秦哀公表示要商议，请他先在宾馆住下。申包胥回答说：我们的国君在远方躲难，尚无得到安身之处，下臣哪敢贪图安逸？于是就靠在秦庭门外哀哭，七天七夜勺水不入口。秦哀公为之所动，于是发兵车五百乘救楚。

春秋·铜镞

周敬王十五年（公元前505年）夏，申包胥带着秦军赶到，在稷地（今河南桐柏县南）与吴军相会，在沂地（今河南正阳县境）大败夫概王，楚平王的庶长子子西，也在军祥（今湖北随州西南）打败吴军。七月，楚子期，秦子蒲联合灭唐。九月，夫概王回国，自立为王，但被阖庐打

败，逃奔到楚国，楚封其为堂谿氏。

吴军在雍澨再败楚军，秦军赶到又打败吴军，吴军驻扎在楚国的麋地（今湖北京山县境）。子期打算用火攻击吴军，子西不同意。子期后来还是采用了火攻办法，随即又发起攻击，吴军败退。在公壻之谿（今湖北与陕西交界地带），秦楚联军又大败吴军，吴王阖庐俘虏了楚大夫 舆罢归国， 舆罢乘机逃回楚国。

楚昭王随即也回到郢都，赏赐这次战争中有功的斗辛。子西临阵脱逃不受赏。

吴楚柏举之战历时十多个月，吴军出动 3 万，楚军投入 12 万的兵力，除了水师、步兵之外，还使用了象队。这在春秋史上是罕见的，它包括一系列的战役，几个局部战场同时战斗。这次战争，使楚国国都破损，国君逃亡，元气大伤。不久，楚国便向北迁都今湖北宜城县东南。吴军虽然最后赶回吴国，但损失较小，回师次年（即周敬王十六年，公元前 504 年）吴太子终累又以舟师大败楚军，俘虏了楚国的两个水军将领和七名大夫；同时，又在繁扬（今河南新蔡）打败了子期所率领的楚国陆军，为后来吴国的称霸打好了基础。

弭兵大会

公元前 546 年 7 月的一天，宋国西城外旌旗林立，战车壁垒，晋、楚、齐、鲁、陈、卫、邾、滕、曹、许、宋、蔡、秦等十四个诸侯国代表在此举行弭兵大会并缔结盟约仪式。盟坛左侧是晋及其属国的队伍，右侧是楚及其属国的队伍。宋国左师官向戌是大会的倡导者与主持人，晋国执政的正卿、晋平公的全权代表赵武和楚国执政的令尹、楚康王的全权代表屈建两人是大会的主宰。

盟会仪式开始了，晋楚争先登坛歃血主盟。

"晋从来就是盟主，理应我们先登坛！"赵武认真地说。

"不是你自己说晋楚地位相等吗？"屈建反唇相讥："如一直晋人在先，还有什么相等可言?! 况且八十多年来，晋楚交替为诸侯盟主，怎么说从来是你们为盟主？"

赵武正要反驳，叔向扯了扯赵武，悄声说："诸侯归晋在德不在先。弭兵使天下大利，难道要为争先而失信于诸侯吗？况且从来就有小国主盟的，楚弱于晋，让他们去嘛。"

这样，赵武就让楚国先歃血，十四国正式订立了弭兵盟约。盟约规定：与盟各国彼此不得诉诸武力，违者盟国共讨之。晋的属国鲁、卫、宋、郑等，楚的属国蔡、陈、许等须同时向晋楚两国贡献财礼，齐、秦两国是大国，不在其例、邾、滕分别是齐、宋的属国，也不在例。

弭兵大会宣告了晋楚两强平分霸权，晋楚争霸战争从此基本结束。

晋楚争霸长达八十余年，被卷进的争战国家多达数十个，大大小小战争数以百计，其中几多恩怨，为什么经一个中等国左师官的倡导竟一旦达成和议呢？大会前晋强于楚，为什么晋国不但同意平分霸权，甚至还对楚国避让三分呢？

弭兵的原因有四：其一是弭兵为当时绝大多数国家和人民的共同要求。

向戌倡导弭兵，首先征求当时实力最强的晋国的意见，赵武与诸大夫商议时，地位仅次于赵武的韩宣子说："战争，是人民的残害者，国家财政的蛀虫，小国的大灾难。虽然完全停止战争是不可能的，但也必须同意向戌的倡议，否则小国必然倒向楚国，我们将丧失霸主的地位。"韩宣子的分析可说是入木三分，当时中小国家早已吃尽战争的苦头，出现"民死亡者，非其父兄，即其子弟，夫人愁痛，不知所庇"的状况。尤其是地处晋楚之间，被两者视为必争之地的郑国，服楚则晋讨之，服晋则楚讨之，战祸不息，有时郑君还要光着膀子，牵着羊去迎接讨伐者，屈辱至极，所以弭兵对于诸如郑国这样的中小国家，是求之不得的。

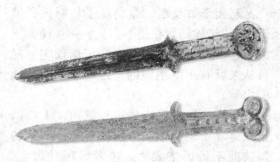

山戎·青铜短剑

其二是晋楚两大国谁也不能臣服谁。

晋楚争霸八十多年，双方交替为盟主，公元前632年城濮之战晋胜而占上风；公元前597年邲之战楚胜反占上风；公元前575年鄢陵之战晋胜又占上风，直至弭兵大会前。因此楚认为难与晋争霸；晋也认为自己"不能御楚，又不能庇郑"。既然晋、楚双方谁也不能彻底战胜对手，那么停战平分霸权是唯一理智的出路。

其三是晋楚两国为应付内乱，迫切需要一个相对缓和的外部环境。

晋国卿大夫擅权，自鄢陵之战以来内乱不已。公元前574年晋厉公重用宠臣胥童等，利用卿士栾书，族灭了威逼公室、擅杀大夫伯宗的郤氏。接着胥童又拘留了栾书与中行偃，但厉公不忍"一朝而尸三卿"。第二年栾书、中行偃杀厉公。晋悼公即位，对外虽能九合诸侯，但对内不敢讨伐杀君者，只是采取平衡政策，重用魏、范、赵、韩等卿族，以牵制横行的栾氏与中行氏。晋平公即位，先用范宣子为正卿，

范宣子利用赵、韩、中行氏与栾氏的新旧矛盾，于公元前550年灭大族栾氏，但范氏与中行氏又相勾结横行于晋国。范宣子死后，晋平公在公元前548年起用赵武为正卿，以牵制范氏、中行氏。弭兵大会前晋内政如此混乱，也无心对外了。

楚国康王软弱，兄弟横行。当年楚共王立太子似儿戏，他派巴姬在宗庙里埋一玉璧，让五子进宗庙拜祖先，康王正踏着玉璧，因此立了康王。对此，有野心有才干的公子围很不服气，发誓要夺取王位。所以屈建早就预言"楚必多乱"，为延缓内部危机的爆发，康王与屈建也急需弭兵，以与晋国平分霸主地位为满足。

其四是赵武为复兴赵氏宗族，在弭兵问题上起了重要作用。

弭兵的关键是晋楚两强，然而弭兵前的形势是晋强楚弱，因此晋国对弭兵的态度是关键，向戌首先征求晋国的意见，也正因为此。晋国正卿执政，因此赵武实是弭兵问题上举足轻重的人物。

赵武推行弭兵在晋国遭到一些人的反对，大夫祁午曾当众指责他使晋国的霸权与自己的成功毁于一旦。难道赵武真这样乐于牺牲自己，成全别人吗？不！赵武所以要弭兵，除了他看到了弭兵是大势所趋

苏州盘门

外，更主要的是他要结好诸侯，以便集中精力于内政，使几乎族灭的赵氏宗族复兴。晋平公对此就说赵武结党营私。吴国延陵季子也断言晋之政将归赵、魏、韩三家。果然，赵武、韩宣子、魏献子相继任晋国正卿。弭兵大会后不到百年，赵、魏、韩便三家分晋了。

弭兵大会标志着春秋历史进入了尾声阶段。

齐鲁长勺之战

周庄王十一年（公元前686年），齐襄公被叔伯兄弟公子无知杀死，不久，无知又被大夫雍廪杀掉。齐国无君，在国内的大夫高傒与公子小白（即后来的齐桓公）关系甚好，就派人前往莒国迎接他回国作国君。鲁国也派军队护送在鲁的公子纠回国夺位，同时派管仲率兵拦截从莒归国的公子小白。管仲在途中遇上小白一行，未及正式交战，就先向小白前胸射出一箭，小白中箭后倒在车中。管仲以为射死了小白，派人报知公子纠，公子纠得知对手已死，就慢悠悠地在旅程行走。其实，管仲的箭正好射在小白腰间的带钩上，小白为麻痹对方，就顺势倒下，然后抢先回国，做了国君。等公子纠六天后到达齐都临淄，小白已经即位。鲁国不肯罢休，就将军队驻扎在临淄以东的乾时（今山东桓台县南）。两军相战，鲁军大败，鲁庄公弃车而逃，秦子、梁子两名武士打着庄公的旗号引开齐军，成为齐军的俘虏；鲁庄公坐轻车逃归鲁国。

齐桓公在乾时败鲁后，又派鲍叔牙带领军队逼着鲁国杀死公子纠、交出管仲和召忽。召忽自杀而死，管仲被囚入齐。鲍叔牙回到齐国，立即推荐管仲为相，主持齐国大政。

山戎·饮酒器

周庄王十三年（公元前·684年）春，齐国又派大军进攻鲁国。鲁国积极准备迎战。这时，有个叫曹刿的人请求进见。他的同乡人相劝说，有权势的人自会谋划这件事，你又何必掺和呢？曹刿认为有权势的人见识浅陋，不能深谋远虑。于是入宫进见。他问鲁庄公凭借什么来作战，庄公回答，暖衣饱食这些用来养生的东西，不敢独自享受，一定把它分给别人。曹刿认为，小恩小惠不能遍施民众，所以民众是不会跟从的。庄公说，祭祀用的牛羊玉帛不敢虚报，祝史祷告一定诚实。曹刿认为，小的信用不足以取信于神，神灵不会保佑。庄公又说，大大小小的案件，虽然不能一一明察，但必定按照实情来审判处理。曹刿说，这才是忠于职守，为民众尽力，可以凭此去战。若战，请允许我跟从您去。

齐、鲁两军在鲁国的长勺相遇交战。鲁庄公与曹刿同乘一辆兵车。庄公要击鼓进击齐军，曹刿劝阻道："还不到时候"。等齐军三通鼓罢，曹刿才让庄公击鼓反击齐军。齐军经三次冲锋已疲惫不堪，遭到鲁军的猛烈反击，马上大败而逃。庄公又要下令追击，曹刿阻拦住，他下车察看齐军逃跑时的车轨确实很乱，又登车瞭望到在逃齐军的旗帜东倒西歪，确知齐军真败，就请庄公下令发起追击，一举把齐军赶出国境。

长勺之战是我国古代以弱胜强、以少

胜多的著名战例。齐国在长勺大战之后，战略重点转入征服周围的小国和整顿内政上。

召陵之盟

齐桓公在中原已取得霸主地位之时，位于南方的楚国也迅速强大起来，北上中原争雄。楚国以江汉平原为中心，北到今河南南部，东到今安徽中部，南达今湖南的资兴、郴县，地大物博，有着良好的自然条件和比较发达的采矿业。物质力量雄厚的楚国，先平定了周围的一些小国，到楚成王时，战略重点放在向北扩张上，先后灭掉申、息、邓等国，并伐黄服蔡，屡次攻伐随国，逼近郑国。郑国无力与楚抗衡，准备依附楚国。在这种情况下，齐桓公于周惠王十八年（公元前659年），召集鲁、宋、郑、曹、邾等国商议救郑。后来江、黄两国背离楚国与齐、宋在阳谷（今山东阳谷县境）结盟，便形成中原诸国与楚国对峙的局面。

齐、蔡本是友好国家，蔡姬是齐桓公的夫人。周惠王二十年（公元前657年），齐桓公和蔡姬在园林里坐船游玩，蔡姬故意摆动游船，使齐桓公摇来晃去，桓公不习水性，非常害怕，让她停止，蔡姬却摇

牺首铜匜

晃得更起劲。桓公一怒之下，把她送回蔡国，但未断绝关系；蔡侯也赌气把蔡姬改嫁，并倒向楚国。周惠王二十一年（公元前656年），齐桓公率领齐、宋、陈、卫、郑、许、曹、鲁八国的军队攻打蔡国，蔡国寡不敌众，一战即溃，八国军队长驱直入，南进达于楚国边境。

楚成王派遣使者对齐侯说，君王住在北方，楚君住在南方，即使是牛马发情狂奔也不能彼此到达，没想到君王竟跋涉到我国的土地上，质问桓公这是何缘故？齐相管仲以楚国不进贡土特产，使天子的祭祀缺乏物资、不能漉酒请神和昭王南征不返为由来答对。楚国使者表示：没有送去贡品，是楚君的罪过，今后保证及时进贡；至于昭王没有回去，与楚国无关，最好去责问汉水边上的人吧！桓公见楚国使者态度强硬，也不敢轻易与楚交战，于是就率领诸侯的军队进兵到陉地（今河南偃城南）。

这年夏天，楚成王派遣使者屈完去与诸侯军队言和，诸侯军队退兵到召陵（今河南偃城东）驻扎。齐桓公把诸侯的军队列成战阵，与屈完一起乘车观看。桓公假意表示：诸侯起兵，绝不是为了齐国，先君建立的友好关系应当继续，贵国应当和敝国共同友好。屈完表示这正是楚国的愿望。桓公又指着诸侯的军队说，用这样强大的军队打仗，战无不胜，攻无不克。屈完表示：君王如果以德行安抚诸侯，谁敢不服？若用武力威胁，那么楚国可以把方城山（今河南叶县南，方城县东北）作为城墙，以汉水为护城河，君王的军队虽多也无用。齐桓公见屈完的话软中带硬，有理有节，便在召陵与屈完订立了盟约。

召陵之盟等于楚国事实上承认了齐国在中原的霸主地位，也暂时阻挡住了楚国向北扩张的势头。但召陵之盟同时也说明

楚国当时力量之强大，足以和齐等八国之师抗衡。因而召陵之盟可以说是两大军事力量暂时处于平衡状态之下的见证。

葵丘之会

周惠王二十一年（公元前656年），齐桓公率领八国军队逼近楚境，在召陵与楚

嵌红铜龙纹方豆

国结盟修好，暂时挡住了楚国北上的势头。当时，周天子欲废太子郑，改立宠妃所生的公子带为太子，为了安定王室，齐桓公于周惠王二十二年（公元前655年）会宋、鲁、陈、卫、郑、许、曹诸君在首止（今河南睢县东）与太子郑相盟，以定太子之位。周天子派周公宰孔召郑文公，告诉他天子打算立公子带为太子，要他约同楚国，辅佐王室。郑文公借口国内有事，逃盟而去。其余七国歃血为盟，约定：凡我同盟，共辅太子，佐助王室，谁违盟约，即受天罚。周惠王二十三年（公元前654年），齐

国以郑文公逃盟为理由，率鲁、宋、陈、卫、曹等国军队讨伐郑国，楚成王出兵围许以救郑，诸侯解郑围救许，楚亦释围回军。周惠王二十五年（公元前652年），周天子去世，太子郑继位，是为襄王。襄王担心其弟带争位，秘不发丧而求助于齐。这一年，齐国又出兵攻打郑国。周襄王元年（公元前651年），齐桓公率鲁、宋、卫、许、曹的国君及陈世子与周襄王的大夫在洮地（今山东鄄城西南）会盟，以巩固襄王的王位，襄王定位而后发丧，郑文公也去乞盟。

为了巩固已取得的成果，齐桓公于周襄王元年（公元前651年）与宋、鲁、卫、郑、许、曹等国的国君及周襄王的使者宰孔在葵丘（今河南兰考县境）相会，齐桓公把公子昭托付给宋襄公，周襄王为了感谢桓公对他的支持，让宰孔把天子祭祀祖先的祭肉赏赐给桓公。按照当时的礼制，天下祭祖的礼物只分给同姓国家，齐是姜

春秋·玉璜

姓，没有分享祭品的权利，周襄王赏赐桓公祭肉，是表示对桓公的特别敬重。桓公听从管仲的意见，下堂行跪拜礼，宰孔又说襄王命令加赐爵位一等，不必下拜。桓公表示谦虚，跪拜受赐。

然后，齐桓公率诸侯盟誓，盟辞初命道："诛不孝，无易树子（不能随便废立太子），无以妾为妻。"再命道："尊贤育才，以彰有德。"三命道："敬老慈幼，无忘宾、旅。"四命道："士无世官，官事无摄（公家职务不要兼摄），取士必得（贤才），无专杀大夫。"五命道："无曲防

管仲像

夫人嘱咐他照料嫡长嫂贾君，并要他把逃亡在外的公子们都接纳回国。但管仲归国后，既不接纳各位公子，又与贾君私通。他曾答应赏赐大夫里克汾水以北土地百万

䡇子盖

（不要堵塞河流），无遏籴（不要自己囤积粮食而禁止邻国的购买），无有封而不告（不要分封而不报告盟主）。"盟辞还声称：凡是参加我同盟的国家，结盟之后要言归于好，不许再互相攻伐。盟誓完毕，周襄王的使者及诸侯相继散去。此后一段时间，齐桓公的霸业主要放在平戎攘夷之上。

秦晋韩原之战

管仲能够归国为君，主要靠的是秦穆公的支持。管仲在将要即位时，其姐秦穆

亩，赏赐丕郑负蔡地方土地七十万亩，后来也都不给；他曾许愿奉送秦穆公黄河以西、以南的五座城，还有黄河以北的解梁城（今山西永济县境），后来也背弃了诺言。周襄王五年（公元前647年），晋国发生灾荒，请求秦国卖给粮食，秦穆公不计较惠公的失信，把大批粮食运到晋都绛城（今山西翼城县东）；第二年秦国发生饥荒，晋国收成不错，秦向晋求援，晋国却一颗粮食不卖给秦国。这样便激怒了秦穆

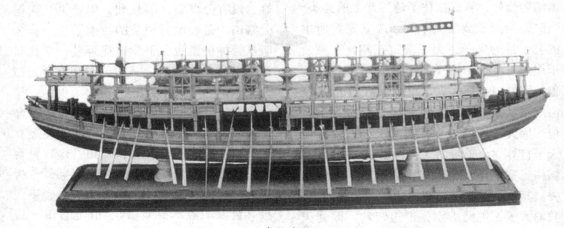

春秋战船

公。周襄王七年（公元前645年），秦国起兵伐晋。

晋惠公亲自率兵迎战，结果屡战屡败，一直退到韩地。晋惠公问大夫庆郑："敌军深入，怎么办？"庆郑回答说："实在是君王使他们深入，能够怎么样呢？"晋惠公责备他放肆无礼；又占卜兵车右卫人选，庆郑得吉卦，但惠公不用庆郑，让步扬驾战车，家仆徒为车右，并以从郑国得来的小驷马驾车。庆郑相劝，惠公根本不听。

九月，晋惠公准备迎战秦军。派韩简去探察情况。韩简回报说，秦军少于我们，但请战人员却倍于我军。惠公问是什么原因，韩简说：君王出亡期间是依靠秦国的资助，回国为君是由于秦国的宠信，晋国发生饥荒又吃的是秦国的粮食，三次给予我们的恩惠而无所报答。现在又要迎击秦军，我方懈怠，秦军振奋，这样，斗志相差还不止一倍！惠公认为，一个普通人尚且不能轻侮，何况是国家？便派韩简去请战道：寡人不才，能集合部下但不能让他们离散，秦军如果不回去，晋军是没有地方逃避命令的。秦派公孙枝回话，表示答应请战，韩简退下去说："我如果能被秦军囚禁就是幸运的了。"

九月十四日，秦、晋两军在韩原交战，晋惠公的小驷马陷在烂泥之中盘旋不出，惠公向庆郑呼喊相救，庆郑说："不纳忠谏，违背占卜，本来就是自找失败，现在又为什么要逃走呢？"于是就离开了。梁由靡驾御韩简的战车，虢射作为兵车右卫，遇上了秦穆公，将要俘虏他，庆郑招呼营救惠公，因而失掉了俘获穆公的机会，而此时秦军却俘虏了晋惠公，然后班师回军。晋国的大夫们披头散发，拔了帐篷要跟随被俘的惠公西行。秦穆公派人辞谢说："诸位何必如此忧伤，寡人跟随惠公西行，怎么敢做得太过分了！"晋国的大夫三拜叩头，说："您脚踩后土，头顶皇天，皇天后

土都听到了您的话，我等谨在下风处听候吩咐。"

秦穆夫人是晋惠公的姐姐，听说秦军俘虏惠公将要来到，便领着太子罃、公子弘和女儿简璧登上高台，踩着柴草，准备自焚。她派人免冠束发、穿着丧服去迎接秦穆公，并捎话说，上天降灾，使秦、晋两国国君不以正常的礼节相见，而是兴动甲兵，如果晋国国君早上进入国都，那么婢子就晚上自焚；晚上进入，那么就翌日清晨自焚，请君王裁夺！秦穆公只好把惠公安置在国都外的灵台。

秦国的大夫请求把晋侯带入国都。穆公认为：俘获晋侯，本是带着丰厚的收获回来的，但一回来就要发生丧事，那么这种收获也就没有益处了。再说晋国大夫以忧伤感动自己、用天地约束自己，如果不考虑晋国人的哀痛，就会加重他们的怨恨；不履行自己的诺言，就是违背天地。加重怨恨，难于承当；违背上天，不会吉利。因此，打算放惠公回国。公子挚认为，不要再积聚邪恶，应当杀掉他。子桑则认为，放惠公回国而把他的太子作为人质，这样会收到好的效果，杀了惠公而不能灭亡晋国，只会增加仇恨。于是秦穆公就允许与晋国媾和。

十月，晋国的阴饴甥与秦穆公在王城（今陕西大荔县东）相会，订立盟约。秦穆公询问晋国内部是否和睦，阴饴甥巧妙地回答说：不和睦。小人以惠公被俘为耻，又哀悼他们战死的亲属，不惜征收税赋，修治兵甲以立圉为国君，并表示一定要报仇，否则宁肯因此而事奉戎狄。君子则爱护他的国君，也知道他的罪过，征收税赋、修治甲兵以听候秦国的命令，表示一定要报答秦国的恩德，至死也无二心。因此，晋国内部不和睦。秦穆公又询问晋国人对惠公的结果怎么看，阴饴甥回答说："小人忧伤，说惠公不会被释放；君子宽恕，认

为他一定会回来。小人说我们损害过秦国，秦国岂能让晋君回来？君子说我们已经知罪，秦国一定会让晋君回来。惠公当初对秦有二心，就拘囚他；服了罪，就释放他，没有比这再宽厚的德行，也没有比这更威严的刑罚了。服罪的人怀念德行，有二心的人畏惧刑罚，韩原这一仗，秦国可以称霸诸侯了"。秦穆公表示，这正是他的心意。便重新安排了惠公的住处，并馈赠给他七牢的礼品。

晋惠公将归国，晋大夫蛾析对庆郑说："你还不赶紧逃走？"庆郑认为，使国君陷入败境而自己不以身死难，又使国君不能惩罚自己，这就不合人臣之道了。为人臣不尽作臣的职责，即使逃亡，又投奔哪里呢？于是留下。十一月，晋惠公回国，二十九日这天，杀庆郑然后进入国都。

这一年，晋国又发生饥荒，秦穆公又馈赠给晋国谷物，并说："我怨恨晋君而怜悯晋国的百姓。晋国还是很有希望的，我姑且树立德行，来等待晋国有才能人的出现。"从此，秦国开始在晋国黄河东部征收赋税，同时设置官员。

韩原之战，使秦国在各诸侯国中的威信更高。不久，惠公去世，在秦作人质的太子圉扔下妻子，逃回即位，是为怀公。秦穆公很生气，把曾嫁给太子圉为妻的女儿怀嬴改嫁给晋公子重耳，并护送重耳回国杀怀公，即位为文公。从此晋国展开了图霸的大业。

子带之乱

子带，亦称太叔带，周惠王少子，周襄王之弟。周惠王在世时，宠爱子带，曾有废太子郑而立子带之意。周惠王二十四年（公元前653年），周惠王去世，太子郑继位，是为周襄王。襄王害怕其弟子带趁

春秋陈侯簋

机夺取王位，秘不发丧而向齐国求助。次年，齐桓公同鲁国、宋国、卫国、许国、曹国的国君以及陈世子与襄王之大夫会盟于曹国洮（今山东鄄城西南），相约帮助襄王。

然而，子带觊觎王位，于周襄王五年（公元前649年），召引杨、拒、泉、皋、伊雒等方国（位于王城四周及伊、洛两水一带），进攻京师，焚东门，图谋取襄王之位而代之。周襄王在秦国和晋国的帮助下，讨伐子带。次年秋天，子带逃奔到齐国。

周襄王十五年（公元前638年），周大夫富辰鉴于当时周王室实力削弱，各诸侯争做霸主，建议襄王召回子带。他说："《诗》曰'协比其邻，婚姻孔云'，你们兄弟之间不团结，焉能怨诸侯之间不和睦呢？"襄王采纳了富辰的意见，召子带自齐国返回京师。

两年后，滑国背叛郑国与卫国亲近。郑文公遂派大军征讨滑国。周襄王遣使赴郑，为滑请命。不料，郑以襄王袒护卫、滑为理由，扣押了使臣。襄王大怒，遂派狄国军队讨伐郑国，占领栎（郑邑，今河南禹县）。战后，襄王纳狄国国君之女隗氏为王后。

是年秋，子带与隗后私通。襄王发觉后，废黜了隗后。子带逃到狄国，勾结狄国军队攻入洛阳，并捕获周公忌父、原伯、毛伯、富辰。襄王逃奔至郑国汜城（今河

南襄城县南）。子带自立为天子，将朝政交周公、召公处理，自己带着隗后住到温邑（今河南温县西南）。

周襄王遣使向晋、秦、鲁等诸侯求救。秦闻讯后，乃列阵于黄河岸边，准备接纳周襄王。晋国狐偃对晋文公说：求霸莫如尊周，我们如抢在秦国之前接纳襄王，就有称霸的资格了。此言正合晋文公之意。文公迅速辞退秦军，出晋军两路，右军围王子带于温邑；左军赴汜城迎纳襄王。周襄王十八年（公元前635年），晋军护送襄王回到洛阳，并在隰城（今河南武陟西南）诛杀了子带。

周襄王为了酬谢晋文公的功劳，把阳樊、温、原和攒茅四邑（今河南济源、武陟一带）赐给了晋国。

蟠虺纹提梁盉

晋文公兴兵勤王不仅获得了大量土地，更提高了晋国在中原诸侯中的威望，为其后来跃升为中原的霸主奠定了基础。

烛之武退秦师

周襄王二十年（公元前632年），晋楚城濮之战后，晋国确立了中原霸主的地位。晋文公由此被列为春秋五霸之一。

但是，大国之间的争霸战争，给小国带来的却是灾难。特别是那些夹在晋、楚之间的诸侯国，更是疲于应付，左右为难。楚来则迎楚，晋来则迎晋，忍辱含垢，委曲求全。稍有不慎，便会遭到大国的攻伐。郑国便是其中之一。

春秋·彩漆方壶

周襄王二十年（公元前632年），当楚军挥师北上，与晋争霸时，郑国因楚近晋远，不得不委曲求全，而站在楚国一边。这一下惹恼了晋文公。城濮之战后的第二年（周襄王二十一年，公元前631年）夏天，晋文公利用兵威，纠合宋、齐、陈、蔡、秦等诸侯公于霍泉（在洛阳城中）。除了重申践土之盟外，便是商议讨伐郑国。最后，晋国和秦国决定联合出兵。周襄王二十二年（公元前630年）的春天，晋文公先派了一支小部队对郑国作试探性进攻，以观其可攻与否。到了九月，晋国和秦国便大举出兵，攻入郑国境内，包围了郑国的都城。晋文公攻郑的理由是：郑国君文公在自己流亡路过郑国时曾对自己无礼；后来又背晋助楚。入郑后，晋军大营驻扎在函陵（今河南新郑县北十三里），秦军驻扎在汜南（今河南中牟县南，与函陵相距甚近）。晋军由晋文公亲自指挥，而秦军则由秦穆公自己指挥。

晋、秦军围郑后，郑都城中一片惶恐。郑国大夫佚之狐感到事态严重，便去找郑文公，对郑文公说："国家的形势已经很危急了。您若能够让烛之武去见秦伯，和秦伯谈一下，秦军必然撤退。那样晋军也会撤退。"郑文公听从了佚之狐的建议，去找烛之武商议。烛之武听了郑文公的请求，便推辞说："臣年轻的时候，尚且不如别人。如今臣已经老了，做不了什么事了。

镶红铜龙纹罍

这个任务我完成不了。"郑文公知道烛之武在埋怨自己不早日任用他，只是到了危急的时候才想起他，便恳切地道歉说："我不能早日任用你，让你发挥才能，如今事情紧急才来求你，这是寡人的过错。但是，郑国如果亡了，对您也没有什么好处。"烛之武答应了。夜里，烛之武从城里缒墙而出，摸到秦军的军营里，见到了秦穆公。烛之武对秦穆公说："秦军和晋军围郑，郑

已知己之必亡矣。然而，如果郑国灭亡而对您有好处，那我们也愿意灭亡。越过别的诸侯国而以远地为己边邑，您知道那是非常困难的事情。干吗要灭亡郑国而让邻国增加力量呢？邻国实力增加了，您的力量可就削弱了。如果留着郑国而不灭亡它，让郑国为秦东道之主人，秦国外交之往来，郑国可以助其乏困，这对您也并无害处。而且，您也曾经有恩于晋国。晋惠公夷吾答应割给秦国焦（今河南三门峡西）、瑕（今河南灵宝东）二邑，可是早晨归国，晚夕即筑城以备秦，这是您所知道的。晋国的贪欲哪里有满足的时候？既然东略郑国以开拓其封疆，又要放恣其心力而西拓其边界，如不损害秦国，其土地将何从而得？损害秦国而有利于晋国，唯君图之。"秦穆公听了烛之武的话，觉得很有道理，损害秦国而有利于晋国的事情，他自然不愿意做。因此，他单独和郑国签订了盟约，让杞子、逢孙、杨孙留下来帮助郑国戍守，便引军撤回秦国去了。

秦军不告而别，突然撤走，使晋人十分恼怒。子犯向晋文公请求率军进攻秦军。晋文公说："不行。如果不是他（指秦穆公）的帮助，我们不会有今天。得到别人的帮助却又去损害人家，这是不仁；失掉自己的同盟是不明智；攻秦为乱，和秦为整，以乱易整，不算什么英勇之举。我们还是撤回去吧。"于是，晋文公率晋军撤回了晋国，郑国终于转危为安。

烛之武的成功，在于巧妙地利用了秦、晋之间存在的内部矛盾，而对秦穆公晓以利害，因而使秦军撤走，从而孤立了晋军，使晋军也不得不退兵。

秦晋殽之战

周襄王二十二年（公元前630年），

中国通史

最新整理图文珍藏版

秦、郑结盟，杞子、逢孙、杨孙等大夫被派往郑国戍守。二年后，杞子从郑国派人向秦穆公报告说：他已经掌管了郑国都城北门的钥匙，如果秘密发兵前来，里应外合，郑国肯定会到手。秦穆公召集大臣商量出兵之事，蹇叔不赞同，认为军队劳苦跋涉去袭击远方的国家，将卒辛劳、筋疲力尽，郑国又有防备。再说千里行军，谁人不知？劳苦而无所得，将士也不会满意。秦穆公不听蹇叔的劝告，召见孟明视、西乞术、白乙丙三员大将，率领大军从国都东门处出发。蹇叔哭着对孟明视说，我只能看见军队开出去，却看不到他们回来了！秦穆公派人对他说：你知道什么？如果你六、七十岁死了，你坟上的树现在也该有两手合抱那么粗了？蹇叔的儿子参加了出征的队伍，蹇叔哭着送他说："晋国必定在殽山（今河南济宁西北）一带阻击秦军。殽山有两座大的山陵，南面的山陵，是夏后皋的坟墓；北面的山陵，是周文王避过风雨的地方。你们必将死于两座山陵之间，我在那里为你们收尸吧！"

秦军向东进发。周襄王二十五年（公元前 627 年）春天，秦军经过周王都洛邑的北门，兵车的左右卫脱去头盔，下车步行，以表示对周王的敬意，但是随即就跳上车，战车有 300 多辆。周共王的玄孙王孙满年纪还小，看到秦军的这种举动，认为秦国的军队轻佻而无礼，必然打败仗。

秦军到达滑国（今河南巩义西北），遇上了准备到周王都做买卖的郑国商人弦高。弦高见秦军突然而来，郑国毫无准备，

急中生计，先致送 4 张熟牛皮，然后又奉送 12 头牛犒劳秦军，并假称受国君的委托来犒赏秦军，对秦穆公说：敝国并不富厚，为了您的随从能够在这里生活方便，住下就提供一天的食物，离开就准备一夜的守卫。同时，派人火速向郑国报告。

郑穆公得到消息后，派人去馆舍探视杞子等人的动静，发现他们已经装束完毕，磨利兵器、喂饱战马了，于是派皇武子下逐客令。杞子逃跑到齐国，逢孙、杨孙二人逃到宋国。秦军得到报告，主将孟明视认为郑国已有准备，没有得到郑国的希望了。攻郑不能取胜，围郑又无后续，建议早日回军。因此，秦军回师，顺路灭掉滑国。

"克黄"鼎

就在这时，晋文公刚刚去世，晋国大臣认为秦国此举严重威胁晋国的霸业。晋国大夫先轸认为机不可失，放走秦军要生后患，一定要阻止秦军。栾枝则认为，先君复国，靠的是秦国的支持，未报恩就攻打人家，对不起死去的先君。先轸反驳说：秦国不因我们的丧事而悲伤，反而攻打我们的同姓国，这是秦国无礼。一旦放走敌人，几辈子要受祸患，为子孙后代着想，这可以对去世的国君说！于是就发布命令，紧急动员姜戎的军队，晋襄公染黑丧服，

春秋·玉虎

领兵出征，梁弘驾御车，莱驹做保镖。

同年夏四月，晋军在殽山击败秦军，俘虏了孟明视，西乞术、白乙丙，胜利而回，然后身着黑色的丧服安葬了晋文公。晋文公的夫人（秦穆公的女儿、晋襄公的母亲）文赢请求释放秦国的三位将帅，说是他们三人挑拨晋、秦两国国君的关系，如果父王（秦穆公）得到这三人，就是吃了他们的肉也不满足，何必屈尊晋君去惩罚他们！莫如让三人归秦接受刑戮，也使父王快意。于是，晋襄公就答应了她的请求。

先轸入朝进见晋襄公，问起秦国的囚犯。襄公说："母亲代他们求情，我把他们放了。"先轸大怒，认为将士们拼力把他们从战场擒获，一个妇人说几句谎话就把他们从国都释放，毁伤自己的战果、助长敌人的气焰，亡国没几天了！说着说着对着晋君就往地下吐唾沫。晋襄公十分后悔，立即派阳处父去追赶孟明视等人，追到黄河岸边，孟明视等已经上船离岸了。阳处父解下车左的骖马，说是晋襄公要赠送他们，请他们上岸。孟明视等在船上叩头辞谢道：蒙晋君的恩惠，不用我等的血涂军鼓，使我们回归秦国接受刑戮。秦君如杀了我等，死而不朽；如托晋君的恩惠得到赦免，三年之后，必将拜谢晋君的恩赐。这实际上是说三年之后必来报仇。

秦穆公衣着素服，在郊外对着释放归国的将士号哭，说："我不听蹇叔的忠告，致使你们几位蒙遭耻辱，这是我的罪过！"继续任用孟明视等人。

殽之战以及其后的秦晋彭衙之战，使秦国向东扩张的战略连连受挫，无法东进。于是，秦穆公就把战略重点转向西，展开了称霸西戎的大业。

晋楚邲之战

邲，是郑国地名，在今河南郑州西北。郑国地处中原，夹于晋、楚两大国之间，经常遭受两国的侵犯，饱尝战祸之苦。亲晋则楚国出兵攻打，亲楚则晋国兴师讨伐。在周匡王五年（公元前608年）—周定王十一年（公元前596年）的十二个年头之中，晋国五次伐郑，楚国七次加兵，几乎年年有战事。周定王九年（公元前598年），郑国迫于楚国的压力，参加了楚与陈在辰陵（今河南淮阳县西）举行的盟会，但又迫于晋国的压力，转而亲近晋国。这样便惹恼了楚国。楚庄王于周定王十二年（公元前597年）春，发兵攻打郑国。

楚军围困郑国国都达十七天，郑国难于固守，想与楚国媾和，但一占卜，不吉利；再占卜，在祖庙痛哭，同时准备巷战，吉利。于是，全城人在祖庙大哭，守城将士也在城头放声号哭。楚庄王听到哭声震天，便下令楚军后撤；郑国人修筑好城墙，仍不服从楚。于是楚王再次进军围困，经过三个月的时间，攻破郑国国都，到达城中心的十字路口，郑襄公祖衣露体，又牵着表示驯服的羊来迎接楚庄王，请他任意处置郑国。庄王准备答应郑国求和的要求，但身边的将领不同意，认为既已攻下郑国，就不应该赦免。楚庄王则认为：郑国国君能屈居人之下，必然能够取信和使用他的百姓，楚军长期在外，已经疲惫，灭郑可能引起郑人更坚决的反抗和其他国家的援助，那时，楚国就被动了。于是，庄王退兵三十里，派潘尪与郑国订立盟约，郑襄公派弟弟子良去楚作为楚国的人质。

晋国得知楚军又围困郑国，便组成三军出兵援救。中军以荀林父为统帅，先毂为副；上军以士会为主将，郤克为副；下

中国通史

最新整理图文珍藏版

垂鳞纹铜罍

军以赵朔为主将，栾书为副。此外，由赵括、赵婴任中军大夫，巩朔、韩穿担任上军大夫，荀首、赵同担任下军大夫，韩厥为司马。晋军行至黄河边，听说郑国已经和楚国媾和，主帅荀林父打算回师，认为没有赶上营救郑国的机会而劳累了将士，出兵也无用。上军主将士会同意荀林父的主张。中军副帅先縠却坚决反对，他认为晋国之所以能成为诸侯之长，就在于军队

能武、群臣尽力。现在由于不战而失去诸侯，不能说是臣下尽力；有了敌人而不去追击，不能说是军队勇武。由于将领不敢作战而使晋国丢掉霸主地位，不如死去。他还表示，受君命做军队统帅，而以不配做统帅告终，只有诸位能这样，自己是不干的。于是就带领自己所属的那部分军队渡过了黄河。晋军司马韩厥见此情形，劝荀林父说：先縠率领一部分军队擅自陷入敌阵，您作为主帅，罪过就大了。失掉属国又丧亡军队，不如干脆进军。如果作战不能取胜，罪过可由六人分担，不是更好点吗？晋军于是全部渡过了黄河。

楚庄王带着部队北上，在郏地（今河南郑州市北）驻扎下来。楚军的中军主帅是沈尹，左军主将是子重，右军主将是子反。楚军原打算在黄河饮马以后就回国，听说晋军已经渡过黄河，准备马上回去。令尹孙叔敖也不想与晋军交战，下令回车向南，倒转大旗，准备回楚。但楚王的宠臣伍参（楚将伍子胥的曾祖父）想与晋军交战，就对庄王说：晋国的主帅荀林父是新上任的，威信不高；副帅先縠，刚愎不仁，不肯听从命令；三军统帅各自专权，没有实际的最高统帅。这次，晋军一定失败！再说，以国君身份逃避臣下，对国家的名誉将会怎么样？楚庄王最忌讳这一点，

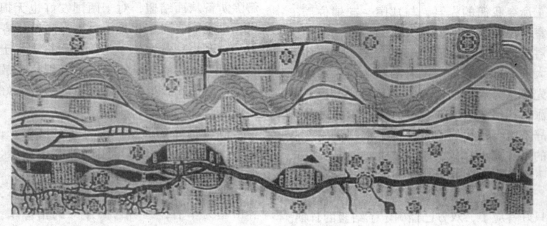

运河图

于是告诉孙叔敖：调转战车的车辕，继续向北挺进；在管地（今河南郑州市北）扎营，等待晋军！

晋军过河后驻扎在敖、鄗两山（今河南荥阳县北）之间，郑国的皇戌到晋军中诱使晋国与楚国交战，说郑国与楚国媾和是为了保存国家，对晋国没有二心。楚军由于屡次得胜而骄傲，但士气已经衰落，又不设置防御。若晋国攻楚，郑国为内应，楚军必败。先縠一听，洋洋自得地说："打败楚国，降服郑国，就在此一举了！"下军副将栾书却看出了皇戌的来意，他仔细分析了楚军的情形，认为郑国是用晋军占卜，晋国若胜楚国，郑国就来归顺，不胜就去投靠楚国。中军大夫赵括、下军大夫赵同赞同先縠的主张，认为领兵而来，就是寻找敌人作战；战胜敌人，得到属国，没必要再等待了！下军大夫荀首认为赵括、赵同的主张是一条取祸之道；而下军主将赵朔也认为栾书的见解正确，实践他的话，一定能使晋国长久。晋军将帅的意见很不统一。

楚国的少宰前往晋军说，我们国君年轻，不善于辞令，听说晋、楚两位先君曾往来在这条路上，为的是训导和安定郑国，楚国哪里敢得罪晋国？诸位不必在这里久留。晋国上军的主将士会回答说，以前平王命令我们的先君，与郑国一起辅佐周王室，现在郑国不遵从天子的命令，我们国君派遣臣下们来质问郑国，怎么敢劳您的大驾？谨拜谢贵国国君的命令。中军副帅先縠认为这样的回答是奉承讨好楚国，就派赵括追上去更正说：刚才我国使者的言辞不恰当，我们国君让臣下们把贵国军队的足迹挪出郑国，吩咐不许退避敌人，臣下们没有办法逃避君命！

楚庄王又派使者向晋国求和，晋国也只好答应了，双方已经确定了结盟的日期。这时，楚国的大夫许伯为大夫乐伯驾御战车，以摄叔为兵车右卫，单车向晋军挑战。晋军追赶他们，左右两角夹攻，乐伯左边射马，右边射人，使两角不能前进。只剩一枝箭了，有麋在前面跑动，乐伯一箭射去，正中　的背部。晋军的鲍癸从后面追来。乐伯让摄叔捧着麋献给鲍癸，鲍癸阻止部下不再追击，乐伯三人免于被俘。

晋国的魏锜请求做公族大夫，赵旃请求做卿，没有办到。又要求派他们去和楚国议和，荀林父只好同意。两人心怀不满，存心要让晋军吃败仗，借议和的名义前去挑战。上军副将郤克说，这两个人去了，必定会出问题，建议晋军严加戒备。先縠

"齐侯"鉴

不同意。士会认为，还是防备着些好，如果魏、赵二人激怒楚国，楚国人乘机袭击，军队灭亡就在眼前；如果楚国人没有恶意，解除防备从而结盟，对于两国友好也无损害。再说即使诸侯相见，也不撤除军中守卫，这就叫有备无患。先縠听不进去。士会派遣巩朔、韩穿率领七队人马埋伏在敖山前，赵婴齐派步卒事先在黄河边准备好了船只。

魏锜向晋军挑战，被潘党追逐逃亡；赵旃夜里到达，在楚军军门外席地而坐，派部下先进入楚营。楚庄王组建左右两广，每广战车30辆，许偃驾御右广的指挥车，养由基为车右；彭名驾御左广的指挥车，屈荡为车右。庄王乘坐左广的指挥车追赶

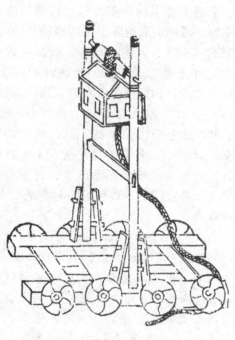

巢车（图）

赵旃，赵旃弃车逃入树林，屈荡下车与他搏斗，夺得了他的铠甲。晋军主帅荀林父怕魏、赵二人激怒楚军，派用来防守的战车去迎接他们。潘党追逐魏锜，望见尘土飞扬，派车飞驰而去，报告晋军来到。楚军将领担心庄王追赶赵旃而陷入晋军，于是出兵列阵。孙叔敖下令进军，要求楚军宁肯先发制敌！于是楚军全速进兵，士卒奔走，战车驰骋，向晋军袭来。荀林父无法应急，在军中击鼓宣布：先渡过河的人

有赏！中军、下军争相上船，先上船的人害怕人多船沉，就用刀砍断后来要攀附上船人的手指，船中的手指多到用双手可掬的地步。晋军向右面的黄河边移动，上军没有动。楚军中的工尹齐率领右方阵的士卒追赶晋国的下军。

楚庄王派大夫唐狡和蔡鸠居去告诉附属国唐国的国君，让他出兵帮助楚军，并让潘党率领40辆后备车，跟随唐惠公组成左方阵，去追赶晋国的上军。晋上军主将士会认为，楚军士气正旺，不如收军撤离，这样既分担其他将帅失败的罪责，又保全了士卒的性命。于是士会亲自在队伍的后面压阵而退军，所以晋国上军没有溃败。

晋军有的战车坠入坑中不能前进，楚国人教他们卸掉车前横板；向前走了一点，马盘旋不进，楚人又教他们拔掉车上的大旗，扔掉车轭，这才跳了出去。晋人回头讥讽楚人说：我们不像你们楚国屡次打败仗逃跑，因而连怎样使兵车脱险的经验都有了。赵旃在败逃中以两匹好马帮助他的哥哥、叔叔脱逃，自己用别的马驾车回到军中，后来碰上了楚军，难于脱逃，就弃车跳进树林中。这时晋国的逢大夫同他的两个儿子驾车经过，嘱咐其子不要回头看，两个儿子偏偏回头去看，并说赵老头在后面。逢大夫发怒，让两个儿子下车，指着

云纹禁

225

一棵树说："在这里寻找你们的尸体！"边说边把上车的绳子扔给赵旃，赵旃得以逃难，逄大夫的两个儿子被追来的楚军杀于树下。

楚国的熊负羁活捉了荀首之子知䓨，荀首带族兵回兵援救，射死了楚国的连尹襄老，射伤并俘获了楚庄王的儿子谷臣。黄昏时分，楚军在邲地（郑地名，在今河南郑州西北）扎营，晋军剩余的士兵溃不成军，连夜渡河，整整一宵，喧哗之声不绝。

这次战争，以晋军大败而告终。战争结束后，楚将潘党建议修筑高台，陈列晋军尸体，以显示武功。庄王不同意，认为以别人的危难为利，人民不会拥戴；暴尸于台，并以此作为自己的荣耀，这是强暴，而不是德行。于是，楚军在黄河边上祭祀河神，建造了先君的神庙，报告大事成功，然后就班师回国了。秋天，晋国的败军回国。主帅荀林父请求处死自己，晋景公准备答应他。士会的庶子士贞子劝景公吸取楚成王兵败城濮而杀死大将子玉的教训，于是景公仍然让荀林父官复原位。

邲之战，是晋楚争霸中的一次大战。虽然晋国未因邲之战一蹶不起，但此后二十余年，楚国一直处于事实上的霸主地位。

晋秦麻隧之战

周定王十年（公元前 597 年）晋楚邲之战以后，晋国一时失去了中原霸主的地位。但晋未忘争霸中原。鉴于邲的失败，晋国调整了争霸方略。在东方，晋通过公元前 589 年的鞌之战，击败齐国，逼齐附晋。在北方，晋用全力攻灭了为患多年的赤狄，将白狄逐走，解除了后方的威胁。剩下来的，便是西方的秦国。秦国自殽函之战失败后，遂与晋成世仇，每次发兵攻

晋，牵制了晋国的许多力量。晋要与楚争霸中原，必须彻底解除秦国的威胁。因此，周定王六年（公元前 580 年）晋厉公即位之后，首先派大夫郤犨到楚国请求涖盟，晋厉公又亲自和楚国盟于赤棘，稳住楚国。之后，晋厉公派人征集齐、鲁、卫、郑、曹、邾、滕七个诸侯国的军队，约定共同伐秦。周简王二十年（公元前 578 年）的四月，晋厉公派魏相到秦国去，宣布和秦国绝交，并宣读了一篇很长的与秦绝交书，其内容为：

"过去，我国君献公和秦君穆公交好，戮力同心，申之以盟誓，重之以婚姻（指晋献公之女嫁与秦穆公为夫人）。可是，天祸晋国，文公（指晋文公重耳）出奔到齐国，惠公（公子夷吾）出奔到秦国。不幸，献公去世。秦穆公不忘旧德，纳我惠公入晋以奉社稷，却又不能成其大功，而和我晋国有韩原之战（公元前 645 年）。后来又悔其用心如此，而又纳我文公入晋，以上是秦穆公的成就。我文公恭率虞、夏、商、周之胤以朝于秦，已报旧德矣。而当我文公率诸侯及秦师围郑之时，秦不向我君征求意见，擅自与郑国结盟（指周襄王二十二年，公元前 630 年烛之武退秦师事）。我文公不计其失，使秦军全师而还，也算有大功于秦。不幸，文公去世，秦穆公不但不哀悼，却蔑视我先君，欺我襄公新立，进犯我晋国之殽地，而攻击我之与国（指郑国），殄灭我费滑，离散我兄弟，扰乱我同盟，倾覆我国家。我襄公惧社稷之陨，是以有殽之战。秦康公是我晋之甥，反欲阙翦我公室，倾覆我社稷，摇荡我边疆，是以又有令狐之役（在周襄王三十二年，公元前 620 年）。秦康公犹不悔改，又入我河曲，伐我涑川（在今山西永济），俘我人民，我是以有河曲之战（在周顷王四年，公元前 615 年）。秦、晋之不通友

好，是因秦康公自绝于我。

"及君（指秦桓公）嗣位，我君景公引领西望，说：'秦该抚恤我晋了'。可是，君却不称晋望，趁我有狄人之难，攻我城邑，杀我人民，我是以有辅氏之战（在周定王十三年，公元前594年）。后又背弃盟誓。白狄是君之仇人而我之姻亲，君来约我伐狄，我君不敢顾婚姻之亲，畏君之威，而准备伐狄。哪知君有二心于狄，曰'晋将伐女'，幸好狄人告诉了我们。楚人也厌恶君之反复无常，告诉我们说：'秦背盟而来求盟于我，并说，虽然与晋往来，但唯利是图'。诸侯们闻听君言，无不痛心疾首，同声讨伐。但寡人唯好是求。君若惠顾诸侯，哀矜寡人，则与我结盟，是寡人之愿也，诸侯马上退军。君若不施大惠，则寡人也无法让诸侯退军，只有邀君一战。"

春秋·垂鳞纹簋

这篇绝交书，实际上是一篇声讨书。其目的有二：一是掩盖伐秦的真实目的，不引起楚国的注意，二是获得诸侯的同情，借以为伐秦之助。事实上，这个目的确实达到了。在此之前三年（周简王六年，公元前580年），秦桓公邀晋会于令狐，却又不肯过河。既而背盟而招狄人和楚人伐晋。因此，各诸侯国普遍同情晋国。与秦绝交后，晋厉公立即调动军队，以栾书将中军，

荀庚佐之；士燮将上军，郤锜佐之；韩厥将下军，荀罃佐之；赵旃将新军，郤至佐之。晋厉公自任统帅。秦桓公虽被晋国声讨，却不甘认输，也尽起全国之兵以御晋军。周定王二年（公元前578年）的五月，以晋国为首的诸侯联军到达麻隧（在今陕西泾阳县北）。从秦都雍城（今陕西凤翔）出发的秦军也到达该地，双方摆开阵势，进行决战。由于诸侯联军在兵力上占优势，所以秦军抵挡不住，被打得大败。秦军将领成差和不更（秦官名）女父被晋军俘获。而联军方面，曹宣公战死。当双方未开战之时，秦军和诸侯联军隔泾水对峙，诸侯联军都迟疑观望，谁也不肯首先挥师渡河，向秦军攻击。晋大夫叔向对鲁大夫叔孙穆子说："诸侯谓秦不恭而讨伐之。如今到泾水边却停下来，何益于伐秦之事？"叔孙穆子回答说："我的责任，是'匏有苦叶'（《诗经》句），不知其他。"叔向听了，回去对晋军掌管舟船的舟虞和掌兵的司马说："匏（葫芦）对人没有其他用处，只有用来渡河。鲁国的叔孙赋《匏有苦叶》，诗以言志，鲁军必将先渡河。"马上命令他们准备舟船渡具。果然，开战之时，鲁军率先渡过泾水，诸侯之师紧随其后。是以大败秦军。晋军一直追到侯丽（在泾水南岸），才收军还师。

麻隧之战后，秦国力量大衰，数世不振，终春秋之世，不能再对晋国构成大的威胁。所以，晋厉公进行的这一战役是十分成功的。麻隧之战后，晋国方得以倾其全力，投入与楚国的争霸斗争，并在随后的鄢陵之战中击败楚国，重获霸主之位。

勾践灭吴

公元前496年，吴越两国在檇李（今浙江嘉兴西南）发生了一场大战。

吴国的军队由吴王阖庐亲自统帅，他们久经沙场，屡挫强敌，军容壮盛。相形之下，越国的军队虽也挺精神，却总不免势单力薄点。阖庐看着两军阵势，暗自得意，心想，以吴兵之强，加之越国国君刚死，勾践新立，人心未安，此战必可一鼓成功，败越在此一举。

伍子胥像

正当他要下令进攻时，越军阵前忽然走出一排士兵，手执利刃，边走边齐声高呼道："越国不幸，得罪于吴，致使两国兵戎相见。我们愿以死向吴王谢罪！"说罢，一齐举刀自刎。一排刚倒，越军中又接连走出第二、第三排士兵，以同样的方式，齐齐呼喊自刎而死。一要时，刀光闪处，鲜血四溅，呼声动地！

吴军虽然能征惯战，却从未见过这等惨忍奇特的场面，一时都看得呆了。正在惊疑之际，冷不防越军战鼓齐擂，杀声大作，向吴军猛地掩杀过来。吴军不备，被越兵冲动阵脚，纷纷败退。慌乱中，吴王阖庐也被越国的大夫灵姑浮击伤。

阖庐兵败后，羞愤交集，很快便因伤势过重而亡。临死时，还恨恨不已地对儿子夫差说："千万别忘了向越国报仇！"

夫差即吴王位后，日夜操演兵马，筹划攻越之事。为了自勉，还命一人每日上朝和下朝时在宫门边提醒他："夫差！你忘了越国杀父之仇吗？"他随即应道："不，不敢忘！"

过了两年，越王勾践听说吴国在伍子胥等人治理下日益强大，心下十分着急。他知道夫差早晚必兴兵来报仇，便想先发制人，不顾大夫范蠡的劝阻，率兵去攻打吴国。吴王夫差闻讯，立即出动大军迎击。夫椒（在今太湖一带）一战，勾践大败，仅带着 5000 残兵退守会稽山（今浙江绍兴东南）。吴军乘胜追击，直逼会稽，将其围困起来。

这时勾践才后悔不听范蠡的话而轻动干戈，羞愧地对范蠡说："我因不听你的忠告，才落到今天的地步，现在该怎么办！"

范蠡进言道："战至如此地步，唯一的办法就是送上丰厚的礼物，谦恭的哀求，讨得吴王的哀怜和同情。若其不允，君王只好自辱其身，去做吴王的奴仆，寻求时机，以图再举。"勾践令文种以范蠡之言前往，言卑情切地向吴王请求，且答应交出越国，越王和王妃供吴王驱使。吴王见此情景，本想允诺，而在侧的伍子胥，列举史例，劝阻吴王，且说若不趁此良机灭越，后患无穷。吴王以为其言有理，拒绝文种。

勾践得知夫差拒绝，万念俱灰。文种又进一策：以财色贿赂嫉贤妒能而又贪财好色的吴王宠臣伯嚭，投其所好，定能请和成功。勾践即令文种来办。文种火速带上 8 名美女、20 双白璧，入吴军军营进献给伯嚭，果然顿时生效。次日伯嚭就领着文种叩见吴王。吴王仍持前议，决心彻底灭越，以慰父王在天之灵。伯嚭摇动如簧之舌，说什么允越求和，既可得越财富增强吴国实力，又可博得仁义美名，号召诸侯，名实俱获。否则，越国余兵，困兽犹斗，吴国虽不至于失败，但消耗人力物力，并非上策；倘有疏漏，还会贻笑于诸侯。吴王夫差为之心动，转而问文种，越王是否愿入吴侍奉。文种立即叩头，答称越王甘心情愿侍奉大王。夫差便应允越国讲和投降，伍子胥予以谏阻，吴王不听。文种回报越王，勾践立即挑选珍宝，又选330名美女，装载上车，分送吴王和伯嚭，遂签订盟约。吴王十分满足，凯旋而归。

公元前492年年中，勾践怀着极其伤感和屈辱的心情，带着妻子在范蠡的陪同下入吴为奴仆。离开越都时，朝臣少不了一番劝慰，忍辱负重，以图来日东山再起。勾践心怀远图，认为暂时的坎坷，命中注定。入见吴王，跪拜俯首，感恩戴德之情，溢于言表，说得夫差也觉于心不忍。伍子胥得知勾践入事吴宫，其意不言自明，急速进谏吴王趁机诛杀勾践，以绝后患。吴王以"诛降杀服，祸及三世"为辞，回绝伍子胥。伯嚭在旁劝吴王勿食前言，夫差便饶恕勾践不死，在宫中为奴养马。

成大事者，必经磨难。勾践自辱其身，目的在于复国。因此，他与妻子、范蠡在吴宫中小心翼翼，不愠不怒。夫差派人去观察勾践的行动，只见他们穿的是破衣烂衫，吃的是粗糠野菜，勾践看马喂草，范蠡砍柴打草，勾践夫人做饭洗衣，个个安分守己，一副心甘情愿模样。吴王得知此情，也认为他们意志消磨殆尽，再无尊严可言。从而放松了对败国之君应有的警惕。

不觉一晃三年过去了，夫差反倒觉得勾践君臣十分可怜，生出恻隐怜悯之心，加上伯嚭的讲情，打算放他们回国。伍子胥赶来劝阻说："夏桀、殷纣囚成汤、文王而不杀，留有后患，结果夏被汤灭，纣被周亡。现在大王不仅不杀勾践，反令其回国，岂不是放虎归山，将重蹈夏桀和殷纣的覆辙吗！若不早除勾践，必悔恨终生！"夫差采纳其言，将勾践夫妇及范蠡重新囚禁石室。

文种在越国得到伯嚭传来信息，越王等不久将获赦免回国，接着又得知事有逆转，急忙派人携带珠宝美女贿赂伯嚭。伯嚭入见吴王，引经据典，对说吴王以仁德为重，方能成功霸业。夫差也觉其言不无道理，答应病愈之后，再议赦还勾践之事。

范蠡通医，知吴王疾病将很快好转，便建议勾践前往探病，要表现出对吴王的无限忠诚和谦恭，以便博得吴王的好感和信任。次日，勾践即通过伯嚭叩见吴王，显得十分忧虑，跪拜询问病情，恰在此时，吴王要大便，勾践便请饮溲尝便，判断病情。待尝过之后，高兴地对吴王说："大王的病很快就会痊愈。"吴王为之感动，当即答应勾践搬出石室，养马驾车，待病痊愈，赦其回国。

事也凑巧，不几日，吴王的病真的好了，临朝理事。一日，大摆宴席，待勾践以宾客之礼。伍子胥见此礼遇，挥袖而去。接受越国金贿的伯嚭为防止伍子胥再生枝节，使勾践顺利回国，便趁机在吴王面前大肆攻击伍子胥。第二天，伍子胥果然面见吴王，苦言相劝，一针见血地指出："越王入臣于吴，其谋深不可测；虚府库而不露愠色，是欺瞒我王；饮溲尝便，是食王之心肝。入吴为奴，是为灭吴！若不省悟，将大祸临头！"可是，吴王不悟，斥令伍子胥住口退下。就这样，因吴王一叶障目，不纳忠言，专信谀词，才使勾践及妻子、范蠡提心吊胆地回到越国京都，勾践感慨万端，复仇之志，坚定不移。

勾践回国后，千方百计地侍奉吴王夫差，发动男女采葛，织成十万细布进献给吴王，以满足他的嗜好，讨得他的欢心和信任。吴王高兴了，返还越国的八百里国土。而勾践暗暗地实施其复仇的计划，且以身作则。"日卧则攻之以蓼，足寒则渍之以水，冬常抱冰，夏还握火，愁心苦志，悬胆于户，出入尝之，不绝于口。"平日，勾践耕种，夫人织布，节衣缩食，出不敢荐，入不敢传，苦身劳心，取得百姓拥戴。同时对诸侯国的士民以礼相待。不久时间，越国人口增加，生产发展，民气日涨，实力日强。

经过七年休养生息，勾践自以为国家已强，上下听命，便想出兵攻吴。一个叫逢同的大夫劝道："国家刚刚医治了战争创伤，力量还不够，如轻举妄动，必然引起吴国警觉，反而不利。不如暂且忍耐，与齐、楚、晋等与吴国有矛盾的大国搞好关系，等待时机。"勾践想起上次失败的惨痛教训，便冷静下来。

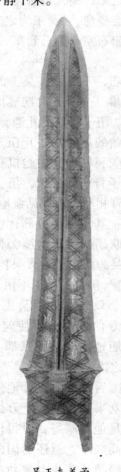

吴王夫差矛

不久，吴王夫差自恃兵强马壮，要去攻打齐国。伍子胥劝道："我听说勾践卧薪尝胆，与百姓同苦乐，把国家治理得日渐兴盛，看样子一定是想报吴国的仇。此人不除，后患无穷，愿大王先去灭了越国。"

夫差不听，仍然出兵攻齐。结果得胜归来，臣下都向他道贺，唯独伍子胥不以为然，说："这并不值得庆贺，打败齐国，不过是得小利而招大怨。不灭越国，那才是心腹之患。"夫差正在兴头上，哪里听得进这话，反认为伍子胥仗着是先朝老臣，有功于国，处处和他为难，心下十分恼怒，渐渐地与伍子胥矛盾越来越大。

当吴国伐齐凯旋的消息传到越国，文种向勾践进谋说："古人云高飞之鸟死于美食，深渊之鱼死于芳饵。大王若想伐吴复仇，仍要投其所好，参其所愿。"勾践精神为之一振，请文种详细说来。文种侃侃而谈，提出九术之策：尊天地事鬼神以求其祸；重财帛以遗其君，多货贿以喜其臣；贵籴粟麦以虚其国，利所欲以疲其民；遗美女以惑其心而乱其谋；遗之巧工良材，使其起宫室以尽其财；遗之谀臣，使之易伐；强其谏臣，使之自杀；君王国富而修利器；利甲兵以承其弊。文种最后说："大王用此九术，破吴灭敌，报怨复仇，易如反掌。"勾践连连点头称妙，认真研究九术且逐步付诸实施。

说来也巧，吴王正在修建姑苏台，勾践立即命令搜集巧匠良材，送给吴王。吴王看到勾践送来的又长又大的木料，喜出望外，便根据良材的尺寸，重新设计宫殿规模，增派百姓服役，费时八年，才予完工，因而浪费人力、物力、财力，可谓劳民伤财。

接着又令文种和范蠡挑选越国最漂亮的女子西施和郑旦，送给吴王，投其淫而好色之癖。吴王见西施美如天仙，能歌善舞，多才多艺，顿时入迷。又为其建馆娃宫，铜构玉栏，珠玉装饰，富丽无比。馆娃宫外，又有鸭城、鸡城、鹅城、酒城之

中国通史

最新整理图文珍藏版

筑，耗资不计其数。此后，遂与西施在宫中淫乐，将朝政交给伯嚭。伍子胥多次劝谏，均遭斥责。

吴王西施挥金如土，致使百姓疲惫，国力日衰，勾践趁机派文种请籴吴国，伍子胥知文种用心，谏阻吴王说："虎狼不得委以食，蝮蛇不可恣其意。"伯嚭却以德义反驳伍子胥。吴王夫差正以勾践臣服得意，批准借给越国粟麦万石。次年，越国将粟麦蒸煮后还给吴国，夫差见颗粒硕大饱满，十分高兴，不仅由此认为勾践讲信用，还

范蠡像

要臣下将归还的粟麦留作来年的种子。结果，种子入土，没有发芽出苗，一年耕耘，颗粒无收，百姓饥困。夫差不知危难，仍骄横无羁，依恃勇武，准备兴兵伐齐，伍子胥再谏，惹恼吴王，令其往齐劝降。伍子胥知吴亡只在时日，便与儿子一起赴齐，托友人照顾，然后返回吴国。伯嚭趁机进谗言，把伍子胥赴齐托子之事大肆渲染一通，吴王听信不疑，令伍子胥自杀。伍子胥含泪从命，临死前对家人说："我死后，请把我的眼睛剜下来挂在东门城墙上，我要看看越国灭吴的大军。"吴王夫差得知此言，怒不可遏，即令侍卫用马革将伍子胥尸首包裹，抛入江中，净净良臣，了却一生，吴王再也听不到逆耳忠言。伯嚭遂晋

升为相国，朝政更加腐败。

公元前482年，勾践从西施传来的情报得知，吴王率精兵强将往黄池会诸侯，谋取盟主。只留太子及老将弱兵在国内把守。于是，勾践派兵遣将，讨伐吴国，吴军大败，吴王得知，惊得哑口无言，面如土色。赶紧与诸侯签订盟约，急忙赶回。见兵疲民困，只好向越国求和。勾践审时度势，慨然应允。由于吴王不从此一事件中吸取教训，在内仍重用伯嚭，宠爱西施，诛杀太子；在外又与齐、晋、楚以武力相对峙，兵力日渐消损。四年之后，勾践再次派兵攻打吴国，笠泽一战，吴军大败而逃，夫差奔至阳山，越军四面围困，伯嚭已经投降。夫差不得已，只好再次向勾践求和。范蠡与文种对勾践说："大王卧薪尝胆，奋发图强，熬了二十二年，今日定要除掉夫差，以避后患！"勾践还记会稽之败，夫差不杀的恩德，派人告知夫差，给他甬东之地、300仆役，以终其养。夫差羞愧难言，自杀而死。

数年后，勾践消灭了吴国，杀死伯嚭、扶同；范蠡多谋远虑，携西施远走高飞。只有文种，不听范蠡规劝，以为有功，终被勾践赐死。

地处东南的小小越国，经过勾践"卧薪尝胆"，苦心经营几十年，终于强大起来，成了横行江淮一带的霸主。

商鞅变法

春秋战国之际，秦国与中原各国一样，内部产生了一些新的封建因素，不过，秦国的旧势力很强大，贵族侵凌公室，干涉君位，使秦国政权分散，国势日衰。中原各国都看不起秦国，魏国任用吴起为将，曾一举连拔秦国五城，夺去了秦国河西的大片土地。周定王十八年（公元前384

青铜方壶

开始就遭到保守势力的坚决反对。甘龙认为：圣贤之人不用改变民众的习俗来推行教化，明智的人不改变原来的制度来治理国家，依据原有的制度来治理国家，官吏民众都熟悉，不会引起混乱，如果不按老规矩办事，随意变动旧法，天下的人就要议论。杜挚也反对变法，认为：没有百倍的好处，不必改变旧有的法制；没有十倍的功效，就不必更换原有的规矩。遵守古法不会错，按照传统规矩办事不会差。卫鞅针锋相对，批驳道：三代礼不同而各成王业，五霸法不同也都各成霸业；贤明的人根据形势变更礼俗，不贤之人只能按照旧的规矩行事；恪守老一套的人，不配与他们商讨大事。再说，前代的政教各有不同，该效法哪一代？过去的帝王并不是走

商鞅像

年），秦献公即位，力图改变秦国内忧外患的局面，于是采取了迁都、清理户籍，整顿卒伍、废除人殉和开辟市场交易等项措施，使秦国的国势有所好转。

周显王八年（公元前361年），秦孝公即位，下决心改革图强，恢复春秋时代秦穆公的霸业。他采取的一项重要措施，就是广泛地招揽人才，下令求贤。于是，原为卫国贵族子弟的卫鞅，便从魏国来到秦国。

卫鞅入秦，住在孝公的亲信景监家里，并通过他先后三次与秦孝公相见。头两次，卫鞅游说孝公学尧舜禹汤的仁义，行帝王之道。秦孝公听不进去，直打瞌睡，还生气地对景监说，你的客人简直太迂腐了，我怎么能用他呢？卫鞅请求第三次见孝公，以富国图霸之术说孝公，孝公听得津津有味，一连和卫鞅谈了好几天，并决定重用卫鞅，变法图强。

但是变法并不是一件简单的事，从一

同一条路，该仿效哪个帝王？成汤与周武王，他们并没遵循古代的制度，也兴旺发达起来；夏桀和殷纣王，也没有改变旧的制度，却照样灭亡了。卫鞅的观点得到了秦孝公的赞同，使孝公坚定了变法的决心。于是，他任用卫鞅为左庶长，掌握军政大

权，开始进行一系列重大改革。

卫鞅变法分为两次。第一次是在周显王十三年（公元前356年）施行的。主要内容是：编定户籍，实行"连坐"法。全国按照五家为"伍"、十家为"什"编定户籍，互相监督。一家犯法，别家若不告发，则十家连坐，处以腰斩；告发的人赐爵一级，藏匿坏人者，按投敌者论处。旅店不能收留没有官府凭证的人住宿，否则店主连坐。废除世卿世禄制，实行军功爵。国君亲属没有军功的不能列入宗室的属籍，按照军功大小分为20级，然后按等级不同确定爵位、田宅，奴婢以及车骑、衣服等等的占有，不许僭越；有功就显贵，无功虽有爵也不能尊贵。奖励军功，禁止私斗。规定凡为国家立有军功的，按功劳大小授予爵位和田宅；在战争中杀敌1人，赐爵一级或授予五十石俸禄的官；杀敌军官1人，赏爵一级，田一顷，宅地九亩。私斗按情节轻重，受不同的刑罚。奖励耕织。凡努力从事农业生产，使粮食和布帛超过一般产量的，免除本人的劳役和赋税；凡不安心务农而弃农从事工商业或游手好闲而贫穷的，全家罚做官奴。同时招徕韩、赵、魏无地的农民到秦垦荒、为他们提供方便。鼓励个体小农经济。新法规定：凡是一家有两个以上的成年男子就必须分家，各立户头，否则要加倍交纳赋税。

为了表示推行新法的决心，他还采取立木赏金的办法取信于民。新法公布之后，很多人议论纷纷，旧贵族极为不满，而太子则明知故犯。卫鞅认为：推行新法之所以困难，主要原因在于那些自恃势力位高、以为别人不敢动的大贵族不遵守。于是，卫鞅决定依法处理太子。由于太子是国君的继承人，不能施刑，因而"刑其傅公子虔，黥其师公孙贾"。这样一来，就没有谁再敢不遵守新法了。

新法推行十年，成效显著。人民丰衣足食，"勇于公战，怯于私斗"，出现了"道不拾遗、山无盗贼"的大治局面。于是秦孝公提拔卫鞅为"大良造"，总揽军政大权。周显王十九年（公元前350年），秦迁都咸阳，卫鞅推行第二次变法。主要内容为：推行县制。全国统一规划，合并乡村城镇为县，设立31县，县设令、丞，由国君直接任免。废井田，开阡陌。把从前施行的"井田制"那种纵横疆界消除掉，鼓励开辟荒地，承认土地私有，允许买卖土地，按照土地多寡征收赋税。统一度量衡，即"平斗桶、权衡、丈尺"，方便交换与税收。焚诗书、禁游说。制定秦律。

新法的推行使秦国从一个贫穷落后的国家一跃而为战国七雄中最为强盛的国家。秦孝公因卫鞅功著于秦，封给他商地15邑，号为商君，所以后人称之为商鞅。但是，商鞅变法遭到旧贵族的疯狂反对。周显王三十一年（公元前338年），支持变法的秦孝公死后，旧贵族乘机报复，诬告他谋反。商鞅外逃，途中被抓，旧贵族对他施以车裂的极刑。

商鞅虽然被杀，但他推行的新法并没

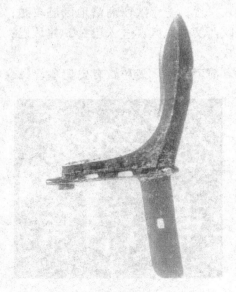

商鞅戟

有全部废止。新法的推行为秦国能够最后消灭六国，统一整个中国，打下了良好的基础。商鞅变法的历史作用是巨大的，从此法家思想在秦国成为占统治地位的思想。当然，法家的严刑峻法以及"焚诗书、禁游说"的高压政策，也在中国历史上留下了深远的影响。

石鼓文拓片

秦国崛起

前 770 年，秦庄公的儿子秦襄公因护送周平王东迁洛邑有功，被平王封为诸侯，并将岐山（今陕西岐山县东北）以西之地赐秦，秦国迅速崛起。

战国石鼓

秦是古代嬴姓部族中的一支，祭祀少皞。嬴姓祖先大费，传说是女脩吞玄鸟卵子而生，曾辅佐禹治水。商代末年，嬴姓有叫中潏的一支住在西戎为之地，其子蜚廉、孙恶来均辅佐商王纣。西周中期，中潏的后代大骆居西犬丘（今甘肃天水西南、礼县东北），生了两个儿子成与非子。成为嫡子，继承大骆，住在西犬丘。非子为周孝王养马有功，被孝王封于"汧渭之会"（汧、渭二水交会处）的秦（一说在今甘肃清水一带，一说在今陕西宝鸡县境内），从此非子这一支就以秦为氏。周厉王时，西戎攻灭西犬丘的大骆之族。周宣王即位，派非子的曾孙秦仲为大夫讨伐西戎，结果秦促战死秦仲的儿子秦庄公后来攻破西戎，收复西犬丘后定居这里。这是秦建国的开端。

春秋早期，东周迁出今陕西境内后，秦致力于伐戎，收复周故地，前 766 年，秦襄公伐戎至岐身亡，其子秦文公继位。前 762 年，秦文公收复汧水、渭水交会处的秦故地，又迁都于此。

秦领土是西周的故土，秦在很多方面继承了正统文化。并且在春秋时代文明兴起的浪潮中走在前列。

在军事上，秦积极拓展领地。秦的疆域最初主要在今甘肃东南和陕西西部的渭水流域，沿渭水东进，逾黄河和崤函之塞，进攻三晋；逾今陕西商洛地区进攻楚；逾今陕西汉中地区，进入巴蜀，并从巴；蜀进攻楚。

前 753 年，秦开始有史记事，民众亦

石鼓文拓片

中国通史

最新整理图文珍藏版

开始接受教育。前 746 年，秦法律开始有父、母、妻三族之罪。我国现存最早的刻石文字石鼓文，歌咏了秦国君游猎、战争的情况。

从此，秦由僻居于西部一隅之地的小国，一跃而成为与中原诸国匹敌的诸侯。

郑国发生共叔段之乱

郑庄公之弟共叔段兴兵叛乱被郑庄公击破。

共叔段是郑武公次子，其母武姜厌恶长子寤生，喜爱共叔段，多次请求郑武公立共叔段为太子，武公未同意。郑武公死后，寤生继位为郑庄公（前 744）。武姜请郑庄公将制（今河南荥阳汜水镇）邑赐给共叔段。郑庄公表示制邑地势险要，虢叔曾经死在那里，所以不能赏赐。除制邑之外，其它地方则唯命是从。周平王四十九年（前 722）武姜请求把京（今河南荥阳东南）给共叔段，得到允许，共叔段于是居住在京，人称"京城大叔"。郑大夫祭仲认为，都邑的城垣周围超过三百大丈，就将成国家的祸害，因此，先王曾定下制度：大的都邑，不超过国都的三分之一；中等的，不超过五分之一；小的，不超过九分之一。现在共叔段居住在京，修筑京的城墙，远远超过先王的规定。长此以往，国君将不堪忍受。郑庄公对此不加干涉，他认为："多行不义必自毙。"共叔段于是肆意扩展私家势力。不久，共叔段命郑大夫公子吕向郑庄公表示，一国之臣，不能两面听命，若庄公打算让位于共叔段，那么就去待奉他；反之就应该除掉他，不要使百姓产生其它想法。郑庄公依然不加干涉，共叔段更加肆无忌惮，收取两属之地作为自己封邑，所控制的地域扩大到廪延（今河南延津县北），足以与郑庄公相匹

敌，俨然如一国二君。

周平五四十九年（前 722）五月，共叔段整治城郭、积聚粮食，修补装备武器，充实步兵战车，准备袭击郑国都城，又联络都城中的武姜为内应，届时打开城门。郑庄公闻知共叔段起兵日期，便命令郑大夫公子吕率领 200 辆战车攻打京城。共步段兵败，逃奔到鄢陵县北），郑庄公又率兵追击，大胜。此处五月，共叔段逃奔于共（今河南辉县）邑居住。郑庄公将欲作共叔段内应的武姜安置到城颍（今河南临颍县西北）居住。武姜是郑庄公之母，所以郑庄公虽憎恨她，但未对她施加刑罚，只是发誓，不及黄泉，不再与她相见。过了一年多，郑庄公思念母亲，郑国大臣考叔便借郑庄公宴请他的时机，进谏国君应该尽孝道，并建议开挖地道，并建议开挖地道，在地道里武姜相见。郑庄公采纳了考叔的建议，与母亲相见修好。

春秋时期的铁头盔

春秋不义之战愈演愈烈

春秋时期，"礼崩乐坏"，周天子三威信丧失。犬戎之乱以后，周之故土大量丧

失。东周朝畿内所辖，东至荥阳，西到潼关，南近汝水，北临沁水南岸，纵横方圆不过600余里，本身探头力已在中等诸侯之下。周王室对天下的控制事实上已不复存在。

春秋几何纹钺

这期间，裂土而侯，战争不息，争霸天下，所谓"春秋无义战"。周桓王二年（前718）郑国际法北制讨伐燕国。同年，宋国夺取邾国，次年，宋派兵伐郑，包围长葛，郑师败。周桓王三年（前717），郑庄公率军入侵陈国，俘获大批财物。周桓王六年（前714），因宋殇公不去朝见周桓王，作为周王朝卿士的郑庄公以王命率军伐宋，声讨宋殇公不朝周桓王之罪。次年，郑打败宋国军队。同年，北戎出兵侵扰郑国。郑庄公率兵抵御，将戎军拦腰截断，前后夹击，全部歼灭，大获全胜。周桓王八年（前712）郑庄公伐许，灭许国。周桓王十三年（前707）周桓王带领诸侯伐郑，郑庄公出兵抵御。双方军队在繻葛交战。周军大败。这是春秋时期仅有的一次周天子亲自率军队与诸候大战，繻葛之战，使周天子威风扫地。周桓王十四年（前706）春，楚武王率军入侵随国。周桓王十九（前701），楚国军队在蒲骚与郧国交战，大获全胜。

春秋时期文明的发展趋势在社会行为上就表现为在政治、经济和社会行为上的个别的发展，各个方面的发展一方面造成繁荣，一方面也造成社会的全面分代。

个别发展必然造成与专制政治的冲突，从而造成后者的解体，因而东周王朝的彻底衰落和列国的兴起造成文明发生时代的

春秋战车复原图

中国通史

最新整理图文珍藏版

主要政治外观。

个别发展的大趋势就是突破各种限制药厂性制度，使得社会个体在各个方面得以流动。曾经稳定和培育了生命力的限制性制度在生命力爆发的时代成了必须破除的束缚，流动性和新的综合阶层的出现构成了这时期人员的动向。春秋时代诸候国的兴起、繁荣和混乱的征战局面，还只是一个表面现象。诸候和王亲剥夺了周王室的权力只是一个层次，大夫开始剥夺诸候的权力，形成国家中在夫在政治、经济上的扩充和控制国家权力的局面，而士、卿、地主甚至门客、旁系也都纷纷兴起，开始篡夺瓜分他们原来主人的财富和权力。

春秋礼崩乐坏不只是一个层次上的，西周宗法封建制度越复杂，春秋制度的破坏也就越多样化，同样，发展的方面也就越全面化，战国文明文化的多样化在很大程度上取决于不同阶层的人的不同发展。实际上，吴越等原来的原始民族在这个时代也突然兴起，成为一支重要的力量。

公子重耳返晋为君

在周王二十一年（前656）的骊姬之乱中，晋公子重耳败于晋惠公。第二年，他从蒲（今山西隰县西北）邑出逃，离开晋国，开始流亡生活。当时，跟随重耳的谋划臣主有狐偃、赵衰、颠颉、魏武子、司空季子等。重耳先到翟。翟人讨伐廧咎如（今河南安阳市西南），得叔隗、季隗两名女子，送给重耳。重耳娶季隗，生下伯倏、叔刘。重耳把叔隗给赵衰为妻，生下赵眉。重耳去齐国前对季隗说，等我25年，不回来再出嫁。重耳在狄居住凡12年。

周襄王八年（前644），惠公害怕重耳夺，派宦勃鞮杀重耳，重耳又从翟国逃到齐国，齐桓公为他娶妻，给他80匹马。重耳安于齐国生活，随行者认为，长此以往，难成大业。他们来齐途径卫国，卫文公不以礼相待，经过五鹿（今河南濮阳南）时，无食充饥，向乡下讨食，乡下人以土块相送，重耳发怒，要鞭打此人。子犯认为，这是上天赐土地之兆。重耳叩头接受，把土块装上车。重耳的随从在桑树下商量如何离开齐国，被采桑养的侍妾听到，告诉重耳在齐所娶的姜氏。姜氏杀死侍妾，以免走漏消息，并劝重耳离齐，认为留恋妻子、贪图安逸，将会败坏名声。重耳不肯，姜氏与子犯将重耳灌醉，然后送重耳离开齐国。

到达曹国时，曹共公听说重耳的肋骨排比很密，趁他洗澡时，在帘外偷看。曹大夫僖负羁听从其妻子之言，向重耳馈送食品，里百还藏有玉璧。重耳收下食品，退回玉璧。

重耳到宋国，宋襄公宴请了他，并赠80匹马。到郑国，郑文公无礼相待。到楚国，楚成王宴飨他，并问如何报答。重耳推辞不过，便说，如果托您的福，得以返回晋国，一旦晋、楚两国交战，在中原相遇，我将命军队退避三舍。如果还得左手执鞭执袋箭袋，与您较量。重耳到秦国，秦穆公送给他五名女子。

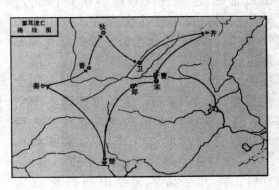

重耳流亡图

并设享礼招待。席间，重耳赋《河水》之诗，比喻重耳到秦，犹如河水朝宗于海。秦穆公赋《六月》之诗，暗喻重耳为晋君之后，必然称霸于诸侯并匡佐天子。赵衰急忙让重耳拜谢秦穆公的恩赐，秦穆公走下一级台阶辞谢。此时秦穆公已决定支持重耳返副晋。

周襄王十六年（前636）春，秦穆公派兵护送晋公子重耳返晋。到达黄河时，子犯把玉璧还给重耳说，下臣背着马笼头、缰绳，跟随您巡行天下，罪过很多，请就此而别。重耳将玉璧投入大河，请河神为证，将来决不对子犯变心。渡过黄河以后，包围令狐（今山西临猗县西），进入桑泉（今山西临猗县临晋

兽面纹陶范

镇东北），占领衰（今山西解州西北）。此年二月，晋军驻扎在庐柳（今山西临猗县北）。秦穆公派遣公子絷到到晋国军队里陈说利害。晋军退驻于郇（今山西临猗）。晋国大夫在郇与狐偃以及秦国大夫结盟，支持重耳。重耳便到晋军中指挥。进入曲沃（今山西闻喜县东）之后又到达晋国都城绛（今山西翼城县东南）。重耳在晋耳在晋武公宗庙朝群臣，其后，派人在高粱（今山西临汾市东北）杀晋怀公，重耳继位，是为晋文公。

晋文公即位后，原先支持晋惠公的吕，郤两家贵族害怕逼迫，准备焚烧宫室并将晋文公杀死。寺人披得知消息，请求进见。晋文公拒绝接见，并派人责备他：过去重耳住在蒲城（今山西隰县西北），国君命令你前往讨伐，让你次日到达，你却当天就到达。其后，重耳逃奔到翟，与与翟君在渭水边打猎，你前往谋杀，惠公命你三天到达，你却两天就到。虽有君命在身，便也未免太快了吧？伐蒲时，被你砍掉的重耳衣袖还在，你还是走开了吧？寺人披回答说，臣下执行国君命令，一心一意除去国君所厌恶的人，现在您做国君，也会希望臣下这样。过去齐桓公曾把射钩之仇搁置一边，而让管仲辅助他。我可以离开，不过国君将在大难临头。晋文公认为他言之有理，便立即接见他，方知吕、郤两族作乱的阴谋。此年三月，晋文公和秦穆公在王城（今陕西大荔县东）秘密会见，商量对策。三月底，吕、郤两族焚烧宫室，但未找到晋文公。瑕甥和郤芮见势不妙，逃离晋都，到黄河边上，秦穆公把他们诱骗执获，然后杀掉。晋文公迎接他在秦国娶的夫人嬴氏回晋，秦穆公送给晋国三千名精悍卫士。

同时，晋文公不咎既往，接见了竖头须。竖头须是跟随晋文公管理财产的人，晋文公逃亡在外时，他曾携带财物离之而去。周襄王十六年（前636）晋文公返国之后，头须请求进见，晋文公责问他还有何面目进见，头须说，现在，君主返国继位，与群主有宿怨者人人自危，而不愿事奉国君。下臣席卷财物而逃之事尽人皆知，这罪过就是灭我十族也不过分。您若能赦免我的罪过并和我同乘一车在都城行走，大家必定认为您不念旧怨，人心就可安定。晋文公采纳头须建议，晋国民心迅速得以安定。晋文公的机智、勇敢与仁慈、宽厚无不预示着他将成为中原霸主。

春秋时期邾国盛而又衰

春秋时期强凌弱大欺小，许多中小国家由附庸而至灭亡。但是，由于在国间的图霸争衡争衡，互相制约，有些小国亦得以幸而保存，邾国的盛衰便是一则。

邾即后世所称之邹，为曹姓古国。春秋时期，邾为三等小国，其地在今山东邹县东南。春秋时期邾为鲁姓古国。春秋时期，邾为三等小国，其地在今山东邹县东南。春秋时期邾为鲁国之附事，中原诸往往视之为蛮夷，参加盟会时没有"书爵"的资格。周僖王三年（前679），邾国的军队追随刚成为霸主的齐桓公的军队伐郳，此后才得以列爵于诸侯。

进入春秋中期后，邾之国势渐强。与鲁喜公同时在位的邾文公为政贤明，他和他的继任者邾定公力图摆脱为鲁附庸的地位，曾经大败鲁国军队。邾文公死时，鲁国使者吊丧不敬，邾竟代鲁讨罪。此后邾国依偎于齐鲁之间。

者减钟，春秋乐器。

邾国最强盛的时期是在邾宣公与邾掉公时代，即约周灵王在位时期（前513～前545）。其后发生内乱，国势渐衰。至春秋时期，邾国接连受鲁侵伐，甚至国君被俘，几濒于亡。但是由于吴国和齐国对鲁的制约，终春秋之世，鲁国始终无法灭邾。

邾虽然受此强大的鲁、齐等国欺负，但同时也欺负比她更弱小的国家。鲁宣公时，邾国曾弑杀鲁附庸曾国的国君；鲁昭公时，她又差一点灭掉另一小国鄅。整个春秋时代的局势，就是在这种以大并小、弱肉强食的过程之中演变。

邾国的青铜彝器保存到后代的很多。传世名器有邾公经编钟，邾公华钟，邾公钆钟等等。

晋文公去世

晋文公，名重耳，晋献公子，母为狄族狐氏之女，有贤行。周惠王二十二年（前655）因骊姬之乱，出奔至狄，后又辗转齐、曹、宋、郑、楚、秦等国，

邾公劲钟，春秋乐器。

在外颠沛流离达19年，直至周襄王十六年（前636），秦穆公发兵助重耳归晋为君。

晋文公即位以后，内平吕郤之乱修改政策，施惠百姓，增长国力。外谋霸权。晋文公元年秋天，狄与王子带攻周襄王，襄王逃泛（今河南襄城南），襄王十七年（前635）四月，晋文公收留周襄王，杀王子带，襄王归周。襄王赐宝器、土地予文公，以其为方伯。晋文公四年（前633），楚成王及诸侯围宋，宋有德于晋文公，晋伐卫、曹以解宋围，宋围得解，后又设计使卫、曹背楚，楚将子玉盛怒之下，不听楚成王言，率兵击晋师，四月，晋、宋、齐、秦合兵于城濮大败楚军。五月，晋献楚俘于周，周天子命晋侯为伯，作《晋文侯命》，晋文公正式称霸于诸侯。周襄王二十年（前632）冬天，晋文公会诸侯于温（今河南温县西），又派人召周襄王至河阳（今河南孟县）。随后文公率诸侯朝见襄王，在践土会盟（今河南厚阳西南）。晋文公以诸侯召襄王，是对周王室的大不敬，但也表明晋文公的霸业达到前所未有的地步，晋文公在成就霸业的同时，开始报复流亡期间待之无礼的诸侯国，晋文公五年（前632），晋伐卫，分其地予宋。同年，晋伐曹，俘虏曹共公。晋文公七年（前630）九月，晋国联合秦国，举兵伐郑，晋文公强迫郑国立公子兰为太子才退兵。在经济上，晋国向各小国征收贡赋，而且贪求无厌。.

晋文公在位9年，于前628年去世，年70。晋文公在短时间内成就霸业，联秦抑楚，要挟周天子，其辉煌性胜于齐桓公。但晋文公不象齐桓公以德服人，建设性也不如齐桓公。

赵盾主持晋国

晋国素以军统帅兼秉国政。周襄王三十一年（前621）春，晋阅兵于夷之后，赵盾以中军统帅身分执掌晋政权，狐射姑辅佐他。赵盾制定章程，修订法令，清理诉讼，督察逃亡，使用契约，革除弊政，恢复等级，重建官职，选拔贤能。政令法规规定后，赵盾把它交给太傅阳处父和太师贾佗，作为常规大法在晋国推行。

赵盾主政不久，周襄王三十一年（前621）八月十四日，晋襄公死，太子夷皋尚在襁褓之中。晋人因发生祸难之故，要立年长的国君。赵盾认为，应立公子雍。他好善而且年长，先君宠爱他，还为秦国所亲近。秦是晋国旧好，结交蠢笨中安定晋国，缓解祸难。狐射姑主张立公子乐，公子乐之母受到怀公、文公两倍国君宠幸，立其子，百姓必然安定。赵盾认为，公子乐之母辰嬴地位低贱，位次第九，其子必无威严。一妇而为两位国君所宠幸，这便是淫荡，公子乐发达地区于小而远的陈国，这是鄙陋。公子雍之母杜祁由于国君的缘故，让位给逼姞而使她在上；由于狄人的缘故，让位给季隗而自己居她之下，所以位次第四。先君因此喜欢其子，让他在秦国出仕，做到亚卿。秦国大而近，有事足以救援，母有道义，子为先君喜欢，足以威临百姓。所以，立公子雍最合适。赵盾派先蔑、士会到秦国迎接公子雍返晋。狐射姑也派人到陈召回公子乐，赵盾派人在郫（今河南济源县西）地将公子乐杀死。次年夏，秦康公给公子雍许多步兵卫士，送他返晋。此时，太子夷皋之母和穆赢每天抱太子于朝啼哭，指责赵盾背弃先君托孤之心。赵盾和众大夫都怕穆赢，遂背弃前往秦国迎接公子雍的先蔑，而立太子夷皋为君，即晋灵公。然后发兵抵御护送公子放反晋的秦军。晋国让箕郑留守，由赵盾率领中军，先克为辅佐；荀林父为上军辅佐；先蔑率领下军，先都为辅佐。步招为赵盾驾御战车，戎津为车右武士。晋军到达堇阴（今山西临猗县西）打败秦军。晋灵公的地位由此得到隐固。

为进一步巩固晋灵公的地位，赵盾还竭力争取诸侯的支持。周襄王三十二年（前620）秋，赵盾与齐、宋、卫、陈、郑、许、曹等国之君会盟于扈（郑地，今河南原阳西）。赵盾为主盟。此次会盟，既加强了晋君的地位，也开了大夫主盟诸侯的先河。赵盾执国政期间，维护了晋国在中原的霸主地疰。在晋襄公死后（在位七年）。赵盾立太子夷皋为晋灵公，并因此与秦会战连年（前619～615）。周顷王六年（前613）六月，赵盾召集宋、鲁、陈、卫、郑、许、曹等诸侯会盟于新城（今河南商丘市西南），原来依附楚的陈、郑、宋三国改服于晋。同年春周顷王去世，子班即位，即是匡王，周公阅、王孙苏两卿士争着执政。争执持续到秋天，两人各不相让，于是让作为侯伯的晋来裁断。赵盾听了两人的申辩后为他们作了调解，两人和好。此后前613～前610几年间，晋国屡次以盟主身分会集诸侯，晋国的霸主地位在赵盾及六大夫的主持下得以保持，并成为与楚国对抗的中原核心力量。

晋齐鞍之战

周定王十年（前589）春，卫穆侯派孙良夫、石稷、宁相、向禽将等率军入侵齐国。此年四月，卫军和齐军在新筑（今河北魏县南）相遇。石稷想退归，孙良夫认为，军队出征，遇上敌人就回去，如何向国君复命？如果不能打仗，就应当不出

兵。现在既然和敌人相遇，那就不如一战。新筑之战中，卫军大败。石稷对孙良夫说，卫国军队战败，您如果不顽强坚持，以顶住敌军，就会全军覆没。假若丧失了军队，还有什么回报君命？他见大家都不回答，便又说，您是卫国之卿，假若损失了您，那就是卫国的差耻。您带着大家撤退，我在这里殿后。石稷还通告军中，卫国援军的战车已经大批来到，以此鼓舞士气。石稷率领军队力战，齐军攻势被阻止，退守在鞠居（今河南封丘县境）。在新筑大夫仲叔于奚的救援下，孙良夫也得免于难，撤军回卫国。

新筑之战败后，卫军主将孙良夫没有返卫，迳直去晋请求发兵，这时鲁国臧孙许也到晋国请求援助。两人都找到晋国执政大臣郤克，请他帮助。晋景公答应给郤克七百辆战车前往救援鲁、卫两国。郤克认为这是城濮之战中晋国的兵车数量，当晨有先君的明察和先大夫的敏捷，所以得胜，而我和先大夫相比，还不足以做他们的仆人，因此，请允许派八百辆车。晋景公答应。晋军由郤克率领中军，士燮辅佐上军，栾书率领下军，韩厥做司马，出发援救鲁、卫。鲁国的臧孙许为向导开路，季文子率领鲁军和晋军会合。这时候，齐军伐鲁、胜卫，正凯旋而归。晋师追踪而至，在莘（今山东莘县北）地追赶上齐军。

周定王十八年（前589）六月十六日，援救鲁卫、追赶齐军的晋国军队到达靡笄山（今山东济南千佛山）下。齐顷公派使者向郤克请战说，您带领国君部队光临敝邑，敝国士兵人数很少，请在明天早晨相见。郤克回答说，晋和鲁、卫是兄弟国家，他们告诉我们，大国不分早晚都在敝邑土地上发泄气愤，寡君不忍，所以派下臣前来向大国请求，同时又不让我军长久留在贵国。因此，我们只能前进而不能后退，

您的命令我们会照办的。齐顷公则高傲地
表示，无论晋是否同意，都必有一战。齐
国高固单车挑战，进入晋国军队，拿石头
投人，把晋军士兵抓住，然后坐上战车回
到齐军，在齐军营地耀武扬威、鼓舞士气。

　　六月十七日，晋、齐两军在鞍（今山
东济南市西）摆开阵势，鞍之战爆发，邴
夏为齐顷公驾车，逢丑父为车右。晋国解
张为郤克驾车，郑丘缓为车左。齐顷公轻
蔑地说，我姑且消灭这些敌人再吃早饭！
齐顷公战车马不披甲，驰向晋军，齐军遂
冲杀过去。晋军主将郤克为箭所伤，血流
到鞋上，但他却使军中鼓声不断。驾车手
解张一边激励郤克，一边左手握缰策马、
右手握槌击鼓。战马飞奔向前，全军将士
也随着冲锋陷阵。齐军大败，晋军乘胜追
击。晋军司马韩厥站在战车中央驾车，与
车左、车右一起追赶齐顷公。顷公御者邴
夏欲射杀韩厥，顷公以之为君子而不许，
于是只杀死了车左和车右。韩厥躬身稳车，
顷公乘机逃跑，并开快车右逢丑父互换了
位置。后齐顷公之战马被绊，车左逢丑父
受伤，再度被韩厥追上。逢丑父命齐顷公
取水，公得坐上郑周公驾御的副车逃归，
而逢丑则被韩厥误认为齐君而俘虏。

　　追赶齐军的晋国军队，从丘舆（今山
东益都县西南一直）进入齐国，攻打丘舆
附近的马陉。齐顷公派执政大臣国佐把齐
灭纪所得到的国宝、玉馨和齐国所侵占鲁、
卫两国的土地送给战胜诸国，以求媾和。
晋人还要求把国母萧同叔子作为人质并使
齐国境内田陇全部东向，这样才能媾和。
国佐以为这一要求迥出常理，据理力争，
并说："如果你不同意的话，我们就将收集
残余力量决一死战。"在鲁、卫两国劝谏
下，晋人答应了齐的请求。此年七月，晋
军和齐国国佐在爰娄（今山东临淄西）结
盟，齐把汶阳（今山东宁阳县北）之田归
还给鲁国。鲁成公为表示感谢，特意赶到

莲盖方壶

上鄍（今山东阳谷县境）会见晋军，把车
辖和三命的车服赐给晋军的三位高级将领
——郤克、士燮、栾书，晋军的司马、司
空、舆帅、侯正、亚族等一般将领都赐给
以一命的车服。

　　爰娄之盟，使晋国力量立益壮大，而
齐国则成为须年年朝觐的小国。次年（前
588）十二月，齐顷公到晋国行朝聘礼。将
行授玉礼，郤克即恶语相向，图报他出使
齐国时齐顷公之母戏笑其跛足之怨，幸得
晋将韩一席好话缓和了紧张气氛。

吴国兴起

　　吴国，传说为周文王伯父太伯、仲雍
奔荆蛮创建。周武王封其后裔周章为吴君，
立国于长江下游一带。

　　周简王二年（前584年）春，吴国出
兵伐郯（今山东郯城县西南）国，郯与吴
媾和，表示服于吴。吴国军事上的逐渐强

中国通史

最新整理图文珍藏版

大，与晋使巫臣出使吴国，教导吴国军队操练战阵有关。

巫臣和楚国的子重、子反积怨甚深。周定王十二年（前595），楚国攻宋国，获胜返归后，子重请求取得申（今河南南阳）、吕（今河南南阳西）的部分土地作为赏赐，楚王答应，申公巫臣谏阻说："这是申、吕两地所赖以成为城邑的土地。楚国从这里征发兵赋，抵御北方。如果私人占取它，这就没有申邑和吕邑，晋、郑就会一直攻打汉水。"楚王遂未将申、吕的土地赏赐给子重。子反曾想娶夏姬，巫臣劝阻他，但自己却娶夏姬并带她逃到晋国。子反和子重对巫臣都很怨恨。等到楚共王于周定王（前590）继位后，子反、子重杀掉巫臣的族人，并瓜分他们的财产。巫臣从晋国写信给子反、子重说："你们用邪恶贪婪事奉国君，杀死很多无辜的人，我一定让你们疲于奔命而死！"周简王二年（前584），巫臣请求出使吴国，晋景公同意。他到吴国，很受吴子寿梦赏识。于是，在巫臣连络下，吴晋两国通好。巫臣去吴国时，带楚国三十辆战到吴国做教练，并留下十五辆。还送给吴国以射手和御者，教吴人使用战车。巫臣派人教吴国军队练习战阵，又把自己的儿子狐庸留下，让他在吴国做外交官。于是吴国在晋唆使下攻打楚国，以及附楚的巢、徐等国。子重、子反在一年之间七次奉命奔驰以抵御吴军、果然疲于奔命。

吴地盛产优质铜锡，冶炼技术精良，所造兵器驰名天下，遂步发展为军事强国。

吴国开始与中原来往，在春秋时期扮演一个重要的角色。

楚灵王灭陈蔡·谋取霸业

周景王七年（前538），楚王会集诸侯到申（今河南巩县东北）。曹、邾用国内有祸难来推辞，鲁昭公用祭祖来推辞，卫襄公用生病来推辞。六月十六日，楚灵王和蔡、陈、郑、许、徐、滕、顿、胡、沈、小邾国诸侯以及宋太子佐，淮夷相会。椒举对楚灵王说，诸侯只归服于礼，霸业的成功与否，都在这次会见。夏启有钧台之享、商汤有景亳之命、周武王有孟津之誓、周成王有岐阳之搜、周康王有酆宫之朝、周穆王有涂山之会、齐桓公有召陵之师、晋文公有践土之盟。君子打算采用哪一种？楚王采用了齐桓公的方式。楚王和诸侯结盟，之后渐露出骄傲之色。

周景王十一年（前234）四月，陈国发生争立之乱，公子招与公子过杀掉太子偃师，立公子留在太子。哀公此时病，闻讯大怒而欲杀公子招。公子招于是发兵攻哀公，哀公自杀。公子招遂立公子留为国君，同时派全都赴告于楚。而哀公的另一个儿子公子胜也来到楚国，向楚灵王揭露公子招及公子过杀嫡弑君的经过。灵王早有并陈之心，于是乘机杀掉公子招派来之使者，九月，派王弟公子弃疾率楚师围陈，楚师攻破陈都，逐灭陈。楚灵王以陈地为县，命楚大夫穿封戍为陈公。

楚灵王灭陈以后，又筹划灭蔡。

周景王十四年（前531）三月十五日，楚灵王设宴执行蔡灵侯，却在暗中埋伏了甲士。待蔡侯酒醉，伏兵突起，擒蔡侯及其随从。四月七日，将蔡灵侯和随从全部杀死，藉口是蔡灵侯在12年前犯有弑父之罪。同时，灵王命公子弃疾率师围蔡。晋国闻讯，派使者到楚国交涉，这蔡求情，楚灵王不听，十一月，经过长期的攻打，楚军终于攻破蔡都。其后蔡国与陈国同时复国。

周景王十五年（530），楚灵王伐徐至乾溪（今安徽亳县东南），意满志得，问齐、晋、鲁、卫受封时都得了宝器，唯独我没有，如今我派使节到周室求鼎，它会不会给我呢？析父答：如今周室和齐、晋、鲁、卫都归服和事奉于你，对你唯命是从，岂敢不给你鼎呢？听了析父一番话，灵王更加骄傲了。周景王十六年（前529）春，灵王乾溪寻欢作乐，灵王弟弟公子比杀灵王的太子而自立为王，并对楚王左右的人说：国已有主，先回来的得到原来的爵邑田室，后回来的只能迁往别处。于是众人都弃楚王而去。灵王听闻太子被杀，悲痛得从车上跌了下来。灵王一个人留在山中，饥饿得起不了床。芊尹申无宇之子申亥觉得灵王有恩于他父亲，于是找到了落靠的楚灵王，将他接回家中。同年，楚灵王在申亥家自缢而死，申亥安葬了他，并让两个女儿殉葬。楚灵王谋取霸业的宏愿，也随之烟消云散。

禹娶涂山女

夏朝的第一位君王是禹。因为禹的包庇，导致其子启的篡位，使帝位的禅让制变成了世袭制，建成了中国历史上第一个奴隶制王朝。从此，元首与大臣共同治理的天下，变成了一个家族统治的天下。禹原来要把天下禅让给益，其子启篡夺帝位后，就尊父亲禹为夏朝的创立者。夏朝建立的刑法制度，就称为"禹刑"。因此，夏代的故事应该从禹讲起。

禹的身世与迁徙

禹的父亲叫"鲧"，是黄帝和帝颛顼的后代。鲧娶了有莘氏之女，叫"女志"，又说叫"女嬉"、"女狄"或"修己"。女志年岁已大，却未有生育。一次，她在砥山玩耍，采食了薏苡。薏苡是一种有穗的植物，俗称"药玉米"。女志吃了薏苡后，觉得肚子有异样感，因而怀孕。也有的传说说她是吃了神珠而怀孕的。过了几个月，女志难产，剖腹而生下禹，取名"文命"，又字"高密"。高密出生时，他们的家还在西羌，即今陕西西部、甘肃东部和四川北部一带。后来，禹随鲧向东迁居到今河南中部的嵩山附近。

路经涂山遇知音

禹青年时期就跟着父亲鲧治理洪水，来往奔波于东西南北各地。有一次，禹来到涂山，即今安徽怀远县东南淮河南岸的一座小山。禹看见一位女子，心中很有好感。那位涂山姑娘，见禹虎鼻大口，身材魁梧，英俊潇洒，也动了心。禹因任务紧急，没有留下来与那姑娘细谈，就继续往南勘测水土。涂山之女思禹心切，便命她的妹妹守候在涂山南面禹回来必经的路上，并作歌唱道："等候我心中的人啊！"这歌声被当时搜集民歌的"采风"人员记录下来，作为"南音"而编入《诗经》中的《周南》一组诗歌中。过了一段时日，禹回来又经过涂山，看见涂山女的妹妹还守候在那里，知道自己与涂山女情有缘分，便决定娶她。禹和涂山女那天晚上来到古代男女私约的"台桑"，又叫"桑中"之地幽会，两人情投意合。禹便带着涂山女北上，回到家乡，结成夫妻。

玉戈

九尾狐光临必有好兆

还有一种传说，说禹治水来到涂山，见天色已晚，决定在涂山住一宿。禹心想自己年龄已大，应该是娶妻室的时候了，便在房中自言自语道："我要娶媳妇了，一定会有合适的人来相会。"当时，便有一只九条尾巴的白狐狸来到禹的住处。禹见后高兴地说："白色，是我衣服的颜色；九条

祈求丰产的红陶鬶

尾巴，是我将来要当王的证明。涂山有首民歌唱道：'美丽光洁的白色狐狸，九条尾巴捧捧打打；我的家庭有吉祥好兆，九尾白狐来做宾客而成为君王；有了妻室而成立家庭，我将达到昌盛的彼岸；天人之际事情微妙莫测，应该抓住这个时机赶快进行。'有这首涂山民歌为证，事情就十分明白了啊！"于是，就娶了个涂山女，名叫"女娇"。

后来，禹登上帝位，建都阳城，即在今河南登封市东南。涂山女因为思念故乡，就在阳城南筑台遥望故乡，人称"涂山台"或"青台"，台基至今犹存。禹因治水奔波娶了个远方之妻，可以说是一种姻缘和巧合。

巫山神瑶姬

大禹在全国广大的区域内治理洪水，当时的生产力十分低下，挖土和交通工具都很原始，要完成如此艰巨的任务，确实是难以想象的。在一些人看来，禹治洪水能取得这样伟大的成绩，一定是有天神相助。于是，在科学水平还相当落后的情况下，人民就编出了许多神仙助禹治水的故事，这自然也表达了人民的愿望。

河精授图

据说在禹初接到帝舜任命他继续主持治理洪水时，他精神恍惚，一筹莫展，不知怎么办才好。禹独自一人在黄河边观看、徘徊，希望能思索出一个治水的良策来。忽然，有一个长人在河面上冒出，他的脸像人，面孔雪白，而身子却像鱼。他对禹说："我是河精。"又告诉禹："文命治水。"所谓"文命"，就是禹的名字。说罢，授给禹一张《河图》，又沉入河底不见影踪。禹打开那张图，图中画的都是治水的规划、方案。禹茅塞顿开，心中忽然一亮，对治水立刻有了信心。那张图成了禹治水成功的法宝。

山神宝书

还有一则神话故事，说禹因治水在外一连奔波了七年，闻音乐不听，过家门不入，帽子歪了顾不得扶正，鞋子掉了顾不得穿上。一心要想治好洪水，苦于无人指点，功效甚微。有一天，他忽然发现一本书，名《黄帝中经历》，上面写着："在九山东南，有一天柱，号叫'宛委'，赤帝在此宫中。这座山岩之顶，有一宝书，下垫纹玉，上覆磐石，书是金简，青玉为字，镶以白银，文皆突起。"禹见此记载，便向东巡察，登上南岳衡山。他杀了白马，以白马的血祭祀，希望得见宝书。禹在山上

仰天大叫，见到一位穿着红绣衣的男子，自称"玄夷苍水使者"。听说天帝使文命在此，故来等候，将告诉禹一个重要的日期。他要禹务必谨慎对待，切勿当作儿戏，然后就对禹说："欲得我山神书者，祭祀于黄帝岩岳之下，需穿整洁衣服，戒除嗜欲。到三月庚子那天，登山揭石，金简之书就在里面。"禹听后拜退，虔诚斋戒。到三月庚子，登上宛委山，果然得到金简之书。禹读金简玉字，领悟得治水的道理，自此，效率倍增，很快就大功告成。

瑶姬显灵

禹治洪水，据说又曾得到巫山神瑶姬的帮助。瑶姬原是炎帝的小女儿，她在巫山游玩，不幸身亡，葬于巫山之阳。她的精魂化为灵芝草，成为巫山之神。巫山峰岩挺拔，林壑幽丽，巨石如坛，风景奇特，瑶姬常出来游玩。当时大禹治水，驻在山下，大风突然刮起，崖谷振荡，不可遏制。禹在避风时与瑶姬相遇，便拜而求助。瑶姬即命令侍女授禹"策召鬼神之书"，又命其神狂章、虞余、黄魔、大翳、庚辰、童律等，助禹凿石疏波，开挖堵塞之处，以导其流。禹受此帮助，叩拜道谢，却不见了瑶姬踪影。禹想寻找瑶姬，登上高山之巅，仿佛瑶姬身化为石；再转身一看，又倏然飞腾，散为轻云；忽而又油然而上，聚为夕雨；有时化为游龙，有时化为翔鹤，千态万状，捉摸不定。禹疑其狡狯怪诞，不是真的仙人，便问童律。童律答道："瑶姬现在叫'云华夫人'，为王母之女。她不是胎生之形，而是西华少阴之气，故变化无穷，岂止于云、雨、龙、鹤，飞鸿、腾凤啊！"听了此言，禹方信以为真。

禹始终不死心，一心想找到这位云华夫人。他登上山去，但见云楼玉台，瑶宫琼阙，如入仙境。周围有狮子站立，天马行空，毒龙吐焰，电兽放光，八威皆备。在云雾深处，只见夫人坐于瑶台之上，旁边有灵官侍卫，不可名识。禹赶忙上前拜见，述说来此治水之事。瑶姬便命侍女容华拿出丹玉之书授给禹，上有治水宝文。禹得到治水宝书，又得到庚辰、虞余诸神相助，辟山导水，大见功效。

有的史书记载，巫山有十二峰，峰峦直上云天，山脚直插长江之中，甚为壮观。在这十二峰中，要算神女峰最为纤丽奇峭，有真仙人托居其上。每年八月十五日夜月明时，便有丝竹音乐之声在峰顶缭绕，山猿齐鸣，到天亮才逐渐停止。夏禹曾来此峰见过神女，得到所授的"符书"，因而治水得以大功告成。所谓"神女"，就是炎帝之女瑶姬所化。

伯成子高

禹运用军队、刑法、监狱做工具，对企图叛乱的氏族部落和诸侯国，进行残酷的镇压。攻逐三苗、制订"禹刑"和杀防风氏就是其中最突出的几个事件。但从此时开始，夏王朝中央政权与周边部族、各诸侯国的矛盾也越来越激烈。

夏王朝与共工部族的残酷斗争

这种矛盾还有一个突出的例子，就是夏王朝政权与共工部族的斗争。共工部族是炎帝的后裔，其首领经常跟黄帝后裔建立的政权发生冲突。据说共工曾与颛顼争帝位，因恼羞成怒而触撞作为天柱的不周之山，使地东南低而天西北高。在尧舜时期，共工又造成水害，并在部落联盟内部挑拨离间，制造矛盾，因而被舜流放到北方的幽州。到禹执政时期，共工部族又出来危害作乱，最终也被禹攻灭。其部族人员或被诛杀，或逃往四方。传说共工有个大臣叫"相柳"，此人有九个头，都有人的面孔，而身体像一条青蛇。禹诛杀共工后又杀相柳。相柳的身上有血腥的恶臭，其血腥

中国通史

最新整理图文珍藏版

流到之处，庄稼不能生长，于是禹在这块土地上筑了个"众帝之台"，以作祭祀之用。由这个传说可以知道，禹在与共工部族斗争中杀人之多与施用手段之残酷。

因社会矛盾激烈而弃官务农

社会上激烈的为争权夺利而互相残杀，必然会影响人们的思想。传说有一位贤人叫"伯成子高"，在尧时因为他的贤德而被立为诸侯。后来，尧传位给舜，舜又传位给禹。当禹之时，伯成子高辞掉了诸侯之位到农村去耕田。禹不解其意，便想亲自问问他这样做的原因。当禹来到伯成子高的住地时，他正在田野里耕作。禹就立在伯成子高的旁边，诚心诚意地请教说："过去尧治天下，先生立为诸侯，能够欣然接受，高高兴兴地去治理。尧把帝位让给舜，舜又把帝位让给我，而先生却不想再当诸侯，辞去其位，宁愿到农村耕田。敢问这是什么缘故呢？"子高答道："过去尧治理天下，人民纯朴无邪，不赏而百姓劝功乐业，不罚而百姓畏惧谨慎。现在，君赏罚严明，百姓反而不仁不义；刑法立得越多，盗贼反而更加猖獗。可见道德的衰落，人心的变坏。后世必有大乱，故我早些躲避开啊！君请回吧，不要妨碍我的农事。"说罢，就自顾自地耕田，对禹看也不看一眼。

由于看不惯当时社会矛盾的恶化，斗争的激烈，伯成子高成为夏王朝初期一位弃官务农的隐士。

禹葬会稽

夏禹一生，勤劳奔波，艰苦卓绝。他早年主持治理洪水，走遍了黄河上下，大江南北。中年建国以后，他又教九夷、攻三苗，举行了涂山和茅山两次诸侯大会。特别是后一次大会，他对诸侯计功行赏，

改茅山为会稽山，杀戮了态度傲慢的防风氏，使夏王朝的声威大震。禹对诸侯和百姓，德教与兵刑并重，采用文与武两手结合的策略，为巩固政权，他忙忙碌碌地奔走于城市乡村和边疆各地。

记名山大泽，成宝贵古籍

禹还做了一件有意义的事，就是他在治理洪水时，曾经与益共同谋划，每到一处名山大泽，就召集当地的人士询问山川道里、金玉矿藏、鸟兽昆虫、殊国异民、奇闻轶事，让益整理而记述下来，这样就成了《山海经》这部宝贵古籍。据专家学者的研究，《尚书》中的《禹贡》篇不是夏禹时的实录，而是经过战国时代的人加工过的；《山海经》也是战国时代的人所编撰。但是历史上有禹和益记录治水见闻而成《山海经》的传说，它不会是凭空捏造。《山海经》的雏形可能就是在禹和益治水的过程中形成的。

安息于会稽山麓

禹对今浙江绍兴东南的会稽山情有独钟。"会稽山"的山名也是他在一次诸侯大会，对诸侯考核功绩、论功行赏之后取的。禹的晚年又来到东南巡守，对东夷、越民教以礼仪和耕种之法，再一次举行诸侯大会，对诸侯中的有德有功者给予封爵和奖赏。由于年事已高和过度劳累，禹竟病死在那里。他的遗体就安葬于会稽山麓。

禹的葬礼十分简单。他的棺材是桐木制的，棺厚三寸。他下葬时穿着裘皮三条，这是当时的习俗。他的墓穴深七尺，上面不会有水漏进去，下面也不会有积水。他的墓坛高三尺，上去有三级台阶，整个墓占地一亩。就像舜葬于苍梧之野，那里经常有象在为民耕田一样，禹的葬地会稽山麓，经常有鸟在那里耕田。据说这是禹为了催促人民春耕生产，故使鸟耕以教育民众。会稽山上还有禹井、禹祠，都是为了纪念禹而建立和取名的。大禹的墓和祭庙

在会稽山下，至今保存完好。

五子之歌

夏后帝太康不理朝政，终日游猎玩耍，最后弄得国破家亡，在这痛心的时刻，太康的五个弟弟搀扶着他们的母亲来到洛水边上，望着滚滚而流的洛水，发出哀怨的感叹。他们想起祖父大禹的告诫，再看看自己哥哥的所作所为，不禁仰天作歌，以抒发自己的哀怨和惆怅的胸怀。

祖宗教训，怎能遗忘？

第一曲，他们唱道："我们的祖父大禹早有训诫，人民可以亲近而不可戏谑。人民是国家的根本，根本稳固了国家才会安宁。我视天下百姓，愚夫愚妇也能胜我，怎能不敬畏小民？一个人有多种过失而为人所怨，岂有明白显著的征兆？小过不见而酿成大过，所以应该防微杜渐，从长计谋。我治理亿万民众，小心翼翼，像用腐朽的绳索去驾驭六马。当人君、做帝王的，怎么能够不毕恭毕敬！"

过了一会，他们又唱第二曲："祖父大禹还有这样的教训。在宫廷内部为女色所迷乱，到了野外为捕捉飞禽走兽而忘乎所以，沉湎于饮酒，热恋于歌舞，好造高大

酒祖杜康遗址

的宫殿，雕花的墙柱：以上六者中只要有一，没有不遭亡国之祸！"

如今荒废，国破家亡

接着，他们又唱第三曲："我们的祖先陶唐氏帝尧，建都于冀州而统治天下四方。今天失其秩序，乱其制度，因而导致国家的灭亡！"第四曲又反复唱道："光明正大我们的祖父大禹，曾经做过天下万邦的君主。有治国的法典和为君的原则，留给后世子孙，使遵照执行。统一度量衡之器而正确使用，百姓和王府都有足够的积蓄。如今太康荒废而坠失其事业，这样就覆灭宗族，断绝祭祀！"

最后，五兄弟唱起了第五曲："啊！太康远去不返，我们将以何处为归宿？我以此故，思念而悲！太康为恶，万姓都仇恨我们，我们将依靠谁？抑郁的心啊充满着哀思，我们的外貌强作厚颜，而内心则怩怩羞愧！我们的大哥不慎其德，以致国都被占，返回无门，虽欲改悔，怎么能够追及？"

歌声哀怨，荡气回肠

太康的五个兄弟陪着他们的母亲，在洛水边上一唱三叹，歌声在洛水两岸回荡。后来人们把太康五兄弟所唱的歌记载下来，称为《五子之歌》。它告诉人们许多治国的道理，充满着哀怨和教训。

九尾狐

征服东夷的夙愿

少康重建夏王朝后，除了恢复稷官管理农业生产，恢复水官治理黄河水患，分封小儿子去越国世代祭祀祖先禹的陵墓这样三件大事外，还有一件常使他心中不安的事，那就是东夷诸部落、方国的时叛时服，威胁着夏王朝的安全。即位初年，东方九夷中只有"方夷来宾"

中国通史

最新整理图文珍藏版

向夏王朝称臣纳贡，表示顺服，与其他八夷的关系仍处在紧张状态。太康失国，就是由于东夷有穷国的入侵。为了杜绝这样的祸患再次发生，少康决定发动一场对东夷的征伐战争，以显示夏王朝的实力和威风，粉碎东夷各族想要入主中原的野心。可惜少康过早地病逝。他死后，只能由继承王位的儿子杼去完成他生前的未竟之业了。

夏帝杼的名字，有许多种写法，有的写作"伃"，有的写作"予"或"宁"，因为古字常常同音通假。杼即位后，继承少康遗志，积极准备征伐东夷。传说杼为战争的需要而制造了许多矛和甲，矛是进攻武器，甲是防御衣服。这些矛和甲制作精良，进攻和防御的性能都很好。为了指挥战争的便利，他先把都城迁到黄河北岸的原，即今河南济源市西北，后又向东迁到老丘，即今河南开封市东。

太平盛世的祥瑞

制造众多武器，扩充军队编制，训练杀敌本领，国都也迁到合适的位置，然后，帝杼便亲自率军东征了。这次征伐，由于准备充分，又做了大量的宣传工作，因此比较顺利地征服了分布在今河南东部、江苏北部和山东各地的夷人部落，一直打到东海之滨。军队所到之处，夷人部落的首领都来朝贺，纳贡称臣。一路上几乎没有遇到什么阻力，夏王朝的声威大震。特别是打到大海边上，有一个叫"三寿"的，也有的说叫"王寿"的东夷部落，其酋长立刻表示臣服，并向帝杼献上一条"九尾狐"。这种九尾狐颜色雪白，尾巴有许多分叉，是一种罕见的珍稀动物。传说九尾狐的出现是一种祥瑞，预兆着天下将出现一个太平盛世。过去夏禹在涂山见到过一次，现在帝杼征东夷，又见到了。帝杼高兴异常，东征不但平服了广大地区的东夷部落，而且还意外地获得了一只可爱的"瑞兽"。

制作精湛的琮玉

然而不幸的是，不久，他因不治之症，竟过早地去世了。杼在位的时间虽然不长，但在夏族人看来，他是能继承夏禹事业的一位杰出的帝王。

关系密切的佳话

杼死后，他的儿子芬即位。因为杼征东夷胜利，声威远扬，原来一些叛离的方国、部落，又纷纷来朝，臣服于夏。史载帝芬三年"九夷来御"，即在东方的九种夷人都来称臣纳贡了。这九种夷人，包括畎夷、于夷、方夷、黄夷、白夷、赤夷、玄夷、风夷、阳夷。九夷都来朝贡，夏王朝与东方诸夷人的关系有了显著的改善。到芬的孙子泄继帝位后，又对九夷中的畎夷、白夷、玄夷、风夷、赤夷、黄夷这六种夷人加封诸侯，更加密切了夏王朝与东方夷人的关系。

以三寿部落所进献的九尾狐为祥瑞，夏王朝与东夷各方国部落的亲密关系日益增进，成了夏王朝历史上的一段佳话。

求神拜鬼的孔甲

帝芒祭祀河神，迷信盛行

夏朝后期，对鬼神的迷信十分盛行。遇到洪水泛滥，有人就以为是河神在发怒。

在夏后帝杼、芬两代的几十年间，河水很少泛滥，农业生产有了较大发展，人民生活也较安定。这在某些统治者看来，是河神的赐福。因此，在帝芬的儿子芒即位的第一年，就举行了一次十分隆重的祭祀黄河之神的仪式。

在选定的吉日里，帝芒率领群臣百官以及一些诸侯、使者来到黄河岸边，举行祭祀典礼。祭祀仪式开始，祭祀场上鼓乐齐鸣，由巫祝宣读祈祷河神的祭文，接着将猪、牛、羊等作为"牺牲"沉入河中。当年先祖大禹治水成功，帝舜为奖励大禹，赐给他一件名为"玄圭"的贵重玉器。为了表示对河神的敬意，芒决定将这玄圭也沉入河中。这就是古代为祈祷河神保佑而进行的一种"沉祭"，沉祭作为一种迷信活动被长期保存下来。同年，帝芒率领一些官吏和随行人员到东方海滨地区去打猎，在那里捕捉到一条不同寻常的大鱼。群臣们向芒表示祝贺，说这是河神所赐，是天下太平的征兆。

胤甲遇大旱，恐慌而死

帝芒以后，帝位传到胤甲。胤甲又名"廑"。他即位后，把国都迁到西河，即今河南淇县，因为处在古黄河的西岸，故有此名。胤甲在位有一年，天下大旱，酷热异常。传说那时的情形和尧当年一样，天上"十日并出"，把庄稼都晒死了。当年有射箭英雄羿出来把九个太阳射落，天下才变得温和宜人。这当然是一种神话。胤甲在位那年大旱，也以为是天上有妖怪作祟，于是天天举行祭祀仪式。胤甲心神不定，以为是上帝要来惩罚他。这一年，胤甲就在恐慌中去世。

烧香磕头者祈拜生效

胤甲死后，帝位由孔甲继承。他一天到晚装神弄鬼，大搞迷信活动。为什么会

如此呢？这还得从夏代中期帝位继承的波折说起。帝芒去世，由其子泄即位，帝泄去世，由其子不降即位。帝不降年老时，突发奇想，为了表示自己有"圣德"，不把帝位传给儿子孔甲，而是在他弥留之际，把帝位逊让给了弟弟扃，叫做"内禅"。这样就在王室贵族中引起了矛盾。孔甲是帝不降的长子，本来可以顺利地继承帝位，但由于其父晚年的奇特做法，使他的帝位落了空。于是，孔甲一方面暗中培植自己的势力，企图等待时机夺取帝位；一方面又将希望寄托于鬼神，天天祭祀、祈祷，盼望依靠天帝神灵的保佑，将帝位返还于他。

祭祀用的玛瑙斧

事情的发展正像孔甲所盼望的那样。帝扃死后，由他的儿子胤甲即位。扃和胤甲都是短命帝王，只有前帝不降的儿子孔甲还健在，他培植的势力也在王室贵族中活动，帝位自然就落到了孔甲的头上。孔甲登上了帝位，认为这是天神的恩赐，是他长期求拜鬼神的结果。于是，更加沉醉于迷信活动，以为祭祀鬼神、烧香磕头，就能达到一切目的，对于王朝政事、社会生产一概不管。除了大搞迷信活动外，其余时间就是打猎和玩乐。孔甲的这种行为，使国内混乱，声威衰落。过了四代，夏朝就灭亡了。

五朝元老伊尹

著名的长寿者

商朝有几个长寿的人。传说其中有个叫"彭祖"的，姓钱名铿，是帝颛顼的孙子。他善于烹调，做的野鸡羹特别鲜美，任尧的食官受到赞赏，被封于彭城。后经历夏朝一直到商，在商朝做"大夫"的官。活了八百多岁，成为著名的寿星。不过，彭祖的事不见于正史，只见于神话小说中。他是否真有那么长寿，是很可怀疑的。商朝另一位著名的长寿者就是伊尹，他活了一百多岁，辅佐了五位商王，成为"五朝元老"。他的事迹和享寿见于各种正史，是真实可信的。

佐汤建商朝

伊尹原是有莘国被人遗弃的孤儿，后随有莘国君的女儿作为"媵臣"嫁到商国，被商汤赏识而举为"尹"，或称"阿衡"或"保衡"，就是后来的丞相。他先是辅佐商汤攻灭夏桀，建立商朝；后又帮助商汤治理国政，功劳卓著。一次，商汤问起："王者如何能把国家治理好？"伊尹答道："王者得贤才作辅佐，然后能治。否则，虽有尧舜之明而股肱不备，则主恩不流，教化不行。故明君在上，慎于择士，务于求贤。从前虞舜治国，左禹右皋陶，不下堂而天下治，这就是任贤使能的功效。"商汤对他的话十分赏识，便经常与他讨论国家大事，伊尹成为治国最得力的参谋。

辅太甲迷途知返

商汤去世后，因已立为太子的长子太丁早年病逝，太丁之子尚年幼，伊尹就立太丁之弟外丙继任王位。外丙命伊尹为"卿士"，其职位相当于尹。外丙即位两年就去世了。伊尹又拥立外丙之弟仲壬继承

王位。仲壬也命伊尹为卿士，辅助行政当国。可惜仲壬的寿也不长，即位才四年即去世。因再无弟弟可继位，伊尹便拥立太丁之子太甲为商王。

伊尹辅助太甲，用力最勤。太甲一即位，伊尹就在祭祀先王的大典上，发表长篇讲话，教导太甲要继承先王遗志，努力修治道德，勤于政事，以使商朝的江山永不坠失。他又做了许多文章，晓之以治国的道理。后因太甲对伊尹的训诫置若罔闻，伊尹乃毅然决然把太甲流放到商汤的葬地，位于商都西南郊的桐宫。直至太甲经过三年的反省，认识到自己过去的错误及其危害性，伊尹才接他回宫，把政权和王位交还给他。

功德无量，葬礼隆重

太甲去世由儿子沃丁继位时，伊尹仍然健在。沃丁任命咎单为卿士，但伊尹还时常关心朝政，是国中德高望重的元老。直到沃丁八年，伊尹才寿终正寝。伊尹的去世在当时成为一件大事。据说其时天空大雾三日，沃丁用天子之礼给伊尹送葬。在伊尹的灵位前，用特别隆重的"太牢"，即牛羊猪三牲齐备作为牺牲，来进行祭祀。商王沃丁亲自主持丧事，行三年的丧礼，以报答伊尹对商朝的大德。伊尹的遗体安葬在国都亳的郊区，即今河南偃师市西北。当时的卿士咎单还作文阐扬伊尹的功德，文章题名《沃丁》。

对五朝元老的歌颂

伊尹辅佐了汤、外丙、仲壬、太甲、沃丁五位商王，是名副其实的"五朝元老"。有一首颂扬商朝开国历史的乐歌中这样唱道："实维阿衡，实左右商王！"这就是歌颂伊尹担任着"阿衡"的重要官职辅佐商王功绩的。像伊尹这样的辅佐大臣，在商朝还有不少。如在太戊时有伊陟、臣扈、巫咸，在祖乙时有巫贤，在武丁时有甘盘，他们都在维护商朝政权的长治久安

中起着重要作用。"五朝元老"伊尹是其中最杰出的一位。

宠妃妲己

两个惊人相似的末代帝王

大凡一个专制残忍、无恶不作的暴君，往往又是好色之徒。帝辛登上王位后，就大肆搜罗美女，充实后宫，供他玩乐，就是这样还不满足。夏桀那个亡国之君是因为迷恋上宠妃妹喜而终日不问国事而被商汤攻灭的，商纣这个商朝的末代君王也是因为迷恋上宠妃妲己而走上亡国之路。夏商这两个中国最早的奴隶制王朝的灭亡，有着十分惊人的相似之处。

迷恋妲己，有求必应

为了满足自己的私欲，掠夺得更多的财物和美女，商纣很早就想对外征伐，只是还没有选定目标。在商王畿附近有一个小小的属国有苏，其地在今河南温县西南。有苏因为土地狭小，人口不多，资源有限，没有丰富的剩余产品，故无法交纳商朝规定的年年增加的贡赋。纣认为有苏是故意对抗，便率军前往征讨。有苏哪里抵挡得住商纣的进攻。万分危急时，有苏国王想到商纣最喜欢的是美女，便从国中挑选了一位最有姿色的佳丽，名叫妲己，进献给商纣。商纣见了十分中意，便立刻命令退兵。

商纣自从有了妲己，像掉了魂似的整天伴随在她身边，形影不离，有求必应。妲疾首先感到商都城内宫殿太小，不够气派，于是商纣就在郊外修起了豪华壮丽的离宫别馆。除了朝歌郊外的一处外，又在北面的邯郸（今河北邯郸市）和沙丘（今河北平乡县东北）建了两处，供妲己游玩娱乐。这些宫馆，都修建得富丽堂皇，甚至用美玉来装饰，因而有"琼室"、"玉

门"等雅名。尤其是沙丘的苑台，修得宏大开阔，商纣把从各地搜集来的珍禽异兽置于其上，耗费了大量的民力、财力。

在妲己的要求下，商纣还请来名叫涓的乐师，让他住在宫馆里，创作软绵绵的乐曲，演奏淫荡的靡靡之音，教跳妖艳的"北里之舞"。商纣和妲己就终日沉浸在这样的歌舞之中。

惨不忍睹的炮烙之刑

特别令人不能容忍的是，商纣对妲己千依百顺，竟以妲己的好恶作为赏罚的根据。妲己喜欢和赞赏的，就给他升官，予以奖励；妲己憎恶和贬斥的，就驱逐他，诛杀他。当时由于商纣和妲己的作为，引起了百姓的怨恨和诸侯的反叛，商纣就把那些敢于口出怨言的人抓来，施以刑罚。商纣想出了一种"炮烙之刑"，即把一根铜柱横起来放，上面涂些滑溜溜的膏，下面放一个炭火熊熊燃烧的大炉子。商纣令抓来的犯人在铜柱上行走。因为铜柱烧得太烫，又十分滑，犯人一走上去，就很快掉人炭炉中烧死，发出凄惨的叫声。妲己看了这惨状，丧心病狂地大笑不止。商纣看到妲己笑，心中也是乐滋滋的，丝毫不觉得伤天害理，灭绝人性。

比干剖心

大军压境，自恃天命

正当商纣迷恋宠妃妲己，在酒池肉林中大摘淫乱活动，又滥施酷刑，杀戮无辜的大臣、百姓之际，被命为"西伯"的周侯昌正在不断壮大自己的力量，并向商王畿的西部地区进攻。当时西伯昌已自命为"王"，立志以推翻殷王朝为己任。

一次，西伯的军队攻伐到靠近商朝西部属国黎的边境，黎即今山西黎城，就是当年纣召开诸侯大会的地方，此地离商都朝歌只有二百余里。商朝大臣祖伊闻讯十分惊恐，

急急匆匆赶到商都把这件事向纣王报告。他说："王啊！上天已经终止了我们殷国的大命。那深知天命的圣人，用大龟来占卜殷的命运，始终没有遇上吉兆。这不是先王不保佑我们这些后人，只是因为王沉湎于淫乱的游戏之中而自绝于先王啊！故上天抛弃我们，使我们不得安宁，发生了饥荒。这都是因为我们不遵守先王的法典所造成的啊！现在我们的人民没有哪一个不想我们早些灭亡的，他们说：'上天为什么还不降下威力来进行惩罚呢？'天命无常，殷命难保，现在君王你想怎么办啊？"

商纣听罢祖伊的报告和陈述，哈哈大笑起来，说："啊！我的一生不是有命在天吗？其他人能把我怎么样！"祖伊退出宫廷，回到住地，不禁感慨道："唉！他的许多罪行已经记录在天，而他却说从天上接受大命。殷朝马上就要灭亡，这从他的所作所为就能显示出来。纣已经不愿再听劝谏！他能够不被周国所杀戮吗？"

直言苦谏，剖胸挖心

就在祖伊向纣报告时，西伯的大军已经打到黎国，殷朝危在旦夕。但是商纣依然不问国事，照常过他荒淫无度的生活。这时，有一个纣的亲戚，人称"王子比干"的，为人性情耿直，屡次对纣劝谏，都遭到斥逐，但他仍不灰心。看到局势的危急，他更加心急如焚，当众发誓说："主有过不谏，非忠也。畏死而不言，非勇也。有过则谏，不用则死，忠之至也。为人臣者，不得不以死争。"

王子比干来到纣寻欢作乐的地方，向纣痛陈国家的危难，君王应当机立断，杜绝荒淫的生活，施行德政，关心民众疾苦：善待诸侯，使四方都来归附，训练军队，保卫王畿和属国领土。但商纣对比干的进谏不理不睬。比干一连进谏三天，站在那里不走，翻来覆去诉说进谏的话。商纣听得不耐烦了，大怒道："我听说圣人心有七

窍，你就是这样的圣人吗？"说罢，就下令卫士剖开比干的胸膛，挖出比干的心来观察。王子比干，就像夏桀时的忠臣关龙逄那样，直言极谏，最后竟被商纣剖胸挖心，用极其残忍的手段处死了。

箕子装疯卖傻

箕子是纣的庶兄，为帝乙的庶妃所生，比纣年长几岁。因为他有一块封地在箕，今山西太谷东北，封为子爵，故人称"箕子"。他的名字叫什么，现在已经不清楚了。箕子对纣当殷王能否治理好国家十分关心。他头脑灵敏，能见小知大。有一次，纣吃饭要用象牙筷子，箕子就开始感到不安。他感叹道："用象牙筷子吃饭，那么盛饭菜和饮酒的器具一定不会用粗陋的土器，而必将用犀牛角或美玉做的杯子，用象牙筷、美玉杯一定不会吃普通的饭菜，而必将吃旄象肉、豹子胎这些珍奇美味之物吃旄象肉、豹子胎的，一定不会穿粗布短衣住在茅屋之下，而必将锦衣九重而建筑广室高台，出门时驾起豪华的马车。奢侈浪费、滥用民力之风从此开始，发展下去将会怎样呢？令人忧虑啊！"果然不多时，纣开始大建宫室，造起酒池肉林，挥霍财物，纵情享乐，不顾百姓的穷困和国家的危亡。对于纣的所作所为，箕子也作过劝谏，但纣根本不放在心上，我行我素。

等到王子比干因直言极谏被纣挖心处死，纣的长兄微子启听说如此惨祸逃亡失踪，有人劝箕子也远走高飞，以避灾难。箕子冷静地分析说："知道君不会听你的话还要去劝谏，这是愚蠢的行动；但如果当臣下的因谏君不听而逃亡出去，这是彰明君主的罪恶而自己取悦于小民，我也不忍去做那样的事啊！"箕子知道谏纣无用，又不肯逃亡而使君的罪恶在民间流传，于是

四羊尊

就披头散发，假装疯子，混在奴隶中间。这样，一方面可以使别人认为箕子精神错乱，能够原谅他不去劝谏；一方面可以使纣认为箕子是精神病患者，而不加害于他。

箕子虽然蓬头垢面，装疯卖傻，内心却十分痛苦。他经常隐藏起来，独自一人弹奏三弦琴，嘴里哼着他自己编的小调，神情抑郁悲伤。后来人们把他编的小调唱词搜集起来，成为一本文集。因为箕子虽然怨恨失意，犹守礼义，心胸坦然，不改其贞操，所以把这本唱词文集题名叫《箕子操》。可惜这本凄楚动人的唱词文集后来散失了，没有流传到今天。

箕子装疯卖傻的行为并未能逃脱纣的惩罚，纣闻讯箕子的表现十分奇怪，还是把他囚禁起来，关在一间牢房里，限制他的行动自由。但当时人们却给了箕子很高的评价说："箕子尽其对君主的忠心，见到比干的惨死，为免遭其祸而伪装如此，真是既仁且智，到了极点！"纣的三个亲戚，王子比干、微子启、箕子，在纣作恶多端、国家危难之际，各有不同的表现和遭遇，也显示了各人的思想品格和临事决断的个性。

飞廉和恶来

商纣身边有许多佞臣、谀臣和奸臣，他们或者向纣虚报天下太平，使纣长期沉湎酒色或者出谋划策，帮助纣抢掠美女钱财；或者挑拨离间，陷害忠良。纣的昏庸残暴，全靠这些人为虎作伥，充当爪牙。随着商朝的灭亡，这些人也得到了他们应有的下场。

对助纣为虐者斩首示众

谀臣费仲，是商纣的执政大臣。他经常出点子，教纣如何搜刮财物，又在纣面前拨弄是非，告诉纣哪个诸侯和大臣是危险人物，应加防范和诛杀。对西伯昌，他就曾经唆使纣囚禁过，并多次劝说纣加以诛杀。还有一个佞臣左强，也是纣非常宠幸的人物。他经常教纣如何物色美女，纵情享乐，如何对忠臣施以酷刑，对诸侯施加压力。武王攻入商都，当即把这两个助纣为虐的奸臣斩首示众。

创作靡靡乐舞者投水身亡

有一个乐官名师延，最善于制作靡靡之乐。纣喜欢在靡靡之乐的伴奏下看美女跳舞，这些靡靡之乐大都是师延创作的。他一面创作和教人演奏靡靡之乐，一面训练舞女进行各种妖冶的舞蹈，以满足纣的淫欲。纣终日沉醉在音乐舞蹈里，不理朝政。有人称师延创作的音乐是"亡国之声"，创作的舞蹈是"亡国之舞"。师延得知商朝兵败，便向东逃到濮水，在今河南范县南。他心想自己的一生都为纣寻欢作乐而创作靡靡之音、绵绵之舞，臭名昭著，周军肯定要惩罚他，活着还有什么意思？他便自投濮水，溺水身亡。据说自师延投水身亡后，濮水上经常传出靡靡之音，闻此声者就有亡国的危险。这当然是出于后人的编造，但由此可见师延作乐编舞，在促使商纣灭亡中所起的作用。

兽面纹大钺

父子帮凶的可耻下场

商纣还有两个宠幸的大臣，名叫飞廉和恶来，他们父子俩都是后来秦国国君的先祖。飞廉是个飞毛腿，行走特别快，恶来异常有力，一人可以抵挡数人的搏击。这样，飞廉就当了纣的通讯员，恶来当了纣的保镖，经常出入在纣的身边。恶来喜欢说别人的坏话，有不少诸侯和大臣因为恶来的诋毁而受到纣的惩罚，因此积怨很多。周武王伐纣时，恶来狂妄不服，周军很快把他杀死。其时飞廉在北方为纣置办石棺，好让纣死后躺在坚固的石棺中。办好差事回来，纣已自杀，他就在霍太山，即今山西霍山上建了一个祭坛，向纣报告办事经过。据说，飞廉在霍太山上得到同样一口石头棺材，上面刻有字说："上帝命令处父不参加殷乱，赐你石棺以华耀氏族。"刻字中的"处父"是飞廉的别号。飞廉被上帝赐死的故事，当然是编出来的。实际情形是，飞廉得知儿子恶来在战争中牺牲，自己又不能再回到朝歌，十分伤心。不久就病死了，死后就葬在霍太山上。飞廉和恶来，这一对父子帮凶，同样没有好结果。

孝己的冤屈

商王武丁有三个正妻

商朝社会，名义上实行一夫一妻制，但统治阶级的贵族往往三妻四妾。在许多妻妾中，社会规定，只有一个是正妻，其他的都是妾，俗称"小妻"。历代商王除了一个正妻为王后外，还有不少妃子。王后死后，可以再立一个王后。原配正妻和后来续为正妻的，死后都要在宗庙中列位供奉。后人祭祀先王时，有的配以正妻同祭。祭祀时称正妻为"先妣"。从商代甲骨文看，武丁的正妻在祭祀卜辞中有妣戊、妣辛、妣癸三个。这说明，武丁除了原配正妻外，至少以后还续配了两个正妻为王后。据史书记载，武丁在位五十九年，他的寿命有"百岁"。这样长寿的帝王，有三个王后是很自然的。

长子孝己立为太子

武丁的原配正妻生有一子，因为是己日生的，所以叫"祖己"。祖己为人诚恳憨厚，特别孝顺父母。父母的饮食起居、冷暖病痛，他都挂在心上，精心照顾。传说他一晚上要起来五次，看看父母睡得好不好。因为他的孝行感动了父母长辈和亲戚朋友，所以大家又给他起了个名字，叫"孝己"。

古代祭祀祖先时，往往用受祭祖先的子孙一人来充当死去的祖先，接受人们的礼拜。这充当祖先的人，叫做"尸"。孝己因为老实厚道，亲戚长辈都喜欢他，而且他又是武丁的长子，所以王族祭祖时，经常叫孝己当"尸"。当尸的人祭祀前要洗去身上的污垢，换上清洁的衣服，同时要不吃荤腥，不饮酒，戒除一切嗜好，在一间清洁的房屋中住上三天至七天，这叫做"斋戒"。孝己对于当尸和斋戒，总是乐呵呵地听从亲戚长辈的安排，从无二话。由于受到王族中大多数人的喜爱，武丁早年就立孝己为太子。

继母加害，父亲昏庸致恶果

可是，孝己的母亲在孝己正要成年时突然去世了。父亲武丁在原配正妻去世后，不久又续立了一位正妻做王后。孝己对于继母，虽然格外地尽孝，但继母时常在武丁面前说他的坏话。武丁的后妻也生有一子。为了使自己的儿子成为太子，后妻不惜采用捏造事实、恶意诽谤的办法来加害孝己。武丁在后妻不断的谗言蛊惑下，狠了狠心，把孝己流放到远处。孝己是个意志脆弱的人，他受不了如此的冤枉和虐待，在流放之地吃不下饭，睡不着觉，没有多久，便因忧愤过度猝死在野外。

前妻之子早年丧母受到继母的虐待，父亲因为听信后妻谗言而迫害前妻之子，这本来是一场相当普通的家庭纠纷，但是，孝己之死却牵涉到王位的继承问题。孝己懦弱老实，只有以死来表明自己的清白无辜。武丁昏庸，听信妇人之言，造成了不可弥补的错误和损失。这种行为，自然受到王族亲戚、大臣和人民的指责，在武丁的一生行事中，留下了一个不小的污点。

鬼侯遭殃

为求荣华富贵把女儿扔进火坑

商纣王专制暴虐，胡作非为，为了巩固政权，就拉拢一批势力做爪牙。当时商纣任命西伯昌、鬼侯、鄂侯为"三公"，这是商纣宫廷中最高的官职。"西伯"就是周侯。商纣继续任命周侯昌为西伯，当西方诸侯之长。鬼侯有的书上记载为"九侯"，其诸侯国的位置在今河北磁县西南，就在商王畿的北边。鄂侯有的书上作"邘侯"，其诸侯国在今河南沁阳市，位于商王畿的南边。

鬼侯当了商王朝的三公，喜出望外，受宠若惊。鬼侯有个女儿，生得如花似玉，十分美丽。他知道商纣喜欢女色，为了讨好商纣，竟把自己的女儿进献给纣。一个父亲，为了自己的荣华富贵，把亲生女儿往火坑里推，这样的人，不但失去了做父亲的起码道德，其结果往往也不会有好的下场。

豕尊

不愿苟合招来杀身之祸

果然，商纣看见鬼侯的女儿眉开眼笑，立刻就想动手动脚。鬼侯的女儿早就听说商纣玩弄女性的种种行径，对商纣有一种憎恶的情绪。后来又听说商纣与妲己整天泡在一起，在酒池肉林中做乌七八糟的勾当，心中更增添了厌恶的感情。现在见到商纣又要来糟蹋自己，便躲闪回避，公然表示不愿干那种事。这一来，惹怒了商纣。当时，妲己正好来到商纣身边，见鬼侯女儿容貌美丽，商纣喜新厌旧，不禁醋性大发。她一边哭泣，一边编造谎言，说鬼侯的女儿早已与一男青年私订终身，有了关系。商纣一听此言，更加怒火中烧，立刻命人把鬼侯的女儿拉出去斩了。商纣又想到，鬼侯竟把这样的女儿进献给自己，岂不存心使自己难堪！于是，命人把鬼侯也一起杀了，并处以醢（音海）刑，即把他的尸体剁成肉酱。

替好友辩解被晒成肉干示众

与鬼侯一起做三公的鄂侯，平时与鬼侯感情甚好，他听说鬼侯因为进献女儿惹出祸来，就立刻来到商纣面前进行争辩。鄂侯对好友及其女儿的被杀表示万分悲痛，哭述鬼侯对商王本是一片忠心，他的女儿也是一个忠贞纯洁的少女，从来没有半点不轨的行为；鬼侯效忠商王得到如此下场，这在大臣中将会产生什么影响！鄂侯的感情激昂慷慨，哭诉声、争辩声越来越大。商纣感到鄂侯态度蛮横，对自己不尊重，于是，命人对鄂侯处以脯刑，即把鄂侯杀了后晒成肉干示众。

商纣一怒之下杀了三人，斩了鬼侯的女儿，把鬼侯剁成肉酱，把鄂侯晒成肉干，其手段之残忍令人发指！商纣如此残无人道，天下的诸侯和人民都对他咬牙切齿，恨之入骨。纣王的名声和处境越来越坏。

伯夷叔齐不食周粟

伯夷、叔齐均为殷代孤竹国（今河北卢龙南）国君之子。国君欲传位于幼子叔齐，叔齐认为应该由长兄伯夷即位方合于礼，便将君位相让。伯夷认为叔齐继位是父亲之命，为人子者应该顺从父命，执意不肯即位，不久出逃回避。叔齐依然不肯即位，也出逃避位。国人只得立国君中子为王。

伯夷、叔齐听说西伯姬昌敬老尊长，相携投奔。入周时，西伯已死。武王正用车载着西伯牌位，率师征伐殷纣。他们拦住武王，叩马进谏，认为父死不葬而大动干戈，就是不孝；周为殷之臣，以臣伐君，就是不仁。因此，他们坚决反对伐纣。武王左右随从要杀他们。太公望说这是仁义之人，命人将他们扶走。

武王灭商后，天下都拥戴周的统治。

伯夷像

伯夷、叔齐觉得周不仁不义，再食其粮是耻辱，遂隐居于首阳山（今山西永济南），以采食野菜为生，不久饿死。临死前，他们仍然认为，武王伐纣是以暴易暴而不知其非，嗟叹自己命运衰薄，不遇神农、虞、夏的大道时代，而遭逢这君臣争夺的乱世，以至找不到归宿。

鲍叔牙荐管仲为齐相

鲁庄公九年（前685）齐鲁乾时之战，鲁军失败后，齐大夫鲍叔率领军队，代表齐桓公胞史，齐不便亲自处置，就请鲁国把公子纠杀掉。公子纠的辅佐管仲和召忽是齐的仇人，请把他们交给齐国处置。于是鲁国在生窦（今山东荷泽县北）杀掉公子纠，并将管仲，召忽交给鲍叔。召忽不愿返齐，遂自杀身亡。管仲坐在囚车里随鲍叔返齐。到达齐、鲁交界的堂阜（今山东蒙县西北），鲍叔放出管仲。鲍叔对齐桓桓公说，管仲。回国以后，鲍叔对齐桓公说，管仲是天下奇才。您若仅仅治理齐国那么由高傒和我辅佐即可，您若要称霸天下，则非管仲不可。齐桓公不记射中带钩之仇，以亲自出城迎接之礼礼遇管仲，任命他为齐相，主持国政。

257

管仲相齐后，一心辅佐齐桓公的霸业，对齐国很多方面都进行了大刀阔斧的改革。在政治上，他推行国、野分治的参国伍鄙之制，即由君主、二世卿分管齐国，并在国中设立各级军事组织，规定士、农、工、商各行其业；在经济上，实行租税改革，对井田视其肥瘠而分等征税，并采取了若干有利于农业、手工业发展的政策；在管理上，他主张礼法并用，礼以使人知廉耻、法以使人守规矩。

在国内政治经济形势得到稳定和改善的基础上，管仲积极促使齐桓公采取尊王"攘夷"，是对侵占华夏地区的戎，狄进行抵御。前649年，扬拒泉皋之戎入侵王室地区。此后三处，以齐为首的诸侯国派兵戍守王都。前644年，山戎伐燕，齐军救燕。前661年狄人攻邢（今河北邢台境内），次年灭卫（今河南淇县）。其后二年，以齐为首的诸侯国恢复卫国，另建卫都于楚征丘（今河南滑县东）。所谓"尊王"，即尊崇周王的权力。前655年，齐军与诸候军伐楚，迫使楚国向王室贡送蚕丝（一说为包茅）。在葵丘之会的盟辞中，有诛不孝、无得更易太子，不允许以妾为嫡妻、不得私自分封国邑等条文，目的皆在于维护周天子下的宗法制度。所谓争取与国，是运用军事、经济手段来取得中小诸侯国的支持。谭（今山东济南东）、遂（今山东肥城西南）等国曾藐视齐国，被齐灭掉。服从者来朝聘，齐取厚报。前651年，由齐国召集葵丘之会，确定诸国间不得筑堤防雍水来危害邻国粮食。

管子是中国历史上第一个具有独创性的政治家和经济学家。他对内实行的参国伍鄙之制既巩固了齐桓公的权力，又使整个国家井然有序，从而不但为齐桓公首先称霸提供政治上的保证，而且对后世中国政治制度产生了深远影响；他对外推行的"尊王攘夷"政策以尊崇周王号召民心，

管仲

收到了"万国事朝"的实利结果。他在经济上实施的租税改革政策和发展手工业、商业的政策在短时间内使齐国国力大为增加，为其称霸准备了物质条件。管仲的这大国的地位。

不仅如此，他还发展了齐国的文化，托名于他的《管子》一书大多数就是以他为首的齐国思想家的思想结晶。

管仲去世

管仲（？—前645）是中国历史上第一个有独创性的政治家、经济学家/名夷吾，字仲，亦称管敬仲，颖上（今安徽颖上）人。他早年曾经商，后来从事政治活动/初与鲍牙游，深得鲍叔牙敬重，后与其分别当了公子纠与公子小白的谋臣。在两公子争夺权位的斗争，管仲支持公子纠。公子小白即位为齐桓公，听到从鲍叔牙的劝千，捐弃前嫌，拜管仲为相。管仲任事后，四十年如一日，尽心辅佐齐桓公除旧立新，成就了他的霸业。

管仲任齐相期间，取得了多方面的成就。政治上：他对内推行国，野分治的参国伍鄙之制，由君主、二世卿分管齐国，并在国中设立各级军事组织，规定士、农、工、商各行其业；他还实行"重刑罚"、

中国通史

最新整理图文珍藏版

"隆礼义"的治国政策，将齐国治理成一个既遵从法制又恪守礼节的国家。对外，他施行"尊王攘夷"的主张。所谓"尊王"，即尊重周天子的权力。这实际上是一种以天子号令诸侯的权术，因为周天虽无实权，但毕竟是诸侯的权术，因为周天子虽无实权，但毕竟是诸侯名义上的君主。所谓"攘夷"即抵抗入侵华夏地区的戎、狄等少数民族，为各诸侯国撑腰，从前664～前656年，齐国就先后帮燕国击退山戎，为卫国和邢国另建新都，阻止了楚国的北犯。经济上，他重视经济，积极发展生产，提出了"仓方；廪实而知礼节，衣食足而知荣辱"这一伟大思想；他及时改革赋税制度，主张"相地而衰征"，即视土地的好坏优劣而分等征税，大大刺激了人民的生产积极性；对各施其职的士、农、工、商，他推行同业者聚居一处、代代相传的措施，以便师徒授受、相互交流、提高技术；他还力倡通货积财、富国强兵的的政策，极大地增强了国家的实力。

与战国诸子侧重哲学和社会（因而经济思想是其一个真正的），甚至是现代意义的经济学家。

管子的经济理论是轻重分析，轻重是一个一般概念产，如果参考把价格贵看作重是什么。他以轻重来衡量一切经济对象的关系，从中衍生出流通、交换、价格等经济现象及控制方法。

他的控制经济的轻重的思想是最早的

《管子》书影

经济（而非政治）调节法，这来源于"重射轻泄（重见众人追逐，轻则外流他方）"的商品理论。他对货币定义'数量说'本位和货币政策的理论由此产生，他的价格理论、市场定义、财政政策以及财富本体论、经济心理论等教理都极有意义的。

《管子》成书的年代有异议，从其经济背景看，至少这一部分内容应属于战国时代。

管仲的这些政沼和经济主张不但促成齐国的首霸地位，而且对后世产生了深远的影响，甚至历代谈论经济的著作都祖述管仲。

晋惠公背信弃义

晋惠公姬夷吾生性残暴疑，为自己利益常常背信弃义、恩将仇报。晋惠公之前，普国的晋献公宠幸妃子骊姬，想立她的儿奚齐为太子。结果，太子申生自杀，公子重耳逃往翟国（今山西临汾北），公子夷吾也远走梁国（在今陕西韩城南）。前651年。晋献公去世，荀息遵照其遗愿立公子奚齐为君，大臣里克等人不服，谋杀了奚齐。荀息又立奚齐的弟弟悼子为君，里克再次杀掉悼子，荀息也死去。里克派人迎请公子重耳回来，打算拥立他，重耳坚辞不就，请求另立其他公子。于是，里克派人去梁国把夷吾接了回来。吕省、郤芮认

管仲（左）与鲍叔牙墓碑

为，晋国还有其他公子，必须借助大国的力量回国，方可使他们听命。夷吾遂派邰芮向秦求助，并许诺说："如果秦国帮助夷吾入主晋国，晋国即将河西之地割让给秦让给秦国。"同时，又写信告诉里克，事成之后即将汾阳一带（在今山西静乐西）土地封给他。秦穆公旋即派部队护送夷吾；齐桓公得知此事，也派兵前往晋国，并让隰朋（桓公佐辅）与秦一同送夷吾前往晋国。夷吾回国，得立为君，这就是晋惠公。

黄太子伯克盆

晋惠公即位后，并不是马上践行诺言，感谢恩人，而是忘恩负义，以怨报德。他背弃了与秦国订立的河西之盟，拒绝将土地割让给秦国，导致两国结怨。不仅如此，他考虑到公子重耳在外，担心里克再度拥立他，甚至残酷地杀害了里克。

周襄王五年（前647），晋国发生饥荒，遂派人到秦求购粮食。秦穆公向臣下征询意见，秦大夫子桑和百里奚主张援晋。百里奚灾荒，周济邻国，这是正道。丕豹建议秦穆公乘机攻打晋，秦穆公认为，秦虽厌恶晋君，但晋国百姓并无罪过，应帮助他们渡过灾荒。于是，秦把粮食源运至晋国。运粮的船队从秦都雍（今陕西凤翔县南）到晋都绛（今山西翼城县东南）接连不断，时人称之为"泛舟之役"。前646

年，秦国发生大饥馑，于是向晋国乞援粮食然而，晋惠公再一次以怨报德，不准向秦国出售粮食。晋惠公的这种顽劣品性，直接导到了秦晋韩原之战和晋文公的崛起。

介之推隐居

周襄王十六年（636）晋文公继位后，赏赐当年跟着他逃亡的人，介之推未开品，晋文公也未给他禄位。有人为介之推不平，介之推认为晋献公有九子，现在只有国君在世。晋惠公、怀公无亲近之人，内外都不依附于他们，而信赖文公。可岜上天立他为君，有些人却贪天之功以为己有，我岂能与他们相处？介之推之母也让他去求赏，介之推说，明知错误而去仿效，错误就会更大。我既不满那些人，就不会再象他们那样去讨俸禄。她希望介子推设法让文公知道此事，介之推说，言语是身体的文饰？如今我的身体将要隐藏，又怎用得着文饰？介之推与其母一同隐居到绵上（今山西介休县东南）山中。文公的随从人员对此事深为惋惜，便悬书于宫门，书说："龙想飞上天空，有五条蛇帮助它；而龙腾云驾雾后，却只有四条蛇各得其所，另一条蛇怨而不怒，最后隐遁而去。"文公见此书，使人召见介之推，但已不见，只知在绵上山中。晋文公遂将绵上之山与周围田地封给介之推，并将此山改称介山，以此记载自己的过失，并表彰介之推的高风亮节。又传说，晋文公见介之推隐居山中，即烧山逼他出仕，但介之推绝意仕途，遂抱树而死。文公为悼念他，禁止在介之推忌日（清明前一或二日）生火煮饭，只吃冷食。以后相沿成谷，遂称为寒食节。

楚庄王一鸣惊人

周顷王五年（前614）楚穆王死，其子旅继位，是为楚庄王。楚庄王即位的头几年，对国事不闻不问，日夜于宫中饮酒嬉戏，并下令：有敢谏劝者斩。但他其实并非庸主，不过是在待机而动。大臣申无宇讽喻他说："楚国的山上有一只大鸟，一连三年不飞不叫，这是一只什么鸟呢？"楚庄王回答说："三年不飞，一飞冲天，三年不鸣，一鸣惊人。我懂得你的意思了。"其后大臣苏从又谏。庄王眼见有不少人支持他，于是一改过去的做法，罢歌舞，亲政事，任用贤臣伍举、苏从，诛杀奸佞，选拔良才，国人大悦。周匡王二年（前611），楚庄王开始听政。周匡王五年（前608），楚庄王亲率大军伐陈、宋，与晋师战于北林（今河南新郑），虏晋大夫解扬，晋师败还。随后，楚庄王灭舒、伐陈、破郑、败晋，成了霸业。

伯乐识马

伯乐，春秋秦穆公时人，姓孙名阳，又称孙阳伯乐。

伯乐善相马，当时人即以神话中掌管天马的星名伯乐来称呼他。凡伯乐相中的马都属上乘，价格极高。

伯乐从长期的相马实践中得出识马理论："相千里马必须得其精而记其粗，在其内而忘其外。"伯乐识马注重实质，反对虚表，后人遂有"千里马常有，而伯乐不常有"的感叹。

晏子哭庄公

周灵王二十四年（前548），齐崔杼杀齐庄公及其嬖臣多人。晏子听到消息便站在崔氏门外，他的同僚说："您要为国君殉死吗？"晏子说："仅是我的国君吗？我为什么要殉死？"又问："您要逃走吗？"晏子说："是我的罪过吗？我为什么要逃亡？"又问："您回去吗？"晏子回答说："国君死了，回到哪儿去作为君主的臣下，难道是为他的俸禄？而是应当保养国家。如果君主为国家而死，君主为国家而亡，臣下也应当为他而逃亡。如果君主为自己而死，为自己而逃亡，那么假若不是他个人宠爱的人，谁愿承担责任？而且别人有了君主反而杀死他，我哪能为他而死？哪能为他而逃亡？但是又能回到哪里去呢？"

崔氏家的大门打开，晏子进去，头枕在齐庄公尸体的大腿上号哭，站起之后往上跳了三次便走了。有了建议杀掉晏子，崔杼认为晏子是百姓所仰望的人，赦免他，可以得民心。晏（？～前500），齐国政治家。字平仲，夷维（今山东高密）人。其父死后，继任齐卿，历任灵公、庄公、景

二桃杀三士

公三朝正卿，主政五十余年，身为齐相，食不重肉，穿不衣帛，以节俭力行显于齐。曾奉命出使晋国，与晋大夫叔向议论齐国政治，认为齐国危机四伏，终将为田氏所代替，具有敏锐的政治眼光。齐景公生病，他反对祈福禳灾，建议关心民事，改革政治。《晏子春秋》是记载晏子言行的书。该书采用史料和民间传说编纂而成，其中晏子劝告君主不要贪于逸乐，要作用贤能和虚心听取等统治礼仪，生活节俭，也常为后世统治者所称道。书中许多情节生动描写了晏子的聪慧和机智，如"晏子使楚"等，曾在民间广为流传。书中通过总结政治经验，分析了"和"、"同"，不足可取；只有敢于向君主提出建议，补其不足，也就是"和"，才是正确的。这一具有辩证法思想的论述在中国哲学史上也占有一定的地位。

子产初露头角

周灵王二十三年（前549）二月，郑简公往晋国朝见。郑子产致信晋当权者。信中说："您治理晋国，四邻不听说有什么美德，而只听说贡品很重。我对此感到迷惑"。

"我听说君子领导国家和家族，不是担心没有财富，而是怕没有好名声。诸侯的财货聚焦在国君家里，内部就会分裂。好名声是装载德行的车子；德行是国家和家族的基础。您是让人说您确实养活了我，还是说你榨取我来养活自己呢？大象因为有象牙而毁了自己，这是由于值钱的缘故。"

周灵王二十四年（前548），郑子展、子产率军伐陈获胜。子产到晋国奉献战利品，穿着军服处理各种事情。晋人问陈国何罪而权讨伐，子产回答说："前虞阏父做

公孙窖壶，春秋容酒器

周朝的陶正，奉事我们在陈地。所以，陈国是周的后代，到今天还依靠着周。现在陈国忘记周的大德，倚仗楚国人多，进逼我敝邑，敝邑害怕被削弱而带给太姬以羞耻。幸而上天厌恶他们，启发敝邑产生了攻打陈国的念头。陈国知道自己的罪过，得到惩罚。因此我们敢于奉献战利品。"晋人又责问郑为什么进攻小国。子产回答道："按照先王的命令，只要罪过所在，就要分别给予惩罚。从前天子的土地是方千里，称为一圻，诸国土地方百里，称为一同，以此递降。现在大国的土地多至数圻，如果没有侵占小国，怎么能到这地步呢？"晋人又问子产为何穿军服，子产回答说："郑国的先君武公、庄公担任平王、桓王的卿士。城濮之战时，晋文公发布命令，让郑文公穿着军服辅佐天子，以授楚俘。我如今穿着军服来献捷，是由于不敢废弃王命。"晋国执政大臣赵文子认为，子产的言辞合乎情理，就接受了郑国奉献的战利品。此年十月，子产作为郑简公的辅相到晋国，感谢晋国接受奉献。周灵王十五年（前547），郑简公赏赐攻打陈国的功臣。三月一日，郑简公设厚礼招待子展，赐给子产车服，然后再赐给他六座城邑。子产辞去

中国通史

最新整理图文珍藏版

城邑说："从上而下，礼数以二的数目递减，这是规定。下臣的地位在第四，而且这是子展的功劳，下臣不敢受到这等赏赐，请求辞去城邑。"

郑简公坚持要给他，子产接受三座城邑。

师旷辨亡国之音

卫灵公将要到晋，经过濮水，半夜听到鼓琴声音，似鬼神之声，都是周围的人闻所未闻的，灵公便让师涓依此练习。卫灵公见到晋平公后，平公设酒宴款待他。酒酣，灵公让师涓为平公奏新得的乐曲。师涓奏到一半，师旷阻止他再奏，说这是亡国之音。平公向缘由，师旷说这乐曲是师延为纣作的靡靡之音。武王打败纣王时，师延投了濮水，所以这乐曲一定是在濮水上听到的，听这音乐会使国力削弱。平公很喜欢这段音乐，便让师涓将乐曲奏完。

平公说：恐怕没有比这更悲的音乐了！师旷说有的，平公要听，师旷说君王你德尽然薄，最好不要听。平公说我就是喜欢悲伤的音乐，一定要师旷奏乐。师旷一奏，就有黑鹤十六集在廊门；再奏，鹤伸颈鸣叫，舒展双翅起舞。平公听了非常高兴，站起来给师旷敬酒，说还想听更悲的。师旷劝戒平公，听这音乐会使人衰败。平公说我老了，听也无妨。师旷不得已，扶琴起奏，一奏，西北处涌起了白云，再奏，大风大雨就来了，廊瓦飞了，吓得一帮人四处奔走。平公更是吓得伏在屋廊之间。不久，晋国大旱三年。

师旷辨亡音，说明春秋时代韵律的完备和精细。春秋时代，纯音乐兴起，在庙堂和民间音乐之外，出现了创作音乐，一方面，音律和乐器制作更加精美（曾侯乙编钟也是同时期），另一方面，出现了伯牙之类的创作音乐家。

自此以后，音乐成为春秋战国时代文化的中心部分，极为兴盛。

伯牙鼓琴图卷，元王振鹏绘，墨笔画春秋时伯牙、钟子期故事。

名医扁鹊

扁鹊名秦越人，传说年少时为客舍长。舍客长桑君经过，扁鹊对他很友善，长桑君看出扁鹊非平凡之辈。十几年后，有一天长桑君对扁鹊说："我有传世秘方，现年老，想把这方子传给你，你不要让外人知道。"扁鹊发誓。长桑君于是从怀里拿出药，说："配上池水饮服，30日后当有效"。把秘方都传给扁鹊。言毕忽地不见。扁鹊服了30日药后，可隔墙看见物体。诊病，尽见五脏之症结。

扁鹊于是开始行医，经过虢，听说虢太子死了，扁鹊向中庶子好方术者询问太子病情后，说："我能使他复活"。于是入诊太子，还能听到耳鸣，看到鼻翼微张，两腿之间尚有余温，中庶子马上告知虢君。虢君已经悲痛得不能自己，请扁鹊救活太子。扁鹊于是医治，一会儿太子仿佛一觉醒来，又服了两个月的药，太子就好了。天下人都传颂着扁鹊能医死人。扁鹊说："不是我能使人死而复生，而是他本来就是活的，我只是使他站起来罢了。"

晋国赵武死，传景叔，景叔死，传简子赵鞅，当时晋公室弱，六卿强。周敬王二十年（前500），赵鞅得病，五日不省人事，众大夫害怕，请来扁鹊诊病。扁鹊说：从前秦穆公也得过这病，昏睡七日醒来，说见到先帝，先帝告成之于命。现在赵鞅之病相同，不出三日必醒来，醒来之后必有话告你们。过了两日半，赵鞅果然醒来。说"住在帝王处真快活，先帝命我射熊、罴，又赏赐我二笥，我看见儿子躺在先帝一侧，先帝又赏给我一翟犬。左右告诉赵鞅扁鹊预言，赵鞅心惊叹，赏扁鹊良田四万亩。

扁鹊像，出自清人《先医神像册》。

扁鹊经过齐国，齐桓侯款待他。扁鹊说："您有疾病在腠理，不及时医治将加深。"桓侯不相信，认为扁鹊想居功。过了五日，扁鹊又见桓侯说："您的病已经进到血脉。"桓侯还是不信。又过了五日，见了桓侯，说："病情已深入肠胃。"桓侯奇怪，派人询问，扁鹊说："当病还在腠理，汤熨可治好；到了血脉，针石之法可治好；入到肠胃，酒醪可治好；深入到骨髓，则无可奈何。现在桓侯的病已到了骨髓，我也无计可施。"又过五日，桓侯发病，派人寻找扁鹊，扁鹊已不知去向。桓侯于是不治而死。

扁鹊医术高明，名闻天下，能医妇科、耳目鼻科、小儿科等等。秦国太医令李醯自知医术不够扁鹊高明，妒忌扁鹊，就指派人把扁鹊杀害了。

春秋医学是中国医学的发生期，我们现在所能见到的有关那个时代的医学材料不多，而且分散。《左传》记载秦国医生医缓说晋侯的病在"肓之上，膏之下"，似乎认为疾病是从外向里发展的。它还记载医和的疾病理论（天有六气、阴、阳、风、雨、晦、明，在四时、五节中循环，分别生成寒、热、末、腹、成、心六种疾病）。扁鹊则是中国方剂学鼻祖。扁鹊是中国最早名医，已成为医生的代名词，他的出现，代表了中国医学的兴起。

第二节 文化中兴：艺海拾贝 科技撷英

夏文化探索

夏文化又称夏代文化，是指夏王朝时期夏部族所创造和遗留下来的遗物、遗迹，它是属于考古学范畴的文化。探索夏文化在我国有着悠久的历史，西汉著名史学家司马迁曾年"二十而南游江、淮，上会稽、探禹穴"（《史记·太史公自序》），其目的就是在为撰写《史记·夏本纪》收集实物资料。当然，司马迁对待史料的态度是严谨的，他在《史记·夏本纪》最后又说："或言禹会诸侯江南，计功而崩，因葬焉，命曰会稽。"这里加"或言"二字，说明他虽然作过实际调查，仍未敢肯定禹真的到过会稽以及该地真的有个禹穴。到了唐代，又有人认为南岳衡山有块《岣嵝碑》为禹所刻，韩愈的《岣嵝山诗》曰："岣嵝山尖神禹碑，字青石赤形模奇"，即指此碑。唯原石已失，仅有摹刻存于今世。另外，宋代金石家还把一些铜戈、铜带钩视为夏代遗物，称之为夏雕戈、夏钩带。古代学者虽然为此作了可贵的努力，但是，由于受着时代的局限和不科学的研究方法的影响，上述"禹穴"、"禹碑"毕竟不是真正的夏代遗迹，所谓"夏雕戈"、"夏钩带"也皆为晚周遗物，已是明确无误的。

20世纪20年代，以田野发掘为主的我国近代考古学的产生，为探索夏文化奠定了科学的基础。首先是20年代初，考古学者在河南渑池县仰韶村发现了仰韶文化，

这是在中原地区所发现的第一个新石器时代文化；20年代末，又在河南安阳发掘了殷墟遗址，确认了殷墟遗址就是商代后期文化遗存，殷墟商代后期文化的确定，为夏文化的探索建立了一个重要的基点。30年代初，梁思永在安阳后岗发现了仰韶文化、龙山文化和殷墟文化从早到晚依次相叠压的三叠层，徐中舒在这些重大发现的基础上，发表了著名论文《再论小屯与仰韶》，他在该文中主要根据当时所发现的仰韶文化的分布地域及其文化特征，认为"从许多传说较可靠的方面推测，仰韶似为虞夏民族遗址"，并且认为甘肃、青海所发现的仰韶文化遗存，正是夏族由东向西播迁的物质文化表现，从而提出了仰韶文化为夏文化一说。此说在整个30年代和40年代的学术界一直处于主导地位，少有提出异议者。

石磬

新中国成立后的50年代，随着田野考古事业的迅速发展，为探索夏文化提供了丰富的资料，促进了学术界对夏文化的探索取得新的进展。50年代初，范文澜认为"仰韶时代，似为传说中的黄帝时代"，提出龙山文化为夏文化说。龙山文化因1930

年首次发现于山东省龙山镇城子崖而得名，该文化以黑陶为其显著特征，有时又称之为"黑陶文化"。其后龙山文化的发现遍及黄河中下游地区，并且普遍叠压在仰韶文化层次之上。在此基础上，范文澜认为"夏朝在东方有不少与国和同姓国……东部地区有比较发展的龙山文化，与传说似相符合"，又说"特别是夏朝作为根据地的西部地区"，龙山文化"日后可能有更多的发见"。龙山文化分布的地域广阔，而又表现出明显的地方特点，50年代末，安志敏根据这一特点把龙山文化划分为山东、河南和陕西三个大区，分别称之为"典型龙山文化"、"河南龙山文化"和"陕西龙山文化"。与此同时，他又通过对豫西陕县庙底沟和三里桥遗址的发掘，发现河南龙山文化本身存在着早、晚两个发展阶段，其早期阶段命名为"庙底沟二期文化"，晚期阶段属典型的"河南龙山文化"。早期阶段不仅叠压在仰韶文化层次之上，而且二者有着密切的承袭关系，从而明确了河南豫西地区的龙山文化，原是在该地区仰韶文化的基础上形成和发展起来的一种独立的考古学文化。安志敏由是提请人们注意，河南豫西地区的龙山文化，"在地理的分布上，以及前后文化的继承关系上，常使我们联想起我国传说上的'夏'文化"。

但是，对探索夏文化具有重大意义的，还是50年代在河南地区所发现的两种新型的考古学文化，这就是二里岗文化和二里头文化。二里岗文化以1950年首次发现于郑州二里岗而命名，通过历年的调查和发掘，人们现已确知该文化属于商代前期文化。根据文献记载，商王朝是在灭亡的夏王朝的废墟上建立起来的，而且"殷因于夏礼"，表现在物质文化上，商文化，特别是商代前期文化，必然与夏文化有着密切的联系。因此，二里岗文化的发现，不仅

填补了我国商代前期考古上的一片空白，而且大大缩短了人们认识夏文化的距离，它为探索夏文化建立起又一个新的前进道路上的基点。如果说以往对夏文化的探索显得为时过早的话，那么随着二里岗文化的发现，探索夏文化的工作可说是已经真正地提到了日程上来。二里头文化1953年最早发现于河南登封县玉村遗址，虽然当时的发掘者已经认识到它具有独立的文化面貌，但由于资料较少，未能引起人们的重视。1956年在郑州西郊洛达庙发掘了同类文化遗存，这次发掘规模较大，所获资料较多，曾被称之为"洛达庙类型"文化。通过这次发掘，使人们认识到它不仅具有独立的文化面貌，且与二里岗文化有许多相同的因素，更重要的还使人们弄清了该文化晚于河南龙山文化而又早于二里岗文化的相对年代。因此，洛达庙类型文化的发现，可以说填补了河南龙山文化与二里岗文化之间的一大缺环，而这一点立即使人联想到正在探索中的夏文化，当时李学勤曾认为它"最可能是夏代的"文化；不少学者也都认为洛达庙类型文化应当作为探索夏文化的主要对象。事实正是如此，长期以来该文化一直成为探索夏文化的中心议题。

新型的考古学文化的发现，引起学术界对探索夏文化的进一步重视，50年代末，考古部门开始把探索夏文化作为专题项目列入工作日程，前辈学者徐旭生率先亲赴田野开始专程调查夏文化遗址。既是专程调查，徐旭生曾为此作了充分的准备工作，他遍检文献记载，从上百条夏史资料中，归纳出夏人活动的中心"有两个区域应该特别注意：第一是河南中部的洛阳平原及其附近，尤其是颍水谷的上游登封、禹县地带；第二是山西西南部汾水下游（大约自霍山以南）一带"。夏文化必然较多地分布于夏人活动的中心区，因此，徐

旭生根据文献提供的线索，首先进入禹县、登封和洛阳平原一带进行考古调查，他在这里发现了不少仰韶文化、河南龙山文化和洛达庙类型的文化遗存，特别是在洛阳平原之上今偃师市的二里头村，发现了一处大型文化遗址，这就是著名的二里头文化遗址。据初步调查，"此遗址范围东西约长 3～3.5 公里，南北宽约 1.5 公里。这一遗址的遗物与郑州洛达庙、洛阳东干沟的遗物性质相类似，大约属于商代中期"。他据此结合"汤居西亳"在偃师的文献记载，认为"此次我们看见此遗址颇广大……那在当时实为一大都会；为商汤都城的可能性很不小"，并且认为"龙山文化与夏文化有很深的关系"。徐旭生对二里头遗址性质的看法虽然学术界意见颇有分歧，但是他以现代田野考古为主要手段结合文献记载有目的地专程调查夏文化，从而揭开了我国科学地探索夏文化的新的一页，从这个意义上说，徐旭生是我国科学地探索夏文化的奠基者。

玉钺

60 年代通过对二里头遗址的发掘，果然获取了与洛达庙类型文化同类的大量实物资料。由于二里头遗址比洛达庙遗址面积广大，堆积层厚，文化内涵也远较后者丰富而典型，因此，原来的"洛达庙类型文化"就被易名为"二里头文化"。初步

发掘表明，二里头遗址存在着三层文化堆积，可分为早、中、晚三期，三期之间有一定区别，但一脉相承，属于一个文化类型。其早期是在继承河南龙山文化的基础上，吸取了山东龙山文化的一些因素形成和发展起来的；中期仅留有少量龙山文化因素而接近于原"洛达庙类型"；晚期则与原"洛达庙类型"相同而又被二里岗文化层所打破，再次证明它是早于二里岗文化的一种新的文化遗存。在该遗址发现一些小件青铜器和大小不同的墓葬，并在遗址的中心发现一座晚期的大型宫殿基址，表明这个时期已经进入青铜器时代并已处于阶级社会阶段；大型宫殿是古代王权的标志，它的发现，说明二里头遗址应是一座王都所在。关于二里头文化遗址的性质，当时学术界群遵徐旭生一说，认为二里头文化至少是它的晚期，应是早商文化，"相当于商汤建都的阶段"，至于它的早期，《新中国的考古收获》认为它"比较接近'河南龙山文化'，有可能是夏文化"。

70 年代，考古工作者对河南汝州市煤山遗址进行了发掘，他们在这里发现了一个晚于原河南龙山文化晚期的新的层次，称之为"煤山类型文化"，该期文化的发现，为河南龙山文化补充了新的内容，使我们重新认识到河南龙山文化大体上也经历了早、中、晚三个发展阶段。煤山类型文化的面貌与二里头一期文化相当接近，从而使这两种文化之间的承袭关系进一步明确了起来。与此同时，在对二里头遗址继续进行的发掘中，清理出一批精美的青铜器和玉器；特别是在宫殿遗址的上面发现了一个新的文化层次，发掘者指出，该层所出陶器，"比之于二里头遗址三期（即晚期，以下简称三期）陶器有较大的变化，和郑州二里岗期的陶器也有显著的区别。因此，我们把它定为二里头遗址四期"，自此，二里头文化已经发现了完整的

四期文化。另外，在山西夏县东下冯村，也发掘了一处大型的"东下冯类型"文化遗址，该类型的文化主要分布于黄河以北山西省的西南部，与主要分布于黄河以南的二里头文化相邻近，时代基本相同，文化面貌也有颇多相似之处，这里在文献上曾被称之为"夏墟"，因此"东下冯类型"文化的发现，进一步扩大了人们探索夏文化的视野。

田野考古上的一系列重大发现，推动着探索夏文化工作的深入开期相似，两者应属同一文化。豫西河南龙山文化晚期有的同志称其为煤山类型，它和二里头一期文化一样，主要分布在豫西洛阳平原附近。而这一带正是古文献记载中的夏人活动的中心地区。从已知碳十四测定的年代来看……豫西河南龙山文化晚期和二里头一期文化之间的考古学年代的跨度约为四百八十年左右。据古本《竹书纪年》记载：'自禹至桀十七世，有王与无王，用岁四百七十一年。'上述碳十四测定的考古学年代跨度与夏代纪年相近。综上所述，豫西河南龙山文化晚期和二里头一期文化，可能是历史上的夏文化。

2. 河南龙山文化晚期与二里头文化一、二期为夏文化说。50 年代末，石兴邦指出："夏部族可能是发展中的龙山文化的组成部族之一。自然，由龙山文化发展到殷代文化，各个阶段和各个地区，有其特点和变化。'夏文化'只能是相当于某一个阶段的特点，而不是所有各个时期的特点。我们应该特别提出郑州洛达庙、洛阳东干沟等地所发现的介于龙山和殷代之间的文化遗存，是值得注意的。根据这个线索，再结合传说，在豫西、晋南进行深入的探查发掘和研究，就可以解决我国历史上这个重大的问题。" 60 年代中期，夏鼐也认为："至于夏文化的问题，最近几年仍在探索中。自从 1956 年在郑州发现了洛达

庙类型的文化后，更引起了注意。由遗址的分布地区和年代两方面来推测，'河南龙山文化'或洛达庙文化二者之一有为夏文化的可能。1956 年起，最近几年连续在河南偃师二里头遗址做了一些工作，证明这里的遗存比较洛达庙不仅时代上开始较早，并且遗物也更为丰富，更具有典型性。这里的主要堆积可分三层，是前后连续发展的三层堆积：早期当属'河南龙山文化'晚期，中期保留有若干龙山文化因素，但基本上接近商文化……晚期与洛达庙出土的接近，可以说是一种商文化……1960 年勘探出大片夯土，1961 年发掘后知为 100 米×100 米的夯土建筑遗存，并且有排列整齐的柱础石或础穴……这些建筑遗存都是属于这里的晚期……根据文献上记下来的传说，二里头可能为商灭夏后第一个帝王成汤的都城西亳。如果晚期是商汤时代的遗存，那么较早的中期（或包括早期）遗存便应属于商代先公先王时代的商文化，因为三者文化性质是连续发展、前后相承的。如果事实上夏、商二文化并不像文献上所表示的那样属于两种不同的文化，那么这里的中期和早期便有属于夏文化的可能了。"

70 年代后期，安金槐认为："根据文献记载和传说：夏王朝建立奴隶制国家统治的中心区域，主要是在现今的河南中西部和山西南部一带……因之，当前探索夏文化的重点"也应在这一地区。从河南中西部的"巩县、偃师、登封、郑州等地部分遗址的发掘材料来看，在商代二里岗期文化层下面，直接叠压有二里头类型文化三期和四期文化层……它和商代二里岗期的陶器之间存在着密切的关系"，应当属于商代文化的早期。"在相当于商代早期的二里头晚期文化层下面，又直接叠压着二里头类型文化的一期和二期的文化层"，该层出土的陶器特征与三、四期出土的陶器特

征，既有承袭关系，又有明显的不同。"商代之前就是夏代"，因此，"如果二里头晚期属于商代早期，那么二里头早期就可能属于夏代晚期"。另外，"在二里头早期文化层的下面，又直接叠压有所谓'河南龙山文化'晚期的文化层"，二者的文化特征有着一脉相承的关系，因此，"如果二里头早期定为夏代文化晚期，那么所谓'河南龙山文化'晚期遗存有可能就是属于夏代早期或中早期的文化遗存"。

其后不久，李仰松根据河南龙山文化的分布地域不同而将该文化细分为三个地区类型：分布于豫西地区的以洛阳王湾遗址为代表，称作为"王湾类型"，分布于豫东地区的以永城王油坊遗址为代表，称作为"王油坊类型"；分布于豫北地区的以安阳大寒遗址为代表，称作为"大寒类型"。他说："经考古发掘，得知二里头文化早期（一、二期）之下直接叠压着王湾类型的地层"，二者的文化内涵"关系十分密切"，"因此，我们认为二里头文化早期（即一、二期）系由王湾类型直接发展来的，它们是同一文化先后承袭的关系。二里头文化曾延续了很长时间，目前经科学发掘整理，将二里头文化分为先后发展的四期。由其文化特征观察，一、二期比较接近，三、四期关系密切。可知从第三期起社会曾有一个变革。也就是说，王湾类型是夏文化早期，二里头文化一、二期是夏文化晚期，从第三期以后属早商文化了"，"我们把分布在豫西地区的王湾类型和二里头文化早期称作夏文化。其分布范围主要是郑州以西、潼关以东的黄河、伊、洛、涧水两岸，北到晋西南的夏县，南到汝水流域的襄城。按其考古文化分布范围，大体是与历史文献中夏族的活动地区相一致的"，"再从放射性碳十四年代测定的数据看，河南龙山文化的几种'类型'和二里头文化早期，其绝对年代均在公元前2300～前1600年左右……这与我国历史上记载的（夏朝）年代大体相符。大约公元前1600年左右（即二里头文化第三期），在中原地区形成了早商文化，以后发展为二里岗下层文化"。

90年代，杜金鹏从新的角度进一步申述了此说："据大量文献记载，夏王朝的统治中心，始终在以嵩山为中心的河南中部地区，即颍水上游和伊洛下游……这一地区处于夏代纪年内的王湾类型龙山文化和二里头文化便成为人们探索夏文化的对象。"及至商人灭夏，"于是大批夏人不得不远走他乡"，"夏人大规模迁徙，必将产生文化大传播、民族大融合，反映在考古学上，应当是中原文化向南、北方的传播及与有关土著文化的融合"。反映在历史文献上，就记有许多有关夏人在这些地方的活动情况。夏人向南方的迁徙，以文献所记"桀奔南巢"为代表，"桀奔南巢之地望，古人指为安徽江淮之间以巢湖为中心的一带地方，北过合肥，南过桐城，东过巢湖，西界当为大别山。据报道，在这一地区已先后发现一些二里头文化因素，与当地土著文化融合在一起"。这些二里头文化因素"多数相当于二里头文化二期晚至三期早，少数相当于二里头文化三、四期"。"在一部分夏人向南迁移的同时，另一部分夏人则向北方流徙……乐彦《括地谱》说：'夏桀无道，汤放之鸣条，三年而死，其子獯粥妻桀之众妾，避居北野，随畜移徙，中国谓之匈奴。'……早期匈奴在晋北、陕北、冀北与商周均有接触，但其根据地仍在长城以北"。在长城内外所分布的"夏家店下层文化中也发现了二里头文化因素……夏家店下层文化中的爵、鬶，其年代约当二里头文化二、三期之际。二里头文化因素跋涉上千公里北出塞外，如此远距离的文化传播，只能是二里头文化居民的长途迁徙才能完成。而爵、鬶等陶礼器仅见于一些夏家店下层文化居民的上层人物墓中，则表明远道而来的二里头文化居民与当地土著的统治阶层融为了一体。因此，夏裔乃匈奴之远祖说，亦当非无稽之谈"。另外，文献有周成王封叔虞于"夏墟"的记载，"夏墟"又称"唐"地，位于"南起平陆、北至太原"的晋西南一带。考古工作者正是在这里发现了"以夏县东下冯遗址为代表的东下冯类型文化，其文化面貌与豫中地区二里头文化大同小异，是豫中二里头文化向晋西南发展的结果，其形成年代，大约始自二里头文化二期偏晚。在晋中太原狄村、东太堡等地发现一部分与二里头文化器物相似的陶爵、鼎、豆、盆等，其年代相当于二里头文化三期早或二、三期之间"。在甘青之界的河洮地区，文献有禹出大夏、禹出西羌的记载，而今"在河洮地区的齐家文化中包含的陶盉等，据说'形制与二里头文化早期同类器酷似'"。在四川盆地，文献有"禹生石纽"的记载，而今"在四川广汉三星堆出土的陶盉、豆、玉璋，与二里头同类器物很近似。这些器物始见于三星堆文化

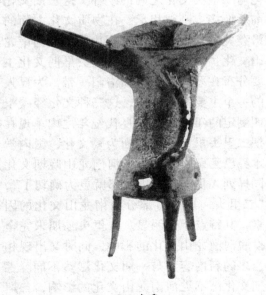

镂孔素爵

二期，经碳十四测定为距今 3765 ± 80 年"。"在浙江北部，关于夏人的传说很丰富"，而今"在浙江江山县肩头弄出土的浅盘豆、三足皿、管流鬶、壶形盉，长兴县上莘桥出土的鸭形壶、瓿，均属马桥文化，其中除鸭形壶可能是当地土著文化器物之外，其余可能都是在二里头文化影响下产生的，其年代，约属二里头文化二、三期"。杜金鹏由此得出结论："二里头文化约在其第二期偏晚的时候，突然暴发了大规模的文化传播，标志着二里头文化居民因为某种强大的作用力，而大规模远距离迁徙。二里头文化的传播地点，有的与史传桀奔南巢和桀子奔北狄之地望大体相合，其余则又几乎都可以与有关夏禹、夏人的传说相对应，这一系列的对应吻合，决非事出偶然，而应与夏商之际夏人的大迁徙有着内在的联系……如果这种推测大体可以成立的话，那么，我们是否由此可以推论出，夏文化的下限大致宜划定在二里头文化二期。夏商之交的绝对年代，约为公元前 1700 多年，或可粗略估定为公元前 18 世纪中、后叶。"

3. 二里头文化一、二期为夏文化说。70 年代后期，殷玮璋提出："二里头遗址划分的四期遗存，反映这一文化曾延续了相当长的时间……在这相当长的历史过程中，二里头文化不仅给人以持续发展的概念，在文化面貌上还给人以经历着某种变革的印象。这种现象集中表现在第三期遗存中……这期遗存内不仅包含了一、二期中常见的那组陶器，还出现了以鬲、豆、卷沿圜底盆、大口尊等一组新的陶器。郑州商代中期发掘的成果表明，这后一组陶器是二里岗期商代文化中富有特征的器物。因此，它的出现，表明第三期遗存中包含了两种文化因素，既有原来就在这里发展着的以一、二期为代表的文化遗存，又有这一时期新出现的一组文化因素。这组文

271

化因素后来突出地表现于二里岗期商代文化中，可能便是商文化。""二里头文化三期遗存中新出现的文化因素，其时代比商代二里岗期还早，如果是商文化，它是目前所知中原地区最早的商文化遗存。就二里头遗址来说，它的面积大，堆积丰厚。在第三期遗存中发现有规模很大的宫殿基址和手工作坊址，证明它是一个古代都邑无疑。结合汉以后关于偃师系汤都西亳的记载，二里头遗址与西亳说的地望是一致的。二里头三期遗存可能是汤都西亳的遗迹……据此，这个早于商代、因商文化的出现而受阻以至被融合的、在传说夏人活动地域内发展起来的具有一定特征的二里头下层文化，有可能就是我们探索中的夏文化，或可说是夏代后期的文化。"80年代中期，殷玮璋又认为："在目前的讨论中有的认为夏文化包括了二里头文化和河南龙山文化这样两种考古学文化，这就不能不使人感到难以理解……事实上，一个文化可以跨越两个以上王朝时间；两个不同的文化也可能在某一王朝经历其交替、融合的过程，但这是就其时代属性而言。如果两个文化的面貌本不相同，即使它们存在的时间都在夏代纪年之内，那么与其说它们都是属于夏文化，不如说是夏王朝时期的两个文化更加恰当。如果从探索夏文化的角度考虑，那么合乎逻辑的提法，夏文化只能是其中之一而不应该两者兼是。假如这两种文化之间确如有的文章所说的是同一文化的先后承袭关系，那么对这两种文化的内涵进行深入的分析并给予富有说服力的详细论证，是必不可少的。""在二里头文化和河南龙山文化、二里岗期商文化之间，是否存在一脉相承的直接发展或同一文化的先后承袭关系？我们认为迄今发现的材料，并未提供证明这一论点的强有力的论据……这三种文化的本质特点的差异是很明显的。一脉相承说很难解释

诸如这样一些事实：习惯于使用鬲、豆等袋足器和空足器为炊器的河南龙山时期先民们，为什么到了二里头时期突然放弃了传统用具而改用鼎、罐类的炊器，到了二里岗期却又大量使用鬲、豆、瓪等袋足器和空足器为炊器呢？众所周知，人们的生活习惯或生活方式是不会随意改变的。因此，二里头文化或二里岗期商文化的直接前身不应从河南龙山文化或二里头文化中去寻找。"也就是说，殷玮璋认为河南龙山文化既然不是二里头文化的前身，因而也不应包括在夏文化的范畴之内。

4. 河南龙山文化晚期与二里头文化一、二、三期为夏文化说。80年代中期，赵芝荃提出："近年，在河南密县新砦发现一批早于二里头早期文化的二里头文化遗存"，这类文化遗存在地层关系上"晚于河南龙山文化"而又含有"浓厚的河南龙山文化的因素"，"处于河南龙山文化发展到二里头文化之间的过渡阶段"，文化内涵"独具特点"，遗存的"分布范围相当广泛"，应当"另立一期，称为新砦期文化"，它的发现，"基本填补了河南龙山文化与二里头文化之间的缺环。这三期文化前后衔接，一脉相承，在物质文化方面的沿袭关系非常明显"，"煤山类型的河南龙山文化、新砦期文化和二里头早期文化主要分布在登封、禹县和洛阳一带，为夏人的一个主要生活地域，这三种文化经碳十四测定的年代又都在夏代纪年之内。现在把二里头早期文化推断为夏文化，国内学术界已无疑义，如果把河南龙山晚期文化同样列入夏文化之内，那就更为确切了"，"二里头一期含有部分河南龙山文化的因素，其特点十分明显。二里头二期未完全摆脱河南龙山文化的影响，同时又出现相当多的新内容，与一期文化迥然不同。三期文化已不见河南龙山文化的影响，二期的新内容在本期得到长足的发展，成为二

里头文化的繁荣阶段。二里头四期已是处于二里头文化的尾声，但又出现一部分新内容，与三期文化有明显的差别。二里岗文化是承袭二里头四期文化发展而来的，二里头四期新出现的内容在本期有所发展，遂成为二里岗期文化的繁荣阶段"。其后他又认为："中国社会科学院考古研究所试验室利用碳十四测定二里头遗址的 33 个标本，结果表明一期的年代不早于公元前1900 年，四期的年代不晚于公元前 1500 年，二里头遗址四期文化的年代在公元前 1900～前 1500 年之间，共计为 400 年，每期各占 100 年。这在利用物理学方法测定年代和考古学文化分期方面都是比较合理的，应予肯定。夏王朝自禹至桀共传十四世，十七王……夏代共约 500 年，通常推断为公元前二十一至十六世纪。二里头遗址除去四期文化之外，其余三期文化均在夏代纪年范围之内，属于夏代晚期。河南龙山文化晚期和新砦期二里头文化属于夏代早期。"

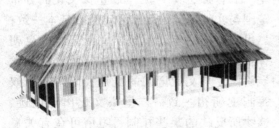

二里头一号宫殿复原图

90 年代，方酉生也主此说："1983 年春季在偃师县尸乡沟发现的这座商城位置恰与文献记载中之西亳相合。这座商城基本保存完好，规模宏伟，城墙的始筑年代，属于二里头遗址的第四期。偃师商城的发现，给我们以启示，汉代以来，文献记载关于偃师为商汤都西亳之说是完全可信的。商城的始建年代属于二里头文化的第四期，夏商文化的分界线当在二里头遗址的第三

期。二里头遗址的第一期至第三期为夏文化，第四期为商文化。二里头遗址第三期文化中发现的宫殿建筑基址是夏代晚期的遗存，二里头遗址是夏代晚期的一个都邑，有可能即为桀都斟寻。"但是，二里头"第一期不是夏代最早的文化"，文献所记的"禹都阳城可能在今之登封县告成镇"，即考古工作者在告成镇王城岗遗址发掘中，所发现的河南龙山文化晚期的"两座东西并列的西城堡基址"，它可能是"夏代最早的文化"遗存。

5. 二里头文化一、二、三期为夏文化说。80 年代初，孙华提出此说："大量的考古资料说明，河南龙山文化晚期的社会形态仍然属于原始氏族社会，不可能有代表阶级意志的国家出现。就河南龙山文化晚期的资料与关于夏的记载相比较，二者间还有很大的差距，其碳十四测定的年代，也超出了夏代统治的年限。所以，河南龙山文化晚期不应该说是夏文化，只宜说是夏文化的先声。"而"二里头文化是在传说中夏代统治区域和夏代统治时期发展起来的一种古代文化，这种文化经历了相当长的发展过程，在二里头文化三期发展到高潮。这一时期，在文化面貌上与商文化不同，可能就是历史上夏代的文化遗存……根据二里头遗址中出现的宫殿基址，结合古文献中关于夏都的记载，二里头遗址很可能就是夏都阳城。我国的奴隶社会，也可能从这时就开始了"。"其后，在二里头文化四期，由于一种新的文化因素的出现，这种文化被逐渐融合"，"四期与二里岗期商文化年代相近，应该是早商文化"。大约与此同时，田昌五也认为："河南龙山文化按其发展序列来说应为先夏文化。即使这种文化的中期偏晚以后已经进入夏代，那也是先夏文化的遗留……直到二里头文化才推陈出新，把夏文化的面貌真正显示出来。"二里头：遗址的一、二、三、四期

均属夏文化。唯第四期当在夏朝灭亡之后，绝对年代应是商初。就是说四期为夏文化在商初的遗留，犹如河南龙山文化遗留到夏初一样。至于三期和一、二期之间的变革，那是因为夏朝本身都邑变迁的关系，因此，"如果就夏朝而言，它开始是在河南龙山文化发展的基础上建立的；在开国后的社会动乱期间继续保留着河南龙山文化，直到少康中兴前后才创造出二里头一类的夏文化；二里头文化不断发展，到三期达到繁荣阶段；四期因社会动乱而衰落，继之而起的则是商文化"。

6. 河南龙山文化晚期与二里头文化一、二、三、四期为夏文化说。70年代末，吴汝祚提出此说。他首先认为原来所称作的"河南龙山文化"一名不妥，应以该文化最早发现的安阳后岗遗址二层命名，称作为"后岗二期文化"。他说："后岗二期文化分布地区比较宽广，据我目前了解，可分四个类型：一是豫西、晋南的南部和关中东部的后岗二期文化，暂以三门峡市的三里桥遗址为代表，称为三里桥类型；二是颍水上游地区，向北到达洛阳附近一带，暂以临汝煤山遗址第一期文化为代表，称为煤山类型；三是豫东地区，暂以永城王油坊遗址为代表，称为王油坊类型；四是豫北、冀南地区，暂以安阳大寒遗址为代表，称为大寒类型。"而"不论从煤山类型文化的分布地域来看，或者从绝对年代来看，煤山类型与夏代的疆域和夏的早期年代均相符合，所以我们说：煤山类型就是夏文化，或者说得确切一些，是早期的夏文化，它的历史阶段是处在先夏时期到夏代之间"。"煤山类型文化再向前发展，就是二里头遗址的第一期文化和第二期文化"，"二里头遗址第一、第二期以后，是第三、第四期文化。到了二里头第三期文化的时候，总的说来，除仍旧沿用第一、第二期文化的器物外，又有新的器

物出现，如鬲、簋、大口尊、爵、贯耳壶、小口直颈瓮等。这些器物与商代早期器物相当近似。在二里头第四期文化时，这些新出现的器物，比二里头第三期文化有了发展，但是从物质文化的主体来说，仍旧是二里头第一、第二期文化的延续，不过是吸收了新的商文化因素。根据碳十四测定的年代为距今 3335±85 年，树轮校正年代为距今 3575±130 年，约当夏末商初时期，我们仍旧把它归属于夏文化。二里头第四期以后，从目前的考古资料来看，主要是商文化，夏文化在这一地区内，逐渐与商文化融合了"。

80年代，李伯谦又提出："二里头文化是一个统一的独立的考古学文化……在二里头文化族属问题讨论中，尽管分歧很大，但均未超出夏、商两族的范围。根据我们对考古学文化与族的共同体的关系的理解，二里头类型作为一个统一的独立的考古学文化，它只能是某一特定的主族为代表的文化，要么是夏文化，要么是商文化，二者必居其一。""二里头文化的分布范围与文献记载的夏族活动地域基本一致；二里头文化的年代不超出文献记载的夏朝存在的年代范围；二里头文化所处社会发展阶段，与文献记载的夏是我国第一个奴隶制王朝相一致；二里头文化出土遗迹、遗物所反映的某些礼制、习俗可在有关夏代的文献中找到线索；等等。尽管目前还没有发现能够直接证明二里头类型族属的文字资料，有的论据也尚待补充和完善，但这些合理的分析使我们有理由相信，二里头文化应该就是夏文化，而不是别的什么族的文化"。"那么，二里头类型究竟是夏代晚期文化，还是从夏族建国直至夏桀灭亡整个夏代的文化呢？我认为，它既不是夏代晚期文化，也不是整个夏代的文化，而很有可能是'太康失国'、'后羿代夏'以后的夏代文化。"至于"太康失国"以

前的夏初文化，李伯谦认为"应包括在王湾三期文化之内"，并具体指出："大体说来，以临汝煤山二期为代表的由王湾三期文化到二里头文化的过渡类型遗存，论时间当已跨入夏代，很可能就是夏代初期的文化。"但他又认为："从文化特征分析，二里头类型早期的许多因素虽与王湾三期文化相同或相似，但也有不少因素与东方关系密切，可在东方找到渊源。王湾三期文化没有直接过渡为二里头文化，二里头文化之所以在性质上不同于王湾三期文化，东方文化因素的大量渗入是原因之一。""二里头文化常见的觚、鬶、盉等器物，在大汶口文化中早已出现，论渊源由大汶口传至中原是可以肯定的"，"尤其值得注意的是，二里头类型墓葬的随葬陶器组合中常见的觚、鬶、盉等酒器和三足盘、平底盘、豆等盛食器，在王湾三期墓葬中较为罕见，而在山东龙山文化的墓葬中却常可见到。这正说明二里头类型居民所使用的某些礼制以及风俗习惯，是由东方主要是山东龙山文化传来的。山东龙山文化为东夷文化。《左传·襄公四年》等先秦古籍称羿为'夷羿'，羿前加夷，可知其属于东夷系统。徐旭生认为夷为少皞氏族的人，其居地或在少皞故地今山东曲阜左近。如此说可信，则羿活动的地域与山东龙山文化的分布范围基本一致，羿的固有文化也应即以山东龙山文化为代表的夷人文化。'太康失国'、'后羿代夏'是夏初历史上最大的政治事件。随着夷人人主华夏，夷人的传统文化即山东龙山文化必然大量涌人中原，并与传统的中原文化相融合，即使后来'少康复国'，夷人被逐；山东龙山文化的某些因素也不可能全被摈弃。据碳十四测定，山东龙山文化的年代约在公元前 2035 ± 115 年 ~ 前 2405 ± 170 年，其晚期基本上与夏代初期相当。二里头类型文化，年代与山东龙山文化基本衔接并可

彩绘带盖假圈足陶罐　夏

能曾有过一段并行发展阶段，文化内涵又有不少山东龙山文化的因素。因此，它很可能正是在这样的历史背景下形成的"。

90年代初，赵春青进一步认为河南龙山文化"王湾类型的分布范围西起渑池，东到郑州附近，北达济源，南抵襄城。其间大体可以东西走向的熊耳山、嵩山为界，分为南北两个区域"，其南区的文化可称之为"煤山亚型"，主要分布于"淮河支流的汝河、颍河、双洎河流域"；其北区的文化可称之为"王湾亚型"，主要分布于"郑洛之间的黄河两岸及其支流伊、洛、涧河中下游地区"。这"是同时属于中原龙山文化（按：即河南龙山文化）王湾类型之下的平行发展的两支文化亚型"，"如将王湾亚型同煤山亚型作一比较，即可看出，后者比前者进步。这表现在煤山亚型的城堡建筑、青铜冶炼以及先进的房屋建筑技术等几个方面。正是凭借着先进的技术，到了王湾类型中期，煤山亚型已走出颍河、汝河流域，积极向北扩展……二里头文化主要是承袭了煤山亚型的文化因素而发展起来的"。王湾亚型早期集中在洛阳附近，中期以后迅速扩大，但主要是向北向东发

展自己的势力，始终未能向南边的煤山亚型成功地迈进，"王湾亚型与煤山亚型在长达数百年的同步发展的过程中，双方的相互影响是显而易见的"，"王湾类型自始至终还受到邻近文化的影响，吸收了大量邻近文化的先进因素。就王湾亚型来讲，西吕庙和王湾遗址中出土了相当数量的背壶，或许受了大汶口文化的影响，小潘沟出土单把鬲、单把鼎，可能是受了来自西边的陕西龙山文化的影响。该遗址还出土爵、斝，可能受到豫东地区龙山文化的影响。煤山亚型出土不少的高柄杯、平底盆和瓠等，显然是受了屈家岭文化和豫东龙山文化约影响。可以说，王湾类型的时代，正是一个政治大动荡、文化大融合约时代。这种状况，到了王湾类型晚期，表现得尤为突出"。根据碳十四测定的数据，"王湾类型的绝对年代大致在公元前2500年到公元前1900年之间"，"考虑到王湾类型晚期，已进入夏代纪年之内，该类型又吐在史书所载夏人主要活动范围之内，我们推测王湾类型晚期，已进入夏代。王湾类型晚期文化，或许就是夏代初期文化"。

7. 二里头文化一、二、三、四期为夏文化说。70年代末，邹衡提出比说。他在主张郑州商城为商初亳都的基础上，认为叠压在"商城之下的二里头文化和南关外类型文化都处在夏朝年代范围内。同时，若再用以上二文化为年代标准，还可以在传为夏人和商人的活动区域内，衡量出类似的其他文化遗址。例如：在黄河之北的太行山中部和南部一带有以邯郸涧沟遗址为代表的漳河类型文化和以新乡潞王坟遗址为代表的辉卫类型文化；另外，还有分布在古代河东地区的东下冯类型文化。这些文化所属年代，也应该在夏年的范围内，其文化性质也应该属于夏文化或者先商文化"。邹衡通过对二里头文化和南关外类型等文化内涵和分布地域的分析，认为"漳

河型、辉卫型、南关外型、二里岗型和殷墟型的共同特征是主要的（例如都以深窖穴为主，多鬲，均无瓦早皿，多斝而少封口盉），区别是次要的（例如：南关外型、二里岗型多圜底器；漳河型、殷墟型多平底器），所以它们应属于一种文化。大家知道，殷墟型中包含有甲骨文的因素，已被确证为商文化"，二里岗型是早商文化，"显而易见，南关外型就是先商文化了"。"同样可以看出，二里头型和东下冯型的共同特征是主要的（例如都少深窖穴，少鬲，都有瓦是皿，都有封口盉而少斝），区别是次要的（例如二里头鬲、斝较少，东下冯型稍多），可见它们也应属于一种文化，考古学界一般称之为二里头文化"，"二里头文化目前已分为四期，尽管二、三两期区别稍较大，但各期的主要文化特征还是相同的，因此大家公认，一至四期全属一种文化。就是说，如果认为一、二期是夏文化，则三、四期必然也是夏文化；如果认为三、四期是商文化，则一、二期必然也是商文化。这是不需要再加论证的"。二里头文化与商文化相比，区别是主要的，特别是表现在酒器方面，"商文化酒器的基本组合是瓠、爵、斝，而二里头文化则是瓠、爵、封口盉。商周铜器中的斝和封口盉都是礼器中的灌器。从西周中期开始，铜斝渐趋消失，代替它的是一种壶形盉……由此可见，封口盉、斝和壶形盉是二里头文化、商文化和周文化中常用的不同灌器。《礼记·明堂位》记载：'灌尊：夏后氏以鸡彝，殷以斝，周以黄目。'斝之为器，是不用讨论的了。'鸡彝'与'黄目'，自汉代以来均不得其解。经过我们的考证，辨明'鸡彝'确是封口盉无疑，其祖型乃出于大汶口文化和山东龙山文化的红陶鬶；而'黄目'应该就是周代的壶形盉……总之，灌器中夏器鸡彝的确认，对于考古学上夏文化的论定，自然是有重要意义的。

二里头文化既然以盛行鸡彝为其最突出的特征，则其文化性质为夏文化，应该不会有什么疑问了"。"原来，商文化是来自古黄河西边的冀州之域，是沿着太行山东麓逐步南下的；在郑州地区初次与居于黄河以南古豫州之域的夏文化（二里头型）相遇，并受到其影响，最后进入夏文化的中心区——伊洛一带，商文化终于代替了夏文化，这便是我们的结论"。邹衡又以为："各种类型的龙山文化都不能称为夏文化。河南龙山文化是夏朝以前的一种原始文化，它与阶级社会的夏文化在文化面貌上存在着质的不同……但是两者间存在着直接的承授关系，也是不容否认的事实。应该说，河南龙山文化是夏文化的主要来源之一。"总之，邹衡在众所公认的殷墟文化为商代晚期文化的基础上，通过对二里岗文化的分析和研究，确认该文化为商代早期文化，提出了"郑州商城为汤都亳邑"的新说；并且以此为基点，推论出二里头文化和南关外类型文化当为夏文化和先商文化，从而建立起他的夏商考古学体系。

关于二里头文化的具体分布范围，80年代初，邹衡通过对豫北地区的考古调查，认为豫北地区的"二里头文化基本上属于二里头型，都在沁河的西南，而先商文化分别属于漳河型和辉卫型，都在沁河的东北。（修武县）李固与（武陟县）赵庄相距不过50公里，而两地发现的辉卫型和二里头型却是同时存在的不同文化。我们认为，这只能解释为沁河一带是二里头文化和先商文化的交接之处。《史记·孙子吴起列传》所谓'夏桀之居，左河、济，右太华'，说明了夏朝末年的疆域……在汉或以前，古济水与沁水或是相通的。所谓'左河、济'，应该专指河、济二水交汇之处，亦即今武陟县沁水一带。这样，二里头文化与先商文化的分界同夏朝末期的东界就完全契合了"。90年代，宋豫秦通过对黄淮平原地区的考古调查，提出："经过考古学家的多年探索，现已逐步明确：岳石文化是夏代夷人集团的文化，二里头文化是夏代夏人集团的文化。因而，探索二里头文化和岳石文化的分界带，自然便成为考察夏代夷、夏东西说的最主要手段。""1988年和1989年间，我们曾数次在地处郑州、商丘之间的杞县、尉氏、通许等县实地调查，根据所获信息，于1989年和1990年对杞县段岗、牛角岗、朱岗、鹿台

镶松花石器 夏

岗等遗址进行了发掘。结果是，处在该县西部的段岗、牛角岗、朱岗三遗址皆发现二里头文化的典型堆积；而在处于该县东部的鹿台岗遗址发现了典型的岳石文化。二者东西相对，相去不过20公里。这一发现，为我们提供了一个探索夷、夏东西分界的坐标点。它使我们得以明确：朱岗以西至于潼关，是为二里头文化分布区；鹿台岗以东至于连云港，则属岳石文化分布区。据此并结合其他相关发现，可以初步勾画出夏代夷、夏两族之分界带。黄河以北的运河沿线，大体是先商文化与岳石文化的分界带。夏代之夷、夏之分界带，则

在黄河南岸的杞县至淮河北岸的安徽临泉一带。"宋豫秦还认为："徐旭生教授等综合古史记载，曾提出'华夏'、'苗蛮'、'东夷'三大集团说。苏秉琦教授则从考古学角度指出：'中国大地大致以秦岭淮河为界分为两大部分，不论从地理上、人文上看，这种划分都是客观存在的。'石家河文化的年代和分布地域皆处在所谓'苗蛮集团'的活动区域内，无疑是苗蛮（三苗）集团的文化遗存。""在龙山文化之晚期，中原地区的河南龙山文化的确曾大举南向扩展……而到二里头文化早期，淮河上游地区几乎遍布该文化的一、二期遗存……这或许正是文献屡称的'禹攻三苗'、'舜伐有苗'的体现。"

8. 晋南"东下冯类型"文化与"陶寺类型"文化为夏文化说。"东下冯类型"文化是以山西夏县东下冯遗址为代表的一种文化类型，它主要分布于晋南临汾盆地一带。该文化与二里头文化分布地域和存在年代相近，文化面貌大同小异，因此，邹衡认为它是二里头文化的一个地方类型，称之为"二里头文化东下冯类型"。80年代初，该遗址的发掘者徐殿魁等认为："晋南在文献上早有'夏墟'之称，这个地区的调查试掘也证明与二里头文化近似的遗址有三四十处之多，山西夏县东下冯遗址的发掘，为在晋南地区探索夏文化增添了一批可喜的实物资料；""陶寺类型"文化是以山西襄汾县陶寺遗址为代表的一个文化类型，它也是主要分布于晋南临汾盆地一带。该文化的存在年代和文化面貌与中原龙山文化相近，应是中原龙山文化的一个地方变体，因而称之为中原龙山文化"陶寺类型"。80年代初，陶寺遗址的发掘者高炜等把该类型文化分为早中晚三期，认为"山西境内的夏墟，在文献中有明确记载。据《左传》昭公元年、十五年、定公四年，大夏、夏墟、参墟乃是同一地域；

晋国始封于唐，唐在夏墟，故说是'命以唐诰而封于夏墟'。关于唐和夏墟的地望，汉晋以降，历代学者做过许多考释。顾炎武力主晋西南说，徐旭生从其说，并进一步作了明确论证。这一说法，已得到愈来愈多的考古学证据的支持。现在，我们可以更加具体地说：临汾盆地应是唐之所在，或者说是大夏、夏墟的中心区域"，"在这个区域，有没有相当于夏代的物质文化遗存？这里曾否是夏王朝统治的中心区域？我们认为，陶寺遗址和陶寺类型龙山文化，正是探讨上述问题的重要研究对象"。这不仅是该类型文化正分布于"夏墟"中心区域，而且从时间上看，"据碳十四年代估算，陶寺遗址的起讫时间，约当公元前二十五六世纪至前20世纪。若依目前历史教科书通行的说法，夏代纪年为公元前2100~公元前1600年，则陶寺遗址晚期已进入夏纪年"。另外，陶寺遗址出有墓葬700余座，各墓之间规模大小不一，随葬品数量悬殊，从而"反映出死者生前拥有财富和社会地位的巨大差异"，而其中大型墓葬只有9座，"约占总墓数的1.3%弱"，"中型墓葬约80座，占总墓数的11.4%强"，"小型墓610多座，占总墓数的87%以上"。这种"大中小墓金字塔式的比例关系，恰是当时部落内部社会结构的形象写照。贫富分化，等级贵贱，阶级对立，在这里已可一览无余"。早期大墓中还出土有彩绘着蟠龙纹饰的陶盘，这个发现"将有助于证明下述判断：陶寺的龙山文化的先民，正是活跃于'夏墟'、以龙为族徽名号的部落"，而"在古史传说中，夏人与龙有关的故事尤多"。据此，高炜等得出结论："从陶寺遗址的年代、古史地望、墓葬类型和出土器物所反映的社会发展阶段等几个方面，再结合龙盘所提供的信息，作一通盘考虑，我们有理由认为：陶寺遗址、墓地很可能就是夏人的遗存。"80年代后期，刘起釪也著文认为：根据文献记载，"夏是冀州之人"，"冀州的原始地境在晋南"，晋南是"夏人之故墟"，"夏人西起晋南然后东进豫境"，而考古工作者所发现的"晋南陶寺、东下冯等地夏文化遗存"，为上述文献记载"提供了铁证"。

9. 典型龙山文化（或称山东龙山文化）为夏文化说。80 年代初，程德祺提出此说："据放射性碳素测定……典型龙山文化的兴起，大约是在公元前 21 世纪或更早一点，没落大约是在公元前 16 世纪或更后一点。"这与文献所记夏王朝的兴亡年代是符合的。典型龙山文化的分布地域，"一般认为是以山东为中心，遍及邻近各省毗连地区"，"典型龙山文化居民的族属，已确定为东夷族"，而文献记载的夏人最早也活动于东方，如《史记·五帝本纪》："殛鲧于羽山，以变东夷。"《墨子·节葬》："禹东教乎九夷。"《国语·鲁语》："禹致群神于会稽之山。"《左传·哀公七年》："禹合诸侯于涂山。"《史记·封禅书》："禹封泰山，禅会稽。"据杨向奎考证，会稽、涂山均应在泰山附近。王国维《殷周制度论》又以为"禹时都邑虽无可考，然夏自太康以后，以讫后桀，其都邑及他地名见之于经典者，率在东土，与商人错居河济间盖数百岁"。另外，"典型龙山文化是一种早期阶级社会文化"，墓葬群中出现了等级差别，"日照两城镇出土的圭形玉斧，是统治权力的象征"，"城子崖遗址中发现了夯筑城墙的遗迹"，"三里河遗址中发现了两件铜锥形器"，"大汶口文化中已经出现了原始的象形文字，典型龙山文化黑陶上的刻划符号是一种原始阶段的汉字"，这些都和文献记载的夏王朝情况是符合的。总之，"以考古资料与古文献资料相印证，就年代、地域、部族关系和文化特征各方面结合起来看，都可以说明，典型龙山文化即是夏朝文化"。

80 年代后期，杜在忠进一步认为："目前在考古学界，一般认为属夏文化的所谓二里头文化，含有浓厚的山东龙山文化因素，有的同志认为它是由河南龙山文化融合了山东龙山文化发展而来的一种文化共同体。但如果深入研究，恐怕问题要复杂得多。我们都知道在河南颍水流域和洛阳平原一带，已不止一次地发现过大汶口文化的遗存，有的竟是大片的墓葬群"。二里头文化的居民"是一个用鼎不用鬲的族支，这正是山东潍、淄流域大汶口—龙山文化系统的一个特征……二里头文化早期的陶器组合中的鬶、侧三角形足的鼎、盆形鼎、三足盘（又称瓦足皿）、平底盆、益等都是东方的因素。陶系中泥质磨光黑陶也接近山东龙山文化的成分，白陶也与大汶口文化有密切联系。纹饰中的饕餮纹、云雷纹不见于河南龙山文化而是先见于山东龙山文化。另外，在建筑技术、玉石制作工艺方面也与山东龙山文化有密切的关系。这一系列现象初步反映了早在大汶口文化中、晚期，在山东大汶口—龙山文化中的某一族支，就西迁河南颍水流域一带，并且这一族支的西迁应是一个历史的过程，它逐渐与当地土著文化融合形成了以后的二里头文化。二里头文化的时代处于夏代中、晚期，还可能更晚一些。那么夏王朝在少康中兴以前的中心活动区域到底在哪里，我以为它不是在中原一带，而是在山东的黄河下游和海岱之间"，这里所发现的大汶口—典型龙山文化，可能就是夏代早、中期的文化遗存。

10. 东南良渚文化为夏文化说。近年来陈剩勇提出此说："衡量夏文化，应该以什么为标准呢？对先秦西汉有关夏文化的文化典籍进行考察，可以看出，夏文化应该涵括以下几个要素，即：作为夏朝立国重器鼎及其饕餮纹，军事统帅权之象征的玉钺，宗教礼仪用器的玉琮、玉璧、玉圭

第一编 远古至秦统一时期

最新整理图文珍藏版

279

和‘夏后氏之璜’、‘夏后氏之社祀’的祭坛、‘夏后氏墼周’的埋葬习俗，反映夏代律历制度的夏时夏历，等等。”“鼎是夏、商、周三代王朝的立国重器……继夏代而来的早商青铜鼎，与中原地区相当于夏代和先夏时代的考古学文化中的陶鼎毫无关联，却与东南地区良渚文化中的陶鼎颇多相似之处。同时，三代青铜鼎及其他青铜礼器上流行的饕餮纹，是夏、商、周王朝统治者威严、神圣、力量和意志的体现，是夏族的巫觋或祭师们为王朝统治者的利益和需要想象和编造出来的祯祥符号……田野考古发掘和研究证明，三代青铜鼎上的这种超世间的神物，是从良渚文化玉琮、玉钺、玉冠饰和玉三叉形器器表的‘神人兽面纹’（即饕餮纹）发展而来的。三代青铜礼器与良渚文化玉器上的饕餮纹，均以两只大眼、扁鼻和宽嘴三位一体，构成一个兽面形象，神兽面部各个部位及其构图格局，都表现出惊人的一致之处。”“古代文献告诉我们，以钺为王权象征的礼制始创于夏王朝……从考古资料看，二里头夏、商都邑遗址中出土的玉钺，其形制在中原地区夏代或先夏时代的考古学文化中不见渊源，却与长江下游地区新石器时代晚期的良渚文化遗址中出土的玉、石钺如出一辙……这就表明三代中最初以玉钺为王权象征的夏人，只能是长江下游地区流行玉、石钺的良渚文化的主人。”“夏后氏之璜”在周代驰名海内，“考古资料表明，玉璜为史前时代东南地区先民首创，是该地区自河姆渡文化时代以来一直流行的主要玉器之一。到良渚文化，玉璜由装饰品一变而成具有宗教性质的礼仪用器……这种玉璜的形制及其涵摄的文化、宗教意蕴，与典籍所记‘夏后氏之璜’若合符节。玉璧、玉圭是夏朝著名的玉质礼器……良渚文化是先夏时代唯一盛行玉璧的史前文化；而考古发现及传世的一些玉圭，

其形制在中原地区新石器时代晚期遗址中不见其原型，而与良渚文化遗址中出土的圭形玉器极为相似”。“近年间考古学家在长江下游的安徽含山县一处距今4500年至5000年的史前遗址中，发掘出一块玉板历法图。据报道，文物出土时，玉板历法图恰恰夹在一只精心制作的玉龟的龟腹甲与背甲之间。科技史专家考证说，玉板历法图的内涵与《夏小正》所载夏代历法相符，反映了夏代和先夏时代律历制度的基本特点。夏代历法在东南史前文化中发现其原型，是夏文化萌生崛起于东南之又一证。”“《史记·封禅书》说：‘自禹兴而修社祀’……据文献记载，社祀即封土筑坛以祭祀土地神，社坛的基本形式为方形，由多种颜色的泥土（“五色土”）垒筑而成，社坛一般露天，筑在高地上。对各地文化遗址的祭祀遗迹全面考察后，我们发现，上述夏代社祀祭坛与中原地区史前祭祀遗迹毫无相同点，而在东南地区浙江余杭瑶山、汇观山等地良渚文化遗址中发现的祭坛，均为‘封土为坛’，祭坛呈方形，以红色、灰色、黄褐色等多种色彩之土堆筑而成。从良渚文化祭坛的形制及其宗教功能看，三代‘封土为社’以祭祀土地神的礼典，显然是从这里发展起来的。”“《礼记·檀弓上》：‘夏后氏墼周。’是说夏人埋葬族人时以砖或砖形红烧土附置于棺之四周。本世纪以来我国各地田野考古的资料告诉我们……夏人的‘里周’葬俗，不在中原而在东南地区发现了渊源。例如上海福泉山良渚文化墓地，就盛行以砖形红烧土块附置于棺之四周的‘壁周’葬俗。”“良渚文化墓葬中出土的一些红陶表面涂黑衣和黑陶器表施朱红彩、饰蟠螭纹的礼祭器，也为《韩非子》所说‘禹作为祭器，墨漆其外而朱画其内……觞酌有采而樽俎有饰’的夏朝礼祭器，在田野考古资料中得到了印证……以上考证表明，这一系列

280

为夏人所独创的、用于夏代国家政治中的重要礼器、信仰系统和礼典仪式，几乎都渊源于长江下游地区，而不见于中原内陆，这就使我们有充分的理由推定：夏文化萌生于东南地区的史前文化，夏族的原居地在东南地区。" "夏族的发祥地在东南地区，这一事实在先秦典籍中也有踪迹可寻……《山海经·海内经》就说：'祝融降处于江水，生共工。共工生术器，木器首方颠，是复土壤，以处江水。共工生后土。'共工即禹的父亲鲧，后土即勾龙，即禹……古代的'江'，乃长江之专名。祝融降处于江水而生共工（鲧），鲧处江水以生后土（禹），是证鲧、禹的原居地就在长江流域。"再者，夏朝初期的重大活动，"几乎都集中在东南地区的涂山和会稽举行"，"这就表明：夏王朝崛起于长江下游地区，夏代初期的疆域也仍然在东南地区"。

以上我们简略地概述了当前学术界在探讨夏文化问题上所形成的10种意见。这10种意见的形成，既反映出学术界在这个问题上所呈现的百家争鸣的繁荣局面，同时也反映出对夏文化探索所取得的重大进展。现在虽然还没有确凿的证据证明哪种考古学文化就是夏文化，但是，随着"夏商周断代工程"研究的大规模开展，史学界、考古学界和自然科学界联合攻关，多数学者认为二里头文化至少是它的主要部分应当就是夏文化，这是在"夏商周断代工程"启动以来探索夏文化所取得的重大进展。

二里头文化的分期

二里头文化是在河南龙山文化煤山类型的基础上继承和发展起来的一种新型考古学文化，文化遗址现已发现 200 余处，

其分布范围大致是以河南嵩山周围的伊河、洛河、颍河、汝河谷平原为中心，西起陕东，东至豫东，北到晋南，南达汉水北岸，包括了今河南省的大部以及今陕西东部、山西南部的地区。由于该文化分布地域较广，表现在文化面貌上有所不同，不少学者据此将其划分为若干不同的类型，这里将该文化分为二里头类型和东下冯类型两个类型。关于二里头类型文化存在年代，根据碳十四的测定，大约存在于公元前 1900~前 1500 年之间，经历了 400 年左右的时间。在这数百年的时间内，二里头类型文化有所发展变化，学术界根据这个变化，将其分为四个不同的发展阶段。自 20

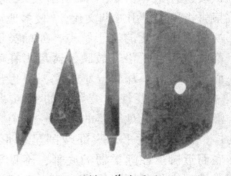

石镞　单孔石刀

世纪 70 年代四期说形成以来，郑光又将二、三、四期细分为早、晚两段，形成四期七段说；赵芝荃在一期之前又增加一个"新砦期"，形成五期说；董琦又提出了三期五组说。以上诸说大都是在四期的基础上加以重新分离组合而成，没有太多的新意，在新的资料没有系统地公布之前，仍以四期说比较稳妥，这里仍采用四期说。但是考虑到二里头一期文化是在河南龙山文化的基础上形成发展起来的，其间确实存在一个过渡阶段，这个过渡阶段就是赵先生所称作的"新砦期"，该期的文化特点在于既具有浓重的河南龙山文化遗风，又含有二里头文化的因素，除此之外，没

有自己系统的独具的内容，因此不能形成一个单独的期别，而宜于将其置于一期的早段，原来的二里头一期文化可称作晚段，这样二里头一期文化就存在着早段和晚段，二、三、四期则暂时维持着原来的分期意见。

现已发现的二里头文化一期早段遗存，主要有登封王城岗二里头文化一期、汝州李楼二期、煤山二期、禹州连接、冀寨、下母、龙池、瓦店、枣王、吴湾、崔庄、王山、潭陈、郾城郝家台五期、西华陆城、新密新砦、黄砦、郑州北二七路第六层、荥阳竖河二里头文化一期1段和洛阳东干沟等，它们大多分布于颍河、汝河流域地区。该段遗存最早发现于煤山遗址二期，发掘报告指出：煤山二期文化，"较多地承袭了河南龙山文化的若干特点，如鼎类器中，都是敛口、折沿、鼓腹，器足附在底部。而大口罐都是深腹，小平底，但也出现了一些带有过渡性的变化。如鼎、罐、甑、澄滤器、圈足盘等器的口沿较龙山文化为侈，折沿而近平，腹部瘦削呈桶形，小平底而近圜。在甑类器的底部，不见早期那样排列密集的圆形镂孔，而出现了周围四个半圆孔、中间一个圆孔的排列形式，在腹部有两个鸡冠形鋬。罐类器由鼓腹变成瘦深腹罐。圈足盘由圜底变成平底等等，这些器形特点与二里头遗址的早期文化相同"，该报告将其归入二里头一期文化遗存，基本上是正确的。同类型的遗存也发现于新密新砦遗址，发掘者赵芝荃后来称此为"新砦期"，指出该期的陶器"陶质以夹砂灰陶和泥质灰陶为主，棕色陶占一定的比例，多施黑衣，磨光陶不及河南龙山文化盛行。器壁较厚，一般器物个体较小，器型不及后者工整轻巧。平底器居多，其次是三足器和圈足器，圜底器少见。器类有深腹罐、罐形鼎、盆形鼎、甑、甗、盆、刻槽盆、平底盘、钵、大口罐、高领

中国通史

最新整理图文珍藏版

罐、圈足盘、三足盘、豆、单耳杯、壶、瓠、瓮、缸和器盖。器物口沿以平折沿为主，基本不见卷沿器。一般口部内敛，侈口较少，口沿内侧有明显折棱。器腹两侧有鸡冠耳。纹饰以篮纹、方格纹为主，其他还有绳纹、弦纹、阴线纹和指甲纹。方格纹与篮纹拍印较浅，边棱较圆。绳纹纹理清晰。本期具有浓厚的河南龙山文化风格，同时也出现了一些类似于二里头遗址一期的因素"。这个论述比较完整地揭示出二里头一期早段文化的特点。二里头文化一期晚段的遗存，现已发现有偃师二里头遗址一期、高崖、程氏沟、夏后寺、巩义稍柴一期、花地嘴、石灰务、新密程庄、登封玉村、伊川白元二期、洛阳皂角树、东立射、嵖李四期、渑池郑窑一期、荥阳竖河二里头文化一期2段、淅川下王岗二里头文化一期、驻马店杨庄二期以及太康方城和商水朱集等，它们大多分布于伊河和洛河流域，而且分布范围已扩大到豫南和豫东地区。该段遗存较多地发现于二里头遗址一期，其陶器群的特点是河南龙山文化的因素继续减少，器物的口沿多为平折沿，口沿内侧已无明显的折棱，陶胎较前增厚，多黑褐色。篮纹和方格纹宽浅而散乱，呈现出进一步衰退的状态。龙山文化时期的斝、双腹盆、钵、碗、乳状足罐形鼎和带有密集圆孔的甑已经消失，新组成的陶器群主要器类有平底或凹圜底的深腹罐、圆腹罐、花边口沿罐、三角足罐形鼎、半圆孔甑、刻槽盆、鸡冠状扳的深腹盆、三足盘、瓮、尊、豆、瓠、爵等。绳纹纹饰逐渐增多，并出现了云雷纹、回纹等新的压印纹饰。所有这些都为二里头文化陶器群的形成奠定了基础。

二里头二期文化是该文化的发展阶段，现已发现的该期遗存主要有偃师二里头二期、灰嘴、倪家庄、巩义稍柴二期、花地嘴、康沟、新密黄寨、曲梁一期、登封王

城岗二里头文化二期、汝州煤山二里头文化二期、伊川白元三期、洛阳东阳村三期、矬李五期、黑王、皂角树、东立射、霍村、潘庄、夏庄、东干沟中期、东马沟、渑池郑窑、陕县西崖村、邓州穰东、驻马店杨庄三期、党楼、上蔡十里铺、郾城郝家台六期、杞县牛角岗一期、郑州商城CET7、CNT4、洛达庙一期、荥阳竖河二里头文化二期3段、禹州董庄、崔庄以及陕西省华阴横阵、商县紫荆和蓝田泄湖等，它们大多分布于伊河、洛河流域，向西扩展到陕东地区。该期文化内涵以二里头遗址二期比较典型，其陶器群的特点是河南龙山文化因素趋于消失，陶器群在一期的基础上质量显著提高，陶胎较前坚硬，以轮制为主，厚薄匀称，多灰和褐色，黑陶大为减少，有微量的用高岭土制作的白陶和红陶。器形工整精致，器口卷沿增多，鼓腹器减少，长腹圆底罐比较流行；陶器纹饰以绳纹为主，压印纹也较前增加，只有很少的篮纹和方格纹。该期陶器群的种类主要有罐、鼎、甑、大口盆、刻槽盆、深腹盆、敛口尊、瓮、豆、三足盘、圈足盘、碗、觚、盉、爵、角、四足方杯、单耳杯和器盖等，并且新出现了鬲、颜、蛋形瓮、簋和大口尊等器型。簋可能是圈足盘的变形，大口尊则可能是高领罐或瓮演化而来的新器型。该期有些陶器的形制比较特殊，如敛口罐形鼎，"短颈、宽斜肩、扁圆腹、圈底、扁三角形足，肩部有对称的鸡冠耳。此鼎纹饰奇特，通体饰绳纹，又饰粗细适度的附加堆纹构成三组图案完全相同的璎珞状花纹，构图严谨，纹样新颖"，器形较大，呈浅灰色。又如壶式盉，是"在一尊形壶上安一象鼻式管状流，造型与制作皆非常精美"。又如透底器，"形似平顶直壁器盖，底中部有一或大或小的圆孔，柄部皆残。此器壁皆厚，泥质磨光，较精致。在一个灰坑下部出一对较大型者，外壁分别塑三和六条盘蛇（龙），甚精。龙身刻画菱形纹，其底一为素面，一为刻划雷纹为地纹"。

综观这个时期的陶器群，虽然是在继承一期的基础上发展起来的，但其文化面貌有着自己显著的特点，特别是绳纹陶的流行，卷沿和圈底器的增多，鬲、颜与蛋形瓮等新型器类的出现，都表明二期的陶器群较之一期有了重大变化。形成这个重大变化的原因，当前学术界主要有两种不同的看法：一种意见认为一期属于夏文化，二期属于商文化，一、二期文化面貌的不同，反映着夏商两种文化之间的族属区别。第二种意见认为二期文化发生的变化是一期文化发展过程中的自然延续，只是由于时代的不同，才演变出一些新的特点。我们认为上述二说均有可商之处。首先是二里头四期文化内涵之间，延续性居于主导地位，它是一个完整的具有发展阶段性的文化共同体。它主要分布于嵩山周围的伊河、洛河、颍河、汝河谷平原地区，这里也正是文献所记夏人活动的中心区。它往往叠压于二里岗商文化层次之下，绝未发现相反的层次关系。因此，仅从以上三点而论，二里头文化至少是它的一、二期，应当就是夏文化，这在当前的学术界已经基本上形成了共识。但是，二里头一、二期之间的文化面貌确实区别较大，很难用该文化本身发展的自然延续性解释清楚，它应当是受到外来文化强烈影响的结果，具体地说，应是受到西方东下冯类型文化或这里龙山文化强烈影响的结果。如前章所述，河南龙山文化是一个内涵复杂的文化共同体，它由于分布地域的不同，而形成几个不同文化面貌的地区类型。其中分布于豫中嵩山地区的晚期河南龙山文化，学术界称之为"煤山类型"文化，它孕育并产生了二里头一期文化；分布于豫西地区的晚期河南龙山文化，学术界称之为

"三里桥类型"文化，该类型与陕西客省庄二期文化、山西龙山文化面貌相近，应是属于一个大的文化类型。山西地区龙山文化孕育并产生了东下冯类型文化，而不论三里桥类型文化或东下冯类型文化，其陶器群都是以绳纹陶为其显著特征，二里头二期陶器群新出现的鬲、瓢和蛋形瓮也是这里的常见器型。由此可见，二里头文化二期文化陶器群出现的新的因素应与西方三里桥类型和东下冯类型文化有着密切的关系，它应是二里头一期文化和这两个类型文化互相融合的产物。

二里头三期文化是该文化的繁荣阶段，现已发现的该期遗存主要有偃师二里头遗址三期、高崖、程氏沟、夏后寺、灰嘴、倪家庄、巩义稍柴三期、花地嘴、登封王城岗二里头文化三期、新密曲梁二期、汝州二里头文化三期、洛阳东阳村四期、皂角树、东立射、霍村、潘庄、夏庄、东干沟、渑池郑窑三期、陕县七里铺、淅川下王岗二里头文化三期、邓州陈营、信阳北丘、郾城郝家台七期、杞县牛角岗三期、段岗三期、朱岗、郑州洛达庙二期、岔河一期、荥阳西史村三期、竖河二里头文化三期4段、禹州董庄、余王以及陕西华县元君庙等，它们大多分布于嵩山周围的伊河、洛河、颍河、汝河流域、黄河南岸，向北则扩展到豫北地区。该期的文化内涵以二里头遗址三期最为典型。其陶器群质量在二期文化的基础上进一步提高，陶质以泥质陶最多，用作盛器、食器，经过淘洗的陶土多制作精致的酒器和小件器皿；夹砂陶多用作炊器，含砂量不多，器表不显痕迹。陶器的制法仍以轮制为主，大件的缸和瓮等则用泥条盘筑法制成，个别的器皿为手制，复杂的器皿分制部件结合而成。陶窑的烧成温度高，故陶质坚硬，陶色纯净，多呈浅灰色；纹饰中粗绳纹占绝对优势，压印纹较前增多，新出现了刻有

鱼、蛇、羊首、龙爪等刻划纹饰和众多的刻划符号。有些器物的内壁多有麻点，二期的花边口沿罐近于绝迹。陶器群的器类主要有罐、鼎、甑、甗、斝、鬲、敞口盆、刻槽盆、罍、背壶、四系壶、敛口尊、大口尊、瓮、缸、三足盘、圈足盘、簋、豆、碗、钵、盂、碟、盉、觚、爵、杯、壶、觑、盅和器盖等，炊器仍以深腹和圆鼓腹罐为主，鬲的数量增多，出现了盆形鼎，瓦形三足盘消失，舌形高三足盘流行，簋和大口尊等器的形制已经定型。综观这时期陶器群的特点是制作工整，浑圆厚重，表现出庄重的作风。

二里头四期文化是三期文化的延续和蜕变阶段，现已发现的该期遗存主要有二里头遗址四期、巩义稍柴四期、登封王城

日神羽人画像

岗二里头文化四期、洛阳皂角树、东立射、霍村、夏庄、西高崖、渑池鹿寺、陕县七里铺、邓州陈营、方城八里桥、信阳北丘、郾城郝家台八期、杞县牛角岗四期、郑州洛达庙三期、上街、岔河、陈庄、荥阳西史村、武陟赵庄以及陕西华县南沙村等，它们大多分布于伊河、洛河流域及其周围地区。该期文化内涵以二里头遗址四期为代表，陶器群的质料、制法与种类与二里头三期的陶器群大致相同，但是鬲的数量增多，圈足簋的数量和形式增多；三足盘的数量锐减，花边口沿罐，扁三角形足鼎也很少见。平底器有所增加，圜底器相对

中国通史

最新整理图文珍藏版

减少，粗绳纹进一步增多。中口长腹平底罐和侈口鼓腹平底盆则是这个时期新出现的器型。考古资料证明，这些重要的变化，大都是受周围其他文化影响下的产物，表明这个时期的二里头文化正在迅速蜕变，最后被二里岗文化所取代。总之，二里头类型四期文化反映的是该文化自身发展的不同阶段，四期之间互相衔接，说明二里头类型文化是一个完整而独立的文化实体。

二里头文化在河南龙山文化煤山类型的基础上形成起来之后，不仅由于自身的发展变化而呈现不同阶段的文化面貌，而且在向外扩展的过程中，也受到当地文化的影响而出现一些地域性的变化，形成一些地域性的特点。例如豫东地区的二里头类型文化，由于地处古黄河故道的淤沙地区，其陶器群的质料绝多为自然夹砂陶，在泥质陶中也多含细砂，这在其他地区是少见的；嵩山周围的二里头文化二期以后的陶器，篮纹、方格纹已近于绝迹，而在这里却仍有较多的出现；前者所流行的带耳罐、刻槽盆（又称擂钵）、甑、甗、瓦形三足皿、甑、豆、器盖、斝、爵、觚、盉等陶器在这里却不多见，这里在下七垣文化影响下出有薄胎翻缘分裆鬲和橄榄形罐，在岳石文化的影响下出有夹粗砂红褐色素面罐、碗形豆、盘形豆等，这些都构成豫东二里头文化的地域特点。豫南地区的二里头类型文化分布于淮河和汉水流域地区，根据李维明的研究，两个地区也各有特点，分布于淮河上游地区者，褐色和黄色陶较多，砂质陶中多掺较粗的砂粒，因此陶质显得比较粗糙；个别器类如垂腹罐形鼎、钵型器盖都为其他地区二里头文化所少见。这大致是由于"除受当地龙山文化影响外，还受到来自豫东、皖西北和鄂东北地区诸文化影响"的结果。分布于汉水流域者，"黑皮红胎陶较为显著，素面陶比例较大。器耳流行，堆纹及陶塑较发达，贴小泥饼和口沿内折叠工艺独特。器类中尚保留有龙山文化的特点，如篮纹延续使用时间较长，盆形甑底部布满小圆器孔"等，这应是由于"除受当地龙山文化影响外，还受到来自商洛地区同时期其他文化的影响"的结果。这些都构成豫南二里头类型文化的地域特点。豫西地区的二里头类型文化，陶器群中所出小口束颈罐、小口瘦腹瓮、小口溜肩瓮、甗、钵、直口缸等，具有明显的地方特色；所出卵腹三足瓮、横矮足鼎等，则是受"东下冯类型"影响下的产物。陕东地区的二里头类型文化，陶器"以夹砂粗灰陶为最具特色，纹饰则以粗而杂乱的绳纹和修刮器表而形成的'水丝纹'为主"。陶器群以各类夹砂圆腹罐为大宗，泥质罐也有一定数量，这些都是继承了当地龙山文化的遗风；出土的甗，类似"东下冯类型"陶鬶的风格。这些都构成西部二里头文化的特点。豫北地区的二里头类型文化与嵩山周围的该类型文化基本相同，但出土有少量的蛋形瓮和敛口瓮等，含有"东下冯类型"的因素。以上所述各个地区的二里头类型文化，虽然具有自己的地域特点，但是与嵩山周围的二里头类型文化的共性仍然居于主导的地位，因而不宜于将其划分为相对独立的地方类型。

与上述各地二里头文化有所不同的是，分布于晋南地区的二里头文化具有鲜明的地方特征。这个地区的二里头文化遗存现已发现了70余处，其中以山西夏县东下冯遗址为代表，因此被学术界称之为"东下冯类型"。《夏县东下冯》考古报告现将该类型文化分作为四期，一期以东下冯遗址一期为代表，还有永济的东马铺头等，该期陶器陶胎厚且不匀，火候低而易碎，陶色以夹砂褐陶为最多，其次是泥质灰陶和夹砂灰陶，颜色多不纯正；纹饰以绳纹为主，其次是附加堆纹，另有少量的压印

三犬盖彩陶方鼎

"S"和反"S"纹。有些细密而清晰的绳纹，正是继承了东下冯龙山文化的遗风。该期出土的陶器约有18种，"计有鼎、鬲、甗、豆、簋、小口尊、单耳罐、折肩罐、双鋬罐、小口罐、盆、甑、罍、瓮、敛口瓮、蛋形瓮、器盖和杯。其中，主要炊器是甗和单耳罐。敛口瓮、罍、蛋形瓮、折肩罐等均为储藏器，器形均较大，出土数量也较多"。这里出土的鼎足、甗、单耳罐、蛋形瓮，有的与龙山文化形制相同，这里出土的豆与陶寺晚期出土的豆形制相同。而这里出土的2式罐形鼎与二里头遗址二期出土的4式罐形鼎形制相同，出土的豆、簋、尊、罐、盆与二里头出土的相近或相同，出土陶器上的圆圈纹和"S"纹与二里头二期陶器上的圆圈纹、"S"纹相同。由此可见，东下冯类型文化应是在当地龙山文化基础上，接受二里头文化影响而形成起来的文化类型，二里头文化二期文化中发现的蛋形瓮、敛口瓮、鬲、甗等也是受东下冯类型影响下的产物。东下冯类型文化二期，以东下冯遗址二期为代表，还有侯马的东阳呈和翼城的苇沟等遗址，该期是在一期文化的基础上继承和发展起来的。该期陶器的制作仍以泥条盘筑法的手制为主，陶胎厚薄仍然不甚均匀；陶色以夹砂灰陶为主，其次是泥质灰陶，

褐陶比例有所下降；纹饰仍以绳纹为主，纹痕紧密、清晰，绳索状附加堆纹也较多，另有少量的压印纹等。该期陶器群的器类计发现有23种，其中全部继承了一期的器类，并且增加了大口罐、深腹罐、大口尊、斝、碗和四足方杯等新的器型，而不见一期的簋。与一期相比，鬲的数量有所增加，蛋形瓮、敛口瓮和甗继续使用，这些都是当地龙山文化中常见器型。该期深腹罐类似于漳河类型的深腹罐，大口尊、四足方杯、甑和器盖等都与二里头类型三期的形制相同，陶器上的绳纹和压印纹饰圆圈纹、"人"字纹、方格纹和反"S"纹等在二里头类型三期中也比较流行；所出盆形鼎则接近于二里头类型四期盆形鼎的作风。总的来看，东下冯类型二期不少陶器的形制接近于二里头类型三期，二者的相对年代也当大致相同。东下冯类型文化三期，以东下冯遗址三期为代表，还有襄汾的大柴和垣曲古城西关遗址等。该期陶器仍以泥条盘筑法的手制为主，轮制已较前有了大幅度增加，陶胎厚薄均匀，制作也较前工整；陶色仍以夹砂灰陶为最多，其次是泥质灰陶，多深灰色，火候甚高，陶色也比较纯净；陶器纹饰仍以绳纹为主，出现了少量特粗的绳纹。陶器群的器类计发现有32种，其中继续沿用着二期的器类，并且增加了缸、爵；盉、壶、折腹罐、双耳罐和器座等新的器型。本期主要的炊器仍然是单耳罐和甗，鬲的数量有较多的增加，鼎的数量不多；盛储器中的深腹盆、大口尊、敛口瓮、折肩罐、蛋形瓮、小口罐以及器盖等，都是当时常见的器型。该期出土的鼎、鬲、爵、盉、瓮、壶、罐、缸等与二里头出土的形制相近，出土的大口尊，其形制在二里头三、四期之间。据此可知，东下冯类型三期的相对年代，大致当在二里头三期偏晚、四期偏早阶段之间。东下冯类型文化四期以东下冯遗址四期为代表，

同类的遗址还有翼城感军和襄汾大柴等遗址，该期的陶器以轮制为主，陶胎厚薄均匀，火候高，陶色多呈浅灰色；纹饰多细而密的绳纹，也有少量的压印纹饰。陶器群的器类计发现有约30种，继续沿用着三期的陶器品种。其中，出土最多的是鬲、甗、单耳罐、小口罐和蛋形瓮，它们都是该类型中传统的器物；另外也出土有众多的大口尊和深腹盆等，这些则是二里头类型中常见的器型。这里所出较多的长颈鬲在二里头四期中并不多见，后者所出则多是侈口、短颈、深鼓腹的鬲；这里出土的盆形鼎、豆、甑、尊、缸、罐、盆的形制与二里头出土的相同或相近，出土的浅腹盆又与二里岗下层墓葬出土的1式侈口盆形制相同，出土的敛口瓮与二里头四期的2式矮领瓮形制相近，却与二里岗下层的矮领瓮形制相同。据此可知，东下冯类型四期的相对年代，大约应在二里头类型文化四期和二里岗文化下层早段之间。参考碳十四所测定的绝对年代，东下冯类型文化"一般在年代上比河南二里头相同类型稍偏晚"，这个测定和考古学上揭示的这两个文化类型的内涵基本一致。

综上所述，二里头类型和东下冯类型是二里头文化内部两个既有密切联系而又相对独立的文化类型，二者有许多的共同点，但也有明显的区别。以陶器群而论，正如《夏县东下冯》考古报告所说："就器物的种类而言，两者基本上是相同的，确切地说：二里头陶器群种类包括了整个东下冯陶器群，而二里头的某些器类却不见于东下冯。关于炊器的情况，两个类型也基本上是相同的，都是以单耳罐、双耳罐、双鋬罐、深腹罐等夹砂罐为主，鬲、鼎、甗、甑居于次要地位。但是，东下冯的单耳罐很多，而二里头的单耳罐很少。东下冯鬲多于鼎，二里头鼎多于鬲。鬲，东下冯各期都有，二里头二期始见。东下

冯常见甗和敛口斝，二里头甗少见，敛口斝不见。蛋形瓮是东下冯常见的一种储器，而二里头文化遗存中很少见到。三足盘、刻槽盆、觚、盉是二里头类型常见和比较常见的器物，而东下冯类型却始终不见。"由此可见，二里头文化二期虽然融合了东下冯类型文化，但是后者并未全部甚至在一些重要方面并未吸收前者的文化因素，而且始终保留着自己的许多地方特征，特别是当时人们所常用的炊器方面尤其如此。因此，从这个意义上说，东下冯类型虽然可以作为二里头文化的一个地方类型，但是作为一个独立的文化实体而称之为"东下冯文化"也未尝不可。

在二里头文化的周围，也分布着其他不同种类的文化。分布在二里头文化北部的是"辉卫型文化"，该文化最早发现于河南辉县琉璃阁和新乡潞王坟等遗址，因其主要分布于卫水上游一带，80年代初，邹衡将其命名为先商文化的"辉卫型"。其后赵芝荃因该文化有较多的二里头文化因素，又以该文化的河北磁县下七垣遗址为代表，将其命名为二里头文化的"下七垣类型"，李伯谦则称之为下七垣文化的"辉卫型"，张立东认为它是一个独立的考古学文化，因而称之为"辉卫文化"（以下所引张文皆出此注），本文这里仍称之为"辉卫型文化"。

辉卫型文化的具体分布范围，邹衡最早指出："北至淇河，南至黄河，包括沁河下游、卫河上游一带，大约都是辉卫型的分布范围。"其后通过对河南修武李固、武陟赵庄和温县北平皋等遗址的调查和试掘，邹氏遂论定沁河一带是辉卫型文化南与二里头文化的交接之处，张立东又进一步认为该文化向北可能到达洹河，西抵太行山东麓，东南可能到达今黄河一带。关于该文化的陶器群，据张立东统计，"已经发现的器类有：深腹罐、鬲、鼎、甑、甗、斝、

圆腹罐、深腹盆、豆、簋、盘、钵、小盆、杯、爵、盉、壶、罍、小口瓮、平口瓮、蛋形瓮、敛口瓮、小瓮、缸、大口尊、花边罐、捏缘罐、刻槽盆、坩埚、器盖"等，共分为两期三段五组，即 5 个发展阶段。张立东根据这些陶器群的分析，认为辉卫型文化因与周围文化互相影响而含有 A、B、C、D、E、F、G 七组文化因素，其中A 组数量较多，是辉卫型文化固有的文化因素；B 组数量很少，属南方的二里头文化因素；C 组数量较少，属北方的漳河型文化因素；D 组数量不多，来自西方东下冯文化；E 组源于西方光社文化；F 组数

后羿射日图

量也不多，源于东方岳石文化；G 组为二里岗文化因素，辉卫型文化由是逐渐发展为二里岗文化。但是若作进一步的分析，我认为辉卫型文化实与东下冯类型文化有着更为密切的关系。这两个文化陶器群之间的共同点，以往刘绪和张立东等已有了较多的论述，这里再略加补充如下。例如辉卫型文化的陶器如张文所说："陶质以夹砂灰陶为主，陶色多不纯正，而且大多表里不一。以绳纹为主要纹饰"，颈部绳纹往往被抹去；早期细绳纹居于多数，另有少量压印的反"S"纹、卷云纹和同心圆等纹饰；"烧制火候较高，质地坚硬"。陶器群中"凹圜底器数量最多，凹平底器和三足器次之，平底器、圜底器、圈足器和假圈足器较少"。而东下冯四期的陶器也是

"夹砂灰陶占总陶片的 52%，灰陶表面的深浅颜色颇不一致，火候高的陶器占了明显的优势"。"纹饰以拍着绳纹为大宗，印痕一般较前期细密规整"。有些颈部绳纹也被抹去，另有少量的"S"纹、卷云纹和同心圆等纹饰。陶器群中也是"凹底器数量颇多，三足器比前期有所增加，圈足器为数甚少"，圜底器也为数甚少（以下所引东下冯文化资料皆出此注）。二者陶器的器类也基本相同，只是前者比后者多出土有刻槽盆，而后者比前者多出土有四足方杯等极少的器类。在各类陶器中，根据对"李固探沟一第五层、潞王坟下层和琉璃阁H1"的统计，出土的陶器"鬲，数量最多；甗，数量多；罐，数量不多；鼎，数量较少；盆，数量多；大口尊，数量多；捏缘罐，数量少；斝，数量很少；爵，数量很少；直口缸，数量少；小口瓮，数量较少；敛口瓮，数量较少；蛋形瓮，数量多；器盖，数量较少"。宋窑遗址出土的陶器则是以罐类器最多，其次是鬲、鼎、甑、甗、斝、盆和瓮等。东下冯四期出土陶器也是"数量最多的是鬲、甗、单耳罐、大口尊、深腹盆、小口罐和蛋形瓮，其次是深腹罐、敛口瓮和器盖，其余皆较少见"。二者出土陶器器类的比例也大致相同。在部分陶器形制方面，辉县琉璃阁出土的鬲与东下冯四期出土的 4 式鬲形制相同；修武李固出土的深腹罐与东下冯四期出土的 2 式深腹罐形制相近；新乡潞王坟出土的捏口罐与东下冯三期出土的 2 式小口鼓腹罐形制相近；淇县宋窑出土的 2 式鼎与东下冯二期出土的 1 式鼎形制相同。辉卫型文化各遗址中多出土有敞口敛颈折肩盆，仅宋窑遗址就出土有 105 件（称之为 C 型深腹盆），"束颈，有肩，腹壁外曲，大多下腹与底部饰绳纹"，是辉卫型文化的典型器物。它和东下冯四期出土的盉形制相同，《夏县东下冯》考古报告云："凡腹部有折

棱的盆形器，皆定名为盂，是四期新出现的典型器物，皆泥质灰陶，腹的上段有折棱，下段呈弧形急收。"这种盆在周围其他文化中皆很少见，却是辉卫型文化和东下冯文化中的常见器物。敛口斝也是这两个文化中共出的器物，辉卫型文化中以宋窑遗址出土的 A 型斝比较完整，皆为夹砂灰陶，"敛口、浅腹、束腰，腰下为三个肥大的袋足。周身附加各种走向的堆纹"，口沿下通体饰绳纹。东下冯遗址三期出土的斝是"夹砂褐陶，宽沿内折成敛口，方唇，束腰，袋足肥硕，沿以下饰绳纹，沿下和腰部还各有索状堆纹一周，其间并加饰波浪形索状堆纹"。辉卫型文化的敛口斝出现于较晚的三、四组，东下冯类型的敛口斝开始出现于二期，盛行于三期，四期逐渐减少。它不见于周围其他文化，而是辉卫型文化和东下冯文化中独有的器物。蛋形瓮也是二者文化中常见的器物，而为周围其他文化不见或少见。平底蛋形瓮开始出现于东下冯类型一期和辉卫型文化早期，前者三期出现乳状足、圈足和假圈足，后者晚期出现圈足和假圈足。

由上所述，可知就陶器群而论，辉卫型文化与东下冯文化之间，比较周围其他文化有着更多的共同性，这种更多的共性，说明二者之间应当有着密切的渊源关系。

碧玉龙

就总体而言，东下冯文化约略早于辉卫型文化，因此后者可能就是前者向东发展的一个分支。近年来考古工作者在山西垣曲地区发现一些东下冯文化的遗址，其中垣曲商城之下所叠压的二里头文化晚期遗存，就含有众多的东下冯文化的因素。如《垣曲商城》考古报告所说：该遗存陶器以夹砂灰陶为最多，绳纹为主，"花边口沿、舌形錾手和鸡冠耳在这一期陶器中极为流行"，各种陶器中以罐类器为大宗，其次是甗、甑、鬲、盆和大口尊等。东下冯遗址的陶器自二期以后也是以夹砂灰陶为最多，"占全部陶片的 34.5%"，"纹饰，绳纹占总数的 74%"，花边口沿罐、双錾罐和带鸡冠耳的盆，更是东下冯文化陶器群中显著的特征，陶器中主要炊器也是"单耳罐和甗。折肩罐、盆、敛口瓮、罍、小口罐和器盖，是日常生活中的多用器"，"大口尊数量也不算太少"。另外，该遗存的带錾圆腹罐与东下冯文化三期的双錾罐形制相同；前者的深腹罐、缸、大口尊分别与后者四期的形制相近或相同；前者的 1 式小口罐、2 式小口罐与后者三期的 1 式小口罐、2 式小口罐形制相同；前者的鬲与后者四期的 5 式鬲、6 式鬲形制相近，同时又与辉卫型文化宋窑遗址的 C 型鬲形制相近；前者的 1 式甑与后者三期的 2 式颜形制相近；前者的 1 式侈口盆、3 式侈口盆、2 式折腹盆与后者三期的 2 式深腹盆、四期的 2 式深腹盆、四期的 1 式盂形制相同，如上所述，这种折腹盆也常见于辉卫型文化之中。前者的折腹盆形甑又与辉卫型文化宋窑遗址的 A1 式甑形制相同；前者的罐形鼎又与辉县琉璃阁遗址的陶鼎形制相同。上述现象表明，东下冯文化可能沿着黄河北岸向东发展到辉卫地区。另外在山西的长治小神村遗址也发现有东下冯文化的遗存，这表明东下冯文化可能又沿着古漳水穿过太行山分别进入辉卫地区，总之，辉卫型文化应当是在东下冯文化的基础上，吸收当地文化因素，在周围文化特别是二里头文化强烈影响下而形成起来的一种新型文化。

在二里头文化的东方，分布着岳石文化，该文化因发现于山东平度县岳石遗址而命名，其分布范围大致是以今山东省区为中心，北至辽南，南达苏北，向西则扩展到今河南省的豫东地区。由于分布地域较广，因而形成一些地域差别，严文明根据这些地域差别，将其分为 5 个地区类型，即分布于胶东地区的岳石文化以牟平照格庄遗址为代表，称之为"照格庄类型"；分布于潍淄流域的以青州郝家庄遗址为代表，称之为"郝家庄类型"；分布于沂沭流域的以临沂土城子遗址为代表，称之为"土城类型"；分布于汶泗流域的以尹家城遗址为代表，称之为"尹家城类型"；分布于鲁西南地区的以安邱堌堆遗址为代表，称之为"安邱类型"；分布于豫东地区的岳石文化与此同类，即属于"安邱类型"。岳石文化的"安邱类型"与二里头文化的交接地带，根据宋豫秦的研究，大致在豫东地区的杞县、柘城、鹿邑、郸城、沈丘以及安徽太和一线和杞县、太康、淮阳、项城、新蔡一线之间。安邱堌堆的岳石文化遗存叠压在龙山文化层次之上，被压在二里岗上层文化之下，其相对年代，上限大致与二里头文化和辉卫型文化同时，下限可延续到二里岗文化上层偏早阶段，或者更晚。该类型文化可分为三期，其早期以灰陶为主，多素面陶，晚期以褐陶为主，绳纹逐渐增多。陶器中以夹砂中口罐和甗为主要炊器，其次为鬲和鼎等，盛储器有侈口折肩盆、卷沿鼓腹盆、盘形和碗形豆、樽口尊、樽口罐、箍形堆纹罐和花边口沿罐、蛋形瓮以及器盖等。由于该类型与二里头文化、辉卫型文化所处时代相同；分布地域相近，因此，也进行着文化交流和

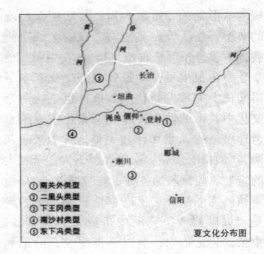

夏文化分布图

互相影响。以豫东鹿台岗岳石文化遗存为例，该遗存出土的"鸡冠耳盆、箍状堆纹缸、束腰平底爵、花边口沿罐和细泥卷领鼓腹盆等，都具有二里头文化或先商文化的文化因素"；而"安邱堌堆岳石文化的覆钵形器盖、小口瓮、有肩深腹盆、花边口沿等与辉卫文化者相近，其中有的因素可能来自辉卫文化"。

在二里头文化周围的南方和西方，目前还没有发现有与之同时代的独立的考古学文化，这里讨论暂付缺如。不过该文化对外围诸考古学文化的影响是相当广泛的，例如在西方的齐家文化中，北方的光社文化和夏家店下层文化中，东南的斗鸡台文化中，南方的湖北、川东长江沿岸以及四川广汉地区的早期青铜文化中，都或多或少地发现有二里头文化的因素，可见其影响是相当遥远的。

夏王朝的疆域

文献记载的夏代疆域，以《尚书·禹贡》最为详细，但是学术界对其创作时代的意见也最为分歧。传统的意见认定《禹

贡》为夏书，如崔述《唐虞考信录》说《尚书·禹贡》，"篇名以贡，纪贡制也；贡冠以禹，志禹功也"。因此所述九州、五服，认为是禹所规划制定，导山导水也是禹所主持治理；而"东渐于海，西被于流沙，朔、南暨；声教讫于四海"，都认为是夏王朝的领土范围。到了近代，始有人打破传统旧说，并根据新的资料，运用新的观点对此提出各种新说。20 世纪初，王国维曾认为《禹贡》"文字稍平易简洁，或系后世重编；然至少也必为周初人所作"。近人辛树帜对此加以系统发挥，说是"《禹贡》成书时代，应在西周的文、武、周公、成、康全盛时代，下至穆王为止"，其内容也"与西周初年政治相合，因此得出《禹贡》即西周初年经济政治的产物"。另外，康有为等人又说《禹贡》当为春秋晚期孔子所作。20 世纪 30 年代，"《禹贡》学派"兴起，顾颉刚首倡《禹贡》作于战国一说，此说引起学术界的强烈反响。顾先生主要提出以下几点作为论据：一是《禹贡》所述以王都为中心方五千里的五服区划，"只是假想的纸上文章"，现实中不可能存在，而且它与所述的九州范围以及古代中国政治地理实况相互矛盾，并不符合；二是该文所述内方、外方二山，扬州、梁州二州都是春秋以后出现的名称；三是"中国之于铜器时代进于铁器时代，始于春秋而盛于战国，这是确定不移的事实。《禹贡》的梁州贡物有铁和镂，镂是刚金即钢，这更不是虞、夏时代所可有"；四是《禹贡》所述的地理范围，"东南只到震泽（即今太湖），南方只到衡山，北方只到恒山，可见作者的地理知识仅限于公元前 280 年以前七国所达到的疆域"。据此，顾颉刚结论说："我们可以猜测，它是公元前第 3 世纪前期的作品，较秦始皇统一的时代约早六十年。"今按顾氏所说甚是，《禹贡》一文当为战国时代的作品。

《禹贡》所述的九州规模，不仅夏王朝不可能有，就是在商代，根据甲骨卜辞可知，除了商王畿之外，四土四方还是部族方国林立，其中多数部族方国与中央王朝关系时合时离；西周时期也是封建诸侯，大邦小邦都保持着一定的独立状态，中央王室除了在畿内，也同样无力在全国范围内建立九州机构以进行统治。再者，夏代的生产力还相当低下，科学技术还很原始，也不可能像《禹贡》所述对土壤认识得那样细致：这只有到了战国时期，随着铁器的普遍应用，生产力的进一步提高，商品经济的进一步发展，各地交往的频繁，才能为《禹贡》创作奠定物质上和思想上的基础。适应着经济发展的需要，人们要求政治上统一的愿望愈加强烈起来，《禹贡》正是当时思想家们为未来的统一设想出来的一种政治方案，这种方案虽然带有一定程度的乌托邦性质，它却恰恰反映着秦王朝统一前夕的时代特点。

但是，《禹贡》既然托古于禹，它就应当包含有可以假托的且为当时众所公认的一些夏代史实，否则在百家争鸣的战国时代，它就不可能有存在的余地。其中"禹划九州"，不仅见于《禹贡》，而且也见于其他先秦资料，屈原《天问》云："鲧何所营？禹何所成？……九州安错？川谷何湾？"王逸注："言九州错厕，禹何所分别之？"是知楚人屈原也认为最早的九州是禹所划分的。《山海经·海内经》："鲧是始布土，均定九州。"又云："帝乃命禹卒布土以定九州。"《左传·宣公三年》："昔夏之方有德也，远方图物，贡金九牧。"杜预注："使九州之牧贡金。"春秋前期的《叔夷钟》铭云："咸有九州，处堣（禹）之堵（土）。"这里都把九州与禹和夏部族密切地联系在一起。又《左传·襄公四年》记魏绛云："周辛甲之为太史也，命百官，官箴王阙，于《虞人之箴》

曰：'芒芒禹迹，画为九州，经启九道。'"所有这些记载都说明，禹划九州应当是实际存在过的事情。

不过禹虽然划过九州，而这个九州决然不像《禹贡》所述那样大的范围。关于夏代九州所在，以往徐中舒、辛树帜等先生认为当即《左传》中司马侯所说的九州，这是完全可信的。须知九州是我国历史上最早的地域组织，它的形成地区大致需要具备以下三个条件：一是这个地区经济发展相对较快，贫富差别较大，使原来平等的氏族成员已经分裂成为互相对立的阶级；二是随着经济的发展，人们交往频繁，一些不同氏族部落的成员有可能较多地杂居在一起，而阶级的分化，较多的杂居，导致了血缘氏族组织迅速走向瓦解和崩溃；三是国家政权对这个地区有很大的权威，从而有力量根据自身的需要建立起地方权力机构。基于以上三点，可见当时的九州应当形成于夏王朝经济上比较发展、政治上比较巩固的地区，也就是夏王朝的中心区。而司马侯所说的九州地望正与夏王朝的中心区相符合，这里首先将其九州范围略述如下，以便说明这个问题。

《左传·昭公四年》：司马侯对曰："恃险与马，而虞邻国之难，是三殆也。四岳、三涂、阳城、大室、荆山、中南，九州之险也，是不一姓。"这六个地名都是山名，此六山既为"九州之险"，因此，弄清这六山的地望，也就了解到古代九州的大致范围。"四岳"如前节所述，也即"大岳"，既为族名，又是部族首领名，又是山名。王符《潜夫论·志氏姓》："炎帝苗胄，四岳、伯夷。"此四岳当为族名。《尚书·尧典》："帝曰：'咨，四岳……汝能庸命巽朕位。'岳曰：'否德忝帝位。'"此四岳又是部族首领名，而"四岳、三涂、阳城、大室"，此四岳也即大岳当为山名殆无疑问。《左传·庄公二十二年》载周史

曰："姜，大岳之后也，山岳则配天。"如前所述，大岳族是古老的炎帝族的后裔，最早当以居住于大岳山而得名，因而也把此山作为配祭天地的神灵。大岳山又称崧岳山，《诗经·大雅·崧高》："崧高维岳，骏极于天；维岳降神，生甫及申。"毛传曰："崧，高貌，山大而高曰崧。"孔颖达疏引刘熙《释名》曰："崧，竦也，亦高称也。"是崧岳也即高岳、大岳之意。《史记·齐太公世家》云："太公望吕尚者，东海上人。其先祖尝为四岳，佐禹平水土，甚有功，虞夏之际封于吕，或封于申，姓姜氏。"吕国即甫国，吕、申二族既同为四岳后裔，也即大岳后裔，又为崧岳降神所生，是知大岳山实为崧岳山无疑。崧岳所指，自《尔雅》以来许多学者认为就是现在河南省登封市的嵩山，此说不确，前人已辨其非是。《尔雅·释山》："山大而高，崧。"邢昺疏："季巡曰：'高大曰嵩。'此则山高大者自名崧，本不指中岳。"胡渭《〈禹贡〉锥指》云："《左传·昭四年》司马侯曰：'四岳、三涂、阳城、大室'。太室即嵩高也，于四岳外别言之，亦可见嵩高时不为岳矣。"嵩山于《国语·周语》称作"崇山"，《左传》称作"太室"，《逸周书·度邑》称之为"天室"，《尚书·禹贡》又称作"外方"，称作"中岳"，可能是汉代以后的事。四岳既与太室并提，则四岳不是嵩山明显可知，因此申、吕二族发源地的崧岳不可能是现在所称作的嵩山，而是指的另外一山，如前章所述，这座崧岳应当就是指的现在所称作的河南宜阳县的岳顶山。

三涂：杜预注："在河南陆浑县南。"孔颖达疏引《释例·土地名》云："河南陆浑县南山名。"《水经·伊水》：伊水"又东北过陆浑县南"。郦道元注："伊水径其下历峡，北流即古三涂山也。杜预《释地》曰：'山在县南。'阚骃《十三州

志》云：'山在东南。'今是山在陆浑故城东南八十许里。"顾祖禹《读史方舆纪要》卷八十四：三涂山在"嵩县西南十里。"《大清一统志·河南省·河南府》山川条下："三涂山在嵩县西南……旧《志》在今县西南十里伊水北，俗呼为崖口，又曰水门。"清代嵩县即今河南省嵩县，陆浑即今嵩县东北的陆浑镇。三涂山与岳顶山南北相距20余公里，是豫西山区通往伊洛盆地的交通要道，因此构成古代九州的险要之一。

阳城：杜预注："在阳城县东北。"西晋阳城县就是在今河南省登封市告成镇发现的古阳城遗址。城墙的最下层筑于春秋而上层沿用于汉唐，城的东北，山岭起伏，即古代的阳城山。《水经·洧水》："洧水出河南密县西南马领山。"郦道元注："水出山下，亦言出颍川阳城山，山在阳城县之东北，盖马领之统目焉。"是知阳城山又名马领山，位于古阳城县即今登封市告成镇东北，与杜预所注正相符合。

大室：杜预注："在河南阳城县西北。"大室今称太室山，是嵩山的主峰，位于古阳城县西北10余公里。阳城、太室二山相对，地处伊洛盆地通往豫东南淮河平原的交通要道，为古代九州的又一险要地带。

荆山：杜预注："在新城沶乡县南。"即今湖北省南漳县北，此说不确。顾颉刚《史林杂识·瓜州》云："'荆山'者，《史记·封禅书》曰：'黄帝采首山铜，铸鼎于荆山下。鼎既成，有龙垂胡髯下迎黄帝……故后世因名其处曰鼎湖。'《水经注·河水篇》曰：'湖水又北径湖县东而北流入于河。《魏土地记》曰："弘农，湖县有轩辕黄帝登仙处。'"汉之湖县为今河南阌乡县，首山在今山西永济县，隔河相望，故传说中之黄帝可采铜于彼而铸鼎于此。《汉书·地理志·京兆尹》湖县条下，谭

其骧释云："古有胡国，相传东周初为郑武公所灭，见《竹书纪年》与《韩非子》……县南有地名鼎湖，传说为黄帝铸鼎之处，故武帝更名湖。"鼎湖位于今河南省灵宝县西阳平镇，湖的东岸有一高地就是历代传说的黄帝铸鼎原，又名荆山。又《尚书·禹贡》云："荆岐既旅，终南惇物……导岍及岐，至于荆山。"孔颖达疏引《汉书·地理志》云："《禹贡》北条荆山在冯翊怀德县南。"顾颉刚《〈禹贡〉注释》云："荆山，即雍州'荆、岐既旅'的北条荆山，《汉书·地理志》说：'左冯翊怀德，《禹贡》北条荆山在南，下有强梁原。'汉怀德县即今陕西朝邑县，荆山在朝邑县西南三十二里。强梁原即《水经·河水注》所称的朝坂，为荆山的北麓，陕西《同州府志》说：'华原，在朝邑县西，绕北而东，以绝于河，古河濡也，一名朝坂，亦谓之华原山。'盖此导岍山、岐山至于荆山之麓，直抵河濡，所以说：'至于荆山，逾于河。'"朝邑东南距阳平约50公里，《左传》所说的荆山，大致应在这一地区。

中南：杜预注："在始平武功县南。"即今陕西省武功县南，此说可商。今按中南一名终南，《诗经·秦风·终南》云："终南何有？有条有梅。"毛传曰："终南，周之名山中南也。"《括地志》云："终南山，一名中南山。"终南所指，历来说法不一，《汉书·地理志·右扶风》武功县下班固自注："太壹山，古文以为终南。"《水经注》、《括地志》等承袭此说。但是张衡《西京赋》说："于前则终南、太一。"李善注："此云终南、太一，不得为一山明矣。盖终南，南山之总名，太一，一山之别号耳。"柳宗元《终南山祠堂碑》云："唯终南，据天之中，在都之南，西至于褒斜，又西至于陇首以临于戎；东至于商颜，又东至于太华，以据于关。实能作

石范

固，以屏王室。"顾祖禹《读史方舆纪要》卷二十五云："终南脉起昆仑，尾衔嵩岳。"《尚书·禹贡》云："荆岐既旅，终南惇物。"顾颉刚注："终南山即秦岭山。"可见自汉以来许多人都认为终南、太一所指不同，并非一山。"终南，南山之总名"，所指包括西起陇首、东至于太华的整个秦岭山脉，而太一山只是终南的一峰，并不能概括整个终南山。荆山南与秦岭即中南相对，地当关中盆地通往关东的咽喉要道，古代的潼关、函谷关都在其间，无疑应是古代九州地区的险要地带。

以上论述了作为九州之险的六山地望，这六山地望就构成了古代九州的大致范围；六山全部分布于今河南西部伊河、洛河、颍河、汝河流域一带以及豫、陕交界地区，由此可知，这里也就是古代九州所在的地区。如上所述，太室山即今嵩山周围乃是夏部族的发祥地，由于夏部族从事着以农业为主的经济活动，过着相对稳定的定居生活，因此进入阶级社会以后，这里在相当长的时间内都是夏王朝的政治中心区。《水经·颍水注》引徐广曰："河南、阳城、阳翟，则夏地也。"汉代河南即今河南省洛阳市地区，阳城即今河南省登封市告成镇，阳翟即今河南省禹州市，这三地都曾是夏王朝的都居，它们都位于太室山即嵩山的南北地区。而在伊河、洛河上游的豫西山区，则是炎帝族后裔共工部族、姜戎部族的聚居区。《国语·鲁语上》："共

工氏之伯九有也，其子曰后土，能平九土，故祀以为社。"《礼记·祭法》又云："共工氏之霸九州也。"说明共工部族也曾是九州地区的主要居民。共工也是四岳族的祖先，四岳以后发展为姜戎部族，《国语·周语下》记禹治水时有共工"从孙四岳佐之"而受到皇天的嘉奖。《左传·襄公十四年》记戎子驹支说："惠公蠲其大德，谓我诸戎是四岳之裔胄也。"戎族有相当多的部分沿袭着祖先故地，居住于豫西山区，他们被冠以地名称之为"九州之戎"。《左传·哀公四年》："士蔑乃致九州之戎。"杜预注："九州戎，在晋阴地陆浑者。"晋之阴地所在，《左传·宣公二年》："夏，晋赵盾救焦，遂自阴地及诸侯之师侵郑。"杜预注："阴地，晋河南山北自上洛以东至陆浑。"高士奇《春秋地名考略》卷四云："晋上洛，今西安府洛南县；陆浑，今河南府嵩县；其地南阻终南，北临大河，所谓河南山北也……今卢氏县有阴地城。"清代洛南县，即今陕西省洛南县；陆浑，即今河南省嵩县西北的陆浑镇；卢氏县，即今河南省卢氏县。由此可知，"九州之戎"分布的地区，当在今陕西省上洛县以东至今河南省嵩县一带，这里正是古代九州的西部地区。"九州之戎"因居于阴地，又称为"阴戎"，《左传·昭公九年》："晋梁丙、张超，率阴戎伐颍。"杜预注："阴戎，陆浑之戎。"这里因地处伊河、洛河上游，"九州之戎"又称作"伊雒之戎"，又因地处古"九州"的西部，又称作"西戎"。《山海经·中次二经》云："又西三百里曰阳山……阳水出焉，而化流注于伊水……又西二百里曰昆吾之山，其上多赤铜……又西百二十里曰蔓山，蔓水出焉，而北流注于伊水。"郭璞注：昆吾山"出名铜，色赤如火，以之作刀，切玉如割泥也。周穆王时，西戎献之，《尸子》所谓'昆吾之剑'也"。"昆吾之剑"当出于昆

最新整理图文珍藏版

里所用的历法是夏历。古代人们把十二个地支，即子丑寅卯辰巳午未申酉戌亥，和一年的十二个月互相配合。以通常有冬至的那一月配子，第二月配丑，第三月配寅，直至第十二月配亥。如果以有冬至的那一月作为一年的正月，这样的历法叫做"建子"；以冬至后第二月作为一年的正月，这样的历法叫做"建丑"；以冬至后第三月作为一年的正月，这样的历法叫做"建寅"。传说古代夏、商、周三朝的历法都不同："夏正建寅，殷正建丑，周正建子"，即夏代把一年的正月放在冬至后的第三月，殷代即商代把一年的正月放在冬至后的第二月，周代把一年的正月放在有冬至的那一月。在这三种历法中，只有夏历最符合人们的活动规律。因为冬至后的第三个月，正是春天的开始，万物复苏，大地更新，农民们开始下地劳动。把这个月作为新年的正月，最受农民的欢迎，也最便于管理农业。

夏历在中国的深远影响

自《夏小正》用夏历记录了一年十二个月的物候和农事活动的规律后，受到人们的普遍重视。春秋时代的孔子说："我欲观察夏朝兴亡的道理，所以到夏王后代所在的杞国，但那里找不到这方面的文献，却得到了夏时。"所谓"夏时"，就是按月记载物候和农事活动的《夏小正》。孔子认为这个文献非常好，所以他主张"行夏之时"。汉代司马迁写《史记》时还说："学者多传《夏小正》。"汉初的历法仍然用夏正"建寅"。直到现在我们所用的农历，也叫阴历，冬至一般在十一月，而冬至后的第三个月才是新年的开始，正是采用的夏历。可见《夏小正》记载的夏历，在中国历史上的深远影响。

走进青铜时代

铜、铁、锡在自然界以矿物的形式存在，大多是化合物，必须经过高温冶炼才能得到。我们的先人在加工石料、使用火及制陶当中，发现了这些金属，并开始利用它们。目前中国最早的青铜合金器物尚未发现，一如最原始阶段的纯铜器一样，也还有待未来的考古发掘。据考证，中国在炎黄时代就已经开始使用红铜。这一时间略晚于古巴比伦人和古埃及人开始炼铜的时间。但两河文明和尼罗河文明从纯铜炼制到青铜出现整整经历了两三千年，而中国古代却很快从红铜冶炼时代跨入了青铜器时代。在夏代时，已经开始出现少量青铜器，古史所记"夏铸九鼎"，大概是中华青铜文明开始的标记。但夏代的青铜文化仍在寻觅、探索当中。到了商、周时期，青铜器才普遍使用，使中华文明史向前推进了一大步。

青铜是红铜、锡、铅等金属的合金，硬度高、熔点低，用青铜造的工具，更为耐用。据考古分析，商代的青铜器为铜锡合金，锡的比例大致为5%至20%（另外也有含铜量达92%至98%的纯铜器和含不同数量铅质的合金）。青铜合金的硬度较纯铜高，同时可以保持纯铜所具有的韧性，有明亮的光泽，而且青铜合金的熔点也较低，当加锡至20%时，熔点可低到摄氏900度左右（纯铜为摄氏1083度）。因为青铜兼具硬度与韧度，浇铸时气泡少，流动性好，所以可铸出锐利的锋刃和精细的花纹，适于制作坚实的兵器、工具及亮丽的容器。

青铜合金中，铜锡比例的不同，合金的性能也不同。我们现在还不能具体地说明古人如何利用这一科学事实。但是《周

商·青铜方鼎

神奇的铸造技术

青铜器的冶铸方法与青铜器的造型及装饰方法密切相关。我们都知道，青铜器是铸成的，不是敲击或剜凿而成的。在对河南安阳商代晚期铸铜工场遗址发掘的过程中，我们逐步了解了当时的青铜冶铸技术。

在商代晚期的铸铜工场遗址中我们发现，当时的铜矿原料是不含硫的孔雀石（氧化铜），矿砂中夹杂着赤铁矿。这些原料被放在一种当地农民称之为"将军盔"的红黄色陶质器中，加热到1000度左右方可熔化。这样高的温度，可能有鼓风设备，燃料主要是木炭。

商代后期·青铜鼎

礼·考工记》中列出了六种不同的比例："六齐"（即六剂）——钟鼎之齐，铜六锡一；斧斤之齐，铜五锡一；戈戟之齐，铜四锡一；大刃之齐，铜三锡一；杀矢之齐，铜五锡二鉴燧之齐，铜锡各半。这六种不同的配方，还有待探讨，但可以说明，当时的商人已经知道冶炼不同的配方可以获得不同性能的合金。

商代青铜合金中，也有再加入一定比例铅的，甚至有完全用铅代替锡的。现在还不知道当时加入铅质的实际目的是为什么。不过现代科学证明，铜锡合金中加入极少量的铅，可以在铸造花纹时，收到花纹清晰、减少气孔的良好效果。这一技术到了战国时代才开始有意识地利用，到底商代是否已经掌握这一技术，仍有待考证。

制造青铜器的范是陶制的，由内范、外范多块拼成。铸造的基本过程大概是：用特制的泥做成待铸器的实心泥模，然后在泥模上分块翻制外范。外范做好之后，加以适当修整，并在外范上加刻精细的花纹，之后再将小块外范拼接成大块，在器

中国通史

最新整理图文珍藏版

范底部制作铭文范。内范的做法是在泥模上刮去一层，这层空隙就是待铸器的厚度。等制作好浇口和冒口后，用约 600 度左右的温度将之焙烧成陶质，对合成的整体范预热并灌注铜液。待铜液冷却后，打碎整范，取出青铜器。

从上述工序流程可以看出，铸造一件小型青铜器需要多么复杂的过程。如果铸造像司母戊方鼎这样的重器（长 110 厘米、高 133 厘米，重 875 公斤），可以想象一下，需要多少块陶范，需要多少人翻范、制模、液化铜汁、浇铸、拼接！没有数百人同时劳作，是根本无法完成的。

在安阳商代晚期的铸铜工场遗址中，我们看到，当时陶范的选料、配料、塑模、翻范、花纹刻制都极为考究；浑铸、分铸、铸接、叠铸技术也非常成熟，充分显示了我们先人的聪明才智。而直接用陶范翻铸青铜器只是古代青铜器铸造的一般方法。除此之外，商代已出现了其他多种铸造办法，例如：两次铸法创造了铜器上的提梁或链条，特别是链条的铸造，是金属熔冶技术上的重大发明。蜡模法——在翻铸结构较复杂或镂空的装饰时，范型的设计比较困难，往往内用蜡模，外加湿柔陶泥涂墁，干后自然成范。然后加烧使蜡熔解流出，遗留的空隙被浇铸时的铜液填充，即可成型。但蜡模法在战国以前是否已经使用，现在尚难以证实。

不断成熟的商代青铜器

商代的青铜器经历了一个漫长的发展过程，这个过程可以简单地分为早、中、晚三个时期。

商代早期的青铜器是与考古学的二里冈文化期相当的商代青铜器。这一时期的青铜礼器、兵器等都较二里头文化所代表

的夏代青铜制品有了很大的进步，不仅种类和数量有所增加，在冶铸技术、装饰工艺方面也表现出较高的水平。这个时期相当于商汤立国之时，是中国青铜文化走向繁荣的重要时期。

这一时期除了铸造青铜工具和兵器外，铸造的容器主要有鼎、鬲、甗、簋、爵、觚、斝、罍、瓿、壶、盘等。虽然器类较为简单，但已经普遍形成爵、觚、斝三者成套的酒器组合。商代青铜礼器的体制已初步形成。而且，这一时期的青铜器容器具有独特的造型。例如，鼎、鬲等食器一般有三个足与器身相连，而其中必有一足与一耳成垂直线，在视觉上有不平衡感。而当时铸造的大型器物，已采用了分体铸造的技术，其工艺已达到了一定高度。花纹较简单，仅有粗线和细线的变体兽面纹。

商代中晚期的青铜器大致属于殷墟时代。因为商代晚期的青铜器代表了高度繁荣的青铜文化，所以研究商代中晚期青铜器对于研究中国青铜时代从初期到鼎盛的历史具有重要意义。

商代后期·饕餮纹瓿

商代中期青铜器的发现较为分散，以河北、北京、安徽等地出土的青铜器比较典型。其器形特征为：爵的流已放宽，并出现圆体爵；平底斝已较少见，表现出一定的工艺水平。其中，斝的底部多向下鼓出，在空锥状足的基础上，出现了截面为丁字形的足；大口有肩尊，有了较大的发展，出现了厚重雄伟的造型；罍的体型比例较早期有明显的降低而呈宽肩的样式；鼎、鬲等器物开始出现三足与两耳对称的样式；而且瓿开始出现。这一时期器物上的纹饰分为两类：一类是变形动物纹，构图简略，但线条细而密集，有别于早期纹饰线条粗犷的风格；另一类是用繁密的雷纹和排列整齐的羽状纹构成的兽面纹，双目突出，但头像与体子仍没有明显的区分。这一时期的青铜器一般不铸铭文，个别器物铸有氏族徽记。

商代晚期的青铜器指武丁至帝辛时的器物，可分为前、后两个阶段。新出的器形有方彝、高颈椭扁体壶。觥、盂、鼎、鬲、簋、瓿等食器有较大的发展。爵已盛行圆体型式。觚的腹部细长趋势明显。斝在前段仍是与爵、觚相伴的酒器，后段似

商代后期·铜耙、铜犁

乎已退出酒器组合之列。方彝发展较快。鸟兽形象的器物也很盛行。青铜器上的铭文有所发展，尤其在殷墟文化后段，铭文加长，内容趋向记史，据此已能确定一批绝对年代可考的标准器。这一时期器物的纹饰趋于繁缛，形成地纹和主纹相重叠的多层花纹。主纹普遍采用浮雕形式，以动物和神怪为主题，地纹普遍采用雷纹，而

且花纹往往布满全器。另外这一时期扉棱和牺首等装饰手法也有很大的发展。

非凡的器形和纹饰

商代青铜器的造型变化丰富，说明了青铜器的铸造要符合当时贵族生活繁杂的要求，也足以看出工匠们非凡的艺术创造。器形的创造利用了技术上的各种可能条件，加三足器、四足器、提梁、链条等都是主要的创造。这些器形的美学价值在于形象的创造满足了一定的情感要求。富于变化的各种造型给人以多样的印象，有挺拔、稳重、秀美等不同的感觉。

青铜器上的装饰纹样和造型一样，也体现了商代工艺家卓越的艺术匠思。商代青铜器上流行装饰饕餮、夔龙、夔凤等等幻想出的神话动物。相传的"饕餮纹"，是宋代人根据《吕氏春秋》的记载而定的名称。饕餮是古代绘画形象中罕有的正面形象。夔龙、夔凤都是侧面形象，大多只表现一只脚，所以冠之以"夔"字。夔龙、夔凤时常和饕餮纹混合组织，例如相对称的一对夔龙，就共同组成了一个饕餮纹。饕餮纹一般布置在器物的主要装饰面上。夔龙、夔凤纹则在次要的装饰面上。

商代青铜器上的装饰纹样也有直接取材于现实动物的。最多的是蛇、牛、虎、象、鹿、蝉、蚕等。而在此基础上，龙纹大量出现，成为商周青铜器中常见的纹饰之一。从商代早期至春秋战国时期，龙纹的变化形式较多，大致可分为以下几种：

（1）爬行龙纹，即龙纹形象，和兽面纹一样，此种龙纹也有各种不同的类型，其盛行时代约在商代早期至西周早期。

（2）双体龙纹，即以一个龙头的正面形象为中心，躯体向两侧展开，常饰于青铜器颈部的狭长范围内，流行于商晚期至

中国通史

最新整理图文珍藏版

西周中期。

（3）卷龙纹，龙的躯体作卷曲状，其中一种是龙头的正面形象居中，躯体盘绕其外，形成一圆形，多饰于盘的中心，见于商末周初。

几何纹样也是商代青铜器多用的纹样。除了排成行列的四瓣纹及圆涡纹外，最多的是不规则的云雷纹，常装饰在空白处，作为底纹，或装饰在上面所说的幻想的或现实的动物纹样之上。

总的来说，商代青铜器大多装饰丰富，花纹布满全体，并有上下层次；也有少数青铜器装饰简单，甚至朴素无饰或仅有一道弦纹。除了平面纹饰之外，商代青铜器上也往往有凸起的立体装饰。如器物的耳上或鋬上的牺首，或某些器盖上的兽形钮。这些兽形具有商代雕塑的一般风格特点及商代雕塑处理形象的特殊手法。

变异的纹饰——金文

文字从来都被视为文明确立的标志之一。辉煌的商文明不仅留给我们举世瞩目的甲骨文，还开创了在青铜器上铸刻铭文的传统。这些青铜器铭文习称金文，不仅有重要的史料价值，而且由于铭文的字体、布局、内容随着时代发展而发生变化，所以铭文也是青铜器断代的重要标准之一。目前所见考古发掘出土的有铭青铜器，以商代晚期为最早，但有少数传世的二里冈上层期的青铜器也铸有铭文。我们现在还不能很好地解释为什么这些属于早商的青铜器竟然也铸有铭文。只能推测，其发现甚少的原因也许是由于那个时期在青铜器上铸铭尚未成为风气。

商代晚期的铭文最常见的有：氏族名号、本家族死去先人的名号、作器者名。由于商代晚期铭文多数属于这些内容，所

商代后期·青铜编铙

商代后期·青铜方觚

以此时期铭文字数一般只有几个字。这种商代金文可谓言短意深。从其常见形式可以知道它们反映了当时商人的家族形态、家族制度与宗教观念等重要问题。

商代晚期由于青铜铸造技术的提高，在铜器上铸造铭文的开始增多，出现了铸有 10 多字，甚至几十个字的长篇铭文。这些较长的铭文内容多涉及商代晚期重要的战事、王室祭祀活动、王室与贵族关系等，有的还标出了作器时间。而且，这些金文有着鲜明的时代特色。那些表示人体、动物、植物、器物的字，在字形上有较浓的象形意味。取人体形象的文字，头部常作粗圆点，腿部作下跪形状。这种字形并不表明此时文字还处于原始阶段（这从同时的或较早的甲骨文字即可得知），而只是一种美化手段，是郑重的表示。绝大多数笔画浑厚，首尾出锋，转折处多有波折。字形大小也不统一，铭文布局亦不齐整，竖虽基本上成行，但横却不成排。

卓越的艺术成就

商代青铜器的造型在数千年的文化发展及艺术发展中，居于显要的地位，成为中国古代文化的标志。其在表现性和装饰性的统一方面有极高的成就。就现在所见到的商代青铜器而言，既有工艺美术价值，又有一定的实用价值。

商代青铜器的纹饰主要选择自然界的动物。通过或是真实地、或是幻想地表现，展现了工匠们丰富的想象力。在形象处理上，对于个别形象，首先抓住其总的神态及外形上的主要特征，再加以极有概括力的处理，并大胆地运用夸张的手法，有很好的装饰效果。个别作品神态刻画入微，即使技法单纯古拙，也能在表现物象的同时表达丰富的主观情感。可以说在装饰美术及工艺方面商代开创了中国工艺美术的一系列优良传统。在长期的发展中，商代工艺美术形成子一些规律性的装饰手法，例如：造型与装饰的统一效果；纹样组织

的对比统一效果；以及造型、装饰与实用相结合等等。

另外，商代青铜器的装饰在设计时就知道利用铸造技术上的特点，避免铸造技术上的种种困难。比如，商代青铜器上往往有突出的觚棱，就是因为主动利用陶范拼合时有不能完全密合的缺点而产生的。而且每一块陶范上的花纹各自形成一完整单位，以避免两范拼合时花纹相错，因而取得对称或重复连续花纹的效果。青铜器上装饰面的分割也是由于陶范的分块，因而装饰和造型是密切结合的。商代青铜器的铸造方法与造型及装饰方法的密切联系，展现了中国工艺美术中艺术与技术相结合的优良传统。

"尚鬼" 的文化传统

丰富多彩的青铜纹饰不仅展现了古代先民卓越的艺术才智，同时也在表达着他们的宇宙观、世界观，向我们传达着他们内心深处的真实情感。商代是华夏民族融合发展的重要时期，各氏族、部落仍然保持着自己古老的图腾文化，这些古老的图腾不仅仍然是部族的标志，同时也被铸刻在青铜器之上，成为青铜纹饰的重要内容之一。而且，"商人尚鬼"，无论有什么事情都要卜筮一番。应该说对鬼神的信仰和对祖先亡灵的崇拜，是原始人类最普遍的意识。而商人则把这种原始意识转用来维护统治者的权威和统治秩序，成为最初的因而也是相当简陋的国家意识形态。这些意识形态的内容以写实图像的形态表现在青铜器上，就形成了各式各样的纹饰。

以饕餮为突出代表的商代青铜器纹饰，已不同于神异的几何抽象纹饰，它们在现实世界中并不存在，它们是为统治者的利

益、需要而想象编造出来的神秘形象。它们要呈现的是一种神秘的威力和狞厉的美。吃人的饕餮一方面是恐怖的化身，另一方面也是保护的神祇。它是对异族恐吓的化身，又拥有对本族保护的神力。饕餮的神秘恐怖是和不可阻挡的历史力量结合在一起的，那个时代必须通过血与火的威力才能开辟自己的道路向前跨进，正是这种超人的历史力量构成了青铜艺术狞厉美的本质。新兴的阶级要用这种方式肯定自己的地位，这在商人的鬼神信仰中同样有所体现。

商人所信奉的鬼神虽然多种多样，但其中最重要的却是君王的祖先。在《尚书·盘庚》篇中，这一点表现得尤其清楚。《盘庚》是商代中期君主盘庚决定迁都时对臣僚发表的讲演记录，从中可以看出：历代先王和臣僚们的祖先虽已离开人世，却仍然在天界保持着君臣关系。如果人间的臣僚们违背了君主的旨意，他们的祖先就会要求先王对他们降下灾祸，以示惩罚；相反，如果他们顺从君主，就会得到先王的保佑。这足以看出，在商人的观念中，君王的祖先——神拥有最高的权威，是人间权力的来源。于是，氏族部落的全民性变为了过眼云烟，奴隶主们正在用手中的权力将自己的既得利益固化在生活的每一个角落，青铜器纹饰用无声的语言在告诉我们时代的暗流已在推进历史的车轮滚滚向前。

百业并举的青铜时代

商代青铜业的繁荣，带动了其他行业的发展。它使商代手工行业的分工越来越细，甚至出现了所谓的"百工"。奴隶工匠们在各行各业做出了许多发明、创造。如陶工们不仅烧制日常用器，还用高温烧

制出精美的白陶和原始瓷。制作玉石和骨牙器的工匠，能镶嵌、雕琢出精美绝伦的玉器、石器、骨器和象牙器。纺织工匠已发明了有简单提花装置的织机，能织出暗花绸一类高级丝织品。此外，漆木制造、舟车制造、建筑业等也都得到了极大的发展。农业和手工业的发展，使得商代的货物交换日益频繁，出现了一批工商业者从事商业活动，并且已经开始使用早期的货币——贝币。

商·饕餮乳钉纹方鼎

商代工匠们制作的各种陶器，是青铜文化的重要内容之一。当时人们的生活离不开陶器。当时的炊器用夹砂陶制作，有鼎、鬲、罐等。食器和水器则用泥质陶制作。除各地普遍生产的一般民用陶器之外，在王都和贵族都邑里，都有为他们特制各种精美陶器的专有作坊。商代中期已经制造出中国目前发现最早的原始瓷器和印纹硬陶，为中国瓷器的进一步发展奠定了基础。而商代晚期的陶瓷工业更是不断改进和提高，流行仿铜器造型，并大量烧造灰

陶明器，这一时期白陶器表的图案雕刻艺术异常精细而绚丽，成为一大特色。

商代的白陶是上层贵族使用的高级陶制品，器表和胎质都呈白色。殷墟出土的白陶器，胎质纯净洁白，器表装饰有兽面纹、夔龙纹和云雷纹等，制作极为精致。而原始瓷是商代工匠的又一大发明。郑州商城发现的原始瓷说明在公元前15世纪前后中国已经创造出了原始瓷器。它是以接近于瓷土的原料制胎，表面施石灰釉，经过1200度的高温烧成的瓷器。其制作多采用泥条盘筑法，辅以手捏和轮制。其胎骨细腻坚硬，叩之有金石之声。其釉色光亮，为青绿色，施在器表和口沿部分，釉底极薄。与白陶和印纹陶相比，原始瓷较为坚硬耐用，不易污染并且赏心悦目。其器表呈青色或青绿色，胎质烧结，吸水性很弱，这些特征与现代瓷器一致。但当时制胎的原料不够细洁，温度偏低，釉层较薄，胎与釉的结合较差，容易剥落，表现出明显的原始性状。

但原始瓷的出现，却是中国陶瓷业的一个转折点。经过一段长时间的改进，它渐渐代替了陶器，成为人们日常生活中最主要的用器。

商代的玉器是商代青铜文化的又一重要内容。商代许多都邑中都有制玉作坊。商代奴隶主贵族盛行佩玉、玩玉，所以有些西方学者称商代为青铜与白玉的时代。商代的玉器均为软玉制品，所用玉料有白玉、青玉、墨玉和绿玉等。如按功用分类，商代的玉器大致可分为礼器、实用器和装饰艺术品三类。目前我们所见到的商代玉器绝大多数都出自大、中型贵族墓中。其中尤以殷墟妇好墓和新干大洋洲商墓出土的玉器数量最多。经鉴定，玉料主要来自新疆和阗、辽宁岫岩、河南南阳等地。甲骨文中有取玉、征玉的记载，足以看出商王室贵

商代后期·青铜角

族对玉器及其来源的重视。商代的玉石器多半是经过雕刻的，有深刻、浅刻，立体或半立体的雕刻，以及镂空雕刻等，技术非常复杂。其线条纹饰都比以前复杂丰富，同时由于在器物身上进行了多次的磨光，使器物的美感大大增强。因为玉石非常坚硬，而当时所使用的工具又很简陋，至今人们尚无法获知他们是通过什么技术雕刻出如此精美绝伦的艺术品的。

另外骨角器在商代的使用范围也很广。从生产工具到生活用具和装饰品，几乎都离不开骨角器。骨角器作坊在郑州商城和殷墟均有发现。其原料多为牛、马、羊、猪、狗等家畜的骨骼和鹿角等，但在郑州商城的某骨器作坊里还发现了有锯痕的部分人骨，很可能也是用来加工某些器皿的。骨角产品主要用来制作装饰品和生活用品，如骨笄、骨簪、骨梳、骨锥等，也有的做成兵器，如骨镞等。而贵重的象牙则往往被制成一些奢侈品。殷墟出土的象牙器有鸮尊、盂形器、杯、方形器、梳、簪、筒等等。其中妇好墓出土的象牙杯最为精致，

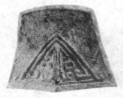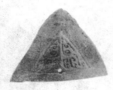

商代后期·铜耜、铜犁

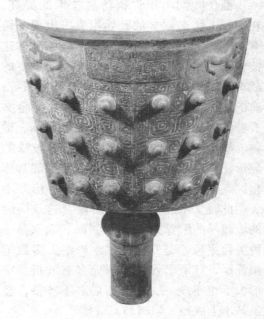

商代后期·青铜编铙

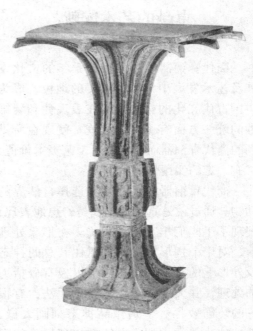

它的发现说明商代工匠对象牙器的设计和雕嵌，都达到一空前的水平。另外，有的象牙制品还镶嵌有绿松石，显示出高超的工艺水平。

商代的纺织品有麻织品和丝织品两种。麻织品主要是下层人民所穿，用纺轮纺织而成。河北藁城出土的商代麻布，据研究证实其纺织技术已和长沙马王堆一号汉墓出土的麻布非常接近。而商代的贵族特别喜爱丝织品，因而蚕丝纺织业也有较大发展。当时，商代的蚕桑生产已有了很大的发展。今天我们看到不仅蚕、桑、丝、帛等字常见于卜辞，而且在青铜器纹饰中有头圆而眼突出、身屈曲作蠕动状的蚕纹，在玉饰中也有雕琢得形态逼真的玉蚕，这些都反映了当时蚕桑事业十分发达。目前发现的商代的织品以平纹绢最多。有的平纹绢上还出现了朱砂涂染工艺。还有单经双纬的

缣、双经双纬的织品和菱形花纹的回纹绮，这是用较高的纺织技术织成的有菱形花纹的暗花绸，有人称之为文绮。因为丝制品很难保存，所以我们仅能从墓葬中残存的痕迹加以研究。如殷墟发现的纱罗组织的大孔罗，这是目前所知年代最早的纠经机织罗；安阳后冈圆形祭祀坑中发现的成束放置的丝线，以及一段双股三缕缩成的丝绳；城台西商墓中出土的一件铜觚上残留的丝织物痕迹，据研究有纨、绡、纱、罗、绉五个类别。此外，还发现了绚丽的刺绣。从出土的商代玉人和石刻中，可以看到商代奴隶主贵族穿着丝绸衣服，服饰花纹以几何纹为主，要织造这样美丽的花纹，需要有提花设备。这些发现足以说明中国早在商代就已经知道了缫丝技术，并出现了有简单提花装置的织机。提花技术是中国古代织工在织造技术上的一大贡献。它丰富了中国古代纺织技术的内容，对世界纺织技术的发展也有很大影响。

商代的木工、漆器制造业也有很大的进步。因为竹木、漆器制品容易腐朽，所以不易发现实物。不过从湖北黄陂盘龙城和殷墟发现的雕花木郭板痕来看，上边雕刻的成组的饕餮纹、夔龙纹，充分显示了当时雕木业的发达。而在河北藁城台西村发现的一些商代盘、盒漆器残片，胎虽已腐朽，但仍可大体看出是在雕花木胎上髹漆，使漆器表面呈现出浮雕式的花纹，而且漆面乌黑发亮，很少杂质。这表明商代在晒漆、兑色、髹漆、镶嵌等方面已经掌握了一定的技术，漆器工艺已经达到相当发达的程度，甚至可能漆器制造已经脱离木工成为一门专门的行业。

商代手工业的发展同样表现在城市建筑方面。从目前所发现的郑州商城、洹北商城、殷墟来看，商代的都邑建筑，不仅规模宏伟，而且有较规则的布局结构。殷

商代后期·饕餮纹大甗

墟的宫殿遗址，大都建筑在夯土的台基上，有范围宽阔的版筑，边线笔直，角隅方正。或以卵石为基，或以铜作柱础，竖立木柱，然后安上梁架，覆盖草顶，装上门户。这种建筑方法，确定了中国传统建筑的基本格式。而在湖北盘龙城发现的商代中期城址，有城墙残基和一座完整的大型宫室遗迹。这座宫室的台基东西长 39.8 米，南北宽 12.3 米，四周有回廊，中为中室，顶为四坡重檐，全部木结构，顶盖茅草，为一座大寝殿。盘龙城商代城址这些遗迹，充分说明商代时并非只有王都才有合理的城市布局，当时的各方国同样注重都邑的建设，让人们看到了当时建筑技术水平之高。

商代手工业的发展，促进了其内部的分工，其门类之多，分工之细，让人们叹为观止。《左传》就记载了周灭商，俘虏了商一大批队职为氏的工商业者，其中有索氏（绳工）、长勺氏、尾勺氏（酒器工）、陶氏（陶工）、繁氏（马缨工）、施氏（旗工）、锜氏（锉刀工或釜工）、樊氏（篱笆工）、终葵氏（椎工）等等。而且在郑州商城和殷墟的考古发掘中也发现，即使同样种类的作坊，生产的产品也所侧重。比如郑州发现的两座青铜作坊，一处以生产刀、矛为主，另一处主要生产的则是镞。各专业内部的分工，充分表明商代手工业已发展到了较高的水平。

在农业和手工业生产发展的基础上，以及各个生产部门内部分工日趋巩固和日益复杂的情况下，商代的商业也有一定程度的发展。在殷都和其他重要城邑的贵族们，他们在日常生活中所需用的一些比较珍贵的物品，如龟、贝、玉、珠宝，青铜、皮毛、齿革、丝帛等等，除在专有作坊役使奴隶自行生产之外，还有许多必须来自外地。其中有一部分由各地贡献，也有不少是通过交换的商品。

这些商品，主要由一些专业的商贾从

青铜提梁卣

事贩运，这样就促进了商业的发展。而商代已有的制造舟、车的手工业，也为长途贩运提供了便利的条件。商业的发展，需要通行的货币。中国最早使用的货币，在商代，除了真贝之外，还有骨贝和铸造的铜贝等。铜贝的出现，说明商代已经有了金属铸造的货币。贝在流通时，有一定的单位。当时以五贝连成一串，合两串为一朋，朋就是比较流行的货币使用单位。由于贝有交换价值，在社会上就逐渐形成以贝作为财富的象征。当然，在当时的历史条件下，商业的发展还是有限的，在整个的社会经济中所占的比重还不是很大。

各行各业的繁荣，使得商代创造了光辉灿烂的青铜文明，使中国古代的青铜文化进入了繁荣昌盛的时期。青铜器的应用几乎涉及社会生活的各个方面。由于青铜工具的锐利远胜于石器，加以当时的铸造技术可以制作出适合于不同用途的各种手工工具和农具，有力地推动了社会生产的发展。因此，拥有众多人口的都邑出现了。

中国通史

最新整理图文珍藏版

在这些都邑中，建造起巨大的宫殿；修造起大型王陵；构筑起城垣与壕沟之类的防御设施。在都邑与各地之间有马车与舟船等交通工具相联结；还出现了锲刻的甲骨文，用于记录社会生活中的事件；天文、历法、医学等科学也发展起来。而青铜工具用于采矿业，可以开采出更多的矿石。冶炼业发展的结果，反过来又促使青铜铸造业的发展。这种良性循环，使中国的青铜时代得到了充分的发展。它所创造的灿烂的青铜文化，成为世界文化遗产中的一枝奇葩。

青铜礼器

工具和兵器

目前发现的商代青铜工具相对来说数量不多，主要以手工工具为主，包括锛、斧、斤、凿、刀、锯、锥、钻、铲和鱼钩等，青铜农具极其稀少，可见商代主要还是用石器，木器从事农业生产。

生活用具方面，商代已经出现了铜镜这样的生活用品。妇好墓中出土的铜镜，把中国铜镜的历史提到了3000多年以前。另外青铜器中还有特别丰富的车饰和马饰等装饰品。

为了巩固奴隶主国家政权，商代的奴隶主贵族十分重视兵器的铸造。青铜兵器的品种和数量都很多，主要有戈、矛、戟、斧、戚、钺、箭镞等。另外商代已经出现了利用陨铁作锋刃的青铜兵器，如河北藁城台西遗址以及北京平谷刘家河商墓中各发现了一件陨铁刃铜钺。因为商代盛行车战，所以青铜兵器中的矛、戈、戟都是装了长柄使用的。戟也就是在戈上端加了矛而制成的新式兵器，其运用方式较多，可以刺，可以啄，可以击。而斧和戚是一样的，后来装饰华丽的戚越来越多，渐渐变成一种礼仪装饰之物。钺是用于劈砍的格斗兵器，弧曲阔刃，样子类似于一把两角上翘的斧子。钺出现于商代中期，现在往往出土自较大的墓葬。因为在商代一般王者用钺，钺是权威的象征。而青铜刀的式样则很多，有凹刃在背的，也有弧刃凸背的；有环形柄的，也有兽头形的。

铜骹玉矛

食器

中华民族是个特别注重饮食的民族。早在商代，我们的先民就发明了许多青铜炊事工具，而其中最重要的包括鼎、鬲、甗、簋、簠、盨、豆这几类。

鼎相当于现在的锅，主要用于煮或盛放鱼肉等食物，大多是圆腹，有两个耳和三个足，但也有四足的方鼎。铜鼎是在新石器时代陶鼎的基础上发展而成的。在商代鼎不仅是实用品，也是奴隶主贵族身份和权势的象征。鼎的使用有着严格的制度。等级越高，使用鼎的数目越多，反之则少。商王用九鼎，诸侯用七鼎，卿大夫用五鼎，士用三鼎或一鼎，而一般平民和奴隶则不能用鼎。

鬲主要用于煮饭，而甗相当于现在的蒸锅。甗分上、下两部分，上部为甑，用于放置食物，下部为鬲，用于盛水。甑与鬲之间有一铜片，叫做箅，上有通蒸气的十字孔或直线孔。在妇好墓中还发现了一个三联甗，由若干个甗联为一体，形成一鬲加三甑的格局。三个甑中可分别放置不同的食品，这样既提高了热能的利用效率，也增加了食物的品类和总量。

簋在青铜器铭文中写作"毁"，相当于现在的大碗，用于盛食物，一般为圆腹、圈足，有两个耳。而簠在古书里写作"胡"或"瑚'，也是盛食物用的，形状一般为长方形，有四个短足，而且有盖。

盨主要用于盛放黍、稷、稻、粱。一般为椭圆形，有两个耳，圈足，也有一个盖。

豆是盛肉酱一类食物用的，上边是一个盘形的容器，中间有长长的柄，下有圈足，一般也有盖。

酒器

酒器是商代青铜器中的主要种类。因为商代青铜酒器不仅用于饮酒，而且还是重要的礼器，酒器的搭配和多寡直接代表着使用者的身份和地位。从作用来讲，酒器主要可分为饮酒器和盛酒器两大类。其中饮酒器主要包括爵、角、觚、觯，盛酒器主要包括斝、兕觥、卣、方彝、尊、觥、罍和瓿。

爵相当于后世的酒杯，用以温酒或盛酒。形状像雀，多为圆腹，也有个别方腹，口部一侧为流（即倒酒的流槽），一侧为尾，流与口之间有立柱，腹部一旁有把手，下有三个锥状长足。角一般有盖子，形状与爵相似，不同之处是无柱，流变形成与爵尾相同的尖形角状。角是下级官吏及平民使用之物，出土数量很少。觚是一种喇

叭形口、细腰、高足，腹部和足部各有四条棱角的饮酒用具。而觯形状与尊相似，但比尊小，大多数有盖。

几何纹瓿

斝主要用于温酒，形状像爵，也有三个足、两个柱和一个把手。兕觥是盛酒或饮酒的用具。一般为椭圆形腹或方形腹，有流、鋬（即把手）和盖子，盖子一般作成兽头或像头形。卣是盛酒器中主要的一种，主要用于祭祖。造型多为椭圆形，其中带提梁的称为提梁卣，鸟兽形且有提梁的称为鸟兽形卣。

方彝的造型特征是长方形器身，有盖，直口，直腹，圈足。盖子一般上小底大，做的像斜坡式的屋顶。而且盖和器身往往铸有4条或8条凸起的扉棱，通常用云雷纹饰满整个器身，有的还雕出兽面、动物等纹样。其中最著名的是妇好墓出土的偶方彝，是商代晚期的代表作。

尊形状与瓿相似，中间粗，口较小，也有方形的。商代早中期的尊主要是圆体尊，晚期有方形尊和瓿形尊。圆体尊和方形尊带肩，肩上多饰有兽头。

觥一般为椭圆形或方形，有圈足或四足，一般有盖子。盖子往往做成兽头或像头状。有的觥整个做成动物的形状，头和背是盖子，身体就是器腹，四条腿做足。

这样的觥同牺尊、鸟兽形卣相似，所以有人将其误以为是兽形尊。可实际上觥与兽形尊不同，觥盖是做成兽首连接兽背脊的形状，觥的流部则为兽形的颈部，这些都不同于兽形尊。

罍有方形和圆形两种形式。一般为圈足或平底，肩部两侧有两耳或四耳，下腹部一侧有穿鼻。器身一般都满饰花纹，常见纹饰有饕餮纹、龙纹与蕉叶纹等。

瓿是盛酒器和盛水器，有时也用于盛酱。形状类似于尊，但比尊矮小。有带耳与不带耳两种，一般为圆形，也有方形瓿。器身常装饰饕餮、云雷等纹饰，两个耳多做成兽头状。

另外商代已经有了用于取酒的勺，一般作短圆筒形，有一个长长的柄。

水器

水器一般用于盥洗，所以又被称为盥器。按功用分类，水器又可分为注水器、承水器、盛水器三种，器型不多，主要有盉、盘、匜、盂、鉴和壶。

盉既是一种盛酒器，又是一种注水的器具。一般是深圆口、有盖子、前边有流、后边有鋬，下边有三个足或四个足，在盖子与鋬间有链子相连接。

盘是承接洗手后污水的承水器。一般为圆形，敞口，腹较深，有的还有流。

匜是盥洗时舀水用的器具，形状像瓢。椭圆形，有三个足或四个足，前边有流，后边有鋬，有的还带有盖子。

盂是盛水或盛饭的器皿。腹较深、有附耳，很像有附耳的簋，但比簋大。

鉴是用来盛水或冰的青铜大盆。

壶是盛酒或盛水的器具。有圆形、方形、扁形和弧形等多种形状。

乐器

商代已有成组的乐器，现已发现的有陶埙、石磬、铜铃、铜铙、鼓等，可以看出当时的音乐已具有相当高的水平。

青铜制的乐器中最贵重的是"钟"。因为钟有直悬和侧悬两种悬挂方式，所以钟上钮的形状也不同。钟和石制的磬是当时最重要的打击乐器。单独的一个钟，一般被称为"特钟"，如果是若干个大小不同的钟按音阶高低编排在一起，则构成了中国古代重要的乐器"编钟"。

商代金耳环

另有还有一种执在手中敲打的乐器叫作"钲"。商代的钲往往是大中小三个一套。其形状类似钟，但比钟狭长一些，而且有一长柄可执在手中，口向上，用东西敲打就会发出声音。

"铃"是悬挂在固定的地方（如马身上或车上）因震动而作响的乐器。铙的形状类似与今天的钹，只是中间隆起的部分较小，两片为一副，靠相互击打发声。

除了青铜食器、酒器、水器、乐器之外，商代的青铜礼器还包括俎和禁。俎是切割肉时放肉的台子；禁是席地而坐的时候，放食器、酒器的小台子，类似于今天的桌子或茶几。青铜俎、青铜禁的基本造型与后世的家具十分相像，可以说，这些俎和禁，是后世桌、案、箱、柜的雏形。甚至可以说这些青铜礼器就是今天家具的始祖。

作册般甗铭文

商代青铜器的制作主要是为了满足日常使用的需要，但由于商人"尚鬼"的传统，使得商人相信有另外一个世界的存在，所以生前有的所有东西同样也要带到另一个世界去享用，所以商代的青铜器也常用来殉葬。现在保存下来的青铜器，几乎都是从墓葬中得到的。正因为墓葬中的器物基本和墓主生前使用的情况差不多，所以我们可以从殉葬的情况推测其日常使用的情况。

我们会发现往往一件炊煮器、一件食器、一件贮酒器构成一组，代表了一个人基本的生活需要。通过古墓中发现的这些成套的器皿我们可以更深入地研究商代人的日常生活。另外，虽然有些青铜器的制作是以装饰为目的的，例如一些特别华丽的兵器和车马配件的制作，但一般来说青铜器的铸造都是非常隆重的事情，往往和祭祀、赏赐、战争、征伐、婚嫁等等联系在一起。所有这些都使得青铜礼器的地位特殊而突出，超越了原有的实用价值，而变为一种和礼制紧密联系在一起的重要象征，所以青铜礼器在商代贵族生活中有着重要的地位。

同时由于贵族的需要，使得青铜礼器造型多样，把商代工艺匠师们的造型创造能力都凝结在这些青铜重器之上，创造了辉煌的青铜艺术。我们可以看到商代青铜礼器丰富的造型是适应生活需要的智慧创造，而作为工艺形象，商代青铜礼器的造型和装饰又有着重大的美学价值。正因如此，商代青铜礼器才以其独特的魅力，闪耀在我们古老民族的历史长河之中。

古蜀国的都城——三星堆

古蜀重现

广汉，古称雒县，是古蜀文明曾经栖息的故地。古老的雁水从它的北面蜿蜒向东，沿河而上的不远处，就是今天蜚声于世的三星堆遗址。这里已探明的遗址面积现在已经达到 12 平方公里，从 20 世纪初发现第一块玉器至今，三星堆遗址已出土的金器、玉器、青铜器、石璧、陶器、象牙等文物数不胜数。它的出现，不仅使四川地区的历史向前推进了千余年，证明了商周时期的古蜀国已经具有强大的实力和灿烂的文明，而且为中国这个充满温文蕴藉的儒雅之美的国度，注入了不可思议的强烈力度与阳刚之气。更重要的是，它的出现，无疑为中华民族多元一体的起源提供了确凿的证据。几十年来，三星堆一直以其独特的艺术魅力和文化内涵，令整个世界为其赞叹不已。

三星堆遗址最早的发现始于 20 世纪 20 年代末。1929 年春天，广汉月亮湾，当地乡绅燕道诚的儿子燕青宝在自己的宅子旁挖水沟时，不经意间发掘出了一窖精美的玉器，就此惊醒了沉睡几千年的古蜀王国，历史的大门悄然洞开。这次出土的器物总量达 400 余件，其浓厚的古蜀地域特色使得"广汉玉器"一时间声名鹊起，引起了文物界和考古界的广泛关注。

1934 年，当时华西大学（今四川大学）的美籍教授葛维汉和他的助手林名均带领考古队进驻月亮湾，对遗址进行发掘。这是三星堆历史上的第一次正式考古发掘，取得了大量的资料和标本，他们的成果在当时就得到了郭沫若的高度评价。但三星堆到底是中原古文化的支系还是独立的古蜀文明，仍是一片模糊。建国以后，又有许多著名学者在这里考察，考古工作者也不断有新的发现。但是，直到 1964 年，冯汉骥教授才做出"这一带遗址如此密集，很可能是古代蜀国的一个中心都邑"的论断。此后，农民们也在掏粪坑、开自留地，甚至拾柴摘菜时，发现了不少玉器、古陶、铜虎等物。然而，这一切并没有让古蜀王国的面貌变得更加清晰。

1980 年，四川省文物考古研究所、四川省博物馆、四川大学历史系联合对三星堆遗址进行大规模考古发掘，发掘出的大片房屋遗址等古代遗迹，使这里再度引起了海内外的热切关注。不过真正使三星堆名扬世界的，则是 1986 年 7 月至 9 月间两个大型祭祀坑的相继出土，上千件造型奇特、制作精美的国宝级文物重现天日，这次的发现震动了全国，也震惊了世界，"三星堆文化"被世界所认可，三星堆被惊讶的世人赞誉为"世界第九奇迹"。

然而这里带给学术界的一系列谜一般问题才刚刚拉开序幕。对于三星堆文化究竟来自何方，留下如此灿烂文化的先民们是何族属，文物学家和考古学家们至今没能找到一个明确的答案。多数学者们认为三星堆文化与岷江上游的石棺葬文化有着相当密切的联系，而对于这里的居民是羌氏、巴人、濮人、越人、东夷，抑或是其

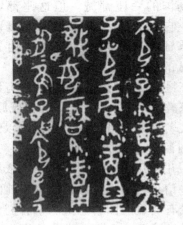

小子逢卣铭文

他部族，仍然没有一个统一的结论。而且，对于古蜀国究竟是一个附属于中原王朝的部落联盟，还是一个已经相对独立的早期国家，这里的宗教形态是原始的自然崇拜或是神灵崇拜，也仍然是一个难解的谜。不过学者们普遍取得共识的是，三星堆文化该是当地土著文化与外来文化交汇、融合的产物，是多种文化互相影响的结果。这对研究中国古代的民族与文化上当然具有着不可忽视的、意义非凡的影响。

传奇故都

"蚕丛及鱼凫，开国何茫然。尔来四万八千岁，不与秦塞通人烟"，这是大诗人李白对于古老而神秘的蜀地发出的感叹，这自古以来就虚幻莫测的古蜀传说，却因为三星堆的发现而蓦然间真实地展现世人面前，将蜀地的历史由从前的春秋战国时期上溯到了千余年前.的商周时期。

三星堆除了没有发现可识读的文字，只有陶器、玉璋和金杖上有些带争议的符号外，已经发现了大量的住宅和祭祀场所，以及陶器、玉器、铜器的作坊和大量的生活用品和作为祭祀用的艺术品，这些已足以证明当时已经产生了早期的国家。所以，多数学者认为三星堆遗址，

是古蜀国的一座都城。但这座都城还有许多空白，有待考古工作者拿出更多的文物来证明，才能使人们真正地了解这座古城的风貌。

三星堆众多的祭祀用品都带有浓厚的原始宗教的性质。由于蜀人"其氏族无定，或以父名母姓为号"的习俗，所以蜀人没有详细的世系，但从蚕丛、柏灌、鱼凫、杜宇、开明几代王的名字，我们依稀能得到某些信息。可以看出，杜宇以前的王的称号带有明显的图腾意义。学者们已经证实，杜宇时已进入农业社会，所以，其名号只是一种图腾时代的孑遗。从三星堆出土的器物和图饰分析，在杜宇时，古蜀国已是奴隶制的国家，可能大立铜人是王者之像，金杖是王权象征。许多小型的无头武士铜像，可能是"职业军人"。那戴象冠的半身像，可能是一位高级官员。头戴平顶双角冠而跪坐的铜人，大概是小吏。头顶酒尊，赤膊而跪的，估计是奴隶。杜宇后期，由于疆域与势力范围的扩大，与周边王国和民族的接触，迅速地影响着社会内部结构。若说三星堆成为一座"城市"，也当在这个时期。尚属人们揣测的"象形文字"，也许是这时才出现。开明以后，世系变得较前四代清楚了些。"丛帝生卢帝，卢帝生保子帝"。从这两代看，卢，无论作为饭器，或作为兵器之一部（矛之柄），绝无图腾之意。保子即婴儿的意思，是说保子帝年幼即位。而九世"始立宗庙，以酒为醴，乐曰荆，人尚赤，帝称王"，这已是完全的"文明社会"了。所以，作为象征原始宗教的神像、神树已经消失，代之的是真正具有"礼器"性质的青铜器。从以上看，古蜀国是到杜宇时代才进入文明社会，到开明时才真正完成。而这种完成，既受到中原文化的影响，也受到其他外来文化的影响。所以，三星堆文化是多种文化复合的反映。

巴蜀神器

殷商时期，以三星堆为中心的古蜀王国，在进行祭祀活动中大量使用了青铜器，由此出现了一大批人和动物、植物的立体塑像和人兽形状的饰件，成为早期巴蜀青铜器的典范之作。在相对比较独立的发展过程中，巴蜀青铜器孕育出了与当时中原青铜器迥然不同的艺术风格，创造了一种令人耳目一新的新美学典范，在阴柔的古代东方艺术中开辟出一处鲜明活跃、别具一格的领域。

目前在三星堆遗址中发掘出的青铜器主要可以分为人像、神像、神树、神坛、灵兽、礼器、祭器等几大类。人像类包括数十件人头像、或立或跪坐的小型人像以及各种真人大小的青铜像，神像类主要是各种青铜面具和饰物，神树已发掘的共有8株，其中最大的一株高大4米；神坛通过塑造灵兽、祭师、神殿构成宏大场面，展现出当时人对于自然与人类的独到理解，以及他们这种思想在艺术上的表现；礼器类包括各种青铜礼器，其中主要是尊、罍等器具；祭器则主要是祭祀中需要使用的各种物品。这些青铜器皆造型古朴而夸张，又不失真实，无不表达出中国的先民对于"永恒"的祈求，即使在几千年后的今天，使人仍不禁要叹服于这种气势的磅礴与做工的精细间巨大跨度的完美结合。

在如此浩如烟海的青铜艺术品中，最令人叹为观止的则是那些造型各异的青铜人像。"青铜立人像"正是其中最卓越的代表。这尊雕像给人的突出印象，就是其垂直、尖锐的造型因素形成的强烈的视觉震撼力，其基座和人物的衣摆都是方直、尖锐的几何元素，与人像自身浑圆的躯体相映衬，使雕像展现出一种与自然相剥离的动态的意向。人像头部、眼睛、嘴部都极度夸张——阔大并极力向后刻画，使人从三个方向观看都能获得完整的视觉印象，

戴冠饰簪人头像

感受到凝注在其间的沉重金属特有的精神震撼力。整个雕像抽象的造型将蕴藏在其中无言的力量展现得淋漓尽致，同时又令人感到余味不尽，观之不厌。

三星堆的青铜雕塑不仅形式多样，种类上也绝不单调，包含了圆雕、高浮雕、浅浮雕、透雕、线刻等所有我们知道的雕刻技法和表现形式。其中的立人像、人头像、神树等都属于圆雕作品，另一件著名作品"铜面具"则是其高浮雕作品的代表作，它可以说是三星堆出土的神秘色彩最浓厚的青铜器。这件凸眼大耳的巨型人面具两眼宽大硕长，瞳孔为两个凸出的圆柱，呈桃形的耳尖竭力外伸，嘴阔及耳，颌下并蓄一部宽带状胡须，奇异的五官造型和巨大体积使其具有了一种厚重威严的宗教气息，同时又蒙上了一层莫测的神秘色彩，使面对它的人们得以深切地感受到当年制作者所传达的凝固在时间中的流动的生命和领悟。其他作品无论人像、兽像、礼器等也皆传达出了类似的精神，即一种鲜活

的生命力，即使是静止地看，也给人风雷欲动、气象万千的感觉，质朴与狞厉的和谐复调，也是三星堆青铜器留给人们最难忘的印象。

玉垒浮云

从燕家院子第一次挖出三星堆文物开始，各种玉石器，就是除了陶器之外最多的物品。中国人崇玉之风，至今不衰。三星堆的玉石器，虽不及中原精美，却有自己的特色。

三星堆的玉器原料，大多来自玉垒山。今彭州市诸山均为玉垒山系。玉垒山龙神岗有玉石岩产玉，与灌县西山相同。至今，白水河一带，仍有蛇纹石矿。三星堆出土的玉器，以蛇纹石玉为主，它有深黑、深绿和淡绿等几种，玉璋多以此种石制成。玉戈、玉刀则多用蛇纹石化大理岩，也就是蛇纹石和大理岩的混合物，其颜色混杂，多现白色条纹，并有黄褐色或红色斑点。玉琮为透闪石玉所制，它的成分、硬度、密度基本上与新疆的和田石一致，是一种半透明、有光泽的软玉。而三星堆大型玉边璋、大璧则用的是汉白玉。这些玉料基本上都出自岷山和玉垒山。

石璧最大的外径达 70.5 厘米，重百斤以上。小者外径为 11 厘米，厚仅 1 毫米。璋的规格从十几厘米到百多厘米都有，大小长短不同，是由于玉料本身的大小使然，还是由于祭礼的需要造成大小不同的璋；其大小长短，有无规矩？因未见介绍，也无法详作考查，只好存疑。因为璋为六瑞之一；其形制有明文记载。《周礼·玉人》讲道："大璋、中璋九寸，边璋七寸。射四寸，厚寸。黄金勺，青金外，朱中。鼻寸，衡四寸。有缫。天子以巡守，宗祝以前马"，"牙璋、中璋七寸，射二寸，厚寸，以起军旅，以治兵守。"而三星堆出土的玉璋，都与此规格不合。看来，蜀人使用玉璧、玉璋，一定另有一套规矩，尚有待学

者们进一步研究。

值得一提的是，三星堆玉器中有一柄青灰色的石边璋。其状顶端一为钝角，一为锐角，射部和柄部两面，均阴刻有两组图案。而每组又分为 5 幅，并以平形线相隔，图中有站立和跪状的人，有大山、太阳以及符号、"S"形勾连云雷纹、手纹和牙璋的形象等。这件珍品，通长达 54.4 厘米，其雕刻技术代表着三星堆所有玉器的最高水平。而这些图案的意义，学者们仁者见仁，智者见智，各有解说，尚待考证。

神的艺术

无论是被称为"天地间的祝颂"的青铜艺术，还是那些质朴浑厚的玉器作品，都让三星堆散发着诱人的艺术魅力，但这绝不仅仅是这块巴蜀文明精魄所在之地的全部。三星堆之所以具有其独到的动人心魄之处，不只是在于这里出土的文物本身，更重要的则在于透过那些艺术品所传达的来自远古时代的精神和文化内涵。据推断，三星堆的艺术品多是用于宗教祭祀活动之物，是人类奉献于神前的圣洁之物，传达着人们对于神的信仰和尊崇，也恰恰不经意地展现了他们对于世界的理解，寄托了他们某种对于宗教和神灵既敬且畏、却有无限好奇的祈求和灵感。

即使关于他们的宗教信仰究竟是神灵崇拜、祖先崇拜，抑或自然崇拜难以定论，但他们的宗教性已经通过具体的艺术形式表达了出来，这一点确凿无疑。遗址出土的神树、神坛、神殿无不体现出一种强烈的宗教气息，生动地表现了当时宗教祭祀活动的特点，成为研究当时蜀地社会文化最直接、最形象的资料。

可以说，以质朴、夸张而优美的形象塑造展现复杂、庞大而神秘的精神内蕴和文化体系，是三星堆文化最显著的一个特征。也正因如此，蕴藏在三星堆艺术品之间的那种古老凝重而又充满生命活力的理

念才显得格外鲜明，格外强烈，使它那传奇的历史、奇异的文化、神秘的信仰，永远播撒出一种神话般的色彩，留给人的是经久的赞叹和无限的想象，在巴蜀大地上流传下一段不可磨灭的传奇。

甲骨文研究

出土挖掘

3000 年前，今天河南省安阳市小屯村一带正是晚商的都城。商王朝后期的诸王盘庚、小辛、小乙、武丁、祖庚、祖甲、廪辛、庚丁、武乙、文丁、帝乙、帝辛都曾居住在这里。那里曾到处是雄伟的宫殿和巍峨的宗庙，是全国政治、经济、文化的中心。大约在公元前 1046 年武王伐纣，商纣王牧野兵败，逃至鹿台自焚，商朝从此灭亡，那曾经繁华的都城也成了一片废墟。1899 年因洹河水患，冲出了大量的"龙骨"。这些"龙骨"经辗转售卖，被称为"甲骨文之父"的王懿荣购得。经过王懿荣的辨识，确认这些龙骨上的刻画是殷商时代的文字，才使这个被历史遗忘的地方名声大振。从此，"龙骨"身价倍增，小屯村民、古董商人、文人学士，竞相挖掘、收售、收藏甲骨文。

1920 年，因当时的北方五省遭受大旱，旱灾使小屯村民无以为生，遂相约发掘甲骨。这次发掘集中在小屯村北洹河畔。参加此次发掘的不仅有小屯村民，还有小屯村附近村庄的农民。1924 年，一小屯村民因筑墙取土时，发现一坑有字甲骨，其中的甲骨都售给了加拿大人明义士。1928 年，因北伐军北上，在安阳打仗，驻军于洹河南岸。小屯村民无法耕种，只得和地主商议，在田中发掘甲骨，挖出后对半分成。地主同意后，村民开始大肆挖掘村前、村后、路旁及麦场，其发掘所得的甲骨，

多卖给上海、开封的商人。小屯村民和附近村庄村民在小屯村长期地私挖乱掘，除毁坏了不少古代遗物之外，对殷墟地层的破坏也相当严重，这给后来的考古挖掘带来了极大的困难。甲骨学者们为此痛心疾首，多次呼吁保护国宝文物，要求科学地发掘殷墟遗址。

在学者们的努力下，前中央研究院历史语言研究所1928年10月开始在河南安阳小屯村进行考古发掘。自此，闻名于世的"殷墟发掘"帷幕拉开了，这一发掘被当时有的学者称之为"科学发掘"，与私人乱挖乱掘有着天壤之别。这一发掘也标志着中国近代考古学的正式产生。

1928年在小屯村开始的"试掘"共发掘出有字甲骨854片，其中字甲555片，字骨299片。同时出土的还有骨、蚌、石、陶和青铜碎片等物。发掘结束后，董作宾向史语所写出了《民国十七年试掘安阳小屯报告书》，中央研究院决定对安阳小屯再次进行考古发掘，于是1929年3月，由田野考古学者李济任考古组主任，主持第二次殷墟发掘。这次共发掘出土有字甲骨740片，其中字甲55片，字骨685片。

1929年10月至12月史语所考古组在小屯进行第三次发掘时，河南省政府派河南博物馆馆长何日章组织一支发掘队，也去小屯发掘了2个月。次年2月20日至3月9日，4月12日至月末，再进行挖掘。这两次挖掘出土有字龟甲2673片，有字牛骨983片，共出土甲骨文3656片。自1928年10月开始至1937年6月，史语所一共进行了15次发掘，总计出土甲骨文24918片。十年间，两个机构在殷墟的考古发掘中共出土甲骨文28574片，有字牛骨3656片。

1937年7月7日抗日战争开始，史语所对殷墟的考古发掘被迫中断。1950年4月，中国科学院（现中国社会科学院）考古研究所恢复了中断13年的殷墟发掘工作。这次发掘在武官村北发现了武官村大墓，发现了用人殉葬和祭祀的实例。又在四盘磨的发掘中出土了一片字骨，共3行16字殷商卦符，与一般常见的卜辞有所不同。此后对殷商的发掘主要是配合基本建设。在一般保护区和殷墟外围进行工作，在重点保护区发掘甚少。1966年6月，"文化大革命"开始，殷墟发掘被迫第二次中断。

1969年春，为配合安阳钢铁厂的基建，在殷墟西区进行钻探发掘，殷墟发掘又悄然开始。1973年，又先后两次在小屯南地发掘，共开探方21个，发掘面积430平方米。在小屯南地共出土甲骨万余片，发掘后清理出有刻辞的4569片，经缀合、墨拓后，著录为《小屯南地甲骨》。

自1950年起对殷墟采取有力保护措施，配合基本建设，有计划有重点地发掘，

金面罩人头铜像

至上世纪 90 年代初，总计出土有字甲骨 6233 片。尤其是小屯南地发掘，出土成批的甲骨和其他的遗物，为甲骨文的分期与殷墟文化的分期提供了新的研究资料。

保藏与研究

随着大量甲骨的出土和发现，对这些文字的研究工作也逐渐开展起来，甲骨学成为一门独立的显学。经过诸多学者的毕生研究，甲骨学取得了一系列辉煌的成就。

自 1899 年王懿荣发现甲骨文算起，甲骨学已有了上百年的历史。纵观这百年，甲骨学的发展大致可以分为以下四个时期：

大型人面具

1、草创时期

1899～1928 年这段时间，学者取得的成就主要有：对甲骨文的出土地进行探寻：确定了小屯村为殷墟所在地以及甲骨文的时代，并对甲骨文进行了初步的识读、断句和考释。

在这一时期，除了王懿荣外，王襄、孟定生、刘鹗等人也投入甲骨文的收集和整理工作中。刘鹗共收藏甲骨文约 5000 余片，1903 年他选录刊印《铁云藏龟》一书，这是甲骨文资料著录的第一部著作，一下子扩大了甲骨文资料的流传范围，使古文字学家获得了研究甲骨文的机会，标志着甲骨文从学者书斋中的"古董时期"进入了"金石时期"。

1904 年，学者孙诒让根据《铁云藏龟》写出了中国历史上第一部甲骨文研究著作《契文举例》。

另两位学者罗振玉、王国维在这一时期对甲骨文研究也做出了很大的贡献。罗振玉探明了甲骨出土地是安阳小屯村。1911 年至 1916 年他先后出版了《殷墟书契》、《殷墟书契精华》、《殷墟书契后编》、《殷墟古器物图录》等著作。在王国维的协助下，罗振玉在《殷墟书契考释》中考定了商代帝王 22、先妣 14、人名 78、地名 193、文字 485。在甲骨学史上有着划时代的意义，标志着甲骨文研究进入了"文字时期"。

在文字考释的基础上，王国维以甲骨文作为史料研究商史，对商周的礼制、都邑、地理等方面进行了深入的研究。1917 年，他发表了《殷卜辞中所见先公先王考》及《续考》，把甲骨学研究推向一个新的阶段，标志着甲骨文已由"文字时期"进入了"史料时期'。在这两篇文章中，王国维考证甲骨文中出现的先公、先王和父、兄之名，和《史记·殷本纪》中记载基本相同，这就证明了甲骨文是商代之物，不仅大大提高了甲骨文的学术地位，也证明安阳小屯是湮没了 3000 多年的殷墟。

2、发展时期

1928～1949 年是甲骨文的科学发掘和甲骨学的发展时期。1928 年至 1937 年，史语所把西方现代考古学和中国传统的金石学结合起来，对殷墟进行了累计 15 次大规模发掘，取得了相当大的成果，对殷墟的挖掘，标志着中国现代考古学的形成。

这 15 次发掘，共得甲骨文 24918 片甲骨文，由于有明确的坑位和层位的记载，并伴有出土物，因此比传世的甲骨更具有史料价值。在发掘过程中，人们还发现并整理出了殷都的王宫区、平民居住区、手工业作坊区和殷王陵，并获得大量的青铜器、玉石器、陶瓷器、骨蚌器等珍贵文物，这为搞清殷墟的布局，研究殷商的历史提供了丰富的史料。

董作宾是殷墟科学发掘的开创人。他先后9次参加、主持或监察殷墟的发掘，为殷墟的科学发掘作出了贡献。董作宾将殷墟科学发掘所得甲骨文辑为《殷墟文字甲编》和《殷墟文字乙编》。《甲编》收录甲骨文3938片，《乙编》9105片，总计13043片，囊括了发掘所得甲骨文的精华。董作宾1933年发表《甲骨文断代研究例》，提出了分期研究的十项标准，并把273年的甲骨文分作了五个时期。另外董作宾对甲骨学的自身规律和基本问题，诸如甲骨的整治与占卜、甲骨文例、缀合与复原、辨假识伪等方面，也都进行了深入细致地研究并取得卓越成果。另外，董作宾还进行了中国古代年代学的研究，从1934年开始至1945年，他用10年的功夫完成了鸿篇巨制《殷历谱》，提出了自己解决殷周年代问题的主张。在完成《殷历谱》之后，董作宾继续进行古代年代学的深入研究，相继发表了《武王伐纣年月日考》、《关于古史年代学的问题》、《中国年历总谱》等论著。董作宾的古代年代学的研究自成一家之言，在学术界产生了较大的影响，推动了年代学研究的深入和发展，对今天的"夏商周断代工程"也有着重要的借鉴作用。

郭沫若不仅是著名的文学家、历史学家，也是一个著名的甲骨学家。他出版的《卜辞通纂》、《殷契粹编》两书收入甲骨文精品2500余片，为甲骨学商史提供了重要资料。他的《甲骨文字研究》及《卜辞通纂》、《殷契粹编》，在文字考释方面有许多独到见解。

3、深入研究时期

1949～1978年是甲骨学深入研究时期。这一时期，甲骨文研究进入了一个新的阶段。这一时期在甲骨文研究方面的成就主要有四个方面：第一，甲骨文新材料的不断出土，在集中、整理、公布材料方面取得了更大成就；第二，在文字的考释、分期断代研究方面有了进一步的深入，第三，利用甲骨文资料的商史研究取得许多新的成果，第四，安阳殷墟以外的商代遗址的发现，西周甲骨文的发现和研究，扩大了甲骨学商史研究的领域。

这一时期的甲骨学家，具有吃苦耐劳，艰苦创业的精神和勤奋严谨的治学态度，自20世纪50年代已有作品问世，至今仍能不断见到他们的学术论著出版问世。他们"传道授业解惑"，大力培养接班人，在学术领域里起了重要的承前启后的作用。

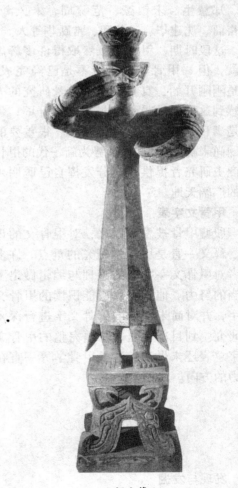

巫师立像

他们之中主要有李学勤，裘锡圭，林坛、高明、王宇信、张永山、杨升南、王贵民、孟世凯、吴浩坤、潘悠、齐文心、陈炜湛等。同时，港台地区有饶宗颐、严一萍、张秉权、李孝定，及日本、美国等国的学者贝冢茂树、岛邦男、白川静、池田末利、伊滕道治、松丸道雄、许进雄、吉德炜、尹乃铉、刘克甫等人，也都在甲骨学研究方面取得了很大的成就。

4、全面深入研究时期

1978年到现在，甲骨学商史研究得到迅速发展，一大批中青年学者成为研究的骨干和学科的带头人，许多新的成果不断地涌现，他们之中有谢济、袁邦炯、常玉芝、郑慧生、宋镇豪、范毓周、朱凤瀚、彭裕商、沈建华、王蕴智、常跃华等人。

这段时期，甲骨学虽然取得许多辉煌成就，但"甲骨学的研究不是已经完成，而是刚刚开始，真正深入于甲骨研究的人会感到这片园地虽然经过很多人开辟，仍然是满目丛莽，有好多很基本、很重要的问题尚未解决"。这种形势为新一代的甲骨学商史研究者提供了充分发挥自己聪明才智的广阔天地。

甲骨文字表

殷墟甲骨被发现以来，对甲骨文的识读、释义一直是甲骨学研究的重点。许多学者对甲骨文字字表的整理与编辑做出了相当的努力。他们考释所能识读的甲骨文单字，并对尚未识读的甲骨文字进行深入的研究。到目前为止，一幅完整的甲骨文单字总表还未做出，这是甲骨学界一直在努力的方向。

妇好墓

发现与发掘

妇好墓位于河南省安阳市小屯村的西北地，那里原是一片高出周围农田的岗地，在"农业学大寨"的时代，因为要平整该地，考古队赶在平整之前，试探性地发掘，没想到竟然有惊人的发现。

该墓墓口长5.6米、宽4米、深约8米。当时对这个面积仅有20多平方米的竖穴墓，并未抱有过高的希望，但出人意料的是在挖掘墓的填土中就不断发现各种遗物。最先在距地表深约3米处发现了一件残陶爵，紧接着在墓穴东北部又发现了一件大理岩的石臼，这些发现引起了考古队高度重视，于是继续深入发掘。很快，在距墓口深5.6米处，发现了叠压在一起的3件象牙杯和大量骨笄，在其南面则布满不同质料的随葬晶，有石豆、成对的石鸟、精美的骨刻刀和一面铜镜，另有散放的骨笄多件。待取出上层遗物之后，露出压在下面的遗物，又有两面铜镜、小石壶、石垒、石罐、玉管、玛瑙珠等器物，均色泽鲜艳，工艺十分精美。考古队继续发掘，在接近水面时，仍不断发现遗物，其中最重要的是刻有"司辛"二字的石牛、靠着墓壁的殉人骨架和狗骨架。经抽水处理后，在墓葬北边一些大型铜器逐渐显露，大方鼎最先露出水面。从椁室中部向下发掘，很快进入棺室，棺内布满玉器，玉戈、玉人、铜器等也不断被发现。

该墓被发现之后，专家们根据出土青铜器上的铭文以及其他甲骨卜辞、传世文献等资料，确认其为武丁妻子妇好之墓。因为殷墟发现的商王墓，规模虽很大，但早已被盗掘一空，直到妇好墓被发掘，才使人们一睹商王室墓葬的奢华。该墓位于殷墟宫殿宗庙区丙组基址西南，是1928年以来殷墟宫殿宗庙区最重要的考古发现之一，是殷墟科学发掘以来发现的、唯一保存完整的商代王室成员墓葬，也是唯一能与甲骨文相印证而确定年代与墓主身份的商代王室成员墓，所以受到了学术界的广泛关注，其发现为揭开武丁时期许多重大历史事件提供了原始材料。

妇好其人

妇好是商王武丁的妻子，商代著名女将。其名好，"妇"为亲属称谓，铭文中又称其为"母辛"。

妇好的名字在甲骨文中频繁出现，不只因为她是商王的妻子，更重要的是，她曾是活跃在武丁时期的一名杰出的政治活动家和军事家。妇好武艺超群，力大过人。现在出土的大量甲骨卜辞表明，在武丁对周边方国、部族的一系列战争中，妇好多次受命代商王征集兵员，屡任军将征战沙场，协助武丁南征北战，建立丰功伟业，使武丁时期的商王朝处于极盛时代。她曾统兵1.3万人攻羌方，俘获大批羌人，成为武丁时一次征战率兵最多的将领，参加并指挥对土方、巴方、夷方等重大作战。在对巴方作战中，她率军布阵设伏，断巴方军退路，待武丁自东面击溃巴方军，将其驱入伏地，予以歼灭，这是中国战争史上记载的最早的伏击战。

妇好作为女统帅，每次出征，都带着成千上万的人马。有一卜辞写着："登妇好三千，登旅万，呼伐羌"，意思就是商王征发妇好所属3000人和其他士兵1万人，命妇好率领他们去征伐羌国。1.3万人的队伍在当时来说，可谓规模巨大，而妇好不仅自己握有重兵、亲临战阵，在某些时候她还指挥其他军事将领，起到军事统筹的作用，可以说，当时妇女在军事方面有着至高无上的权威，这一点可以从她的墓室文物中得到佐证。妇好墓中曾出土了四把铜钺，两大两小，上面都刻有"妇好"二字的铭文。两把大铜钺，每把都重达八九千克。这两把巨大厚重的铜钺象征着商王朝极高的王权，而这样的象征物被当作殉葬品随同妇好下葬，妇女在当时的地位是不言自明的。

商代武士复原图

妇好的权威应该是在一次次成功的军事征伐中得以确立的，她的军事征伐也为商王朝政权的巩固作出了重要贡献。

在武丁之前，距商朝都城（今河南安阳小屯村附近）正北数百公里的土方部族常常侵扰商朝边境，这是个强悍的部族，他们一进入商朝所属的田猎区即肆无忌惮，随意掠虏人口财物。商王曾对土方部族进行过多次战争，都未能制服敌人，土方部族仍连年不断地南下侵扰，这种情况一直持续要武丁时期。武丁即位后，命妇好率兵讨伐土方，妇好率领军队彻底挫败了土方军队。土方从此老实起来，再也不敢侵扰商地，并且其势力也从此衰落下去。

当时位于商朝东南方的夷国虽然国力并不强盛，但是为了生存，他们也偶尔突发奇兵侵入商朝疆土杀人掠物。妇好受武丁之命再次带兵迎敌。但是她来到前线却按兵不动，而是暗中窥探敌军动态，等待出击时机。当时机成熟，妇好带军猛然全线出击，夷国军队一败涂地。只此一战，就让夷国人领略到了妇好的厉害，夷国人此后再也不敢滋扰生事了。

上文提及的商朝对巴方的军事胜利也是妇好的战绩之一。巴方位于商朝的西南方，这个部族可以说是商朝的劲敌，与商朝时常发生战争。为了摧毁巴方，武丁曾亲自出兵杀敌。这次战斗打响前，武丁与妇好议定计谋：武丁带领精锐部队去偷袭巴军军营，而妇好则率兵在巴军退路方向预先埋伏，准备痛击巴方退兵。武丁带领的商兵的突然出现令巴军惊慌失措，巴军不及应战即纷纷溃逃，正好落入商军所设的埋伏圈内。妇好指挥伏兵迎头截杀，全歼了巴方的这支军队。

除了以上几次成功的征战，妇好还打退了西北方羌国的入侵。她的勇武善战和英才大略令商朝周围的那些少数民族部族不敢轻举妄动，她的威名甚至一直延续到她死后。

在"国之大事，在祀与戎"的商代，妇好还经常受命主持祭天、祭先祖、祭神泉等各类祭典，又任占卜之官，是武丁统治集团的重要成员，这一点从妇好墓中出土的文物中可以推测出来。妇好墓中大批用于祭祀的青铜器上都刻有"妇好"铭文，在那些巨型炊器上，这种铭文尤其多见。联系考古学家们以前在殷墟的考古发现——一些刻有"妇好"整治的龟甲——可以推测，妇好应是商王朝的一个卜官，她在生前经常受命主持祭祀盛典，这种祭祀盛典往往规模巨大，而妇好参加这种祭祀活动也十分频繁。

商人尤重占卜，占卜用的是甲骨（龟甲或兽骨）。甲骨在用于占卜之前需要经过

"整治"处理，即将甲骨上残留的肉渣皮筋等剔去，洗净削平，待甲骨干燥后，用特制的青铜钻在上面钻出一定数目和一定间隔的小圆孔。整治工作在今天看来是一件简单而低下的活儿，但在当时却有着神圣的意义，能够胜任整治甲骨的只有卜官。龟甲和兽骨不经整治是烧炙不出裂纹的，因此这项工作十分重要。占卜工作也要由卜官来完成。占卜程序如下：卜官用火柱烧炙甲骨上的小圆孔，使甲骨表面呈现出一些裂纹。卜官再根据裂纹的纹理和纹理的走向判断凶吉，以决定某件事情能不能做。最后卜官将占卜的结果和以后将要发生的事情刻写在同一块甲骨上。

妇好能担任卜官，并能刻写甲骨文字，说明当时她不仅有着相当高的文化水平，而且在商王朝奴隶主统治集团中有着显赫的地位。

武丁对妇好可谓敬爱有加，在妇好生时就时常占卜她的起居、健康、生育等方面的情况；在妇好去世后，武丁为祭祀她，在其墓圹上修建了宗庙建筑，墓上建有享堂。在武丁之后的历代商王心目中，妇好一直享有崇高的地位。武丁死后，他的后人没有把妇好作为依附于武丁的妻子，将其尸体移入大墓与武丁合葬，而是单独保留了妇好的墓穴，祭祀祖先时也单独为妇好举行祭祀。这可以看说是母系氏族社会的一种遗风，处于奴隶社会阶段的商朝，宗法制度尚未健全，妇女在社会中占有一定地位，至于妇好这样的贵族妇女，则更能在一定程度上发挥她的聪明才智，甚至在沙场上立下显赫战功。

随葬瑰品

由于武丁极其宠爱妇好，所以，在妇好去世后，武丁在其墓葬内放置了大量的随葬品，使妇好也能在死后享受她生前所享有的一切特权。在出土的 1928 件随葬品中，包括有铜器、玉石器、骨牙器等，还

有近 7000 枚的海贝，其中 60 件的铜器中，带有"妇好"、"好"字铭文的就有 109 件。这些铜器都是武丁时期青铜器中的精品，而妇好三联甗、妇好偶方彝、妇好鸮尊和司母辛四足觥更是其中罕见的珍品。

妇好三联甗是目前所见到的唯一的一种复合炊具。甗本身便是由甑、鬲组成的复合炊具，但由若干个甗联为一体这样一种特殊的样式，他处都没有发现，妇好三联甗是独一无二的一件。这件三联甗是由并列的 3 个甑和 1 个长方形中空的案状的鬲组成的。3 个甑为单独的个体，都为兽首双耳，口径为 32.6 厘米～33 厘米，高为 26.2 厘米～26.6 厘米。案上有 3 个鬲口，用来承接甑体。使用时，在鬲下烧火加热，这样鬲内的水产生水蒸气进入 3 个甑内，3 个甑中分别放置不同的食品，以此来使甑内食物蒸熟。在甑与鬲之间有穿孔的"箅"，起到隔板的作用。在中间鬲口的内壁、甑的内壁及两耳下的外壁，都有"妇好"二字铭文。三联甗卓尔不凡的构思与造型固然令人称奇，其外表丰富而和谐的装饰也足以让人流连驻足。甑外壁口沿下各有两道扉棱，饰有夔龙纹和圆涡纹。方案形鬲的顶面上铸有 3 条缠身龙纹，四角为牛首纹，案四周侧面分别饰有垂三角纹和 12 条动态极强、面目狰狞的夔龙，中间用大圆涡纹相隔。此甗的形制、构思和纹饰都极为特殊和精巧，充分反映了商代青铜铸造技术和装饰艺术。

妇好偶方彝，通高 60 厘米，长 88.2 厘米，重 71 千克，主要用于盛载食物。此器物较为独特，为长方形，从外观上看像由两个方彝联合而成，每一侧面皆有一个像头形装饰物，器身都用兽面纹装饰。其盖似屋顶形，顶两端置钮。器内有铸铭"妇好"两字，其造型凝重雄伟，纹饰精美富丽，铸造工艺高超，形制独特，宛如一座殿堂，是殷墟青铜器中的珍品。

乳钉三耳簋

妇好鸮尊，通高 45.9 厘米，重 16.7 千克。整体作鸮形，头部微微向上昂起，宽大的尾部和粗壮有力的双足，共同支撑躯体。鸮的神态端庄，有王者之气，不是一般自然界中的猛禽可比。周身纹饰精细，背后靠颈处有鋬，鋬端饰兽头，面中部及胸前中部各有一道扉棱，冠面外侧有羽纹，内侧饰倒夔纹。在鸮的背部还铸有一只作飞翔状的鸟和一条小巧的夔龙，整个器形透视着雄健苍劲的气势。商代超绝的青铜工艺和工匠高雅的审美情趣及浪漫气质，在此得到了充分体现。

司母辛四足觥，高 36 厘米，重 8.5 千克，是一件样子很奇特的盛酒器。从整体形状看，应是四足奇兽。若再仔细观看，前部似牛呈立兽状，头上有卷曲的犄角，中脊至尾为卷龙纹，后部呈鸟状，足为两蹄两爪，究竟是何神兽，有待考古学家进一步考证。该器从嘴至尾为器盖，通体饰细腻精致的纹饰，盖内与器身内均有"司母辛"三字铭文。其丰富的想象力，巧夺天工的工艺让我们不得不叹服商代艺术家的巧思。

另外，妇好墓葬中出土的铜钺，是死者生前拥有军权的象征。而墓中的四面铜镜，表明至少在商王武丁时期中国已使用铜镜。随葬玉石器中，多为商代玉器中的精晶。10 余件玉石人物雕像，是研究当时衣冠发式的珍贵资料。另有 3 件带把象牙杯，也是罕见的古代艺术瑰宝。而妇好墓中出土的玉龙，龙身短小，并出现单一的云雷纹、重环纹、菱形纹等装饰，龙尾似刃，薄而锋利，有一定的实用价值。

妇好墓的发现为我们研究商代武丁时期的历史、社会风貌提供了丰富的史料，从奢华的墓葬反观历史，妇好这位女中豪杰，同时又是一个残暴的奴隶主贵族，让人不得不感慨"一将功成万骨枯"，千秋功过又有谁能说得清楚。

嗜酒的商人

美酒甘醴

中国造酒的历史，可以上溯到上古时期。《诗经》中"八月剥枣，十月获稻。为此春酒，以介眉寿"的诗句，表明中国酒的兴起，已有 5000 年的历史了。据考古学家证明，在近现代出土的新石器时代的陶器制品中，已有了专用的酒器，说明在原始社会，中国酿酒已很盛行。以后经过夏、商两代，饮酒的器具也越来越多。在出土的商代文物中，青铜酒器占相当大的比重，说明当时饮酒的风气确实很盛。

当时的酒精饮料有酒、醴和鬯。用蘖法酿醴，在远古时期也可能是中国的酿造技术之一。商代甲骨文中对醴和蘖都有记载。

除了"酒"、"醴"之外，殷商的酒类中还有"鬯"。鬯是以黑黍为原料，加入郁金香草（也是一种中药）酿制而成的一种酒，它也是最早有文字记载的药酒，常被用于祭祀和占卜。《周礼》中记载："王崩，大肆以秬鬯渳"。意思是说在帝王驾崩后，用鬯酒来洗浴其尸身，可长时间地保持不腐。目前还无法证明商代是否有类似的防腐术，不过"鬯"在商代作为一种酒类是被甲骨文所证实的。

在中国，谷物粮食酿造的酒一直处于优势地位，而果酒所占的份额很小。

1980 年，研究者在发掘一个河南商代后期的古墓时，发现了一个密封的铜卣。分析表明，铜卣中的残留液体为葡萄酒。这个发现说明中国在 3000 多年前的商代就有了葡萄酒。不过当时酿造葡萄酒是采用人工栽培的葡萄还是野生的葡萄，这一点尚没有资料可以证明。

另外，在商中期的一个酿酒作坊遗址中，研究者还在一个陶瓮中发现了枣、李子、桃等果物。这个发现可以作为上一个发现的佐证，它使人们有理由相信，在商代，除了用谷物原料酿造的酒外，用葡萄等果物酿造的酒也已经成为人们日常宴饮的美味。

中国古代的啤酒——醴

人们总以为啤酒是舶来品，不是中国人自己的东西，认为中国自古以来从没有啤酒，但是，根据古代的资料，早在远古时代，中国就有类似于啤酒的酒精饮料，古人称之为醴。大约在汉代后，醴被酒曲酿造的黄酒所淘汰，中国自产的啤酒——醴才退出了历史舞台，一直到西方人打开中国国门时，国人才再一次知道啤酒这种饮料。因此很多人认为啤酒是舶来品也就不足为奇了。

啤酒是以发芽的谷物为原料，经磨碎、糖化、发酵酿制而成的。与这种类似，在中国远古时期的醴是用谷芽酿造的，即所谓的蘖法酿醴。《周礼·天官·酒正》中也有"醴齐"，醴在远古时代应属于一类酒精含量非常低的饮料。在殷商的卜辞中出现了"蘖"（谷芽）和"醴"这两个字，而且出现的频率不低。综合卜辞中的有关条文，可以看出蘖和醴的生产过程。蘖法酿醴的过程与啤酒的生产过程基本相同。

第一是蘖的生产。殷商的卜辞中有大量关于蘖黍、蘖粟等方面的记载。这说明用于发芽的谷物种类是比较丰富的。第二是"作醴"。就是把发芽的谷物浸泡在水中，进行糖化、酒化，再接着是过滤。卜辞中还有"新醴"和"旧醴"之分，新醴是刚刚酿成的，旧醴是经过贮藏的。

后来的酒曲酿酒与蘖法酿醴可谓一脉相承。用蘖酿醴可能是用水浸渍蘖后，让其自然发酵。酒曲酿酒开始也是用同样的方法浸泡，但由于原始的酒曲糖化发酵力不强，可能酒曲本身就是发酵原料，所以这种方法并没有得以广泛推广；后来由于提高了酒曲的糖化发酵能力，就可加入新鲜的米饭，酿成的酒酒度也就能提高。这样曲法酿酒就淘汰了蘖法酿醴。

不过，蘖法酿醴这种酿酒方式在中国的酿酒业中也曾经占据过不可替代的地位。其历史跨度可能远远超过了目前的酒曲酿酒法。

全民嗜酒

商人嗜好喝酒，以至于饮酒之风弥漫在整个社会的每一个角落。

圆雕玉虎

商王祭祀先祖，一定用酒食美味作为享礼。关于商纣王的嗜酒，史料记载甚多。《史记·殷本纪》称其"以酒为池，悬肉为林，使男女裸相逐其间，为长夜之饮。"《史记正义》引《太公六韬》解释说："纣为酒池，迴船槽丘而牛饮者三千余人为辈。"《大戴礼记·少闲第七十六》称纣"荒耽于酒，淫、扶于乐，德昏政乱。"

《尚书·酒诰》中也专门谈到了商朝的统治者是如何因酒误国、因酒丧国的。

其文曰："惟荒腆于酒，不惟自息乃逸，厥心疾很，不克畏死"，"诞唯民怨，庶群自酒，腥闻在上，故天降丧于殷。"可见酒食醉饱的生活，为商代整个贵族统治集团成员所崇尚，而且愈演愈烈，最终酿成了亡国之祸。作为周代初期的作品，《尚书·酒诰》的真实性无可置疑。但由于《尚书·酒诰》毕竟是周代统治者的训诫之辞，难免有失偏颇。因为它把商代的嗜酒现象仅仅局限于统治阶层。事实上商人嗜酒是一种当时社会的普遍现象，是一种社会风气。而且商人嗜酒所体现的是一种精神状态，这种风气不只在贵族统治阶层中恣意蔓延，还逐渐泛滥于一般平民阶层之中，从而影响着当时的整个社会风气。

这一点从商代平民墓中发掘情况就可以看出，根据1969~1977年在殷墟西区墓地发掘的成果，平民墓中最常见的随葬品是陶制酒器觚、爵，加上铜制或铅制的觚、爵，其数量约占随葬品总量的60%左右。前期主要为觚、爵配食器豆或鬲，后期主要为觚、爵配盘、鬲、罐之类，没有觚、爵的墓极少。可见，饮酒之风在平民上中下阶层之中已非常盛行。还有一小部分中小型墓，即使随葬品的种类和数量都不多，墓主生前社会地位较为卑微，但也总要与酒发生一些瓜葛，这些发现足以反映商代寻常平民的饮酒嗜好。

殷商酒礼

在贵族统治者之间，崇尚饮酒始终贯穿商王朝的始终，这一点在贵族葬制方面有着非常明显的反映。曾有研究者对郑州商城、辉县、温县、殷墟等商朝中心统治区内77座不同时期贵族墓内出土的青铜礼器进行总体考察比较，发现以觚和爵为核心的酒器组合方式，几乎贯穿了整个商代。郑州商城个别贵族墓还以象牙觚替代铜觚。殷墟各期墓葬中，虽然铜礼器种类逐渐增多，但是觚、爵仍是组合的核心。

商代后期比前期墓葬的器类搭配更加繁复，并逐渐形成了酒器加炊器、食器、盛器、水器和礼乐器的完善组合。考古学家邹衡最早注意到"商礼"以酒器觚、爵数目来区分墓主的身份。在考古研究中，他发现凡是酒器大都放置在棺椁内，而炊食器都放在棺椁外，两者与墓主人显然存在着亲疏不同的关系，所以说早商礼器已经是重酒器而轻炊食器了。这种重酒器的礼制，一直延续到晚商时期。在殷墟妇好墓中，共出土了210件青铜容器，其中单酒器的数量就约占74%。事实上这种以酒器数量表示墓主人的身份地位的习俗，正式建立是从商代前期开始，并一直延续到后期的重酒之风上的。

愈演愈盛的重酒之风最终使得青铜铸就的酒器深深渗入了"明贵贱，辨等列"的"礼"的时代内涵。酒器的质量和数量也最终成为了"经国家，定社稷，序人民"的重要礼制象征。其发展到最后，必然会导致统治者的酒醉沉湎，荒于政务，社会和政治等各方面矛盾的降临，当然也就不可避免了。

器中藏礼

以青铜酒器觚、爵的拥有套数来辨别贵族身份尊卑的商代社会传统，在近年来发掘的商代墓葬中逐步显露出了清晰的等级规制。根据统计，自商王之下，各地商墓随葬青铜觚、爵的套数，从高到底大体可以分为50、10、6、5、4、3、2、1套等共计8个等级，呈现出一种金字塔式的结构特征。

第一等级可拥有50套以上以青铜觚、爵为中心的酒器组合，他们包括殷商王室中最上层的权贵，和受宠爱的王妃；

第二等级可拥有10套以青铜觚、爵为中心的酒器组合，它们的主人是殷商王朝的高级权贵或者军事统帅，同时也可能包括各地方国的君主；

第三等级是6套酒器的使用者，他们的身份很可能是各地方国的上层显贵；

第四等级是5套酒器的使用者，这一等级的人群基本上是各地方国的高级官员或属于在商王朝受有封地的贵戚；

第五等级的使用者可拥有4套以青铜觚、爵为中心的酒器组合，他们包括商王身边的侍卫、各地方国的一般军事将领和地方强族；

第六等级可享有3套酒器，其身份应该是中等权贵；

第七等级可拥有2套，这一等级的人数较多，具体可包括一般贵族子弟、有一定社会地位的中等武官，还有弱小土著族的酋长；

第八等级是1套酒器的使用者，这一等级的人群十分广泛。大致属于末流贵族和中上层自由平民。其中末流贵族可能具体包括支族之长、下级武官等。

在这8个等级中，前两个等级可谓是金字塔的最顶端；第二、第三、第四等级代表着金字塔结构的次顶层；第五、第六、第七等级基本上处于金字塔结构的中间层；第八等级则属于金字塔等级的庞大下层。

当然，在这一等级之下，是广大的下层平民和奴隶，精美而又代表身份地位的青铜酒器自然与他们无缘。尽管嗜酒之风

云雷纹钺

深入社会的每一个角落，但对于他们来说，能拥有几件陶酒器就已经是非常幸运的事情了。

先商文化

解读神话

有的学者通过商人的感生神话，推断商人所谓的玄鸟就是燕子，神化即为凤，商人认为上帝派遣玄鸟为使，让有娀氏女子简狄因吞食了玄鸟蛋而生契，所以契成为子姓的始祖。而契母简狄，属于有娀氏部落。从契母的名称及其部落名称推断，商的起源与北方戎狄有渊源关系。又根据殷墟甲骨文记录，商人最高的祖先神是高祖夔，即东方各部落最高的上帝俊，又是"五帝"系统中的帝喾与帝舜。另外，商人又具有东夷先民太昊少昊部落的文化特征，所以学者推断商人大概起源于北方，同时又受到了东方文化的熏陶。

但是，这仅是关于商人图腾鸟的一种说法，商人图腾鸟到底从哪里而来？学术界却有不同的说法，目前有所谓西方说、东方说、北方说或江南说等说法。而且，根据神话学理论来说，拥有相同的图腾，未必就源自共同的祖先，还需要以考古学的尺度来加以衡量。从考古学的角度讲，在商汤灭夏以前，商王朝尚未建立，此时期称为先商时期；而此时期的考古学文化称为先商文化。先商文化是商文化的原始形态。《史记·殷本记》中系统地列举了商人远祖的世系，而这些记载又可以在甲骨文中得到证实。根据现有资料来看，先商文化是自北向南发展的，而冀西南和豫北地区则是其策源地。

从始祖契至汤，商人经历了起源、初兴、兴起、建国几个阶段。根据王国维、董作宾等甲骨学宗师的研究成果，表明以

甲骨卜辞世系与《史记》等文献记载的世系相对照，自契至汤经历了15位首领，凡8迁。

起源与初兴

先商自契至王恒，共经历了8位首领，分别是契、昭明、相土、昌若、曹圉、冥、王亥、王恒。《天问》中记载，8位首领中除王亥与王恒外，其他6位都是季的儿子。可见，先商时期实行的并非王位世袭制。此时期既实行父死子继制，同时也实行兄终弟及制。

《世本·居篇》中记载"契居蕃"，而商人所奉祀的神与先祖帝喾相传居住在亳。后商人所迁之地，多以亳、蕃、蒲等命名，大概从其祖居地名衍化而来。契与大禹同时代，据说他曾协助大禹治水有功，被赐姓子，所以其后代子孙以子为姓，因其被封于商，所以其后代所建王朝以商为名。契时商部族大概还处在父系氏族公社阶段，距离阶级分化和国家建立还有一段距离，所以，在夏王朝已经建立自己的奴隶制国家的时候，商部族还是其一个附庸。

商代后期·玉鹤

《荀子·成相篇》中记载："契玄王，生昭明，居于砥石、迁于商。"据考证，砥石即今石家庄南、邢台以北地区。继契的儿子昭明后，相土成为商人首领。相土时夏王朝发生了后羿、寒浞之乱，相土乘机扩大势力范围，《诗经·商颂·长发》中称赞相土说"相土烈烈，海外有截"，大概商族的势力已发展到东海之滨。为了纪念相土的功绩，后世商人用沉十牛于河的隆重祭典来祭祀他。此后，商部落进一步发展壮大，到王亥时，其势力已扩展到易水流域。

商族的农业在夏代前期就有了一定程度的发展。而农业生产特别倚重水利工程，契本来就参加过大禹所领导的治水工程，到了契的六世孙冥的时候，夏王朝命他为水官，继续负责农田水利建设。冥还曾被派去领导治水，最后死于治河工程之中。《国语·鲁语》中说"冥勤其官而水死"，所以后世商人把冥看作仅次于契的重要先公。

商族在建国前有八次大的迁徙，大概与适应畜牧业的发展有关。由于畜牧业的发展和频繁迁徙的需要，商族掌握了役使畜力的方法。据说相土时已经学会了"乘马"，到王亥时就掌握了"服牛"（役使牛）的技术。

社会经济的发展，促进了商部族交换关系的发展。到王亥时商人就赶着牛群，和易水流域的有易氏进行贸易。王亥是商部落发展史上一位非常重要的首领，据记载，王亥亲自驾马车，载着物品到远方的部落进行交易。《世本》中记载"亥作服牛"，即王亥驯化了牛并使牛供人们使役，从而进一步促进了交易的发展。后与有易部落进行交易，被杀害。后人因其功劳尊称王亥为高祖。王亥以后，进行商品交易的人越来越多，规模也越来越大。而这些人多是商部落的人，所以被称为"商人"。

王亥因为在商业上发挥了承先启后，继往开来的作用，被人们称为商业的始祖。

兴起与建国

在先商时期，就已经有了比较完备的历法，而历法一般又和农业生产的进步密切联系在一起，这说明当时的农业生产达到了较高的水平。

早在相土、王亥时期，农牧业就已经很发达，出现了青铜器，并且马、牛也被驯服，供人们使役。而这一切又促进了农业的进一步发展，农产品有了一定的剩余，从而也就有了早期贸易的雏形。据说上甲微的父亲王亥被有易部落的首领绵臣杀害，还被抢走了牛群。上甲微为了替父报仇，求助于河伯，借来河伯的武装，一举打败了有易氏，杀死了其首领绵臣，为父亲王亥报了仇。商族与有易氏的战争，具有部落之间互相掠夺的性质，这种对外掠夺加速了部落内部阶级的分化和首领的权力。从上甲微开始，商族的首领逐步向国王转化，而部落组织也逐渐变成了国家政权。所以，商族把上甲微看作是继承契事业的先公，认为从他开始，商族开始"复兴"，所以后世商人给予他很隆重的"报祭"。

在甲骨卜辞中，商先公在主壬以前，其配偶大多只有笼统的称谓，如妾、母之类，到了主壬之后开始出现直接称呼其直系先妣（故去的母亲）的名号"妣某"。由此可以推断，可能商先公在主壬以前还没有固定的主妻，从某种角度也说明可能到了主壬的时候商族才发展为固定的一夫一妻制。当然，这种一夫一妻制只是对妇女而言，因为这样才能保证父亲的财产和地位有明确的继承人。

经济的发展，社会的进步，贫富分化和阶级的出现，促使了商族的发展，到了汤时期，商部落已经成为一个势力强大的部落王国，具备了建立奴隶制国家的必要条件。

驰骋河济

从契至汤，历史记载凡八迁：契迁于蕃；昭明迁于砥石；又迁于商；相土东迁今泰山一带，又复迁于商，上甲微迁于殷；复迁于商；汤迁于亳。其迁徙的原因至今尚无定论，可能和水患有关，也许和畜牧业发展有关，尚待学者们进一步考证。

但总的趋势是由北向南迁移。到王亥时期已南下到易水流域。王亥后，商部落又经多次迁移，然而活动中心始终在河济之间徘徊，即今天的河北、河南以及山东一带。在先秦时期，河专指黄河。由此可见，黄河流域是商部落的主要活动地带。先商的活动中心始终不离大河流域，这大概跟那个时期的经济结构有很大关系。商当时可以说是一游牧部落，而游牧部落要生存、发展就需要丰美的水草，而黄河正给他们提供了这样一个条件，使得商部落得以发展壮大。所以他们对河（黄河）的祭祀很是隆重。随着商部落的不断南迁，他们逐渐发展壮大。而当到达漳河流域时，商部落已经很强大。到首领汤时，迁居亳，商部落定居下来。

"商"人本色

由于农牧业的发展，商部落的产品有了一定的剩余，于是他们就和其他部落进行一些简单的贸易交换。据说由于商族畜牧业比较发达，他们比较早地学会了使用畜力，所以他们改良了运输工具，早在王亥时代就用牛车拉着货物，赶着牛群，到其他部落去进行交易。因为他们属于商部落，被其他部落称为"商人"，久而久之，"商人"也就成了从事贸易人的代名词。

由于商族畜牧业比较发达，而且商人的祖先屡迁其居，以往曾有人据此推断商部落是游牧部落。不过目前史学界对商人起源的地区考定仍有分歧，但各家所考定的地区，在新石器时代与青铜器时代早期，都是农耕文化，家畜牧养虽然占有相当大

比重，也仅仅是农业的附属，所以可以证实商人自起源阶段，即与夏人一样是以农耕为主。至于汤以前商部落屡迁的原因尚待进一步探索。

先商时期的商族已经从氏族公社阶段过渡到奴隶社会，由于农业和畜牧业的发展，商族已经具备了建立国家的基本条件。到了汤的时候，乘着夏王朝的衰落，汤联合各国一举推翻了昏庸的夏桀，建立了商王朝，从而使中国历史翻开了崭新的一页。

西周朝觐制度

西周朝觐制度主要包括朝礼、觐礼两方面内容。西周朝礼、觐礼，在相当一部分文献中笼统称为"朝"，于是，有些学者就认定"知朝觐只一事无二礼"。如果深入考察西周朝礼、觐礼实际情况，可以看到，西周朝礼、觐礼存在着明显的区别性特征：

（1）从适用对象上看，朝礼适用于诸侯对天子、诸侯对诸侯，诸侯国属臣对诸侯，而觐礼只适用于诸侯对天子。诸侯之间，以及诸侯国君臣之间都不能使用，所谓"诸侯不享觐"，即是此意。

（2）从行礼的形式来看，朝礼灵活多样。如周康王即位，众诸侯大臣行朝礼，规模宏大，气势雄伟；而"君臣每日相见"，简朴，平凡。行觐礼则限于固定的简洁模式，缺少变化。

（3）从行礼的地点上看，朝礼主要在"境内"都城举行，具体地点在宫中，就是诸侯，一般也"在国待来朝君之礼"（也有在庙中行朝礼的），只有极少数情况为"坛于国外"。觐礼不限于"境内"，在"境外"也可以行礼。"境内"行礼，具体地点在宗庙。

（4）从行礼的目的性看，朝礼并不固

西周·格伯簋

定，而觐礼则往往很明确，其中朝贡、述职是必须的。

下面分别就西周朝礼、觐礼实施的范围、方式以及礼仪特点进行一些考证。

西周朝礼

1. 西周朝礼实施的范围。

西周朝礼的实施，涉及的范围较广，上至诸侯朝天子，下至诸侯属臣朝诸侯，人员构成较为复杂。根据现有史料，可以区别三种情况：

（1）诸侯朝天子。《尚书·顾命》两次提到诸侯朝见天子。一次是成王病重"乃同"诸侯。同，按《周礼·春官·大宗伯》："殷见曰同"，表明这次朝见非常隆重。后面又点明了朝见者身份：以"六卿"为主。不过，"六卿"有"畿内"、"畿外"之别，大保奭、芮伯、彤伯、毕公、毛公是畿内诸侯，卫侯是畿外诸侯。"六卿"之外，还有师氏、虎臣、百尹、御事。师氏，西周铜器铭文能够见到的是为周王出入王命，巡视地方，在锡命礼中作傧右。如：

《小臣传卣》："王在茸京，令师田父殷成周年。"

《师望鼎》："望肇帅井（型）皇考虔夙夜出内王命"。

《克鼎》："穆穆朕文祖师华父，圣保祖师华父勋克王服，出内王命。"

《周礼·地官·师氏》称："掌以嫩诏王"，正相吻合。虎臣，铜器铭文显示，他的职能主要有两项：一是捍卫王身作爪牙，为周王之禁卫；二是在必要时奉命出征。实际上这里的虎臣指的是虎臣之长。伪孔传："虎臣，虎贲氏"，说的也是这个意思。

另一次是康王即位后，受众诸侯朝拜："在应门之内，太保率西方诸侯人应门左，毕公率东方诸侯人应门右。"这些诸侯的构成，用周康王的话说，亦有"侯、甸、男、卫"之别。

这种情形，让人想到后人追述"成周之会"的盛况。《纪年》云："成王七年，王如东都，诸侯来朝。"《逸周书·王会解》说，成周之会，天子面朝南而立。唐叔、荀叔、周公在左，太公望在右，依傍天子站在坛上。坛下右边，唐公、虞公面朝南站着，坛下左边，殷公、夏公站在那里，也都面朝南。而内台东边面朝西以北为上，依次是应侯、曹叔及伯舅、中舅等异姓诸侯。再后面依次是比服、要服、荒服的方国诸侯。内台西边面朝东以北为上，依次是伯父、中子等同姓诸侯。从朝见天子所处位置就可以区别诸侯的等级差异。

《匽侯旨乍又始鼎》载："匽（燕）侯旨初见事于宗周。"这也是诸侯朝天子的，为燕侯旨朝见周康王。

（2）诸侯朝诸侯。西周诸侯之间相朝制度，《左传》亦有保存。昭公十三年，叔向云："是故明王之制，使诸侯岁聘以志业，间朝以讲礼，再朝而会以示威，再会而盟以显昭明。"杜预注："凡八聘、四朝、再会，王一巡守，盟于方岳之下。"《国语·鲁语》云："先王制诸侯，使五年四王一相朝。"韦昭说："一相朝者，将朝天子，先相朝也。"如果按叔向所述，诸侯之间两年一朝，四年一会，是非常频繁的。

就是五年一朝，有那么多的诸侯国，也是很难都顾及的。真正实施这种制度，恐怕不会如此刻板。《左传》成公十二年还提到："世之治也，诸侯间于天子之事则相朝也。"与叔向"间朝"之语吻合。诸侯在完成天子之事的间隙，就互相朝见，这是符合实际的。

按《周礼》所述，诸侯之间还有"世相朝"礼。《大行人》云："凡诸侯之邦，交岁相问也，殷相聘也，世相朝也。"郑玄注："父死子立曰世。凡君即位，大国朝焉，小国聘焉，此皆所以习礼考义，正刑一德，以尊天子也。""世相朝"礼存在是完全可能的。《春秋》、《左传》中有许多这方面事例，实际上，是西周旧制的延续，如：

《春秋》文公十二年："杞伯来朝。"《左传》云："杞桓公来朝，始朝公也。"杜预注："公即位，始来朝。"

《春秋》成公十八年："公如晋。"《左传》云："二月乙酉朔，晋悼公即位于朝……公如晋，朝嗣君也。"

《春秋》襄公三年："公如晋。"《左传》："公如晋，始朝也。"杜注："公即位而朝。"

杞桓公即位朝鲁与鲁襄公即位朝晋，是在用小国或弱国"屈于大国"的"世相朝"礼，鲁成公朝拜刚刚即位的晋悼公也带有这种倾向。《周礼·秋官·司仪》说："诸侯、诸伯、诸男之相为宾也，各以其礼"，就明显地反映了这种等级差异。

（3）诸侯之卿大夫朝诸侯。有学者认为："《逸周书》的《大匡解》是和《顾命》一样的周王朝礼之篇。"问题是，文王此时尚"奉勤于商"，所以，它所述及的"朝"，就不可能行天子朝礼，应该认定是诸侯卿大夫朝诸侯之君的朝礼。如果是这样，《大匡解》是反映商代末期属臣对诸侯之君行朝礼的文献材料。

匽侯盂

《大匡解》述周文王救助灾荒，其中提到："三州之侯咸率，王乃召冢卿、三老、三吏、大夫、百执事之人朝于大庭。"这些"三老、三吏、大夫、百执事之人"，都是文王属臣。

如果说《大匡解》还不足以说明问题的话，《左传》的一些记载恰可以证明这种诸侯朝礼的存在。如僖公三十三年："先轸朝（晋文公），问秦囚。""先轸朝"，即先轸朝见晋文公。昭公五年："楚子朝其大夫……大夫莫对。""朝其大夫"，即"使其大夫朝"意。哀公元年："（陈）怀公朝国人而问焉。""朝国人"，"使国人朝见自己"之意。这几例中的"朝"，指的是行朝礼，沿袭的是西周的做法。

不论西周朝礼涉及的范围有多宽，有一点是可以肯定的，即行朝礼的主体仍是天子，即以天子为中心展开朝礼活动，其他情况下的朝礼实施是在天子可控制范围内进行，不得逾越。《谷梁传》隐公元年："寰内诸侯非有天子之命，不得出会诸侯，不正其外交，故弗与朝也。"说的也是这个意思。

2. 西周朝礼实施的方式

根据对象、目的，以及时地等情况的不同，西周天子、诸侯采取了相应的实施朝礼的方式，主要有：

（1）常朝礼。君臣日常相见于宫中朝廷亦用朝礼，这是常朝礼。《左传》成公十八载：晋悼公在武官朝见卿大夫，属诸侯常朝礼。天子常朝礼也应存在，按《周礼·夏官·司士》，云："王南向，三公北面东上，孤东南西上，卿大夫西面北上"云云，正反映了天子常朝之位的一般情况。

（2）时会朝礼。依《尚书·顾命》述，周成王病重，康王即位，均属"不虞而至"大事，诸侯此时相会，对天子行朝礼，就不属定期要求去做的。《周礼·大宗伯》曰："时见曰会"。时会的特点是不定期会见，"有事而会"。地点可在国外，也可在国内。

按照《周礼》的说法，"时会以发四方之禁"。郑玄认为"禁"指"九伐之法"，这实际上将征讨之事也纳入到"时会"礼所要达到的目的中了。征讨诸侯，发布禁令，当然要召集诸侯进行，行朝礼是不可避免的。

（3）殷同朝礼。武王战胜殷商王朝后，回到周都举行过殷同朝礼。《朕簋》："乙亥，王又（有）大丰（礼），王凡（同）三方。"唐兰云："凡与同本一字，舆字像四手举凡（盘），后变为从同。"这个"同"即"殷见曰同"的"同"，"会聚"之义。《令彝》记述了周公之子明保继承周公职务时"出令"，主持殷同朝礼，发布"三事四方"的命令。

这种朝礼，诚如《周礼·春官·大宗伯》："殷见曰同。"郑玄注："十二岁，王如不巡守，则六服尽朝。朝礼既毕，王亦为坛，合诸侯以命政焉。"《周礼·秋官·大行人》："殷同以施天下之政"。举行这种朝礼，是在王不巡守的情况下进行的。按《周礼》，西周制度，天子十二年一巡守。没有在第十二年举行巡守活动，四方诸侯就要会聚京师，对天子大行朝礼，这也有可能，但不一定局限于"王不巡守"，行殷同朝礼，肯定是出于天子"施政"的需要。

（4）巡狩朝礼。《诗·大雅·常武》说周宣王率师伐徐夷。徐夷臣服后，这次行动便成为周王巡狩徐方，"徐方既来，徐方既同。"行的是大朝礼。按，《孟子·梁惠王下》："天子适诸侯曰巡狩。巡狩者，巡所守也。"巡狩不仅要进行"祭天告至"等宗教活动，还要落实"大明黜陟"等任务。实际上是周天子对诸侯进行控制的一种方式。天子巡守，"诸侯各朝于方岳"之下。除了行祭祀礼之外，要行朝礼、觐礼，这成为巡狩活动必须实行的程序。

（5）天子会盟朝礼。西周会盟之礼，主要有杀牲、执牛耳、昭大神、读载书、歃血、加书、坎牲与埋书仪式程序，这已为许多学者论及，但盟之前的"会"仪式似乎被人们所忽略。盟之前的"会"，就应当包括举行朝礼在内。《国语·晋语》中叔向称"成王盟诸侯于岐阳"。在进行盟礼之前，诸侯就应该按朝礼仪式朝见成王。"朝"是基础，"盟"是结果。《左传》襄公二十一年载叔向语："会朝，礼之经也。"会与朝并称，可见会盟中的朝礼非常重要。

《春秋公羊传》庄公十三年记载鲁庄公与齐桓公等会盟，其中提到盟之前庄公会桓公而"升坛"。何休注："会必有坛者，为升降揖让。"这说明当时在坛上先行朝礼，然后再行盟礼。诸侯会盟朝礼可见一斑，它沿袭的是西周这种朝礼方式。天子与诸侯会盟朝礼当然也不例外。

（6）锡命朝礼。西周天子封赏诸侯常用锡命之礼。金文可见者，诸如《应侯见贡鐘》、《宜侯矢簋》、《白晨鼎》、《虢季子白盘》等。《诗经》中亦有《采菽》、《崧高》等诗与此相映证。锡命过程中诸侯必须对天子行朝礼，所以《采菽》称"君子来朝"。诸侯因朝而有赐，所以修尊卑之礼。锡命朝礼于此可见。

（7）诸侯间朝礼。《左传》昭公十三

西周·禹鼎

年载叔向语："间朝以讲礼。"杜注："三年而一朝。"竹添光鸿云："是间朝者，间二岁也，非间一岁。"这种"间朝"被称为"明王之制"，实际上指的是西周所曾实行的制度。

（8）诸侯会盟朝礼。诸侯之间会盟必然行相朝之礼。西周诸侯会盟，如《左传》隐公三年提到"卢之盟"，杜预注："卢盟在春秋前。"这是齐、郑两国国君会盟，一定行会盟朝礼，见前所述。僖公二十年八传："王子虎盟诸侯于王庭。"王子虎，王卿士，地位等同于诸侯，因而是诸侯与诸侯相盟，行朝礼完全可能。

（9）诸侯世相朝礼。《春秋》与《左传》等文献中尚有这种朝礼的记载。如：《春秋》襄公三年："公如晋。"《左传》"公如晋，始朝也。"杜预注："公即位而朝。"《周礼·秋官·大行人》郑玄注："父死子立曰世。凡君即位，大国朝焉，小国聘焉。"指的是这种情况，西周时存在是可能的。

（10）时事朝礼。《左传》襄公二十八年："邾悼公来朝，时事也。"《左氏会笺》说是"四时朝聘"，不确，应是按时定期行朝礼。

（11）遇朝礼。《春秋》隐公四年："夏，公及宋公遇于清。"《礼记·曲礼上》："诸侯未及期相见曰遇。"行遇礼时也一定行朝礼。西周诸侯遇朝礼也一定存在。

3. 西周朝制的礼仪特点

西周朝礼在先秦文献中已无系统的记载。然而，依据比较零散的材料，尚能看出一些大概。它的礼仪形式与觐礼确实不同，具有明显的个性特征。

（1）行朝礼的时间固定。《左传》宣公二年说钮麑要杀赵盾："晨往，寝门辟矣"，赵盾"盛服将朝，尚早，坐而假寐。"很显然，赵盾是在早晨朝见晋灵公的。西周行朝礼的时间恐怕也应该如此。《周礼·春官·大宗伯》："春见曰朝。"郑玄认为，除了它有季节特性外，还有一层含义："朝犹朝也，欲其来之早。"《御览·礼仪部》引《白虎通》云："朝者，见也，因用朝时见，故谓之朝。"这些说法当是西周朝礼实施时间的佐证。

（2）行朝礼的地点固定。行朝礼的地点分两种情况：一是一般在都城宫中行朝礼（诸侯也有在宗庙中）。《尚书·顾命》述群臣接受成王顾命时，有"既受命，还，出缀衣于庭"句。曾运乾解释说："王病不能视朝，则出衣于庭，为群臣瞻拜之资也。贾谊云：植遗腹朝委裘而天下不乱。孟康《汉书注》云：委裘若容衣，天子未坐朝，事先帝裘衣也。正是此义。"这里的"庭"，即指朝位，显然在宫中。册命仪式结束，《顾命》又载："诸侯出庙门俟。王出在应门之内，大保率西方诸侯入应门左，毕公率东方诸侯入应门右，皆布乘黄朱。"应门，《尔雅·释宫》："正门谓之应门。"《诗·大雅·緜》："迺立应门，应门将将。"毛传："王之正门曰应门。"应门之内为治朝，当是在宫中。《诗·大雅·常武》有"徐方来庭"句，《传》曰："来王庭。"说的也是在宫中行朝礼。当然，这些都是西周天子行朝礼的地点。

《礼记·曾子问》载："曾子问曰：'诸侯相见，揖让入门，不得终礼，废者几?'孔子曰：'六'。请问之。曰：'天子崩，大庙火，日食，后、夫人之丧，雨沾服失容，则废。'"戴震据此而认为诸侯之间相朝在宫中庭院，这是对的。如果是这样，《左传》昭公十七年："小邾穆公来朝，公与之燕。"也是在宫中朝庭。这应当与西周诸侯之间相朝的地点相同。但也有的在宗庙中，如《左传》襄公二十九年："公在楚，释不朝正于庙也。"但杜注云："释，解也。告庙在楚，解公所以不朝正。"还是用了非"正礼"。

诸侯属臣行朝礼是在宫中朝廷。《左传》宣公二年说晋灵公不行君道，"宰夫腼熊蹯不孰，杀之，寘诸畚，使妇人载以过朝。"这个朝即宫中。这种情景恰好被赵盾、士季看见了，就此加以劝谏，"三进及溜，而后视之"，还是就地行动，地点没变。《左传》成公十八年载：晋悼公在武官朝见卿大夫。西周当如此。

二是在都城外"为坛"行朝礼。《逸周书·王会解》："成周之会，坛上张赤奕阴羽。"《仪礼·觐礼》所载"四门坛"即都城外之坛。《左传》庄公二十一年载："王巡虢守，虢公为王宫于玤。"这用的是西周之制，即殷国。《周礼·秋官·大行人》："十有二岁，王巡狩、殷国。"金鹗认为："天子巡狩，诸侯随时分方而朝者，一年而周也。今殷国不周行四方，止在一处，岂有仅会一方而三方不会乎?"意思是说：天子巡狩随时分区域进行，一年便完成巡狩四方的职责；殷国则巡狩一方，但各方诸侯聚集于此。这种看法是正确的。

无论是巡狩还是殷国，都是在王都之外进行，或在方岳，或在东都，或在侯国，但"为坛"行礼是必须的，《仪礼·觐礼》

男子的"冠礼"与女子的"笄礼"

已有说明。《周礼·秋官·司仪》也称："将合诸侯，则令为坛三成，宫旁一门。"郑玄注："合诸侯谓有事而会也。为坛于国外以命事。宫谓遣土以为墙处，所谓为坛壝宫也。"这种"坛"有"堂"，其作用之一即可以用来行朝礼。

（3）具有严格的规范化礼仪程序。除了常朝礼之外，诸侯朝见天子或诸侯之间相朝，都要按照规范化的礼仪程序进行。以诸侯朝见天子为例，据秦蕙田考证，由准备阶段到最后完成，要经过告祭、谒关、郊劳、在馆、迎人、行朝礼、庙中将币、贡物、赐命、致饔饩等仪式。不过，秦蕙田的考证，主要依据《周礼》与《礼记》的记载。由于一些材料具有理想化的成分，其中有些环节不见得完全可信。尽管如此，大致说来，秦蕙田的考证，尚能反映西周诸侯朝见天子礼仪形式基本程序的一般特点。与西周金文、《诗经》等材料印证，可以断定，西周朝礼礼仪程序，表现了严格的规范化的特点。我们将这些仪式规定分成两类考察：

①具体活动礼仪形式。主要有：其一：告庙之仪。西周天子或诸侯进行重大行动之前一定举行告庙之仪，如《逸周书·世俘解》说武王接受缴获的殷朝九鼎后，"乃翼矢圭、矢宪，告天宗上帝。王不格服，格于庙，秉语治庶国。"诸侯行朝礼也

是如此。诸侯朝天子，在临出行之前，要举行告庙之仪，"必告于祖，奠于祢，冕而出视朝。祝史告于社稷、宗庙、山川，乃命国家五官而后行，道而出。告者五日而遍，过是非礼也。凡告用牲币，反亦如之。"不仅朝天子，诸侯之间相朝也是如此。《礼记·曾子问》说："诸侯相见，必告于祢。朝服而出视朝。命祝史，告于五庙，所过山川，亦命国家五官，道而出，反必亲告于祖祢，乃命祝史，告至于前所告者，而后听朝而人。"

因为西周天子、诸侯都非常重视行朝礼活动，所以他们举行告庙的仪式都是非常隆重的。虽然朝天子与朝诸侯的仪式存在着一定的差别，但举行告庙的目的是一致的，都祈求祖先保佑他们的朝见获得成功。

女人之袍

其二：迎送之仪。迎人之仪：《诗·小雅·采菽》有描述："君子来朝，言观其旂。其旂淠淠，鸾声嘒嘒。载骖载驷，君子所届。"按《周礼·地官·司门》："凡四方之宾客造焉，则以告。"《司门》："凡四方之宾客吅关，则为之告。"郑玄注："告，告于王而止客，以候逆。"接到诸侯朝见的报告，天子派小行人迎接宾客，"凡

诸侯入王，则逆劳于畿。及郊劳、视馆、将币、为承而摈。"这是说诸侯到王畿，小行人要迎接慰劳。到了京郊，王使还要慰劳，安排馆舍。诸侯携带礼物，宗伯作上宾，小行人作承摈。在宫廷大门外，诸侯下车，王车出迎，都有固定的位置，称为朝位。《周礼·秋官·大行人》记载了严格的"朝位"规定：

上公之礼：……其朝位，宾主之间九十步，立当车轵；……诸侯之礼……朝位，宾主之间七十步，立当前疾；……诸子……朝位，宾主之间五十步，立当车衡。

进入宫中，天子还要"下堂而见诸侯。"这与觐礼"不下堂而见诸侯"不同。送别之仪，《诗，大雅·崧高》有描述："王饯于郿，申伯还南，谢于诚归。王命召伯，徹申伯土疆。以峙其粻，式遄其行。"具体来区分，据（周礼·秋官·司仪》有"车送"、"致赠"、"郊送"等礼仪，亦如迎入之仪。

其三，行朝礼之仪。诸侯朝见天子都有固定位置，《逸周书·王会解》有详细描述。不过，分别由天子"揖定"，即由天子行作揖礼来确认。《周礼·秋官·司仪》："诏王仪，南向见诸侯，土揖庶姓，时揖异姓，天揖同姓。"郑玄注曰："谓王既祀方明，诸侯上介皆奉其君之旂置于宫，乃诏王升坛，诸侯皆就其旂而立。诸公中阶之前，北面东上；诸侯东阶之东，西面北上；诸伯西阶之西，东面北上；诸子门东，北面东上，诸男门西，北面东上。王揖之者，定其位也。庶姓，无亲者也。土揖，推手小下之也。异姓，婚姻也。时揖，平推手也。……天揖，推手小举之。"区别不同类别诸侯行不同作揖礼。

在这之后，诸侯按次序行朝礼："及其摈之，各以其礼，公于上等，侯伯于中等，子男于下等。"即由摈引导，各自执玉向前面对天子行跪拜礼。所谓"等"，即放置

玉的地方："坛三层，深四尺，则一等一尺也。"

如果是行常朝礼，朝臣朝见天子也有固定的位置。《周礼·夏官·司士》：

正朝仪之位，辨其贵贱之等。王南向，三公北面东上，孤东面北上，卿大夫西面北上；王族故士、虎士在路门之右，南面东上；大仆、大右、大仆从者在路门之左，南面西上。

《射人》所述朝位与《司士》相同。《司士》没有常朝之位，《射人》可以补其不足："诸侯在朝，则皆北面。"

《周礼·秋官·司仪》所述诸侯之间行朝礼之仪省略了在宫中拜见过程，重点记述了"将币"、"授币"、"送币"经过程序，地点在宗庙，那应该是诸侯之间行朝礼之仪活动的重要组成部分。"主君受朝君之礼"，贯穿始终：

张家坡车马坑

及将币，交摈，三辞；车逆，拜辱；宾车进，答拜；三揖三让。每门止一相，及庙，唯上相入。宾三揖三让。登，再拜受币。宾拜送币。每事如初，宾亦如之。及出，车送，三请三进，再拜。宾三还三辞，告辟。

其四，接待宾客的飨、食、燕三仪。

对于前来朝觐或聘问的诸侯，接待时，往往施行飨、食、燕三仪。刘雨已经提到西周铜器铭文中有关飨礼的记载颇多，如《天亡簋》、《征人鼎》、《大鼎》、《虢季子白盘》等。记飨礼分别用"飨"、"飨酒"、"飨醴"、"大飨"等词语。有"飨"必有"酒"，说明和燕礼相关。直接记述燕礼的，一定用"饮"和"酒"来记载。如《小盂鼎》："三左三右多君人服酒……三周人服酒……三事大夫人服酒……"《高卣盖》，康王时器，有"王饮西宫"的记载，当和燕礼相关。《诗·小雅·宾之初筵》描述了西周幽王宴会诸侯大臣的情形，其中"宾之初筵，左右秩秩"，指的是行燕仪之礼。《周礼·秋官·掌客》：礼上公"三飨、三食、三燕。"又云侯伯三飨、再食、再燕。子男壹飨、壹食、壹燕。褚寅亮认为飨、食、燕的区别在于：

飨重于食，食重于燕。飨主于敬，燕主于欢，而食以明善贤之礼。飨则体荐而不食，爵盈而不饮，设几而不倚，致肃敬也。食以饭为主，虽设酒浆，以漱不以饮，故无献仪；燕以饮为主，有折俎而无饭，行一献之礼，脱屦升坐以尽欢。此三者之别也。飨、食于庙，燕则于寝，其处亦不同矣。

从顺序上看，先飨、次食、再次燕。三飨、三食、三燕，则先一飨，次一食，次一燕；又再飨，再食，再燕；又三飨、三食、三燕。

飨礼有大牢有酒，行九献或七献、五献之礼。献，"进也，进酒于宾。"而"客答之曰酢。"主人再先饮，劝宾饮，谓之酬。献、酢、酬，合称一献。西周接待宾客，上公九献、侯伯七献、子男五献。食礼以饭为主，烹大牢，食礼有举，亦称食举，郑玄说："举牢肺正脊也。"上公九举。郑玄注："举牲体九饭也。"九饭，一手谓之一饭。九饭即九手，"按古者饭以手，凡礼食有饭数，一手谓之一饭，一饭三咽。"侯伯七举·子男五举。燕礼，仅存诸侯燕其臣之礼，见载于《仪礼》。天子之燕礼，以及诸侯燕诸侯之礼文献已亡佚。

其五，乐舞之仪。行朝礼用乐舞。先说乐曲。天子迎送宾客用《王夏》、《肆夏》。诸侯迎宾客用《肆夏》，送宾客用《陔夏》。《仪礼·燕礼》"记"："若以乐纳宾，则宾及庭，奏《肆夏》。"《仪礼·大射》："宾醉，北面坐取其荐脯以降，奏《陔》。"郑玄注："《陔夏》，乐章也。"从乐器的使用来看，钟鼓皆用。

《诗》乐。天子与诸侯相见用《颂》。比如《诗·周颂·时迈》，《小序》就说："巡守告祭柴望也。"姚际恒称为"朝会之歌"。诸侯之间相见用《大雅》。《左传》襄公四年："穆叔如晋，报知武子之聘也，晋侯享之……工歌《文王》之三，又不拜。"穆叔不敢行回拜礼的原因是："《文王》，两君相见之乐也。"这是西周遗制。

行舞。《仪礼·燕礼》："若舞则《勺》。"《礼记·文王世子》"（天子）反，登歌《清庙》……下管《象》，舞《大武》"等，如王国维所说："有管则有舞，舞之诗，诸侯《勺》，天子《大武》、《大夏》也。"诸侯宴宾客行舞情形，《左传》襄公十六年："春……晋侯与诸侯宴于温，使诸大夫舞。"大夫所舞为何乐曲没有说明，但当时存在诸侯之间相朝用舞则是客观事实，应当用的是西周之舞。

此外，还应有行享献、送别、返国诸仪。比如诸侯行朝礼，返国亦有一套礼仪。《左传》桓公二年："冬，公至自唐……反行饮至（饮至礼），舍爵，策勋力焉，礼也。"

②具体礼仪物质表现形式。西周朝礼对朝服、车、旗、器等也有非常严格的规定。

其一，朝服。天子受诸侯朝见于朝庭则服皮弁服。《诗卫风·淇奥》："会弁如星。"郑玄笺："天子之朝，服皮弁以日视朝。"但缟食在庙，则服鷩冕。诸侯相朝服皮弁服。《仪礼·聘礼》："公皮弁迎宾于大门内"，又"宾皮弁聘"。郑玄注："服皮弁者，朝聘主相尊敬也。"《周礼·春官·司服》："视朝则皮弁服。"郑玄注："视朝，视内外朝之事。皮弁之服，十五升白布衣，积素以为裳。"《周礼·春官·司服》郑玄注："诸侯之自相朝聘皆皮弁服。"

其二，车。车又称作路。《诗·小雅·采薇》："彼路斯何，君子之车。"《诗·大雅·崧高》也有"路车乘马"句。车路因所饰不同，名称甚多：《周礼·春官·巾车》王之五路：玉路、金路、象路、革路、木路。《尚书·顾命》则有大辂、缀辂、先辂、次辂之称。不过，金文仍然称"金车"，不称"金路"，如《毛公鼎》有"易女……玉环、玉瑬、金车"句。

《顾命》记康王即位时在祖庙之外停留车路情况："大辂在宾阶面，缀辂在阼阶面，先辂在左塾之前，次辂在右塾之前。"郑玄认为大辂即玉路，"缀，次。次在玉路后，谓王路之贰也。"缀路是玉路的副车；先辂即像路。次辂，是像路的副车，与玉路的副车位置刚好相对：一个是在路门内东北面，一个是在路门内西北面。可以看出缺少《巾车》所述的金路、革路、木路。对此郑玄认为是"主于朝祀而已。"《巾车》说："玉路以祀"，"象路以朝"，就是这个意思。孙星衍对缺少金路还有一个解释：即"朝于五礼属宾礼，时诸侯受朝则金路以宾，亦宜陈之。盖此时丧中受朝，不迎宾，无所用金路也。"非常有道理。

除了天子之外，其他人的车也有定称：

伯各卣

诸侯称路车，大夫称轩车，士称饰车。诸侯行朝礼乘路车。诸侯的路车有的是天子赐予的。按规定，诸侯朝贡是不贡献"车服"的。

其三，旗。《诗·大雅·韩奕》叙及王赐韩侯旂。《诗·周颂·载见》有"龙旂阳阳"句。《周礼·巾车》言五旗：大常、大旂、大赤、大白、大麾。其中与行朝礼有关的大旂与大赤："金路，钩，樊缨九就，建大旂，以宾，同姓以封；象路，朱，樊缨七就，建大赤，以朝，异姓以封。"王之大旂与大赤两种旗，分别树立于金路与象路上，用于会见宾客，接受朝觐。金路、象路还可以分别赐予同姓诸侯与有亲戚关系的异姓诸侯、四方一般诸侯。

"诸侯建旂，孤卿建旃，大夫士建物。"天子接受诸侯朝觐，众诸侯亦先树旗于各自之位，乃就旗而立。诸侯朝见诸侯也要在指定场所，在各自车上树立旗帜。

其四，玉瑞。行朝礼用圭、冒、璧等。《国语·周语上》称："古者，先王既有天下……为贽币、瑞节以镇之。"瑞节就包括玉瑞。《周礼·春官·大宗伯》载："以玉

作六瑞，以等邦国，王执镇圭，公执桓圭，侯执信圭，伯执躬圭，子执谷璧，男执蒲璧。"这是说五等诸侯朝见于王或自相朝见时所执玉瑞情况，这类玉相当于贽。

冒，是与圭有关联的玉器。方四寸，下部有三角形的缺口，与圭的上端相合。它的作用主要有：一是用于接受诸侯朝见，二是合符信，即可以验证诸侯所执之圭的真伪。《尚书·顾命》孔颖达疏有一段更为清楚的说明：

礼，天予所以执瑁者，诸侯即位，天子赐之以命圭；圭头邪锐，其瑁当下邪刻之，其刻阔狭长短如圭头；诸侯来朝，执圭以授天子，天子以冒之刻处冒彼圭头，若大小相当，则是本所赐，其或不同，则圭是伪作，知诸侯信与不信。故天子执瑁所以冒诸侯之圭，以齐瑞信，犹今之合符然。

用玉为贽，礼毕还其贽，称为"还玉"。凌廷堪提到："《觐礼》不云还玉。"但朝礼有"还宝玉"的行动，汉人认为西周："诸侯执所受圭与璧朝于天子，无过者复得其珪，以归其邦；有过者留其圭。能正行者复还其珪。三年珪不复，少绌以爵。""还玉"，有"德不可取于人，相切厉之义也。"因为"君子于玉比德焉。"

玉瑞还有缫藉。缫藉，是置放玉的垫板。里面木质，外面包皮革，画五彩纹，两边还联结带子，也是五种彩色，用来系玉，也可以作装饰。据画五彩而言之，可单称为缫；据荐玉言之，可单称为藉，总称为缫藉。缫藉也与朝礼相关，《周礼·春官·典瑞》："公执桓圭，侯执信圭，伯执躬圭，缫皆三采三就，子执谷璧，男执蒲璧，缫皆二采再就，以朝觐宗遇会同于王。"贾公彦说："其侯伯子男朝公及自相朝，则待宾之礼各视其爵而降杀焉。"也有

严格的规定。

西周觐礼

1. 西周觐礼实施的范围

西周觐礼的实施，涉及的范围没有朝礼那样广泛，适用于诸侯见天子。这样一来，它所适用的阶层就很有限了。

西周早期金文中已见"觐"字，《壁鼎》："女壁觐于王。"这指的是诸侯朝见周王行觐礼。中晚期金文《颂鼎》、《膳夫山鼎》也提到觐礼，如《善夫山鼎》有："山拜颉首，受册，佩以出，反人董章"的记载。"董"即指行觐礼。《诗·大雅·韩奕》称"韩侯入觐"、"入觐于王"，也是专门指诸侯见天子。《左传》隐公四年说到"王觐为可"与"何以得觐"，很显然都和诸侯见天子有关。《左传》叙及晋文公作王宫于践土，周王享礼，并策命他为侯伯："晋侯三辞，从命"，"受策以出，出入三觐"，与《颂鼎》"受命册，佩以出，反入，觐璋"的记载如出一辙，说明春秋时觐礼还在实行着。

行觐礼诸侯的构成，祭公谋父进谏穆王时曾有所指出：先王之制，依据王朝所统属远近地区性质不同，分为"五服"，即"邦内甸服，邦外侯服，侯卫宾服，蛮夷要服，戎狄荒服。"所谓"邦内甸服"，是指邦畿以内，天子直接统辖地区。所谓"邦外侯服"，是指邦畿之外，进行分封的诸侯的地区。所谓"侯卫宾服"，是指前代王族后裔的小国之君，要以客礼相待的地区。所谓"蛮夷要服"和"戎狄荒服"，是指东南蛮夷之族和西北戎狄之族所居地区。"要服"是指加以约束的地区。"荒服"是指王朝边境居住的少数部族的地区。

从大的方面来看，"五服"，实际上是《酒诰》所述"内服"与"外服"。"内服"，指公卿百官，外服指"侯甸男卫邦伯"诸侯。

这些"外服"诸侯对天子行觐礼，实

伯各卣

质上已成为中央王朝控制地方诸侯的一种强有力的措施。

2. 西周觐礼实施的方式

西周诸侯对天子实施觐礼的方式主要有：

（1）定期觐礼。昭王时器《作册翻卣》铭文云："隹（唯）明保殷成周年"，当是诸侯定期觐见之制。《国语·鲁语上》云："先王制诸侯，使五年四王一相朝。"韦昭注引贾侍中云："王，谓王事天子也……五年之间，四聘于王，而一相朝。相朝者，将朝天子先相朝也。"实际上，《礼记·王制》已经对定期行觐礼有所阐明："诸侯之于天子也，比年一小聘，三年一大聘，五年一朝。"诸侯五年对天子行朝觐之礼，这应当是周初定制。有人认为是文、襄霸制，其实是不正确的，黄以周说的好："盖春秋之世兼行古礼，故晋文、襄又取是礼，以为朝盟主之制。"定期对天子行觐礼，这是天子对诸侯行为方式的严格要求，其存在是完全可能的。

（2）时会觐礼。天子有征伐之事，使诸侯来京师觐见天子，无常期，所以称为时会。《国语·晋语八》说"成王盟诸侯于岐阳"，即属于时会，虽然没有在京师举行，诸侯行觐礼是一定的。但据《周礼·秋官·大行人》："时会以发四方之禁。"郑玄注："禁谓九伐之法。"九伐亦可见《周礼·夏官·大司马》。但诸侯行觐见之礼是肯定的，天子有可能"为坛于国外，合诸侯而发禁命事焉"时进行。"为坛"，其作用之一便是行觐礼。

（3）殷同觐礼。《臣辰父癸盉》，昭王时器，有王"殷于成周"的记载。按，天子十二年巡守一次，如果不去巡守，诸侯要一同到王都来朝会，称为殷见，或殷同（《周礼·春官·大宗伯》郑注）。在这个时候诸侯对天子行朝礼的同时，也行觐礼，即所谓大觐礼。按《大行人》"殷同以施天下之政。"这是根本宗旨。

（4）巡守觐礼。《员鼎》，昭王时器，记载昭王在视廪巡狩（兽）的情况，昭王接受觐见是肯定的。《国语·周语上》："（襄王）二十一年以诸侯朝王于衡雍且献楚捷，遂为践土之盟。"这指的是襄王巡守之事，行觐礼是不可避免的，沿袭的是西周巡狩觐礼方式。《周礼·秋官·大行人》："十有二岁，王巡守，殷国。"说的是周天子十二年，或巡守各国，或殷国。《礼记》逸礼说："王者以巡狩之礼，尊天重人也。巡狩者何？巡者，循也；狩，牧也，谓天子巡行守牧也。"天子遍巡各国，各国诸侯行觐礼是必须的。殷国，按金鹗理解，即殷见之礼，"四方六服诸侯毕至"，故有殷名。天子不遍巡各国，仅至一国又不在畿内，召四方诸侯来，行朝会之礼。此时必然要让诸侯行觐见之礼。这可以视为境外大觐礼。

（5）会盟觐礼。周天子与诸侯会盟，应当包括行觐礼仪式，其"会"礼内涵颇为复杂，觐礼是其内容之一。比如周成王在岐阳与诸侯相盟，不可避免地要接受诸侯觐见，这便是"会"，而"会"则要有觐礼仪式。这些都是进行盟誓活动的前提。

（6）锡命觐礼。《仪礼·觐礼》有"侯氏入觐，天子赐舍"，"天子赐侯氏以车服，迎于外门外，再拜"的记载。《诗·大雅·韩奕》更说："韩侯入觐，以其介圭，入觐于王。王锡韩侯，淑旆旂绥章，簟茀错衡，玄衮赤舄，钩膺镂锡，鞹鞃浅幭，鞗革金厄。"《诗序》云："《韩奕》，尹吉甫美宣王也，能锡命诸侯。"诗中详述王赏赐韩侯之物，如旂、车马饰、命服、路车、乘马等。《大盂鼎》所记"易女鬯一卣、同衣、市、舄、车马，易乃且南公旂，用遭。易女邦司四白。"与此相类。行觐见之礼而受锡命，在西周比较常见。

3. 西周觐制的礼仪特点

孙希旦在总结西周觐礼的特点时认为有"严"、"质"、"简"三个方面，这大体符合实际。其具体表现，我们可以从以下几方面看到：

（1）行觐礼的时间规定严格。《周礼》有"秋见曰觐"之说，具体有两种解释；贾逵认为：诸侯来朝，"以一方四分之，或朝春，或觐秋，或宗夏，或遇冬，藩屏之臣不可虚方俱行，故分趣四时助祭也"。郑玄发挥贾说，言"四方各四分，趋四时而来"。马融认为在东方者朝春，在南方者宗夏，在西方者觐秋，在北方者遇冬。《大行人》贾公彦疏进一步认定马融主"六服当面各四分之"说。

综合两家观点，孙诒让认为"贾、马、郑三君义本不异"。究其实质，他们都看出了"四方各四分，趋四时而来"之意。我们认为：就觐礼而言，季节与诸侯所处方位是必须要考虑的因素：秋天，西方诸侯行觐礼，这在规定上似乎存在着不可更动性。西周天子最初的设想很可能如此。

中国通史

最新整理图文珍藏版

戎簋

（2）行觐礼的地点规定严格。畿内行礼，具体地点在宗庙。《仪礼·觐礼》自"侯氏裨冕，释币于祢"到"升成拜，降出"，谈的都是人觐之事，活动的范围仍然主要在宗庙："天子设斧依于户牖之间，左右几。天子衮冕，负斧依。"郑玄说："依，如今绨素屏风也。有绣斧文，所以示威也。"斧又作黼，《周礼》云："凡大朝觐，大飨射，凡封国、命诸侯，王位设黼依。"与此相应，《礼记·曲礼下》："天子当依而立，诸侯北面而见天子曰觐。"所述是在庙内设置与受觐位置。这与朝礼截然不同，郑玄的总结很有代表性：

诸侯春见曰朝，受挚于朝，受享于庙，生气文也。秋见曰觐，一受之于庙，杀气质也。朝者，位于内朝而序进；觐者，位于庙门外而序入。王南面立于依宁而受焉。

很明显，觐礼以宗庙为活动中心，所谓"受挚、受享皆在庙"，就是这个意思。

畿外行觐礼，要为宫筑坛。畿外行觐礼是在"巡守"、"殷国"或"会盟"等重大礼仪活动中必须实施的程序。为宫筑坛，《仪礼·觐礼》有记载："诸侯觐于天子，为宫方三百步，四门；坛十有二寻，深四

尺，加方明于其上。"《周礼·秋官·司仪》也说："将合诸侯，则令为坛三成，宫旁一门。诏王仪；南乡见诸侯。"为宫筑坛，使觐礼有了施行的地方，这是在畿外行觐礼的地点。

（3）严密而轶轶有序的礼仪程式。《仪礼·觐礼》被认定为西周遗文，它保存了比较完整的西周觐礼资料。由《觐礼》可知，完成觐礼过程，包括了郊劳、赐舍、告诫期、舍朝、行觐礼、享献、请罪、赐车服、飨燕等仪式。这些仪式丝丝相扣，井然有序，哪一个环节都不能缺少。如果进一步分析的话，可以从两个方面看出它的这种特点。

①具体活动礼仪形式。其一：郊劳之仪。诸侯到达城郊，王派人慰劳称郊劳。《国语·周语下》称："卿出郊劳。"按《周礼·秋官·大行人》上公"三问三劳"，诸侯、诸伯"再问再劳"，诸子"壹问壹劳"。郊劳也有近郊之劳与远郊之劳区别。胡培翚说："窃谓近郊之劳，五等诸侯皆有之……或侯伯加以远郊劳，上公加以畿劳。爵尊者其劳远，爵卑者其劳近，礼宜然也。"《觐礼》没有说明"劳者"身份，但"以五等诸侯爵位不同，使人亦异"。"问"与"劳"的次数也不明确，但一定是因人而异。至于郊劳，没有说明远郊近郊。我们从"侯氏"的身份去推想，既然是诸侯，应该由大行人劳问，地点不会是近郊，因为可能是"公侯伯"，爵尊，所以要远郊劳问。

"侯氏受璧还璧"，是郊劳的重要环节，《觐礼》云：

使者不答拜，遂执玉（璧），三揖，至于阶，使者不让先升，侯氏升听命，降再拜稽首，遂升受玉。使者左还而立，侯氏还璧，使者受，侯氏降再拜稽首，使者乃出……

这种礼仪形式隐喻着深刻内涵：轻财重礼。《聘礼》中也有"受圭退圭"仪式，与此隐喻相同。《礼记·聘义》对此有所阐示："以圭璋聘，重礼也。已聘而还圭璋，此轻财而重礼之义也。诸侯相厉以轻财重礼，则民作让矣。"用于觐礼同样合适，也力图发挥这种作用。

其二，赐舍之仪。《觐礼》"天子赐舍"，郑玄解释道："以其新至，道路辛苦，未受其礼，且使即安也。赐舍，犹致馆也。"舍，又称为馆，公馆。《礼记·曾子问》："凡所使之国有司所授舍，则公馆已。"《夐尊》，周康王时器，其铭文亦有"洛于官（馆）"句。卫公觐见康王时，曾住在公馆内，这个"馆"即用康主赐舍。天子赐舍，自然有一番仪式。天子派人"命馆"，诸侯"受馆"，"以王使为尊，尊王使即尊王命也。"

其三，王告觐期之仪。《觐礼》云："天子使大夫戒，曰：'某日，伯父帅乃初事。'侯氏再拜稽首。"郑玄注："戒，犹告也，其为告，使顺循其事也。"戒觐期即告觐期。觐期由天子确定。

其四，治朝赐舍之仪。《觐礼》云："诸侯前朝，皆受舍于朝。同姓西面北上，异姓东面北上。"郑注："受舍于朝，受次于文王庙门之外。""言舍者，尊舍也。"贾疏进一步认为："前朝谓先觐日也，朝犹觐也，与下受舍于朝之朝异。"受舍于朝："《聘礼》待聘宾在桃，天子待觐遇亦当在桃。《祭法》云：'天子七庙有二桃'。《周礼·守桃》郑注：'迁主所藏曰桃。穆之迁主，藏于文王庙。昭之迁主，藏于武王庙。今不在武王庙而在文王庙者，父尊而子卑，故在文王庙也。"

郑注与贾疏基本上讲对了"前朝"之意，即"先觐日"，受舍即接受天子锡舍。但"朝"的内涵他们仍然没有讲清楚。

许多学者认为，这个"朝"，与西周

门朝制度相关。李心传认为："受舍于朝，所谓外朝也。"外朝是西周门朝制度中的一项内容。关于西周门朝，历代学者考证较多，主要有所谓"五门三朝"说与"三门三朝"说两种。

立体夐纹圆鼎

"五门三朝"。五门，郑玄说："中门于外为中，若今宫阙门。郑司农云：'王有五门：外曰皋门，二曰雉门，三曰库门，四曰应门，五曰路门。路门一曰毕门。'"三朝，《周礼·秋官·朝士》："朝士掌邦外朝之法"，郑玄注："周天子，诸侯皆有三朝，外朝一，内朝二。内朝之在路门内者，或谓之燕朝。"贾公彦疏曰："天子外朝一者，即朝士所掌者是也。内朝二者，司士所掌正朝，大仆所掌路寝朝，是二也。"《礼记·曲礼下》"诸侯西面曰朝"，孔颖达疏："凡天子三朝，其一在路门内，谓之燕朝，大仆掌之……其二是路门外之朝，谓之治朝，司士掌之……其三是皋门之内，库门之外，谓之外朝，朝士掌之。"

"三门三朝"。自北宋以来，一些学者，对五门之说持有异议。刘敞《天子五门议》认为：

> 此有五门之名，无五门之实。以《诗》、《书》、《礼》、《春秋》考之，天子有皋门，无库门；有应门，无雉门；有毕门，无路门。诸侯有库门，无皋门；有雉门，无应门；有路门，无毕门。天子三门，诸侯三门，门同也而名不同，三同也而制不同。

戴震《三朝三门考》则认为：

> 天子之宫有皋门，有应门，有路门。路门一曰虎门，一曰毕门，不闻天子库门、雉门也。诸侯之宫有库门，有雉门，有路门，不闻诸侯皋门，应门也。皋门，天子之外门；库门，诸侯之外门；应门，天子之中门；雉门，诸侯之中门，异其名，殊其制，辨等威也。

当代学者，陈梦家同意三门三朝说，李学勤同意五门三朝说。

从《觐礼》所述内容来看，"受舍于朝"的"朝"与西周门朝制度相关确定无疑，但是不是如李心传所认为的那样当"外朝"来理解呢？如按任启运《朝庙宫室考》所附《天子五门三朝庙社图》，应该指雉门之内，应门之外。宗庙就在路门之外，应门与雉门之东，很显然，处于治朝的位置。

如按戴震的看法："君臣日见之朝谓之内朝，或谓之治朝，或谓之正朝，在路门外庭"，也是一样。胡培翚也认为："然则受舍于朝，即治朝也。庙在治朝之左，故郑玄谓受次于文王庙门之外也。李氏以朝为外朝，非矣。"

李学勤、宫长为等研究《小盂鼎》，证明西周门朝制度，亦可补文献记载之不足。宫长为、刘健认为《小盂鼎》铭文

"大庭"即外朝，"中庭"即治朝。记"中庭"的铭文，如："……入三门，［立］中廷，北向。盂告。"中庭"治朝"义明显。

由此看来，"受舍于朝"中"朝"当作"治朝"理解为好，而"受舍于朝"，即是在治朝接受天子赐舍之意，赐舍也一定伴随着一定仪式。这是行觐礼之前一定要有的程序。要求"同姓（诸侯）西面北上，异姓（诸侯）东面北上"，是指具体"受舍于朝"仪式中诸侯的位置。

其五，行觐礼之仪。到了行觐礼那一天，先由侯氏的下介，天子的末摈、上宾传达给天子，即《觐礼》所谓"啬夫承命，告于天子。"得到同意的答复，诸侯才能入庙门觐见天子，如《觐礼》云：

> 侯氏入门右，坐奠圭，再拜稽首。摈者谒。侯氏坐起圭，升，致命，王受之玉。侯氏降，阶东，北面，再拜稽首。摈者延之，曰："升！"升成拜，乃出。

从行觐礼的仪式来看，与《仪礼》所述燕礼、聘礼等均有所不同，比较突出的是"王无答拜"形式。对此，亦有学者解释为"此见王礼，视侯礼为严也。"这是非常明显的。

此外，如凌廷堪所述："《觐礼》不云还玉。"与郊劳不同，行觐礼究竟有否还玉之节？

《白虎通德论·文质》篇所引《尚书大传》中的一段话颇能启人深思："天子执瑁以朝诸侯。""诸侯执所受圭与璧朝于天子，无过者复得其珪，以归其邦；有过者留其圭。能正行者复还其珪。三年珪不复，少绌以爵。"由此可以看出，西周行觐礼应该有"还宝玉"的行动，这是正常行觐礼所必备的。此外"不云还玉"，有可能是非正常行觐礼的行为。

行觐礼"还玉"不是一个简单的仪

节，它是必须重视的"合符信"行动。《白虎通德论·文质》篇说得很形象："合符信者，谓天子执瑁以朝诸侯，诸侯执圭以觐天子。瑁之为言冒也，上有所覆，下有所冒。"它的政治意义则更为重大。《尚书·顾命》孔颖达疏已有更为清楚的说明。

原来，天子对诸侯有戒心，"还玉"已经成了天子与诸侯关系真诚与否的试金石。

其六，行享献之仪。《周礼·秋官·大行人》说："庙中将币，三享。"《觐礼》则书为"四享"，郑玄认为"四当为三"。享，亦为献意。三享即向天子行享献贡品之仪三次。具体仪式《仪礼·觐礼》载为：

四（三）享，皆束帛加璧，庭实唯国所有。奉束帛，匹马卓上，九马随之，中庭西上。奠币，再拜稽首。摈者曰："予一人将受之。"侯氏升致命，王扶玉。侯氏降自西阶，东面授宰币。西阶前再拜稽首，以马出，授人，九马随之。事毕。

第一次享献是在玉帛之外加上十四马，第二、三次则是本国特产。

其七，请罪之仪。这实际上是诸侯向

伯各尊

天子述职待罪之仪。郝敬说："觐享既毕，黜陟未分，惧王或谴，乃右肉袒请事，"即是此意。也是行觐礼的主要目的之一。这种请罪亦有固定的模式，如《觐礼》：

乃右肉袒于庙门之东。乃入门右，北面立，告听事。摈者谒诸天子。天子辞于侯氏，曰："伯父无事，归宁乃邦！"侯氏再拜稽首，出。自屏南适门西，遂入门左，北面立。王劳之，再拜稽首。摈者延之，曰："升！"升成拜，降出。

按郑玄注："右肉袒者，刑宜施于右也。凡以礼事者左袒人。"侯氏为了表示向天子谢罪，故右袒。江永《乡党图考》："《觐礼》侯氏请事右肉袒，与寻常左袒者不同，谓刑宜于右也。古人自是有左袒、右袒之法。"诸侯两次"再拜稽首"，行臣礼。天子慰劳诸侯，待之以客礼。直接体现了"宾客之礼主于敬"的原则。

其八，赐命之仪。《觐礼》所述，属于在诸侯下榻的馆舍中行赐命礼。诸侯要在舍门之外迎接天子使者，"再拜"。所赐之物摆设有固定位置："路（车）先设，西上；路下四，亚之。重赐无数，在车南。"由王公重臣奉篋服，并将"命书"，即策命之书放在上面。赐命时，大史代表天子居于右位，诸侯则不断变换受命之位，或升或降。"傧使者"、"傧大史"，成为最后程序。

齐思和认为，古时赐命之礼，礼书中唯《礼记·祭统》略记其梗概，可注意者有四点：必行之于太庙，一也。君立于阼阶之南，南向，所命北向，二也。史执册命之，三也。所命再拜稽首，受书以归，而舍奠于庙，四也。但也有学者认为这应当是诸侯爵禄其臣之礼，《周礼》所述的才是天子锡命之礼。

《周礼·大宗伯》："王命诸侯，则

中国通史

最新整理图文珍藏版

侯。"郑注："侯，进之也。王将出命，假祖庙，立依前南向，侯者进当命者，延之，命使登。内史由王右以策命之。降，再拜稽首，登，受策以出。此其略也。诸侯爵其臣，则于祭焉。"《小宗伯》："赐卿大夫士爵则侯。"郑注："赐犹命也。侯之如命诸侯之仪。"《内史》："凡命诸侯及孤卿、大夫，则策命之。"《司几筵》："凡封国命诸侯，王位设黼依，依前南向设莞筵纷纯，加缫席画纯，加次席黼纯，左右玉几。"

从《周礼》所述的锡命礼来看，天子锡命诸侯用大宗伯当侯，卿大夫士用小宗伯为侯，其策命则由内史执行。很显然，在许多内容的叙述上可以弥补《祭统》篇记载的不足。

实际上，《仪礼·觐礼》、《礼记·祭统》、《周礼》之《大宗伯》、《小宗伯》、《内史》所述从大的方面来看可以互为补充，正可以成为我们研究西周锡命礼的主要文献依据，不可偏废三者任何一方。尽管如此，我们还是要看到这三者毕竟各有侧重：《觐礼》所述锡命并不在太庙，王也未出席仪式，很显然不是锡命正礼。《祭统》重在阐发锡命礼的精神内涵。《周礼》视点则集中在与锡命相关人员的职责上。

结合西周铜器铭文所载西周锡命礼内容，吸取陈梦家、齐思和、陈汉平等学者成果，其正例应为：

甲，受命于太庙。除《祭统》外，《白虎通·爵篇》云："爵人于庙者，示不私人以官，与众共之义也。封诸侯于庙者，示不自专也。明法度皆祖之制也，举事必靠焉。"以郭沫若考定一百六十二器为西周物，记载周王锡命有五十五器，即令鼎、小盂鼎等，除二、三次之例外，大多都在周宗庙举行，与文献记载不悖。

乙，锡命礼仪。王即位，某右某入门（或某人右某，或某内右某），立中廷，北向。史某（尹氏）受（授）王命书，王乎

史某（或内史某、尹氏、乍册尹，或王者亲命）锡命某，王若曰（或作王曰，或作曰）。曰字以下为册命内容。穆王时器《卫簋》：

佳廿又七年三月既生霸戊戌，王才周，各大室，即立，南伯入右裘卫，入门，立中廷，北向。王乎内史易（锡）卫（缁）市、朱黄、䜌。卫拜頴首，敢对扬天子不显休，用乍朕文且考宝簋，卫其子子孙孙永宝用。

丙，锡命内容。锡命者先直呼受命者之名，叙及锡命原则，告诫语，再叙锡命之官职，最后记锡命赏赐的物品及勉语，包括服饰、车饰、马饰、旂旗、土田、臣民、兵器等，并嘱受命者以此赐物敬夙夕用事，勿废朕命等。

丁，受命礼仪。包括受命礼及觐礼。记受命者拜手頴首，受命册，佩以出，反入觐璋，敢对扬天子丕显休命。

戊，受册而归。记受命者受命册以归，用作祖某女比某考某母某宝蹲彝，铭刻嘏辞，用以为自己祈匄福禄眉寿，并祈愿世代子子孙孙永宝用。

其九，飨、食、燕之仪。《觐礼》仅言飨礼，实际上也应包括食、燕之礼，前面《西周朝礼》一节已经提到。

从完成觐礼的整个过程来看，诸侯在接受郊劳之前，还应有告祖、奠祢，以及入王畿后誓众、谒关人、习觐享、展群币之仪，及归，应施行送别之仪，但《觐礼》没有，或许是在其他礼仪中已经提到，就不必重复说明。此外，觐礼"天子不下堂"迎接诸侯，被认为是与朝礼重要区别之一。所谓觐礼"主乎严"，就体现在这里。

上述觐礼之仪，属于在王畿之内施行的。王畿之外，也有一套仪式。由《觐礼》所述可知，举行这种仪式与王畿行觐

牛首四耳铜簋

礼确实不同。一是礼仪方式不同，它必须是在王畿之外，或时会、或殷同、或巡守时才采用的。二是要临时"为宫为坛"，还要"加方明"，力图创造一种在"畿内庙受"的氛围。三是与礼"四渎"、"礼山川丘陵"结合起来，但又不是"祭天"。

②具体礼仪物质表现形式。西周觐礼对冕服、车、旂、器等有明确要求，有的与朝礼相同，有的则不一样。

其一，冕服。天子在宗庙中接受诸侯觐见时要穿衮衣，戴冕。《仪礼·觐礼》"天子衮冕"，《周礼·夏官·节服氏》"朝觐衮冕"，讲的都是这个意思。"天子衮冕"又往往与祭祀相关，所以《周礼·司服》讲："享先王则衮冕。"凡冕服都是玄衣纁裳，冕皆玄上朱里。它的旒数：衮冕十二旒，每旒用五彩玉十二颗贯穿之。

诸侯在宗庙觐见天子时穿衮衣，戴冕。诸侯裨冕也有等级差异。《周礼·司服》云："公之服，自衮冕而下如王之服；侯伯之服，自鷩冕而下如公之服；子男之服，自毳冕而下如侯伯之服。"这实际上是按诸侯爵位高下而确定的冕服。公虽与天子同服衮冕，但他所戴的冕是九旒，每旒用玉九颗而不是十二颗，而且所用玉为苍、白、朱三彩而不是五彩。以此而论，侯伯鷩冕七旒，旒用七玉；子男毳冕五旒，旒用五玉。衮服的纹样公与天子不同：天子的衮服有升龙、降龙的纹样，而公则只有降龙的纹样。

其二，车。《觐礼》云：诸侯入觐要"乘墨车"。郑玄注："墨车，大夫制也。乘之者，入天子之国，车服不可尽同也。"诸侯为何要乘大夫车？张尔岐认为："今乃乘大夫之墨车者，以金象等路，皆在本国所乘，既入天子之国，方服裨冕以朝，不可更乘此车，同于王者。故（郑）注云：车服不可尽同也。"要求非常严格。

牧野之战

诸侯的车，有的是天子赏赐的，如《作册麦方尊》记昭王赐邢侯车："侯易（锡）者（诸）杨臣二百家，剂用王乘车、马。"即可证。

其三，旗。《觐礼》："载龙旂弧韦蜀。"这是说诸侯把龙旂树立在墨车上。《周礼·春官·司常》："交龙为旂"。"诸侯建旂"，是觐见天子的需要。诸侯因爵位不同旗的形制也有差别，比如斿，即旗的末幅直幅、飘带，数量不同：公九斿，侯伯七斿，子男五斿。

《觐礼》云："天子乘龙，载大旂"，即在路车上树立大旗。郑玄有描述："太常也，王建太常，缘首画日月，其下及旒（斿）交画升龙、降龙。"但为何《觐礼》云载大旂而不云大常？贾疏认为《周礼·司常》云："日月为常，交龙为旂"，即说旂与常有别。曾永义认为应指太常。太常本只画日、月，今又兼有升龙、降龙之象，"盖因九旗之制，上得兼下的缘故。"采用的是折中的说法。这个问题仍需进一步探讨。

其四，圭、玉。诸侯介圭，由天子所赐予。《诗·大雅·崧高》言及申伯觐见周王，周王就"锡尔介圭，以作尔宝。"诸侯觐见天子一定要带着介圭。《韩奕》诗记韩侯觐见周宣王之事，其中就有"韩侯入觐，以其介圭"句，说明介圭在诸侯行觐礼时特别重要。

《觐礼》提到玉有十七处，分别称为玉、璧、圭、璋、琥、璜。从诸侯行觐礼的礼仪过程来看，瑞玉发挥着其他礼器所不可替代的作用。如郊劳之仪，王使者授玉，诸侯受玉还玉，蕴含着天子尊重诸侯身份的"命圭"形式，以及"轻财重义"意义。行觐礼之仪的"奠圭"，"王受玉"，郑玄认为是"轻财"，但也不应否认还具有显示双方尊卑关系的用意。在维护天子与诸侯的政治关系上，"玉"执行着特殊

任务。

如《觐礼》所述，在畿外行觐礼的"坛"上，玉还具有另一项作用：即与木制成的"方明"相配，表示礼神之意，《觐礼》云：

> 方明者，木也，方四尺。设六色，东方青、南方赤、西方白、北方黑，上玄，下黄。设六玉，上圭，下璧，南方璋、西方琥、北方璜、东方圭。

六玉的设置虽然是为了装饰"方明"的，但由于有了"玉"，更增添了浓重的神圣感，给觐礼涂抹上了一层深沉宗教色彩。

西周聘问制度

西周天子与诸侯、诸侯与诸侯之间的交往，有很多时候是凭借聘问形式进行的。这种聘问具体适用情况、礼仪特点、活动方式及作用是我们探讨的重点，所涉及的许多问题看必要加以辨明。

西周聘问的适用对象

聘问在西周的适用对象非常明确，主要用于天子与诸侯、诸侯与诸侯之间。具体来看，有三种情况：

1. 天子遣使聘问诸侯。

从西周铜器铭文中能够见到周天子遣使聘问诸侯的记载。《伯矩鼎》，成王时器："白（伯）矩乍（作）宝彝，用言（歆）王出内（人）吏（使）人。"唐兰认为：言就是音字，此处读为歆。《诗·生民》毛传："歆，飨也。"《国语·周语上》"王歆太牢"。"歆"有宴享义，伯矩当是燕国的行人之官，掌迎接周王的聘问使者。吏人就是使人，即成王派出的使者。《盂爵》载，康王派盂去问侯登伯。登很可能

是个国名。孟成为使臣。《叔卣》，昭王时器，有"王姜史叔吏（使）于大保"的记述。《卫鼎》，昭王时器，则说，卫"乃用緵王出入吏（使）人。"《中甗》，昭王时器，说："王令中省南或（国）贯行"，并称"史儿至曾"。史儿传达昭王命令："余令（命）女（汝）史（使）大小邦。"也是进行聘问活动。

《诗经》中关于天子派遣使者的诗，最明显的莫过于《小雅》之《四牡》和《皇皇者华》了。《四牡》小序谓"劳使臣之来也，有功而见知则说矣。"如"四牡马非骓，周道倭迟，岂不怀归？王事靡盬，我心伤悲。"很显然，所描写的是一个尽心于天子交付聘问任务的使臣形象。《皇皇者华》小序："君遣使臣也，送之以礼乐，言远而有光华也。"朱熹《诗集传》则进一步阐释道："君子使臣，固欲其宣上德而达下情，而臣之受命，亦唯恐其无以副君之意也。"聘问的作用由此凸显出来。

学术界有关西周天子有否下聘之礼的争议不少，其中持否定态度的由来已久。隐公九年《春秋》云："春，天王使南季来聘。"《谷梁传》："南氏，姓也；季，字也；聘，问也。聘诸侯，非正也。"很显然，认为天子派大夫下聘诸侯，不是正礼。《礼记·王制》孔颖达疏称："《公羊》说，天子无下聘之义。"《公羊》与《谷梁》观点一致。春秋时天子没有下聘之礼，西周就更当如此。清人姚际恒就认为"周初分封列国，仿虞世为朝君之典，别无君聘之礼，故《谷梁》云：'聘诸侯，非正也。'自春秋以来，王室浸微，始聘诸侯。"

对这个观点提出异议的学者很多。如许慎说："礼，臣疾君亲问之，天子有下聘之义。"《公羊传》隐公七年"天王使凡伯来聘"。何休注："古者诸侯有较德殊风异行，天子聘问之，当北面称臣受之于太庙，所以尊王命，归美于先君，不敢以己当

之。"黄以周赞同这种观点，依据何休注，认为："是下聘之礼，固有异于凡聘也。"孙诒让进一步发挥道："通言之，间问变得为聘；析言之，则天子于诸侯止有小聘，无大聘。"

我们同意西周存在"天子下聘之礼"观点。可以看到，无论是出土铜器铭文，还是传世文献，都有材料能够证明。姚际恒所述，缺欠是明显的，《春秋》追述周初天子下聘之制，不会是空穴来风，许慎等人的看法符合实际。

2. 诸侯遣使聘问天子。

有关西周诸侯遣使聘问天子的情况铜器铭文记载明确。《史颂簋》记："（康）王诰毕公，乃易（锡）史颂贝十朋。"毕公并非《逸周书·程寤解》所指的武王时毕公高，是他的后代。史颂奉命聘问康王，因此受到了赏赐。《卫鼎》记共王九年正月眉敖派诸庐聘问共王事，非常详细。尽管这些铭文中还未出现聘问一类词语，但聘问用意十分明显。可见，西周诸侯遣使聘问天子确实是一种常见的礼仪形式。

3. 诸侯遣使交聘。

在西周，诸侯与诸侯之间还要派使者互致问候，缔结友好关系，其名称也称为聘。《礼记·曲礼下》："诸侯使大夫问于诸侯曰聘。"《仪礼·聘礼》郑《目录》也说："大问曰聘。诸侯相于久无事，使卿相问之礼。小聘使大夫。"

西周铜器铭文较少有记载诸侯交聘之事的，但并不等于诸侯之间没有友好往来。成王时《董鼎》说燕侯派使者到宗周赠送礼物给王朝重臣太保："匽（燕）侯令董饴大保于宗周。庚申，大保赏董贝。"这种往来有类于诸侯之间聘问。由此可以知道，西周诸侯之间的这种聘问关系是存在的。春秋时代，诸侯遣使聘问他国极其频繁，应当是这种制度的延续。比如隐公七年（春秋）就有"夏，齐侯使其弟年来聘"

的记载。齐侯与鲁公之间相聘问，目的是结艾之盟，说明两国至少在西周末期关系就相当密切。

国人暴动

西周聘问实施的方式

西周天子与诸侯、诸侯与诸侯之间通过何种方式实施聘问，这是一个比较难以回答的问题，主要原因在于资料匮乏。尽管如此，我们在现有条件下，还是可以找到一些线索来的。

从西周聘问实施的途径来看，遣使是必须的。遣使有两种方式：定期遣使聘问与不定期遣使聘问。

1. 定期聘问。

《盂爵》所载康王派盂问候登伯很可能与此相关。"隹（唯）王初（袚）于成周，王令（命）盂宁昇（登）伯，宾贝，用乍（作）父宝（尊）。"宁，《说文》"安也。"即问安意。《诗·葛覃》："归宁父母。"宁即用此意。在先秦文献中，天子遣使聘问诸侯期限规定称为"间问"。《周礼·秋官·大行人》追述说："间问以谕诸侯之志。"郑玄注云："间问者，间岁一问诸侯，谓存省之屑。"贾公彦认为"间问"与《大行人》下文所述："岁遍存，三岁遍视，五岁遍省"相关。如此，这个间有"间隔"之义。天子安抚诸侯或问或存，或视或省，间隔年数有一定规律。谕，"告晓也。"即天子定期派使者聘问诸侯，让诸侯通报自己的志向。

诸侯遣使聘问天子也有期限规定。这种聘问是诸侯应尽的义务，聘问的内容之一就是进贡。据《兮甲盘》载，周宣王令淮夷要及时贡帛、献宝，否则，就对他们用刑。说明诸侯聘问天子也是迫不得已的：《兮甲盘》曰："王令甲，政嗣成周四方赛，至于南淮夷。淮夷旧我帛晦人，毋敢不出其帛其赛，其进入其贮。"

《周礼·春官·大宗伯》又称："殷舰曰视。"郑玄注："殷舰，谓一服朝之岁，以朝者少，诸侯乃使卿以大礼众聘焉。一服朝在元年、七年、十一年。"一服朝是怎么回事？它如何成了诸侯派卿行大聘问礼规定时间？对此，贾公彦有解释：

郑约《大行人》要服之内诸侯服数来朝，一服朝当此三年。以其侯服年年朝。甸服二年朝、四年朝、六年朝、八年朝、十年朝、十二年朝，从天子巡守，是甸服于六年、七年、十一年无朝法，是使卿殷兆页也。男服三年朝，六年朝，九年朝，十二年从天子巡守，于元年、七年、十一年亦无朝法，是亦使卿以大礼聘天子也。采服四年朝、八年朝、十二年从天子巡守，则元年、七年、十一年亦元朝天子之法，是亦使卿以大礼聘天子也。卫服五年朝、十年朝，则元年、七年、十一年亦无朝天予法，是亦使卿以大礼聘天子也。要服六年朝，十二年从天子巡守，则元年、七年、十一年亦无朝法，是亦使卿以大礼聘也。故知一服朝在元年、七年、十一年也。

很显然，一服朝指的是只有侯服一服逢朝觐天子之年，其他服，即甸、男、采、卫、要五服没有赶上朝觐天子之年，就都要派出卿到京城聘问天子，这被称为大礼众聘，时间恰好在十二年一个周期中的元年、七年、十一年。诸侯不能亲自去觐见，却要派卿表示问候之意，这是由天子确定的"聘法"。

受聘法制约，诸侯之间要定期聘问。《周礼·大行人》提到"诸侯之邦，交岁相问也"，便是诸侯交聘要求的，即每年都要派使臣到诸侯国聘问一次。这种聘问的规格不高，因此称为"问"，按郑玄注："小聘曰问"，即是此意。"大聘使卿，小聘使大夫。"大夫负有问的职责。

西周聘问制度中存在定期聘问是无疑的，但在具体实施过程中是否严格按规定去做却是另一回事儿。如同朝礼、觐礼在西周中、晚期没有很好地得到执行一样，定期聘问也一定遇到来自各方面的挑战，很难得到贯彻推行。

2. 不定期聘问。

《伯矩鼎》所提到的成王向燕国派遣"使人"，就属于这种情况："白（伯）矩乍（作）宝彝，用言（歆）王出内（入）吏（使）人。"西周天子不定期聘问诸侯还称为"时聘"。《周礼·秋官·大行人》："时聘以结诸侯之好。"郑玄说："时聘者，亦无常期"是对的，它强调时聘在方式上没有期限的特点。但说："天子有事，诸侯使大夫来聘，亲以礼见之，礼而遣之"则不妥当，主要将施事主体误以为是诸侯。其实，这里的施事主体应为周天子，即西周天子时聘诸侯。这种聘没有期限规定，有事无事都可以派使者慰问，用以加强与诸侯的往来关系。如此理解，与《大行人》"间问以谕诸侯之志，归月辰以交诸侯之福，贺庆以赞诸侯之喜，致禬以补诸侯之灾"刚好相统一，都属于"王使臣于诸侯之礼也。"

西周天子时聘诸侯也有大礼、小礼之分。上面提到的是"小礼"，即所谓小聘。小聘使大夫。而大礼，即所谓的大聘，称为"殷覜"。《井侯簋》铭文所提到的荣与内史受康王派遣到邢国，实际行的是大礼，即"殷覜"：

青釉双系罍

佳（唯）三月，王令（命）荣邧（暨）内史，曰："（匀）井（邢）侯服。易（锡）臣三品：州人、重人、鄘人。"（拜）頴（稽）首，鲁天子。（周）氏（厥）濒（频）福，克奔徒（走）上下帝，抚令（命）于有周。追考（孝），对，不敢（坠）。邵（昭）朕福（盟）。朕臣天子，用典王令（命），乍（作）用公彝。

《周礼·秋官·大行人》"殷覜以除邦国之慝。"郑玄注："殷覜，谓一服朝之岁也"，"一服朝之岁，五服诸侯皆使卿以聘礼来覜天子，天子以礼见之，命以政禁之事，所以除其恶行。"郑玄的看法有三点不妥：其一，施事主体误以为是诸侯，应该是天子。前面已经提到，这样理解与下文不相统一。其二，天子聘问诸侯没有"一服朝之岁"的限制。"一服朝"是针对诸侯而言的。殷覜，即"大礼众聘"，"遍问天下诸侯"。派卿行大礼聘问诸侯对天子而言，不会有期限上的规定。其三，就"除邦国之慝"的行动来看，应该指的是"王臣，而非诸侯之使"。天子不定期派重臣聘问诸侯，除了加强与诸侯的关系之外，还有明显的控制诸侯的意图，聘问是名义的，而除恶是真实的。除恶的方式有所谓"九伐之法"。

西周王朝历代君王从未间断对四方诸侯的征伐。比如康王平定东夷，《旅鼎》：

> 隹（唯）公大保来伐反尸（夷）年，才（在）十又一月庚申，公才（在）柬自，公易（锡）旅贝十朋，旅用作父尊彝。

《鲁侯尊》：

> 隹（唯）王令（命）明公遣三族伐东或（国），才（在）口，鲁侯又（有）口固工（功），用作旅彝。

都有明显记载。可见，天子不定期聘问诸侯，目的还在监督、管理、控制，乃至于征服诸侯。

诸侯不定期聘问天子，称为"时聘"。《周礼·春官·大宗伯》："时聘曰问。"郑玄注："时聘者，亦无常期，无子有事乃聘之焉。竟外之臣，既非朝岁，不敢渎为小礼。"这种解释大体符合实际。按，"小聘曰问，小聘使大夫"。平时不用朝觐天子的年份，可不定期派大夫聘问天子。

诸侯之间不定期交聘，褚寅亮认为《周礼·大行人》所云"殷相聘"即是，云："久无事而聘，无常期。其仪物同大聘，故亦谓之殷也。"这是一种。还有一种，诸侯之间关系密切的，也不受期限束缚。从春秋诸侯之间交往的程度上可以找到西周诸侯这种交聘的遗迹。春秋诸侯之间强调"践修旧好"，"谋事补阙"、"继好结信"、"亲仁善邻"，并"相厉以礼"，由此，交聘频繁就在所难免了。如：鲁国派使臣聘问齐国，《春秋》文公十八年载有两次："秋，公子遂，叔孙得臣如齐"，"季孙行父如齐"。宣公元年也有两次："夏，季孙行父如齐"，"公子遂如齐"。都不局限于一年一次。西周诸侯之间想必也

是如此，关系密切的诸侯国来往就多，关系一般的诸侯国来往就少一些，也属正常现象。

西周聘制的礼仪特点

西周聘问礼仪，从系统上看应该由三种类型构成：天子遣使聘问诸侯礼仪、诸侯遣使聘问天子礼仪、诸侯之间遣使聘问礼仪。前两种聘问礼仪，由于史料缺乏，我们很难知道全过程，后一种聘问礼仪因为有《仪礼·聘礼》，我们能够看得比较清楚。

根据我们所掌握的情况，可以看到，西周聘问在礼仪上有如下特点：

1. 不同等次实施聘问，因对象不同，礼仪形式规定也有区别。

《井侯簋》，康王时器，铭文述及荣与内史作为康王特使到邢国去。他们"朕臣天子，用典王令"，理所当然要受到极高的礼遇。这是天子下聘诸侯。诸侯遣使聘问天子，按，《周礼·秋官·小行人》："凡四方之使者，大客则擯，小客则受其币而听其辞。"这是说诸侯遣使聘问天子，因其国地位不同，使臣则有大客、小客之分，因而所受到的礼遇也就有了差别。大客，是指要服以内诸侯的使臣，可以通过擯的引见见到天子。而小客，是指蕃国的使臣，蕃国属于荒服，地位当然要低于要服以内的诸侯。蕃国的国君都称为小宾，臣当然也就称为小客。小客聘问天子，不能见到天子，由小行人负责接待，接受他们进献的贡品，并倾听汇报的情况，转达给天子。这就是小客因地位低所受到的礼遇。

诸侯之间聘问亦存在着事实上的不平等性，即诸侯爵位的高低，有时决定着聘臣应受的款待级别高低。比如：聘臣飨食之数，一般人认为：公之卿再食再飨，侯伯之卿一食再飨，子男之卿，一飨不食。这也就应了《周礼》那句"凡侯伯子男之臣，以其国之爵相为客而相礼。"不过，这

种款待的规格不是固定不变的，可以根据实际需要或提高或降低，"凡四方之宾客，礼仪、辞命、饩牢、赐献，以二等从其爵而上下之"，就是这个意思。《国语·周语》提到："其贵国宾至，则以班加一等。"就属于这种情况。

2. 具体仪式繁多琐细，但不失谨严有序，十分完备。

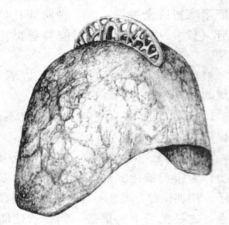

西周青铜胄

《仪礼·聘礼》保存了西周诸侯之间遣使交聘的基本过程。其程序包括出使前之仪，誓境借道之仪，到达受聘国诸仪，聘享之仪、礼宾、私觌之仪、馈饔饩之仪、君臣飨宾介之仪、宾介聘问主国卿大夫之仪、宾返国前诸仪、使者返国后诸仪。每一道程序中还有许多细节仪式，非常繁杂，具体来看有如下项目：

（1）出使前之仪。①命使者。两级任命：国君与大臣商议，任命使者、上介。司马任命众介。②授币。行授币（礼物）之礼。③行释币礼。使者及上介各自至祢（父庙），告祖先、献帛等。④受命于朝。在朝门外，使者接受聘圭与享璧等。

（2）誓境假道之仪。①誓于境。至所过之国边境宣誓。②假道。使者命次介向所过国之下大夫借道，并请引导路线。

（3）到达受聘国诸仪。①预习礼仪。将至受聘之国，堆土为坛，设布帷，服朝服，演习聘、享之仪。②谒关人入境。向守关人通报来聘原因，守关人派人引导入境。③展币。检查玉、帛、皮、马等礼物存失情况。④郊劳。受聘国派卿慰劳。⑤致馆、设飧。主国（受聘国）大夫引导宾客到馆舍。宰夫穿朝服设便宴招待。

（4）聘、享之仪。①行聘礼。主国下大夫到馆舍迎接宾客。使者穿皮弁服聘问主国国君。这是行聘问礼的重点。关于聘仪有四方面情况值得注意：其一，举行时间：第二天早晨。其二，举行地点。迎宾于库门。诸侯三门，库、雉、路。库门是大门，雉门为中门，庙在中门内。可见，由雉门进入祖庙。行聘礼在祖庙内。其三，服裼袭之衣。在祖庙行礼使者与受聘国君都加穿袭衣，露出裼衣。"裼袭礼"，江永认为："见裼衣者，谓开衿前上服见裼衣也。"小注："聘礼不必行于冬，故四时皆有裼袭。不止施于裘，巾衣即裼衣也。"又说："凡与袭对者皆是袒左袖露裼衣，袭则掩其上服，不袒袖，别无所谓袭也。"是为确说。服裼袭的意义，郑玄说："礼盛者，以袭为敬，执玉龟之属也。礼不盛者，以裼为敬，受享是也。"其四，辞玉之礼。宾与主相互谦让，三让、三辞，表示尊敬。辞玉之礼，春秋时还保存着，可见《左传》文公十二年：

秦伯使西乞术来聘，且言将伐晋。襄仲辞玉曰："君不忘先君之好，照临鲁国，镇抚其社稷，重之以大器，寡君敢辞玉。"对曰："不腆敝器，不足辞也。"主人三辞。宾答曰："寡君愿徼福于周公鲁公以事君，不腆先君之敝器，使下臣致诸执事，以为瑞节，要结好命，所以藉寡君之命，结二国之好，是以敢致之。"襄仲曰："不有君子，其能国乎？国无陋矣。"厚贿之。

②行享礼。主宾服露出裼衣，把玉璧和髤帛等礼物进献上。受聘国君也有一套接受之仪，《聘礼》云：

> 摈者入告，出许。庭实：皮，则摄之，毛在内；内摄之，入设也。宾入门左，揖让如初。升，致命，张皮。公再拜，受币。士受皮者自后右客；宾出，当之坐摄之。公侧授宰币，皮如入，右首而东。

③聘享夫人。聘夫人用璋，享夫人用琮，其礼仪相同。敖继公认为："聘享皆致聘君之命也。夫人不可以亲受，君代受之。其受之之礼，则皆与已之所受者同，以夫妻一体也。"

（5）礼宾、私觌之仪。①受聘国君礼宾。主宾请奉髤锦以私人名义拜见（私觌），受聘国君则按礼招待主宾。②宾私觌。主宾奉髤锦，牵乘马以私人名义拜见受聘国君。私觌，又称私面。《周礼·秋官·司仪》："及礼，私面，私献，皆再拜稽首，君答拜。"郑玄注："私面；私觌也，既觌则或有私献者。"③上介、士介私觌。

聘礼允许使臣私觌，觐礼却不许大夫私觌，许多学者已经注意到它们的区别。《礼记·郊特牲》："朝觐，大夫之私觌非礼也。大夫执圭而使，所以申信也；不敢私觌，所以致敬也。而庭实私觌，何为乎诸侯之庭？为人臣者无外交，不敢贰君也。"孔颖达疏曰："覆明从君而行，不敢行私觌，所以致敬于己君也。此申言上文朝觐大夫私觌非礼之义，非谓大夫执圭而使，不敢私觌也。"凌廷堪认为："案《觐礼》享后无觌者，诸侯亲见于天子，享时已申其敬，无缘复用私觌也。《聘礼》享后有觌者，享是聘宾致其君之命，至觌时，聘宾始得自申其敬。盖聘宾代君行礼，故享后别有私觌，与觌不同也。"

江永在区别朝觐私觌非礼与聘礼私觌

墙盘铭文

正礼的同时，提到"私觌之币髤锦乘马亦是公家之币"的问题。实际上，即使西周存在聘礼私觌正礼，私觌之币避免不了动用公家之币。黄以周认为："聘礼之私觌，其币出于公家，不失申信，不贰君之义。"这也许是最恰当的解释。

（6）馈饔饩之仪。包括：①受聘国君派卿穿韦弁服馈主宾饔饩五牢。主宾穿皮弁服迎接。韦弁，柔皮制服，穿它表示恭敬。②再向上介、士介馈饔饩。上介三牢，士介一牢。③夫人馈礼。国君夫人派下大夫，穿韦弁服向主宾及上介行馈礼。④主国大夫向宾介行馈礼。

（7）主国君臣飨食宾介之仪。①主国国君为宾介行飨、食、燕之礼。"一食，再飨"，贾疏认为是五等诸侯遣卿大聘之礼，但据《周礼·掌客》：天子待子男"一飨一食"，卿明显多于君。这是让人疑义的地方。国君有事就委托相应爵位的卿穿上朝服献上酬谢礼物。②主国之卿也为宾举行飨礼、食礼。

（8）使者返国前诸仪。①还圭。主国国君振卿服皮弁服到使臣住的馆舍还圭。所还之圭，即使者行聘礼送致主国国君之圭与送给国君夫人之璋。②拜宾于馆。国君至宾馆拜谢使者。③宾行，主国君臣赠送礼物。又称为赠贿。

（9）使者返国后诸仪。①使者复命。使者返回本国国都近郊，请求回复君命。先行襛祭之礼，然后入朝，在朝堂上陈列礼物，国君慰劳使者。②释币，告祢。使者把礼物放在家大门外，就到祢庙祭告。酬谢随行众人。

从上面的叙述可以看出，完成一次聘问过程需要经历非常琐细的一系列仪式。每一种仪式都具有自身意义，是其他仪式所不能替代的。仪式非常繁杂，但井然有序，一环扣一环，层层深入，已经构成严密的聘礼系统。聘、享是重点实施的仪节。祭祀、飨食、赟见等仪式，离开了聘礼系统，就会失去聘问意义，只有纳入这个系统中才会充分发挥聘问作用。

3. 以"揖让"与"酬报"模式，突出"礼尚往来"意旨。

在礼仪结构上，朝礼与觐礼具有明显的单向性，以天子为中心，突出天子的威严、神圣、凛然不可冒犯，而诸侯一方的行为似乎无关紧要，总是处于被动地位，所以《礼记·祭义》云："朝觐，所以教诸侯之臣也。"《礼记·经解》也说："朝觐之礼，所以明君臣之义也。"按《仪礼·觐礼》郊劳之仪，"王使人皮弁用璧劳"，侯氏亦服皮弁服迎于帷门之外，再拜，但使者不答拜。郑玄解释说使者不答拜，是因为他"奉王命尊也"。这就显示了天子的尊贵地位，必须在礼仪形式上得到反映。

聘礼则与此不同。以反映诸侯之间交聘的礼仪为例，往往贯穿"揖让"与"酬报"双向结构模式，似乎模糊了君与臣的界线，以相亲厚为要，充分突出了"礼尚往来"的意旨，这是聘礼在礼仪形式上的一个突出特点。比如"揖让"，《仪礼·聘礼》记行聘礼之仪：

公皮弁，迎宾于大门内。大夫纳宾。宾入门左。公再拜，宾辟，不答拜。公揖入，每门每曲揖。及庙门，公揖入，立于中庭。宾立接西塾……宾袭，执圭。摈者入告，出辞玉。纳宾，宾入门左。介皆入

门左，北面西上，三揖。至于阶，三让。公升二等。宾升，西楹西，东面。摈者退中庭。宾致命。公左还，北乡。摈者进。公当楣再拜。宾三退，负序。公侧袭，受玉于中堂与东楹之间。摈者退，负东塾而立。宾降，介逆出。宾出……

诸侯国君与使者三揖三让，你敬我尊，其交往的平等性显露出来。在此基础上，"酬报"形式也得到充分显示，比如："玉"，在行聘礼时，贾人取出玉，交给上介，上介再交给主宾（使者），经过多次"揖让"行动之后，好容易才被主国诸侯接受。再行了不少道礼节之后，又由主国诸侯派卿穿皮弁服到使者住的馆舍还玉。仪式很隆重。

聘礼的"还玉"不同于朝礼、觐礼的"还玉"，朝礼、觐礼"还玉""合符信"成分重，这就意味着天子高高在上，对诸侯存有戒心，把"还玉"提高到对天子是否诚信的高度来认识，已经成了一种维护自身统治的手段。聘礼"还玉"意义，《礼记·聘义》已经申明："以圭璋聘，重礼也。已聘而还圭璋，此轻财而重礼之义也。诸侯相厉以轻财重礼，则民作让矣。"敖继公认为："还玉即还挚"，从聘礼来看，以玉为挚，有圭、璧等。完成"执玉"、"辞玉"、"受玉"、"还玉"仪式，就是缔结与确立双方"往来"关系的过程。

不仅玉，就是其他"贽品"也有个"往来"的过程，相酬相报，成为固定模式。比如私觌，主宾奉掔锦，牵乘马以臣礼见主国国君，国君做了一番谦让之后，还是接受了礼品。这之后不久，主国国君则派人送礼物给使者（主宾），表示酬谢。这种回报，在主宾将要离开时还要进行。春秋时把它称为赠贿。《左传》僖公三十三年："齐国庄子来聘，自郊劳至于赠贿，

礼成而加之以敏。"即是如此。

"揖让"与"酬报",从表面看来是一种聘问常用的外在形式,但其蕴意却是深刻的,它体现了西周贵族交往的基本准则,即有赠有报,有往有来。《礼记·曲礼》上说:"礼尚往来,往而不来非礼也,来而不往亦非礼也。"即是精辟的总结。

法国莫斯《赠与论》提出所谓馈赠理论,另有一番见解。莫斯认为:"虽然这馈赠和回赠表面上都是自愿的,严格说,实质上却是应尽的义务。"并称之为"全面馈赠制"。作为风俗习惯,在澳大利亚和北美一些部落的分支联姻结盟中表现得最为明显。这不能不说与西周聘礼是一种巧合,是共同的交往性质使然。

4. 遇到特殊情况,要"以国为体",变通施行。

《仪礼·聘礼》也对特殊情况下如何实施礼仪进行了介绍。

(1) 行聘礼时遇上主国国君去世,已经进入国境就要继续前行,不过,也有一些规定:"不郊劳,不筵几,不礼宾。主人毕归礼,宾唯饗饩之受。不贿,不礼玉,不赠。遭夫人、世子之丧,君不受,使大夫受于庙,其他如遭君丧。遭丧,将命于

西周·汲水具

大夫,主人长衣练冠以受。"这当中,对"遭丧,将命于大夫"的理解有分歧,孔广森认为:"谓遭主国有丧而行问卿大夫之礼也。主人即所问之卿大夫也。虽遭丧不废问卿大夫者,使者之义,无留其君之命也。"很有道理。

(2) 行聘国国君如果在使者出发后去世,使者已经进入受聘国就要继续前行。但《聘礼》规定:

> 赴者未至,则哭于巷,衰于馆。受礼,不受饔食。赴者至,则衰而出,唯稍受之。归,执圭复命于殡,升自西阶,不升堂。子即位,不哭。辩复命,如聘。子臣皆哭。与介入,北向哭。出,袒、括发。入门右,即位,踊。

这种"遭丧之礼",《左传》亦有记载。宣公十八年,公孙归父聘问晋国回来,就"坛帷,复命于介。既复命,袒,括发,即位,哭,三踊而出。"更为具体。

(3) 使者出访后,遇到自己的父亲或母亲去世,不能中断聘问回国,但可以"哭于馆,衰而居,不飨食。归,使众介先,衰而从之。"

(4) 使者本人如果"人竟而死",聘问之事要继续进行。从"始死"到出殡所需费用,都由受聘国国君处理。上介代行使者使命,并接受受聘国"礼宾"的款待,但不辞谢,"不飨食"。回国后,上介送使者的灵柩到家。国君亲自吊丧,至殡事结束。如果是介去世,也照这个程序办理,但主国国君派人吊丧,却不亲自去。等等。

可以看出,"聘者遭丧之礼",贯穿一个原则,即如郑玄所说:"以国为体",把国家利益放在首位,尽心于聘问大事而不失礼仪风度,十分难能可贵。它重在强调行聘问礼所应当承担的责任。

由于西周各个时期天子与诸侯的具体情况存在着差异,在实行时,决不会机械照搬一个聘礼模式。聘问礼仪一定有一些不同,有的隆重、有的简朴,很难整齐划一,但主要程序不会改变,这从《国语》、《左传》等史料中可以看到。

西周主管朝聘的职官

西周主管朝聘的职官有两套系统:一是王朝负责朝聘事项的职官系统,一是地方诸侯所辖主管朝聘事项职官系统。这两套职官有联系又有区别,各自特点突出,有必要加以考证。

西周王朝主管朝聘职官

从西周金文,以及相关文献记载来看,西周王朝机构设置存在两大官署,即卿事寮和太史寮。两寮之下又有三左三右等寮属,这已为许多学者所认同。

综合现有成果,西周王朝负责朝聘的职官大抵不出此范围,可以从以下几方面去考察。

1.主管诸侯行朝礼、觐礼的职官。

《书·顾命》与《仪礼·觐礼》以及西周金文是比较可信的文献,它涉及了一些官员在朝礼、觐礼上的职责情况。

(1)太保。见于西周铭文十余处,地位非常显赫,即是周王的辅弼重臣,又是最高行政官之一,应该属卿事寮。《顾命》中它出现九次,指的是召公奭。如"乃同,召太保奭……"众诸侯朝见天子称同,即《周礼·春官·大宗伯》"殷见曰同"。大保居于召见的首位。成王去世后,太保命仲桓、南宫毛跟从齐侯吕伋迎接太子钊即位,他又起着重要作用。在西周天子祖庙,康王接受册命,太保又直接参与执行礼仪任务。如"承介圭。"介圭,即镇圭。《考工记·玉人》云:"镇圭尺有二寸,天子

守之"。它是国家政权的象征,由太保负责奉举,可见职责之重要。后面的礼节,主要由太保完成。《顾命》云:

(王)乃受同瑁,王三宿,三祭,三咤。上宗曰:"飨!"太保受同,降,盥,以异同,秉璋以酢。授宗人同,拜。王答拜。太保受同,祭,嚌,宅授宗人同,拜。王答拜。太保降,收。

诸侯一同朝见康王时,"太保率西方诸侯入应门左。"又成了诸侯之长。太保的主导地位由此可见。

(2)太宗。《顾命》:"太保太史太宗皆麻冕彤裳。"又云:"上宗奉同瑁。"郑注与孔疏均认为"上宗"即"太宗"。太宗,又称大宗伯。大宗伯在朝聘中的职责,《周礼》云:"以宾礼亲邦国。"参与制订朝聘之礼。还说:"朝聘会同,则为上相。"上相,即负责接待诸侯之职,又称上宾。太宗、大保、大师的地位相等,《顾命》将他们并列亦可为证。有学者认为大宗不属于卿事寮,也不属于太史寮。实际应该属于卿事寮。大宗伯之下,按《周

鸭尊

礼》所述，还有小宗伯；"掌事，如大宗伯之礼"（天子）"赐卿、大夫、士爵，则侯"等。

（3）太师。毕公，《顾命》两见。郑玄认为是畿内诸侯，但没有肯定他是否为大师。从《顾命》所述"毕公率东方诸侯入应门右"而见，毕公地位仅次于召公奭，很可能是大师，属卿事寮长官。如果是太师，那么他的职掌就与军事有关。《诗·常武》："王命卿士，南祖大祖；大师皇父，整我六师，以修我戎。"毕公也在诸侯朝礼、觐礼中参与传达王命、接待等事宜。《师望鼎》："望肇帅井（型）皇考虔夙夜出内王命。"、《师遽毁盖》："王延正师氏，王呼师朕锡师遽贝十朋"等铭文对此有记载，与《顾命》率诸侯行朝礼一样。有学者认为毕公作"侯右"，也很有可能。《顾命》有"宾称奉圭兼币"句，宾通摈。这个摈指的是毕公。《周礼·秋官·司仪》"掌九仪之宾客摈相礼"，毕公职掌即摈相。

（4）太史。《顾命》说："大史秉书，由宾阶脐，御王册命。"这是说康王即位由太史主管册命。天子册命行觐礼的诸侯也由太史主管。《仪礼·觐礼》"太史述命"，"太史加书于服上，侯氏受"，讲的是太史读天子命书，又将命书放到命服上。这与《周礼》所述"大会同朝觐，以书协礼事"的职掌是一致的。太史属太史寮，是太史寮的主要行政长官之一，地位很高，仅次于主管卿事寮的太保或太师。金文所见参与册命的史官名称较多，有"作册尹"、"作册内史"、"作命内史"等，未见册命太史，但不等于太史不负责册命事宜。

有的学者认为《顾命》中太史即毕公，由他统率和管理东方诸侯朝见康王，可是，《顾命》并没点明这一点，所以仍属推测。《臣辰卣》记史黄可以代表昭王在成周殷见诸侯，即"王令士上旋（暨）史（黄）殷于成周"，可见史的权力之大。

（5）大行人。《仪礼·觐礼》中的使者，由天子派遣，代表天子行使职权：一是郊劳诸侯。这个使者的具体身份没有点明，但地位不会低。郑玄认为郊劳的使者应该是大行人。二是参与天子锡命诸侯行动。这个使者，王士让认为："此与郊劳赐舍侯使同，而又有异。彼此一人，此则二人矣。考《典命》：'王之三公八命，其卿六命，其大夫四命。'太史，下大夫也。而与公同侯数，尊王命也。"

如果是两个人当使者，其中一个人就应当是大行人。另一个人就是太史。如前所述，太史地位很高，是太史寮的主要行政长官之一，那么，他就不可能是下大夫，而应当是公卿。与此相联系的是"摈者"，出现了五次。郑玄注"摈者谒"的"摈者"为"上宾"。如果摈者是上宾，还是指大行人。

（6）宰。在锡命礼中作侯右或代王赏赐臣下，《师遽方彝》："王乎宰利易师遽王面圭一，环章四。"《师望毁》："宰倗父右望入门立中庭，北向，王乎史年册令望：死司毕王家。"亦可见。

（7）啬夫。《觐礼》"啬夫承命，告于天子。"郑玄认为啬夫是"末摈"。他的传达方式是承命于侯氏。下介传给上宾，上宾而转告天子。胡培翚认为"啬夫承命""非亲承于侯氏"，而是经过了"侯氏"，先把请觐之辞告诉自己的上介，上介传给次介，次介传给下介，下介传给天子末摈的过程。"末摈之告"，"亦非亲告于天子也"，也要经过了传给承摈，承摈传给上宾，再由上宾入告天子的过程。这样看来，末摈的地位就比较低了。

如果按《周礼》所述，小行人做承摈的话，啬夫等于象胥之职。象胥就执掌"若以时入宾，则协其礼，与其辞，言传之。凡其出入送逆之礼节、币帛、辞令而宾相之。"

（8）讶。《觐礼》："天子使大夫戒。"郑玄注："大夫者，卿为讶者也。"郑玄具体说明了什么是讶："讶，主国君所使迎待宾者，如今使者护客。"意思很清楚，讶是主国国君派出的迎接宾客的人。

不同等级的人有相应的讶。《周礼·秋官·掌讶》："凡宾客，诸侯有卿讶，卿有大夫讶，大夫有士讶，士皆有讶。"大夫作卿讶，即替卿任迎接宾客的讶官。"天子使大夫戒"，是说天子派大夫作讶官告诉诸侯行觐礼的日期，并到馆舍迎接诸侯，大夫作讶的职责由此体现出来。

其实，每完成一次诸侯朝礼或觐礼，所涉及的官员远远不止这些。《周礼》的记载，有一些是颇具史料价值的，可算是对这个问题的一种补充。比如，诸侯至畿内，司门负责报告，小行人负责迎接；诸侯行朝礼或觐礼，具体仪式由司仪管理；司士安排行礼者的具体位置；接待诸侯的飨、食、燕三仪，由掌客实施；大司乐负责乐舞之仪；朝服、车路则分别由司服、巾车安排。此外，一些具体事项，不知又由多少官员来操持。

天子因巡狩、盟会等在畿外活动中，接受诸侯行朝礼、觐礼，也应该由许多官员来安排。《觐礼》提到天子在外巡狩，举行诸侯觐礼时，"四传摈"。这里的"摈"，很可能由公卿担任。

2. 主管聘问的职官。

这又可以分为两个方面：一是主管聘问诸侯的职官，二是主管接待诸侯聘问使节的职官。

（1）负责聘问诸侯的职官。在西周金文中，王派使者到各国，名目繁多，有的就带有聘问性质。担当聘问的使者，有的地位很高。比如《盂爵》说：康王命令盂去问侯登伯："王令（命）盂宁登白（伯）。"盂当过南公，地位不低。为周王

㿋编钟

出入传命的师所负使命颇为重要，官职显要。史代表天子到各诸侯国视察安抚，如《臣辰卣》："王令（命）士上旂（暨）史黄殷于成周"；《史颂鼎》："王在宗周，令史颂𤔲苏□友里君百生帅堣束于成周。"如所记，史的地位就很高。

《周礼》六官中涉及聘问诸侯的职官不少，虽然可能出于后人追述，但也可以从中窥见西周专司聘问职官的一些情况：

《春官》中，应该首先提到大宗伯，他也主管"以賑膰之礼亲兄弟之国，以贺应之礼亲异姓之国"事宜。按，賑膰指宗庙、社稷之肉，把它赐给同姓诸侯国，表示天子与他们同享福禄。而对异姓诸侯，则在他们有可喜可贺之事时表示祝贺。要进行这类活动，必须派遣使臣前往，大宗伯负责安排。凡是遇上大礼仪，小宗伯协助大宗伯，而小礼仪，小宗伯自行管理。由此可见，小宗伯也参与遣使聘问活动。下士之中，典瑞负责天子使臣聘问诸侯用玉事宜。等等。

《夏官》中有一些职官与遣使有关，如司士，"作士适四方使，为介"，虎贲士，"适四方使，则从士大夫。"射人，天

子派卿大夫为使臣时作介。

《秋官》中，中大夫大行人，"掌大宾之礼及大客之仪"。其中"间问"，"归赈"、"贺庆"、"至祝祫"均与遣使聘问有关。小行人，除接待四方使者之外，还要出使诸侯国，并负责调查各国风俗，善恶等情况，写成书面材料报告给天子。行夫，下士，当使者"必以旌节，虽道有难而不时，必达。"属于天子的特使官。

（2）担任接待诸侯聘问使节的职官。在西周金文中，《董鼎》记太保在宗庙接待燕侯使臣董，并赏赐了董，大保行使了这种职责。

《周礼》中明确说明一些职官具有这种职责。《春官》，大宗伯"以飨燕之礼，亲四方之宾客。"这里的客，即指来聘问的诸侯卿大夫。小宗伯："赐卿大夫士爵，则傧。"这是指天子在祖庙赐诸侯来聘问的卿大夫爵位时，小宗伯当傧，典命掌管来聘问诸侯之臣的"五等之命"："公之孤四命，以皮帛视小国之君，其卿三命，其大夫再命，其士壹命，其宫室、·车旗、衣服、礼仪、各视其命之数。侯伯之卿大夫亦如之。子男之卿再命，其大夫壹命，其士不命，其宫室、车旗、衣服、礼仪，各视其命之数。"很显然，诸侯之臣接受赐命分五等，仪制也不一样，典命的职责非常有必要。

《秋官》大行人对前来聘问的诸侯使臣从几方面加以接待："凡大国之孤，执皮帛以继小国之君，出入三积，不问，壹劳，朝位当车前，不交傧，庙中无相，以酒礼之。其他皆视小国之君。"小行人，"掌邦国宾客之礼籍，以待四方之使者。"郑注："礼籍，名位尊卑之书。"也有区别使臣等级名位的责任。其他，如像胥，属上士，"凡其出人送逆之礼节、币帛、辞令，而宾相之。"即使臣从来到去他都作傧。掌客，也属上士，"凡诸侯之卿、大夫、士为国

客，则如其介礼以待之。"这是说，接待他们，如同对待随诸侯朝觐天子的介的礼仪一样。掌讶，属中士，"若将有国宾客至，则戒官修委积，与士逆宾于疆，为前驱而入"。这里的客指来聘问的使臣。掌讶不但负责把他们从畿界上迎接过来，还要让沿途官员设"委积"款待，并当"前驱"向有关官员报告使臣到来的消息。

对西周王朝负责朝聘职官情况我们已经有了比较明确的认识，其特点也逐渐清晰：

其一，有的官员一身而兼数职，朝聘不过是其中之一。《周礼·春官》说大宗伯"掌建邦之天神、人鬼、地祇之礼，以佐王建保邦国。"这是说他负责西周王朝祀、祭、享之礼的制订，用以协助天子安定邦国。但从《尚书·召诰》、《顾命》的记载来看，大宗伯职位相当高，主管成周政务，就不限于执行西周王宫朝礼事务了，就是聘问诸项事务，他也是全面负责。无论是诸侯行朝礼、觐礼，还是天子聘问诸侯或诸侯聘问天子，都能见到他所发挥的作用。

卿事寮以大师为长官，大师就是军队的最高统帅。《善鼎》铭文记载周王在大

克钟

师庙中对善史官，命令他继续奉行先王之命而监司"师戍"，说明大师主管军务，是显赫的武官，但也在诸侯行朝礼、觐礼时参与传达王命、接待事宜即"易（锡）女（汝）乃且（祖）旂用事。"，可见当时是军政合一，主要大臣分工并不那样琐细。

其二，在朝聘的一些重要仪式中，有的官员发挥着突出的作用。比如史官，不仅天子即位由太史主管，就是册命诸侯也由太史执掌。文献所见参与册命之史官有：史、内史、尹氏。西周金文见授王命书之史官有：史、尹氏。王呼俾宣读册命之史官有尹氏、内史尹氏、内史尹、作册尹、命尹、内史、作册内史、作命内史、史。以文献记载核诸金文，颇足信据。虽然有关金文史的名称等问题尚需进一步探讨，但在册命中所起的职事作用是非常清楚的。杨宽先生说太史寮的重要性仅次于卿事寮，太史是仅决于太师的执政大臣，在册命中的地位尤其如此。其他如大行人、小行人在接迎和送别，以及充当使者方面职责，又是其他官员所替代不了的。

其三，完成朝聘，需要各类官员的配合。这实际上已构成了以朝聘为中心的职事系统，各个环节都不能忽视。因此，对看似不重要，其实很关键的官员职掌应该予以重视。比如行夫与下士所任特使官，金文虽未提及，但存在是一定的，它应该是朝聘职事系统中的一重要分子。

其四，朝聘对象不同，职官亦有等级差异。据《董鼎》铭文可知，董奉匽侯之命被遣使往在宗周的太保，因董地位不高，所以由太保赏赐给他贝。而《匽侯旨鼎》铭文所载："匽（燕）侯旨初见事宗周"，则由康王赏赐贝。又如"傧"的任用。《周礼·大宗伯》"王命诸侯则傧"，《小宗伯》"王命卿大夫士则傧"。贾疏："诸侯尊，故大宗伯傧；卿大夫士卑，故小宗伯傧。"有学者认为"是傧者因被傧者之官

职爵秩高低不同而异，区别在傧者官爵高低之不同，傧者人数多少之不同。"是很有道理的。

西周诸侯主管朝聘的职官

西周诸侯主管朝聘职官应该包括：负责诸侯行朝礼、觐礼，以及接待诸侯行朝礼事项；负责聘问天子，接待天子使者下聘，以及诸侯使者聘问事项。这些职责的承担，构成了诸侯机构设置中的朝聘职官系统。

1. 负责诸侯行朝礼、觐礼，以及接待诸侯行朝礼的职官。

周代诸侯国为周王室所封，各国官制亦模仿王室之制度。又东周官制因袭自西周，故研究西周官制又可以从春秋官制之中探寻它的影迹。西周金文、《左传》、《国语》等记载与朝聘相关职官亦可为依据。负责诸侯行朝礼、觐礼，以及接待诸侯行朝礼的职官，有这样一些官员应该提及：

（1）司马。诸侯亦设置，职掌军事。在西周铜器铭文里，于册命礼中充任傧相。《师奎父鼎》有"司马井（邢）白（伯）右师奎父"句，亦可证。

（2）右师。《国语·楚语上》："问谁相礼，则华元、驷马非。"华元时为宋文公右师，宋国之卿。曾陪同宋文公朝楚，作傧相。西周时诸侯右师很可能也是在国君行朝、觐之礼时作"相"。

（3）司徒、司空。《礼记·王制》："大国三卿，皆命于天子。"孔颖达疏引崔灵恩说云："三卿者依周制而言，谓立司徒兼冢宰之事，立司马兼宗伯之事，立司空兼司寇之事，故《春秋·左传》云季孙为司徒、叔孙为司马，孟孙为司空，此是三卿也。""三桓"相鲁，陪同鲁国国君行朝礼、觐礼的事例不少：《左传》文公十三年称"鲁文公如晋，朝，且寻盟"，就是由季文子作"傧相"的。《左传》成公四

康侯斧

年，鲁成公如晋行朝礼，也是由季文子陪同去的。季文子很可能为司徒。司徒在西周就很可能作诸侯行朝礼、觐礼的"傧相"。《左传》襄公四年："公如晋听政，晋侯享公"，孟献子作"傧相"很可能是以司空之职任之。

在接待诸侯行朝礼时，诸侯所辖官员应该各司其职。《国语·周语上》载周襄王派大宰文公及内史兴赐晋文公命，晋国"上卿逆于境，晋侯郊劳，馆诸宗庙，馈九牢，设庭燎……既毕，宾、飨、赠、饯如公命侯伯之礼而加之以宴好。"内史兴回去后，对周王称赞晋文公"能礼"，这个礼，实际上是合于西周之礼。其中"上卿逆于境"，只是晋国接待官员所尽的职责。

2. 负责聘问天子、接待天子使者下聘、诸侯使者交聘的职官。

西周金文可见聘问天子的使者，如《卫鼎》眉敖的使者者朕（肤）聘问周共王。者朕属卿一类的官员。诸侯国亦有行人一类负责接待宾客的官员。成王时"伯矩"器很多，其中《伯矩鼎》载伯矩宴请成王派遣使者之事："白（伯）矩乍（作）宝彝，用言（歆）王出内（入）吏（使）人"。唐兰先生认为伯矩是燕国的行人之官，掌管迎接周王的使者的。

《礼记·聘礼》："聘礼，上公七介，侯伯五介，子男三介，所以明贵贱也。"郑

玄注："此皆使卿出聘之介数也。《大行人》职曰：凡诸侯之卿，其礼各下其君二等。"孔颖达疏："上公七介者，若上介亲行，则九介，其卿降二等，故七介。侯伯子男以次差之，义可知也。"卿作为使者出聘有如此介的数量规定。卿的职务则又有区别。如管仲为齐国之相，据《左传》僖公十二年载："齐侯使管夷吾平戎于王"，"王以上卿之礼飨管仲。"管仲推辞，"受下卿之礼而还。"鲁国则是司徒、司马、司空为卿大夫。其中叔孙曾主管聘问天子之事。《左传》昭公四年杜泄谓季孙曰："夫子（季孙）受命于朝而聘于王，王思旧勋而赐之路……"

诸侯使节来聘，要按照国家的大小规格来接待。《左传》成公三年载：晋国的下卿荀庚与卫国上卿孙良夫同时来聘，把谁安排在前，却难住了鲁成公。臧宣叔说："次国之上卿当大国之中，中当其下，下当其上大夫。小国之上卿当大国之下卿，中当其上大夫，下当其下大夫。"并说是"古制"。这很有可能指西周时的规定。

按照西周制度，接待宾客，各个环节都要有官员负责，所涉及的职官也就更为具体了。《国语·周语中》称："周之《秩官》有之曰：'敌国宾至，关尹以告，行理以节逆之，候人为导，卿出郊劳，门尹除门，宗祝执祀，司里授馆，司徒具徒，司空视涂，司寇诘奸，虞人入材，甸人积薪，火师监燎，水师监濯，膳宰致饔，廪人献饩，司马陈刍，工人展车，百官以物至，宾入如归……其贵国宾至，则以班加一等，益虔。至于王吏，则皆官正莅事，上卿监之。'"惊动这样多的官，实在是隆重的礼节。诸侯接待聘问的职官系统由此可见一斑。

按韦昭理解：关尹即司关，掌四方之宾客，叩关则为之告。《聘礼》曰："及境，谒关人，关人问从者几人"。行理之

理，吏也。逆，迎也。执瑞节为信而迎之。行理，即小行人。门尹即司门。宗即宗伯，祝即大祝。"执祀，宾将有事于庙，则宗祝执祭祀之礼也。"司里，次于卿。《聘礼》"卿致馆"。虞人，掌山泽之官。甸人，掌薪蒸之事。火师，司火。水师，掌水，监涤濯之事。司马，掌帅圉人养马，故陈刍，圉人职属司马。这样看来，地方诸侯机构设置中负责朝聘的职官为数不少。

由上面的挖掘，亦可见诸侯主管朝聘的基本特点：其一，与王朝朝聘职官设置大体一致。《国语·周语中》所载《秩官》接待宾客过程中涉及的官员基本上都能从《周礼》中找到相应职官，这不是偶然的。

其二，一些材料已经表明，各诸侯国有关朝聘的职官设置虽然相同，但在具体实施过程中因爵位的等次不同，所发挥的作用也有差异。

其三，行人的职责比较宽泛，亦可见其在朝聘中的重要地位。按《周礼·秋官》所述，大小行人所掌为天子与诸侯交往礼仪的，诸侯国的行人亦当如此。具体来看，迎送宾客是其重要职责，但在《左传》中，我们还看到两个例证：《左传》文公四年春："卫宁武子来聘，公与之宴，为赋《湛露》及《彤弓》"，但宁武子"不辞，又不答赋"，只好"使行人私焉。"行人已经成了沟通来聘者与主国诸侯的桥梁。成公十三年："三月，公如京师。宣伯欲赐（杜注：欲王赐已），请先使，王以行人之

礼礼焉。"（杜注：不加厚）。而孟献子从，王以为介，而重贿之。行人又成了聘问的使者代称。由此可见，行人活动范围是很广的。

西周朝聘的政治功能

按照王国维《殷周制度论》说法，周公东征前，周的政治关系为："盖诸侯之于天子，犹后世诸侯之于盟主，未有君臣之分也。"其直接证据是：《尚书·周书》中《牧誓》与《大诰》"皆称诸侯曰'友邦君'"。而东征则"克殷践奄，灭国数十，而新建之国。皆其功臣昆弟甥舅，本周之臣子。而鲁卫晋齐四国，又以王室至亲为东方大藩。夏殷以来古国，方之蔑矣。"这样，情况发生了很大变化。周之分封的成果是："天子之尊，非复诸侯之长，而为诸侯之君"，"盖天子诸侯，君臣之分始定于此。"

周代分封又使当时国家的政治等级结构形成。"天子建国"，即天子以授士授民方式分封诸侯，并以此建立属于自己的下一级政权单位。"诸侯立家"，指诸侯分封卿大夫，以赐爵命形式组织自己的政权机构。

由于西周推行分封制建立起了以天子、诸侯为代表的社会政治结构，他们属于统治阶段的各政治等级，在各等级间有严格的政治隶属关系，从而极大限度地巩固西周的政治统治。

朝聘作为西周国家政治制度的一个重要组成部分，发挥着维护国家统治秩序的作用，这是显而易见的。具体来看，表现在如下几个方面：

突出天子的至尊地位

西周国家的中央权力是一种王权，金文与文献对此均有明确的反映。《盠彝》

匽侯盂

有"天子不段又不其万年保我万邦"句，即说天子有对万邦的控制权力。《墙盘》有"曰古文王……匍有上下，迨受万邦"句。也说周王的控制权力很大，万邦在他的控制范围内。这与《尚书·洛诰》所说："曰，其自时中乂，万邦咸休，唯王有成绩"的意思是一样的。万邦，是对各类地方国家的统称。有时也称"多邦"，如《尚书·大诰》"王若曰：'猷！大诰尔多邦越尔御事。'或"庶邦"，如《尚书·酒诰》"厥诰毖庶邦庶士越，少正御事，朝夕曰：'祀兹酒'"。多邦、万邦、庶邦都指天下。"普天之下，莫非王土；率土之滨，莫非王臣"（《诗·小雅·北山》），"勉勉我王，纲纪四方"（《诗·大雅·木或朴》）。王权制度由此得到深刻体现，天子至尊也因此而毕露无遗。

"王权至上"，"天立厥配"（《诗·大雅·皇矣》），在政治上既要保证它的合法性，还要从巩固天子的至尊地位上加强制度建设。朝聘无疑是所应当选择的制度形式之一。

朝聘在突出西周天子至尊地位上所发挥的作用可见：

1. 作为礼制的一个组成部分，发挥了礼所具有的思想教化功能。

"礼之所尊，尊其义也。"从对天子行大朝礼、大觐礼到对天子聘问，每一个礼仪细节无不渗透着义。这个"义"是什么？就是强调"正君臣之位"，即明确"天子至尊"的合法性，臣下尽忠的合理性。《聘义》说："贵其能以立义也。"强调了树立朝聘思想的重要性。西周朝聘思想有许多是围绕着"尊王"而进行的，但以"爵等"为原则，如《周礼·秋官·司仪》："凡四方之宾客礼仪、辞命、饩牢、赐献，以二等从其爵而上下之。"《大戴礼记·朝事》："礼，大行人以九仪别诸侯之命，等诸臣之爵，以同域国之礼，而待其

宾客……天子之所以明章著此义者，以朝聘之礼。"这就是说，朝聘过程中以贯彻爵等原则为目的，这样才能符合天子心愿，实际上，也就保证了"尊王"体制的执行。

"爵等"是基础，有了"爵等"，尊卑、亲疏观念也就形成并深深根植于人们的意识之中，朝聘所体现的正是这种礼的精神。《左传》庄公二十三年说："夫礼，所以整民也。故会以训上下之则，制财用之节；朝以正班爵之义，帅长幼之序；征伐以讨其不然。诸侯有王，王有巡守，，以大习之。"这指出了朝聘活动作为礼的表现形式，它必须"训上下之则"，"正班爵之义，帅长幼之序"，不然，它将失去了礼的基本内涵。

通过朝聘形式"尊王"，还有另一层意思，即充分展示它的教化功能。比如一些文献所提到的作用：《孟子·梁惠王下》载晏子语曰："诸侯朝于天子曰述职。述职者，述所职也。"《礼记·乐记》云："朝觐，然后诸侯知所以臣。"《祭义》云："朝觐，所以教诸侯臣。"《经解》："朝觐之礼，所以明君臣之义也。"关于述职，《左传》昭公五年已提及："朝聘有珪，享觐有璋，小有述职，大有巡功。"都与朝聘

宜侯夨簋铭文

联系起来，是为了向天子尽职表忠，同时也是起表率作用的。其他，如"知所以臣"，"教诸侯臣"，"明君臣之义"是让诸侯通过朝觐形式懂得为臣之道，让诸侯接受这种教育。这是朝聘的直接教育功能。其示范性功能，《国语·周语中》载周定王之言说："我王室之一二兄弟，以时相见，将和协典礼，以示民训则。"它指出诸侯在朝聘中的"和协典礼"活动，是为了教育引导人们"尊王"，服从周天子统治，即所谓"示民训则。"

2. 作为天子对诸侯的管理方式，有效地行使了"分职、授政、任功"职权，从而使"尊王"在制度上进一步得到强化。

西周王室对邦国的统治与管理是通过多种方式进行的，其中朝聘制度尤其重要。我们看到：

（1）诸侯朝见天子接受政令，述职，这是周天子在行使管理诸侯的职权。《左传》文公四年载："昔诸侯朝正于王，王宴乐之，于是乎赋《湛露》，则天子当阳，诸侯用命也。"朝正，杜预注："朝而受政教也。"这是说诸侯朝见天子而接受政令。《墨子·尚同中》也说："古者国君诸侯之以春秋来朝聘天子之廷，受天子之严教，退而治国，政之所加，莫敢不宾。"即诸侯朝见天子而接受"严教"之后，回到封国要贯彻王命而治国。天子政令所到之处，没有人敢不服从的，天子至尊地位得到充分体现。

（2）诸侯必须经过"朝王受命"的程序，即得到天子的认可，才能算是得到合法身份。《国语·周语上》："鲁武公以括与戏见王，王立戏。"《周礼·春官·典命》："凡诸侯之适子，誓于天子。"可见诸侯立世子要经过天子的认可，不然，就属于"犯王命"，"犯王命必诛"。这又显示了王命的威力。

（3）诸侯之间相朝，还有讲修王命，

拥戴天子的意图，这也是"尊王"的形式。《左传》文公十五年："诸侯五年再相朝，以修王命，古之制也。"《谷梁传》隐公十一年："天子无事，诸侯相朝，正也。考礼修德、所以尊天子也。"讲的都是维护王室秩序所要做的协调工作。

（4）诸侯"朝王纳贡"，是在物质利益上向天子尽义务，其实质仍然是"尊王"的一种特有方式。"朝王纳贡"，在西周以制度形式固定下来，即有所谓"畿服制"。《国语·周语上》述及"五服"，是"周人新制"，具有明显的政治与行政的性质。但其根本宗旨是要诸侯按规定向周王纳贡。所以，又说："甸服者祭，侯服者礼，宾服者享，要服者贡，荒服者王。日祭、月祀、时享、岁贡、终王，先王之训也。"按所谓的祭、祀、享、贡、王，主要指诸侯朝王而纳贡。《国语·鲁语上》："分异姓以远方之职贡，使无忘服也。"《荀子·正论》论五服制也说："称远近而等贡献"。都指出了服制的"贡献"性质。

"因朝而贡"，规定了诸侯的尽"臣职"方式。诸侯如果不能尽"臣职"，天子则可以通过征伐等形式迫使诸侯纳贡，《国语·周语上》所称"于是乎有刑不祭，伐不祀，征不享、让不贡，告不王。于是乎有刑罚之辟，有攻伐之兵，有征讨之备，有威让之令，有文告之辞。"《大戴礼记·虞戴德》也说："诸侯内贡于天子，率名效地实也，是以不至必诛。""率名效地实"，即如《周礼·夏官·职方氏》所言："制其贡，各以其所有"。把自己所有的物产作为贡品献给天子，就不会触怒天子而受到惩处，这也是维护天子至尊地位的有效途径。

调节天子与诸侯的关系

在考察西周天子与诸侯之间关系时，朝聘所具有的"别贵贱、序尊卑、等上下"功能固然应该成为我们目光所及的对

中国通史

最新整理图文珍藏版

叔夔方彝

象，但朝聘所发挥的调节作用也不可忽视。

1. 通过朝聘，可以实现"上通下达"的目的，增进彼此之间的沟通。

诸侯朝聘天子，一方面是根据"尊王"的需要，接受政令、述职、尽贡纳义务，另一方面也出于"上通下达"的需要。从西周天子方面来看，可以借助诸侯朝觐之机，向诸侯阐明自己的主张，这样，能够让诸侯了解自己。《周礼·秋官·掌交》说："道王之德意志虑，使咸知王之好恶，辟行之"。注："辟，读如：辟忌'之辟。使皆知王之所好者而行之，知王所恶者辟而不为"，即是此意，这就从客观上起到了消弭矛盾的效果。从诸侯方面来看，更愿意知道来自天子方面对自己的看法，以便及时调整策略，适应天子的需要。

如果天子与诸侯缺乏这样的机会，就可以通过聘问方式沟通情况。比如穆王时器《班簋》，就有毛公遣使转述下情的记载："公告厥于上：'佳（唯）民亡（无）延（诞）。才（在）彝，令（命）故亡（无）尤，才（在）显，唯苟。"加强了天子与诸侯之间的关系。《周礼·秋官·大行人》也说："间问以谕诸侯之志，归服以交诸侯之福，贺庆以赞诸侯之喜，致禬以

补诸侯之灾"。郑玄说："王使臣于诸侯之礼也"，即天子行下聘之礼。它固然有利用"间问"等形式表达"示恩"之意，但了解诸侯状况，或向诸侯传递相关信息，目的也应该存在。诸侯遣使聘问天子尽"臣之礼"并不是唯一目的，顺达下情的意图也存在。

2. 朝聘可以起到调和西周天子与诸侯关系的作用。

西周初中期政治形势相对稳定，这当然与西周天子采取强化王权措施有关，但也不能排除其他政治手段所发挥的作用，

虢季甫编钟和列鼎

其中朝聘的调和应是重要因素之一。

所谓的调和，是指通过化解矛盾的办法使各种关系趋于和谐、平稳状态。西周天子很重视调和在处理政治关系中的作用。《逸周书》有关"和"的内容较多，大多指调和之义。《大武解》有"五和"："一、有天无恶；二、有人无郗；三、同好相因；四、同恶相助；五、远宅不薄。"这是征伐诸侯时的"和"。周公"五和"是启导武王的："一、有天维国；二、有地维义；三、同好维乐；四、同恶维哀；五、远方不争。"认为是为政所应考虑的。周公在告诫成王时曾提出"六则"。这"六则"，实际上是六种牧民的方法，其中就有"和众"。成王接受周公"和"的理论，努力将它与礼乐联系在一起，并上升到政权稳固与否来认识，即"礼乐既和，其上乃不危。"可见，"和"在西周被认为是非常重

要的。

利用朝聘这种礼制形式来调和天子与诸侯的关系，成王已经明确提出过。《尚书·周官》载他即位时发布诰令，其中就有"宗伯掌邦礼，治神人、和上下"一说。《周官》被认定为伪古文，但作伪者也参照了先秦文献，所以这段话也不能说毫无价值，它至少与周公"和"思想相暗合。朝聘可以调和天子与诸侯的关系，《周礼·掌交》也曾指出，即通过朝聘："使和诸侯之好，达万民之说。"郑注："有欲相与修好者，则为和合之。"贾疏云："下有结其交好为朝聘，则此好谓使为婚姻之好也"。贾公彦的理解未免失之偏颇。其实，"婚姻之好"仅仅是"和"的一种形式。从大的方面讲：周公"和"才是基本内容，即如有人阐述的得天时而感德，得地利而知祭，共同友好而快乐，共同厌恶而哀伤，不与远方的人相争。"存异求同"是其宗旨。"和"带来了天子与诸侯关系的融洽，这是双方所企盼的。

调整诸侯与诸侯之间的关系

诸侯之间如何相处？西周天子也确定了相应制度，朝聘是其中的内容之一。其基本点，《周礼·大行人》已经有追述："凡诸侯之邦，交岁相问也，殷相聘也，世相朝也。"意思是说，诸侯之间，俱应每年遣使进行"小聘问"，小聘使大夫。久无事（殷，中也，郑注）则进行"大聘问"，大聘使卿。新国君即位，小国来朝，大国来聘。可见，朝聘制约了诸侯国之间的联系方式。

进行朝聘的目的，按《左传》的追述，是所谓的"继好、结信、谋事、补缺"。继好，即将已经订立的友好关系接续下去，不使之中断。结信，实际上是与对方通过会盟等形式收到诚信的效果。谋事，即谋王事。《晋邦》铭"莫不事王"。《左传》昭公十二年记楚灵王之言云："昔我

先王熊绎，与吕伋（齐侯）、王孙牟（卫侯）、燮父（晋侯）、禽父（鲁侯）并事康王"。补缺，即修补缺失，指政事。

由于政治与历史等因素，各诸侯国许多方面情况并不平衡。有的是周王室同姓，有的是异姓功臣。有的处于王畿区域内，有的封于王畿区域外。就是王畿之外也有差别。晋国为戎狄百蛮散居之地，又随封给"怀姓九宗"，故封国统治者实施的是"启以夏政，疆以戎索"政策。姜姓太公望封于齐，其地原为风偃族群所居，"太公至国，修改，因其俗，简其礼，通商工之业，便鱼盐之利，而人民多归齐。"如何稳定诸侯之间关系，便成为西周天子必须考虑的问题。从巩固周王朝政治秩序出发，强调诸侯之间行朝聘之礼就显得格外重要。这应当是西周天子倡导实施诸侯之间朝聘制度的根本原因。

诸侯之间相朝聘，从这个意义上讲是"修王命"的一项内容。《左传》文公十五年："诸侯五年再相朝，以修王命，古之制也。"为修王命而进行朝聘，又是奉戴天子的实际行动。它们之间互为依存。不过，也有一个前提，即诸侯之间朝聘必须从属于"王之大事"，"王之大事"完成之后，才可以进行这种形式的朝聘活动。《左传》成公十二年说："世之治也，诸侯间于天子

兽面纹胄

之事则相朝也。"即是此意。

维护等级制体制

实施朝聘的过程，就是确定君臣名分，区别等级尊卑、分辨长幼次序的过程。在这一过程中，等级、尊卑、观念进一步强化，也起到了规范社会政治意识的作用。

《左传》庄公二十三年载，鲁庄公"如齐观社"，被人们认为是一种"非礼"的行为。对此，曹刿进行了劝谏，认为不可以，并说道：

夫礼，所以整民也。故会以训上下之则，制财用之节。朝以正班爵之义，帅长幼之序。征伐以讨其不然。诸侯有王，王有巡狩，以大习之。

这是说，礼是统一人民社会意识的工具，而行会礼、朝礼，就要求人们认同和奉行其中的有关"上下之则"、"班爵之义"、"长幼之序"的具体规范。也表明，这些规范反映和概括了社会成员的需要和利益，它要求人们自觉地把它作为进行朝聘活动的范式和观念尺度，这就从客观上使西周的朝聘活动有了观念与意识上的保证。

从我们理解来看，所谓的"上下之则"，即如有学者所认定的那样，"尊王室，修臣礼，以训在下事其君也。"作为诸侯，修臣礼，在朝聘上所能做到的无非是遵守西周所建立的一整套朝聘制度。其具体措施，《国语·鲁语上》云："先王制诸侯，使五年四王一相朝"。韦昭注引贾侍中云："王谓事天子也。五年之间，四聘于王，而一相朝者，将朝天子，先相朝也。"《左传》昭公十三年叔向所云"明王之制"，即"岁聘、问朝、再朝而会，"也是属于贯彻"尊王室"的具体行动。

关于"朝以正班爵之义"，"义"读为"仪"。孔颖达《正义》云："朝以正班爵之等义。"等义，即"等仪"。《周礼·夏官·司士》："正朝仪之位，辨其贵贱之

等"，正可以对"等仪"有一个正确的解释。以西周天子"日视朝事于呼门外之位"为例，王、孤、卿等，从高到低，必须各就其位，不得逾越，这也是保证君臣秩序得以正常维持的需要：

王南乡；三公北面东上；孤东面北上；卿大夫西面北上；王族故士、虎士在路门之右，南面东上；大仆、大右、大仆从者在路门之左，南面西上。

"帅长幼之序"，在理解上虽有分歧，但基本一点是清楚的，它包含有"礼之先后"的用意。《国语·吴语》所载"吴、晋争长"，固然年龄长幼是很重要因素，但军事实力大小已成为必须面对的事实，与这里的"长幼之序"已经没有大的关系了。"同姓、异姓"是必须考虑的，即指"礼之先后"。《左传》隐公十一年载：

春，滕侯、薛侯来朝，争长。薛侯曰："我先封。"滕侯曰："我，周之卜正也。薛，庶姓也，我不可以后之。"

公使羽父请于薛侯曰："君与滕君辱在寡人。周谚有之曰：'山有木，工则度之；宾有礼，主则择之。'周之宗盟，异姓为后，寡人若朝于薛，不敢与诸任齿。君若辱贶寡人，则愿以滕君为请。"薛侯许之，乃长滕侯。

对于这段话中"宗盟"一词理解有所不同。郑玄得其本意："朝觐爵同同位，但就爵同之中，先同姓，后异姓。若盟，则爵虽不同先同姓也。"很明显，"礼之先后"的体现即在于"异姓同样列入宗盟，虽列在同姓之后，但仍属宗盟之范围内。"它"不仅说明异姓诸侯与周联姻后成为周代宗统范围内的一部分，而且亦说明分封制正是以宗法关系为基础的。"区别亲疏与尊卑，是其重要的原则。

建立了这样一整套维持等级制的体制，

并要求诸侯在朝聘行为中得到严格贯彻与执行，就从制度上保证了西周统治秩序的正常运转。同时，又以礼的形式制约人们的观念与意识，使人们心目中形成了固定的判断模式，朝聘又发挥了特有的整合政治意识的作用，无疑对维护等级制体制是极为有利的。

青器铭文

青铜铭文的产生、发展与文字和青铜铸造技术息息相关。故中国文字虽早在二里头文化时期已经产生，但由于青铜器铸造技术还处在原始时期，尚未发现有铭文出现。在属于商代早期的二里冈文化时期，有个别青铜器有铭文，此为迄今发现的最早铭文。盘庚迁殷之后，随着青铜器铸造技术的不断发展和甲骨卜辞书契的迅速进步，铜器铭文的铸造也逐渐兴盛起来。但直到殷末，商代的青铜器所铸的铭文字数不多，且内容简单，主要用于标识器物的主人，一般都铸在器物的不显著部位，如爵、斝的鋬阴，尊、觚的外底，鼎、颇的内壁以及簋、卣的腹底等隐蔽之处。

到了西周初年，随着分封建国的需要，作为礼器的青铜器得以大量铸造，如《礼记·祭统》所说："夫鼎有铭，铭者，自名也。自名以称扬先祖之美，而明著之后世者也"，青铜器大多铸以长篇铭文，用来颂扬祖德，刻记功烈或记述周王锡命，传遗子孙。这些长篇铭文，书有定格，布局讲究，记述了大量史事。平王东迁以后，周室衰微，霸权叠兴，随着诸侯势力的增强，诸侯国各自为政，青铜铭文也出现了随意性，多为婚姻联谊、夸耀祖先的内容。战国以后，随着奴隶制的瓦解和铁器的出现以及简册书帛的通行，青铜器铭文也随之衰落。

西周是青铜文明的鼎盛时期，也是铜器铭文大发展的时期。该期的铭文青铜器数量众多，内容丰富，且铭文较长，像《何尊铭》、《大盂鼎铭》那样记述贵族接受周王的训诰和册命典礼的长篇巨著屡见不鲜。这些大量的铭文记载了诸如历代君王祭典训诰、宴飨田猎、征伐方国、赏赐册命、奴隶买卖、土地转让、刑法诉讼、盟誓契约、家史婚媾等事迹，反映了当时社会政治、军事、经济以及法制、礼仪等诸多方面的资料。晚清时期的学者大家如阮元、龚自珍等都曾谈及金文资料的重要性。龚自珍在《说彝器》中说："凡古文，可以补许慎书之阙；其韵可以补《雅》、《颂》之隙；其礼，可以补逸礼；其官位可以补《世本》之隙；其言，可以补七十子大义之隙"，说的就是铜器铭文对经学的补遗作用。近代著名学者郭沫若在《两周金文辞大系考释》初序中也说："传世两周彝器，其有铭者已在三四千具以上。铭辞之长，有几及五百字者，说者每谓足抵《尚书》一篇，然其史料价值殆有过之而无不及"，直接指出了铜器铭文的史料价值——可以印证古史，补充史书缺佚。它与甲骨文一样是研究商周社会不可或缺的重要史料。

青铜器上的祭祀与征伐活动

"国之大事，在祀与戎"，祭祀在上古社会居于首要地位，尤其是西周初年，随着分封制和宗法制的确立，祭祀成为各级贵族在宗法制下维系自己特权的重要手段，成为奴隶主贵族的重要活动，故铜器铭文中反映最多的内容即为祭祀。在《两周金文辞大系》所收录的167篇铭文中，有85篇即超过半数的铭文涉及到祭祀内容。朕簋，又名为天亡簋或大丰簋，是西周初期

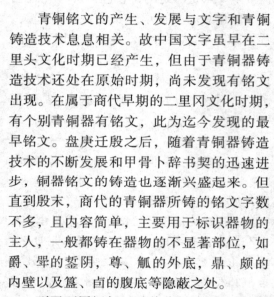

谏簋

武王时的标准铜器之一。其上所刻铭文详细记述了武王伐纣之后大会诸侯并举行盛大祭祀典礼的内容，其辞为："乙亥，王又大丰，王凡三方。王祀于天室，降，天亡又王。衣祀于王丕显考文王，事喜上帝……"这里的"王祀于天室"即为在天室或称为"辟雍"的大庙举行的祭天的典礼，"衣祀"即"殷祀"，上古"衣"、"殷"音近通用。"衣祀"原本是殷商祭祀祖先的大合祭，西周之时则成为群臣大会后共同参与的大献祭，旨在团结方国诸侯。在周人的观念里，天是至上一元神，拥有最高的神意，周王是天之子，是上帝在人间的代表，所以祭天是周人的最高祭祀，为天子专享的权力。在祭天时，往往配以先王，如大盂鼎铭文所说："丕显文王受天有大令（命），在武王嗣玟作邦……故天翼灵子，法保先王"，即以文王与天同祭。在西周时期，祭天时常以文王和武王配天同祭。

除了祭天之外，铜器铭文还反映其他的祭祀情况。《作册令方彝铭》记述了周昭王任命周公子明保担任王室的重要职务，管理三事四方，受卿事寮。由于是重要事情，所以周公子明保在接受命令后，一方面发布政令，一方面到宗庙举行祭礼。先到周公宫祭告先祖周公，然后到京宫以及康宫祭告先王，典礼十分隆重。《作册麦方尊铭》则记述了周王在田猎前后举行祭祀的情况：先在丰京举行祭祀，次日在船上举行大礼祭，然后射猎，捕获大量飞禽，最后又举行了祭月仪式。可见周人的祭祀名目繁多，确实可补"三礼"的缺佚。

祭祀活动在周人的生活中十分频繁，故在青铜器铭文中除了追述祖先的功烈，颂扬他们的仁德以及标榜自己受自祖先的权利、承袭先王的至德外，还有大量的祈求上帝降福、祖先灵佑的祈辞。祈辞的内容基本有：

（1）保佑疆土永固。如《大克鼎铭》："丕显天子，天子其万年无疆，保义周邦，俊尹四方"；《陈侯因咨锌铭》："诸侯贡荐吉金，用作孝武起公祭器锌，以烝以尝，保有齐邦。世万子孙，永为典尚。"

（2）祈求永福长寿。古人认为长寿之人必定豪眉秀出，所以称长寿为"眉寿"，在青铜器铭文中经常看到祈求眉寿的内容，如《微鼎铭》："栾用享孝于朕皇考，用赐康乐鲁休，纯佑眉寿，永命令终，其年无疆，子子孙孙，永宝用享"；《秦公簋铭》："以受纯鲁多厘（福），眉寿无疆。""眉寿无疆"或"眉寿无期"是当时的习惯用语，后来演变成为"万寿无疆"或"万岁"等颂词。

（3）保佑子孙永享其命。西周的嫡长子继承制是宗法制下的基础制度，嫡子有嗣是整个宗族的大事，所以青铜器铭文也经常提到子孙嫡嗣永保其命的内容，如《晋姜鼎铭》："晋姜用祈绰绾眉寿，作建为亟，万年无疆，用享用德，俊保其孙子，叄寿是勒。"这些祈求万寿无疆、永保世享的祈辞，与《诗经·小雅·南山有台》中"万寿无期"、"遐不眉寿"，"保艾尔后"的思想是一致的，可见西周贵族铸造青铜器并在其上铭刻的目的，不仅仅在于颂扬祖先美德，更在于祈求上帝和先祖保佑子孙永享其命。

除了祭祀之外，上古社会的重要事情即为兵戎，所以青铜器铭文很多内容都涉及到君王用兵情况。伐纣克商是西周初年最大的戎事，1976 年在陕西临潼零口公社出土的利簋就是直接反映武王伐纣过程的文物遗存。《利簋铭》已载："武王征商，唯甲子朝。岁鼎，克昏夙有商。"其记载的伐商日期与文献记载完全吻合：《尚书·牧誓》记载："时甲子昧爽，王朝至于商郊牧野，乃誓。"《荀子·仪兵》说："武王之诛纣也，非以甲子之朝而后胜也，皆前行素修也。"《淮南子·兵略训》也说："武王伐纣，东面而迎岁。"这几种文献记载和铭文记载互相印证牧野之战的时间确实是在甲子日，正是岁星当前的时刻。所以利簋的发现证实了文献记载武王克商中牧野之战的真实性，其铭文可与《尚书·牧誓》结合起来研究武王克商的史实。

西周时期，周边少数民族侵犯边界的事情常有发生，尤其是西周中后期，王室衰微，犬戎的势力进入到周的京畿腹地，所以反映西周同少数民族的战事在青铜器铭文中亦屡见不鲜。《虢季子白盘铭》就是一篇记载虢季子白奉周王命令率兵抗击猃狁侵犯的韵文，铭文说："丕显子白，壮武于戎功，经维四方，搏伐猃狁，于洛之阳；斩首五百，折讯五十，是以先行……"猃狁是西周时期西北的一个游牧民族，即后来的匈奴的祖先，他们经常骚扰周的边境，并进入内地扰民。这在《诗经》中也多有反映，如《诗经·小雅·采薇》说："靡室靡家，猃狁之故"，"不遑启居，猃狁之故"，"岂不日戒，猃狁孔棘"。由于猃狁的侵扰给人民造成了很大灾难，所以周王室常派重兵抵御。《虢季子白盘铭》

记载的这次抵御的战场是在陕西北部的洛水之东，生动地描写了子白的英姿和建立的战功，并记载了周王对子白的赏赐和期望："王赐乘马，是用佐王。赐用弓彤矢，其央。赐用钺，征用蛮方。"

毛公鼎

征伐淮夷和楚方也是西周时期的重要征伐。淮夷是居住在淮河流域的多个部族组成的方国，列于周王室的"夷蛮要服"。由于淮夷经常叛周，所以厉王和宣王时期的青铜器铭文经常有周师征伐淮夷的记载，师寰簋即为一例。该簋是厉王时铸的青铜器，其铭文记载了周王命令师寰征伐淮夷得胜立功的内容。

居于江汉流域的楚荆是西周南方的重要少数民族方国，也属于"要服"之列。南征楚国是昭王时期的重大戎事，根据《初学记》所引的《竹书纪年》记载，周昭王"十六年伐。楚荆，涉汉，遇大兕"；"十九年天大曀，雉兔皆震，丧六师于汉"。《史记·周本纪》也说："昭王南巡狩不返，卒于江（汉）上。其卒不赴告，讳之也。"即昭王时期至少有两次南征的记录，而最后一次南征楚荆，昭王

中国通史

最新整理图文珍藏版

没有返回，死于汉水之上。与文献相佐，青铜铭文也有昭王南征楚荆的记载，《小子生方鼎铭》和《启尊铭》分别记载了小子生和启跟随昭王南征的事情。《小子生方鼎铭》记载："隹（唯）王南征，才（在）□，王令生办（遍）事□公宗"；《启尊铭》记载："启从王南征迈山谷，在洀水。启作且（祖）丁旅宝彝。"另外《郭伯簋铭》和《史墙盘铭》也记载了昭王的南巡并获得大胜的情形："孚（俘）金，用乍（作）宗室宝尊彝"；"广笞楚荆，唯狩南行"。这些铭文很可能就是反映昭王南征取得胜利的相关记载。关于军事征伐的铭文还有很多，除了武王、成王时期的伐商大事之外，主要是征伐周边民族反叛和入侵的事情。从铭文看，这些征伐战争结果多以周师为取胜方，从而巩固了西周王室的统治。

青铜器上的典章制度

青铜器铭文中反映的西周典制内容的也很多。分封制度是上古社会的重要统治制度，也是西周时期的重要政治内容。西周建国以后，周天子为了统治广大疆土，采取了分封同姓宗族子弟及有功大臣的措施，以藩屏周。周王除了分给这些宗亲和大臣土地和人民外，还要授予他们大量礼器作为赐予权力的象征。受封的贵族为了纪念周王的册封并以此作为凭证，于是大量铸造青铜器，传之后世。这些青铜器铭文反映了西周的分封情况。《康侯簋铭》反映了成王改封康侯于卫的情况；《宜侯矢簋铭》则记载了康王改封虞侯矢于宜的事情。

西周分封，天子赏赐大量的财物给受封的诸侯、贵族，这是商朝难以望其项背的。晚商的青铜器铭文也有关于商王赏赐的记载，但所赐之物不仅数量少，品种也极少，不像西周那样繁多，这大概与商朝生产力水平低以及殷王对分封的不够重视有关。在西周的青铜器铭文中，记载赏赐最多的是《大盂鼎铭》："赐汝鬯一卣，玄衣，赤舄，车马。赐乃且南宫旅，用狩。赐汝邦司四伯，人献自驭之于庶人六百又九十五夫。赐夷司王臣十又三伯，人献千又五十夫。"一般的赏赐除了祭祀所用的鬯酒，以及命服、命车外，还有弓、矢、戈、胄等兵器和大量土地和人民。

随着西周分封制度的推行，逐渐形成了固定的册命制度。该制度始创于西周初期，穆王以后则形成一套固定的典礼仪式，青铜器铭文正好完整反映了这一套仪式。在传世的青铜器铭文中有册命内容的达70多例，其铭文格式主要由时间、地点、受册命者、册命辞、称扬辞、作器和祝愿辞七部分组成。如《康鼎》铭文："唯三月初吉甲戌，王在康宫，荣伯入右康，王命死司王家，命汝幽、黄、銮革。康拜稽首，敢对扬天子，丕显休，用作朕文考宝尊鼎。子子孙孙其万年永宝用。"到了西周晚期，青铜器铭文记载册命的格式更为完备，如《颂鼎》铭文所记，除了上述的七个基本部分外，还记录有王位、授册、宣命、受册、返纳瑾章等内容。其记载的册命过程与《左传》所记周天子册命晋侯重耳为侯伯的过程几乎完全相同，可见册命典仪是西周以至春秋时期的重大政治典礼之一。

关于西周的官制，西周的青铜器铭文也有记载。《毛公鼎铭》清楚地记述了西周有卿事寮和太史寮两大官署。《作册令方彝铭》记述了周昭王任命周公子明保担任王室的重要职务，"保尹三事四方"，领导卿事寮，向卿事寮诸尹、里君、百工、诸侯等发布命令。一般研究西周官制多以《周礼》为参照，但是《周礼》成书较晚，

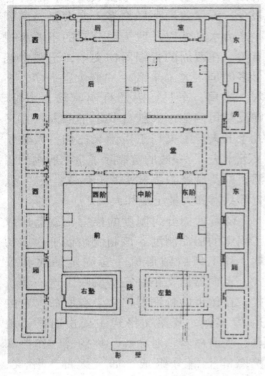

周王室或诸侯住宅平面图

所以最直接的还是西周时期的金文记载资料。西周后期形成了世卿世禄的制度，而继承祖考的官职也要由周王重新册命，所以西周的青铜器铭文有大量这种册命的记载。

此外、青铜器铭文中关于天子籍礼、射礼以及田猎等活动的记载，如《静簋铭》记载了周王在大学辟雍举行的射礼；《令鼎铭》记载"王大藉农于諆田"；《员卣铭》和《启卣铭》都记载了周王田猎的情况。

青铜铭文中的经济及法律诉讼

青铜器铭文中除以上内容外，还有关于西周经济以及法律诉讼的记载。周天子为天下共主，故"普天之下，莫非王土"，

周王室有直接控制的山林牧场，作为王室的直接收入，《同簋铭》、《免簋铭》等都有周王命人管理山林渔泽之利的记载。

战车是西周的战争用车，而马车是西周的重要交通工具，所以马在西周社会生活中和军事战争中非常重要。周王有自己的牧场，由专人养马，而这些马在成为服马之前举行一种马的"成人"仪式——执驹礼。《周礼·春官·司马·校人》记载："春祭马祖，执驹。""祭马祖"就是在春天举行祭祀马神的仪式，"执驹"就是把两岁的小马驹牵离母马身边，给它们套上络头和马具，使之成为王厩的服马。西周非常重视这种执驹之礼，往往由周王亲自参加。出土于陕西眉县李村西周窖穴的缘驹尊和出土于陕西西安张家坡井叔墓中的井叔鼎上都刻有铭文，记载了周王参加执驹礼的情况，缘驹尊铸成马的形状，其器铭文为："唯十又三月才（在）甲申，王初执驹于岸，王呼师眶虞召缘，驹易（赐）两"，"执驹于岸"就是指周王在天子大学——辟雍的大池岸边举行执驹之礼。

西周青铜器铭文中有不少涉及法律诉讼方面的内容。这些铭文有的形同现代的契约、合同、地契之类，有的是关于田地、奴隶交换的内容，有的则是律令刑书。《散氏盘铭》、《卫盉铭》、《卫鼎铭》、《瑚生簋铭》都有记载西周的田地交换情况。《兮甲盘铭》记述了关市征收的律令，《子禾子釜铭》和《陈纯釜铭》则记述了有关量值的法令。这些铭文是研究西周社会经济生活以及古代法律的重要资料。

百家争鸣

春秋战国的社会动荡、政治分裂为中国最早的知识阶层——士的兴起创造了条件。士人从贵族跌落为庶民，反而得到了

思想意识自由发展的广大空间，他们以办"私学"的形式纷纷创立学派，促进了中国学术文化的大发展。

在西周宗法分封制中，士是最下层贵族。士隶属于上一级贵族，行为不自由；经济上可以不劳而"食田"；文化上"士竞于教"，享有受教育的权利，他们身通"六艺"，怀有文韬武略。春秋以前的士"大抵皆有职之人"，既有武士又有文士。

《诗经》书影

春秋时期，社会动荡、变革，作为政治结构的宗法制逐渐瓦解，首当其冲的贵族成员显然是处于贵族最低层的"士"，而其中社会地位最为动摇的又是文士。因为当时社会政治动荡的一个主要表现是所谓"礼崩乐坏"，"礼崩乐坏"的直接受害者则必然是那些蚁附于礼乐制度的文士。他们当中的许多成员在这次历史大动荡中跌入庶民的世界，在失去封土、爵位、职官的窘况下，他们虽不如平民胼手胝足可维持生计，但是可以把出卖智力作为新的谋生手段。于是，这些原本在宫廷中专掌典册、身通六艺之士纷然出走，流落民间；他们所掌握的文化也被传播、普及，把原来集中于周王室和宋、鲁的文化逐渐扩散。在他们的教育之中，庶民中又产生出新一代文士，与他们一同构成了一个新的士阶层，他们即中国最早的知识阶层。

西周时代，文化教育为贵族所垄断。

无论中央国学还是地方乡学，均由官府开设，而且学校就设在官府中，教育的特点也是"政教合一"，因而叫做"学在官府"，亦称"官学"。

春秋时代，官学瓦解，文士从士贵族中分离而游散于民间。官学的衰落，学术文化的下移，使民间逐渐兴起私人教育，出现"私学"。孔子办私学，在他的学生面前既不是贵族，也不是教官，确是真正意义上的教师了。春秋战国时期在私学中，著名的教师几乎都是思想家，他们不拘泥于传统，根据自己的学识、意愿自由安排教育的内容、方式，自由发表对各种自然和社会现象的不同观点，从而形成了儒、墨、道、法、阴阳、名、纵横、杂各种学派。各学派为了探索客观世界的奥妙，相互竞争，自由论战，以空前的规模和速度，把人们的认识推向新的高度，终于迎来了春秋战国诸子百家的灿烂文化局面。

春秋战国时期，官学的没落和私学的兴起推动了"诸子蜂起"、"百家争鸣"的思想大解放。所谓诸子百家之中，最重要的学派有道家、儒家、墨家、法家、阴阳家、名家和杂家。他们掀起了中国历史上空前绝后的广泛思潮。

春秋时期由于社会经济的发展和科学水平的提高，以及奴隶制的没落，封建制的兴起，引起了社会思想的激烈变化。因而在这一时期，产生了不同的哲学思想和不同的社会理论。并且出现了朴素唯物主义与唯心主义的冲突论争。这时期有代表性的人物包括老子、孔子、孙子等，他们著书立说，为后代留下了宝贵的精神财富。

老子及其思想

老子姓李，名耳，又称老聃。春秋末期楚国人。他曾做过周朝的史官，晚年回楚隐居。老子著有《老子》一书，亦称《道德经》，全书分为上下两篇，共五千言，系统阐述了老子的哲学观点和政治

马王堆帛书《老子》书影

老子像

思想。

　　老子的哲学思想的核心是"道"。《道德经》一开篇就说："道可道，非常道"，所以后人把老子尊为道家的创始人。老子所说的道，与现在所说的客观规律有其相似之处。老子认为自然界有一个"道"，这个"道"先于物质世界而存在，"独立而不改，周行而不殆"，是天地万物的本源，道的特征是"唯恍唯惚，玄之又玄"，因为他不知道怎样给其命名，所以称之为"道"。老子的哲学是客观唯心主义的，他认为世界不是统一于物质，而统一于他所说的类似于"绝对精神"的道。

　　老子的哲学思想中还包含有朴素的辩证法思想。他指出各种事物都有对立面，如祸与福、刚与柔、强与弱、多与少、上与下、先与后、美与丑、难与易、进与退、兴与废、阴与阳、曲与全、有与无等等，而且矛盾着的两个对立面，互相依存，相反相成，"有无相生，难易相成，长短相形，高下相倾，声音相和，前后相随"，都是对立的统一。老子还看到对立面是可以

互相转化的，"祸兮，福之所依，福兮，祸之所伏"，"弱之胜强，柔之胜刚"，"物壮则老"，"正复为奇，善复为妖"，"反者道之动"等等。老子正确地认识到了矛盾对立的事物向相反的方向转化这一规律，这样的认识有一定的合理性。但是，在事物如何向其对立面转化这一点上，老子却忽视了事物向其对立面转化的必要条件，所以，老子有些时候甚至把辩证法运用到了荒谬的程度。

　　老子的政治思想的核心是"无为"。他认为社会上产生"有争"、"有欲"等，都是统治者有为造成的，所以，只要"无为"、"好静"，一切顺其自然，不干涉人民的生活，社会自然安静，人民生活自然会好。为达到无为而治，老子主张"常使人无知无欲"。他说："古之善为道者，非以明民，将以愚之。民之难治以其智多。故以智治国，国之贼，不以智治国，国之福"，要"绝圣弃智，民利百倍，绝仁弃义，民复孝慈，绝巧弃利，盗贼无有"。老子"无为而治"的理想社会是"小国寡民"。这个社会"使民有什百之器而不用，

使民重死而不远徙。虽有舟舆无所乘之，虽有甲兵，无所阵之。使人复结绳而用之。甘其食，美其服，安其居，乐其俗，邻国相望，鸡犬之声相闻，民至老死，不相往来。"由此可见，老子的政治思想是保守和倒退的，是奴隶主贵族没落情绪的反映。

孔子及其思想

孔子（公元前551年~前479年）名丘，字仲尼，鲁国陬邑（今山东曲阜）人。他是中国古代的伟大思想家、教育家和儒家学派创始人。

孔子像

孔子的先祖是宋国贵族，因避乱迁居鲁国，其父叔梁纥做过鲁国陬邑大夫。孔子幼年丧父，家道中落，为谋生而学会了许多技艺，所以他自称："吾少也贱，故多能鄙事"，"吾不试，故艺"。"及长，尝为委吏"和"司职吏"，后升为"司空"，五十多岁时，任三个月的鲁国"司寇"，掌管司法。去职后，周游列国，向各国国君宣传自己的政治主张，但未能实现自己的愿望。晚年又回到鲁国，从事教育和讲学。

孔子主张"述而不作"。他的言论，由其弟子整理成《论语》一书，共20篇，是研究孔子思想的主要依据。

孔子生活在春秋后期，正是社会大变革时期。他对"礼崩乐坏"的局面十分不满，认为是"天下无道"，便提出了恢复"礼治"的政治主张，所谓"礼"，就是周礼，即是西周奴隶制的礼乐制度。为实现礼治，孔子要求人们"克己复礼"，做到"非礼勿听，非礼勿视，非礼勿言，非礼勿动"。他认为"礼治"必须从"正名"开始，"正名"就是要严格遵守周礼规定的"君君、臣臣、父父、子子"的等级秩序，决不允许任何人有犯上作乱的行为。

孔子又认为实现"礼治"必须提倡"仁"，"仁"的内容很广泛。孔子强调的是内心修养的功夫，是一种道德标准，用它来调整人与人之间的关系。这种标准和

孔子闻韶处

"礼"是一致的，所以说，"克己复为仁"。这样就把"礼"和"仁"结合起来了。"仁"和"礼"是孔子思想体系的核心。"正名"以"复礼"，"克己复礼为仁"是孔子的基本政治主张，由此可见，孔子的政治态度是保守的。孔子的仁，还有另一方面的内容，就是"爱人"，"己所不欲，勿施于人"。孔子要人们互爱互助，不要彼此损害。为此，他反对残酷的人殉制度，反对苛政，主张举贤才，行德政。这是孔子政治思想中的进步因素，是应当肯定的。

孔子讲学图

在天道观方面，孔子是信神和畏天命的，表明他未能摆脱西周以来天命鬼神的影响。另一方面，他对天命鬼神又持怀疑态度。他是"敬鬼神而远之"，并认为"未能事人，焉能事鬼"。把探讨和解决社会问题放在优先地位，树立起儒家重视人事的一贯传统。

孔子在历史上第一个打破了学在官府的局面，创立私学，招收学生，以六科教之。办学中，孔子提出了"有教无类"的原则。据说他先后共有学生 3000 名，来自社会各个阶层，其中著名的有 72 人，像我们所熟知的颜回、仲由、曾参、再有、端木赐、子贡等都很有才干。孔子在长期的教育实践中，积累了丰富的教育经验。要求学生"博学于文"，"博学而笃志"，将学与志相统一。在教育方法上，他"因材施教"，"诲人不倦"，"循循然善诱人"，并重视启发学生学习的自觉性、主动性，强调"知之者不如好之者，好之者不如乐

之者"。学习上提倡实事求是的态度，"知之为知之，不知为不知"，"毋意、毋必、毋固、毋我"。又强调复习的重要性，"学而时习之"，"温故而知新"。还要求学生把学习和思考结合起来，"学而不思则罔，思而不学则殆"，"三人同行，必有我师焉，择其善者而从之，其不善者而改之"，"不愤不启，不悱不发，举一隅，不以三隅反，则不复也。"孔子的这些教育经验在今天仍然有借鉴作用。他本着"有教无类"的精神，使得许多出身并非高贵的人也可获得文化知识。战国时期学术文化和教育的发达，孔子起到了开风气之先的作用。

孔子又是一位整理古籍的专家。他编订了《诗》、《书》、《礼》、《易》、《乐》、《春秋》六种文献典籍，后被儒家奉为经典，称为《六经》。这些经典不仅是儒家的经典，也是指导后来中国封建时代政治生活和精神生活的经典。这些经典有的是孔子编订的，有的则是后人编订和补充的。

中国通史

最新整理图文珍藏版

《易》又称《周易》，后世称《易经》，是一部古代占卜用书，具有朴素唯物论和辩证法思想，孔子晚年喜欢读《易》，对

孔庙大成殿

《易》有钻研和解释，并用于教授门人。《诗》又称《诗经》，据说原有三千多篇，经孔子删削，后剩 305 篇。《书》后称《尚书》、《书经》，是一部古代历史文献绘编，上起《尧典》，下迄《秦誓》，共 29 篇，有很高的史料价值。《礼》是指周代宗法、政治典章制度及有关的各种仪式，流传下来的有《周礼》、《仪礼》、《礼记》。《乐》已失传。《春秋》是孔子编订的我国

最早的一部编年史，《春秋》原是鲁史的名称，春秋纪事"上至隐公，下讫哀公十四年，十二公。据鲁，亲周，故殷，远之三代，约其文辞而指博"，全书仅 18000

孔林古神道

字。孔子作《春秋》的目的，是要实现大一统和正名分。书中"为尊者讳"，"为贤

孔子不仕退修诗书图

者讳"，如晋文公召见周襄王，写成"天王狩于河阳"等等；还反对和抨击僭越、擅权、犯上作乱的，并使这些"乱臣贼子惧"。因此，孟子说："世道衰微，邪说暴行有作，臣弑其君者有之，子弑其父者有之，孔子惧作春秋"。由此可见，孔子作《春秋》是与其"复礼"的政治主张相一致的。后人解释《春秋》的书有《左传》、《公羊传》、《谷梁传》，合称《三传》，其中由左丘明所著的《左传》最为知名，流传也最广。孔子整理古籍对古代文化的保存和发展，起了积极作用。

孔门弟子守丧图

孔子还创立了中国历史上第一个大学派——儒家学派。所谓儒，就是以教育和相礼为业的。孔子就是从事儒职业的，但他提出了以礼和仁为思想核心的理论，政治上主张恢复礼治等，这样使儒发展成为理论学派。孔子死后，儒家学派进一步发展，形成了许多派别，据韩非在《显学》中说："自孔子之死也，有子张儒，有子思之儒，有颜氏之儒，有孟氏之儒，有漆雕氏之儒，有仲良之儒，有孙氏之儒，有乐正氏之儒。"但各派都宗师孙子，崇尚礼义，以六艺为法。儒家学说对中国后世思想文化、政治、教育等方面，都产生了巨大的影响。

孙子及《孙子兵法》

除孔子与老子外，孙子及其所著的《孙子兵法》也对后世产生了广泛而深远的影响。孙子是齐国人，生卒年月已不可考，大致与孔子相同。

孙武字长卿，他的祖先本是陈国的公族，姓妫。后迁居齐国，改姓田。齐景公时（公元前547年~前490年在位），他祖父田书因功封于乐安（今山东惠民），赐姓孙氏，父亲孙冯亦位居齐卿。孙武年轻时，很想有一番作为，但看到齐国统治集团内部矛盾十分激烈，执政的贵族间不断互相倾轧残杀，颇为失望，遂离开齐国，来到南方新兴的吴国。

孙武像

孙武到吴国后，居于都城姑苏（今苏州）附近的乡间，潜心研究军事，写作兵法，并结识了楚人伍子胥，两人经常在一起切磋学问，讨论天下强弱大势和吴国政治动向。不久，吴王阖庐当国，任命伍子胥为吴国行人（掌管朝觐聘问之官），参与计议军国大事。伍子胥深知孙武的军事才能，竭力向吴王推荐他。吴王开始不以为然，后来读了孙武写的13篇兵法，不觉大为叹赏，很想起用他为将军，但又担心孙武从未打过仗，会不会是个纸上谈兵的角色，便决定先试他一试。

一天，吴王把孙武召来，对他说："先生的兵法果然十分高明，但不知实用起来如何，能否小规模演试一下，让寡人开开眼界？"孙武答道："当然可以。"吴王见他如此自信，有心要难他一难，便问道：

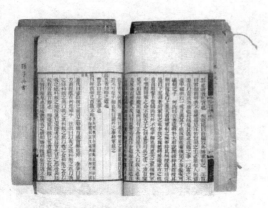

清版《孙子兵法》书影

"妇女也可以操演吗?"孙武知道吴王的用意,稍稍迟疑一下,说道:"可以。不过,用兵是严肃之事,来不得半点游嬉,请大王放手让臣操演,万勿中途干涉,方有成效。"吴王点头同意。

就这样,孙武以练女兵开始了他的军事实践。他把吴王从宫中挑选来的180名宫女分为2队,指定吴王最宠爱的两位美姬为领操队长。然后向她们耐心讲解操练要领。他问道:"你们都知道自己的前心、左右手和背后吗?"众宫女七嘴八舌地答道:"知道。"孙武点点头,又大声说:"操演时,一切行动以鼓声为号,向前,即视前心;向左,视左手;向右,视右手;向后,则视后背。懂了吗?""懂了。"宫女们依然边说边嘻嘻边笑着。

布置已毕,孙武命军吏扛来执法的大斧,竖在练兵场的一侧,并指着大斧反复申明军法。接着,下令操练开始。

一阵"咚咚"的鼓声响起,命令"士卒"向右前进。但宫女们闻鼓,谁也没有按号令行动,反觉得十分好玩,纷纷掩口而笑。孙武见了,先严肃地自我检讨说:"军士不熟号令,是为将的规定不明之故,过失在我。"又把操练要领和军令军法细细交代一遍,同时特别关照两位队长要带头听令,领好队伍。然后,亲自击鼓,令"士卒"向左前进。谁知宫女们这回笑得

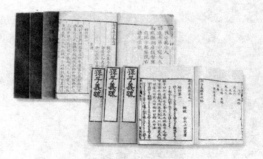

《孙子兵法》书影

更乐了,一个个前俯后仰,你推我拥,挤做一团,弄得队伍大乱。孙武见状大怒,厉声说道:"操演要领和军令我已再三讲明,你们却明知故犯,这就不能怪军法无情了。"说罢,喝令军吏将两个队长推出斩首。

蟠螭纹曲尺形建筑构件

坐在高台上观操的吴王,本想看点笑话,见孙式竟认起真来,知道事情严重了,急忙派人对孙武说:"寡人已知将军能用兵了。但少了这两个美人侍候,寡人寝食不安,请将军宽恕她们。"孙武说:"臣既已受命为将,将在军,君命有所不受。治军之道,在信赏明罚,不然,则何以练成劲卒?"坚持把两个违令的美姬杀了。并另外指定两个队长,下令继续操演。

众宫女见了这种场面,莫不悚然,哪里还敢有半点怠慢,个个屏息静气,全神贯注,随着鼓声前后左右,旋转跪起,操练起来,不一会儿,便练得步法渐熟,动

孙武塑像

孙武子亭

作整齐。

于是孙武派人报告吴王说："女兵已训练就绪，请大王前来检阅。"吴王正为两个宠姬被杀而心痛，气恼之下，便说："寡人不愿去看，让孙武先回家休息罢。"孙武听后，叹道："看来吴王喜欢的只是兵法上的词句，而不想去真正实行。"伍子胥知道此事后，急忙劝吴王消除杀姬之怨。以大局为重。过了好几天，吴王才稍稍回心，正式拜孙武为将军，负责训练吴军。

在孙武的主持下，吴军经过几年训练，日益强盛。公元前512年，吴王派孙武、伍子胥率兵讨伐庇护吴国叛臣的徐和钟吾国。钟吾国小民贫，很快被吴军击灭。吴军乘胜移兵攻徐。徐国君臣一面死命守城，一面火速向楚国求援。孙武见一时难以取胜，怕旷日持久，楚军来援，于己不利，便提议堵截山水，灌淹徐国。结果楚国救兵未到，徐国已被攻破。

吴王见吴军初战告捷，十分得意，便想乘势伐楚。孙武分析了敌我形势，认为

不妥，劝阻说："我军已连灭二国，人马疲惫，军资消耗，如立即与楚军开战，必然不利，不如暂且收兵，养精蓄锐，再图进取。"吴王点头称是，遂下令班师。

吴军回国后，为了削弱劲敌楚国，一面采用伍子胥提出的"疲楚误楚"法，不断分兵轮流骚扰楚境，使楚军疲于奔命；一面加紧争取盟友，孤立楚国。经过五六年时间，终于使楚国劳师丧财，附庸离心，渐渐陷入被动局面。

吴王见伐楚时机已成熟，便拜孙武为将军，伍子胥、伯嚭为副将，倾全国兵力，并联合唐、蔡等国，大举出兵攻楚。

吴军在孙武的指挥下，北上溯淮而西，行至维油，忽舍舟登陆，昼夜兼程，直扑楚国东北境。楚国得到吴军来犯，急忙派令尹子常（即囊瓦）率领20万人马，星夜赶赴汉水南岸立营相拒。孙武见楚军大规模出动，便下令吴军在豫章地区安营扎寨，休整待命。他已通过伍子胥等人了解到楚国政出多门，行事无定见，决定以静制动，相机行事。

楚将子常原来以为吴军千里远袭，军资接济困难，必求速战。如今见吴军忽然按兵不动，反倒困惑起来，不知对方葫芦

《孙子兵法》书影

里卖什么药。正在狐疑之际，手下的左司马戌进来献计说："兵法云：千里馈粮，士有饥色。吴军远征，利在速战。今孙武按兵不动，正犯兵家大忌。将军可在此与吴军相持，待某分兵绕出敌后，断其粮道，然后与将军夹击吴军，如此必获全胜。"子常听后，连称好计。左司马戌当即领兵而去。

象牙算筹

左司马戌走后，手下的武城大夫黑和部将史皇也来见子常，都主张乘楚军兵多势众，速战速决。甚至对子常说，如拖延不决，使左司马戌此去独得头功，恐怕于他的威望有损。子常听后，不觉心动，便不顾与左司马戌的前约，下令强渡汉水，在大小别山一带连营数十里，摆开了与吴军决战的架势。

孙武正在静观形势，见楚军行动露出破绽，心中大喜，立即乘其立足未稳，发起攻击，与楚军大战三次。吴军因深入敌境，处境险恶，无不欲死里求生，个个奋勇冲杀，终于击败楚军。

楚军退到柏举（今湖北麻城以东），重新集结兵力，欲与吴军决战。但经不起吴军先锋夫概 5000 劲卒的冲击，便阵势大乱，连连败退。楚军主将子常弃军而逃，部将史皇死于乱军之中。吴军乘胜追击，在清发水（今湖北安陆西之涢水）、雍澨（今湖北京山县西南）等地又连败楚军，赶来救援的左司马戌也因兵败自杀。至此，楚军全线崩溃。孙武抓住战机，迅速抢渡汉水，直捣郢都（楚国都城，在今湖北江陵北），楚昭王带着一些大臣慌慌张张地逃了出去。

在这场战争中，孙武指挥数万吴兵，以少击众，大破楚军 20 万，五战克郢，表现了高超的军事指挥艺术。经此一战，吴国声威大震，楚国受到了立国以来最大的打击。

孙武不仅用兵如神，还写下了中国第一部军事理论著作《孙子兵法》，对后世军事学的发展产生了巨大而深远的影响。

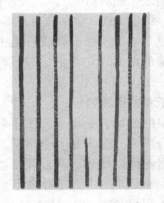
西汉竹简《孙子兵法》

《孙子兵法》的问世，是世界军事史上具有划时代意义的大事，它比色诺芬（公元前 403 年～前 355 年左右）的号称古希腊第一部军事理论专著《长征记》，以及古罗马弗龙廷（约公元 35 年～103 年）的《谋略例说》、韦格蒂乌斯（公元 4 世纪末）的《军事简述》，不仅成书早，学术性强，而且有其独特的思想体系，因而在国际上也享有盛誉。公元 7 世纪时，《孙子兵法》便传到日本。18 世纪以后，又被译为法、英、德、俄等多种文字，受到各国军事理论家的高度赞扬，他们公认"孙子是古代第一个形成战略思想的伟大人物"。《孙子兵法》共 13 篇，6000 余字。是春秋以前战争历史的高度概括，总结了战争进程中的一般规律，提出了诸多战略与战术原则，并指出了决定战争的各种因素。《孙子兵法》对历代兵家产生了巨大的影响，被尊为"兵圣"、"兵学宝典"，它不仅在中国军事史上占有极其重要的地位，在世界军事史上也享有极高的声誉。

《孙子兵法》论述了战争的普遍规律，具有朴素的辩证法思想。《孙子兵法》分析军事形势常常从彼、己两方面着手，尤其注意总结双方对立关系，如治与乱，勇与怯，强与弱，众与寡，生与死等，而且认为双方形势会发生变化的，"投之亡地然后存，陷之死地然后生"，"乱生于治，怯生于勇，弱生于强，治乱数也，勇怯势也，强弱形也"等。《孙子兵法》是中国古代人民智慧的结晶，它将永远闪耀着睿智的光辉。

墨子和墨家思想

墨家的创始人是墨子。墨子名翟，战国初期鲁国人。墨家是一个学派，又是一个有严密纪律的团体，其首领是墨子，墨子死后则称"钜子"。墨者多半来自社会下层，不仅学文，而且习武，生活俭朴，崇尚吃苦耐劳。《墨子》一书，是墨子的弟子或再传弟子记述墨子的言行集录。

面对当时的社会实际，墨家提出了尚贤、尚同、节用、节葬、非乐、非命、天志、明鬼、兼爱、非攻十种主张。尚贤是要求做到"官无常贵，民无终贱"，就是说出身低贱的人只要有才能，封建君主也应擢用他们，以此来反对贵族的世官制。

墨子像

墨家又提倡节用来反对当时君主和贵族的奢侈无度，以"去无用之费"。又提出非乐、节葬来反对贵族久丧厚葬和对钟鼓之乐的沉溺。墨家竭力宣扬天下"兼相爱则治，交相恶则乱"。阶级社会中不可能不分阶级而兼相爱，这只是一种空想。从兼爱的观点出发，墨家提出非攻以反对当时以强欺弱的残酷战争。

墨家尊天事鬼，相信天有意志，能降祸福于人，认为君主如违背兼爱、非攻或节用、尚贤，就将受到天和鬼神的谴罚，反之，则能受到福佑。墨家想假借迷信作为实现他们政治理想的一种工具，但实际上，天志明鬼对封建主起不到约束的作用，反而为他们提供了欺骗人民的工具。墨家思想代表了小生产者的愿望，既有反对贵族特权的进步思想，又有阶级调和的幻想和对天鬼的迷信。其改造社会的方案暴露了小生产者在政治上的软弱无力。墨家思想在当时影响很大，与儒学并称"显学"。

庄子和道家思想

战国时期道家学派的代表人物是庄子。庄子名周，宋国人，大约生于公元前 369 年~前 286 年之间，出身于没落贵族，曾

《墨子》书影

作过"漆园吏"，生活困苦，有时以打草鞋为业。他消极避世，隐居从事著述，著有《庄子》一书，共 33 篇。后人把老子和庄子合称"老庄"。

庄子像

庄子认为"道"先于客观事物而存在，是一种超感觉的精神性的东西，是产生世界万物的本源。又认为人通过修养可得"道"，得了"道"，就进入"真人境地"，可以解脱人生的苦恼、烦闷、无聊，以至生死。显然，这是一种主观唯心主义。

把世间事物都看做是相对的，这是庄子哲学的一个特点。他说："天下莫大于秋毫之末，而太山为小；莫寿于殇子，而彭

祖为夭。"庄子从不同的角度、标准去衡量事物，那么有时就可以把大小、寿夭颠倒过来。他又说儒墨两家各以对方所是为非，所非为是，最后争辩不出一个结果。在庄子看来，认识事物的客观是非标准是没有的，他在认识论上必然走向相对主义。

相对主义也被运用到人生和处世这方面。庄子要求人们对于诸如寿夭、生死、祸福等现象不必计较。根据相对主义，人们判断社会政治的是非善恶的标准是没有的。庄子认为讨论尧和桀的是非是没有意义的。所以庄子对待生活的态度是，"依乎天理，因其固然"，要"安时而处顺"，"知其无可奈何而安之若命，德之至也。"斗争是无必要的，一切都顺从命运、安于现状就可以了。这充分反映了没落阶级的悲观失望的精神状态。但庄子却极端反对富贵利禄，痛恨"窃钩者诛，窃国者为诸侯"的不公平现象。由于老庄思想适应了一部分失意人士的心境，因而对后世也产生了很大的影响。

孟子、荀子和儒家思想

儒学是战国时期的显学。孟子和荀子是战国时期儒家的代表人物。孟子主性善之说，认为人的本性是善的，而仁、义、礼、智这四知品质是先天固有的。他要求人们通过存心养性，使这些品质扩而大之，以达到改造客观世界的目的。孟子这种唯心主义理论对后来儒家思想的发展有很大的影响。

《庄子》书影

彩绘鹿鼓

在性善论的基础上，孟子又导引出关于仁政的学说。仁政的具体内容包括：一是恢复井田，二是"省刑罚薄赋敛"，三是行"王道"，即行先王以德行仁的治国方略，反对霸道。

与此相应，孟子提出"民为贵，社稷次之，君为轻"的重民思想。他认为统治者得天下，是"得其民，得其心"，而不是靠武力得天下。

孟子是地主阶级的思想家，他的思想体系是唯心主义的，但是其中有些思想和主张在限制统治阶级过分剥削和压迫人民方面也起过一些作用。有些言论如"富贵不能淫，贫贱不能移，威武不能屈"，也是应当肯定和发扬的。

孟子继承和发挥了孔子的学说，对后世影响很大，孟子被尊为"亚圣"，儒家学说则称为"孔孟之道"。

荀子名况，字卿，战国末赵人。他的学识异常渊博。他批判各家，又吸取各家之长。他曾在齐的稷下讲过学，并取得稷下首领的地位。荀子是战国末儒家中最有影响的人物。

道家的自然观被荀子所接受。他把天看做是自然界，"天能生物，不能辨物"，断言天是没有意志的。天有变化和运动的

规律，但和人间的治乱并无关系，他说："天行有常，不为尧存，不为桀亡。"至于生产上的歉收和社会上出现动乱，主要是"梏耕伤稼"和封建君主"政险失民"所造成的。道家虽承认天具有物质属性，但觉得人在自然面前是无能为力的。荀子则比道家前进了一大步，他认为人定胜天，提出了"制天命而用之"的著名论点。是古代唯物论中宝贵的思想财富。

荀子主张"礼治"，这是其政治思想的核心，但他的礼治，同孔孟所讲的礼有很大的不同。他主张"礼法兼用"，既隆礼又重法。在"礼"与"法"的关系上，认为礼是用来维护"贵贱有等，长幼有序，贫富轻重，皆有称者"的封建等级制度的，而法是为封建等级制度提供合法的法律依据。"礼"是根本原则，法是具体措施。两者不是对立的，而是相辅相成的。同时，他要求统治者"爱民"，主张"节用以礼，裕民以政"，又进一步论述君主和人民关系为"君者舟也，庶人者水也。水则载舟，水则覆舟"。

荀子提出"法后王"，即注重现实的进步的历史观。在学习上提倡"锲而不舍，金石可镂"的精神，并认为后来者可以居上，"青，取之于蓝，而青（胜）于蓝"，相信一代更比一代强。

韩非和法家思想

战国时各地主阶级先后夺取了政权，建立了封建统治，需要与之相适应的统治理论，法家思想应运而生。法家思想主要特征是以法治国，一切断于法，执法上主张赏罚严明，提倡耕战，强化君主专制，主张中央集权等等。战国时期法家人物较多，前期法家主要代表是李悝、吴起、商鞅、申不害等人，后期法家的主要代表是韩非、李斯。他们都是荀子的学生。韩非是先秦法家学说集大成者，著有《韩非子》一书。

韩非把人类历史看做是发展变化的。他说从上古的有巢氏、燧人氏到夏禹，人的物质生活逐步有所改善。如果有人在夏禹时再去钻木取火，构木为巢，那就势必被鲧、禹所讥笑。同样道理，今天若有人还想颂扬尧、舜、汤、武，那也必定被今天的君主耻笑。所以他认为应该根据今天的实际来制定政策，即所谓"论世之事，因为之备"。他说："上古竞于道德"，"当今争于气力"，因此仁义只适用于古代，而当今就必须依靠法治和暴力。

韩非像

韩非主张"法治"，首先是加强中央集权，而实行君主专制则是加强中央集权的要害。为此，他认为君主必须掌握"法"、"术"、"势"这三种"帝王工具"。所谓"法"是指君主制定的成文法令；"术"是君主控制臣下的权术，"术者藏之胸中，以偶众端，而潜御群臣者也"；"势"是指君主的至高无上的权力。这三者是不可分离的，有"法"无"术"，会削弱君主的权力；有"术"无"法"，则不能稳定君主的权，但"法"和"术"都必须以"势"为前提，而三者又都是"以法为本"的。所以他认为法律要向全国公布，臣民必须严格遵守，并强调用严刑峻法来镇压人民的反抗，巩固封建统治。

韩非的中央集权君主专制的政治思想，为秦始皇统一中国，建立专制主义中央集权的封建国家奠定了理论基础。

其他学派

名家是研究名实问题的学派。名实问题，就是概念与事物的关系问题。春秋战国是社会制度发生重大变革时期，新旧事物交替，出现了名实不符的情况。名家提出要根据新的"实"来慎重地重新定名，这实际上反映了新兴地主阶级肯定社会变革的要求。其主要代表人物有惠施和公孙龙。

惠施又称惠子，战国中期宋人。他主张合同异，认为事物存在着对立的两极，如今和昔、大和小、生和死等，它们都有共同之处，又各自有其特性，即所谓"万物毕同毕异"。这个观点包含有辩证的因素。但他依据同异的相对性，又得出了万物完全相同（毕同）的结论。这又陷入了相对主义的错误。

公孙龙，赵国人，其著作有《公孙龙子》，他写的《白马论》提出了"白马非马"的命题，"马者所以命形也，白者所以命色也，故曰白马非马"。其中包括的一般与个别、共性与个性的辩证法因素。但他只看到个别与一般的差别，并将这种差异绝对化，从而得出"白马非马"的错误结论，陷入了诡辩论。

战国末以齐国人邹衍为代表的阴阳五行学派对后世思想的影响也不可忽视。邹衍把具有朴素唯物思想的阴阳说与五行说结合起来，把阴阳消长与五行相胜配合，提出五德始终说，认为土、木、金、火、水五行就是五德，历史上每个朝代代表一德，按五行相胜次序互相更替，周而复始。而主宰历史循环的则是人格神天。这一循环论的唯心主义历史观为后来两汉谶纬神学的发展提供了一个思想基础。

兵家是专门研究军事学说的派别，主要代表人物是孙膑，另外还有吴起，司马穰苴、魏无忌等。孙膑是战国中期齐国人，孙武的后代。齐威王时任军师，著有《孙膑兵法》，后世失传。1972 年在山东临沂银雀山汉墓中发现了此书。已整理出版的《孙膑兵法》，共 30 篇，11000 多字。孙膑主张用战争手段解决统一问题。他强调进攻战略，但又注重战术的灵活，并主张在运动中消灭敌人等。《孙膑兵法》是一部杰出的古代兵书。

农家，创始者是许行，他主张人人劳动，自食其力，国君也要"与民并耕而食"，反对不劳而获。这是朴素的农民思想反映。

战国末年，随着社会经济的发展和统一局面的来临，又出现了杂家。秦相吕不韦在秦王政八年令门人辑成《吕氏春秋》一书，公布于众。这部书力图综合先秦诸子，被称为杂家，对各家兼收并蓄，主要是对儒家、道家采取尽量吸收的态度。这部书有重要的政治意义和文化价值，对后世的影响不容忽视。

散文

散文是文字出现后最适于实用的文学形式。殷商以来，就有甲骨的契刻文和竹木简的记载。到西周时，金属范铸的铭文得到更好地发展。春秋战国时期随着社会的急遽变化，尤其是"士"这个新的社会阶层的形成，散文开始进入蓬勃发展的黄金时代。由于当时文、史、哲尚无明确分工，这些散文虽是历史哲学著作，同时也是优秀的文学作品。

中国散文正式形成的真正标志是《尚书》。《尚书》意为"上古之书"，是中国上古历史文件和部分追述古代事迹作品的汇编。春秋战国时称《书》，到汉代，才改称《尚书》，后被儒家尊为经典，名曰《书经》。关于《尚书》的编订年代，有人说为孔子所编，近代学者大都认为《尚书》编订于战国时期。秦始皇焚书后，《尚书》多残缺。汉初，《尚书》存 29 篇，用汉代流行的隶书抄写，称为今文《尚书》。西汉前期，发现用先秦文字写成的《尚书》，称为古文《尚书》。它比今文《尚书》多 16 篇。《尚书》比喻贴切、生动，具有形象性，叙事清晰，而且能表达出人物的情感口吻，写得相当传神。比起商和周初的文字，要流畅得多。同时，那些发表辞令的人，多是统治者，故具有居高临下的气势。但由于《尚书》所用语言同后来使用的古汉语差异较大，加以年代久远，传写讹误，十分艰涩难读。

历史散文

这时期的散文可以分为两类，即丰富生动的历史散文和百花齐放的诸子散文。历史散文的主要内容是记载各国卿大夫和新兴阶级——士的言论以及诸侯各国的政治、外交和军事括动。早期出现的历史散文是《春秋》，它还只是简单的以年纪事的历史纲要。《春秋》是现存的中国第一部编年体史书，是关于鲁国的编年史。这种编年史周王朝和诸侯各国都有，虽然内容不同，但多都称为"春秋"。现今流传的鲁《春秋》足经过孔子修订的。随着周室衰落，诸侯争霸，战乱迭起，外族侵扰。孔子想借《春秋》的谨严书法，表达他主张尊王攘夷，正名定分，维护周朝的最高统治权的政治主张。历史上有所谓"春秋笔法"之说。《春秋》用字准确，选词严谨，虽然记事简单，看似纯客观的叙述，但实际上它暗含褒贬，体现著作者思想倾向，能给读者以深刻的影响，于是后世便

《春秋》书影

把这种文笔曲折，微言大义，带有倾向性的文字表达方式称为"春秋笔法"。史学家从中领悟到修史应该有严格而明确的倾向性，文学家体会到遣词造句力求简洁而意蕴深刻。当然，刻意求深，也难免造成文意晦涩的弊病。

《春秋》记事，过于简略，后来出现以《春秋》为纲的"三传"——《公羊传》、《谷梁传》和《左传》为其进行解说和补充，其中以《左传》内容最翔实。

《左传》是《春秋左氏传》的简称，是配合《春秋》的编年史，它补充记载许多《春秋》忽略的秩闻琐事，记事至鲁哀公二十七年（前468），并叙述了鲁悼公四年（前464）的事。关于《左传》的作者，历史上的说法历来不一，通常都认同司马迁和班固的观点，即充分掌握春秋时代诸侯各国史料的左丘明。

《左传》丰富多彩，内容涉及春秋列国的政治、外交、军事务方面的活动和有关言论，以及天道、鬼神、灾祥、卜筮、占梦等诸多事宜。从思想内容看，《左传》实事求是地概括春秋和战国初期丰富的历史内容，突破天命的观念，体现出民本的思想。但书中对宗法伦理思想，正统等级观念以及宗教迷信的宣扬，都是它严重的

缺点。从文学角度看，首先，《左传》叙事具有故事性和戏剧性，情节的发展出人意料，场面生动，引人入胜。它总是能抓住故事的重要环节或有典型意义的部分来着重地叙述或描写，特别是对那些内容复杂的事件，选材布局极为恰当，注重各种事件的时空联系，结构严密、脉络贯通。比如写晋公子重耳的流亡经过以及晋灵公与赵盾的斗争。其次，人物刻画生动鲜明。心胸豁达的齐桓公、精干老练的晋文公、机智幽默的晏婴、宽厚仁慈的赵盾等，莫不形象生动，跃然于纸上。再则，善于描写战争场面。在叙述战斗的过程中，情节曲折细致，生动真切，波澜起伏，使读者产生身临其境的感觉。最后，《左传》的文学成就还表现在行人辞令上。行人即外交官。春秋时期，外交活动频繁，锐利巧妙的辞令能在外交场合维护国家的利益和尊严。《左传》的语言简而精，曲而达，婉而有致，罕譬而喻，富于形象性。例如"邢迁如归，卫国忘亡"、"室如悬磬，野无青草"。

春秋战国时期的历史散文，除《左传》外，还有《国语》、《战国策》以及汲县古墓出土的《穆天子传》和秦汉间编定成册的《晏子春秋》。

《国语》是中国古代最早的国别史，全书共21卷，分别记载西周末年至战国初年（约前967～453）周、鲁、齐、晋、郑、楚、吴、越八国的历史，主要是记言，故名为《国语》。司马迁在《史记·太史公自序》中说："左丘失明，厥有《国语》。"从此许多人都认为《国语》是左丘明所作。但分析《国语》的内容，可以推断《国语》可能是左丘明作为瞽史记诵古事，由后人整理再依托他的名义成书的。

《国语》的历史价值远不及《左传》。它对史实采取重点节录的办法，总结经验教训，供执政者参考，而不挂意是否忠于

历史的实际发展情况。从文学上的成就说也要逊色于《左传》，比如描写长勺之战时，《左传》简练而姿态有神，《国语》则平庸而枯槁乏味。但《国语》也有自己明显的艺术特色。一是长于记言。《晋语》载重耳和子犯二人对话，幽默生动，如在眼前；《越语》载越王勾践与范蠡的问答多用韵语，别具特色。二是虚构故事情节。如《晋语》所记骊姬深夜向晋献公进谗的故事，早在秦汉时期就被人质疑。唐人柳宗元曾说《国语》是"务富文采，不顾事实"，但这也是对《国语》文学成就的肯定。另外，《吴语》和《越语》风格较为特殊，它以吴越争霸和勾践报仇雪耻为中心内容，写得生动传神、扣人心弦，宛如后世小说笔法。

《战国策》是记录战国时代游说士人进行策略活动的史书，内容涉及周、秦、齐，楚、赵、魏、韩、燕、宋、卫、中山诸国。它上接春秋，下至秦并六国。全书共33篇，按国别划分，以记言为主。《战国策》又名《国策》、《国事》、《短长》、《事语》或《长书》。其作者已不可考，可能是秦汉间人杂采各国史料编纂而成。后经西汉刘向重加整理，定名为《战国策》。《战国策》基本内容是战国时代谋臣策士纵横捭阖的斗争及其有关的谋议或说辞，主要反映的是纵横家的思想和观点。它允许朝秦暮楚、背主求荣，忠、义、智、信可以抛弃，凡事要以成就功名利禄为标准。这种观点为儒家所唾弃，但在群雄逐鹿的战国时代，却能被统治者所接受。

《战国策》长于说事，富有文采。与《左传》相比，《战国策》的语言更为明快流畅，纵恣多变，渲染尽情。无论个人陈述或双方辩论，都常使用铺排和夸张的手法，绚丽多姿的辞藻，呈现酣畅淋漓的气势，以增强论者的说服力。语言已不再仅用作说明事实和道理的工具，也是打动听者感情的手段。如苏秦说赵王，张仪说秦王，司马错论伐蜀等，都是显著的事例。其二，《战国策》描写人物的性格和活动，具体细致、生动形象。如《齐策》将冯谖的有胆识、有策略、有手段，同时恃才自傲，多辞善辩的"奇士"风采，表现得淋漓尽致。再如《秦策》描写苏秦说秦不行和相赵归家，前后颓丧和得意的情状，以及庸佑的世态人情，都表现得栩栩如生。特别是《燕策》描写易水送别情景，把荆轲怒发冲冠、沉毅勇决的英雄形象极其鲜明生动地刻画出来。历史上也由此留下"燕赵多慷慨悲歌之士"的美名。

第三，《战国策》所记的策士说辞，常运用巧妙生动的譬喻。这些寓言形象鲜明、寓意深刻，是中国文学宝库中璀璨的明珠。如扛乙以狐假虎威对楚宣王，苏代以鹬蚌相持说赵惠王，苏秦以桃梗和土偶谏孟尝君，庄辛籍蜻蛉、黄雀谏楚襄王，虽浅显易懂，但别开生面，唯妙唯肖。

《战国策》长于说事，语言清新流丽，描写细腻准确，辩论富有气势，刻画的人物形象极为生动，是先秦时期文学色彩最为浓厚的历史散文。《左传》、《国语》、《战国策》的相继出现，标志着成熟的历史散文已经逐步形成，它对后世历史书籍和叙事散文的写作有极其深远的影响。

诸子散文

诸子散文从春秋中叶开始出现，到战国时期呈现出繁荣景象。当时文坛百家争鸣、处士横议，各家文章畅所欲言，各抒己见，对政治、哲学、伦理等社会问题进行讨论，形成活泼鲜明的文风。据《汉书·艺文志》，先秦诸子的学术流派有儒、道、阴阳、法、名、墨、纵横、农、杂、小说十家。其中最重要的是儒家、墨家、道家和法家。这时期的诸子散文的可以分为三个发展阶段：第一阶段是《论语》和《墨子》，都是早期的私人著述，前者纯用语录体形式，后者则是语录体中间杂有对话式的论辩文。第二阶段是《孟子》和《庄子》，后者除少数几篇外，几乎完全突破语录的形式而由对话体发展为论点集中的专题议论文。第三阶段是《荀子》和《韩非子》，它们不再是后学的追忆录或学术流派的集体著作，而是学者个人的文集，标志着先秦哲理散文的完全成熟。

《论语》是孔子思想和言行的集中反映，共 20 篇。它是中国语录体散文的滥觞。但全书比较散乱，没有系统的组织，先后顺序没有严格的准则。其中多半是简短的谈话和问答。文章多是直接发表观点，具体的阐发和论证较少，但语言简洁隽永，雍容和顺，内敛含蓄，用意深远。由于孔丘对现实社会生活有深刻的认识，《论语》中颇多言简意赅、富于哲理性和启发性的语句。比如"学而不思则罔，思而不学则殆"，"岁寒然后知松柏之后凋也"，"三人行必有我师焉"。《论语》虽语言简短，但感情丰富。既有称赞颜回的情真意切，又有斥责季氏敛财的满腔愤怒，当然还有对远方朋友到来的欢迎和喜悦。《论语》还有个特点，就是通过简单的对话和行动来显示人物的性格。例如《先进》篇中，弟子们各言其志时，子路的直率、冉有的谦逊、公西华的善辩、曾皙的洒脱，以及《微子》篇长沮、桀溺、丈人遗世傲慢的隐逸形象，都写得生动传神。

《墨子》是墨翟门人所记整理而成的，是墨家学振的总集。现存 15 卷，共 53 篇。《墨子》有所谓的"十论"，包括《尚贤》、《尚同》、《兼爱》、《非攻》、《节用》、《节葬》、《天志》、《明鬼》、《非乐》、《非命》，是《墨子》书中的主要部分，代表着墨家学派的主要哲学思想和社会政治主张。由于后来墨家分为三派，对墨子学说各有记录和理解，分别成书，故"十论"分上、中、下，其内容稍有差异。《墨子川

论虽具有记言性质，但每篇有明确的论题，文章围绕中心，深入展开论述，层次清晰，内容充实。全书各篇目的观点相互联系，形成比较完整的思想体系，是中国论辩文的雏形。墨子反对没有实用的修饰与文采，强调有切实的内容。他的文章质朴无华，但逻辑性很强，能够自觉运用察类明故的逻辑方法进行论述，论辩色彩浓厚，对中国辩论文的发展有着特殊的影响。同时，《墨子》经常用譬喻类比的手法增强文章的生动性，将深刻的道理形象地呈现在严密的逻辑论述中，使文章具有无可辩驳的力量。

先秦诸子散文中，以《孟子》与《庄子》的文学性最强。《孟子》散文的特点是气势充沛，感情强烈，笔带锋芒，锐气逼人，富于鼓动性，颇有横行无阻的气概。这是孟子骄傲自负，锋芒毕露，动辄与人言辞交锋的性格使然。它与《论语》那种迂徐婉转的风格形成鲜明的对比。以《滕文公上》"计行"为例，孟子首先询问许行生活资料的来源，证明社会分工的必要，再列举尧、舜、禹、稷所以无暇躬耕的原因，充分揭露许行观点的荒谬，显示出高超的论辩技巧。另如《梁惠王下》记载，孟子用层层追问、步步逼紧的办法进行论战，竟弄得齐宣王只好"顾左右而言他"。

《孟子》的文学性，还表现在它善于用寓言故事说理。用"齐秋诲弈"说明"不专心致志则不得也"，用"揠苗助长"说明养浩然正气不能急于求成，用"五十步笑百步"说明事物性质没发生改变的道理。《离娄下》讲述了一个恬不知耻的骗子的故事。文字虽短，但写得简练生动，情节曲折，人物形象鲜明。尤其是故事的结尾，人物内在品格的猥琐与外表的庄严自足，形成强烈的反差，达到尖锐的讽刺效果，可以看做是后世短篇小说的雏形。

《孟子》的散文对后世有深远的影响。

它善于用文学手段达到实用目的，在说理中表达个人感情，主张以文载道，成为后世唐宋古文家绝好的典范。

《庄子》是先秦道家学派的重要著作。《汉书艺文志》载，《庄子》共 52 篇，现存 33 篇。后世以《逍遥游》至《应帝王》7 篇为内篇，《骈拇》至《知北游》315 篇为外篇，《庚桑楚》至《天下》11 篇为杂篇。现多认为内篇是庄子本人所作，余者则为庄子后学所作。《庄子》这部哲学著作，充满着浓厚的文学色彩。其文章体制已经脱离语录体的形式，标志着先秦散文已经发展到成熟的阶段。它代表着先秦散文的最高成就。

《庄子》一书具有独特的风格。首先，它吸收神话创作的精神，采用并虚构许多寓言故事，作为论证的根据，想象奇诡，汪洋恣肆，最富浪漫主义色彩。《逍遥游》、《人间世》、《德允符》、《大宗师》等多是由寓言、神话、虚构的人物故事连缀而成。例如《逍遥游》写到："藐姑射之山，有神人居焉，肌肤若冰雪，绰约若处子。不食五谷，吸风饮露，乘云气，御飞龙，而游乎四海之外，其神凝，使物不疵疠而年谷熟。"再如："北冥有鱼，其名为鲲。鲲之大，不知其几千里也。化而为鸟，其名为鹏。鹏之背，不知其几千里也。怒而飞，其翼若垂天之云。是鸟也，海运则将徙于南冥。南冥者，天池也。《齐谐》者，志怪者也。《谐》之言曰：'鹏之徙于南冥也，水击三千里，抟扶摇而上者九万里，去以六月息者也。'"书中这类奇异生动的形象不胜枚举，令读者神思飞扬。

其次，战国时期的文章都有运用寓言的特点。《庄子》更是由于接受民间寓言故事的影响，大量地采用寓言故事说明事理，可谓"寓言十九"，如《则阳》篇写蜗牛的两角上居住着触、蛮二国，两国"争地而战，伏尸数万，逐北，旬有五日而

后反"。以此来讽刺诸侯国的混战。再如以"庖丁解牛"比喻养生要顺其自然，以"痀偻承蜩"比喻做事应"专心致志"，以"匠石运斤"比喻知音难遇的感慨，这都是用生动的寓言故事来阐明深刻的哲学思想。同时，庄子笔下的万物都有思想，能说话辩论，使逻辑思维的理论文更加形象化。

另外，庄周的散文语言也极为生动，文中多用韵，声调铿锵，读来有和谐的节奏感，是古典散文中罕有伦比的精美文章。

《荀子》有 32 篇，多为荀况所作。《荀子》论理透彻，层次清晰，行文精炼，辞采缤纷，论点明确，每篇都是深刻有力的论说文。《荀子》散文最重要的特色是把生动的比喻和严密的逻辑论述完美地结合起来。论点明确，结构谨严，论断缜密，善于运用自然界和日常生活中的事例作为论据，巧譬博喻。比如《劝学篇》基本全用譬喻重叠构成，妙喻迭出，遍用排偶，辞采缤纷，美不胜收。再则，《荀子》散文造语简练，多用铺陈手法和排比句式，整齐流畅，适于诵读和记忆。如《致士篇》："川渊者，鱼龙之居也；山林者，鸟兽之居也；国家者，士民之居也。川渊枯，则鱼龙去之；山林险，则鸟兽去之；国家失政，则士民去之。"这也反映出荀子散文严密的逻辑性。另外，《荀子·赋篇》共有《礼》、《知》、《云》、《蚕》、《箴》5 篇。其形式为问答体，以四言韵语为主，杂有散文形式，类似谜语，属于战国"隐书"的体例，已具汉赋的雏形。再是《荀子·成相篇》，它以民间歌谣形式来表达政治思想，是通俗说唱的文学形式。所以说，荀卿散文的韵文倾向已初现后世韵文的端倪。

《韩非子》55 篇，是韩非的个人著作。综合历代学者考证，《初见秦》、《有度》、《饰邪》3 篇确非韩非所作。

韩非散文的特点，首先是文风峻峭，

锋芒锐利，语气坚决专断，文章结构逻辑严密、条理清晰、论述透辟、切中要害。这是政论文主要运用的风格。文章直言凌厉，公然宣扬法、术、势的观念，甚至毫无掩饰地说："上古竞于道德，中世逐于智谋，当今争于气力"；"夫以妻之贵与子之亲，而犹不可信，则其余无可信者矣"。《说难》和《孤愤》深刻暴露统治着的刻薄虚伪，以及"土人"卑劣得向上爬升的手段。

其次，利用大量的寓言故事和丰富的历史知识作为论证资料，来增强文章的形象性和说服力。"守株待兔"、"郑人买履"、"滥竽充数"等生动的寓言流传至今。特别是"自相矛盾"的故事，更为深刻明切。它本是用来攻击儒家同时赞顷尧的明察和舜的德化的，指出二者不可能并存，表现出韩非严密的逻辑思维能力。这些脍炙人口的故事主要收集在《说林》上下、内外《储说》等篇。

屈原像

屈原和楚辞

"楚辞"是战国时期楚国人以当地民歌为基础创作的新诗体，是继《诗经》后，我国文学史上另一颗璀璨夺目的明珠。"楚辞"的称谓不知起于何时。《史记·张汤列传》曾经提到过，估计至晚汉初就已有。至汉成帝时，刘向整理古籍，将屈原等人的作品编辑成书，定名为《楚辞》。"楚辞"的产生有其复杂的历史因素。春秋以来，楚国在长期独立的发展过程中，形成独特的楚国地方文化。同时，楚国与北方各国频繁接触，吸收中原文化，并将其与自身的固有文化相结合，这种南北合流的文化传统是"楚辞"产生和发展的重要基础。再加上江汉放水间的楚国保存许多战国以前的民歌和巫歌，以及楚地乐歌的成长，都对"楚辞"的产生起到推动的作用。这种优越的文化温床孕育出屈原和《楚辞》这样伟大的诗人和作品。

《天问》书影

屈原确切的生卒年月，现无法考证。据推算，他生于公元前340年、死于公元前278年。这个时期正是中国社会发生剧变的战国时期。七雄并立，百家争鸣，"他的时代是个群星丽天的时代。"由于他"博闻强志，明于治乱，娴于辞令"，早年深得楚怀王信任和器重，官至左徒，地位仅次于楚国的最高行政长官令尹。后因受到贵族政治集团的诋毁，放逐汉北，顷襄王时又被流放到沅、湘流域。长期的流放并未消磨掉他忧心国事的情怀。他奋比疾书，痛斥奸佞，抒发忧愤，最后自沉于汨罗江而死。他是我国古代伟大的浪漫主义诗人，其作品中洋溢着饱满的政治热情和爱国主义精神、神奇丰富的想象和词采瑰丽的艺术风格，更是体现出楚地诡异、神秘和浪漫的南方色彩。据《汉书·艺文志》载，屈原的作品有 25 篇，作品有《离骚》、《九歌》、《九章》、《天问》等，其中的《离骚》是我国古典诗歌的不朽典范。后人习惯将"风"、"骚"并称，"风"即十五国风，代表《诗经》，"骚"指《离骚》，代表楚辞。《国风》和《离骚》产生后，为中国文学创作指示出两条发展道路，对后世文学的影响是难以估量的。

《离骚》写于屈原流放途中，全许共 373 句，2490 字，是中国诗歌史上最伟大的抒情诗。关于"离骚"的含义，或说是遭忧作辞，或说是别愁为赋，虽有差异，但都含有遭逢不幸的意味。全文诗人先是自述引以为傲的身世、美好的品质和崇高的理想，抒发虽有心挽救国家命运，却无法被重用的痛苦。接下来诗人运用充分的想象力，继续表达着对理想的追求和对现实的失望。痛心的事实使诗人产生去国远逝的幻想。然而正当他在云旗掩映、凤鸾飞绕、壮丽华美、从容闲暇的仙界神游时，那种眷恋故国的炽烈情感再度涌起。最后几句乱辞更是点明了全文的主旨，让人悲不忍睹。

《离骚》的艺术造诣极高。它结构宏伟，内容翔实，比喻新奇，描写夸张，塑造出富有鲜明个性特点的抒情主人公形象，抒发着对进步政治理想的追求，深厚的爱国感情和宁死不屈的斗争精神，是具有深刻现实性的积极浪漫主义作品，成为中国文学浪漫主义的直接源头。

《诗经》与《楚辞》存在着明显的地域文化差异。《诗经》源出中原文化，重实际而轻玄想，理智色彩浓厚，质朴沉实，现实性强。以《离骚》为代表的楚辞则想象丰富，意境深远，辞藻华丽，充满着浪漫奇幻的情思。

绘画和音乐艺术

绘画

春秋战国的艺术随着社会的变化而蓬勃发展，各类艺术众采纷呈。中国绘画艺术历史悠久，最早遗迹可上溯到远古的岩画和繁荣于新石器时代彩陶器上的装饰纹样。古代的先民们创造出具有鲜明民族风格和丰富多彩的形式手法，形成独具特色的中国传统绘画。春秋战国时期的绘画取得全面长足的进步，用作冠冕车服、墙壁、各类器皿和工艺晶的装饰图案。

商代绘画庄严神秘，西周趋于典雅古朴，春秋以后绘画内容逐渐更多地反映社会生活，形象活泼生动。绘画的题材既有传统的自然纹样和神话传说，也有现实生活的各种图景。绘画的工具主要有笔、墨和绢，这表明以线条为主要造型手段的中国传统绘画，已经达到较高的水平。据文献记载，"宋人善画"，宋国有专为宫廷服务的画家，可以看做是北方绘画艺术的代表。南方楚国的绘画也相当发达，形成飞扬流动、细腻瑰玮的艺术特色。随着绘画艺术的发展，关于绘画的理论也日益成熟。其中尤以孔子的"绘事后素"论和韩非子的写实论为代表。"绘事后素"的含义，现难以明确界定，争论颇多。韩非子的观点是很鲜明的，他说鬼魅易画，犬马难绘，认为写实比虚拟难得多，由此倾向于提倡写实的创作方法，对中国绘画的发展产生了巨大影响。

彩绘木俑

现存的春秋战国时代的绘画主要有四种：岩画、帛画、漆画和铜器画。岩画是指刻画在岩石表面的图纹。中国是世界上最早发现并记录岩画的国家。岩画反映的主要内容包括传授知识、表达宗教情感、寄托美好的生活理想和娱乐活动场面。

帛画是不依附于工艺品和建筑物的独立的主题性绘画。它出现于战国中期以后，是最早的完整绘画资料。现存的帛画均是楚汉随葬的丝织品，可以归为楚文化的范畴。

漆画是附属于漆器上的装饰图案。许多漆画的题材内容和工艺技巧，正好可以反映春秋战国时代的绘画情况，是珍贵的文物史料。漆器大致能分为两类，即丧器和日用器皿。前者所附的漆画多与巫术有关，表现出浓厚的神秘色彩。后者所附的漆画内容则多与社会生活相关，可以看做是古代生活的风俗画。春秋战国时期的漆画继承"禹作祭器，墨染其外，朱画其内"的传统，以朱、黑色为基调，辅以其他多种色彩，显得斑斓繁丽、变化丰富。

春秋战国的青铜器艺术在工艺美术的各门类中居于主导地位。青铜器种类主要有酒器、炊食器、乐器和兵器。其中许多青铜器是礼器，包含宗教和政治意义。为使这些青铜器更加华丽，当时的工匠铸造时想方设法形成器表花纹，还利用金银等贵金属来装饰和嵌错器物，形成铜器画。铜器画主要分为镶嵌画和锥刻画，这取决于制作的工艺。铜器画的题材涉及到建筑、车马、人物、鸟兽、战争、狩猎、宴饮各方面，生动地再现当时生产生活和政治活动的真实面貌。

音乐

从西周起乐舞已经较为发达，它与礼互为补充，宣扬软化，维系社会秩序，形成所谓的礼乐制度。礼乐制度严格规定等级，伴随礼的乐舞基本是雅乐。民间乐舞难登大雅之堂。但这种制度规范森严，束缚乐舞的自由发展。春秋以后，周王室衰微，群雄割据，诸侯早已把效忠周王室的伦常观念置之脑后，这种制度逐渐衰落，出现。"礼崩乐坏"的局面。同时随着春秋文化的整体下移，世俗的民间乐舞开始占据历史舞台，这就是以"郑卫之音"为代表的新乐。《礼记·乐记》载，魏文侯听雅乐就容易瞌睡，听郑、卫的新乐就不感疲倦。子夏虽斥责新乐是"淫于色而害于德"，但古乐渐趋设落已是不争的事实。齐宣王也曾对孟子说喜欢的是世俗音乐。先秦文献关于新乐的记载，多是贬责。例

石磬

如子夏曰："郑音好滥淫志，宋音燕女溺志，卫音趋数烦志，齐音骜辟骄志。"但通过这些描述可以推断，新乐是热情奔放的真性流露。在那个思想解放的时代，它更能表述人民的心声。

据考古发掘和文献记载，周代乐器有近70种。《周礼·太师》按乐器的原料将其分为金、石、土、革、丝、木、匏、竹8类，即所谓"八音法"。名称有钟、鼓、琴、瑟、箫，竽等。《周礼·考工记》也已有制造乐器的记录。这是乐器学走向成熟的标志。1978年湖北随州曾侯乙墓出土的战国早期乐器，共记124件：编钟65件（含镈钟1件）、编磬31件、鼓4件、瑟12件、琴2件、笙5件、排箫2件、横吹竹笛2件，可以说是个地下乐器陈列室。由于古乐音律失传已久，难以深入探讨，这批乐器对研究先秦传统乐律学具有重要意义。

从传世的青铜器分析，中国古代官商齐奏、八音克谐的音乐体系，应形成于西周，至春秋战国有所发展。十二律（又称十二律吕或律吕）形成于何时，尚无法明确界定。周景王（前544～前520）的乐师伶鸠在回答他的询问时提到十二律的名称是黄钟、大吕、太簇、夹钟、姑洗、仲吕、蕤宾、林钟、夷则、南吕、无射、应钟。同时提到宫、角、羽，指出"大不过宫，细不过羽"，虽未直接说出商、徵，但也表明五音（五声）的体系已经形成。后来加上变宫、变徵合称七阶。《左传》鲁襄公二十九年记载吴公子季札曾用"五声和"来评论"颂"，时为公元前544年。

最早的乐律计算法见于《管子·地员篇》中的"三分损益法"，即将主音律的弦（或管）长三等分，取其两份（全管长的2/3，为损一），或增加一份（全管长的4/3，为益一），依次确定十二律中其他各律的方法。古人最初用竹管定律，后来发现管律过于粗糙，就改用精密的丝弦。这种以管弦长度为准的方法，最迟应产生在春秋时代。它与欧洲当时以频率为准的"五度相生法"是成倒数关系的。十二平均律是中国古代音乐家对音乐声学作出的重大贡献。

前文已提到曾侯乙墓出土的编钟，音域宽广，音列充实，音色优美。每件钟均有呈三度音程的两个乐音，可以分别击发而互不干扰，也可同时击发构成悦耳的和声，证实中国古编钟每钟双音的规律。全套编钟具有深沉浑厚的低音、圆润淳朴的中音和清脆明快的高音。总音域跨五个八度，中心音域内十二半音齐备，而全部音域中的基本骨干音则是五声、六声和七声的音阶结构，可以旋宫转调。钟上铭文数

竹制十二音律管

千字，记述曾国与楚、晋、齐、申、周等国的律名对应关系，以便演奏各地的乐曲。曾侯乙编钟是中国先秦音乐文化取得高度成就的文物见证。

春秋战国时期，围绕乐存在的必要性和社会功能，各家分别发表见解，音乐理论空前活跃。总体上看，儒家孔子、荀子、公孙尼重功利、重情理，道家老子、庄子重艺术、重精神。其中孔子和荀子的音乐思想对后世影响最大。孔子整理过《诗经》，具备音乐实践经验和修养。他认为礼和乐都是维护统治秩序的工具，有重要的社会功能。荀子的音乐思想，集中体现在《荀子·乐论》中。荀子认为人们需要音乐，此为"人情所不免"，但要防止音乐陷入邪乱。他反对民间音乐，要求把音乐的社会功能提高到政治功能，"移风易俗，天下皆宁"。荀子把礼，乐都作为专政的工具，显示出法家的精神。

司母戊方鼎

司母戊方鼎是商王文丁为祭祀母戊而铸造的祭器，1939 年在河南安阳武官村殷墟出土，重 875 公斤，是中国现存的先秦时期最重的青铜铸件。造型端庄厚重，器身呈长方形，立耳，柱足粗壮，通高 133 厘米，器口长 110 厘米，宽 78 厘米。纹饰华美，腹部饰有兽面纹，耳廓饰有虎食人头纹。腹壁内铸铭文"司母戊"三个字，司通"祠"字，意指祭祀，母戊为文丁母亲的庙号，司母戊方鼎集中表现了殷商时期青铜冶铸业的生产能力和技术水平，是商代青铜文化高度发达的标志，在世界青铜文化史上占有很重要的地位。根据专家学者的研究结果，鼎是用陶范铸造的，鼎体浑铸，铸型由腹范、顶范、芯和底座、浇口组成，鼎耳后铸，附于鼎的口沿之上，

耳的内侧孔洞是固定鼎耳泥芯的部位。鼎的合金成分为铜 84.77%，锡 11.64%，铅 2.79%，锡铅合计 14.43%，较为符合铸造青铜容器硬度的要求。

司母戊

四羊尊

四羊尊是商代晚期青铜酒器，1938 年出土于湖南省宁乡县月山铺。是现存商器中最大的方尊，通高 58.3 厘米，口部边长 52.4 厘米，重 34.5 公斤。尊的主体部分为商代流行的方尊样式，造型庄严、雄伟。四角各铸一只大卷角羊，瘦劲的羊腿抵附

商代四羊尊

于圈足之上，形态逼真，充分体现了当时工匠很强的形象塑造能力。羊的肩部，亦即尊的颈、肩结合部位，还饰有高浮雕蟠曲游龙四条，正对觚棱。全器以精美细腻的花纹装饰，羊颈部、腹部饰以鳞纹，胸部为高冠鸟纹，鸟足附于羊腿上。尊颈部为夔龙纹组成的蕉叶纹和带状的兽面纹，圈足及浮雕的羊腿之间饰有倒夔龙纹。全器以细雷纹为地，线条光洁刚劲，其余配合器物造型，繁简疏密得当，雕琢精细。

方尊边角及各面的中心线，各有耸起的镂花长棱脊，直通器口，使得器口向外拓张，有包容万物之感，颈部转折劲利，颇有气势。颈下围拥高浮雕的卷角羊、游龙，显得稳重华贵。这样装饰，既增强造型气势。又掩饰铸造合范不准的缺陷。

四羊方尊集中了绘画、线雕、浮雕、分铸、合铸等诸种手法，把平面纹饰和立体雕塑，把器皿和动物形态有机地结合起来，成为商代青铜工艺杰出的代表。

周易本经形成

《周易》是一部有关古人卜筮的书籍，也称《易》，汉代人通称为《易经》，是中国儒家典籍，六经之一。"易"字，一说为"简易"之义；另一说为"变易"之义；而"周"字，有人说是指周代人的筮法，但又有人说是指周遍之易，即探求普遍的变易法则。汉代人所说的《周易》，包括经传两部分，传是对经的解释。

关于《周易》的成书，过去传说伏羲画八卦，周文王将八卦推衍为六十四卦。现在大体认为《周易》是先民们和古代卜筮之官长期积累的卜筮记录，它成书约在周代初期。

《易经》的具体内容，是由八卦推衍为六十四卦的兆象符号（即卦图）部分和

六十四卦卦名、卦辞，以及三百八十四爻和爻辞语言部分所组成。卦图的结构，是由称作阳爻的"——"和称作阴爻的"— —"这两个基本符号组成，三行一组排列而成八个"经卦"，即乾、坤、震、巽、坎、离、艮、兑。又由八个经卦两相重叠组合成六十四个"重卦"，如乾卦、坤卦、屯卦等等。这些卦象是占卜判断吉凶的主要依据，它们各有卦辞、爻辞加以说明。卦辞和爻辞的内容大致有三类：一是讲自然现象的变化，二是计人事的得失，三是判断吉凶的辞句。

周易书影

《易经》虽属卜筮之书，笼罩着神学迷信，但在其神秘的形式中蕴含着一些合理而深刻的思维和观念。八卦的制作，原是自然界物质现象的概括和象征。现在认为易卦中的阳爻"——"和阴爻"— —"两种基本符号的最初含义是来源一、六、七、八等几个数字。中国历史上最早反映阴阳的观念，就是通过《易经》的卦爻表现出来的。八卦是象征着由阴阳构成宇宙物质世界的八种基本成分，而万物都是由它们所衍生出来的，由此可知《易经》中蕴涵了朴素唯物论和无神论世界观的萌芽。《易经》的六十四卦由三十二个对立卦组成，这反映了古人们从对自然与社会矛盾运动的长期观察中，萌生了对立统一的思想，体现了中国古代辩证法思想的萌芽，因而在中国哲学史上占有重要地位。

大盂鼎

大盂鼎是迄今所见西周最大的青铜器，作器者为康王时大臣盂，此鼎在清道光（1821～1850）初年出土于陕西省歧山礼村，同出还有两鼎，其中包括小盂鼎，现仅存大盂鼎，并据小盂鼎定为周康王二十三年铸成。

西周记载册命赏赐内容的大盂鼎

大盂鼎铭文 291 字，内容酷似《尚书·酒诰》，记载了二十三年九月，康王在宗周训诰盂。他追述文王接受天命，武王继承文王的事业，建立周邦，广有天下，长治民众。理政时，不敢耽乐于酒；祭礼时，不敢借酒肇事。所以天帝愿辅庇先王，遍有天下。他听说商朝之所以坠丧天命的原因是殷朝从远方的诸侯到朝廷的大小官员都耽湎于酒，以致靠控军队，丧尽民心。指出周立国的经验和殷失国的教训。继而康王说自己愿效法、禀承文王的政令和德行，令盂来辅佐他，要盂谐调纲纪，早晚入谏，认真祭祀，奔走于王事，敬畏天威。康王命盂效法盂的嫡祖南公，辅佐他主管军队，勤勉及时地处理狱讼案件，日夜辅佐他统治天下，以便能遵从善德而令受先

王赐自上帝的人民和疆士。赐给盂祭神的香酒一卣，祭祀用的礼冠礼服、蔽膝、鞋履，以及车马；赐给盂嫡祖南公的旗帜，用以畋猎；赐给盂邦国的官员四名，人鬲至车御至步卒六百五十九名；赐给盂民族的王臣十三名，人鬲一各零五十名。他要盂不违弃他的诰诫。于是盂颂扬王的赏赐，并制作祭祀嫡祖南公的宝鼎。

铭文用了诰训体和册命体，其中记述了周王对盂的大量赏赐，特别是一千七百多名人鬲以及十几名官员王臣，是西周奴隶制社会的真实反映。

大盂鼎铭文

师嫠簋

西周中期夷王十一年（前859）九月初吉丁亥日，嫠叔身着素服来到王宫，把师和父去世的消息恭告于周王。周王来到太室，南面即位，由宰瑚生引导师嫠进入太室，恭敬而立，聆听周王训诲。尹氏宣读王对师嫠的封命和赏赐。训诰册命内容是：师嫠作为贵族子弟跟随先王求学，才思敏捷、勤奋好学。现在命师嫠继承祖父原来的官职，作掌金奏鼓的"镈师"。并且赏赐他祭服等物，要他日夜谨慎奉事，切勿荒废王的政令。

师嫠拜谢周王，称扬天子的美命，并

铸尊簋祭祀父亲辅伯，愿他的子子孙孙万年永宝用。这就是师嫠簋，簋铭记载了上述这件事的始末，为我们研究当时的许多历史文化现象提供了宝贵的资料。

师嫠簋的盖和器都有铭，内容基本一致。师嫠簋铭是较典型的册命体铭文，基本按照时间、地点、受册命者、册命辞、称扬辞、作器、祝愿辞的一般格式叙写，可见当时册命制度已逐渐形成了一套固定的典礼仪式，一般有关册命内容的青铜器铭文也严格按照典礼仪式的程序和约定俗成的记述格式来完成。

此铭中"在告先生小学汝，汝敏可事"，根据《周礼·地官·师氏》所说："以三德教国子，凡国之贵游子弟学焉"可知师嫠可能就是周礼所说的"贵游子弟"，说明西周时代贵族子弟普遍要求接受正规的教育，反映出贵族受教育在西周已成为一种制度。

后宫制度和宦官制度全面建立

后宫制度，是中国古代帝王的内职机构和组织形式，主要由后妃、女官、内侍、宫省等制度构成。

自夏朝开始，中国历史上"家天下"的局面已形成。随着王位传子的继承制，尤其是形成和确立嫡子继承制，等级分明、身份有别的后妃嫡庶制度也随之建立起来。到周朝时，传说开始制定正后、三夫人、九嫔、二十七世妇、八十一御妻，共121人的后妃制度。这个制度是否实行过，目前尚难有定论。但从西周至战国所出现的后、妃、夫人、嫔、世妇、女御、姬、八子、女史等后宫名号看，后宫嫡庶制度是十分严格的。秦灭六国后，规定"帝母称皇太后，祖母称太皇太后，嫡称皇后，妾皆称夫人"。古代帝王所以设那么多的后

西周攸簋

妃，原因是中国古代社会以男子血统为中心，以对女性占有的多少来显示其特权的大小，帝王至高无上的权威也表现在对女性的大量占有上。除后妃外，后宫制度中还有其它人员，一是女官，因按传统规定，皇帝治事国事，为"天下之父"；皇后治事内事，为天下之母。为了使皇后能"母仪天下"，设置一些官属辅助皇后治理内事，也是增强皇家威仪的一种措施；二是内侍，是皇帝及后妃的侍奉官，专门为君主和后妃的生活服务；三是宫省，宫省是皇宫的建筑形式，统治者建筑宫省的本义是崇宫室以威四海。

西周燕侯盾饰

宦官制度是皇宫中专用宦官侍奉帝王及其家族的制度。宦官是指经过阉割，失去正常性能力后进入皇宫侍奉皇帝及其家族的男性官员。宦官制度建立于周代，《周

礼》中对带有各种职衔的宦官的人数、职掌已有明确的记载。这时宦官人数不多，是家臣的一部分，主要负担看守宫门、传达命令、侍奉起居等杂役，地位低贱。但由于宦官常侍君侧，容易得到君王的宠信，甚至参与政治。秦汉时，随着君主专制制度的加强，对宦官的任使已越出宫内范围，正式进入政治领域。如秦朝宦官赵高任中丞相，势力足以总揽朝政，策动废立。但从制度上来说，宦官仍属少府，要受大臣的监督。东汉以后，内官职属全部由宦官担任，宦官可与廷臣同享俸禄、食邑、食租。从此宦官正式有了自己的权力体系，成为一种特殊的、干预国家政治的势力。"宦官"一词亦正式见于《后汉书》。

玉人

宦官的来源不一，有自宫、有因罪被宫、进贡、拐卖、挑选后被强行阉制而成等。史书上对宦官称谓很多，如以曾经阉割称为阉宦、刑臣，以任职宫中称为内侍、中宫，以官职称为军容、太监，以服饰称为貂珰，尊之称公公，贬之称宦孽等。

后宫制度和宦官制度，作为君主专制制度的一部分在中国存在了4000多年，与中国传统的政治奠基密切相关。它集中体现了君主的特权，同时也具有极大的腐朽性和残酷性。

中国文学作品现存最早的实物——石鼓文

石鼓文可能是战国时代秦国的石刻。唐初在天兴（今陕西宝鸡三畤原）发现了10块被刻成鼓形的石头，上面用籀言文各刻有四言诗一首，内容为记录、描写秦国君游猎、战争的情况，因此石鼓文又称"猎碣。

10件石鼓文，原文700字以上，现仅存272字。传世最好的拓长，是明人旧藏的3种北宋拓本，分别称为先锋本、中权本和后劲本。

石鼓上的刻诗与《诗经》大小雅的风

秦公编钟

格接近，特别是大格调上与《大雅·车攻》等篇极为相似，这说明秦人保持了西周的正统文化。研究者依《诗》的体例，取石鼓各篇起首文字作为篇名，有《汧沔》、《霝雨》、《而师》、《作原》、《吾水》、《车工》、《田车》、《马荐》、《吴人》等名，但在各篇具体排列次第上尚有不同意见。

关于石鼓文的字体，一般认为近于《说文》所载的籀文，它是秦国特有的风格，在书法史、文学史上都有重要地位。字形多取方或长方形，体势整肃，端庄凝重，清劲挺拔，在书法艺术上有较高的价值；笔力稳健，刻工精密，雍容和穆，遒劲自然。石与形、诗与字浑然一体，充满了古朴雄浑的美感。

关于石鼓的制作年代，唐以来学者的意见就不一，到近代才开始一致认为是东周时秦国所刻，但诗文可能作于更早时代。

《春秋》书影

为完备的史官撰写本国的编年史，鲁《春秋》之所以传世，被认为是孔子呕心沥血编订的结果。据说孔子在编订《春秋》时，在字里行间寓寄了自己的思想和主张，创立了后人所谓"微言大义"的"春秋笔法"。

《春秋》是中国史传散文的第一部作品，它开创了一种新的文学体裁；同时，为后业诸了百家竞相著书立说开了风气之先。

鲁国开始编《春秋》

周平王四十九年（前722）春天，鲁国开始编《春秋》。《春秋》是鲁国国史，也是中国现存先秦典籍中年代最早的编年体史书。它的记事以鲁国十二公为序，起于鲁国十二公为序，起于鲁隐公元年（前722），终于鲁哀公十四年（前481），共242年。《春秋》文笔简约如大事记，而242年间诸侯攻伐、盟会、篡弑及祭祀、灾异、灾异、礼俗等，都有记载。它所记鲁国十二公的世闪年代，经后人考证完全正确；所载日食与西方学都所著《蚀经》比较，互相符合的有30多次。因为《春秋》是史官实录，所以价值极高，后人不仅可以从中了解史实，而且可以了解中国史学源远流长，至少到西周时，已经有较

春秋前期曾中斿父方壶

孔丘诞生

周灵王二十一年（前551），孔子生于鲁昌平乡陬邑（在今山东曲阜东南）。其先世为宋贵族，到了孔防叔那代，因华氏之逼，自宋逃奔到鲁国。孔子父亲叔梁纥与母亲颜氏在尼丘祈祷，野合而生孔子，生面头上圩顶（中低而周高），故名曰丘，字仲尼。

鲁大司徒厚氏铺，春秋中期盛食器

春秋以来，王室衰微，政治无主，传统文化渐已不能支配人心，旧制度崩溃，等级制解体，人身依附关系解除，经济上，齐国工商业、鲁国地主、农民为代表的新生产形式形成，为文明的创造提供了社会基础。师旷的出现，子产在郑国走上政治舞台，老子、孔子的出生，标志着中国春秋时代已从混乱的军事征战走上建设性文明创造。

孔子的出现正可说是时代的象征。他将以同族结合为基础的礼乐转换为较具普遍社会性的礼乐——社会制度。进而提出"仁"作为礼乐实现之目标。"仁"一方面是指个人的人格，个人人格没有贫富贵贱之别。另一方面则指人际关系，人际关系以彼此承认对方的人格为要。要实现"仁"，必须靠教育和教养；而礼乐则是实现"仁"的手段，因此要从礼乐的学习与研究着手。以往，礼乐只是贵族教养与学习的课目和贵族外交的手段。孔子反对教育成为贵族的专利品，认为应该将礼乐等教育普及于一般人。因此，孔子以身作则，从事教育工作，所收学生不限阶级，诚可谓"有教无类"，其精神则是可佩的。

孙武治吴军·《孙子兵法》著成

孙武是春秋晚期兵家，齐国人，后写《孙子兵法》而仕于吴，在仓皇治理下，吴国的军事力量一时强盛，吴国大军威震四方。

周敬王八年（前512），伍员推荐孙武给吴王阖闾治兵。孙武献兵法13篇，阖闾称善。为了试验孙武所著兵法的效力，阖闾命他以兵法训练宫中美女。孙武在训练中严申军纪，斩掉两名担任队长而不听约束的吴王宠妃，宫人由此而大惧，进退跪起无不听命，阖闾由此知孙武之能用兵，便任命他帮助治理军队。

同年，吴王欲攻楚都郢，将军孙武以为当等待。周敬王十四年（前506），吴王问伍员、孙武可否伐楚。二人曰：楚将子常贪婪，唐、蔡都怨恨，与唐、蔡联合可以。吴王于是出师与唐、蔡共同伐楚。至汉水，楚发兵拒吴，二军夹水而阵。与楚五战五胜，追至郢，楚因此丧失了争霸力量。

由于吴国重用伍员、孙武治国强兵，国力强盛。春秋晚期，吴国的大军威震四方，西破强楚，北威齐、晋，南服越人。

孙武在兵法上提出了一整套克敌制胜的战略战术。他总结了前代军事思想的成果，对夏商以来，特别是春秋时代的战争

孙武像

进行研究，并以自己的独到创见将其融会贯通，形成一个思想严谨、结构合理的军事理论体。孙武的军事思想主要包括战争观、战略理论和作战思想三个方面。

孙武继承了先秦时期注重戎事的传统，对战争有害的方面也有清醒认识。他反对战争而不轻易发动战争。孙武反对穷兵黩武，主张非危不战。由重兵、慎战的思想所决定，孙武主张应认真研究战争，深入了解战争，这样才能赢得战争，深入了解战争，这样才能赢得战争的胜利，由此提出知兵、知战的思想，要求知己知彼、知天知地，在战争和作战指导上做到对敌我双方各方面情况的把握了解，这样才能百战不殆。

孙武的战略理论以国家之间的战争作为主要研究对象，以国家利益作为出发点和核心问题，以安国全军作为战争的首要目的。因此，孙武在战略上注重内因制胜、修道保法和伐谋伐交。他首先从略角阐述了决定战争胜争的基本因素，即所谓的"五事"：道、天、地、将、法，其中国家内政情况、军事实力和指挥官的才能是最主要的，属于内因。他进一步阐发内发因制胜的理论，主张从国家自身内部进行努

力，使自己战略上立于不败之地，以待敌人出现，这样才是善战。孙武从国家利益出发，提出速战速决和取用于敌的战略指导思想。同时，孙武还特别重视运用政治和外交等非军事手段进攻、打击、削弱敌人，提出伐谋伐交、不战而胜的战略思想。

孙武的作战思想特别强调发挥人的主观能动性，在客观条件具备的情况下，充分运用人的智谋、灵活变化是孙子作战思想的灵魂，他认为兵无常势，用兵的方法也不可固定不变，必须根据战争情况的变化而变化。诡作诈用兵是孙子作战思想的核必，他认为用兵作战的核心问题是以诡诈变化的手段迷惑、调动别人，达到攻其无备、出其不意的目的。

孙武在《孙子兵法》一书中，提出了一系列具有普遍指导意义的作战原则和作战方法。他的兵法思想标志着中国古代军事学的成熟。

孔子归鲁·开始著述

鲁哀公十一年（前484），应鲁大夫季康之召，孔子返回鲁国。此时，距离孔子率弟子出外游历宋、卫、陈、楚、蔡等国已14年之久。孔子虽满怀改良时政、复兴周礼的政治抱负，然而终不见用。

孔子初归鲁时，鲁哀公、季康曾先后问政于孔子，但终究没有重新启用。孔子眼见自己的政治理想无以施展，于是转而致力于讲学与著述，以求得自己的理想、思想、学识流播于后世。

《春秋》是鲁国历史代史官世袭相承集体编录，记载了从鲁隐公元年至鲁哀公十四年（前722—前481）共242年的历史大事。孔子及其门人从维护周礼的准则出发，重新修订《春秋》。因而，当时吴、楚之君皆自称为王，《春秋》贬之为

孔子讲学图

"子"。践土之会实召周天子,而《春秋》讳之为"天王狩于河阳"。欲以此来规范诸侯各国,拨乱反正,所谓"《春秋》行而乱臣贼子惧"。

孔子有感于当时周室衰微,礼乐皆废。说"为国以礼",又说"不学礼,无以立"。"礼"指周礼,包括奴隶制度的条法等级世袭制度、道德标准和仪节。孔子又强调"礼"必须以"仁"的思想感情为基础,"仁"与"礼"要相辅相成。

孔子又相当重视"乐"的陶冶情感作用,乐指音乐,因"诗"为歌词,合而言之,"乐"以修内。以为"安上治民,莫善于礼,移风易俗,莫善于乐"(《孝经·广要道》)。

从西周开始至春秋中期,传下古诗3000篇,孔子去其重复,取可施于礼义者,删定为305篇,并分为"风"、"雅"、"颂"三类,即流传下来的《诗经》。孔子说"诗"的作用有四:激发道德情感;观察风俗盛衰,增进相互情谊;批评政治得失。

与此同时,孔子开办私学,弟子先后达3000多人,身通六艺者70余人。

孔子的教育目的是迁就改良政治需要的"贤才"。"贤才"即"君子","君子"首先必须是道德完善的人,能以身作则,"修己以安百姓"。因"为政以德"(《为政》),法治具有强制性,只能约束人们的外部行为,德治才具有感化力,才能影响人们的心灵,所谓"其身正,不令而行;其身不正,虽令不从"(《子路》)。

孔子不仕修诗书图,[明]《圣迹图》。

在教育方法上,孔子注意个性差异,根据不同的个性特点进行教学,因材施教,循序渐进，启发诱导，调动学生学习的主动性与求知欲，引导他们发展道德情感，树立道德信念，追求远大理想。孔子又强调学习与思考、学习与行动相结合。所谓"学而不思则罔，思而不学则殆"（《为政》），"听其言，观其行"。

孔子早年热衷于仕途，但限于历史条件，其政治抱负不为世人理解，在经历周游列国的磨难后，专力于著述和教学，编定五经，奠定了儒家基础，而儒家成为汉代以后的文化主流。

中国第一部诗歌
总集《诗经》编成

《诗经》是中国最早的一部诗歌总集，编成于春秋中叶，收集了从西周初到春秋中叶约 500 年间的诗歌 305 篇（另有《南陔》）、《白华》、《华黍》、《由庚》、《崇丘》、《由仪》6 篇，只存篇名，疑是后人所加），先秦称为《诗》或"诗三百"，到汉代《诗》被朝廷正式奉为儒家经典，始有《诗经》之名，并沿用至今。

《诗经》是经过不断的搜集、整理和编订而成的。相传周代采诗官员"行人"深入民间四出采访，收集民歌以供朝廷了解民情风俗和考察政治得失，另外周代又有公卿大夫和诸侯向天子献诗的制度。这些搜集和陈献来的作品经过乐师的审理编定，使其词汇、句法、韵律都相当一致。

《诗经》的作品当时是用来配乐歌唱的，根据音乐的不同，分为"风"、"雅"、"颂"三部分。"风"是各诸侯国的地方音乐，共 160 篇，其中大部分是民歌；"雅"是西周京畿地区的正声音乐，共 105 篇；"颂"是用于宗庙祭祀的舞曲歌辞，共 40 篇。《诗经》中最富有思想意义和艺术价值的是《国风》，它广泛而真实地表现了下层人民的生活困苦和喜怒哀乐，反映出当时严重的阶级对立。如《豳风·七月》把农夫终年的艰辛劳作与统治阶级奢侈无聊的生活加以对比；《魏风·伐檀》中对不劳而获的剥削者发出强烈质问："不稼不穑，胡取禾三百廛兮？不狩不猎，胡瞻尔庭有县貆兮？彼君子兮？不素餐兮？"而《魏风·硕鼠》把剥削者比作大老鼠，抨击他们"莫我肯顾"，表示"逝将去汝，适彼乐土。"还有不少作品控诉了战争和徭役给人民带来的灾难。如《唐风·鸨羽》写无休无止的"王事"使人民无暇耕作，家中父母无人奉养；《邶风·式微》写主人公长期服役，奔走于泥涂，抱怨统治者使他有家不能归。另外，歌颂爱情婚姻和家族生活的作品在《国风》中占了很大比重，有的写相思苦、失恋愁，有的表现了对爱情的忠贞、对礼教的反抗等。

《诗经》风格朴实清新，逼真地再现生活原貌；开创了中国诗歌的写实传统。其表现手法，前人概括为赋、比、兴。赋是用铺陈手法直接叙事抒情，多见于《颂》和《大雅》，如《七月》中以时令和物候的变化为背景，详细描写农夫一年四季的生活状态，展示了一幅农村的生动风俗画。赋对《诗经》的写实性和形象性起了积极作用。比即比喻，对人或物加以形象的比喻，使其特征更加鲜明突出，如《庸风·相鼠》和《魏风·硕鼠》用令人憎恶的老鼠来比喻统治者的贪婪和丑陋，《豳风·鸱鸮》假托一只小鸟诉说其不幸遭遇，以比喻下层人民生活的艰难。兴是借助其他事物作为发端，引起所要歌咏的内容，使人产生联想，或用于烘托和渲染气氛，如《邶风·谷风》用"习习谷风，以阴以雨"开端，给全诗罩上一层阴暗色彩，预示着矛盾的爆发和女主人公的悲剧命运。赋比兴手法的运用，可在诗中产生

鹿鸣之什图卷（两幅）

多重艺术效果，增加诗的意味和形象感染力，构成生动鲜明的艺术形象。

《诗经》主要是四言诗，这是在原始歌谣的基础上发展起来的早期诗歌形式，适应当时劳动、舞蹈的节奏和语言发展水平。《诗经》语言准确生动，动词和形容词运用精当巧妙，用重叠的章句来表达思想感情，在韵律和修辞上都收到美的效果。

近代的文学史家一般轻视雅诗和望颂诗，而注重由民歌构成的国风。但实际上，雅颂也有相当的艺术价值，其中一部分是真正的文人纯文学。

即使是国风也不能完全代表民歌特色，尽管其中大量的内容无疑是来自民间，但加工者的改造一定是非常大的，因为从押韵上看不出一点地方方言的痕迹，而这种情况在民歌中几乎没有可能发生。

所以，我们在很大程度上可以把国风看作孔子（也许还有其它人）的改造，而雅颂的改造可能小一点。在改造中表达了春秋时代与雅诗一致的审美观。从各方面看，它们反映了春秋赋诗所代表的时代风尚和孔子学派的政治和审美观点。

原始青瓷出现

商代中期，原始青瓷开始出现。在郑州、湖北、河北、江西等地都有原始青瓷的产地，其中又以长江下游为盛。

原始青瓷具有瓷器的基本特征，但又不具备真正瓷器的薄胎半透明性质。它以含铁量低于 1.5% 的高岭土为原料，坯体施青色石灰釉，经过 $1200\,℃$ 左右窑温烧成，胎质较坚硬致密，胎色青中泛白，故名，亦常称为原始瓷。它的吸水率较低，初具瓷器的特质。

原始青瓷自从于商代中期出现，其产量就一直呈现上升的趋势。它的原料基本上是就地取材的，只有在选择和加工上比较讲究。中国南方的许多地方因为具有丰富的瓷石矿，所以原始青瓷首先住长江下游得到了较大发展。在成形技术上，原始青瓷在商、西周时多用泥条盘筑法，外表通常通过修理，所以很少留有泥条盘筑痕迹，部分产品在器表也留有拍印残痕，内表留有"抵凹"，唯有少数的生产工具，如瓷刀、瓷纺轮等，可能是模制或手捏的。

在原始瓷的产生和发展中，原始瓷釉也形成并不断发展。北方最迟在仰韶文化时，就发明了在陶器表面上涂刷白色涂料，即所谓"白衣"、"陶衣"的工艺；在南方，湖南澧县新石器时代早期陶器就采用了涂刷红色陶衣的技术。这便是釉的前身。釉实际上是人们经过了选择和配制，所含助熔剂更多的一种涂料。商、周的原始瓷釉叫石灰釉，它的主要优点是熔融温度较低，高温粘度较小，釉面光泽较好，硬度较大，透明度亦较高，坯体上刻划的花纹图案，浮雕人物，都可一一清晰透映出来。石灰釉在中国沿用了很长一个时期，对中国古代陶瓷技术的发展作出了重要贡献。春秋战国之后，施釉技术有了明显的提高，绍兴富盛区出土的原始青瓷虽釉薄至10~50微米，而胎釉结合却较前稍好。

在影响原始青瓷产品质量的诸多工艺因素中，最为重要的有2个，一是原料的选择和加工，二是陶窑构筑、窑内气氛、温度的控制。以易熔粘土为原料时，就只能烧出普通的灰陶、红陶、黑陶来；以瓷石、高岭土为原料时，就可以烧出白陶，印纹硬陶，以及原始青瓷器来。白陶、印

纹硬陶的发明和发展，陶衣、彩绘、泥釉技术的发明和发展，分别在胎质、釉质上为原始瓷的出现准备了条件；而升焰式窑的不断改进，半倒焰窑和平焰窑的出现，才使原始青瓷变成了现实。

中国是世界上最早发明瓷器的国家。原始瓷的发明和发展，说明当时在陶瓷原料的选择和加工，在窑的构筑和烧成技术上，都达到了一个较高的水平。

原始青瓷从原料选择、成形、施釉到烧成，都还比较原始，故不管胎还是釉，与真瓷都存在着相当的距离。但原始瓷毕竟是真瓷的前身，它的出现是个伟大的起点，预示着东汉时期真正瓷器的产生。

中国金银器工艺产生

3000多年前，中国金银器工艺产生，在以后漫长的发展历史中，曾产生过无数优秀的作品。

所谓金银器，是以贵金属黄金和白银为基本原料加工而成的器皿、饰件等。在我国，黄金一般分山金和砂金，其中砂金较早被人类发现。银又称白金，与其他矿物夹生共存。在物理性能方面，金不怕氧化，不易生锈，不溶于酸碱，延展性较好，而银在这些方面都不及金。金银器的制作工艺主要有熔炼、范铸、锤鍱、焊接、炸珠、镂镂、抽丝、掐丝和镶嵌等，这些技法有的来自青铜器工艺，有的则是金银器制作者的独创。

科学发掘的资料证明我国最早的金器产生于商代。在河南、河北、北京、山西等地的商代遗址和墓葬中均有金器出土。其中商殷中心区域出土了金片、金叶、金箔等饰件，而离这一区域较远的地方则出土了一些金质首饰。北京平谷商代中期墓葬中出土的金臂钏、金耳环等，经化验含

商代青褐釉原始瓷尊

金达85%，杂有较多的银和少量的铜。其中金臂钏用锤镍法制成，两端锤成扇形，再弯成环状；金耳环一端锤成喇叭口状，一端锤成尖状，整体弯成圆形。

商代晚期金器主要出土于山西石楼后兰家沟，这里可能就是商代的北方，这批金器应该是商文化与北方文化的结合体。这里出土了三件金珥形器，其中两件大小相同，另一件较小，都有一粒串珠，一端尖卷如涡纹，另一端较平，伸出一条细丝尾柄，串珠后又从中弯曲，尖部折上呈乙形，造型奇异，可能也是少数民族制品，在青海属辛店文化的大通县上孙家寨还出土了金耳环和金贝等。

这些情况表明，在商代我国金银器工艺已经发展到了相当水平，尤其是北方少数民族地区，更是具有自身特点，这一特点，在以后的发展过程中更为突出。

西周农业生产的变革

经过周民族的长期发展，承夏、商而起的西周农业，在生产规模及其技术上都达到了较高水平，其农业生产情况也在上古文献如《周易》、《尚书》、《诗经》等书中有所反映。如《诗经·小雅·甫田》所说："倬彼甫田，岁取十千，我取其陈，食我农人，自古有年。"就是说在广阔无边的大田上，每年收获万万千，只要拿些陈粮来，就能够养活耕作的农人，年年都是大丰收——较直接地反映了在井田之下各级贵族领地上农业的丰收情况。

西周的农业发展，首先得力于农具的改进。西周的农具，虽然仍然像商朝那样以木、石、蚌、骨器为主，但是出土的青铜器农具比商朝有所增加，如江苏仪征破山口的西周墓葬发现出土了两口锋利的青铜镰刀，山西、河南等地的西周墓葬也发现了大量的青铜斧和锛，可见青铜工具在西周的农业生产中比较普遍。常见于文献的农具主要有耒、耜、钱、镈、铚、艾等。

耒和耜是用于掘土的工具，其功用就像今天的铲子。最初，人们在播种前，用木棒等简单工具来掘土，这就是原始的"耒"。后来随着经验的积累，对这些简单的工具进行了改进：在曲柄木棒的下端歧出一块尖锐的木叉，用以插地，在木叉上加一块横木，作为踏足处，这就是真正意义上的耒。在耒的下端安装半圆形锐利金属则称为耜，是耦耕的工具，也是原始的犁。

钱是一种带有金属锋刃的耕具，可以说是一种带锋刃的耜。镈是有金属锋刃的耨具，即除草的工具。铚为割草的短镰，艾就是今天的镰刀，铚和艾都是用于收割的工具。可见钱、镈、铚、艾都是金属农具，至于是铁器还是青铜器，还未经出土的实物证实，不过有一点比较清楚——古代农具的金属锋刃与后世不同，它不是整块都是金属，而是在有锋刃的边缘镶一层金属，其他地方仍是木制的。可见，这种"金属"农具在西周一代普遍存在的观点是比较可信的。而且这些工具比起石器工具来更为锋利，使农人使用起来得心应手，如《诗经·周颂·载芟》所说："载芟载柞，其耕泽泽，千耦其耘，徂隰徂畛。"即刈草除木，耕作起来很迅速，成千耦耕的人在田间作业，往来于田畔和耕地之间。可见工具的进步对西周农业的发展贡献很大。

除了在工具上有所突破外，西周农业的垦耕技术也有很大发展，主要体现在"三圃制"的休耕方式和"耦耕"的耕作方式。西周的田有三种：菑田、新田和畬田。那么什么是菑田、新田、畬田呢？《说文》解释菑田为"不耕田"，指的是刚开垦还不能播种的田；菑田经过整治到第二

大盂鼎

年成为新田，此时田里长满野菜和草，所以《诗经·采芑》才说"薄言采芑，于彼新田，于此菑田"，即到新田和菑田去采野菜，开垦到第三年的田则称之为"畬田"。

菑田、新田和畬田是西周耕垦年数不同的三种田，是垦耕技术的发展。后来由于田土耕作的成熟，又把田分为上田、中田和下田：可连续耕作的田为上田，不需休耕；两年一耕的田称为中田；三年才一耕的田称为下田。菑田和新田包括了重新垦耕的休耕之田，形成与西欧农业的"三田制"相似的休耕制，即按照田力的肥瘠而耕作不同的年限。这是对原始农业抛荒制的一项重要变革。

耦耕是常见于上古文献的一种耕作方式，在西周以至春秋都很流行。《周礼·考工记》说："匠人为沟洫，耜广五寸，二耜为耦，一耦之伐，广尺深尺，谓之畎"，即两个耜称为"耦"，那么两人同耕则称为"耦耕"。在西周之时，耕地所用的工具主要是耒和耜，即用下端为尖刺的耒刺入土中向前推，用像今天的铲子的耜向外挑，发掘土块。为了深耕起见，一般要三

推而后一发，又由于手劲不足，往往用脚踏在脚踏处助推合发。《诗经·豳风·七月》曾说："三之日于耜，四之日举趾"，就是说在三月修理耒耜，四月则举趾而耕。人们称这种举趾而耕的方式为"拓耒而耕"，就是踩在耒耜上耕作。"拓耒而耕"往往是依次掘土而往后退，与后世的犁耕往前推相反。但是，这种一人"拓耒而耕"的方法十分费劲，所以人们采取了两人合耕的方法——耦耕。耦耕大大提高了耕田的效率，所以才出现了"亦服尔耕，十千维耦"的盛况。

西周之时虽然没有发明牛耕和犁耕，但是由于西周一代的农垦区主要在黄土高原，土地比较疏松，便于耕种，而在普遍采用有金属锋刃的耕具和耦耕之后，西周农业得到了较大的发展。

除了生产工具的改进和垦耕技术的发展外，西周的田间作业技术也有了较大发展。当时人已经开始注意整饬田间沟垄。耜除了用于耕作以外，还用来挖掘田间的小沟。《国语·周语》说："或在畎亩"，即田间的土地分为畎和亩，"畎"是田间用来培土和排水的沟洫，而"亩"就是田间的用来耕种的高畦——垄。

在《诗经》中经常出现"南东其亩"和"南亩"的记载，其实这里的"东亩"即是指田垄朝东的田，"南亩"就是田垄朝南的田。原来，周朝的田亩朝向并非随意而为，而是根据地势不同或朝南或朝东。除了朝向之外，田垄之间的距离也有一定规定，便于作战时戎车进退。当时齐国的田亩是南北朝向，齐在晋的东面，所以当晋国为了便于进攻而要求齐国不顾土地之宜将田亩改为东西朝向后，齐国使臣怒不可遏的情形自然就在情理之中了。

西周的田地规划成整齐的"亩"和"畎"的行列，不仅便于洗土排水，还可以用来灌溉，如《诗经·小雅·白华》记

载，当时人们引用丰、镐京郊附近的滮水来灌溉稻田。这就是说在西周之时，人们已经懂得灌溉技术，大大提高了农田的抗旱能力。

西周的田间管理技术也有了很大发展，如翻土、锄草、施肥和治理虫害等技术都有所发展。西周的田间作业很讲究时节，如天子举行的籍田礼，先派掌管天时历法的太史察看土壤情况，如果看到地里的阳气上升了就可以翻土播种了。一般察看土壤的时间在立春前9天，而翻土的时间一般在"土气具发"、"阳气具蒸"的立春时节。翻地播种之后，重要的就是锄草。《礼记·月令》记载在夏季之时"利以杀草，如以热汤，可以粪田畴"，即是说夏天雨水较多，杂草容易丛生，所以要不断耨耘，然后将锄下的草用来做肥料。

西周之时，尤其是西周后期，虫害较为严重。由于虫灾严重，人们对害虫都有了细致区分：食心曰螟，食叶曰螣，食根曰蟊，食节曰贼。当时人们对付这些虫害的方法是火攻，即在夜间点火，引诱这些害虫，然后在火边掘坑，将烧死的害虫就地掩埋。

由于精心的田间管理，西周的农业经常获得丰收，所以《周颂·载芟》说："载获济济，有实其积，万亿及秭"，即收获的庄稼堆得又满又高，多达万亿及亿亿之多。

当时西周的农作物很多，统称为"百谷"或"五谷"，但主要有黍、稷、禾、粱、麦、麻、菽、稻、粟、苴等。

禾包括的范围很广，除了指一种谷类外，还泛指所有有穗的高秆植物。黍和稷都属于禾类。黍的颗粒是黄色的，比谷粒大些，所以又称为大黄米。黍是西周款待客人的细粮，如《论语·微子》说："丈人止于路宿，杀鸡为黍食之"。《诗经》也经常把黍作为谷物之首，可见其地位尊崇。

稷也是禾的一种，周的始祖弃为后稷之官，后被尊为"后稷"，且"社"和"稷"合称"社稷"作为国家的象征，故稷在西周的地位也十分重要。粱是稷的一个优秀品种，穗大，芒长，颗粒扁长。李时珍在《本草纲目》说："粱，良也，谷之良者也。"由于粱是珍贵的粮食，所以经常与稻、膏、肉相提并论，故有"稻粱"、"膏粱"和"粱肉"之称。

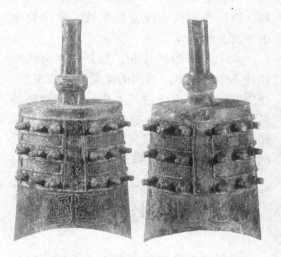

铜甬编钟

麦是西周的主要粮食之一，常与麻、菽等并列。周代已经有大麦和小麦之分，如《诗经·臣工》说："于皇来牟，将受厥明"，其中的"来"就是小麦，"牟"就是大麦。

麻是西周庶民用来织衣服的主要原料，它的杆可以用来做薪材，其籽可以食用。《诗经·豳风·七月》记载："九月叔苴"，"食我农家"，"叔"是捡拾的意思，"苴"则是麻籽，可见麻籽也是粮食的一种，与禾、麦、菽并称为"禾麻菽麦"。

菽是豆类植物。在西周，统称豆类为菽，如《诗经·生民》说"艺之荏菽"，大概在周的先民时期就会种植豆类，而且有不同种类的细分，这里的"荏菽"就是"大豆"。

稻也是西周的主要农作物。一般而言，北方植麦，南方种稻，但是在西周之时，南北方都种植稻谷。《诗经·白华》说："滮池北流，浸彼稻田"，滮池在西周丰镐京郊，今位于西安市西北。

西周时，"民之大事在农"，所以"王唯农是务"，连天子也要举行象征性的开耕仪式——籍礼，广大庶民在西周的广大的井田上劳作，出现了"千耦其耘"的景象，再加上周民族本来就是善于农耕的部族，所以西周的农业发展很快，农作物也很丰富。

至于西周的畜牧业，与夏、商两代相比并不出色，不过西周的桑蚕业比较发达。在周原地区曾出土过红、白、黄等颜色的丝绸残迹，经鉴定，这些丝绸所用的丝是经过精炼工艺加入了含钙物质，说明西周的缫丝技术已相当成熟。

周人划分月相

西周铭文除初期尚有少量沿用商代记干支于铭首、记月祀于铭末之外，大量的则是按年、月、日的顺序纪于铭首，而且多有"初吉"、"既生霸"、"既望"、"既死霸"这类一月四分记时法。

分一月为四分月相，是西周时代特有记时法，每一门相分配七、八日为一周，视大小月再定。即从月牙初露到月亮半圆叫"初吉"，从月亮半圆到满圆叫"既生霸（魄）"，从月亮满圆到半圆叫"既望"，从月亮半圆到无光叫"既死霸"。王国维还把这四段的第一天分别叫做"朏"（相当于初三），"哉生魄"（霸，相当于初八），"望"（相当于十六），"战死魄"（霸，相当于二十三），称为月相四分法，比商代的历法更为精细。

有人认为初吉是与既生霸等月相称呼

不同的另外一种日称，也不是"初干吉日"。"初吉干支日"是周人择出的"吉宜干支日"，初者是"大吉"的意思。但大多倾向月相四分法。

《保卣》铭末记："才（在）二月既望（望）。"《庚嬴鼎》铭首记："隹廿（二十）又二年四月既望己酉……"《盉鼎》铭首记："隹九月既生霸辛酉……"《令簋》铭首记："隹王于伐楚白（伯），才炎，隹九月既死霸丁丑……"《召卣》铭首记："隹十又二月初吉丁卯……"是周人划分月相的例证。

还有一种月相定点说：以为古人把月球受光时叫生魄（霸），背光时叫死魄（霸），定每月初一为"朔"，"朔"的前一日叫"晦"。因此以日月交会为吉日，把朔又叫"初吉"或"既死魄"，朔后的一天则"旁死魄"，再后一天月亮始生，叫"哉生魄"，又叫"月出"，即初三日。十五月圆叫"望"，又叫"既生魄"。

周人划分月相的实况仍未考定，存在异说，有待进一步的研究，但仅从这么多月相的名称就知周人在历法上较之商代的初分一年十二月或十三月已是一大进步。从后一种月相定点说可知，最迟在西周晚期，人们根据长期经验的积累，已能较准确的测知晦（月末）逆（月初），于是月相分说又被更为精细的干日三分法所取代，即"朔""望""晦"。

刺绣工艺产生

刺绣是中国古老的手工技艺。《尚书·益稷》记载虞舜时就用五彩缔绣作礼服。什么是绣，古人和今人在概念上有所不同。今人谓绣，是指以绣花线在纺织物上绣出花纹；而古人谓绣，也包括五彩的画缋在内。

在原始社会，人们用纹身、纹面、纹

西周方格彩毯。彩毯为深褐色地，上以红、蓝、白三色毛线织成方格纹。

缋服装等方式来美化生活。但服装上纹缋的花纹，毕竟会在运动中磨擦时剥落毁损。后来人们乃渐知绣，用丝线将花样绣在衣服上既美观又牢固。周代《诗经·秦风·终南》中"黻衣绣裳"，《幽风·九罭》中《衮衣绣裳》等诗句，说明西周已出现了刺绣这种工艺。《考工记》记载周代官府"设色之士"中的画缋，也包括刺绣在内。

辫子股刺绣印痕

西周时，绣是"人君后妃"之服或"天子之服"，其他人是不能越级服用的。当时列国诸侯间也常以高贵的锦绣作为相互馈赠的礼物。春秋战国时期，随着列强兼并，政治斗争剧烈发展，诸侯间的政治交往日益频繁，生活享受日益奢侈，刺绣

的产量也不断提高。《史记·苏秦列传》记载苏秦说赵，赵王"乃饰白乘，黄金千镒，白璧百双，锦绣千纯，以约诸侯。"当时贵族厚葬之风盛行，按礼制规定，诸侯之棺，如衣绨绣。甚至楚庄王有爱马，也以文绣为衣。可见刺绣数量较多，而且价格相当高。

辫子股刺绣印痕。这是強伯妾倪墓室第二层淤泥上残留的刺绣印痕。从印痕可见，这种刺绣，系先用黄色丝线在染过色的丝绸上绣出纹样的轮廓线条，再以毛笔蘸色在花纹部位涂绘大块颜色。色有红、黄、褐、棕四种，其中红色为天然朱砂（硫化汞），黄色为石黄（三硫化二砷和硫化砷），用这两种矿物颜料加入粘着剂以后涂染织物，有一定牢度，色相也非常鲜明。其他颜色系植物染料所染。

中国原始瓷器产生

瓷器是在制陶工艺水平不断提高、长期积累经验的基础上产生的。与陶器相比要求复杂的工艺，更美观也更耐用。我国是世界上最早发明瓷器的国家。我国的原始瓷器产生于周期。

经过是夏商时期的发展，中国古代制陶技术在周代发展到新的高度。在灰陶、白陶进一步发展基础上，又发明印纹硬陶

西周原始瓷三系罐。釉极薄，黄褐色、直口、短颈、鼓腹、圈足，肩有三横系。肩腹遍饰弦纹。

西周原始瓷尊

和原始瓷器。灰陶是指采用易熔粘土为原料的泥质陶和夹砂陶，周代已被人们广泛使用。白陶在仰韶、大汶口、偃师二里头等遗址中有发现，殷商时白陶技术达到极盛阶段，西周后因印纹硬陶和原始瓷的发

西周青釉弦纹索耳盂

展而日渐少见。原始瓷始见于商代中期，尔后产量呈不断上长趋势。如吴越文化遗址一期所出釉陶占总数的 3.84%，原始瓷仅占 0.23%，二期釉陶占 3.87%，原始瓷占 1.21%，到了三期文化，釉陶便升至 16.6%，原始瓷升到 12.6%。

原始瓷器的原料在产生初期的周期主要是瓷石、高岭土，选择加工是就地取材。原始瓷在西周时多用泥条盘筑法，外表经过修理，很少留有痕迹，到春秋战国，南方不少地方彩陶车拉坯成形，胎质较薄，

西周原始瓷带柄壶。底淡棕色，小口、斜肩、短颈、鼓腹、有鋬。从颈至腹密饰弦纹。

壁厚亦较均匀，河南郑州出土的原始瓷尊，高 11.5 厘米，口径 18.5 厘米，胎质为高

西周原始瓷划水波纹双系罐。造型特别，敛口，腹径棱角凸出，由口沿斜延至腹径。肩部安两小横系。釉呈米黄色。肩饰水波纹及弦纹。

岭土，器表涂有一层青釉，烧制火候达1200℃以上，质地致密坚硬，吸水性弱，已具备瓷器的基本特征。原始瓷器从选料、成形、施釉到烧制，都比较原始，故不管胎还是釉，质量与真瓷都存在一定的差距，但它毕竟是真瓷的前身，它的产生是个伟大的起点。

天文历法

随着周王室的衰微，以往由周王朝少数天文学家把持天文历法的局面被打破。各诸侯国为巩固政权和发展农业生产，都极为重视天文历法的研究。这一时期涌现出了许多天文学家，"鲁有梓慎，晋有卜偃，郑有裨灶，宋有子韦，齐有甘德，楚有唐昧，赵有尹皋，魏有石申夫，皆掌着天文，各论图验。"其中，最著名的是甘德、石申夫两家。甘德著《天文星占》八卷，石中文作《天文》八卷，后人合称《甘石星经》。

天文观测

中国占代天文学主要包括两个方面，即星占和历法。星占学本身是荒谬的，但由于它需要不断地去观测和探索天体的运动情况和规律，客观上能够对古代天文研究起到重要的推动作用。

春秋时期的天文工作者已经能依据恒星的位置，对星象作出相当准确的划分，星官（或称星座、星宿）知识取得突出成绩。古人为观测星体常将邻近的恒星组合起来，给以相应的名称，称为星官。春秋战国时期最具代表性的星象成就要数二十八宿体系的形成。二十八宿就是把沿大球赤道和黄道附近的星象划分为18个星区，每星区为1宿。这二十八宿自西向东排列依次为：

东宫7宿（苍龙）：角、亢、氐、房、心、尾、箕；

北宫7宿（玄武）：斗、牛、女、虚、危、宰、壁；

西宫7宿（白虎）：奎、娄、胃、昴、毕、觜、参：南宫7宿（朱雀）：井、鬼、柳、星、张、翼、轸。

二十八宿的划分为闩、月、五星及其他若干天象发生位置的确定，提供定量化的参照依据，以后历朝观测天象和制定历法都是以它为基础的。二十八宿是当时天文观测定量化和系统化的重要标志。战国早期曾侯乙墓出土的漆箱盖上绘有二十八宿的伞部名称，这是目前最早的有关二十八宿恒星系统的完整记载。

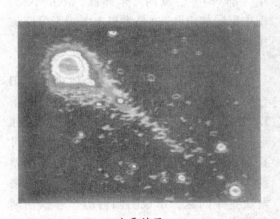

哈雷彗星

春秋战国时期，对五早的观测也取得朗显的成果。"五星者即东方岁星，南方荧惑，西方太白，北方辰星，中央镇星是也"，这里所说的五星就是木、火、金、水、土五大行星。长沙马工堆3号汉墓出土的长达6000字的《五星占》中保留有《甘行星经》的部分内容，其中最后三章列出公元前246至前177年70年间五星运动的情况，充分反映出战国至秦汉初五星的研究成果。当时对五星运行周期的认识已经比较接近。石中指出火星的恒早周期为1.9年（应为1.88年）；甘德测得木，金、水三星的会合期分别为 400 日（应为 398.9 日）、587.25 日（应为 583.9 日）和 1 36 日（应为 115.9 日）；两人都测算出木星的恒星周期为 12 年（应为 11.86 年）。

从春秋开始，古代的天文学家非常重视对日月食、彗星，流星雨等的记录，这与统治者把异常天象看做是"上天示警"有密切联系。春秋以后的年间，记录日食 37 次，其中 33 次已证明是可靠的，最早的是鲁隐公三年（前 720）的闩伞食。鲁文公十四年（前 613）秋七月"有星孛入于北斗"，这被天文学界公认为是世界上关于"哈雷彗星"最甲，的记录。鲁庄公七年（前 687）"夏四月辛卯夜，恒星不见，夜中星陨如雨"，这是世界上关于天琴座流星雨的最早记载。

历法

春秋战国历法的进步主要体现在阴阳台历的逐渐成熟。春秋早期，1 年分四季 12 个月，以朔望周期纪月，这是以月球运行规律的阴历法。但由于 12 个朔望月只有 354 或 355 日，与实际的回归年相差约 11 日，于是就采用设置闰月的办法来解决这个问题，形成阴阳台历。春秋初期都是年终置闰，称为"闰月"。春秋后期，出现取回归年长度为 365.25 日，采用 19 年 7 闰的方法，这时的闰月安插在年中，称为"闰某月"。由于日数的分数为 1/4 而命名为四分历。它比罗马人使用的四分历约早 500 年，是当时十分先进的历法。春秋战国时期，各国分别实行黄帝、颛顼、夏、殷、周、鲁 6 种历法，合称"古六历"。但实质上，它们都是四分历，只是"岁首"有所不同，也因此出现所谓的"三正"。岁首是指每年的开始月份。黄河下游与周室关系密切的诸侯国多采用周王室颁行的历法，以含冬至的月份即子月（现农历十一月）为岁首，称

作"周正"；南方和东方的殷民族以季冬月即丑月（冬至后 1 个月，现农历十二月）为岁首，称作"殷正"；黄河中游古代夏民族居住的地区以孟春月即寅月（冬至后 2 个月，现农历正月）为岁首，称作"夏历"。"三正"反映出春秋战国时期不同区域民俗对历法的影响。

医药学

中国医药学具有悠久的历史，它是中国古代先民与疾病和恶劣的卫生环境作斗争的经验积累和理论概括。商代甲骨文中已经有益即腹内寄生虫病、龋即蛀齿等病症的记载。西周的医药学知识更为丰富，《周礼·天官》说："以五味、五谷、五药养其病，以五气、五声、五色视其死生"，书中还将医生的业务职能分为掌管统治者饮食营养的食医、治疗民众疾病的疾医、治疗疮疡和外伤的疡医和专为牲畜看病的兽医。

春秋战国是传统中医药学的创立时期。当时学术思想活跃，产生许多哲学家和科技人才，也涌现不少医学家和医学著作。但春秋以前，医学是和巫术相联系的。周王室衰败后，人民对天帝的迷信观念开始动摇，巫医的影响才逐渐减弱。许多人逐渐注重以科学的观念来分析疾病产生的原因。比如子产说晋平公患病是由于饮食哀乐，晏婴说齐景公的病是纵欲所致，这均非神鬼使然，祈祷无用。扁鹊明确指出："信巫不信医不治"。《吕氏春秋·尽数》载："近世尚卜筮祷祠，故疾病愈盛"。这是对巫术的深刻批判，可惜仍旧有无数的后来人为巫术所害，轻则误病，重则丧命。《诗经》提到 40 多种疾病和 5100 余种药用动植物；《山海经》记载 38 种疾病和 120 余种药用动植物和矿物。《管子·地

水》和《吕氏春秋》对人体的五脏、六腑、肌肤、血脉、筋骨及其功能已有初步的认识。临床诊断上，逐渐形成"切脉"、"望色"、"听声"、"写（观）形"等中医的传统方法。这时期的人们也开始从季节变化，起居环境。饮食卫生和心理因素方面来研究病原，并由此产生丰富的预防疾病、保健养生的思想。《礼记》要求定期沐浴，穿着饮食要与季节的变化相适应；《吕氏春秋·古乐》提倡以舞蹈防病健身；《周礼》主张晚婚优生，严禁近亲结肠诸子则多把保持恬静心态作为养生的方法。

正是随着医学的发展，各类医学著述也开始出现。长沙马王堆 3 号汉墓出土的春秋战国时期的帛书《五十二病方》是中国古代最早的医学文献。全书分 52 题，共 1 万余字。现存医方总数 283 个，用药达 247 种，提到的病名有 103 个，涉及内、外、妇、儿、五官各科疾病。书中处方讲究加减化裁，注意对症下药和药物的配伍，另外还记载有一些外治法，如药浴、烟熏、用酒消毒等。

当然，最著名的医学作品要数《万物》和《黄帝内经》。《万物》是发现于安徽阜阳双古堆西汉汝阴侯墓的竹简抄本。据学者考证，它的撰写时代，应该是战国初期或春秋时代，残简共计 133 支，共约 1100 字。《万物》所载药物种类，初步统计为 71 种，多数为日常生活中所能接触到的东西，这是药物早期发展阶段的重要特征。其中玉石部 5 种，草部 13 种，木部 5 种，兽部 11 种，禽部 4 种，鱼部 11 种，果部 4 种，米谷部 4 种，菜部 4 种。书中记录的许多药物功用，不仅与后世本草学相符，而且至今仍应用于临床医疗中。

《万物》关于药物几种原始的加工炮制方法如"煮"、"焙"已有描述。但对药物的采集、服法和禁忌的记载却极为缺乏。《万物》记载药物治疗的疾病有 31 种，包

扁鹊像

括内、外、五官，神经等各科，病症有寒热、烦心、心痛、气臾、鼓胀、瘘、痤、折、痿、痛、耳、惑、睡、梦噩、失眠、健忘等，这些名称皆流传于后世，为后人沿用。

《黄帝内经》简称《内经》，是中医学形成和发展奠基性的作品。它托名于黄帝，是我国现存最能全面总结秦汉以前医学成就的著作。《内经》的成书年代，至今尚无定论。从内容看，它主要反映的是战国时期医学理论水平，基本定稿时期应不晚于战国时期，少数篇章可能出自秦汉和六朝人的手笔。

《内经》注重人体本身的整体性，肯定人与自然环境的密切关系。它运用阴阳五行学说，说明人体组织结构、生理、病理、疾病的发生发展规律和指导诊断与治疗，指出人体的阴阳平衡受到破坏就会生病，强调精神与社会因素对疾病的影响的预防，反对迷信鬼神。全书闪烁着自发的唯物观和朴素的辩证法思想。

《内经》关于脏腑和经络的论述已经比较系统和完整，提出"肺朝百脉"、"心主身之血脉"和"经脉流行不止，环周不休"，对人体心脏和血脉的关系和血液循环

的描述基本是正确的。

公元前五世纪，扁鹊就已运用"切、望结合"的方法诊断疾病，《内经》对这种方法加以继承和发展。《内经》的诊方主要包括望、闻、问、切，这是后世中医"四诊法"的渊源。同时，《内经》记载的人体穴位有300多处，几乎所有的疾病都有针灸疗法，并对针灸治疗的规则、手法、禁忌均给予相应的论述。

《黄帝内经》是中医理论体系的源泉，它的著成标志着中国医学由经验医学上升为理论医学的新阶段，为战国以后的中国医学发展奠定理论基石，指引中医走上科学发展的道路，具有深远的影响。它是中华民族特有的宝贵文化遗产。

数学

数学是研究数量关系和空间形式的科学。中国古代的数学成就是辉煌的，14世纪以前始终是世界上数学最为发达的国家。殷商甲骨文记录中，中国已经使用完整的十进制记数。到春秋战国时期，由于测量土地、计算租税、兴修水利、规划建设、制造器皿、交换货物、修订律法等生产实践的推动，数学知识得到极大地丰富和提高。但这时期的数学还处于经验积累的阶段，尚未形成完整的数学体系。

算筹是中国古代的计算工具，其方法称为筹算，是中国古代数学对人类文明的特殊贡献。算筹的产生年代已不可考，但可以肯定的是筹算在春秋时代已经较为普遍。

筹是粗细长短基本一致的竹棍，也有用木、骨或金属制成的。用算筹表示数目，有两种形式，即纵式和横式。表示数字时，用纵式代表个、百、万位的数，用横式代表十、千位的数，这样纵横相间·再加上

遇零空位的方法，就可以摆出任意的自然数。通过算筹的摆列，可以进行加减乘除以至开平方、开立方等的运算，整数以后的奇零部分，则用分数表示。这种记数法符合十进位值制原则，它是中国劳动人民极为出色的创造，与其他许多古代文明的计算方法相比，其时间要古老，其方法更优越。

这时期分数也逐渐被使用，前文提到过，当时的历法计算就用到过分数。但从《管子》、《墨子》、《商君书》等文献记载看，使用分数最多的是牵扯到分配的问题。当然，工匠制造精美的工艺品时也经常使用分数。另外，战国墓葬出土的天平砝码的重量呈等比数列组合。而乐律方面的"三分损益法"的方法相当于 $1 \times 3^4 = 9 \times 9 = 81$。这说明春秋战国时期已经具有指数的概念。

几何

《史记·夏本纪》载，夏禹治水时"行山表木"，"左准绳，右规矩"。规，矩、准、绳都是古代用于测量和绘图的工具。先秦时期关于"矩"的记载中，最重要的就是勾股定理。据《周髀算经》，商高回答周公提问时说，"故折矩以为勾广三，股修四，径隅五"。这就是现在常说的勾三、股四、弦五，或称商高定理，即直角三角形的斜边的平方等于其他两边的平方的和。古希腊著名数学家毕达哥拉斯曾对该定理有所研究，故西方国家均称此定理为勾胜定理，发现时间约在公元前550年左右，商高提出这个定理"勾三股四弦五"比毕达哥拉斯要早，是世界历史上对勾股定理的最早表述。

由于战争和生产的需要，各地诸侯国建成不少城防和水利工程，制造大量的农具、兵器、车辆，这必然要涉及到计算面积、体积和测算角度的问题，使中国古代几何学得到快速的发展。

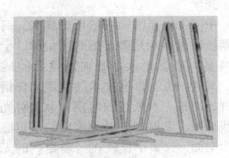

象牙算筹

战国时期墨家的几何学知识，可与著称于世的古希腊几何学相媲美。《墨经》对许多概念的界定非常确切，如定义平（平行）、中（对称）、圜（圆）、方（矩）、端（点）、祇（切点）、次（二维）、厚（三维）。它的立论也十分精辟，书中说到"穷，或有前，不容尺也"。意思是如果直线是有限长的，那么用尺测量，肯定可以超出这条直线，这也就是著名的"阿基米得公理"。墨家几何学比古希腊几何学早约100年，可以说是世界上最早的几何学系统。

伴随着数学的发展，当时的人已经能够将数学知识熟练地运用于社会生产生活的各个方面。《左传》记载，各国诸侯为周王动工筑城前，士弥牟"计丈数，揣高卑，度厚薄，仞沟洫，物土方，议远迩，量事期，计徒庸，虑材用，书糇粮，以令役于诸侯"。士弥牟对王城的长宽高、土石方以及人工、材料，甚至各国劳动力的往返里程和所需干粮的数量，都计算得精确周到，足见当时的数学知识已经非常丰富。

这时期在实用数学知识不断积累的基础上，墨家、名家和其他学派总结和概括出许多精妙的数学思想。《墨经》记载大量关于数学名词的定义，包含着丰富的数理知识和严密的逻辑推理，还给出"有穷"和"无穷"的概念。据《庄子》记载，惠施、公孙龙等名家辩者强调抽象的数学思想，比如"至大无外谓之大一，至小无内谓之小一"、"一尺之棰，日取其半，万世不竭"。他们还提出"矩不方，规不可以为圆"的观点，认为实际画出来的方或圆与它的几何定义是有区别的，即经过抽象以后的名词概念与其原来的实体是有所不同的。这些命题是相当可贵的数学思想，但这种重视抽象性和逻辑严密性的新思想后世未能得到良好的继承和发展。

物理学

物理学是研究物质基本结构和运动规律的科学，它是人类长期的生产实践和观察探讨的产物。到春秋战国时期，中国古代的先民已经积累下丰富的经验性物理知识，内容涉及力、热、声、光、磁、运动、时空，物质结构等诸多方面。

力学

力学知识与人类生产生恬的联系密切，是最古老的学科之一。春秋战国时期，中国古代力学开始形成，表现出两种发展趋势。其一是以《考工记》为代表的实用力学知识的积累。本书可能成书于春秋末期，是现存的关于中国国古代手工业技术规范的书籍。书中记述许多手工业的工艺制作与设施，以及公元前4～3世纪以前的工程技术知识。其中包含的力学知识主要有关于惯性、滚动摩擦，物体的浮沉、箭的结构与飞行关系的记载，还记述有力的测量、斜面受力分析，材料和施工的某些软科学知识。

其二是以《墨经》为代表的理性力学的萌芽。《墨经》中的软科学知识已不全是实际生产知识的总结和记述，而是对力学现象进行粗浅的概括，进行简单的推理论证。比如时空观念、运动学知识、力的概念。力系平衡的论述以及简单机械原理等。

随着力学知识的进步，利用力学原理制造的简单机械和工具逐渐得到普遍应用，以提高劳动效率。杠杆是中国出现最早和应用最广的简单机械。传说神农氏"斫木为耜，揉木为耒"，耒耜的使用便是杠杆知识的应用。春秋战国时期常用的杠杆工具是汲水用的桔槔和作为衡器的天平或者杆秤。

相传"伊尹作桔槔"。《庄子·天运》记有颜渊的话"子独不见夫桔槔者乎？引之则俯，舍之则仰。"桔槔的形制是在井旁或渠边的高柱上，横支长木，长木前端用长绳悬下空桶，后端捆绑重物。将前端绳索往下拉，水桶即可打水，再把手松开，由于后重前轻，水便被提上来。这样就比完全靠人力提水轻易得多。当然桔槔的用途非常广泛，比如墨家还用它来高举烽火，所谓"其事急者，引而上下之"。

衡器是称量物体重量的器具，传说帝舜时代就已发明。衡器有等臂秤（天平）和不等臂秤两种，它所依据的原理是两边力矩相等而达平衡的杠杆原理。等臂秤中权（砝码）的重量与物的重量相等；不等臂秤中重物与重臂（重物至支点的距离）的乘积等于权（秤砣）与力臂（权至支点的距离）的乘积。《墨经》127条说："（衡），加重于一旁，必捶（垂），权重相若也。相衡，则本短标长，两相加焉，重相若，则标必下，标得权也。"这是墨家探讨杠杆平衡关系的实验总结，比古希腊的阿基米得发现杠杆定律要早200多年，只是没有阿基米得杠杆定理那样完整和定量化。据《墨经》128条记载，当时"斜面"（其变相的形式为轮轴和辘轳）也都得到广泛的应用。《墨经》111条有句谜语式的话："举之则轻，废之则重，非有力也。"这正是对杠杆、斜面等简单机械省力效应的形象表述。

光学

中国古代光学知识的历史悠久，商周时期已经懂得利用静止的水面呈像，全文的"鉴"字就是入弯腰向水盆照脸的形状。同时，由于青铜技术的发展，青铜镜也开始出现。春秋战国时期，中国对光的直线传播、发射和直射等规律的认识已经较为全面，这集中反映在《墨经》的光学条文中。

公元前4世纪，墨家就做过世界上最早的"针孔呈像"实验。《墨经》120条写到："景到（倒）、在午有端，与景长，说在端"；"景：光之人，煦（照）若射。下者之人也高，高者之人也下。足敝（蔽）下光，故成景于上；首敝（蔽）上光，故成景于下。在远近，有端与于光，故景库内也"。这条经文说明，光线从人体各个部位向四面直线射出，穿过孔间相交；从人体下部射出的光线射到高处，而从人体上部射出的光线射到低处；足部射向高处的光线被屏壁遮蔽，只能呈像于幕的低处，头部射向高处的光线被屏壁遮蔽，只能呈像于幕的高处。这样就在屏后的幕上呈现出倒立的像，同时人离孔越近，幕上的像就越大。可见，古人已经认识到光是直线行进的，常用"射"来描述光的径直向前和疾速传播。

墨家还利用光的直线传播性质来讨论光源、物体、投影三者的关系。《墨经》118条说："景不徙，说在改为"；"光至，景亡；若在，尽古息"。这说明影是不动的，人们通常看到影的移动，是因为光源或物体发生移动，使原彰不断消逝，新影不断生成的缘故。名家也提出"飞鸟之景未尝动也"的观点，这是科学的见解。

《墨经》认为光线遇到镜面就会发生反射现象，它对平面镜和球面镜（凹面镜、凸面镜）的成像规律有深入的研究。《墨经》123条记载有平面镜成像的实验和光学解释，例如"鉴者，景当俱就"。《墨经》124条说："鉴位（洼），景一小而易，一大而正，说在中之外、内"；"鉴：分鉴。中之内：鉴者近中，则所鉴大，景亦大：远中，则所鉴小，景亦小，而必正。起于中缘（燧）正而长其直（置）也。中之外，鉴者近中，则所鉴必大，景亦大；远中，则所鉴小，景亦小，而必易，合于中而长其直（置）也。"这条讲的是凹面镜成像的规律，结论基本是正确的。关于凸面镜成像，墨家也进行过实验。《墨经》125条："鉴团，景一"；"鉴：鉴者近，则所鉴大，景亦大；亓（其）远，所鉴小，景亦小。而必正。景过正，故招"。就是说，物体被凸面镜反射会产生缩小正立的虚像。物体离镜面越近，像就越大。如果物体过远，像就会变得模糊。

《墨经》关于几何光学问题的实验和论述是系统和完整的，这些出色的研究和近代光学理论基本是相符的，墨家的光学成果是世界光学史上的宝贵遗产。

声学

春秋战国时期，人们已经从生活和生产实践中较清楚认识到振动与发声的关系，以及各种物质材料和形态的物体所发声音的响度与音色的差异。

据文献记载和考古的发现，周朝以前已有各种管、弦和打击乐器，而且探讨出科学的乐律。中国古代乐律说具有丰富的物理声学内容，它的产生和发展是物理声学史向前进步的重要体现。

前面说过，西周到春秋战国，五声音阶、七声音阶和十二律的体系已经初步出现，定"律"的方法为"三分损益法"。中国古代五声音阶宫、商、角、徵、羽，相当于现代音乐的 C、D、E、G、A 五个音阶。《管子·地员篇》载，"将起五音，凡首，先王一而三之，四开以合九九，以是生黄钟小素之首，以成宫。三分而益之

以一，为百有八，为徵。不无有三分而去其乘，适足以是生商。有三分而复于其所，以是生羽。有三分去其乘，适足以是成角。"具体方法是：以黄钟的宫音弦长为 $(1 \times 3)4 = 9 \times 9 = 81$，则

徵音弦长 $= 81 \times (1 + 1/3) = 108$
商音弦长 $= 108 \times (1 + 1/3) = 72$
羽音弦长 $= 71 \times (1 + 1/3) = 96$
角音弦长 $= 96 \times (1 - 1/3) = 64$

如果以徵音为1，则各音的频率比：

徵：羽：宫：商：角 $= 1$：$9/8$：$4/3$：$3/2$：$17/16$

按宫徵商羽角排序时，相邻二音间的音程是 $3/2$ 和 $3/4$，成简单的整数比，就是说当时对弦长与频率间的关系已有比较深刻的认识。由于只有5个音对于演奏是不够的，后来又增加两个变音即变宫、变徵和其他半音，使1个八度（倍频程）内共有12个音，构成所谓的"十二律"。

除乐律以外，春秋战国时期还知道某些共振方面的知识。《墨子》曾提到用空瓮倒扣在地下来探听敌人的军事行动和确定敌人挖地道的方位。《庄子·徐无鬼》也有共鸣现象的记载："鼓宫则宫鸣，鼓角则角应，音律同矣。"这可以说是世界上最早关于共鸣现象的认识。

铁制工具的使用

考古学将虞、夏至春秋称作青铜时代。青铜是铜和锡的合金，但由于青铜比较贵重，多用于制造兵器。从出土的文物看，其时的生产仍以木石工具为主。

据文献记载，春秋中后期即公元前7～6世纪中国就已出现和使用铸铁。最早生产和使用铁制农具的应该是齐国。《国语·齐语》载管仲向齐桓公提出以甲兵赎罪时说："美金以铸剑戟，试猪狗马恶金以铸

钼、夷、斤、斸，试诸壤土。"美金指的是青铜，恶金就是铁。上述用铁铸造的器物均为农业和手工业工具。《诗·秦风·驷驖》有"驷驖孔阜"的语句，描写驾车的四匹马，色黑如铁，特别肥硕。秦襄公时，以铁形容马的颜色，说明铁已经为人类所熟悉。据长沙出土的春秋战国之际的楚铁鼎，可以看出当时已有了铸铁。欧洲直到13至14世纪才使用铸铁的，晚于中国19个世纪。

但应该注意的是，春秋时代的铁制工具出土数量毕竟非常有限，许多遗址发现农业和手工业工具，多为石、骨、蚌和青铜制造，这表明铁制工具的使用尚未普及。技术上突破再应用到生产实践需要较长的过程，春秋时出现的铸铁技术到战国中后期才普遍应用于生产和战争。从考古发掘和文献记载来看，铁制农具有耒、耜、铫、锄、锸、耨、镰、镢、犁、耙、击等，铁制手工业工具有刀、斧、凿、锯、锥、锤等，铁制兵器有剑、匕首、矛、杖、甲胄等，就连作为日常装饰品的带钩也有铁制的。

战国中期以后，铁器成为农业和手工业主要的生产工具。"今铁官之数曰：一女必肩一铫一刀，若其事立。耕者必有一耒一耜一铫，若其事立。行服连辇者必有一斤一锯一锥一凿，若其事立。"

由于冶铁技术的发展，铁质量的提高，春秋晚期铁已经开始被用作兵器。战国晚期铁兵器击败青铜兵器，成为当时的主要兵器，战国晚期，许多兵器已逐渐地使用钢制品。考古工作者曾经在湖南长沙杨家山春秋晚期的墓葬中发掘出铜格"铁剑"，通过金相检验，证明是钢制的。这是迄今为止我们见到的中国最早的钢制实物。它说明从春秋晚期起中国就有炼钢生产，炼钢生产在中国已有2500多年的历史。《史记·礼书》和《荀子·议兵篇》中都谈到楚国的宛（今河

龙首方壶

南南阳）出产的兵器刃锋象蜂刺般厉害，据推断这也是钢制的。这些远比青铜和石器锋利的新式武器屠戮着那个烽烟四起年代。楚、韩两国以产钢铁兵器闻名，以致被称作"强楚劲韩"。苏秦称韩国铸的剑戟能"陆断牛马，水截鹄雁，当敌则斩坚甲铁幕"。当时的铁兵器质量是极为重要的军事装备，它可能对战争的胜负起到关键的作用。秦昭王就曾见楚国"铁剑利则士勇"，担心楚国会兴师伐秦。

铁器的硬度和韧都胜过石器和青铜器，当这种锐利而坚固的工具取代石器和青铜器被广泛应用于生产和战争时，意味着人类进入新的文明阶段。铁制工具的应用，有助于新的生产力的发展，这必将促进新的生产关系的成长和变革。

春秋时期农业生产的变革

中国农业发展史可以分为原始农业、传统农业和现代农业三种历史形态。使用木石农具、刀耕火种、撂荒耕作是原始农

业的主要特点，它和新石器时代的终始年代基本相吻合。传统农业是以畜力牵引和金属农具为标志，尤其以铁犁牛耕最为典型。虞、夏、商、西周和春秋是从原始农业向传统农业过渡的时期，精耕细作的农业特色也从这时开始萌芽。战国以后随着铁制农具的使用、水利工程的兴建、荒地的开垦、牛耕技术的推广和各种耕作技术的提高，中国传统农业体系逐渐形成和成熟。

农具的进步

农业生产工具是古代农业生产力的最重要标志。从公元前21世纪到前121年嬴政建立秦朝的近二千年间，农业生产工具经历过从木石到青铜再至铁的发展过程。从虞、夏到春秋，农具仍然保留着原始农业的痕迹，比如木质末耜的广泛使用就是明证，但其时农具质料的金属含量已经不断增加。增加的金属多是指青铜，青铜工具出现的意义不仅是它可以直接用于生产，还在于可以用它能够制造出比以前更多更精良的木石农具。不过从历史上看，青铜农具始终没能取代木石农具进而占据农业工具的主导地位，原因是它虽然比木石农具精良，但其原料来源困难，属于比较贵重的金属，难以普及。相对而言，铁的硬度要高于青铜，原料来源也更容易。因此，铁农具在春秋中期问世后，逐渐将木石和青铜工具排除出农业生产领域。据考古发掘，在原战国七雄所在地区出土过当时的铁制农具，有的遗址中的铁农具甚至占到全部农具的90%以上。可以说，战同时代的农民已经摆脱木石和青铜上具的束缚，用坚硬和锋利的铁制农具推动着社会的飞速前进。

水利工程的兴修

自古水利就是农业的命脉，这是人类从生产实践中早就得出的队识。中国多数地区受爷风气候影响，冬春苦旱，夏秋患

镈钟

涝，为解决这两个问题，春秋以前的先民发明农田沟恤和人工灌溉的方法。

《周礼·地官·司徒》对农田沟洫的描述为"通水于田，池水刊川"。沟洫主要是为消除水害而设置的，即"备涝非为旱也"，但同时也能适当起到润湿十壤的作用。这种技术肇始于夏，相传禹治水时曾凿沟洫，以排泄水涝。商周甲骨义中有关沟洫的象形文字"甽"，"甽"即后来的"畎"字，从田从川，从字形上分析是指田间流水的沟。这些史料己载已经被越来越多的考古学资料所证明。到西周时农田沟洫的技术趋于规范化，开拓耕地已注意到沟洫的安排，方块农田与水沟相结合，形成严格的井田沟洫系统。沟洫系统的形成是我国上古先民与洪涝灾害作斗争的智慧结晶，成为春秋以前中国农业生产的重要特征。

农田沟洫主要是用来排水，难以起到有效的灌溉作用。据我国最早的农学著作《氾胜之书》载，商代开始出现人工提水灌溉工程。"昔汤有旱灾，伊尹为区田，教

民粪种，负水浇稼，收至亩百石"。《诗经·小雅·白桦》已有引水灌溉稻田记述："泥池北流，浸彼稻田。"由于铁器的逐渐普遍使用，人类征服自然能力的提高，从春秋末期开始出现较大规模的水利工程。战国时期各国普遍重视农田水利灌溉事业，掀起兴建水利工程的高潮，这种风气影响到以后的历代王朝。这时期著名的水利工程主要有：

苟陂的兴建。春秋楚庄王时孙叔敖修建的苟陂（今安徽寿县）。这是中国文献记载的最早的大规模的水利工程。中国古代农田灌溉工程首先出现于南方，是和南方多水的自然条件和以水稻为主的种植作物密切相关的。

夫差开凿的邗沟（在今扛苏扬州）。这是条沟通长江与淮河的运河，并接通沂水和济水。夫差开凿这条运河的目的本是为北上争霸，运送军事物质，却给运河两岸的农田灌溉带来极大的便利。

鸿沟的开通。战国魏惠王以天然湖泊圃田（在今河南中牟县）为结合点，分别向黄河和淮河开凿两条渠道，修成鸿沟，将淮河和黄河连通，再有邗沟已经沟通淮河和长扛，这样黄河流域和长扛流域就联系起来，从而促进南北的经济文化交流。

魏引漳水准邺（今河北临漳）工程。关于引漳灌邺工程有不同的说法，本书以《史记》的记载为准。魏文侯时，任用李愧为相进行改革，当时西门豹为邺令，凿12条渠，引漳河水灌邺，人民深受其利。100余年后，史起为邺令，重修已经荒废的12渠，民得其利，歌曰："邺有贤令兮为史公，决漳水兮灌邺旁，终古舄卤兮生稻粱。"

都江堰水利工程。都江堰是中国历史上最著名的水利工程，位于四川成都平原，是秦昭王（前306～前251）后期蜀守李冰主持修建的，其目的主要是泊水，同时兼有农田灌溉和航运的作用。原来的成都平原经常发生旱涝灾害，主要原因是岷扛上游经过地势陡峻的岷山丛林时，水流湍急，进入成都平原后突然减速，降水夹带的泥沙淤塞河道。雨季时洪水泛滥成灾，雨季过后造成旱灾。李冰首先在岷扛上游建分水堰，分水堰分岷扛为二，东称内扛（或郫江），西作外江（或检江），外扛沿岷扛故道流入长江。再凿开高堆山，形成宝瓶口，内扛水经宝瓶口流入灌县，再沿各条支流灌溉农田。内扛和外扛间修建飞沙堰，每当汛期，多余水从内扛泄到外扛。都扛堰建成后，既免除水患，又可灌田万顷。《水经注》载，蜀地从此"水旱从人，不知饥馑，沃野千里，谓之千里"。

郑国渠。郑国是战国末期韩国的著名水利专家。秦王嬴政即位后，韩国暗派水士郑国前往秦国执行所谓的"疲秦"的计划，诱使秦王把大量的人力物力消耗在水利建设上，使其无力东伐。秦王果然采纳郑国的建议，并任命他来主持工程的开凿。但施工过程中，韩王的计谋暴露，秦王便要杀郑国。郑国辩解说，这项工程不过是"为韩廷数岁之命"，却能为秦"建万世之功"。于是秦王让郑国完成工程的建设。出乎韩国人意料的是，郑国渠使关中成为当时全国最富庶的地区。

郑国渠发动近万人历时10年完工，它西引泾水东注洛水，长达300余里。泾河从陕西北部群山中冲出，流至礼泉进入关中平原。郑国渠充分利用西北略高、东南略低的有利地形，在礼泉县东北的谷口开始修干渠，使干渠沿北面山脚向东伸展，特干渠自然地分布在灌溉区最高处。这既能最大限度地控制灌溉面积，又可以形成全部自流灌溉系统。工程修成后灌溉田4万顷，亩产达1钟（6石4斗）。关中成为沃野，旱涝保收，为秦最终消灭东方六国积攒下雄厚的实力。

耕作技术的提高

春秋战国是中国传统农业精耕细作特色开始形成的时期，各项耕作技术发生着历史性的变化。所谓"精耕细作"就是想方设法从耕翻土壤、选种播种、中耕除草、灌溉施肥，防止病虫害到最后收获，给予农作物以最好的生长环境，达到丰收的目的。

从耦耕到出现和普遍使用畜力进行犁耕，是春秋战国耕作方式的重大变化。耦耕是指二人协作用耒耕作，西周初就已出现，春秋战国时期仍旧广泛存在。牛耕的标志是铁制的犁和畜力的结合。多数学者认为，牛耕应产生于春秋，到战国时开始向全国推广。《论语·雍也》载："犁牛之子，骍（赤色牛）且角"。"犁牛"连用，说明牛已用于拉犁耕地。这时，人的名字也常见牛与耕相提并论的现象，如孔子弟子司马耕字子牛、晋国有力士名牛子耕。《国语·晋语》记载，春秋晚期范氏、中行氏失败后，逃到齐国，把原来用作祭祀用的牺牲放到田里耕作，即"宗庙之牺为畎亩之勤"。山西浑源出土的晋国牛尊穿着鼻环，表明牛已被牵引从事劳动。另外，考古工作者在山西侯马东周遗址发现春秋时期铁犁铧，这都是犁耕农业开始的明证。

春秋战国时期，犁耕的出现并逐渐普及，可提高工作效率的二三倍，是农业发展史上划时代的事件。

牛耕技术带来的进步主要表现为"深耕易耨"。当时人已经意识到，通过深耕能收到消灭杂草和虫害的作用，有利于农作物的生长。所谓"上田弃亩，下田弃圳。五耕五耨，必审以尽。其深殖之度，阴土必得；大草不生，又无螟蜮"。

春秋战国时期耕作技术的提高还体现在施肥方面。施肥是改良土壤、保持地力和提高产量的重要措施。关于商代农业是否开始施用粪肥问题，学者们持有不同的意见，但《诗经·周颂·良耜》已有利用绿肥的记载；"荼蓼朽止，黍稷茂止。"中国施肥技术明确见于记载的在战国时期。《荀子，富国》说："掩地表亩，刺草殖谷，多粪肥田，是农夫众庶之事也。"这时的农民已经从生产中认识到野草树叶腐烂后可以用作肥料。这是农业生产内部的废物利用，有利于保护生态环境和农业的可持续发展。除用草木腐殖质和灰烬外，当时的人也学会利用人粪尿作为农业生产的肥料，这是中国的先民首创。直到现在，这些闪着智慧火花的做法仍然沿用着。另外，战国时代的农民已经普遍重视选用良种，保证农作物的通风、光照和水分，促进农作物苗壮成长。同时，由于农业生产深受季节的影响，春秋战国的农民已经非常重视农时，并从生产实践中总结出二十四节气，用来指导农业生产。它是中国古代农民对农业气候的精辟认识。

随着铁制工具的普遍使用，牛耕的推行，灌溉事业的发展，施肥技术的进步，春秋战国时期的农业生产取得快速地发展，涌现出许多总结古代农业耕作经验的农书。《汉书·艺文志》著录的古代农书有《神农》、《野老》。此外还有《后稷农书》。遗憾的是，这些农书均已失传。《吕氏春秋》中的上农、任地、辩土、审时4篇，是流传下来的先秦时期中国农业生产经验的总结。书中对整地保墒，间种、行种、通风、日照对农作物生长的作用，适时收割的重要性，都有精辟的论述，体现出当时的农业正朝着精耕细作的方向发展。

新土地制度的建立

西周王朝和春秋各国都普遍施行井田制。井田制是中国古代的一种土地占有制度，由原始氏族公社土地公有制发展演变而来。井田就是方块田，该词最早见于《谷梁传·宣公十五年》："古者三百步为里，名曰井田。"

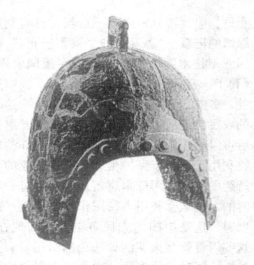

春秋·铜胄

西周时期的井田制就是把耕地划分为规定面积的方田，周围有经界，中间有水沟，阡陌纵横，呈"井"字形。每井分为9个方块，每个方块约为100亩（约合今31亩），中间的是公田，周围8块田由8户农民耕种。公田也叫"藉田"，就是借助民力耕种公田，实行集体耕耘，收成归国家或贵族。井田的最高所有权属于国家或贵族，只能由同姓依照嫡庶的宗法关系去继承，严禁买卖。耕种井田的百姓只有使用权。

到春秋时期，由于铁器的使用和牛耕的推广，农民战胜自然的能力得到提高，从而带来耕地面积和农业产量急剧增长，尤其是私田的开垦，这使以家庭为单位的小生产和以个体经营为特色的小农阶层日益发展起来。井田制的"千耦其耘"的集体劳动形式已经难以维系，逐步开始瓦解。

春秋时期周王室衰弱，周王失去对土地的最高支配权，贵族争田夺田现象经常出现，土地不许买卖的规定，实际已被打破。同时，许多旧贵族随着战争动荡丧失权势和土地，另外则是有些人却因军功等得到大量赐田，社会上土地占有情况发生严重变化。井田制在这种混乱局面里逐渐

丧失生命力。原来由贵族领主分封世袭的土地所有制逐渐转变为土地直接归国家和地主私有的土地所有制。

随着生产力的发展，农民种植公田的积极性严重衰退。何休注《公羊传》说，当时"民不肯尽力于公田。"经常出现逃亡、怠工的现象，井田荒芜，旧的经营方式使生产发展受到影响。新贵族为顺应新形势和发展自己的势力，采用各种办法招徕劳动人手，使原来的公室农奴逃往私门，逐步形成封建依附关系。春秋时代见于记载的"族属"、"隐民"、"宾萌"、"私属徒"，都指的是这些逃亡的奴隶。他们可以占有少量的生产资料，独立经营农业和与农业有关的家庭副业，已经是后来封建农民的前驱。

春秋后期鲁国"初税亩"开始，各国相继采取不论公田私田都由国家按实有田亩收税的制度。这就正式宣告井田制的废除，承认私田的合法性。井田制瓦解后，土地不再由各家共耕，国家将土地分给农民家庭，每户受地百亩，另有少许宅圃地。国家按产量征收10%的税。农民多收多得，积极性得到极大提高。

商代纺织业兴盛

中国在新石器时代晚期就已掌握了丝绸织造技术。进入奴隶社会以后，奴隶主竞豪奢华、锦衣玉食，大力发展纺织技术，从而到商代时，纺织业呈现出一片兴旺景象，其中尤以丝绸技术为最。

在甲骨文和金文中，载有不少同衣着服饰和与纺织有关（比如原料、缫纺、纺织和丝织品等）的文字，与商周时期的其他文物互相印证，反映出这一时期纺织技术发展的脉络与纺织业兴盛的景象。

甲骨文中有许多涉及到蚕桑的字和卜

河北藁城出土的商代麻布残片

辞。桑字有多种写法，且其用法可分为表示桑树、桑林和采桑的，直接反映了商代的蚕桑生产。关于蚕的象形字，甲骨文中约有十余种，出土的殷代玉蚕和骨蚕实物的形态与它们极为相似。甲骨文中还有关于蚕桑的完整卜辞，比如有关呼人省蚕事的事例有的竟多达9次之多，可见蚕桑生产在当时所处的重要地位。在商代，人们有祭蚕神的隆重仪式，以求蚕桑的丰收，甲骨卡辞中的这些记载说明蚕桑事业在中国商周时期已成为相当重要的生产内容。

河北出土商代麻布

商代已设立了"上丝"的职官，专门管理发达的蚕桑丝织业。甲骨文中有关"缲"字的象形文字构成了热缲法的操作图景。这说明商代已基本具备了缲丝工艺技术和工具。

商代纺织业丝绸门类里出现了技艺水平很高的织花纹绮，尤值一提。纹绮的开工多种多样，有回形的菱形斜纹织花（平纹织地）、异向纬斜纹显花（平纹织地）。

有的纹样由平排连续的雷纹与三根平行线组合的横条图案，布局匀称，极为美观。河南安阳出土的一把商代青铜钺，上面附有回纹绮残痕，足以说明商代的丝绸织花技术达到了很高水平。

殷人问病

大约在前14世纪，我国人民就开始了使用中草药的历史，在殷商古墓中发现的桃仁、郁李仁是考古发现的中国最早的药物，表明殷商时代，中草药已经在治疗疾病的活动中使用。在公元前一千年左右，在中药草已经被比较广泛地使用，在《诗经》中已经记载了芣苢（车前草）、蝱、虉（益母草）、葛、苓、芩、蒿、芍药等植物药材，恰好可以证明这一点。

同时，在前2000年～前1000年之前的夏商时代，先民们对疾病的症状已有了初步认识，并探求病因。

殷墟中出土的记录殷人活动情况情况的16万片甲骨中，有三百多片，四百多条与医学有关。主要记录王室成员的疾病情况，涉及二十多种疾病。如疾首（头病），疾目（眼病），疾耳（耳病），疾腹（腹病），疾止（足病）等，大部分以疾病部位来命名，也有按人年龄、性别命名的，如疾子（小儿病），疾育（妇产科病）等，也有按疾病的特征来命名的如蛊，龋，疟，疥等，包括后世的内、外、脑、眼、耳、鼻、喉、牙、泌尿、妇产、小儿、传染等科。特别是殷人已有了关于疾年的记录。"疾年"指多疾之年，被认为是流行病的最早记录。

商代已没有专司医药疾病事务的官职"小疾臣"。商人对于疾病，除祭祀鬼神以求福佑之外，治疗的方法见于卜辞的有针刺、艾灸以及按摩。最早的针刺是用砭石，

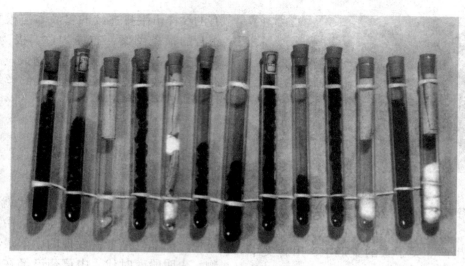

商代药材标本

《说文》中说"砭，以石刺病也"。河北藁城的商代遗址中就出土有用于医疗的砭镰。

从这些资料中，可以清楚地看出殷人对疾病和医学知识的掌握程度。

天文历法学迅速发展

夏代时，历法已有很大的进步。相传中国最早的历法便是出于夏代的《夏小正》，是通过观察授时的方法进行编制的自然历。

到了商代，大规模的祭祀和占卜，要求准确的祭祀时间和祭祀周期，加之农业生产的进步，社会生活的更高需求，使得商代历法在夏代的基础上进一步发展。

商代的历法是迄今已知较为完整的最早的历法。商代历法为阴阳历，阴历以地球绕太阳一周，即365（1/4）日为一回归年，故又称"四分历"。阴历以月亮绕地球一周，即二十九或三十日为一朔望月。商代用干支记日，数字记月；月有大小之分，大月三十日，小月二十九日。十二个朔望月为一个民用历年，它与回归年有差数，所以阴阳历在若干年内置闰，闰月置于年终，称为十三月。季节与月份有大体固定的关系。

商代每月分为三旬，每旬为十日，卜辞中常有卜旬的记载，又有"春""秋"之称。一天之内，分为若干段时刻，天明

日蚀甲骨文，早于巴比伦的可靠日蚀记录。

时为明，以后有大采、大食；中午为中日，以后有昃，小食、小采。旦为日初出之明，朝与大采相当，暮为日将落之时。对于年岁队称"岁"、"祀"之外，也称作"年"。

商代天文学中许多天象在卜辞中均有记载，如"日月有食"、"月有食"，在日食时并有"大星"等现象出现，可见对日、月食的观察之精细。卜辞还记载了观察到的"大星"、"鸟星"、"大火"等，不仅有恒星，还有行星，后世的二十八宿中的一些星座名亦见于卜辞，卜辞中"有新大星并火"，即是说接近火星有一颗新的大星。当时已有立表测影以定季节、方向、时刻的方法，卜辞的"至日"、立中"等，就是这方面的记载。

商代观测天象与观察气象是相联系的。由于农业、畜牧业以及田猎等活动的需要，对气候的变化特别予以重视。卜辞中记有许多自然现象，"启"、"易日"为天晴，"霍"为阴天及浓云密布，"晕"为出现日晕。记录自然界变化的有风、云、雨、雪、雷、虹、霖、雹、风有大风、小风、骤风。卜辞中还有祭东南西北四方风神的名称，如𩙿（和风）、屶（微风）、彝（厉风）。记录雨量的有大雨、小雨、多雨、雨少、雨疾、从雨、丝雨、延雨、绎雨。商人不止对一日之内，并且对一旬、娄旬及至数月气象变化进行了连续的记录。

商代天文历法的进步为后世提供了宝贵的经验。

春秋时代的建筑铜构件

用于横枋与墙柱相连接点上的铜构件或用于横枋中段及端部的铜饰，在春秋时期已出现，类型丰富。在陕西凤翔春秋时秦国城内一宫殿建筑遗址附近的 3 个窑穴里发现了 64 件铜构件，有内转角，外转

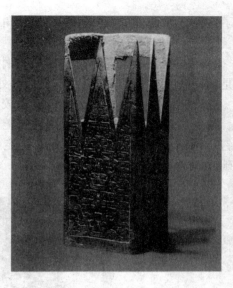

蟠螭纹铜建筑构件

角，尽端和中段 4 种，还有小型转角和梯形截面，在横枋与墙柱相连接的转角处使用的铜构件的曲尺形，在横枋中段与端部使用的铜构件是矩形，铜构件安装于建筑物之后的看面都饰有蟠虺纹，除楔形和小拐角外，有花纹一面的尾部都有锯齿状尾，这些锯齿均经打磨，卯眼大部分有锉磨加工的痕迹。

春秋蟠虺纹楔形中空建筑构件

铜构件在转角处起着提高建筑整体刚性的力学作用，同时又起着装饰作用，位于横枋中段子及端部的铜构件，则纯起装饰作用。这种装饰作用对后期宫殿、寺院等高级建筑的木构装饰影响很大。后期的彩画，花纹突出的部位多设在构件交接处，明显地保

持了这种金属饰件的意味。小型的转角构件，则是后期门窗隔扇看叶的原型。

另外一种用于建筑结构上较早的铜构件是铜柱锧，对木柱脚的防腐有极大好处。

春秋铜构件，是应用于建筑上比较早的、数量最多的多属，它为后期建筑上的门钉、铺首、看叶、铜铎的使用奠定了基础。

孔，在绿色玻璃基体嵌入蓝、白两种色调的玻璃乳纹，是典型的纳钙玻璃。此外，河南辉县征集的吴王夫差剑，剑格上也嵌3块透明程度较高的玻璃块；湖北江陵望山墓出土的越王勾践剑，剑格上也嵌有蓝色玻璃，两把剑中的玻璃都不含铅钡。湖北随县擂鼓墩曾侯乙墓出土有73颗蜻蜓基体上嵌有白、棕等色花纹。

蟠虺纹曲尺形建筑构件

玻璃工艺发展

中国发现最早的玻璃器始于春秋末、战国初。这个时期的玻璃数量少，品种单一，仅有套色的蜻蜓眼式玻璃珠和嵌在剑格上的小块玻璃。蜻蜓眼式玻璃珠是指在玻璃珠上粘附复色套环，因其似蜻蜓眼故名。这个时期的玻璃器集中出土于贵族大墓。河南固始侯古堆墓出土有3颗蜻蜓眼式玻璃珠，球状，直径约1厘米，中间穿

琉璃珠

玻璃珠

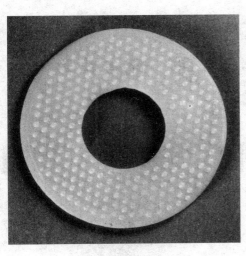

玻璃璧

战国早期的玻璃器数量有所增加，仍以蜻蜓眼等小型珠饰为主。战国中晚期玻璃器的数量及品种增加，除了珠、管小型装饰品外，增添了璧、剑饰、印章等典型宫中式样的玻璃器，这个时期一般的士和庶民也可以用玻璃器随葬。此时期的玻璃多呈球状，少数作橄榄形或棱柱形，中穿小孔，体积一般略大于战国早期的珠子，珠径约 1~2 厘米，玻璃管多圆柱体，个别呈棱柱体，一般长 2~4 厘米。珠管周身饰

玻璃剑首，剑。

以蜻蜓眼式的圆形物，其上往往有蓝白相间的圆圈纹，有的还有小白点相连组成的菱纹饰。玻璃器从战国中期出现，延续到汉代。璧的形状都是圆形扁平体，中有一圆孔，璧的外约 7.9~14.1 厘米。有绿、乳白、米、深绿等颜色。玻璃璧的纹饰简单，多为谷纹和云纹。玻璃剑饰分剑管、剑珥等。

战国中，晚期的玻璃珠、璧绝大多数属于铅钡玻璃。在 19 世纪之前，无论是欧洲、北非，还西亚的玻璃都不含有钡，因此含有氧化钡是战国至秦汉中国玻璃的显著特征。

学术界对战国初的玻璃制品存在着从西输入的说法，但对战国中、晚期的玻璃制品都是中国制品这一观点没有异议。

玻璃管

玻璃管

第三节　社会生活：生活百科　民俗缩影

商代社会生活

绚烂多姿的服饰

由于商代距今时间久远，而衣服又属于难于保存的物品，所以到目前为止，还没有发现商代的服装实物。现在研究商代人穿衣打扮，除了通过古代文献对商代服饰的零散记载外，主要靠考古发现的商代玉、石、铜、陶人像雕塑所显示的衣冠来推测。

尚处奴隶社会的商代是一个由奴隶主贵族统治的朝代，处处显示着等级的高低，在穿着上亦不例外。奴隶和平民的衣饰简陋，而奴隶主贵族则要考究得多。

从衣料上看，商代平民和奴隶穿着的大多是植物草茎编织品，手工粗劣，色调单一。而奴隶主贵族们的则相当讲究，衣料大致分两种，即"衣"与"裘"。

"衣"是纺织品的统称，这些纺织品又可以细分为丝帛布和麻、葛布。比较起来，当时的贵族们更偏好前者，即那些柔软舒适的丝绸织物。商代的工匠们纺线主要使用纺轮，石制和陶制的都已经十分普遍。根据考古发现，那些几千年前的工匠们不但已经有了缫丝技术，而且还掌握了如何为麻葛、蚕丝纤维脱去表面胶质的方法，经过脱胶处理的纤维相当结实耐用。此外，他们还掌握了用羊、马、牛等动物的毛制作毛织物的技术。

"裘"是兽皮制成的衣服的统称。

商代贵族服饰

"裘"在商代属于比较贵重的服装，这个名字也一直沿用至今，含义几乎没有发生过变化。

在服饰上，商代人穿衣打扮最基本的模式就是"衣"与"裳"。"衣裳"这个词在现代泛指衣服，但在古时是有很大区别的，"衣"专指上衣和上装，而"裳"则是所有下装的统称。而且，当时的人下装是不包括裤子的，而只有裙子。商代人一般就是上衣下裳，然后在腰间束一条宽带。

同样，商代各个等级所穿的衣服也存在着明显差别。大多数奴隶们实际上是没有衣服穿的，只能赤身露体，或是在腰间束条布带。贵族们的服装样式则很精致讲究，而且不同等级的贵族们服饰也不尽相同，主要体现在上衣的长度和领口的形式上。

据专家考证，当时中原地区的高级权贵们，衣服一般都带有华丽的图案或花纹，

中国通史　最新整理图文珍藏版

上衣的长度到达臀部，袖口比较窄，袖子盖住手腕，无论男女，下身都系一条带褶的短裙。他们的衣领和衣襟与现代的西装相差不大，两边衣襟交叠在胸前，只不过商代人的右襟要压在左襟上，与现代正好相反。中小贵族们所穿的衣服样式和高级贵族们大致相同，只是上衣的长度稍长，前襟在膝盖以下，后襟要达到足部，而且衣服上一般没有花纹。下层平民和奴隶则更简陋，衣服一般是圆领，下摆一直拖到地面。

商代人已经开始逐渐摆脱了光脚走路的习惯，因此鞋子的质地和式样也显得尤为重要。平民和奴隶大多数仍是赤脚，但也有用树皮、草、麻等材料变成草鞋来穿的。这样的草鞋只有鞋底，用绳子穿起来系在脚面上，就勉强算是一双鞋了。高级贵族们的鞋子多是皮制的，鞋帮比较高，鞋尖向上翘，鞋底是平的。上层集团的统治者和妇女们的鞋子则多是丝织品，同样是平底高帮。中下层贵族们的鞋要简陋一些，多是用麻葛布制成的，式样大致相仿。

除了衣服和鞋子，商朝人也开始有了戴帽的习惯。不过当时的帽子式样很单调，戴的人也不多，他们更愿意注重发型和首饰方面的装扮。当时的人喜欢使用玉制或骨制的簪子来别住头发，已经能做出很多种别致的发型。他们还喜欢在衣襟上镶上漂亮的花边，在衣角、腰带上垂挂各种佩饰，并佩戴手镯、项链等饰物。制作这类饰物的材料也是多种多样，除了有玉制和骨制的之外，还有石头、蚌、贝壳等许多种材料，制作的工艺已经颇为精致。

中华饮食基础的奠定

民以食为天，据专家考证，商代时，中国的饮食就已经发展到了一定的水平。不仅有了主食和副食之分，还有了为王公贵族专门服务的厨师，而且在厨师中已经有了详细的分工，也基本上掌握了目前常

用的煮、腌、蒸、烤等多种烹饪方法，为中国饮食名扬世界奠定了初步基础。

据考证，商代时的平民和奴隶通常是一日两餐，两次开饭时间大致相当于现代上午九点和下午五点。王公贵族们则是一日三餐的，除了上述两餐之外，还要在晚上加一顿"宵夜"。

根据对甲骨文资料和其他一些考古资料的研究，专家们认为商代种植的作物最普遍的是"粟稷"和"黍"。"粟稷"是当时占最主要地位的粮食作物，这个名称是当时的叫法，实际就是小米。它之所以能成为商代人最主要的粮食，是因为在当时的农业发展状况下，耐旱的特性使它成为所有农作物中最容易种植的，而且产量比其他粮食作物要高一些，又更易于保存，因此地位最为重要。"黍"就是黍子（去皮后就称为黄米），它的产量不如粟稷，却是酿酒所必需，因此种植也颇为广泛。除了粟稷和黍，商代人也种植麦、稻、菽（豆）等作物，但这些东西在当时都属于奢侈品，只有贵族们才可能享用到。

商代副食与现代相仿，肉食的种类与现代基本没有差别。瓜果、蔬菜等素食的种类虽然远不如现代的丰富，但在当时是属于贵族们的奢侈晶，平民和奴隶几乎没什么机会尝到。

据考证，商代人的烹饪方法已经相当高明了。商代的名相伊尹就曾是一位高明的厨师，《史记·殷本纪》里说他曾"负鼎俎，以滋味说汤，至于王道"，以饮食滋味为商汤诠释治国之道。从他关于烹调的精彩讲解来猜测，商代的厨师们多半已经能烹调出各种精致的美味，否则这位宰相大概无法通过饮食来说明那般深刻的道理的。根据对磨盘、杵臼这些商代前就已出现的粮食加工器具的研究，有的专家认为商代人很可能已经懂得用麦子制作面食，而甑和甗这两种炊具的大量发现，证明商

代人一定已经开始在蒸饭吃了。他们肉食的烹饪方法更是多样，炖和煮是最普遍的方法，此外还有烤、晒干等，并且能够制作腌肉和腊肉。而且当时的炊具也已经有了明显的分工，譬如鼎用来煮肉，鬲用来煮粥。

戴帽箍的商代男子

商代人喜欢喝酒在学术界早已成为共识。在《诗经》中就有很多反映商代人喜欢喝酒的文字，大批酒器的出土再次证明了这一事实。不仅有喝酒用的爵、斝、角，存酒用的壶、卣、罍；还有盛酒、调酒、温酒用的。商代还没有今天的白酒，当时的酒酒精度也较低，主要有用粮食酿造的米酒和用水果酿造的甜酒。

商代人在多数情况下，直接用手抓着吃饭。但那时已有了筷子，筷子只有吃蔬菜和肉食时才使用。另外还有一种被考古界称为"匕"的食具，和今天勺子的用途非常类似，但和如今的勺子在样式上却很不一样。匕大部分都是用骨头做成的，前端呈扁平状，被磨制得极其光滑。他们盛放饮食的器具也有了明确的分工，盛饭和盛菜的器具、盛放主食和盛放副食的器具都是有区别的。商代人盛饭用的器具主要是青铜制或是陶制的"簋"，商代的"簋"多为圆形，有两只耳；盛肉的器具主要是盘和豆，盛酒的器具则多为青铜器。当时还没有出现桌子和椅子，吃饭时就席地而坐，因此为了方便起见，当时的食具都带有高高的足。

安居乐业

商代人建造的房屋设计更加合理，居住也更加舒适。从出土的台基、筑洞和建筑构建来看，商城内大有宫殿，小有地穴，单间与套间并存，回廊与重檐掩映，居住条件已经相当不错了。

商代的房舍建筑，已不仅仅是人们遮风避雨的需要，更是身份地位高低的标志。奴隶主贵族们已经住上了数百平方米的寝殿，拥有宽大的回廊和凸出墙壁的重檐，室内"宫墙文画，雕琢刻镂"，被称为"四阿重屋"。而地穴式的房屋，在商城内虽然仍可见到，并且数量也不少，但它已经不是最好的房屋，甚至可以说是最差的了。这种地穴式的房屋是奴隶或者下等平民的居所。

专家推测，商代的平民居室内应该已经有了诸如土床，灶、灰炕席等一些比较简单的家具和陈设。当时的家具陈设很少有木制品，大多是泥土垒造的。屋内最大的家具要算床，当时所谓"床"的概念与现代的不同，是兼有坐具和卧具两种功能的家具，一般的半地穴式房屋中都筑有一到两个长方形的土床，床上铺着竹席或苇席。席在商代还是具有非常重要的作用，不但床上需要铺席，人们坐在地上时也需要席子，乃至死后也是需要用席子包裹着放入棺材中的。灶则是居室中做饭的地方，多位于屋子的墙角和墙根处。居室内还有特意挖出的壁龛，用来放置杂物，以及灰坑一类的坑洞，大体上类似于今天的储物柜或是垃圾桶。此外还有俎和禁两种青铜器，其造型和基本功能类似于现代的桌、箱、柜一类的家具，大概也是它们的雏形。

从今天所能见到的商代建筑来看，当

中国通史 最新整理图文珍藏版

时的人已经掌握了颇为高超的居室设计技术，地面划线，以水测平、日影定向等技术已经出现，而且手法相当先进。商代宫殿已经修盖了屋檐，既能保护外围的木结构免受日晒雨淋，又增加了建筑的美观性。目前我们所见到的宫殿建筑中，主要的形式有三大类：四合院式、回廊式和复合式。第一种类似北京胡同中的四合院格局，台基是正方形，四周有围墙，圈出庭院，正殿在北，其余三面都建有廊庑，第二种也是方形，不过屋室都并列在台基上，周围是回廊，廊外有柱子支撑着的挑檐，挑檐凸出，上端是重檐，第三种属于前两种的复合。有趣的是，甲骨文中有一个字，形状与"高"很相似，就像是在屋顶上又加了一层，有的专家认为，这很可能表明当时的宫殿已经有了阁楼建筑。

行踪遍天下

"商人"的称呼该是商族人善经商的最好见证，这种买卖经营的传统使他们的足迹遍及天下，加之商代的上层统治者们为了方便对内统治和对外扩张，一向都很重视道路交通的发展状况，因此商代人活动范围之广、交通网络之发达，是令现代人都难以置信的。

当时的交通发达，不仅在王都内有很好的体现，更引人注目的是由王都通向全国各地的道路交通网络。当时一共有6条主要干道，第一条通往徐淮地区，第二条通往东北地区；第三条从河南安阳通往山东益都；第四条通往湖北、湖南、江西等南方各地区；第五条沿着渭水而建，直接通往陕西，可以直达西北各部落；第六条经过太行山向西北延伸。这6条主干道与无数大小道路相连通，形成了一个由王都辐射往整个统治区域及各小方国的庞大的交通网络。

商代的交通网络如此发达与其统治者对于道路建设的重视是分不开的，不过仍

铜象尊

然存在其客观上的原因，那就是生产的需要。众所周知，商代以制造青铜器而闻名，其实在当时，作为统治中心的王都附近地区是不出产青铜制造业所必需的各种原料的，全都需要到很远的地方去运，这也使得人们不得不把解决交通问题摆在了显著的位置上。再加上当时重商的传统，使许多人都愿意到远方去，这在客观上也促使当时各种地理知识的积累和完善，这对于交通的发展实际是起了很大作用的。

在交通工具上，商代人也已经比前人更进了一步。他们已经学会了用牛和马来作为脚力。据考证，居住在中原地区的人们很早就已经开始养牛了，因为牛的负载力很强，又性情温和，容易驱使，因此到商代时已经成为非常普遍的家畜，尤其受到当时中下层民众的偏爱。不过牛虽然耐力强，却也有速度慢的缺点，只适合长途运输货物，或是拉一些比较笨重的货物，高层的奴隶主贵族们是不会对其青眼有加的。贵族们出行基本都是乘坐轻便、快捷的马车，牛车仅仅是他们用来运送笨重货物时的用具。

商代遗址中大量马车的发现，使人们确信商代人已经懂得驾驭马车了，不过据考证，马车的用途并不仅仅一种。作为交通工具是最重要的，其次就是作为战车，然后便是作为狩猎之用。河南安阳曾出土了数十件商代晚期的马车，车子的主体是木质结构，有两个轮子，多数是两匹马拉

一辆车。

从历史文献和考古发现推测，当时的人们乘车时都是采取跪坐的姿势的，因为这样比较舒服，同时可以用手扶住车栏杆。乘车时，主人一般坐在右边，乘客在左，因为古人虽然以右为尊，但在乘车时正好相反，左边才是尊位。

据考证，商代时已经出现了水上交通，而当时最主要的交通工具是"舟"。但从当时的自然条件以及技术条件来看，要造船实际上是一件相当不容易的事，再加上受种种社会条件的限制，坐船绝对不是一般平民能享受的到的，只有贵族们才有条件乘船在水上漂游。各阶层的贵族官员都有自己相应等级的船，而商王更有自己专门使用的船，称为"王舟"。

即便如此，当时的水上交通的确已经有了相当的发展，舟船的作用并不仅仅局限于渡河之用。根据甲骨文的记载，在各地交通要道以及河道交叉的地方，已经出现了"津渡"，作用即类似于现代的码头。不过它们是由政府专门设来供贵族们来往之用的。而且有的专家认为，当时很可能已经出现了专为贵族们提供行船动力的"纤夫"，但他们并非像后来的纤夫们一样，以肩拉纤绳拽动船前行，而是在水中使力推动船前进。但具体情况是否真的如此，仍有争议而有待进一步考证的。

通过上面所有的考证和描述，我们可以看出，商代时的人们生产力已经发展到了相当的水平，在衣、食、住、行诸多方面都有着很明显的体现。他们已经能够充分利用自己已掌握的对自然界的认识以及各种科学技术知识，来丰富自己的生活，为生产和生活的各个方面创造便利条件。但与此同时也不难看出，在当时的社会条件下，无论优越的物质生活，或是先进的社会文化，都只有高高在上的贵族奴隶主才能享受得到，而作为社会下等阶层的平民和奴隶，仍过着悲惨的生活。客观地说，相较于原始社会，奴隶制社会的确是一个历史的进步，但当时等级制度的森严、社会的不平等、底层人民生活的悲苦，仍是不禁让人叹息的。

庞大的政府机构

商朝建立起来以后，商汤及其继任者通过总结夏王朝的经验和教训，结合当时的历史条件，逐步建立和完善了王朝的政权机构，以此来保证商王朝的稳定。商代庞大的官僚机构、军队以及法律制度是其政权的主要组成部分。商王为了控制广大被征服的地区，常把自己的妻子、诸子以及功臣分封到外地，在甲骨文中就有侯、伯、男、田等封号。同时，对于外服诸侯即各臣属方国，商王也给他们的首领以封号，与他们保持着同盟关系。但商王是这一同盟的盟主，对各个方国部族都拥有指挥权。

商王直辖下的商王朝中央政权机构及官员的设置相当庞杂。从功能上看，商代的政权机构主要有帮助商王处理政务的执政机关和进行占卜的宗教机关两种。作为国王的辅弼，政务官员在商代政权中的地位十分重要，他们的官职主要有相、师保、尹、臣、小臣、史工及各种武职等。商王在对一些国家大事作出决定之前，一般都要拿出来与主要的官员商议。盘庚迁殷就是在向贵族官员反复讲述迁都的必要性和好处，征得他们的同意后，才得以成行的。此外，国家大事也必须经过占卜吉凶才能付诸行动，因此从事占卜活动的神职人员在商代政权中也占有重要的地位，他们对国家决策有着巨大的影响力，神权和王权的共存同治是商代政治的一个突出特点。

商代已建成了一支比较成熟的军队，

其军队一般称为师，每师约为1万人，其最高长官叫"师长"。在商朝中期，军队编制出现了左师、中师、右师三师的形式，武丁、文丁时代的卜辞中就有作三营以屯三军的记载。这可能是后世三军的起源。商代军队的兵种主要由步卒和战车组成。步卒是当时人数最多的兵种，在军队中占有重要地位。据考古发现可知商代的战车均为两轮独辕，每车至少驾两匹马，车上有甲士3人，1人御车，1人持戈或矛，1

铜龙虎尊

人持弓箭，战车后面和侧面则跟随步兵。

商代法律的一个重要特点是当时的统治者特别强调惩罚罪恶是鬼神和上帝的意思，把法律制度蒙上一层神秘的宗教外衣。盘庚迁殷时，在遇到阻力又无法调解的情况下，就曾强调迁都是天命，而天命是不可违的，以此来达到统一思想的目的。商代的刑罚措施非常残酷，其种类有死刑、肉刑、流刑以及徒刑等。其中死刑名目繁多，有族诛、斩、戮、炮烙、醢、脯、剖心等。

商代尚处于国家形成后的早期阶段，其官职设置难免庞杂，但通过各种政权机构，商王朝牢牢地控制着帝国的每一个角落，有效地管理着幅员辽阔的土地，创造了前所未有的文明。

商代经济文化的高度繁荣

商朝是中国第二个奴隶制国家。奴隶制生产关系比起原始社会的生产关系，无疑是历史的巨大进步。奴隶制使农业和手工业之间进行更大规模的分工成为可能，从而推动了社会经济和文化的高度繁荣。通过广大奴隶的辛勤劳动，商代创造了空前的物质财富和光辉灿烂的文化。

农业是商代社会生产的主要部门，是商代经济文化赖以发展的基础。商代的生产能力无疑比新石器时代的水平高。然而以农具而言，商代并无多少青铜农具供农业生产使用；出土的农具绝大多数仍是石、蚌、骨器，最多的是磨光的扁平石铲、蚌铲和骨铲。殷墟窖穴土壁上，有不少木耒的痕迹，均为双齿。这种耒，早在龙山文化即见使用，而到战国两汉仍见于文献，是中国古代最重要的起土工具。收割工具则有石镰、蚌镰，镰上则安装有木柄。所以商代生产能力的提高，似乎与生产工具没有太大关系，生产能力的提高可能是由于商代在人力的组织与运用方面，比前代较有效率。商代农耕技术不高，田地不能连续使用而不失地力。井田制下奴隶们的集体协作劳动才是丰收的秘诀所在。商代农产品不仅能满足食用的需要，还有大量盈余。商代酿酒业的兴盛，从侧面反映了农业的兴盛。商代的作物，如以"禾"部的卜辞文字计算，为数不少。不过，经常出现而且辨识无疑的作物名称，也不外黍、稷、来（大麦）、麦、秜（野生旱稻）几类。黍、稷是华北作物的正系，秜则是南方开始栽培的作物，商代农业无疑是一个南北交流的后果。而且商代农业卜辞中有粪、尿之词，有的学者认为这是用肥的证据，这是中国古代农业技术发展史上的巨大进步。此说现在也有疑义，商代是否已经掌握了施肥的方法，尚待进一步考证。

商代在农业生产发展的基础上，林、牧、副、渔、猎各业都获得了相应地发展。青铜工具的应用，为林木采伐提供了有利条件。商代还出现了人工栽培林木的行业。栽桑植麻是商代重要的副业产品来源，丝织品和麻布都有考古发现证实。商人素来有从事畜牧业的传统，随着农业的发展，畜牧业也有了进一步发展。不仅六畜俱全，而且数量惊人。大牲畜的增加，使得畜力的使用成为可能，甚至有的学者认为商代已经有了牛耕。不过畜牧业主要还是作为食用和祭祀的。商人特别重视祭祀活动，需要大量的牲畜用于祭祀，这从甲骨卜辞和出土墓葬中大量的兽骨中可以得到印证。

农业、畜牧业的繁荣，推动了手工业的发展。在商代手工业里，青铜铸造业无疑是商代最重要的手工业部门。当时的青铜，大多用于制造礼器和兵器。正因如此，青铜铸造业在有商一代都是一种官府手工业。到商代后期，殷都中集中了当时全国大多数铜器作坊，成为青铜铸造业的中心。在生产规模、产品种类和数量上，都大大增加。1939年在安阳武官村出土的司母戊鼎，重达875千克，是中国至今发现的最大的青铜器。

对于当时的平民百姓而言，青铜器几乎是不可及的，他们的生活必需品多是陶器。另外，骨、角、牙器用具的需要也推动了相应手工业的发展。制玉、漆木业以及纺织等也有所发展。

商代的甲骨文是当时实际使用的文字。从文字的构造来看，象形、指事、会意、假借、形声和转注等汉字构造的基本形式在其中都已具备。甲骨文在汉字发展史上具有重要的历史地位。

由于生产力的提高，商代的经济、文

人面纹方鼎

化都获得了飞速的发展，创造了中国历史上辉煌的青铜文化。

“龙骨”复苏

关于甲骨文的发现，还有一段传奇的故事。这些龟甲、兽骨在地下沉睡了数千年，直到清代光绪二十五年（1899）才被发现。当时由于今天河南省安阳城西北五里处的小屯村洹水决堤，冲出许多甲骨，人们以为是龙骨，便用来当药材治病。这些“龙骨”被药材商收购之后，辗转卖到各地。这年夏天，当时官居国子监祭酒的著名学者王懿荣得了疟疾。他懂得医术，自己开了个方子，命人从菜市口一个药店抓了一服中药。手下人买回去之后，他一检查，发现药中所抓的龙骨，上面有刻画的痕迹，便仔细地瞧了瞧。这一瞧不要紧，他发现这些刻画，似乎是某种文字，其字类似于金文，应该历史相当久远。王懿荣凭着自己广博的文史知识，断定这一定是古代文化的真品。他非常高兴，马上命人去那家药店有多少全都给买过来。在不到一年的时间，他共收集各类骨片1500多片，对其进行了初步的研究，进一步确认这些龟甲兽骨上的文字就是殷人"刀笔"文字，当时人们称它们为"契文"、"刻辞"或"书契"等等。王懿荣的发现将中国有文字可考的历史提前了1000多年。史学家终于找到了研究殷商史的文献典册。然而，遗憾的是，被誉为发现甲骨第一人的王懿荣与甲骨文的缘分却只有不到一年的时间，就在王懿荣发现甲骨的第二年，即1900年，八国联军进攻北京，腐败的清政府任命身为文职官员的王懿荣为京师团练大臣，率兵防守京城，终因寡不敌众，王懿荣惨败而归。在家里，他毅然写下"主忧臣辱，主辱臣死"的绝命词，偕夫人及儿媳投井自尽，以身殉国。学者王懿荣对甲骨上文字的偶然发现，为中国研究殷墟甲骨文字之始。自此以后，殷墟甲骨才从"药材"变为研究的文物。

王懿荣有一个非常要好的朋友，就是因写《老残游记》而闻名的清代文学家刘鹗。王懿荣虽然为国壮烈牺牲，但他为官清廉，家中没有余钱，他死后，家人想把他的遗体运回老家山东福山（今山东烟台市境内），都没有能力。这时候有人建议王懿荣的儿子把他父亲收藏的甲骨卖掉，刘鹗听说这一消息，生怕这些甲骨再次遗失，于是就把王懿荣收藏的甲骨全买了下来。刘鹗一来把王懿荣的甲骨继承下来，二来又自己搜集。当时刘鹗跟罗振玉关系也很好，罗振玉在刘鹗家中看到这些甲骨，觉得这些甲骨意义重大，就敦促刘鹗把它编成书出版，此书就是著名的《铁云藏龟》，这是甲骨学史上第一部著录书。因为过去王懿荣搜集甲骨秘不示人，只是作为古董放在家里欣赏。学术界知道的人很少，更无法进行研究，而刘鹗的贡献正在于他使得甲骨文的广泛研究成为可能，对后世甲骨研究产生了深远影响。从此以后，甲骨文流向学术界，由学者的书斋走向了社会，

由古董变成了史料。

在甲骨文的收集研究方面除王懿荣、刘鹗之外，还有四位学者我们不能忘记。这就是罗振玉、王国维、董作宾、郭沫若，因为他们四人的名号中都一个"堂"字（罗雪堂、王观堂、董彦堂、郭鼎堂），所以被尊称为"甲骨四堂"。1913年在罗振玉的帮助下，刘鹗的《铁云藏龟》得以出版，这是历史上最早的一部甲骨文专著。罗振玉还最早探知了安阳小屯为甲骨文的出土地，并考证出这就是"武乙之都"。博学大师王国维是中国近代最著名的学者之一，王国维从甲骨文中发现了商代诸王的排列，纠正了《史记》中记载的个别错误，证明了司马迁的《史记》的确是一部信史。王国维从1917年写的《殷卜辞中所见先公先王考》一书，被誉为甲骨文发现19年来第一篇具有重大学术价值的科学论文。郭沫若评价说："王国维的业绩是新史学的开山。"董作宾是殷墟科学发掘的开创人、甲骨学宗师。他在史语所工作期间，先后9次参加、主持或监察殷墟科学发掘，为殷墟科学发掘作出了贡献。他所提出的分期研究的10项标准，把甲骨学研究推向

刻辞卜甲

了一个全新的阶段。郭沫若是1928年在日本开始研究甲骨文的。1929年8月，他出版了《甲骨文字研究》一书，他以马克思主义唯物史观来研究商代社会，推出了一系列著名的著作。他研究甲骨文虽然起步

较晚，然而起点高，方法新，因而一出手就高屋建瓴地超过了前人，晚年他又任大型甲骨文集汇编《甲骨文合集》的主编，使甲骨文的研究有了进一步地发展。

1949 年以后，甲骨学研究更进入到深入发展阶段。老一代甲骨学家继续努力，新成果不断涌现。在老一辈甲骨学家言传身教之下，又培养造就了一批又一批的甲骨学者。甲骨文新材料的不断出土，在文字的考释、分期断代研究方面有了进一步地深入发展；利用甲骨文资料对商史的研究也取得了许多新的成果；安阳殷墟以外商代遗址的发现，西周甲骨文的发现和研究，更扩大了甲骨学研究的领域。

商代狩猎甲骨文

通灵神骨

甲骨文是商代的一种占卜祭祀文字，之所以把这些文字刻在龟甲或兽骨之上，是因为古人认为龟能通神。灵龟为中国古代守护四方的四神之一，即所谓左青龙右白虎，前朱雀后玄武，北方之神玄武就是灵龟的化身。因为古代生产力低下，科学技术不发达，很多事情都不能得到合理解释，于是古人就制造出一套原始宗教系统。有什么事都靠占卜来决定，要通过灵媒来沟通人神，通晓天意。从远古的三皇五帝，到近代帝王，每决定重大之事都得进行占卜，商人更是迷信得不得了。商人信鬼，天天卜，遇事卜，大事小事都要卜，他们一般把龟壳取来，用枣核形的凿将龟壳打几个眼，然后拿火在打的眼上一烧，烧得甲骨出现了裂纹，巫师们根据这些裂纹解释占卜的结果。因为他们不管什么事都要占卜，所以留下很多占卜记录，这些卜辞用青铜刀或玉刀刻在甲骨之上，就是今天所看到的甲骨文。

1899 年，当第一片殷墟甲骨被确定是先民锲刻的文字时，世界为之震惊。到目前为止，一共发现了 15 万片甲骨（虽然这一数字学者们还有争议）。如果按字进行统计，现在发现的甲骨文大约有 4000 多个单字。但经学者们考证研究，一致公认的也就有 1000 多字。虽然仅有 1000 多字，但是读通基本的甲骨文片子已经可以了。因为剩下不认识的字，也可能是地名，也可能是人名，跟现代字已经失去了任何联系，也就不好考证了。所以利用这十几万片甲骨，学者们已经能大体解读有关商代社会历史、政治、经济、文化的主要内容，为揭开商代后期从盘庚迁殷到商代灭亡的史实迈出了重要的一步。

甲骨文

殷商时代的历史，已被确认是中国信史的开始，这是由于甲骨文的发现与殷墟发掘的结果，使我国古代有关殷商史事的文献记载，得到了地下直接材料的印证。所以甲骨文的发现与殷墟发掘，是近代学术上的大事，我们要认识殷商时代的史事，必须先把这两件大事做一个了解。

清末，河南省安阳县小屯村附近农田中，时有龟甲兽骨出土，村人视为药材，谓之"龙骨"。村民李成，以剃头为业，空闲时常把"龙骨"磨成粉末，用做刀伤药，并整批收购，转售药店，每斤制钱六文，因药店不喜有字的"龙骨"，所以有字者常被刮去，或丢弃枯井中。

"月又食"牛骨

光绪二十五年（公元 1899 年），国子监祭酒王懿荣患病，在北京达仁堂所购之

征鬼方牛骨刻辞

药材中，发现龟板上有锲刻文字，知为有价值之古物，先后向潍县古董商范维卿、赵执齐等收购，共得千余片，王氏可说是鉴定及收藏甲骨之第一人。

甲骨文是殷商时代的一种古文字，是用利器锲刻或书写在龟甲（多为腹甲）和兽骨（多为牛胛骨）上的。商代是所谓"鬼文化"的时代，外在的神秘力量笼罩着人们的思想，使得越是有权势的帝王及上层社会人物，越是遇事多疑，喜用占卜，解决国事或家事中的重大难题。占卜的方法简单而又复杂。通常是先在甲骨上钻孔，在这种孔洞将透未透之时，对它们进行烧灼。根据烧灼后出现的裂纹（卜兆），由专业的卜师进行解释，并把所问之事及卜兆的结果刻写在甲骨上，有时还把日后的应验也刻写上去，并用朱墨涂写这些刻字，有时也用朱墨直接写在上面。这就是我们今天所能看到的绝大多数甲骨文的模样。甲骨文内容主要是占卜，但也有一些记事的。这些记事的内容，主要是帝王的事务，比如祭祀、征伐、田猎等，也就是说，不可能是平民百姓的事情。这说明，文字的起源，主要是来自社会上层的需要。而中国的汉字，发展到甲骨文的时代，已经到了相当的成熟时期。后来的学者曾总结汉字有六大特征，即所谓"六书"：指事、象形、形声、会意、转注和假借，在甲骨文中都有其表现。从甲骨文往上推断，中国文字的起源无疑是相当悠远的。所以，甲骨文的发现和研究，其意义也是相当深远的。

但是，由于甲骨文字记载的是一些与占卜有关的特殊的事件和场合，事实上它本身并不是殷商的历史记载。而且，甲骨文的形式，也大多是简单的字句，并没有完整的篇章，所以，很大程度上还要依靠后人的推断和想象才能概括出一些历史的遗迹。迄今为止，我们可以确定的是，甲骨文是殷商时代的文字，也是至今发现的中国最早的成系统的文字。从这些文字中，我们可以发现殷商的社会，在社会生活和精神观念诸方面，已经达到了相当成熟的水平。从甲骨文来看，殷商社会是个高度发达的文明国家。

祭祀之法

祭天祀祖在中国有着悠久的历史。在史前时期的考古中曾一再发现这类遗存。祖先崇拜又叫灵魂崇拜。它源自对先人的怀念，把梦中的情景理解为先人的灵魂作祟而产生。人们祭祀祖先，为的是求得先人的保佑。夏代开始的家天下局面，使原始宗教的内容发生了很大变化。由于帝王是世上最高的统治者，为了维护他的统治，就把祖先崇拜与自然崇拜结合起来，创造了天或上帝这样的至上神。从文献中可以知道商代有"天"这个神，甲骨文中则有"帝"或"上帝"。所以商汤伐夏桀时说，"有夏多罪，天命殛之"、"夏氏有罪，予畏上帝，不敢不正"，打出"天命"的旗号，鼓动军士和同盟小国去执行上帝的意志，奋勇讨伐。但天上的上帝与地上的帝王（商王）是相对应的。为了执行上帝的意志，帝王通过巫师与上帝沟通。商王对于祖先的祭祀经历了一个逐渐发展的过程，到了祖甲创造周祭之法以后，才对上甲以后的祖先轮番地进行祭祀。

据说高宗武丁偏爱幼子祖甲，打算废太子祖庚而改立祖甲。祖甲认为这是违礼之举，不可强行废立，否则就可能重演"九世之乱"的局面，因此他效法武丁当年之举，离开王都，到平民中生活。武丁死后，由太子祖庚继承王位。祖庚即位10年左右病死，祖甲这才回到王都继承王位。祖甲即位后，见商人祭祀时，没有一定的

铜鸮尊

规矩，便创造"周祭"之法，具体方法是：从每年第一旬甲日开始，按照商王及其法定配偶世次、庙号的天干顺序，用3种主要祭法遍祀一周。周祭以旬为单位，每旬十日，都依王、妣庙号的天干为序，致祭之日的天干必须与庙号一致。如：第一旬甲日祭上甲、乙日祭报乙、丙日祭报丙，直至癸日祭示癸；第二旬乙日祭大乙、丁日祭大丁；第三旬甲日祭大甲、丙日祭外丙。如此逐旬祭祀，一直祭到祖甲之兄祖庚。用一种祭祀法遍祭上甲到祖庚的先王，需要九旬。祭毕，再分别用另两种祭法遍祀，直到全部祭遍为止。周祭之法，使殷人的祭祀系统更为严密规范，因此盛行于商代后半期，并逐渐达到最高峰。祖甲创立的周祭之法是祖先崇拜和宗教制度的最好体现。在上古文明中，各大民族都有自己的祭祀体系，周祭之法和古巴比伦、古埃及的祭祀法各不相同，是中国古代特有的祭祀系统。

神学与科学共存

　　商代的统治者为了巩固自己的统治，大肆宣扬"天命观"，使科学和迷信在统治者的作用下不可思议地结合到了一起。

　　由于农业社会需要仰仗天时之利，中国早在远古时代就已经开始研究历法。而自然界的奥妙无穷，又使得古代先民相信这一切都是和冥冥中的超自然力量联系在一起的，所以对于天文历法的研究是和祭祀祖先、占卜吉凶同样重要的。早在中国的夏代就已经有了著名的夏历，而在商代则已经出现了专门从事天文历法研究的人员，他们把以往的天文历法知识进行整理，形成了一定的系统。

　　通过对甲骨文材料的分析，学者们对商代历法较为一致的看法是：商代使用的是干支纪日、数字纪月；月有大、小之分，即大月30日，小月29日；另外，商代已经用闰月来调整节气和历法的关系了。天干纪日在夏代就已经出现，就是用甲、乙、丙、丁、戊、己、庚、辛、壬、癸十个天干周而复始地来纪日，从而产生一旬的概念。到了商代，人们进而把天干同子、丑、寅、卯、辰、巳、午、未、申、酉、戌、亥十二地支相配合，组成六十天干地支。用干支纪日，六十日一个循环，正好是两个月。而现在农历中的春分、夏至、秋分、冬至四个节气至少在商末时就已有了这样的划分。

　　另外，甲骨文中还保存了许多关于日食、月食的记载。商代人认为太阳和月亮的变化和人类生活息息相关，而发生日食、月食则预兆人世间将发生灾祸。所以每当发生日食或月食，人们总是奔走呼喊，击鼓并祭祀祈祷，用来"驱赶"凶险。由于这一原因，商代人也把太阳和月亮神看作

是和人关系比较密切的神灵。在出土的甲骨文文献中，记载了很多次日食现象，现今被认定确实存在的日食有5次。商代人在观测日月的同时，还观测天空中的星星，因为在他们看来，星星也和太阳与月亮一样是神，具有主宰天地的能力。在《尚书》中，就记载有商代人认为一些星象出现将预示风雨的来临。在商王来看，既然星星具有神性，它们也可以影响人间的事务，保佑商王的行为。在甲骨文中就有商王为了保佑平安无事祭祀火星的记载。商代对流星雨的描述更加生动和形象，这些记录对于研究中国古代陨石雨的情况都很珍贵。

　　商代天文学的发展促进了很多相关科学技术的发展，在甲骨文中就有了晴天、下雨、刮风、降雪等天气情况的记载。可见当时人们在长期的天文观察和农业生产中积累了丰富的气象知识。因为华夏民族是一个农业民族，商代人观测日月星辰还有一个目的，就是为农业生产服务。如观察太阳的方位来定时辰，用太阳的影子变化来定时刻，观测星象来定历法，把一年分作春秋两季等。这些成果虽然都是在神秘精神的支配下创造出的副产品，但展现了商代人为自己生活服务的规律性认识，成为人类社会前进的必要推动力。

　　由于研究历法需要很多数学知识，我们发现商代人们已经很用心地在搞数学方面的研究了。从甲骨卜辞中我们发现，商代已经有了奇数、偶数和倍数的概念。商代的人们已经学会用一、二、三、四、五、六、七、八、九、十、百、千、万这13个单字记十万以内的任何数字，但是现在能够证实的当时最大的数字是三万。可以说十进制是中国人民的一项杰出创造，在世界数学史上有重要意义。著名的英国科学史学家李约瑟教授在其巨著《中国古代科学技术史》中曾对中国商代记数法予以很

高的评价。他说："总的说来，商代的数字系统比同一时代的古巴比伦和古埃及更为先进更为科学。""如果没有这种十进制，就几乎不可能出现我们现在这个统一化的世界了。"

学者们通过研究甲骨文，证实商代人已经会做自然数的加、减法和简单乘法。因为甲骨文记录的只是运算结果，而没有运算过程，所以现在我们还不知道他们的具体算法。不过，我们可以肯定中国早在商代，数学就已经走在了世界的前列。

巫医一体

远古的人们把疾病产生的原因，直接归结于得罪了超自然力量的缘故。商代这种思想依然存在，所以商代人生病的时候，往往首先想到的是病人一定冒犯了冥冥中的某种力量，要让病人恢复健康，最好的办法就是请巫师为病人赎罪，消除病人的病痛。甲骨文献中这样的例子不在少数。而且巫师们本就是社会中的精英，他们多数通晓医理，在实施巫术的同时也配合其他治疗手段，从而达到了治病救人的目的。

考古人员曾发现了大批不能食用，但可药用的植物种子，这些就是商代人种植的药物。这些药物分门别类成批出土，正表明药物治病，是商代人治病救人的重要手段之一。中国古代文献《素问》中就有商朝开国大臣伊尹使用药物的记载，从一个侧面为我们说明商代使用药物治疗提供了佐证。

商代不仅有药物治疗，还已经掌握了针刺、灸、按摩等治疗方法。商代人一般用针刺的方法治疗身体上某个部位的肿胀。灸法治疗目前只能从甲骨文记载来研究，但是很多专家都对商代已经掌握灸法治疗持赞同看法。按摩作为一种古老的医疗手

记日食卜甲

法，在商代就已经出现，甲骨卜辞中就有为商王按摩的记载。商代人对疾病的认识，已经达到了相当高的平，当时的巫师不仅能识别疾病，还能对它们进行详细地划分。甲骨文献中记载有内科、外科和脑病、眼病、耳鼻喉病、牙病、泌尿病、小儿病、传染病等不同类型的病症。这些疾病诊断资料在中国医学发展史上很有意义，都是有关疾病的最早记录。因为当时的生产力低下，劳动力的多少直接影响着食物产量的多少，多一个人就能够多一份力，所以商人特别注重生育，而且商人注重"孝道"，注重"孝道"其中最重要的内容就是要多生孩子。这一切给当时的妇产科发展提供子很好的机会。商代人不仅掌握了预测产期的方法，而且甲骨文中还记载有治愈不育之症的实例。